퇴계학과 남명학

경북대 퇴계연구소
경상대 남명학연구소 편

지식산업사

퇴계학과 남명학

초판 1쇄 발행 2001. 3. 7
초판 2쇄 발행 2001. 10. 23

지은이   경북대 퇴계연구소·경상대 남명학연구소
펴낸이   김경희
펴낸곳   (주)지식산업사
        서울시 종로구 통의동 35-18
        전화 (02)734-1978(대) 팩스 (02)720-7900
        홈페이지 www.jisik.co.kr
        e-mail   jsp@jisik.co.kr
                 jisikco@chollian.net
        등록번호 1-363
        등록날짜 1969. 5. 8

책 값   25,000원

이 책을 읽고 지은이에게 문의하고자 하는 이는
지식산업사 e-mail로 연락 바랍니다.

서 문

이 책은 경북대학교 퇴계연구소와 경상대학교 남명학연구소가 공동으로 개최한 두 차례 학술대회의 성과물을 한 권으로 묶은 것이다. 이 책의 1부에 해당하는 '퇴계와 남명의 사상적 특성'은 1999년 5월 경북대학교에서 개최한 제1차 학술대회에서 발표된 논문들이고, 2부에 해당하는 '남명학파와 퇴계학파의 사상적 특성'은 같은 해 12월 경상대학교에서 개최한 제2차 학술대회의 성과물이다. 전자가 두 학파 宗匠의 사상을 집중적으로 검토한 것이라면, 후자는 그들을 중심으로 형성된 학파 전체의 사상적 특성을 구명한 것이다.

퇴계 이황과 남명 조식은 같은 해인 1501년에 태어났다. 퇴계는 경북 안동에서 태어나 청량산을 오르내리며 학문을 닦았고, 남명은 경남 합천에서 태어나 지리산을 오르내리며 학문을 닦았다. 퇴계와 남명이 이처럼 영남의 좌·우도에서 커다란 산맥을 이루며 독특한 학문 체계를 구축하자 이들의 문하에는 수많은 선비들이 모여들어 일대 장관을 이루었다. 일찍이 星湖 李瀷이 말한 것처럼 우리나라의 중세문화는 여기서 절정에 달했던 것이다.

두 분은 같은 시대의 다른 많은 학자들이 그랬듯이 험난한 시대에 태어나 엄청난 고뇌를 겪었다. '사대사화'라 불려지는 현실이 눈앞에서 벌어지고 있었기 때문이다. 이 같은 정치적 현실 속에서 퇴계는 難進易退

를 거듭하면서 고관요직을 두루 거쳤고, 남명은 수차례 遺逸로 천거되었으나 한 번도 관직에 나아가지 않았다. 이 과정에서 퇴계는 진리에 대한 학문적 천착을 계속하였고, 남명은 모순된 현실을 강력히 비판하며 그 극복을 위하여 노력하였다. 깊은 학문세계에 침잠한 정통 정주학자 퇴계와 壁立直行의 反躬實踐을 爲學의 근간으로 한, 남명은 이렇게 서로 다른 면모를 지니고 있었다.

두 분은 일생동안 한 번도 상면한 적이 없다. 그러나 여러 편의 서찰을 교환하면서 서로의 학문관과 경세관 등을 피력하였다. 남명은 퇴계를 학문과 도덕을 겸비한 당대 제일의 학자로 평가하면서도 退溪문도를 중심으로 일어났던 성리에 대한 논변을 강하게 비판하였고, 퇴계는 남명에 대해 畏敬하는 神交로 평가하면서도 노장적 일면이 있음을 지적하였다. 이 같은 균형감각과 신뢰를 바탕으로 한 퇴계와 남명의 責善的 학문태도는 우리 지성사를 더욱 풍성하면서도 세련되게 하였다.

그러나 두 분이 서거한 다음 사정이 많이 달라졌다. 東西分黨(1575)이 생기고 己丑獄事(1589)를 겪으면서 퇴계와 남명의 제자들로 형성되었던 동인은 남인과 북인으로 갈라서서 대립하였고, 선조 말년에서 광해군 일대를 거치는 동안 여러 차례의 정란을 겪으면서 상호 반목질시하게 되었다. 이 과정에서 퇴계와 남명은 그 문도들에 의해 비정상적으로 추존되어 거의 신격화되었으며, 양 학파 간에 불신의 골은 더욱 깊어지고 말았다. 그리고 오늘에 이르기까지 이 관계는 지속되어 왔다.

여기에 심각한 문제를 제기하면서 경북대학교 퇴계연구소와 경상대학교 남명학연구소는 兩賢이 서거한 지 430여 년 만에 이해와 화합을 기반으로 한 공동학술대회를 개최하자는 데 의견을 모았다. 그리고 의기투합하여 지난 1999년 5월과 12월에 두 차례의 심포지엄을 개최했던 것이다. 더구나 남명을 모신 덕천서원의 축관으로 경북대 퇴계연구소장이 초빙되고, 퇴계를 모신 도산서원의 外任을 경상대 남명학연구소장이 맡는 등 하나의 영남을 위한 강한 단결력을 보였다.

우리 두 연구소는 여기서 멈추지 않을 것이다. 앞으로 퇴계학파와 남명학파로 불려지는 영남의 거대 학맥을 보다 체계적으로 연구할 계획이다. 이를 위하여 두 연구소가 서로 문의하고 협조하면서 양현의 급문제자들을 체계적으로 분석·검토하여 영남학파의 학문적 실체를 밝히는데 최선을 다할 것이다. 이 책은 이를 위한 시발점이 될 것이며, 영남학파 뿐만 아니라 한국 사상사를 보다 심도있게 연구하기 위해 새로운 각오를 다지는 단서가 될 것이다.

2000년 2월 14일
경북대학교 퇴계연구소 소장 宋彙七
경상대학교 남명학연구소 소장 許捲洙

차 례

제 2 부 남명학파와 퇴계학파의 사상적 특성

제 1 부

퇴계와 남명의 사상적 특성

退溪와 南冥의 역사적 위상

李樹健(영남대)

1. 머리말

退溪와 南冥이 아무리 위대한 학자요 사상가며 그 언행 범절이 聖賢의 경지에 이르렀다 하더라도, 역시 한 인간에 지나지 않으므로 결코 신격화하거나 성역화해서 불가침의 상태로 두고 연구하는 자세는 지양되어야 할 것이다. 퇴계와 남명에 관한 연구는 그 미세한 분야까지 좁고 깊게 천착되어 이제는 더 구명해야 할 곳이 없을 정도로 손대지 않은 부분이 거의 없을 정도이다. 1960년대 이래 최근에 이르기까지 두 학자에 관한 論著가 계속 쏟아져 나오고 있지만, 두 학자의 사상이나 학문 및 시대적 소임에 대해 비판적인 시각으로 그 역사적 기능과 한계를 지적한 것은 극히 적은 편이다. 퇴계와 남명 연구에는 그에 관계되는 史料가 말해 주듯, 본고에 임하는 필자의 기본자세도 어디까지나 '사료로 하여금 진실[史實]을 말하게 해야 한다'는 역사학적 시각에서 퇴계와 남명의 역사적 위상을 기존 연구에서 얻어진 결과를 가지고 간략하게 그 일단을 피력해 보기로 한다.

필자는 이제까지 퇴계와 남명의 사상과 학문에 대해서는 깊은 연구는 한 바 없으며, 다만 역사적·정치사회적 측면에서 관심을 갖고 지난

1979년에 〈嶺南士林派〉, 1982년에 〈南冥과 南冥學派〉 및 1995년에 〈嶺南學派의 形成과 展開〉라는 논저[1]를 발표한 바가 있을 뿐인데, 이 글은 그것들에 대한 요약에 지나지 않는다.

조선시대 학자 또는 학파에 대한 논평은 당대의 객관적인 자료에 의해 정당하게 평가받지 못하고, 주로 후대에 와서 정치세력의 소장과 학문·사상계의 변화에 따라 학연과 학통이 변질되기도 했던 것이며, 또 학문적인 평가와 인물평도 그 추종자들의 정권 득실에 따라 좌우되는 경우도 있었다. 어느 주제를 막론하고 역사적 연구는 관련자료에 대한 정확한 고증과 비판이 전제되어야 한다. 퇴계에 관한 자료는 비교적 후대에 온존된 데 반해 남명은 그 文集을 비롯하여 관련자료들이 仁祖反正 이후 鄭仁弘의 처형으로 인해 상당히 변질되었다는 사실이다. 그리고 正史인 實錄도 동서분당 전에 편찬된 《明宗實錄》과 大北정권에 의해 편찬된 《宣祖實錄》 및 인조반정 후에 서인정권에 의해 改修된 《宣祖修正實錄》에 따라 退南 양인에 관한 서술 태도가 다르며, 또 退南 양인과 晦齋 및 '牛栗'과의 관계, 退南 사후 西厓와 來庵을 중심으로 한 南北人 분당, 인조반정과 戊申亂(1728)을 겪고 난 뒤 퇴계와 남명에 대한 경상 左·右道와 기호지방 등 지역·학파·당색에 따라 그 평가가 각각 상이했던 것이다.[2]

---

1) 李樹健, 《嶺南士林派의 形成》(영남대 출판부, 1979) ; 〈南冥曺植과 南冥學派〉 (《民族文化論叢》 2·3합집, 1982) ; 《嶺南學派의 形成과 展開》(일조각, 1995).
2) 《明宗實錄》과 《宣祖實錄》 및 《宣祖修正實錄》 소재 퇴계·남명 관련기사를 가지고 비교하면 공정성과 편파성을 곧 발견하게 된다. 동서분당 전에 편찬된 《명종실록》은 퇴계·남명에 관한 기술이 매우 객관적으로 공정하게 서술된 데 반해 大北정권에 의해 편찬된 《선조실록》에서는 남명을 적극 추숭하고 퇴계를 貶下하려는 의도가 크게 작용하였다. 즉 '退南' 양인의 卒年略傳에서 남명에게는 22行의 분량으로 비교적 詳述한 데 반해 퇴계에 관해서는 1行餘의 극히 짧막한 기사가 있을 뿐이다. 그리고 퇴계의 〈戊辰六條疏〉와 〈聖學十圖〉가 기재되지 않은 대신 남명의 〈辭丹城縣監疏〉는 《명종실록》에 실린 것이 《선조실록》에도 중복 기재되어 있다. 西人정권에 의해 편찬된 《선조수정실록》은 西人의 입장에서 南·北人의 학통인 '퇴남' 양인을 비교적 공정하게 다루려고 노력하였다.

한편 조선시대 선비는 현대의 지식인처럼 전공이 세분된 것이 아니고 누구나 修己·治人之學을 겸수해야 하기 때문에 참선비[眞儒]란 文과 武 또는 學(道學)과 吏才[행정실무]까지 통달해야 하였다. 그러니 퇴계와 남명의 역사적 위상을 고찰하는 데 단지 한 학자나 사상가로서 뿐만 아니라 兩班士類로서 시대적·사회적 소임과 책무를 어느 정도 수행하였을까 하는 문제가 구명되어야 한다고 본다. 같은 사림의 신분이라 하더라도 그 '出處'에 따라 책임과 평가가 달라지므로, 퇴계와 남명을 같은 기준에 놓고 비교한다는 것은 다소 문제가 있다고 생각된다.

2. '退南' 양 학파 형성의 정치·사회적 배경

조선왕조는 '사대부정권'이라 할 만큼 독서유생인 士와 전·현직관료인 大夫기 제조와 재야에서 정치·사회적 지배세력으로서 역대의 정권을 담당해 나아갔다. 이러한 사대부는 士族 또는 兩班과 동의어로 사용되었지만 그 형성시기는 고려후기로 소급된다. 그들은 대개 지방의 군현 향리가문에서 출자하여 경제적으로는 지방의 중소지주적 기반을 가진 데다가 고려후기 정치적 혼란과 北虜·南倭의 외침이 거듭되는 가운데 과거·군공·添設職 등을 통해 중앙관인 또는 그에 준하는 자격을 획득한 자들로서 '能文能史'의 조건을 갖춘 새로운 관인상을 지닌 동시에, 때마침 원나라로부터 전래된 신유학[朱子學]을 적극 수용하면서 고려말에 가서는 마침내 숭유배불과 반원친명책 및 왕조교체라는 방향으로 나서게 되었다.

그들은 14세기 말 왕조교체를 계기로 집권사대부와 재야사대부로 나누어졌는가 하면, 15세기 후반 세조의 왕위찬탈을 겪으면서 다시 훈구파와 사림파로 분기되어 갔다. 특히 후자는 왕조교체기의 재야사대부와 맥락을 같이 하면서 훈구파의 집권 아래 주자학적 향촌지배질서와 새로운 先進農法을 향촌사회에 적용하여 원만한 '主奴'관계와 地主佃戶制

를 근간으로 지역개발을 활발히 추진하는 과정에서 향촌사회의 획기적
인 성장과 함께 자신들의 정치·사회적 진출을 꾀하였다.

국초 이래 적극적인 문교 장려와 선비양성책은 16세기에 접어들자
지방에서 급격한 재지사족의 저변확대를 가져왔다. 과전법의 해체로 인
한 사족의 지주적 성격의 강화, 거듭되던 정변·사화로 인한 낙향관인의
증가, 土姓吏族의 사족화에 따른 '任內'이주 및 재지세력의 향촌지배권
장악에 따른 유향소·사마소의 설치운영, 향규·향약·동약의 제정실시,
서당·서원의 보급, 씨족·문중을 중심으로 한 동성촌의 발달 등 일련의
정치·사회·경제적 변화에 따라 지방 사림의 형세는 16세기 중반부터
급격히 신장되어 갔다.[3]

사대부에서 사림으로 연변하는 과정에서 그들은 중간에 비록 집권사
대부와 재야사대부, 훈구파와 사림파 또는 나중에 동서·남북인·노소론
의 당파로 나누어지기도 했지만, 그들은 교학과 신분상으로 본다면 모
두 성리학에 훈도된 양반사류였다는 점에서 공통의 특징이 있다. 따라
서 조선왕조는 京鄕을 막론하고 사류가 중심이 된 양반지배가 확고한
사회인 동시에 士林이라 불리는 선비집단이 그 사회의 영도세력이었다.
그 결과 사림이란 호칭은 당대 최고의 영예이며, 그들의 여론인 士論과
그들의 기상인 士氣는 곧 국가·국민의 元氣로 간주되어 위정자는 이를
적극 배양·권장해 주어야 한다고 인식했던 것이다. 따라서 詩賦詞章에
능한 文士가 사림사회의 文酒席上에서 갈채를 받고 理氣心性之學과 禮
學을 기본으로 한 道學이 학문세계를 풍미했던 양반사회에서 그러한
文才와 學識은 그만큼 出仕와 향촌지배에 중요한 방편의 하나였다.

한편, 조선초기는 전대의 遺制(비유교적인 예제와 의식)가 주자학적
예제와 의식으로 대체되어 가는 시기였다. 그러한 양체제의 교체 과정
에서 심각한 모순과 갈등을 초래하였는데, 그 단적인 예로 태종조 처첩
분간과 서얼차대법을 단행하면서부터 거의 집집마다 처첩과 그 소생들

---

3) 이수건, 〈朝鮮朝 嶺南學派의 형성과 그 전개〉, 《韓國의 哲學》 21호, 1993.

의 적서분간 문제가 발생하였고, 承重·분재·봉사·관혼상제례에 걸쳐 古制와 時王之制 또는 時俗 그 어느 것에 준거하느냐에 따라 이른바 情誼·예제·시속문제가 심각하게 거론되었다. 조선전기는 바로 이러한 두 가지 체제가 혼재한 데서 사대부정권이 지향하려는 법제적인 면과 실제의 민간습속과는 상당히 괴리되어 있었다. 사림세력의 저변확대와 주자학적 의례의 보급에 따라 전자가 점차 후자의 방향으로 나아가는 추세에 있었지만, 그 진행속도는 매우 완만하였다.[4]

재지사족의 신분유지에는 무엇보다 문·무관직을 갖는 것이 첫째 요건이 되겠지만, 吏族의 사족화에는 과거·군공·학문·탁행 등이 중요한 수단이며, 그것은 또한 일정한 富와 학문적 기반 위에서 성취될 수 있었다. 문과나 생진과에 합격하는 것이 사족자제로서 가장 소망스러운 길이지만, 그것이 여의치 않을 때는 조선개국기·세조 정난기와 임진왜란·병자호란 및 영조 4년 이인좌의 난 때와 같은 집권층의 회유책과 군공으로 인한 정규 공신과 原從功臣 책록에 참여함으로써 신분을 고양시킬 수 있었다. 그러한 정변과 전란이 기성 사족에게는 큰 타격을 주어 몰락하는 가문도 있지만, 반면에 신흥세력에게는 집안을 일으키는 한 계기가 되기도 하였다.

조선사회의 지배계급은 여말의 신흥사대부 계층에서 발전한 양반이지만, 《世宗實錄地理志》 소재 姓種상으로는 州·府·郡·縣의 '土姓'에서 出自하였다. "우리나라 鉅族(15세기 당시의 名門大族)은 모두 군현의 토성에서 나왔다"는 成俔의 말이나 "각 고을의 京在所와 留鄕所의 임원은 모두 그 郡縣土姓에서 선임된다"는 李克培의 말처럼, 土姓은 고려초기 이래 역대에 걸쳐 중앙이나 지방의 지배세력을 산출시키는 공급원의 역할을 하였다. 토성을 제외한 다른 姓種은 歸化人을 제외하면 모두 토성에서 분화된 것이며, 15세기를 기준하여 볼 때 이른바 거족과 사림파, 상급 향리인 戶長層을 막론하고 그들의 출신 뿌리는 각기 本貫郡縣의

---

4) 이수건, 〈朝鮮前期의 社會變動과 相續制度〉, 《歷史學報》 129, 1991.

토성에서 분화된 것이다. 고려시대에는 같은 토성이라도 지방에서 上京
從仕하면 귀족과 관료가 될 수 있었고, 그대로 土着하면 군현 지배자로
서 향리세계를 형성하여 지방 행정실무는 물론, 향읍사회까지 領導해
나가는 위치에 있었다.

이러한 士族과 吏族의 분화는 고려말 조선초기에 오게 되면 더욱 촉
진되어 在地土姓에서 다시 吏族[향리]과 在地士族으로 구분되고, 그것
은 다시 양반과 중인이란 계층분화로까지 발전시켜 나갔다. 이는 또한
15세기 양반 관료체제의 확립 과정에서 기성 사족인 양반은 벼슬인 '官
[관리직]'을, 이족은 중앙과 지방의 행정실무인 '吏事'를 담당한다는 데
서 所管 직무까지 확연히 구분됨과 동시에 이족은 읍내[城內]에, 사족은
향촌[城外]에 거주하는 등 거주지까지 구분하게 되었다.[5]

한편 양반관료의 지배체제 아래 있던 胥吏와 鄕吏 등 中·外 官衙의
행정실무자와 각종 기술관 및 양반의 서얼 등 이른바 중인층은 법제상
의 대우와 실제 행정상의 기능과 위치는 상당한 거리가 있었다고 볼 수
있다. 특히 中·外 官衙의 행정실무를 관장했던 서리층은 비록 역사의
표면에는 크게 드러나지 않았지만, 관아와 관원 사이를 연결하면서 실
제 권력의 구조면에서나 권력의 행사면에서 상당한 영향력을 행사하고
있었다. 더구나 빈번한 정변과 사화, 거기에 수반된 양반관료의 잦은 교
체에도 행정상의 공백과 혼란이 야기되지 않고, 왕조의 기본 운영체제
가 유지된 것은 吏屬이 관아의 실무를 장악하고 있었기 때문이다. 그러
므로 서리는 '양반관료의 유모'라는 속어가 유행하였다. 특히 '江流[수
령]하더라도 石不轉[향리]'이라 표현하듯이 군현 향리층은 고려초기 이
래 지방 행정실무를 세습하면서 격변기마다 그 시대적 전환기를 잘 포
착하여 다음 시대의 새로운 세력으로 성장해 나간 것은 엄연한 역사적
사실이었다.

---

5) 이수건, 〈兩班社會의 形成과 展開〉, 《韓國學入門》(대한민국학술원, 1983) ; 〈高
麗·朝鮮時代 支配勢力 변천의 諸時期〉, 《韓國史時代區分論》(한림과학원총서 26,
1995) ; 《韓國中世社會史研究》(일조각, 1984).

　조선왕조의 지방통치체제는 중앙의 관료체제와 마찬가지로 양반관료의 권익을 일차적으로 옹호하기 위한 장치에 불과했으며, 지방행정도 결국 양반의 지배체제를 부지하기 위한 행정적 보조기관에 지나지 않았다. 그런데 지방통치의 방식은 왕권의 강약과 勳舊·士林派란 집권세력의 성향에 따라 상이하였다. 15세기는 지방제도의 개혁이란 면에서 볼 때 획기적인 시기였다. 즉 고려의 五道·兩界가 팔도체제로 확정되고, 신분적이며 다원적이던 군현제가 일원적으로 행정구획화되며, 事審官制가 京在所와 留鄕所로 분화 발전해 나가고, 종래의 속현과 향·소·부곡이 소멸, 직촌화하면서 새로운 면리제로 점차 개편해 나갔던 것이다. 경재소와 유향소는 무엇보다도 조선왕조를 창건하는 데 주역을 담당했던 신흥사대부 세력이, 그들이 소유한 外地의 토지와 노비를 효과적으로 지배 관리하고, 이제까지 군현지배권을 갖고 있던 향리를 배제하고 그들 주도의 지방통치와 성리학적 향촌질서를 확립하려는 과정에서 설치되었던 것이다. 경재소는 1邑 1所의 원칙대로 主邑을 단위로 조직된 것 같으며, 각읍의 京邸와 병존하면서 해당 읍의 유향소를 거느리고 있었다. 유향소는 그 설립 초기에는 군현지배권을 향리로부터 인수받기 위해서 경재소의 힘을 빌렸던 것이며, 在京人들은 경재소와 유향소를 배경으로 각자 緣故地의 지방행정은 물론 자기들의 사회적·경제적 기반도 부식해 갔던 것이다.

　조선왕조의 중앙집권적 지방통치체제가 비교적 잘 유지될 수 있었던 배경은 왕 → 감사 → 수령으로 이어지는 관치행정적 계통과 경재소 → 유향소 → 面·里任으로 연결되는 재지사족 중심의 자치적인 행정체계 및 이들 중간에 개재한 上計吏·京邸吏·營吏·邑吏의 향리계통, 이 3자가 서로 견제와 균형을 유지할 수 있었기 때문이다. 이는 마치 李重煥이 그 《擇里志》에서 언명한 것처럼, 조선왕조의 권력구조에서 政曹(의정부와 六曹 : 정무기관)·三司(언론·감찰)·銓郎(인사권)이 서로 견제와 균형의 妙味를 살린 데서 300년 동안 大權奸의 위협 없이 왕업이 유지되었듯이, 지방통치에서도 위의 3계열이 서로 얽히고 설킨 데서 지방에 큰

반란과 반역사건 없이 중앙집권적 양반지배체제가 오랫동안 비교적 잘
지속되었다고 볼 수 있다.[6]

조선시대 향촌에 盤居한 양반들은 특정의 명조를 받들고 문중과 동
성촌을 이루고 향청과 향교 또는 서원을 출입하면서 향회·도회·儒疏와
같은 모임과 집단행동에도 적극 참여하였다. 그들은 각기 학통과 당파
별로 존재하면서 한때 대단한 지위에 올랐거나, 학문과 덕행으로 유명
했던 선조를 받들며 종가를 중심으로 한 족적 결속을 굳게 하고자 문중
조직·문중재산·족보 같은 것을 매우 소중하게 여겼다. 특히 조선후기
삼남지방의 시골 양반들은 움직였다 하면 서원이나 사묘를 세우고 문
집을 편간하였다. 그것은 과거나 벼슬이 종전처럼 여의치 않은 상황에
서 그런 사업이라도 추진함으로써 우선 사대부의 명망을 잃지 않고 문
중과 씨족을 보존하여 민중에 군림하고 향리를 호령할 수 있었기 때문
이다.[7]

양반과 동의어로 사용된 사족이란 항상 士와 族의 문제가 동시에 고
려되었고 어느 한쪽만을 취하지 않았다. 가령 입학·과거·銓注·任官 문
제와 관련하여 과거와 署經 과정에서 당사자의 글재주·학식·덕행과 함
께 혈통과 가계 및 族屬을 중히 따지는 취지는 바로 그 두 가지 요건을
필수조건으로 하였기 때문이다. 조선왕조가 엄격한 신분제를 바탕으로
성리학적 유교 소양과 文·武·吏의 3대 출사로와 관련하여 과거·천거·
取才 등을 채택했다는 데서 사와 족의 두 가지 요건인 혈통·가계·祖蔭
을 따지는 성과 본관·가문·혼인관계를 중시한 결과, 아무리 명문·거족
이라 하더라도 개인적인 자질과 능력을 갖추지 않은 한, 사족 곧 양반
신분을 계속 유지할 수는 없었다. 특히 우리나라는 그 기간 동안 이민
족에 의한 정복왕조나 전형적인 혁명에 의한 지배세력의 전면적인 교
체는 경험하지 않았기 때문에 사회적 지속성이 매우 강하게 이어졌고,
또 지배세력의 변화와 교체도 계기적·단계적으로 진행되었다.

6) 이수건, 《朝鮮時代地方行政史》(대우학술총서 37), 민음사, 1989.
7) 이수건, 〈17·18世紀 安東地方儒林의 政治·社會的 機能〉, 《大丘史學》 30호, 1986.

그러한 양반사회가 강한 지속성을 갖게 된 까닭은 첫째, 世臣·世族으로서의 양반사대부와 향역을 세습하는 世吏로서의 향리, 世傳其業하는 잡과출신의 중인층, 둘째, 사족의 손발과 재산으로서의 世傳奴婢와 공신들에 지급한 공신전·공신노비를 비롯한 賜牌田民과 조상의 유산 등 신분과 직역 및 재산상속의 세습성과 폐쇄성이 특히 강인했는가 하면, 다른 한편에는 계급내혼·지역내혼제와 자녀균분상속제가 철저하였으므로 사회신분의 지속성과 연속성이 잘 유지될 수 있었다. 조선사회의 양반제도와 노비세전법을 비롯하여《세종실록지리지》성씨조의 성관체제, 경재소와 유향소의 병존, 읍사향리의 철저한 향역세습, 任內와 直村·越境地의 병렬,〈八高祖圖〉와 남귀여가혼·남녀균분상속제 등은 중국과는 판이한 제도와 관습이었다. 이러한 특징 외에도 양반의 신분유지에는 漢唐 유학이든, 宋明 유학이든 유교(유학)적인 소양과 文才·학식과 관직, 명조·현조의 가계 및 일정한 경제적 기반인 토지와 노비가 있어야 했다.

또한 조선사회는 중앙과 지방 또는 각 신분·계층별로 권력의 안배와 財富의 분배가 어느 정도 균형을 유지하고 있었다. 중·외 관청마다 官과 吏란 양반과 중인, 고을마다 향청과 吏廳, 향교와 서원, 씨족과 문중을 단위로 한 재지사족이 서로 균형과 견제관계를 유지하고 있는 데서 전통적인 지배세력인 양반 외에 제3세력의 정권 참여는 거의 불가능했으며, 그 때문에 중세적인 왕조의 장기화를 가져오고 말았던 것이다.[8]

여말선초에 걸친 사회변동 가운데 특기할 만한 것으로 '任內(속현 및 향소부곡)의 직촌화에 따라 재지사족들의 활발한 지역개발로 인한 향촌사회의 성장'이란 문제를 들 수 있다. 여말까지만 해도 각 고을(군현)의 '邑治(內)'지역이 그 구획의 행정·경제·문화의 중심지인 동시에 그 향읍을 실질적으로 지배하고 있던 토착이민들의 사회·경제적 기반이었으므로 그곳이 주로 개발되어 있었고, 任內나 읍치의 외곽지대는 인구가 매

8) 이수건,〈高麗·朝鮮時代 支配勢力 변천의 諸時期〉참조.

우 적고 주민이 우매하여 미개발된 상태로 남아 있었다. 당시 전국 각 읍의 관내를 크게 향읍지역과 향촌지역으로 나눌 수 있는데, 이를 후기의 《邑誌》에 의거하여 호구와 전결수를 대비시켜 보면, 읍치는 향촌 지역에 비해 최대 5분의 1 내지 최소 10분의 1에 불과하였다. 향촌의 5분의 4 또는 10분의 9에 해당되는 지역이 조선초기에 들어와서 신흥사족·유향품관 및 낙향관인들에 의하여 비로소 개발되기 시작하였다.

그들은 주자학적 향촌지배질서와 새 선진농법을 갖고 일정한 노비와 토지를 소유한 채 이주하거나 '卜居'하여 새 터전과 농장을 개설, 경영함에 따라 그곳이 나중에 각 지역을 대표한 재지사족의 집거지가 되는 동시에 그 주위의 오지·벽지가 잇따라 개발되어 갔다. 각 읍치의 외곽지대와 任內는 지세나 위치상 농지와 산지 및 하천과 계곡이 서로 교착하여 제언과 천방[洑] 등 관개시설 축조에 편리하였다. 특히 이러한 곳은 우선 당시 여러 선진농법을 적용할 수 있는 유리한 조건을 구비한 데다가 하천이나 계곡의 물을 이용하여 관개할 수 있어 수도작 재배에 旱害가 적고 또 河床이 낮기 때문에 홍수로 인한 수해가 하류지역보다 적었다. 또한 이러한 곳은 '避兵·避世'하는 데 유리한 자연조건을 갖추었을 뿐만 아니라 幽閑한 情景을 선호하는 사림의 취향에도 적합했다. 외관상 이러한 곳은 교통이 불편하고 관청과 거리가 멀다는 이유로 취락의 適地가 아니라고 생각되기 쉽지만, 중세사회의 재지사족들 입장에서는 오히려 그러한 면이 장점이 되기도 하였다. 안팎으로 노비가 있어 家內外使喚을 담당하였고, 또 필요로 하는 물자를 공급받을 수 있었으며, 관청과 격리된 것도 그들에게는 오히려 번잡한 市井의 분위기와 관권의 감시와 관리들의 侵虐으로부터 벗어날 수 있었기 때문이다.

세종조 《지리지》에 각읍마다 호구·전결수가 기재되고, 《經國大典》에 면리제가 비로소 법제화하며, 16세기 후반부터 새로 편찬되기 시작한 《邑誌》에는 종전의 地志에서 볼 수 없던 '坊里' 조항이 가장 상세하게 기술되고 있다는 사실은, 바로 15세기 이래 재지사족들에 의해 꾸준히 개발되고 있던 향촌사회의 성장을 반영한 것이라 하겠다. 15세기 후반 이래 재지사족 자제의 활발한 진출과 향약을 비롯한 향촌규약과 座目 등의 제정, 실시는 바로 조선초기 이래 재지세력들에 의한 지역개발과, 그 결과로 얻어진 사회·경제적 기반에 힘입은 바가 컸다.

16세기 이래 경상도의 각읍을 대표하여 강력한 재지적 기반을 바탕으로 활발한 정치·사회적 집단행동을 수행했던 退南 양 학파의 가문들은 대개 이러한 곳에 동성촌을 형성하고 있었다.[9]

여말선초부터 군현에 따라 그 향읍을 영도할 수 있는 문벌과 학덕을 갖춘 사족의 父老·子弟에 의한 조직이 있어 왔다. 그 조직은 고려 이래 '邑司'를 구성했던 향리의 〈壇案〉이나 훗일의 〈靑衿錄〉과 같이 조직 참가자의 명부, 즉 鄕案(지방에 따라 鄕座目·鄕錄·鄕籍·靑襟錄 등으로 호칭)을 갖추고 있었던 것이며, 의결기관이면서 鄕射·鄕飮酒禮·鄕約讀會·養老禮 등의 거행과 기타 친목의 장소이기도 한 향회 또는 사무소이면서 공동의 집합장이기도 했던 鄕廳(향사당·유향소·향소)을 갖고 있었다.

鄕案에는 이른바 世族이어야 入錄될 수 있었다. 世族이란 吏族이나 常民이 아닌, 즉 벼슬할 수 있는 사족과 같은 뜻도 있지만 여기서는 해당 군현에 거주하는 문벌과 학덕을 갖춘 '양반'이란 의미를 지닌다. 郡縣土姓에서 上京從仕하였다가 낙향한 가문, 土姓에서 재지사족으로 성장한 가문 및 타읍·타도출신 사족으로 이주하여 학문·덕행·벼슬을 갖춘 가문이 향안에 들 수 있었다. 응시나 出仕上의 署經에서 결격사유가 없는 그런 가문이 1차 대상이 되었으며, 부계를 위시하여 외계와 처계에 하자가 없는 가문이어야 했다.

조선시대 향촌사회에 관한 諸規約은 향규·향약·동계·동약·계약 등 크게 향규·향약·동약 및 각종 契로 나눌 수 있으며, 그러한 조직체의 구성원 명단은 또한 鄕案·洞案 및 稧案 등으로 나눌 수 있다. 양반사회의 정착을 위해서는 무엇보다 양반사대부가 지향하려 했던 유교적인

---

9) 이수건, 〈古文書를 통해 본 朝鮮朝·社會史의 一研究〉,《韓國史學》9집(한국정신문화연구원, 1987).

향촌질서가 먼저 확립되어야 했다. 그런데 향촌사회는 일찍이 재지사족들에 의한 자율적 조직체가 존재했음이 밝혀졌는데 '향안'은 그 구성원의 명부이며, 향규는 그 규약이라는 것이다.[10] 향약의 보급에 앞서서 유향소와 향안을 규제했던 향규는 벌써 조선초기부터 있었다. 유교적인 향촌질서의 확립 과정은 성리학적 교육과 윤리·의례의 수용 및 사림파 세력의 성장과 유기적인 관련 아래에서 진행되었다. 그것은 바로 성리학적 실천윤리를 강조하던 사림파 세력의 성장에 따라 주자《家禮》의 수용과 《小學》교육의 보급, 社倉의 설치 및 유향소의 설치와 향규·향약의 시행에서 가능했다. 이러한 것에 대한 양반사대부들의 본래 취지는 유교적인 덕치, 위민정치의 실현수단으로 제시되었지만 그것은 어디까지나 양반 대 농민의 원만한 관계 유지에 있었던 것이며, 향촌의 지배권을 장악한 재지사족들이 민중을 보다 효과적으로 지배 또는 수탈하기 위한 필요에서 추진되었다고 볼 수도 있다.

유향소의 조직과 임원 선정, 鄕任의 직무와 권한, 향촌교화 및 향안의 入錄 범위와 절차 등에 관한 사항을 규정한 것이 향규이다. 즉 향규는 유향소의 임원 또는 구성원에 의하여 '立議' 또는 '完議' 형식으로 의정된 것이며, 유향소의 발전과 함께 규약의 내용도 점차 정비되어 갔던 것이다. "列書洞案, 以復舊規焉", "旣修洞案, 更定洞規"라든지 또는 "洞案旣成, 則不可無洞約"[11]이라 한 바와 같이 洞案이 갖추어진 뒤에 洞規 또는 洞約이 마련되듯이, 유향소가 설립 운영되고 鄕案이 작성됨에 따라 유향소와 향안을 규제할 향규가 나오기 마련이었다.

退溪 → 安東鄕中士林 → 柳成龍의 손을 거치면서 전래의 향규는 16세기 말부터 향약적 성격을 가미하다가 17세기 退·栗 양 문도들에 의해

---

10) 田川孝三, 〈鄕案について〉, 《山本博士還曆記念東洋史論叢》, 1973 ; 〈鄕憲と憲目〉, 《鈴木俊古稀記念東洋史論叢》, 1975 ; 〈李朝の鄕規について〉, 《朝鮮學報》 76·78·81호, 1975~1976.

11) 《晋陽誌》 卷1, 各里 東西上寺里洞約跋(宣祖 36年, 金大鳴撰) ; 同書 鄭承勳 洞約序 ; 同書 琴山洞, 成汝信 洞約序.

서 오히려 향약을 주로 하면서 그 안에 종래의 향규를 끌어넣는 데서 향규의 향약화가 급진전되어 갔다. 선조 35년(1602)에 작성된 金圻의 향약에서 17세기 이후 일반적 추세였던 주자의 增損鄕約을 기초로 하여 퇴계의 罰則條와 재래 동계의 吉凶慶弔, 患難相救·春秋講信 등이 결합된 향약을 발견하게 된다. 여기에는 '下人約條'를 비롯한 향촌생활에 있어서 士族의 구체적인 자기통제 규약이 포함되어 있다.[12]

향약은 본래 宋代의 藍田呂氏가 창안한 향촌자치에 필요한 덕목과 상호협조 등을 규약한 것으로 뒤에 주자의 증보에 의하여 더욱 완비되어 《朱子大全》(《小學》과 《性理大全》에도 실림)에 실려 있었으므로, 향약이 우리나라에 소개된 것은 주자학의 전래와 거의 같은 시기였다. 또한 呂氏鄕約은 주자가 편집한 《小學》에 실려 있었기 때문에 《소학》교육의 보급과 함께 15세기부터 사대부 계층에 수용되어 갔다. 이러한 향약은 성리학적 실천윤리를 향촌사회에 보급시키려 했던 사림에 의하여 영남지방부터 점차 전국으로 확산되어 갔다. 그런데 이에 앞서 유향소의 설치 운영과 함께 상술한 향규가 지방에 따라 제정 실시되었고, 향약은 16세기부터 실시되기 시작하였는데, 그것은 趙光祖 일파의 집권과 거의 동시에 이루어졌다. 퇴계와 율곡에 이르러 한국적인 향약이 확립된 후 두 학자의 것을 모범으로 한 영남·기호학파는 양대 향약의 맥을 형성하게 되었다.

향약이 위로부터 또는 사족중심의 규범적인 향촌자치 규약이라고 한다면, 밑으로부터 지연적 또는 혈연적인 특수 이익을 토대로 한 자연발생적인 것으로는 계가 있었다. 이는 선조조 朴淳의 말과 같이 "우리나라 민속에 都下로부터 外方의 鄕曲에 이르기까지 모두 洞隣之契와 香徒之會가 있어 사사로이 향약을 세워 서로 檢束"했던 것이나, 世宗朝 朴甸의 陳言과 같이 "마을마다 사람마다 모두 鄕徒를 맺어" 會飮·埋葬

---

12) 《退溪集》卷42, 鄕立約條序 附約條 ; 《永嘉誌》소재 安東鄕規舊條 및 新定十條 참조.

등 촌락주민의 공동체적 행위를 수행했던 것이다.[13] 조선시대의 계는
크게 사족중심의 것과 香徒와 같이 농민중심의 것이 있었는데, 후자는
'寶'와 같은 '存本取息'에 중점을 두는 것으로 대개 촌락단위의 소규모적
인 것이 많았고 때로는 洞契·統契·喪布契·軍布契·禁松契 등 水火災難
과 養生送死에 관한 상부상조적인 것이 주종을 이루고 있었다.

향교와 서원을 주도했던 사림의 사회적 기능은 결국 그들의 재지적
기반을 다지고 향촌지배체제를 확고히 함과 동시에 그들의 정치적 활
동도 뒷받침하기 위한 일환으로 추진되었다. 그들은 무엇보다 먼저 재
지적 기반을 구축하기 위하여 경제적 기반을 확대하고 그들의 지배하
에 있는 하층민을 무마·단속하기 위하여 향규·향약·동계·족계 등을 제
정 실시하였다.

특히 영남의 각읍 사족들은 15세기 이래 각기 향교와 유향소 및 후대
의 서원을 장악하여 그들 중심의 향촌사회를 영도해 나갔다. 이처럼 영
남지방은 고려후기부터 명현·석학들이 배출하여 유교적인 文獻고장으
로서 또한 면면히 전승해 온 敎學의 전통을 갖게 되었다. 이때부터 이
지방의 향교는 각읍마다 재지사족들의 자제를 교육시키는 장소로서 많
은 인재를 양성, 배출시켜 조선초기 이래 향교의 시설과 교육체제가 잘
갖추어져 있었다. 그래서 이곳은 재지사족과 이족이 관권의 간섭을 배
제하고 공동협찬 아래에서 지방행정과 향촌지배 기반을 장악해 갔다.
이곳의 사족과 이족은 각기 향안과 壇案(吏案) 및 향규와 향리규약 또
는 동약·족계를 작성 제정하는 데 서로 공동 참여했던 것이며, 이러한
기반 위에서 뒷날 퇴계 문도들에 의해 서당·서원이 발흥하게 되었다.

조선후기 각읍의 향교와 서원이 상호 경쟁적인 대립관계에 있을 때
도 유독 영남지방만은 양자가 유림의 정치·사회적 활동의 중심지로서
공동보조를 취해 갔다. 그리하여 영남의 각읍 향교는 일찍부터 재지사

---

13) 《眉巖日記草》 4(8冊) 癸酉 8月 17日條 ; 《宣祖實錄》 卷7, 宣祖 6年 8月 甲子條 ;
《世宗實錄》 卷22, 世宗 5年 12月 丁卯條.

족의 장악하에 들어갔고 그 校生들은 士族의 子弟였다. 이처럼 영남지방 향교의 校生들은 士族子弟가 주류를 이루었고 따라서 각읍 향교는 유림의 장악 밑에서 서원세력과 함께 항상 공동보조를 취하여 유교적인 각종 행사와 儒疏·鄕戰과 기타 유림행사를 주관하는 장소로 기능하였다. 조선시대 영남지방은 유교문화와 성리학이 가장 발달했을 뿐만아니라 16세기 후반부터는 畿湖學派에 대칭되는 嶺南學派의 본산으로서 도내의 유림을 영도하여 서인과 노론정권에 대항하는 과정에서 각읍의 校院 세력이 남인의 입장을 고수하면서 활발한 정치·사회적 활동을 전개하였다.

퇴계·남명학파는 각기 경상 좌·우도지방의 대표적인 재지사족이 중심이 되어 형성되었고, 그들은 서로 중첩적인 혼인관계로 인해 家産도 상호 授受하게 되었고 학문도 父祖 또는 外祖·妻父의 학통을 이어 나갔다. 한편 그들은 退南 당시부터 각기 거주지 소재 서원을 중심으로 그들의 재지적 기반을 더욱 공고히 해갔다. 順興·豊基지방이 紹修書院을, 영주지방이 伊山書院을, 易東書院이 예안현을, 濫溪書院이 咸陽郡을, 道東書院이 玄風縣을, 川谷書院이 星州牧을 중심으로 각기 재지사림의 지위를 굳혀갔다. 퇴계와 남명 사후에는 도산·여산·덕천·용암·신산서원 등이 우뚝 솟았는데, 이어 안동지방에 柳成龍과 金誠一 門徒를 중심으로 屛山과 虎溪書院이 확립됨으로써 퇴계학파가 더욱 확장되었다.

儒疏는 유생들의 집단 상소라는 데서 유학의 기본인 崇儒·闢異·名分과 義理, 表忠旌孝와 典禮 문제 및 그들의 관심사인 院祠와 鄕戰에 관한 것이 주류를 차지하며, 관념적이고 번쇄한 이론과 고루한 명분론에 집착하는 유소가 많은 비중을 차지했다. 유소의 주체인 유생은 사회신분상으로는 상급 지배신분인 양반층의 자제로서 幼學(學生)과 小科에 급제한 生員·進士로 구성되며, 그들은 각기 소속에 따라 館儒(成均館)·學儒(四部學堂)·校儒(鄕校)·院儒(書院) 및 기타 幼學으로 구분되지만, 校儒 또는 校生의 신분은 지역에 따라 사족과 비사족 자제로 나눌 수 있으며, 경상도의 교생은 도내열읍에 따라 한결 같지는 않지만, 대체로 사

족자제로 구성되어 있었다.[14]

　향촌사회에서 在地勢力間의 각종 鄕權 쟁탈전인 鄕戰은 조선후기 정치사회사에서 매우 중요한 문제라 생각된다. 16세기 이전에도 향전이 있었다고 생각되지만 그것이 심각한 문제로 등장한 시기는 대체로 16세기 후반부터였다. 후기의 향전은 그 유형상 ① 鄕案入錄과 鄕廳任員의 선임문제를 둘러싸고 야기되는 경우, ② 당파의 분열에 따른 南·西人 간의 대립과 갈등, ③ 書院·祠廟의 配享·追享 및 位牌의 序次 문제 등을 둘러싸고 씨족·학파·문중 간에 야기되는 경우, ④ 鄕權과 官權과의 충돌에서 야기되는 경우, ⑤ 先祖의 學統과 師友淵源 문제, 文集간행과 文字是非 등을 두고 後學·後孫 간에 분쟁이 야기되는 경우, ⑥ 田畓·墓山의 소유와 사용문제, 堤堰과 洑(川防)의 축조·수리·사용권을 둘러싸고 씨족·촌락 간에 야기되는 분쟁, ⑦ 이상의 제문제와 무관하지 않지만 사회신분과 계층 간의 대립과 갈등, 적서와 士族·吏族 간의 대립분쟁에서 야기되는 鄕戰 등으로 나눌 수 있을 것 같다.

　그런데 향전이나 儒疏의 준비에서 불가결한 수단이 있는데 그것이 通文이다. 통문은 檄文·布告文과 같이 조선조 유림사회에 중요한 통신수단으로 成均館·四學·鄕校·書院·鄕廳·門中間에 왕래한 것으로 여러 사람들에게 알리기 위한 통지문이다. 이러한 통문과 같이 서면으로 알리는 통신 수단은 일찍부터 있어 왔다고 볼 수 있으나, 그것이 유림사회에 크게 문제가 되기 시작한 시기는 사림이 정계와 학계를 주도했던 16세기 후반부터라고 생각된다. 통문은 보통 10여 명에서 수십 명 또는 후기에 오면 100여 명, 때로는 1,000여 명이 연명한 것도 있으며 그 내용상 단순히 사실을 통지하는 것, 鄕會·疏會와 같은 회의·집회를 개최하기 위하여 혹은 어떤 행위에 동참을 호소하며, 또는 宗中·門中에 족보편찬·爲先事業과 같은 사업을 알리는 등 그 종류는 실로 다양하였다.

---

14) 이수건, 〈朝鮮後期 嶺南儒疏에 대하여〉(李丙燾博士九旬紀念《韓國史學論叢》, 1987).

이와 같이 통문은 한 지역이나 전국의 유림사회에 연락을 취하고 士論
을 고취시키는 데 큰 위력을 발휘했으며, 유소와 함께 집권층에게 때로
는 큰 위협을 느끼게 하기도 하였다. 통문의 형식이나 연명인수 또는
문체의 美惡을 갖고 그것을 주고받는 유림끼리 서로 자기들의 범절과
文章·學識을 과시하기도 하였다. 그러한 의도가 때로는 크게 작용하여
통문을 발송하는 행위보다 통문의 문체에 대해 더 신경을 쓴다든지 하
여 간혹 문자상의 유희가 담긴 통문도 없지 않았다.[15]

3. '退南'의 生涯와 사상·학문 비교

조선왕조의 통치이념으로 자리를 굳힌 성리학은 집권·재야사대부 또
는 관학과 사학의 공동노력에 의하여 정착하고 보급되어 갔으며, 16세
기 후반에 접어들자 사림세력의 정계장악과 함께 정파의 분열과 동시
에 인맥·지연 및 학설상으로 점차 유파가 생기면서 동서분당과 함께 영
남학파와 기호학파로 대별되어 갔다. 15세기 후반 金宗直을 영수로 한
경상도의 신진사류를 '영남사림파'라 한다면, 16세기 중반 晦齋·退溪·
南冥의 학통을 포괄해서 이를 '영남학파'라 할 수 있다. 전자는 성리학
의 수용 과정에서 朱子의 《經傳集註》와 《家禮》 및 《小學》 교육을 성
리학의 실천윤리와 교육 및 행신의 기본으로 삼았고, 후자는 理氣心性
學과 禮學을 바탕으로 한 道學을 주로 하면서 栗谷·牛溪를 영수로 한
기호학파에 대칭되는 학파로서 학연상으로는 退溪와 南冥學統을, 당파
상으로는 동인과 남인 또는 북인의 입장을 고수했던 것이다.
퇴계 이황(1501. 11~1570. 12)과 남명 조식(1501. 6~1572. 2)은 同甲·
同道人으로서 乙巳士禍(1545) 이후에 굴기하여 東西分黨(1575) 이전에
일생을 마치면서 각기 慶尙左道(또는 上道)와 慶尙右道(또는 下道)를

---

15) 이수건, 〈17·18世紀 安東地方 儒林의 政治社會的 機能〉, 《大丘史學》 30호, 1986.

대표하여 영남학파의 2대 산맥인 퇴계학파와 남명학파를 형성시켰다.
仁祖反正(1623) 이후에는 退南 양학자의 위상과 양 학파의 형세에 큰
격차가 있게 되었지만, 두 학자의 생존시에는 그 형세가 대등하여 양쪽
을 넘나드는 학도와 관인들이 많았다.

퇴계의 문인 趙穆은 그가 찬한 《退溪言行總錄》에서 "선생의 천품은
영오하고 神彩가 정명하였다. 기질은 온화하면서도 굳세고, 言辭는 완
곡하면서도 직선적이었다. 학식은 해박하면서도 요령이 있었고, 행동은
온전하면서 독실하였다. 청정하되 과격하지 않았고 참여하되 굳이 바로
잡으려 하지는 않았다. 옛것을 흠모하되 그것에 옹체되지 아니하였고,
세상에 처해 살되 세속에 흐르지 아니하였다" 하여 퇴계의 사람됨을 간
결하고 요령 있게 평설하였다. 한편 《明宗實錄》, 《宣祖實錄》에 표현되
어 있는 그의 성품은 英明, 疎淡, 淸簡, 溫粹, 謙虛, 恬靜한 것이었다. 그
의 성품이나 처세 태도는 인격의 도야나 학문의 연구를 통하여 훌륭한
인격자 내지 위대한 학자로서 성장하였으나, 굳센 신념과 정열을 가지
고 현실에 적극적으로 뛰어들어 그 현실을 과감히 개혁해 나갈 만한 탁
월한 능력의 관인으로는 성장하지 못하였다.[16]

퇴계 官歷은 小科·文科를 거친 후 權知承文院副正字에서 著作 → 博
士 → 典籍 → 六曹佐郞 → 三司郞官 → 諸司正 → 外職守令 → 大司成 →
軍職上護軍 → 僉知中樞 → 參判 → 判書 → 右贊成 → 判中樞 등 당 시
兩班官人이 文科를 거쳐 요직·고관에 이르는 경로를 순차적으로 밟아
마침내 정1품인 判中樞에 올랐고, 죽은 뒤 곧 영의정과 文純이란 시호가
추증되고 다시 종묘배향과 문묘종사라는 신하로서, 학자로서 최고의 영
예를 향유하게 되었다.

퇴계의 학문세계는 그가 평소 탐독하고 참고했던 수택본의 종류와
내용을 갖고 짐작할 수 있다. 명종 15년 도산서당이 준공된 뒤 그는 동
향 출신 제자인 琴蘭秀에게 자신이 도산서당과 溪上住宅에 소장하고

---

16) 李秉烋, 〈退溪李滉의 家系와 生涯〉, 《退溪學硏究》 1집(경상북도, 1973).

있던 兩處 도서 정리를 맡겼는데, 당시 퇴계의 소장 도서목록은 금난수의 《手筆日錄》에 상세히 기재되어 있다. 소장 도서는 총 1,700여 권인데 종류로는 중국의 經史子集이 159종, 한국의 역사, 지리, 법제, 문집, 기타 잡록이 55종으로서 전자에 비하면 후자는 3분의 1에 불과하였다. 그의 평소 수택본의 목록을 갖고 짐작되는 것은 그의 학적 관심사가 주자학 일변도였다는 사실과 중국에서는 程朱學과 並存했던 陸王學 관계 도서가 그의 장서에는 거의 없었으니, 그의 편협한 闢異사상의 일면을 엿볼 수 있으며 자국의 역사와 선배학자에 관한 도서는 적은 편이 아닌데도 한국의 역사와 문화 및 時事·時務的인 것에는 관심도 적고 구체적인 논술도 없었다.[17]

南冥은 燕山君 7년 6월 경상우도 三嘉縣(현 陜川郡內) 兎洞에서 출생하였다. 7세가 되면서 가정에서 父로부터 수학한 이래 父의 宦路를 따라 義興과 端川에서 또는 서울에서 수학하였다. 그는 처음부터 傲世·傲物하는 고답적인 기질을 지녀 부귀와 재화를 草芥와 같이 보면서 항상 遺世的인 기상을 가졌던 것이며, 약관 때부터 科業과 科文에 몰두했으나 30세가 넘도록 小大科의 豫試에만 入格했을 뿐 本試에는 끝내 합격하지 못하였다. 처음에는 '左柳文'과 같은 古文과 科業敎育에 종사하다가 《性理大全》, 《心經》 등 성리학에 접하게 되자 25세부터 心性學에 관심을 갖게 되었다.

남명의 학문자세는 '敬義'를 전제한 反躬實踐에 궁극적 목표를 두었고, 日用動作에서 시작하여 《사서》, 《근사록》, 《성리대전》 및 《심경》을 기본교재로 사용하였다. 그는 교육의 실제에서도 性命·天理와 같은 '上學'보다는 일상동작과 같은 '下學'적인 면에 치중하였다. 그는 사람의 품성과 소질에 따라 교육하되 스스로 체득하여 실천하도록 유도하였다. 그는 당시 사림들이 현실을 떠나 지나친 관념론과 고원한 차원에서 高談峻論하여 도명·기세하는 언동을 가장 싫어하였다. 그래서 평소 자신

---

17) 琴蘭秀, 《惺齋日記》(친필초고, 안동 浮浦소재).

도 그러한 혐의를 받지는 않을까 항상 경계하였다. 그는 당대 제일의 '遺逸'로 조야의 촉망과 사류의 존경을 한 몸에 받고 있었지만, 그러한 여망을 감당할 학식과 위치에 있지 않다고 늘 겸허한 자세로 임했고, 師友·門人과의 서신 왕래에서도 자신의 虛名이 혹시 도명·기세하는 행위를 저지르지 않나 해서 자책·자괴하는 심정을 술회하였다.[18]

저 유명한 "慈殿塞淵, 不過深宮之一寡婦, 殿下幼沖, 只是先王之一孤嗣"라는 남명의 제1차 상소에 대하여 당시 사관은 아래와 같이 논평하였다.[19]

　　당시 遺逸에 假托하여 실제 學德을 갖추지 않고 한갓 虛名으로 盜名·欺世하는 자가 많다. 그러나 植은 持身修潔하여 초야에 묻혀 세상에 드러내려고 하지 않으나, 그 명망이 자연 조정에 전달되어 관직이 누차 제수되었으나 安貧自樂하여 끝내 出仕하지 않으니 그 뜻 가상하다. 그러나 植은 결코 세상을 잊는 데 과감하지 않았다. 陳疏 抗議하여 時弊를 極論함에 辭懇義直했던 것이며, 傷時憂亂하여 나의 임금을 明新의 경지에 넣고 風化를 王道의 극치에 두려고 했으니 그 憂國之誠이 지극하다. 아! 평소 뜻한 바를 임금 앞에 다 開陳하고 끝내 처사로서 일생을 마쳤으니 그 마음은 충성하고 그 절의는 높다 하겠다.

남명학파의 지역적 범위는 진주를 중심하여 동쪽으로는 김해·밀양·청도, 북쪽으로는 창녕·현풍·성주, 서쪽으로는 산청·함양·하동 및 남쪽으로는 사천·고성 등지였다. 남명 당시 경상도를 크게 네 개의 界首官으로 구분할 때 진주목 관내의 전지역과 경주부 관내의 밀양·청도·창녕·영산·현풍과 상주목 관내의 성주·합천·고령·초계가 남명학파의 지역적 범위에 들어간다고 하겠다.

15세기에 배출한 인물을 경상좌·우도를 비교해 보면 우도가 좌도를

---

18) 이수건, 〈南冥曺植과 南冥學派〉 참조.
19) 《明宗實錄》 卷19, 明宗 11年 11月 庚戌條.

훨씬 능가하였다. 成俔이 열거한 일국의 '鉅族'을 본관별로 살펴보면 좌
도는 8성에 불과한 데 비해 우도는 18성이나 되었다. 특히 진주지방에
는 여말선초에 걸쳐 많은 인물이 배출되어 '嶺南人材 半在晋陽'이란 유
행어가 나돌았다.[20]

15세기 후반에 영남사림파의 宗匠인 김종직이 밀양에서 출생하여 함
양과 선산의 수령을 역임하면서 지방 문풍을 진흥시켰고, 성종의 총애
를 받아 중앙의 淸要職을 한 데서 그의 문하에는 우도출신 사림이 모이
게 되었다. 그의 三大弟子라 할 수 있는 金宏弼(玄風)·鄭汝昌(咸陽)·金
馹孫(淸道)을 비롯하여 朴漢柱·兪好仁·表沿沫·安遇·郭承華·盧瑾·姜渾·
辛永禧 등이 모두 우도 또는 하도 출신이었던 것이며, 그들 중에는 무
오사화·갑자사화에 희생된 자도 많았다.

15세기의 두 정치세력인 훈구파와 사림파 가운데 경상우도 출신이
많았다는 사실은 16세기 후반 남명학파의 형성에 직간접으로 많은 영
향을 주었다. 집권세력이나 재야사림을 막론하고 모두 사족출신이라는
데서 사족이 일찍 형성되고 강성했던 지역에서 사림이 많이 나올 수 있
었기 때문이다. 남명이 三嘉에서 김해를 거쳐 晚年에 진주목 管內 德山
洞에 정착하여 講學論道한 데서 진주권은 마침내 남명학파의 연수가
되었다.

퇴계와 남명 및 양인의 문도들로 구성된 퇴계·남명학파를 여러 측면
에서 비교해 보면 양쪽은 서로 대조적인 면이 많다. 두 학자의 생시에
도 여러 인사들의 비교 논평이 있었는가 하면, 후학들의 논평도 많았다.
퇴계와 남명은 을사사화 이후에 사림의 領袖로 등장하여 동서분당 이

---

20)《晋陽誌》卷4, 古蹟條 "國初, 本州人才盛, 三公六卿, 半是州人, 入翰林十二郎, 並
出一時, 當時嶺南人才, 半在晋陽之語,"; 同誌 叢談條 "太宗朝, 以河浩亭崙有大勳
勞, 寵眷深重, 及公致仕而歸, 上親爲餞宴于濟川亭, 因賜中安里田稅一百結, 公構閣
于鄕射堂後, 奉御筆, 以田稅爲鄕父老饗飮之資, 萬曆戊寅(宣祖 11年, 1578), 牧使李
濟臣謂本州豪習, 由於鄕所, 潛火御筆閣, 奪還田稅"라 한 바와 같이 진주는 국초
河崙 이래 토호세력이 강성하여 難治邑으로 소문나 있었다.

전에 일생을 마쳤으니, 기호학파의 영수인 율곡·우계와는 달리 당색의
혐의를 받을 리 없었다. 더구나 퇴계와 남명은 사림이 정권을 장악한
16세기 후반에 학덕을 겸비한 신진사류의 영수로서 재조와 재야에서
학맥과 지연을 초월하여 朝野에 숭앙의 대상이 되었다.《明宗實錄》에
는 퇴계와 남명에 관한 기사가 나올 때마다 사관의 논평이 細註로 기재
되어 있는데, 그러한 기사에는 양인의 學德·出處 및 당시의 그에 대한
衆望에 대하여 찬사를 아끼지 않고 있다. 물론 그러한 기사의 필자 중
에는 退南의 문인들도 있었지만 당시 조정이나 사림사회에서는 退南을
태두처럼 숭앙하는 풍조가 있었기 때문이다.

《明宗實錄》에 기재된 퇴계와 남명에 관한 史官의 논평은 매우 객관
적으로 공정하게 서술되었다고 본다. 그 많은 논평 가운데 대표적인 몇
개를 적기해 보면 다음과 같다.

1) 퇴계
① 講明道學, 沉潛義理, 淵源濂洛, 爲世儒宗(卷12, 明宗 6年 10月 甲申
   條)
② 爲人氣質英明, 學問高詣, 以小學律身, 終日端坐, 衣冠不解, 起居言
   語, 必以其時, 深探性理之源, 爲一時士林領袖, 不樂仕宦, 每有歸田
   之志, 上屢起之, 故勉仕于朝(卷14, 明宗 8年 5月 乙亥條)
③ 性明睿溫謙, 端詳和粹, 潛心道學, 體驗研究, 多所自得, 充養功深, 無
   復圭角, 辭受取與, 必揆諸義, 一毫不拘, 未嘗言人過, 亦不輕許人也,
   其縷析精微, 闡明義理之功, 東方先儒之所未有也, 學者仰之如泰山北
   斗, 其飄然脫洒, 難進易退之節, 眞有鳳凰翔于千仞氣像, 一鄕士大夫
   觀感而化, 皆恥作非義, 而不屑貨利, 其德之入人者深矣(卷32, 明宗
   21年 2月 丁丑條)
④ 天資純粹, 學識超詣, 自少有志於先賢爲己之學, 心息力踐, 情意篤行,…
   中年以後, 所見益功, 所得益高, 淵深浩博, 發越條幅, 雖謂之博約兩極
   可也, …… 文章道德, 爲一世所冠(卷33, 明宗 21年 6月 甲戌條)

2) 남명

① 爲人淸修苦節, 以禮法律身, 不以榮辱利達動其心, 操行卓異, 有名於
世(卷14, 明宗 8年 閏3月 甲子條)

② 隱居自守, 學問精博, …… 性高邁勇決, 不爲物欲所漬, 憤世嫉邪, 隱
遯不仕, 識慮明睿, 氣節洒落, 聽其言論, 人皆竦動, 識之者以爲, 庶幾
廉頑立懦之風云(卷26, 明宗 15年 7月 丁卯條)

③ 方正廉潔, 二世出塵, 秋霜志氣, 老而彌廣, 不能容人過惡, 傲世太過,
恒談譏諷, 盖隱居放言者也, 自言吾常多爲客氣所使也, …… 言甚峻激
(卷33, 明宗 21年 7月 戊申條)

④ 居家凡喪祭冠婚, 皆倣朱文公家禮, 不混於流俗, 教學者每勸讀近思
錄·性理大全等書, 皆以體會自得爲急, 不屑屑於口讀之末, 常以近日
初學之士, 好談高遠, 不知灑掃應對之節, 而先學啓蒙·太極圖等書, 無
益於心身, 而卒歸於爲名, 嘗以是貽書李滉, 欲禁此習, 且議論英發, 善
闡發人意, 聞者莫不聳然, 卽進於學者極有益, …… 其意氣峻潔, 若將
洗於流俗者, 而憂時感事之情, 未嘗小忘, 每語及朝廷闕失·生民困悴,
常慷慨太息, 或爲之泣下(卷33, 明宗 21年 12月 戊子條)

그런데 양쪽은 출신 지역, 가계와 학통, 성품과 위학태도, 현실대응
자세 및 문인들의 행태와 세력 消長 등에 각기 특징이 있지만, 특히 지
역성을 강하게 띠고 있다. 두 사문을 다 같이 출입한 바 있던 鄭逑는 宣
祖의 질문에 대해 두 학자의 기품과 爲學·교육자세에 걸쳐 간명하게 비
교하였다.[21] 퇴계학통을 계승하여 近畿南人學派를 집성한 李瀷은 퇴계

---

21) 退溪·南冥에 대한 鄭逑의 논평을 비롯하여 몇 개 例示하면 다음과 같다.
　　鄭逑 "李滉 德器渾厚, 踐履篤實, 工夫純熟, 階級分明, 學者易以尋入."
　　曹植 "器局峻整, 才氣豪邁, 超然自得, 特立獨行, 學者難以爲要"(《退溪全書》4,
　　　《言行錄》卷8).
　　奇大升 "觀李滉議論, 則地位甚高, 祖述程朱, 故其所著述, 與程朱相近 …… 曹植
　　　氣質磊落, 可謂壁立千仞, 可以激頑立懦, 而學問則有不循規模之病矣(《宣祖實
　　　錄》卷1, 宣祖卽位年 11月 丁卯條)."
　　金宇顒 "其(曹植)致知之功, 似不若(李)滉之博大也, 然其躬行踐履之工甚篤, 精神

와 남명 또는 경상도의 上道와 下道를 대비하면서 "두 학자가 다 같이
영남 지역인 소백산 밑과 두류산 동쪽에서 태어났지만, 상도는 仁을 숭
상하고 하도는 義를 주로 하며, 퇴계의 학문은 바다처럼 넓음[海闊]에
비긴다면, 남명의 기질은 태산처럼 높음[山高]에 견줄 만한 것이라" 하
였다. 李重煥도 그의 《擇里志》에서 경상좌·우도는 토질의 肥瘠과 物産
의 豊嗇, 習俗의 侈儉 및 학문적·처세적 경향에까지 서로 대조적이어서
좌도는 관료지향성이 강해 仕宦이 많고, 우도는 財富를 선호한 나머지
豪富가 많다고 하였다.[22]

퇴계는 "自古로 성현이 후세를 위해 '淑人心·崇正學'의 모범이 되는
것은 전적으로 '立言垂後'에 힘입어 기반이 마련된다. 그렇지 않다면 孔
孟程朱와 같은 성현도 후세에 무엇을 근거로 해서 그 단서를 찾고 그
학문을 稱述하겠는가"[23] 하면서 평생 학문에 침잠하여 많은 시문과 저
술을 남겨 동방의 주자란 호칭을 받았지만, 남명은 평소 '詩를 읊은 것
을 玩物喪志'로 간주한다든지, '程朱後, 學者不必著述'이라는 태도를 견
지한 결과 讀書箚記인 《學記類編》과 약간의 시문을 남겼을 뿐이다.[24]
처신·처세에 있어서 두 학자는 다 같이 辭受·出處를 엄격히 따지고 또
연속되었던 사화에 지친 나머지 '難進易退'의 입장을 취하려 했지만, 퇴
계는 대소과거를 거쳐 고관요직을 두루 역임한 끝에 명종말·선조초에
는 정계와 학계에 주도권을 장악한 신진사류의 영수로서 조야의 숭앙
을 한몸에 받고 있었다. 따라서 당대를 주름잡던 학자와 관인들이 대개

氣魄, 有動悟人處, 故遊其門者, 多有節行可任事之人"(《宣祖修正實錄》卷7,
宣祖 6年 9月條).

崔晛·退溪 "氣象和平溫粹, 而踐履篤實, 故發之於言辭者, 雍容而的確, 精密而有
味, 推源極本, 發揮程朱之餘意, 春和也" 顔子의 기상.

南冥 "氣象嚴毅豪邁, 而勇猛奮發, 故其發之爲文章也, 清新奇古, 慷慨激烈, 如風
檣陣馬, 利劒長戟, 眞可以動天地而泣鬼神矣 秋殺也," 孟子의 기상(《訒齋集》
卷8, 答鄭仁弘書).

22) 《星湖僿說》卷1, 東方人文條 ; 《擇里志》八道總論 慶尙道條.
23) 《退溪集》卷12, 答柳仁仲論趙靜菴行狀別紙.
24) 이수건, 〈嶺南學派와 南冥曺植〉, 《東方漢文學》 11집, 1995.

그의 문하를 출입한 데서 마침내 퇴계학파는 그 기반이 경상좌도에 국한되지 않고 거의 전국을 포괄하게 되었다. 또한 퇴계는 '未嘗言人過'하며 '接對之際, 未嘗言及時弊'[25]하는 등 일생을 謹拙·審愼하여 온건하게 처신하였으며, 또 '尙仁'과 주리적 경향을 견지했기 때문에 퇴계학파는 동서 및 남북분당과 같은 당쟁에서도 극단적인 대립은 피했던 것이다.

이에 반해 남명은 중도에 과거를 포기했을 뿐만 아니라 간혹 '遺逸'로 천거되어 4품 이하의 閑職을 제수받았으나 끝내 山林處士로 일생을 마쳤다. 한때 承召上京하거나 잠시 기호지방을 여행한 적은 있었으나, 그의 足跡은 三嘉·金海·晋州·山淸 등지를 크게 벗어나지 않았기 때문에 그의 문도들도 자연히 경상우도에 편재되어 있었다. 그는 대쪽 같은 성품으로 벽립직행하는 처신을 한데다가 '不輕許人'·'不妄交'한 나머지 교우관계도 넓지 않았다. 그는 '敬義'와 反躬實踐을 行身·爲學之道로 삼았던 것이며 知行과 言動이 일치하지 않은 당시의 학자들을 '盜名·欺世'하는 자라 하여 매도하였는가 하면, 때로는 傍若無人的인 호탕한 기상도 있었다. 남명의 그러한 성품과 기상 및 학문적 태도는 琴蘭秀의 일기에 잘 묘사되어 있다.[26]

남명은 일생을 초야에서 보냈지만 결코 현실을 망각한 은둔자는 아니었다. 그는 수차의 상소에서 척족정치의 폐해와 서리들의 횡포를 지적하고 획기적인 변통과 잘못된 世道를 만회해야 한다고 시종 솔직하고 과격한 언사로써 개진하였다. 그와 같은 尙義·主氣的인 현실대응 자세는 결과적으로 그의 문인들로 하여금 임진왜란이 발발했을 때는 모두 倡義·討賊의 대열에 나서게 하였고, 불의를 보고 참지 못하는 현실에 대한 저돌적인 자세 때문에 마침내 진주의 淫婦 사건에 연루되었던 것이며, 그의 수제자격인 崔永慶과 鄭仁弘이 각기 己丑獄事(1589)와 인조반정에서 옥사 또는 처형되는 결과를 가져왔던 것이다.

---

25)《明宗實錄》卷31, 明宗 20年 4月 乙酉條 ; 同書 卷32, 明宗 21年 2月 丁丑條.
26)《惺齋日記》辛酉(明宗 16年, 1561) 4月 18日條.

4. '退南'의 역사적 기능과 그 限界

퇴계는 당대 또는 후대에 서인과 북인쪽 인사들로부터 程朱에 의존하는 '依樣性'과 難進易退의 소극성 및 '退嬰性'을 지적당하여 비판받았다. 그러나 그의 평생사업을 오늘의 시각에서 살펴볼 때, 그는 당대 제일의 성리학자로서 신진사림을 영도하면서 사림정치의 정착을 위해 혼신의 힘을 쏟았다고 볼 수 있다. 퇴계의 靜菴·晦齋 行狀찬술과 향촌규약의 제정과 실시 및 서원보급 운동에서 특히 그러한 면을 살필 수 있다. 道通 문제는 벌써 기묘사화를 전후한 시기의 사림에 의해 제기되어 정통 성리학의 계보가 '포은 → 야은 → 점필재 → 한훤당·일두'로 이어졌고, 인종조에 정암을 한훤당에 연결시킨 데 이어 명종말 퇴계에 의해 회재가 추숭되면서 東方四賢의 陞廡運動과 함께 도통이 확정되었다. 여기에서 우리는 兩賢의 행장을 찬술할 당시 정계와 학계에 있어서 퇴계의 위치를 재음미할 필요가 있다. 퇴계는 훈척세력의 퇴조와 사림정치의 성립기에 임하여 첫째, 기묘·을사사화 때 被害士林의 전철을 다시는 되풀이해서는 안 된다는 주도면밀한 자세로, 몰락해 가는 훈구세력에 대신할 사림정치의 확립을 위해 온건, 점진적인 대응자세를 견지하였다. 둘째, 기묘사림에 의해 이미 계보화된 도통을 정암과 회재로 잇기 위해 양현의 행장을 찬술함으로써 동방사현의 위치를 확고부동하게 함과 동시에 훈구세력에 대한 사림파의 정통성을 강조하였다.[27] 그것은 바로 앞으로 정계와 학계를 주도할 사림파의 도통을 확립함으로써 군신·조야를 막론하고 이의가 없게 한 것이었다. 셋째, 사림의 일차적 세력기반인 향촌사회를 사림주도 아래에 두는 체제를 확립하기 위하여 노력하였다. 즉 성리학적 향촌질서와 사회·경제적 기반을 구축하기 위

---

27) 이수건, 〈晦齋李彦迪家門의 社會經濟的 基盤〉,《民族文化論叢》12집, 1991.

하여 각종 향촌규약을 제정하여 실시하고, 그 문인들과 함께 서당·서원을 보급시켜 나갔던 것이다.

상술한 바와 같이 퇴계는 당대 또는 후대인으로부터 소극적이며 퇴영적 처신·처세라는 비판을 받기도 했지만, 그의 기본 입장은 종래 4대사화 때마다 선량한 사림이 당한 일방적인 피해를 다시는 되풀이해서는 안 된다는 것과 사림정치의 도래는 기정사실인 만큼 사림정치가 설 수 있는 토대를 확고히 다져야 한다는 보다 차원 높은 經綸을 발휘했다고 볼 수 있다.[28]

남명학은 경상우도라는 역사적 전통과 지리적 환경 및 선배학자들의 영향 아래에서 형성되었다. 金宏弼·鄭汝昌·趙之瑞를 비롯하여 金大有·郭珣·申季誠 등과 吳健·崔永慶·鄭仁弘·郭再祐 등 남명의 師友門人 관계를 살펴보면 기질·사상·학문·처세 및 문체에 이르기까지 공통의 특징을 갖고 있었다. 그러한 특징에는 '老莊'과 '陸王學'적 일면을 지니고 있었다. 또한 남명학은 현실적·정치적 기능이 약화되고 반대로 思辨的

---

28) 퇴계는 宣祖卽位를 전후하여 李浚慶을 중심한 집권대신들과는 절친한 사이였는데다가 新進士林의 영수로서 자신은 비록 難進易退의 태도를 견지했지만, 朴淳·奇大升 등을 자기 대신으로 내세워 훈척정치의 청산과 사림정치의 확립을 위해 재조·재야에서 노력하였다. 그러한 과정에서 훈척세력으로부터 '小己卯'로 지목받기도 하였다. 퇴계는 자기를 떠받들고 있는 신진사림에게 종전의 己卯·乙巳士禍와 같은 사화의 재발을 철저히 경계하면서 朴淳과 奇大升 등에게 조심하라고 당부하기도 하였다. 관련자료를 예시하면 다음과 같다.

　①〈答朴淳書〉近世士林之禍, 專因虛著而作, …… 猶聞浮囂之徒, 動以小己卯目之, 此乃載禍相餉之言, 滉不幸而當虛著之局, 及至於敗, 未知諸公, 其得晏然而已乎, 愚意嘗謂己卯領袖人, 學道未成, 而暴得大名, 遽以經術自任, 聖主好其名, 而厚其責, 此已是虛著取敗之道, 又多有新進喜事之人, 紛紜鼓作, 以促其敗, 勢使讒者, 得售其術(《退溪集》卷9, 明宗 21年, 1566).

　②〈答奇大升書〉嘗怪吾東方之士, 稍有志慕道義者, 多罹於世患, 是雖由地褊人澆之故, 亦其所自爲者, 有未盡而然也, 其所謂未盡者無他, 學未至而自處太高, 不度時而勇於經世, 此其取敗之道, 而負大名當大事者之切戒也, 故爲公今日之道, 勿太高於自處, 勿遽勇於經世, 凡百勿太過於自主張 ……(《退溪集》卷16, 明宗 14年, 1559).

인 번쇄한 이기론과 예학 중심으로 흘러가는 학풍에 대하여 비판과 반성을 촉구한 데서 일정한 시대적 기능을 수행했다고 볼 수 있다. 퇴계를 추종하던 신진사류가 명종·선조 교체기에 정계와 학계를 주도하면서 시국을 비교적 낙관하고 있었던 것에 비해 남명은 그러한 현실안주적인 태도와 실천이 수반되지 않은 학풍에 대하여 利綠만 탐내고 盜名·欺世하는 행위라 하여 통렬히 비판하였다.

경상좌도의 학문적인 師友淵源 관계는 退溪 이전에는 지역·씨족별로 분립되어 있었으나, 퇴계 이후부터는 이곳의 학문세계가 '퇴계학파'라는 하나의 울타리 안에 통일되어 갔다. 퇴계는 이곳을 중심으로 정통 성리학을 영남의 후학들에게 전수시켜 主理學派를 확립시켜 놓았을 뿐만 아니라, 서원을 비롯한 敎學體系를 정비하고 향규·동약을 제정·실시하여 주자학적 향촌지배 질서와 윤리를 확립시킴으로써 그가 제시했던 교학체계와 향촌질서는 그의 문인들에 의해 적극 계승되어, 退溪門徒가 가는 곳마다 書堂·書院·祠廟가 새로 개설되고 그들이 거주하는 향촌에는 으레 향약·동약·족계 등이 실시되어 갔던 것이다. 대체로 좌도의 퇴계학파는 16세기 후반 사림이 중앙정계를 장악할 때 가장 강력한 정치세력이 되었고, 임진왜란을 전후한 시기에는 퇴계 문하를 출입한 인사들이 정계·학계의 주도권을 장악하다시피 하였다. 선조 8년(1575) 사림파의 동서분당이 결과적으로 기호·영남이란 양 학파의 반목과 대립을 가져왔지만, 퇴계만은 양 학파와 기호·영남 출신에 관계없이 군림하는 위치에 있었다.

퇴계와 남명 및 양현을 중심으로 한, 양 학파는 조선왕조 사림정치와 유학사에서 정치·사회·학문·사상적으로 크게 기여한 바 있다. 그들은 사림정치의 정착을 위해 포석을 놓고, 그 위에 한국 성리학이 발전할 수 있는 기반을 구축함과 동시에 난숙한 유교문화를 꽃피우게 하는 데 주도적인 기능을 수행했다고 볼 수 있다. 그리고 퇴계의 문집과 저술은 임진왜란 후 일본으로 반출되어 에도시대 유학사상의 주류인 기몬학파 및 구마모토학파에게 깊은 영향을 끼치기도 하였다.

17세기 초 남인과 북인 간의 당쟁이 치열해지자 양 학파의 대립은 더욱 첨예하였는데, 당시 史官은 여기에 대하여 퇴계·남명의 학문적 태도와 양 학파의 대립상을 다음과 같이 논평하였다.[29]

영남은 人才의 府庫이며 士論의 기반이다. 신라로부터 고려에 이르고 고려로부터 本朝(조선왕조)에 이르기까지 名儒·碩士가 빈번하게 배출되어 국가의 元氣를 부지한 자가 끊일 사이 없었다. 지난 明宗 때 退溪·南冥 양 학자가 한 도에서 나란히 탄생하여 道學을 倡明하고 義理를 開示하여 인심을 맑게 하고 世敎부지를 책무로 한 결과 선비로서 훈도 감화되어 보고 느끼고 흥기한 자들이 많았다. 비록 쇠란한 때(임진왜란)를 당해서도 사람으로서 자식은 孝에 죽고 신하된 자는 忠에 죽어 윤리와 문명이 유지된 것은 모두 두 선생의 공로라 하겠다. 오직 두 학자의 出處가 같지 않아 혹은 行道救時로 마음먹고(퇴계), 혹은 隱居求志를 즐거움으로 살았으나(남명), 그 귀추는 모두 도의에 어긋남이 없었다. 그런데 양 학사의 문도들은 두 신생 학문의 深淺을 잘 알지 못하고 한갓 그 자취만을 갖고 數世에 걸쳐 서로 비방하고 있으니 뜻 있는 선비들이 개탄한 바 오래되었다.

그런데 퇴계·남명의 사상과 학문적 저술과 經世學 및 문학작품을 살펴볼 때 당시의 일반사림과 같이 慕華思想에 매몰되어 자국의 역사와 문화에 대한 관심은 희박한 반면, '言必稱堯舜三代'와 '孔孟程朱'라 하면서 중국 중심의 세계관에서 자국을 '小中華'로 자처하여 학문과 문학의 세계에도 그것의 모방과 반추에 시종했던 것이다. 퇴계와 남명은 왜 "舜은 어떤 사람이며 나는 어떤 사람인가"라는 顔子의 爲學 자세를 갖지 못하고, 전자는 程朱學에 너무 의존하면서 陸王學이 당시 사림사회에 발을 붙이지 못하게 단호히 배격했던 것이며, 후자는 지행합일과 실천을 강조하면서도 '程朱後, 不必著述'이란 태도를 견지하였는가?

---

29) 《宣祖實錄》卷189, 宣祖 38年 7月 丙申條.

왜 그들은 중국의 經史와 시문에 대해서는 博覽强記하면서도 자국의 역사와 문화에 대해서는 그렇게도 관심을 적게 가졌을까?

왜 그들은 《朱書節要》, 《宋季元明理學通錄》, 《聖學十圖》와 《學記類編》과 같은 저술에 대해서는 해박한 지식과 유창한 필치로서 혼신의 정력을 쏟은 데 반해, 그러한 학문적 저술에서 자국의 역사적 전통과 문화적 유산에 대해서는 그렇게도 철저하게 배제하였을까?

이상적인 유교정치와 賢哲君主論을 내세우기 위해서는 중국의 요순 삼대와 공맹정주를 인증해야지만, 거기에 앞서 먼저 자국의 처지와 현실, 자신이 밟고 사는 국토, 늘 보고 느낄 수 있는 산천, 또한 조정에서, 관청에서, 향촌에서 현실의 부조리와 민생의 고통, 농촌의 피폐상을 목격하면서도 왜 그것에 대한 구체적인 정책 제시나 대안 개진은 그렇게도 적었는가?

실학자의 저술에는 道와 器, 綱과 目이 竝擧되고 자국의 문헌과 先賢들의 所說을 적극 인증한 데 반해, 퇴계와 남명의 疏箚에는 器보다는 道, 目보다는 綱을 제시함과 동시에 문헌적 전거도 시종 중국 쪽 일변도였으므로, 그러한 의식이 후대 학자로 하여금 이른바 편협한 斥邪衛正 편에 서게 했던 것이다.

퇴계와 남명의 사상과 학문자세 및 현실대응은 조선후기 경상좌·우도 사림에게 많은 영향을 끼쳤다. 퇴계의 출처에 있어 難進易退的 出仕觀과 지나친 謹拙·審愼 자세는 뒷날 퇴계학파로 하여금 계속 재야세력으로 밀리게 되는 퇴영성과 소극성을 견지하여 끝내 재지사족으로 만족하게 하는 전통을 남겼다고 볼 수 있다.

남명학파의 敬義思想과 務實力行 및 과단성 있는 결행성은 당시 진부한 정계와 번쇄한 理氣·禮說의 학계에 청량제가 되었고, 그러한 특징은 임진왜란의 의병활동에서 유감없이 발휘되었다. 그런데 남명에서 정인홍으로 이어진 남명학파 및 정인홍의 학문적·정치적 한계를 거론할 때는 다음과 같은 문제가 우선 지적될 것 같다. 첫째 남명의 경우, 退高의 四七論辨과 같은 순수한 학문적 논쟁을 盜名·欺世 행위로 간주한다든지, 진주의 淫婦事件 등으로 인한 문인들의 '毁家·黜鄉' 행위 및 李楨과의 절교 등이 거론될 수 있을 것이다. 둘째 정인홍의 경우, 出仕 후에는 激濁揚淸的인 언행으로 당쟁을 격화시켰는가 하면 북인집권 때 남인·서인에 대한 철저한 배격과 北人專用 자세, 임해·영창·인목대비 문제에 대한 討逆 일변도로 광해정권을 파탄으로 몰고 간 책임, 특히 사림정치 밑에서 남·서인의 정신적 지주인 '晦退'와 '牛栗'을 싸잡아 공격하는 데에서 대북의 고립을 자초하게 된 책임 등은 면하기 어려울 것 같다.[30]

이상과 같이 퇴계의 지식과 남명의 행동, 퇴계의 지나친 조심성과 남명의 지나친 과단성이 서로 대화·토론하고 융합해서 상호 보완적인 관계를 유지했더라면 멋진 학문 풍토가 조성되었을 것이라고 본다. 한편 남명의 사상 가운데 핵심을 차지하는 '敬義' 사상[31]에 대해 최근까지 긍정적인 면만 천착할 것이 아니라 그것의 한계에 대한 연구가 요청된다. 특히 '義'의 문제는 '春秋大意'와 義理·忠逆 문제와 함께 당쟁과 결부하여 정치·사상계의 경직화와 대화·협상·타협·이해조정과 같은 유연성을 갖지 못하는 결과를 가져왔다. 辭受와 出處, 和斥(講和와 斥和문제)·忠逆의 이분법적 흑백논리와 광해정권의 토역 일변도의 과오를 범하는 데 일정한 영향을 끼쳤다고 생각된다.

퇴계와 남명은 16세기 중반 재조·재야에서 새로운 집권세력으로 성장한 사림의 영수로서 당시 조야가 안고 있는 제도적 모순과 현실의 부조리, 잘못한 의례와 관행 및 주자학의 한계에 대한 언급이 없었다는 것이 매우 안타깝다.

오늘 우리들이 퇴계와 남명의 사상적 특성을 고찰, 규명하는 데 겸허한 자세로 냉철한 자기반성과 비판이 필요한 때라고 본다. 과거의 체제와 결부된 유교문화 또는 영남학파의 전통은 이미 소멸된 것이지만, 우

---

30) 이수건, 〈南冥學派 義兵活動의 歷史的 意義〉, 《南冥學研究》 2, 1992.
31) 李相弼, 〈南冥學派의 形成과 展開〉(고려대 박사논문, 1998)에서 南冥의 '敬義' 사상에 관한 정치한 연구가 있다.

리의 생활 속에 남아 있는 전근대 선현들의 사상과 의식에 대해서는 냉정한 성찰을 통하여 부정적인 것은 과감히 청산하고 긍정적인 것은 좋은 전통으로 살려야 할 것이다. 이 학술회의에서 퇴계와 남명의 철학·문학·교육 및 현실인식 등 학문과 사상적 특성이 다방면에 걸쳐 우리 고장의 지성들에 의한 지적 결집에 의한 방향 모색으로 뜻 있는 성과를 거둘 수 있기를 충심으로 기원한다.

퇴계의 인간학과 퇴계철학

金基鉉(전북대)

1. 퇴계철학 연구의 현황

오늘날 퇴계학에 대한 국내외 학자들의 연구는 양적으로 놀라운 수준에 이른다. 그 동안 국내에서만도 100여 권의 퇴계학 연구서와 120여 편의 석·박사 논문, 1,000편 이상의 개별 논문이 나왔다고 하니,[1] 한국 유학에 대한 짧은 연구 역사 속에서 다른 유학자들의 학문과 사상에 비해 퇴계학이 받아온 관심과 주목은 매우 두드러진 것이었다. 이러한 방대한 연구 업적은 물론 기본적으로는 퇴계의 위대한 학문이 연구자들의 관심을 촉발시킨 결과이겠지만, 이에 더하여 여러 퇴계학 연구소들의 적극적인 지원과,[2] 나아가 그 동안 해외에서만도 십수 차례에 걸쳐 개최된 퇴계학 국제학술대회가 한국유학 가운데 퇴계학의 비중을 높이

---

1) 송휘칠, 〈퇴계학 연구논총을 간행하며〉, 《退溪學 硏究論叢》(경북대학교 퇴계연구소) 제1권 iv 참조. 경북대학교 퇴계연구소는 이와 같이 많은 퇴계학 연구자료를 선별하여 1997년에 총 10권의 책을 간행하였다.
2) 퇴계학 전문 연구기관으로는 서울의 퇴계학연구원(1973)과, 경북대학교의 퇴계연구소(1973), 단국대학교의 퇴계학연구소(1986), 그리고 안동대학교의 퇴계학연구소(1988) 등이 있다. 한국사상사에서 한 학자의 연구를 표방하면서 이렇게 여러 연구소가 설립되었다는 것 또한 놀라운 일이다.

면서 국내외적으로 그 연구 분위기를 더욱 고취한 데에도 힘입은 바가 적지 않을 것이다. 그리하여 퇴계학은 그 동안 불모상태에 있던 한국유학 연구의 견인차 노릇을 하면서, 나아가 한국학 전체의 위상을 꾸준히 제고해 주는 역할을 해왔다.

퇴계학의 여러 분야 가운데 특히 퇴계 성리학은 한국유학에 대한 철학적 연구의 모체 역할을 하였다. 한국의 고유문화와 사상이 부정되던 일제시대의 잔재에 더하여, 서양학문이 이 땅의 학계를 지배하던 지난 1950~1960년대의 척박한 연구 풍토 속에서 선각의 몇몇 학자들이 퇴계의 성리학에 기울인 연구 노력은 사람들에게 우리 민족의 철학적 자존심과 긍지를 서서히 일깨우면서, 이후 퇴계는 물론 그 밖의 많은 유학자들에게 관심을 갖도록 학문적 분위기를 조성하고 주도해 온 것이다. 그것은 마치 핵분열을 하듯, 퇴계철학에 다각적으로 접근하고 또 그 연구 대상의 범위를 확대하면서 지금에 이르고 있다. 오늘날 몇몇 학자들이 퇴계철학의 연구 현황을 회고하고 반성하며 새로운 연구방법론을 모색하고 있는 것도, 퇴계철학에 대한 그 동안의 연구성과가 이제는 심도 있게 검토해 볼 만큼 축적되었음을 뜻할 것이다.[3]

그러나 퇴계철학에 관한 방대한 연구 논저들에도 불구하고 그것은 아직도 많은 논의의 여지를 갖고 있는 것처럼 생각된다. 그것은 '이 양적 방대성이 퇴계학 연구의 전체적인 균형을 보장해 주고, 확고한 기초 위에서 발전한 것을 의미한다고 보기는 어려운 것'[4]이기 때문만은 아니다. 금장태가 지적하고 있는 것처럼 오늘날 퇴계철학의 연구는 퇴계학

---

3) 그 대표적인 논문으로는 금장태, 〈퇴계학 연구의 회고와 전망 — 철학 영역〉과 김종석, 〈퇴계철학 연구현황과 비판적 검토〉(이상 《退溪學 硏究論叢》 제1권, 1997)를 들 수 있다. 금장태는 퇴계학 연구를 맹아기(1900~1945), 성장기(1946~1971), 발전기(1972~1990)로, 김종석은 퇴계학의 계몽기(1900~1945), 철학적 기초 연구기(1946~1969), 철학적 정체성 확인기(1970~1989), 연구방법론 모색기(1990년 이후)로 나누어 검토하고 있다.

4) 금장태, 〈퇴계학 연구의 회고와 전망 — 철학 영역〉, 《退溪學 硏究論叢》 제1권, 1997, pp.103~104.

에 대한 사상사적 인식의 결핍과, 理氣四七論 중심의 폭 좁은 이해, 성
리학·수양론·교육사상에 국한된 연구, 서양철학적 연구방법론의 도입
필요성 등의 문제점을 갖고 있는 것이 사실이지만, 그것들은 앞으로 퇴
계철학 연구자들의 시야가 확대되면서 자연스럽게 풀릴 것으로 여겨진
다. 필자의 판단으로는 오늘날 퇴계철학 연구의 문제점은 정작 다른 데
에 있다.

한편 김종석은 퇴계철학의 '정체성'이라는 관점에서 퇴계철학 연구의
문제점을 검토하고 있는데,[5] 이는 우리 연구자들이 반드시 짚고 넘어가
야 될 핵심사안으로 보인다. 왜냐하면 우리가 퇴계철학의 정체를 무엇
으로 보느냐에 따라 그 연구방법 및 성과가 달라질 것이기 때문이다.
위의 두 학자가 다 같이 지적하고 있듯이, 사실 그 동안 퇴계철학 연구
자들의 관심은 주로 퇴계의 理氣說과 四端七情說에 집중되어 왔다.[6] 퇴
계철학의 연구 논문들의 정선집이라 할 수 있는《退溪學 硏究論叢》(제
1·2·3권 : 철학사상)만 보더라도 그 점은 분명히 드러난다. 심지어 우리
나라 중·고등학교의 도덕·윤리 교과서에 퇴계의 대표적인 철학사상으
로 그의 理氣心性說이 무슨 뜻인지도 모르게, 그저 암기항목처럼 소개
되고 있는 것도 우리 학계의 이러한 연구 분위기를 반영한 것일 것이
다.

이와 같이 오늘날 연구자들이 이기심성설을 마치 퇴계철학의 핵심인
양 그토록 부각시켜 온 것은 다음의 두 가지 이유에서 기인하는 것처럼
생각된다. 첫째 퇴계의 이기심성설이 그의 사후 조선조 성리학파 형성
의 단초를 이루고, 그 학파의 전개과정에서 계속 논쟁거리가 되어 왔다
는 사실이 암암리에 우리로 하여금 이기심성설을 퇴계철학의 대주제로

---

5) 김종석, 〈퇴계철학 연구현황과 비판적 검토〉,《退溪學 硏究論叢》제1권, 1997,
   pp.125~140 참조.
6) 김종석은 그 밖에 퇴계의 '心學'에 주목하는 근래 학계의 경향을 소개하기도 한
   다(위의 논문, pp.130~133). 그러나 많은 연구자들은 그것도 이기론의 연장선상
   에서 접근하려 한다.

간주하게 했을 것이다. 그러나 후대의 학문 경향을 미루어 퇴계철학을
단정하려는 것은 옳지 못하다. 사실 그는 자신이 高峯 奇大升(1527~
1572)과 행했던 이기심성의 논쟁이 후학들을 오히려 오도할까 염려하면
서 자신의 그러한 뜻을 고봉에게 여러 차례 피력하기도 하였다. 그의
친제자들에게서 이기심성에 관한 논의가 적었던 것도, 이에 대한 선생
의 경계와 훈시에 힘입은 것일 것이다. 둘째 퇴계철학 가운데 그의 이
기심성설이 유난히 부각된 것은 오늘날 우리 연구자들의 학문적 구미
와도 연관이 있을 것이다. 명료한 개념과 이론의 정합성을 바탕으로 일
련의 지식체계를 수립할 것을 목표로 하는 서양철학과 현대학문의 분
위기 속에서 학문 정신을 익혀온 우리에게 조선 성리학의 대가인 퇴계
의 이기심성설은 더없이 좋은 연구거리가 되었던 것이다. 그러나 이기
심성설이 과연 퇴계철학의 정체이며 진수라고 말할 수 있을까? 이의 답
변에 앞서 우리는 먼저 그가 평생토록 학문을 하면서 가졌던 문제의식
과 과제가 무엇이었는가 하는 점을 검토해 보도록 하자.

2. 퇴계의 도덕적 인간학

주지하는 것처럼 孔孟儒學者들은 이른바 '內聖外王', 또는 '成己成物'
을 목표로 공부하였다. 그들은 한 개인으로서는 도덕적 자아의 완성[成
己] 노력을 통해 성인이 되고[內聖], 사회적으로는 타자의 성취[成物]를
도와 이상적인 도덕사회를 이루는[外王] 데에 자기네 학문의 최종목표
를 두었던 것이다. 成己(內聖)와 成物(外王), 이 양자는 그들에게는 물론
별개의 것이 아니었다. 도덕사회의 건설은 한 개인의 도덕수행에서부터
시작되는 것이며, 또한 사람은 본질적으로 타자를 그의 존재 안에 갖고
있어서 자기완성이 곧 타자의 성취로 이어진다고 그들은 생각하였기
때문이다.[7] 그러므로 우리는 그들의 학문을 도덕적 인간학이요, 사회의
도덕화와 인간화를 소망하는 사회철학이라 이름할 수 있다. 바로 이것

이 유학의 본령이었다. 물론 孔孟의 사후 이러한 유학이념은 시대의 변
천 속에서 다소 굴절을 겪어왔지만, 중국 宋代에 이르러, 성리학이라고
하는 전에 없던 새로운 이론으로 포장되면서 그 어느 시대보다도 강하
게 재천명되었다. 이 점은 성리학자들이 자기네의 학문을 聖學, 즉 內聖
外王하며 成己成物하는 '성인이 될 것을 기약하는 학문'이라고 자부하
였던 데에서 분명히 드러난다. 다만 그들은 그러한 성인이 되기 위해
실천적으로 노력하면서도 다른 한편, 누구나 성인이 될 수 있는 인간의
존재론적 근거와 그들이 살고 있는 세계의 근원 등을 밝히려 했던 점에
서 매우 이론적인 성향을 동시에 갖고 있었다. 그리하여 성리학자들의
이론탐구 작업은 자칫 공맹 본래의 실천정신을 약화시킬 염려도 있었
다. 퇴계의 경우 그 자신이 이러한 문제점을 예의 의식하고 경계하였지
만, 그의 성리학 역시 여기에서 전적으로 벗어나지는 못하였던 것처럼
보인다. 우리는 이제 성리학의 이러한 양면성을 염두에 두면서 퇴계의
철학을 조망해 보도록 하자.

　　퇴계의 인간학적 관심은 일찍부터 조성되었던 것으로 보인다. 그것은
그가 어려서부터 집안 어른들에게서 들어왔고, 또 그 자신도 자기 손자
에게 전한 가훈에서 잘 드러난다. "성현의 공부를 벼슬의 수단으로 삼지
말고, 내밀히 갈고 닦아서 자기를 확립하고 도를 실천하여 역사에 이름
을 남겨라."[8] 그의 어머니 또한 자식들에게 다음과 같이 훈계하였다 한
다. "문예만 일삼지 말고 몸가짐에 조신하도록 하여라."[9] 이는 일정한
스승 없이 공부한 그가 학문의 기본정신과 그 방향을 가정 안에서 일찍
부터 익혔음을 말해준다. 그가 장성하여 벼슬길을 꺼리고, 자신에게 주
어지는 명예를 "세상을 속여 이름을 훔치는 짓(欺世盜名)"이라 하여 멀

---

7) 유가의 인간학상 이와 같은 '共同體主義'적 사고에 관하여서는 〈퇴계의 사회사
　상〉,《退溪學報》제92집, 1996, p.7 이하 참조.
8) 〈先第三兄第四兄少時讀書龍壽寺先叔父松齋府君寄詩一律云〉,《退溪全書》一
　(성대 대동문화연구원), p.138.
9) 〈先妣贈貞夫人朴氏墓碣識〉,《退溪全書》二,　p.421.

리하면서,[10] "성현들의 가르침을 빈말로 내버려 두지 않고 반드시 체험
적으로 인식하고 실험"[11] 하려 했던 것도, 멀리는 그의 집안의 이러한 가
정교육을 토대로 하고 있을 것이다. 또한 그가, "소용돌이 물속에서 목
욕하는 해오라기는 무슨 마음을 갖고 있나 / 한 그루 나무에 핀 꽃들은
저 홀로 환하구나(盤渦鷺浴底心性 獨樹花發自分明)" 하는 杜甫의 시를 군
자의 학문과 부합하는 뜻으로 해석한 것[12]도 이와 맥락을 같이한다. 해
오라기와 나무가 저와 같이 '존재의 제자리'에서 오직 자신들의 생명을
누리고 또 꽃피우는 것처럼, 사람들 역시 자아의 '제자리'를 찾아 그것을
개현하기 위해 학문을 해야 한다는 것이다. 만약 사람들이 학문을 하면
서 권력이나 명예 등을 추구하려는 "공리적인 속셈을 조금이라도 갖는
다면 그것은 학문이 아니다."[13] 그가 학문을, "깊은 산 숲 속에서 종일토
록 맑은 향기를 뿜으면서도 제 스스로 그 향기를 알지 못하는" 한 떨기
난초의 꽃피움에 비유한 것[14]은 아예 영상 미학적이기까지 하다.

그러면 퇴계가 학문을 통해 평생의 삶에 걸쳐 성취하고자 했던 자아
의 '꽃'과 '향기'는 어떠한 것이었을까? 그는 그것을 사람이 천부적으로
타고난 도덕생명의 '씨앗', 즉 도덕성에서 살폈다. 도덕적 본성이야말로
인간존재의 고유한 징표로서, 사람들은 그것을 소중히 키우고 향기롭게
꽃피우는 가운데에서만 자신을 '인간'으로 세우고 완성할 수 있다는 것
이다. 그러나 도덕성이 인간의 본성이라 해서 사람들 누구나 다 자연적
으로 그에 따라 살게 되어 있는 것은 아니다. 그것은 역시 하나의 '씨앗'
일 뿐이며, 그것을 어떻게 키우며 꽃피우는가 하는 것은 사람들 개개인
의 노력에 달린 문제이다. 달리 말하면 사람은 처음부터 사람이 아니라
사람이 될 잠재성만을 타고났을 뿐이다. 맹자가 仁義禮智의 사단을 '불

---

10) 그는 또한 말한다. "학문을 통해 명예를 얻어내려 한다면 그 또한 학문이라 이
   름할 것도 없습니다"(〈答李宏仲〉,《退溪全書》二, p.220).
11) 이는 그가 高峯에게 행한 충고이다(〈答奇明彦〉,《退溪全書》一, p.460 참조).
12) 〈言行錄〉,《退溪全書》四, p.59 참조.
13) 위와 같음.
14) 〈言行錄〉,《退溪全書》四, p.32.

씨'와 '샘의 원천'으로 비유한 것도 이러한 인식에 기인한다. 그것을 확충하면, 마치 불씨가 들녘 사방으로 번지고 샘물이 온 땅을 적시는 것처럼, 인류를 구원하는 위대한 사람이 될 수 있지만, 이와 반대로 그것을 키우지 않으면 사람됨의 '불씨'와 '원천'이 꺼지고 말라버려 "제 부모도 모실 수 없다"는 것이다.[15]

이는 사람들이 노력에 따라 자아를 풍요롭게, 또는 빈곤하게 만들 수 있음을 뜻한다. 그리하여 사람은 '짐승만도 못한' 수준에서 '성인'의 위대함에 이르기까지 매우 드넓고도 다양한 존재(사람됨)의 스펙트럼을 갖는다. 퇴계가 소망했던 바, 인류를 품안에 아우르는 사람은 인간의 그와 같은 도덕적 잠재성, 또는 사람됨의 과제를 완전히 실현한 '성인'이며, 한편 그가 자신 안에서 매우 경계했던 바, 유아독존의 의식 속에서 남에 대해서 무관심하거나 배타적인, 또는 심지어 해악을 끼치는 사람은 사람됨을 포기하고 자기 자신을 짐승의 수준으로 전락시키는 자다. 우리는 퇴계의 수양론을, 더 나아가서 그의 학문활동 전체를 이러한 관점에서 조명해 볼 필요가 있다. 예로 그의 자아수행의 정신을 보여주는 다음의 두 시를 읽어 보도록 하자. 앞의 시에서 그는, '본래적 자아'의 발견과 향상을 도모할 줄 모르고 명예와 이익 등 세속의 세계에서 헤맬 뿐인 군상을 개탄하고 있으며, 뒤에서는 자신의 부단한 자아수행 의지를 다짐하고 있다.

> 名利에 이끌리고 세속에 휩쓸려서
> 고금의 영웅호걸 얼마나 전락했나
> 천만의 갈래 길에 楊朱의 눈물을
> 뿌리며 가는 이가 다시는 없구나[16]

---

15) 《心經》(《近思錄》과의 합본, 경문사), pp.188~190 참조.
16) 〈東齋感事十絶〉, 《退溪全書》一, p.98. 위의 시에서 "楊朱의 눈물" 운운 한 것은, 옛날 양을 잃어버린 양주란 사람이 그 양을 찾아 나섰다가 어떤 갈림길 앞에서 눈물을 흘렸다는 고사를 은유적으로 원용한 것으로서, 사람들이 그들의 의식과 행위의 순간순간에 만날 수밖에 없는 성과 속, 또는 선과 악의 갈림길에서 조심

青山눈 엇뎨ᄒᆞ야 萬古애 프르르며
流水눈 엇뎨ᄒᆞ야 晝夜애 긋지 아니ᄂᆞᆫ고
우리도 그치디마라 萬古常靑호리라[17]

이와 같이 퇴계는 인간의 천부적 도덕성에 대한 신앙 속에서 자아를
완성하는 데에 그의 학문의 최종목표를 두었다. 도덕적 자아의 완성이
야말로 그에게는 학문과 삶에서 수행해야 할 '하늘의 명령[天命]'이요,
또 사람의 직분이었던 것이다. 이는 그가 인간존재에 대해서 회의하거
나 부정하지 않고, 오히려 절대적으로 긍정하고 있음을 함의한다. 다시
말하면 '인간은 본래 선하다'는 그의 '性善'의 인간관은, 밝고 고결한 인
간존재에 대한 믿음을 내포하고 있다. 그가 〈天命新圖〉에서 선과 악을
인간의 본성 아래에 병렬로 위치시키지 않고, 선의 근원성과 악의 파생
성을 암시하는 그림으로 그려놓은 것도 이러한 인간관에 기인한다.[18]
그가 사숙했던 바, 堯舜孔孟이나 周程張朱 등 역사적 '성현'의 이상적인
인물들 또한 그의 인간관을 확신하는 데 기여하였을 것이다. 우리는 여
기에서 한가지 흥미로운 주제를 얻는다. 퇴계를 위시한 조선조 성리학
자들의 性善의 인간관을 다른 문화권이나 종교상의 原罪 또는 虛無의
인간관과 비교·검토해 보는 일이다. 인간을 '정오에 서 있는 자(니이체)'
로 여기느냐, 아니면 어두움의 그늘진 모습으로 보느냐에 따라 사람들
은 그들의 삶과 사회·문화를 달리 만들어 나갈 것이다.

그러나 그렇다고 해서 퇴계가 도덕적인 삶을 낙관하기만 했던 것은

스럽고 경건하게 처신하지 않는 세태를 꼬집은 것이다.
17) 〈陶山十二曲 其五〉, 《退溪全書》五, p.9에서 퇴계가 다짐하는 "萬古常靑"의 정
  신은 《論語》에서 말하는 "歲寒然後의 松柏"과도 같이, 세태에 물들지 않고, 오히
  려 혼탁한 세상일수록 더욱 '푸르른' 도덕생명의 의지를 함축하고 있는 것으로 보
  인다.
18) 퇴계는 그의 〈天命圖說〉 後敍에서 善惡에 관하여, "선의 발출은 사람의 본성에
  근원하기 때문에 본성에서 곧장 나와 본성을 따르는 것이고(直遂而順), 악의 싹
  은 사람의 본성에는 없는 것이기 때문에 본성에서 옆으로 비껴 나와 본성을 어기
  는 것(旁橫而戾)"이라 해설하고 있다(〈天命圖說〉, 《退溪全書》三, p.143).

아니다. 인간존재의 도덕적 고결성에 대한 그의 근원적 믿음은 변함이 없었지만, 다른 한편 일상의 삶 속에서 '걸핏하면 부도덕의 구렁텅이에 빠지기 쉬운'[19] 또 다른 인간 조건에 그는 예의 주목하고, 또 그것을 염려하며 다스리려 하였다. 이는 그가 한순간의 방심이 가져올 존재의 타락에 대한, 또는 너무 여려서 부스러지기 쉬운 도덕생명의 '씨앗'에 대한 예민한 감각과 염려를 갖고 있었음을 말해준다. 그는 고봉에게 다음과 같이 충고한다. "평생의 삶을 마치 호랑이 꼬리를 밟을 것처럼, 초봄의 살얼음 위를 걷듯이 해야 합니다."[20] 《心經》 또한 이렇게 이른다. "잠깐이라도 방심하면 온갖 사악함이 뒤따르리라."[21] 《심경》이 도덕심의 현전을 목표로 하는 人心道心說을 "萬世 心學의 연원"이라 하면서 그 책의 모두에 편집해 두고 있는 것도 이러한 문제의식에서 기인할 것이다.

우리는 여기에서, 퇴계의 도덕적 인간학이 자기성찰과 각성의 정신을 얼마나 중요시하고 있는가 하는 것을 깨닫는다. 사람들은 그것이 없이는 자아향상의 길을 밟아나갈 수 없는 것이기 때문이다. 《大學》은 말한다. "하늘의 밝은 命을 항상 돌아보라."[22] 한편 《心經》은 또 다음과 같이 이른다. "세상 사람들은 하늘과 땅 사이에 살면서 자신들을 되돌아 생각해 보기나 하는가? 그들이 배고프면 밥 먹고 목마르면 물 마시며, 이득거리를 보면 좋아 나서고 해로운 것은 피할 줄 알면서, 사람으로서 타고난 본성에 관해서 성찰하지 않는 것은 어째서인가?"[23] 퇴계의 '敬'의 정신을 우리는 이러한 관점에서 조명해 볼 필요가 있다. 경건과 외경이야말로 사람들로 하여금 부단한 자기성찰 속에서 참다운 자아를 발견하게 해주고, 또 꽃피우게 해줄 긴요한 삶의 정신일 것이기 때문이

---

19) 《心經》, p.33.
20) 〈答奇明彦 別紙〉, 《退溪全書》 一, p.426.
21) 《心經》, p.22.
22) 《經書(大學)》(성대 대동문화연구원), p.18. 여기에서 '하늘의 밝은 명'이란 사람
    이 천부적으로 타고난 밝은 덕성을 뜻한다(같은 책, 〈朱子註〉 참조).
23) 《心經》, p.195.

다. 우리는 여기에서 인간 본연의 도덕적 성품에 대한 믿음 속에서 자아수행의 노력을 한시도 게을리 하지 않았던 퇴계의 구도자적 삶의 역정을 상념해 볼 수 있다. 그가 한 제자에게 보낸 다음의 편지글은 그의 그러한 모습을 잘 드러내 주고 있다. "거의 죽게 된 지경에 이르렀다 하더라도 숨결이 아직 끊어지기 전에는 사랑[仁]의 실천의 뜻을 잠시도 게을리 해서는 안됩니다."[24]

그러면 인간이 도덕적 본성을 천부적으로 타고났다면 그것은 구체적으로 어떤 내용을 갖고 있을까? 주자에 따르면 그것은 본래 언어로써 규정할 수 없지만, 그것이 삶의 현장에서 발현되는 양상을 종합해 보면 대체로 네 가지로 묶어낼 수 있다고 한다. 범연히 말하면 사랑과 의로움과 예절과 지혜가 그것으로써, 仁義禮智는 이를 본성상에서 가치범주화한 것이다.[25] 물론 그는 인의예지를 본성으로만 여겼던 것은 아니다. 그는 본성에 뿌리를 둔 이념적 내용을 거기에 추가하였다. 예컨대 그는 仁의 본성에 입각하여 부모자식 사이의 사랑은 물론, 인류애와 생명애, 더나아가서는 물아일체의 도덕이념까지 제출하였다. 그러므로 이에 따르면 인의예지를 비롯한 모든 도덕이념들은 마치 법처럼 단지 인간관계와 사회생활의 필요상 정립된 것이 아니다. 그것들은 과거의 성인들이 인간의 본성을 누구보다도 먼저 깊이 자각하고 그에 입각하여 사람들에게 삶의 길을 제시해 놓은, 천부적 성질을 띤 것이다. 퇴계 또한 말한다. "사람은 본래 선하지 않음이 없어서, 사물을 접하면서 사단의 정이 가득히 발현되어 나온다. 어버이를 사랑하고 형님을 공경하며, 임금에게 충성하고 어른에게 공손히 하는 것은 모두 이렇게 사람의 타고난 본성에서 자발되는 것이지, 억지의 노력으로 그렇게 되는 것이 아니다."[26]

---

24) 〈答柳希范 別紙〉, 《退溪全書》 二, p.249.
25) 《朱子全書》 坤, 중화당, p.351 참조. 이에 의하면 사람의 본성은 결코 흐리멍텅한 것이 아니며, 이러한 '條理'와 '間架[형식]'가 있어서 사물의 접촉시 이로부터 사단이 발출된다고 한다. 또한 맹자가 그것을 인의예지로 명명한 것은, 이렇게라도 말하지 않으면 마치 "눈금 없는 저울이나, 또는 치수 없는 잣대"와도 같아서 사람들을 계도할 수 없기 때문에 부득이 그러한 것이라고 한다.

우리는 여기에서 퇴계, 더 나아가 유가 본래의 도덕관을 면밀히 검토해 볼 필요가 있다. 사람들은 일반적으로 유가의 도덕을 그저 삶의 필요로 정립된 객관적인 행위규범 정도로 이해하는 경향이 있다. 그것은 인간의 깊은 내면으로부터 자발되어 나오는 것이기보다는 사람들이 준수해야 할 것으로 과거의 성현들이 제시해 놓은 삶의 규범들로 채워져 있을 뿐이라는 것이다. 유가의 도덕에 관한 사람들의 이와 같은 잘못된 인식에는 암암리에 오늘날의 인간관이 작용하고 있는 것처럼 보인다. 이 시대 대부분의, 아니 거의 모든 사람들은 인간에 대해 깊이 신뢰하기보다는, 인간을 '性惡'한 존재로, 그리고 그들이 사는 사회를 약육강식과 적자생존의 정글법칙이 지배하는 곳으로 여기면서, '만인의 만인에 대한 투쟁'의 사회에서 자타 공멸의 파국을 피하기 위해 도덕을 비롯한 갖가지의 규범들을 그들의 존재 밖에서 요청할 수밖에 없다고 생각하고 있는 것이다. 이를테면 효도는 인간 본성의 자발적 덕목이 아니라 그저 '報恩의 의무'로 행해져야 할 것으로 간주된다.

그러나 위에서 살핀 것처럼 퇴계의 '성선'의 인간관은 도덕을 결코 이와 같이 이해하지 않았다. 그는 그것을 객관적인 규범 속에 놓아두지 않고, 인간의 본래적 자아의 자발적인 실현 형식으로 파악하였다. 그의 이러한 도덕관은 그로 하여금 그 많은 행위규범들에 대해 교조적인 이해를 넘어서 자신의 天性상에서 성찰하고 체험하도록 만들었을 것이다. 그는 이른바 '敬老孝親'이나 '忠君愛國'을 단지 과거 성현들의 '말씀'이기 때문에 실천하려 했던 것이 아니라, 도덕생명 정신의 자연적인 발로 속에서 그것들을 행해나갔던 것이다. 게다가 이기심과 사리사욕을 지워 없애고 자신의 존재를 청명하고 정결하게 갖고자 했던 그의 수행정신은 그러한 도덕행위를 훨씬 용이하게 만들었을 것으로 보인다. 사회생활상 자타간의 참다운 생명교류는 사실 이러한 도덕정신 속에서만 가능할 것이다. 그의 天人合一의 이상 또한 이를 전제해야만 정당하게 이

---

26) 〈聖學十圖〉, 《退溪全書》一, p.201.

해될 수 있다. 타자와의 합일, 즉 '하나됨'은 도덕을 율법적으로 행해서는 불가능하며, 성현들의 '말씀'이나 규범 등의 매개 이전에 근원적으로 자신의 존재 깊은 곳에서부터 타자에게로 나아가 그와 주고받는 도덕적 생명교류 속에서만 가능할 것이기 때문이다. 이렇게 하여 천인합일을 이상으로 가졌던 퇴계의 도덕적 인간학에서 우리는 그의 위대한 인간상을 엿볼 수 있다. 그는 자신의 존재를 열어 타자와 도덕적으로 교류하는 가운데, 타자를 그의 존재의 품안에 아우르며 타자의 성취를 도우려는 '우주적 대아'를 지향했던 것이다.

물론 수행을 모르는 대부분의 사람들은 도덕에 대하여 이와 같은 인식과 자각을 갖지 못하고, 단지 성현들의 '말씀'이기 때문에 그것을 실천해야 할 것으로만 안다. 또는 그들의 이기심과 욕심은 자기 내부의 도덕의식을 무디게 만들어, 타자를 근원적으로 만나지 못하고 겨우 인간관계의 필요상 제반의 도리를 마지못해 행해야 할 의무 정도로만 받아들인다. 그 결과 당연하게도 그들의 삶은 비록 아무리 '도덕적'이라 해도, 자타 간의 관계를 좁히지 못하고 경직되게 만들며 '동맥경화'에 빠지게 하고 말 것이다. 예컨대 사랑을 '말씀'에 따라 율법적으로 실천하는 사람은 자신의 존재 깊은 곳에서부터 타자를 향해 우러나오는 親愛의 情이나, 또는 자타 간 '하나'가 되고자 하는 어떤 근원적인 열망을 알지 못한다. 아니 그의 도덕감정이나 행동은 오히려 몇몇의 규범적인 틀 속에서 자칫 규격화되고 박제화될 위험성을 갖게 될 것이다. 燕巖 朴趾源(1737~1805)이 그의 《虎叱》에서 호랑이를 내세워, 온갖 규범과 예의범절로 무장된 北郭 선생을 질타한 것도 당시 타락한 유학자들의 저와 같은 행태를 꼬집은 것일 것이다.

퇴계의 인간학상 인의예지는 네 개의 도덕규범에 불과한 것이 아니라, 그 자체 사회와 나아가 우주만물을 포괄하는 일종의 존재론적인 개념이다.[27] 다시 말하면 그것은 인간의 사회적이고 우주적인 본질과 의

---

27) 이에 관해서는 〈퇴계의 사회사상〉, 《退溪學報》 92집, 1996, p.7 이하 참조.

미를 가치범주화하고 또 이념화한 것이다. 예컨대 그가 가장 중요시해 마지않았던 '仁'만 하더라도 그것은 단순히 '어질다'거나, 또는 '사랑'이라는 뜻에 그치는 것이 아니었다. 그것은 우주자연의 생명정신을 온전히 타고난 인간이 이 세상에서 펼쳐야 할 우주적 생명의 이념을 표명해 놓은 것이다.[28] 그에게서 禮 또한 단지 '예절'이라는 말뜻에 불과한 것이 아니라, 그것은 역시 기본적으로 인간이 타고났으며, 회복해야 할 우주자연의 생명적 질서를 도덕이념화 해놓은 것이다. 퇴계가 삶의 궁극적 도달점으로 여겼던 천인합일의 이상도 여기에 그 우주론적 근거가 있었다. 요컨대 그는 타자와 사회, 우주를 담고 있는 자신의 존재 내부에서 들려오는 목소리를 듣고, 또 거기에서 우러나오는 도덕적 욕구를 삶에서 실현하여 자신의 사회적·우주적 자아를 최대한 성취하고자 하였다. 사회의 도덕화와 인간화를 꿈꾸었던 퇴계의 이념은 바로 그의 이와 같은 인간관의 자연스러운 산물이었다. 그가 '치국 평천하'의 벼슬길을 택한 것도 그러한 꿈의 실현을 위한 것이었다. 그는 당시 부조리한 정치사회의 현실에 한계를 느껴 결국 벼슬길에서 물러나 산림 속으로 은둔하고 말았지만, 그렇다고 해서 그가 사회이념을 포기한 채 마치 '산새'처럼 살려 한 것은 아니었다.[29] 사회와 우주를 향해 열려 있는 그의 본래적 자아의 실현의지는 여전하였다.[30] 다만 그는 그 실현의 방법을 달리한 것일 뿐이었다. 우리는 여기에서 그가 벼슬길에서 물러난 이후, 전과는 달리 자신의 사회적·우주적 자아를 어떻게 실현하고자 했는지

---

28) 〈聖學十圖〉, 《退溪全書》一, p.206 참조. '우주자연의 생명정신'을 어찌 인간만이 타고났을까마는, 인간은 그것을 자연만물 전체를 향해 개방적으로 실천할 수 있는 '온전한' 능력을 타고났는 데 반하여, 초목금수는 자기네들만을 위하는 폐쇄적인 기질을 갖고 있다는 점에서 양자의 차이가 드러난다. 이에 관한 자세한 논의는 〈인간존재의 확장론〉, 《동양의 인간이해》, 형설출판사, 1992, p.39 이하 참조.

29) "산새"의 비아냥은 퇴계가 명종의 喪에 참여하지 않고 귀향한 것에 대해 당시 일부의 식자들이 행한 것이다. 그들은 또한 그를 일러 "자기만 아는 학자"라고 비난하기도 하였다(〈言行錄〉, 《退溪全書》四, p.14 참조).

30) 당시의 부조리한 사회 정치적 현실과 그의 우환의식 등에 관해서는 〈주리설의 확립과 도덕적 인간학〉, 《朝鮮儒學의 학파들》(예문서원, 1996), p.143 이하 참조.

면밀히 검토해 볼 필요가 있다.

퇴계의 도덕적(사회적·우주적) 자아의식 및 그 실현의지는 일상인들과는 다른 삶의 일락을 누리게 만들었을 것이다. 인간과 세계에 대해 진지한 성찰을 알지 못하는 사람들은 삶의 목표를 자신들의 본래적 자아의 실현에 두지 않고 대개 권세·명예·재물 등 바깥의 어떤 '힘'의 획득에 내건다. 그들은 삶의 성공과 실패의 기준을 바로 여기에 두며, 그렇게 행복을 찾아 나선다. 그러나 그 '힘'이란 참으로 무상한 것이어서, "趙孟이 귀히 여긴 것을 바로 조맹이 천하게 만들기도 한다."[31] 이는 사람들의 행복의식이 얼마나 취약한가를 잘 말해준다. '힘'의 획득에만 삶의 목표를 두는 그들은, 부귀와 권세를 얻기 전에는 어떻게 하면 그것을 얻을까 걱정하고, 이미 얻은 다음에는 어떻게 하면 그것을 잃지 않을까 걱정[32]하면서 항상 일말의 불안 속에서 살 것이기 때문이다. 게다가 만족을 모르는 일상의 사람들에게는 어느 시인의 말대로, "잡았다고 생각하는 순간 / 멀리 달아나 버리고 마는" 행복은 영원한 미래형으로만 남아 있게 될 것이다.

그러나 퇴계가 추구했던 삶의 일락은 이와는 전혀 달랐다. 그는 "스스로 즐길 것을 갖고 있어서, 벼슬길에 나아가 도를 행하건 물러나 은둔을 하건 어떠한 처지에서도 삶에 안락할"[33] 줄 알고 있었다. 그가 스스로 즐겼던 것은 물론 권세나 명예 등 자기 존재 밖의 어떤 '힘'이 아니었다. 그것은 자신의 본래적 자아의 성취였다. 앞서 인용한 그의 말을 빌리면,

---

31) 《經書(孟子)》, p.685. 이는 당시 진나라의 권력자 조맹이 사람들에게 벼슬을 주어 그들을 '貴人'으로 만들 수도 있었고, 또 벼슬을 마음대로 빼앗아 그들을 '賤人'으로 떨어뜨릴 수도 있었음을 말한 것이다. 맹자는 이 말을 통해, 사람들이 자기 존재 내부의, 남들이 결코 빼앗지 못할 "하늘이 준 벼슬[天爵]", 즉 인의예지의 심성을 소중히 할 줄 모르고, "사람들끼리 서로 주고받는 벼슬(人爵)"에만 관심을 갖는 것을 탄식하고 있다.

32) 《經書(論語)》, p.402.

33) 이는 주자의 편지글로서, "사람이 스스로 즐기는 것이 있어야만 …… 삶에 안락할 수 있다"는 말을 필자가 약간 바꾼 것이다(〈答魏元履〉, 《朱子書節要》, 태학사, p.161).

그는 "소용돌이 물속에서 목욕하는 해오라기"나, "저 홀로 환하게 꽃피
는 나무", 또는 "깊은 산 숲 속에서 종일토록 향기를 뿜는 난초 꽃"과도
같이 자신의 존재 속에서 '노닐고(목욕하고)' 그를 '꽃피우며' '향기 뿜는'
삶에서 최대의 기쁨을 누리려 했던 것이다. 그렇다고 해서 그가 자기 밖
의 타자에 대해 마음의 문을 닫은 채 내밀하게 자기만의 세계를 구축하
려 했던 것은 물론 아니다. 위에서 말한 것처럼 그는 타자를 향해 항상
열린 마음을 갖고 있었으며, 그리하여 사랑과 의로움 예절과 지혜의 열
린 삶이 주는바 남들과의 생명 교류 속에서 그만큼 확장된 자아를 체감
하면서 일상인들의, "제 혼자 즐기는 獨樂"과는 차원이 다른, "사람들과
더불어 즐기는 與民同樂"의 드넓은 기쁨을 얻고자 하였다. 더 나아가서
그가 가졌던 천인합일의 이상은 사회를 넘어 이른바 물아일체의 신비적
쾌감까지 그에게 주었을 것으로 보인다. 우리는 여기에서 그의 도덕적
자아와 심미적 자아가 고도로 통합된 드높은 경지를 엿본다. 퇴계의 일
락(행복)관 역시 이러한 관점에서 구성해 볼 필요가 있다.

3. 궁리의 정신과 지적 스케이팅[34]의 거부

그러나 퇴계가 자신의 도덕적 자아의 실현을 학문의 궁극적인 목표
로 삼았다 해서 그가 곧 윤리도덕의 실천에만 치중했던 것은 물론 아니
다. 그의 인간학은 사물에 대한 지적인 탐구의 노력을 또 하나의 과제
로 함께 갖고 있었다. 그는 말한다. "학문을 하는 데 事理의 탐구를 행
하지 않으면 알지 못하는 일도 마치 아는 것처럼 여기게 되어, 그 결과
사실무근의 말들을 지어내고 의미가 닿지 않는 일들을 합리화하여 자
기 자신과 남들을 속이기까지 하게 될 것입니다."[35] 그는 인간과 세계에

---

34) 이 말은, 오늘날 학자들이 세계와 삶의 현장에로 내려가지 못하고 다만 '언어 문
자의 얼음판' 위에서, 마치 스케이트를 타듯, 매끄럽게 지식의 유희만을 일삼고
있음을 꼬집은 서양 어느 학자의 표현을 따온 것이다.

대한 올바른 성찰이야말로 자아실현의 불가결한 토대임을 알고 있었던
것이다. 그가 周濂溪의 〈太極圖說〉과 張橫渠의 〈西銘〉을 그의 〈聖學十
圖〉의 제일 앞에 차례로 놓은 것이나,[36] 또는 저 〈태극도설〉을 제자들
에게 그것을 제일 먼저 강론했던 것[37]도 이러한 인식에 기인한다. 그 글
들은 인간의 존재 근원과 삶의 이념을 매우 함축적으로 표명한 일종의
인간 선언문으로서, 그는 임금이나 그의 제자들이 그것들을 숙지하여
그에 따라 살기를 바랐던 것이다.

　그의 이기설이나 사단칠정설 등도 기본적으로 그러한 성찰정신의 한
산물이다. 예컨대 사단과 칠정을 동일한 정으로 보려는 고봉에 대하여,
그가 "그러한 주장을 계속 고집하면 자기도 모르는 사이에 점점 본성을
기질적인 것으로 여기는 폐단에 빠져 人欲을 天理로 간주하게 되고 말
것"[38]이라고 지적한 것도 저러한 인식에 연유한다. 그는 인간만이 고유
하게 갖는 감정(사단)과, 동물들도 함께 갖고 있는 감정(칠정)을 올바로
분별해야만 인간의 도덕적 자아를 실현할 수 있다고 생각했던 것이다.
인간(인간의 性情)에 대한 오해는 역시 그렇게 오해된 대로 삶을 지어낼
수밖에 없었기 때문이다. 그러므로 퇴계의 이기심성설에 대한 정확한
분석과 이해는 그의 인간학을 규명하는 데 불가결한 전제조건이라 할
수 있다. 이는 우리가 그의 이기심성설을 연구하는 데 인간학적 관점을
동원해야 함을 요구하는 뜻을 담고 있기도 하다.

　퇴계는 栗谷 李珥(1536~1584)에게 보내는 편지에서 세 가지 학문태
도를 말한다. 첫째 오로지 객관적으로 문자의 의미만을 탐구하는 태도
와, 둘째 그 의미를 자신 속에서 주체적으로 성찰하는 태도, 그리고 셋
째로는 더 나아가 일상생활에서 그것을 체험하고 그 참맛을 느끼는 태
도다.[39] 이 가운데에서 퇴계가 가장 중요시한 것은 세 번째의 것이었다.

---

35) 〈答金彦遇 問目〉, 《退溪全書》 二, p.59.
36) 〈聖學十圖〉, 《退溪全書》 一, p.203 참조.
37) 〈言行錄〉, 《退溪全書》 四, p.31 참조.
38) 〈答奇明彦〉, 《退溪全書》 一, p.407.
39) 〈答李叔獻〉, 《退溪全書》 一, p.369 참조.

그는 언어 문자의 표면에서 '지적 스케이팅'을 하는 데에 그치지 않고,
그 이면에 성리학의 언어들이 지시하는 세계와 사물로 깊이 내려가서
그것들을 체험적으로 성찰하고 또 실천하려 하였다. 다시 말하면 그는
언어 문자를 단순히 의미론적으로만 대하지 않고, 삶의 현장에서 그 의
미를 온몸으로 체감하면서 세계와 사물을 생생하게 대면하려 하였고,
또한 그렇게 함으로써 삶의 의미를 충만케 하려 하였다. 그는 말한다.
"(독서시에는) 그 의미를 몸으로 체득하고 마음으로 체험하여 한가롭고
고요한 가운데 말과 글 밖의 뜻을 묵묵히 깨달아야 합니다."[40] 그는《周
易》에서 말하는 것처럼, "글로는 말을 다 표현할 수 없으며, 말로는 뜻
을 다 드러낼 수 없음(書不盡言 言不盡意)"을 알고 있었기 때문에, 말과
글 밖에서 사물을 '온몸으로 체감하며 체험적으로 인식하는' 학문을 하
고자 했던 것이다.《심경》의 다음 글은 그러한 학문 정신의 한 예시가
될 수 있다. "소리개 날고 물고기 뛰는 鳶飛魚躍의 세계는 책이나 붙들
고 문자에 집착해서는 전혀 알 수 없으니, 일상의 삶의 세계 속에서 그
참뜻을 성찰하라. 이를 깨우치면 곧 仁을 알게 되리라."[41] 퇴계가 율곡
의 학문태도를 비판한 것이나,[42] 또는 사단칠정 논쟁에서 고봉에게 "말
의 숨바꼭질"을 하지 말 것을,[43] 그리고 "성현들의 가르침을 빈말로 여
기지 말고 반드시 체험적으로 성찰하고 실험할 것"[44]을 충고한 것도 이
러한 학문 정신에 연유한 것일 것이다.

　　만약 퇴계의 학문이 초점을 맞추고 있는 인간과 삶이 단지 하나의 객
체적인 사물로만 존재하는 것이라면, 그것의 본질과 실상에 대한 분석

---

40) 〈答金而靜〉,《退溪全書》二, p.77.
41) 《心經》, p.340. 퇴계는 이에 대해서, "연비어약의 광경 속에서 자연의 섭리의 전
　　모가 드러나고 그 신비로운 작용이 펼쳐짐을 볼 수 있다"고 말한다(《心經釋義》,
　　민족문화문고, p.112). 이는 사람들이 자연의 섭리를 언어 문자의 고정된 틀 속에
　　서만 분석하고 이해하려 해서는 안됨을 말하려는 것일 것이다.
42) 〈答李叔獻〉,《退溪全書》一, p.369 참조.
43) 〈答奇明彦〉,《退溪全書》一, p.418 참조.
44) 〈答奇明彦〉,《退溪全書》一, p.460.

작업은 비교적 간단하게 진행될 수 있을 것이다. 그러나 우리가 실제로 체험하고 있는 것처럼, 끝없는 가변성과 역동성을 갖고 있는 인간과 삶의 문제는 결코 개념 분석의 대상으로만 머물지 않는다. 그러한 분석적 태도는 마치 시체 해부를 통해 생명활동의 신비를 밝혀내려는 어리석음이나 다름없는 일이다. 이는 역사상 허다한 사상가들이 인간과 삶에 관해 훌륭한 말과 글들을 그렇게도 많이 남겨놓았음에도 불구하고, '나는 누구이며, 어떻게 살아야 할 것인가'를 처음부터 다시 물을 수밖에 없는 우리의 운명에서 명백히 반증된다. 퇴계 역시 이러한 물음 속에서 학문활동을 하였음은 물론이다. 예컨대 맹자 이래 유가가 인간의 본성이라고 제시해 온 인의예지에 대해서만 하더라도 그는 《논어》의 이른바, "자기 자신에게서 절실히 묻고 또 가까이 자기에서부터 생각하는 (切問近思)" 학문 정신으로 그 뜻을 이해하려 하였다. 그가 한 제자에게 보낸 다음의 글은 이러한 뜻을 잘 함축하고 있다. "인의예지의 의미를 이해하는 데 있어서 만약 그 글자들의 뜻만 보고 만다면, 비록 아무리 잘 외우고 또 정확하게 해석한다 하더라도 필경 무슨 보탬이 되겠습니까? 모름지기 네 글자의 의미를 정밀하게 성찰하고 연구·음미하며, 그것을 몸소 체험하는 가운데에서 깨달아야만 할 것입니다."[45] 이러한 충고는 오늘날 퇴계철학을 연구하는 우리들에게도 그대로 타당할 것이다. 우리는 어쩌면 '온몸으로 인식하고 체험하며 실천하는' 정신은 상실한 채, 단지 퇴계가 남긴 "문자 속에서 겨우 바깥 그림자만 보고서"[46] 퇴계철학을 다 이해하고 있는 것처럼 착각에 빠져 있는 것은 아닌가 하는 것이다.

우리가 퇴계의 언론과 저술에서 익히 느끼는 것처럼, 그가 그렇게 진지하고 겸허할 수밖에 없었던 것도 위와 같은 학문 정신에 연유할 것이다. 사물의 인식 내용이나 인간과 삶의 의미가 그의 연륜과 학문적 연

---

45) 〈答李平叔 問目〉, 《退溪全書》二, p.258.
46) 〈答李宏仲〉, 《退溪全書》二, p.231. 퇴계는 이굉중이 敬의 뜻을 오해하고 있음을 위와 같이 지적한다.

찬에 따라 달라짐을 느끼면서 그는 기왕의 지식을 자부하지 못하고, 오히려 무지의 자각 속에서 겸허한 구도정신을 부단히 키워나갔던 것이다. 그가 자주 드러냈던 바, "세상을 속여 명예를 훔치고 있다(欺世盜名)"는 자괴감의 토로도 단순한 허사나 또는 둔사에 불과했던 것이 아니라, 이러한 무지의 자각 위에서 나온 절실한 고백이었을 것이다. 그가 64세 때 한 제자에게, "요즈음 무슨 글을 읽고, 어떻게 공부를 하며, 살아가는 가운데에 깨닫는 것이 지난날과는 어떻게 다른지"를 물으면서 행한 다음의 고백은 그의 위와 같은 학문자세를 잘 드러내 준다.

> 나는 몇 달간 병을 앓는 중에 朱子의 편지들을 한번 읽었는데, 그의 말 가운데에서 절실 통쾌하고 사람들에게 아주 긴요한 부분들을 접할 때마다 미상불 세 번씩 읽으면서 자신을 성찰하였습니다. 그것은 마치 바늘로 내 몸을 찌르는 것과도 같았고, 잠자는 사람을 깨우는 것과도 같아서, 그 동안 자신이 해온 학문이 표피적이고 또 삶에 절실하지 못하여, 程子의 이른바, '발의 가려움에 구두를 긁는 것'과도 같은 병통을 갖고 있음을 더욱 알게 해주었습니다.[47]

우리는 여기에서 유학자들이 학문방법론으로 왜 경전을 반복적으로 숙독할 것을 강조했는지 이해하게 된다. 그들은 반복적 숙독이야말로 그 글뜻을 삶과 세계 속으로 가지고 나가게 해서 체험적 인식과 성찰을 부단히 넓혀주고 깊게 만들어 주는 요체임을 알고 있었던 것이다. 이는 오늘날 겨우 책갈피 사이에서만 의미파악과 지식획득에 만족하며, 글쓰기만을 목표로 하는 우리들의 독서정신이나 학문태도와는 커다란 차이를 드러내 준다. 아무튼 이와 같이 온몸으로 글읽기를 했기 때문에, 퇴계는 세월이 흐르고 삶의 안목이 깊어짐에 따라 글의 의미, 즉 그 '뜻과 맛'이 달리 느껴짐을 저와 같이 토로한 것이었다. 程子의 다음 말도 이와 다를 것이 없다. "내 스무 살 때에 경전을 읽으면서 해석했던 그 뜻이 지금과 다를 게 없지만, 그러나 생각해 보면 지금 깨닫는 의미가 젊

---

47) 〈與鄭子中〉, 《退溪全書》 二, p.23.

은 시절과 확연히 다름을 느낀다."[48]

이러한 학문활동은 물론 지식의 확대를 목표로 한 것이 아니었다. 퇴계가 위에서 말한 것처럼 그것은, "마치 바늘로 몸을 찌르듯이, 잠자는 사람을 깨우듯이" 자아완성의 의지를 일깨우는 의의를 갖는 것이었다. 이 또한 그의 학문이 기본적으로 실천적인 인간학이요, 삶의 철학임을 잘 말해준다. 덧붙여 필자는 유학자들이 과거의 성현들과 훌륭한 학자들의 이름을 왜 기휘하고 대신 호를 불러왔는지 이러한 맥락에서 이해하고자 한다. 유학자들은 성현군자를 오늘날과 같이 단지 직업적 학문의 대상으로 책 속에서 객관적으로만 대면하고 연구했던 것이 아니라, 그들을 이상적인 인간과 삶의 모델로 삼아 문자 그대로 '사숙'하고 그들의 인격을 흠모하면서 자신들도 그렇게 되기를 희구하였기 때문에, 감히 존경스러운 이름을 함부로 부를 수 없었던 것이다. 그것이 고결한 인격을 존중하는 그들의 방식이었고, 또한 유학자들의 학문 정신의 당연한 귀결이었다.

한편 퇴계의 위와 같은 학문 정신은 우리에게 철학하는 자세가 과연 어떠해야 하는지를 알려준다. 오늘날 우리는 고금의 위대한 철학자들의 이론을 배우고 분석하며, 그들의 사상을 체계적으로 구성하여 사람들에게 전달하는 것을 철학의 과제처럼 생각하는 경향이 있다. 그리하여 우리는 그들이 남겨 놓은 언어 문자만 가지고 유희할 뿐, 그것이 지시하는 세계와 삶 속으로 나아가서 우리들 자신의 문제의식으로 철학하는 정신을 갖고 있지 못하다. 우리 연구자들을 일컬어 '학문의 수입상'이니, 또는 '철학업자'니 하는 세간의 비아냥이 이를 간접으로 증언해 준다. 퇴계철학이 과연 주자철학과 다른 고유성과 독자성을 갖는가 하는 문제에 대한 학계의 논의는 바로 이러한 철학 풍토의 불가피한 현상이라 할 수 있을 것이다. 문자로 구성된 이론상에서만 살피면 퇴계의 철학은 일견 주자학의 아류에 지나지 않는 것처럼 보이기 때문이다. 그러나 퇴

---

48) 〈答柯國材〉, 《朱子書節要》, p.154.

계철학의 이론적 독자성에 대한 논의는 차치하고 지금까지 살핀 것처럼, 퇴계가 주자의 이론만을 탐구하고자 한 것이 아니라, 그의 언론들을 매개로 해서 자신의 참다운 자아를 발견하고 또 완성하려는 데에 학문의 목표를 둔 것이고 보면, 그의 철학은 그에게 고유한 것이 아닐 수 없다. 이를테면 그는 주자에게서 인의예지의 '이론'을 배우려 한 것이 아니라, '남을 사랑하고 의로우며 예절 바르고 지혜로운 삶'을 살고자 했던 것이다. 그러므로 그가 학문을 통해 부단히 가꾼 그의 인격과 삶이 그에게 고유한 것일진대, 그의 인간학과 삶의 철학 또한 그 고유의 것이라고 말하지 않으면 안 된다. 그가 한 제자에게 보낸 다음의 편지는 주자학에 대한 그의 인식태도를 잘 드러내 준다. "요즈음 사람들은 학문을 하는 데 자구해석과 암송에 골몰하지 않으면, 문장을 아름답게 꾸미는 일에만 현혹되니, 이 책(《朱子書節要》)에 마음을 두고 창자 속의 비린내 나는 피를 확 씻어버리고서 일반인들이 맛보지 못한 것을 맛볼 사람이 몇이나 될까요?"[49] 이와 같이 그는 독창적이 이론의 수립과 전파에 학문의 목표를 둔 것이 아니라, "창자 속의 비린내 나는" 세속의 "피를 확 씻어버리고서" 본래적 자아를 완성하기 위해 주자학을 공부했던 것이다.

지금까지 우리는 퇴계가 자신의 인간학적 과제를 성취하기 위해 견지했던 '체험적 성찰과 실천'의 정신을 살펴보았다. 하지만 그의 이와

---

49) 〈答黃仲擧 別紙〉, 《退溪全書》 一, p.473. 퇴계는 주자의 한가하고 여유로운 생활태도와, 기침하고 담소하며, 인사말과 정담을 나누고 산천을 유희하고 時俗을 탄식하며, 사제간이나 친구들 사이에 의리와 정분을 나누는 등의 일상사를 기록한 편지들까지 《주자서절요》에 편집하고 있는데, 그의 제자들은 이를 두고, 학문에 긴요치 않은 것들이라고 비판을 한 일이 있었다(〈答李仲久〉, 《退溪全書》 一, p.299 참조). 그러나 그는 이에 대해 다음과 같이 답변한다. "나는 평소 이런 대목들을 매우 좋아했습니다. 그래서 여름철에 녹음이 우거지고 매미 소리가 귀에 가득 들려올 때에는 마음속으로 미상불 두 선생의 기풍을 그리워하며 우러르게 됩니다"(〈答南時甫〉, 《退溪全書》 一, p.366. '두 선생의 기풍'이란, 서로 교유했던 주자와 呂東萊를 말한다).

같은 학문 정신을 인정하면서도, 다른 한편 우리는 떨치기 어려운 하나
의 의문을 갖는다. 그의 인간학과 삶의 철학 바탕에 깔려 있는 이기심
성설을 어떻게 이해해야 하는가 하는 것이다. 인간의 존재론적 근거와
그가 살고 있는 세계의 근원 등을 밝히려는 성리학의 이기심성 이론은
그 자체로 퇴계 자신이 밝혀내고자 했던 세계와 인간, 사물의 발랄하고
도 역동적인 모습을 오히려 이성의 추상개념 속에 가두어 버려서, 그것
들을 '체험적으로 성찰하고 또 실천하기'가 매우 어렵게 만드는 경향이
있기 때문이다. 아니 오히려 그것은 우리에게 친숙한 의미들조차 생경
한 것으로 만들어 버리기가 일쑤다. 그것은 '낯익은' 사물을 오히려 '낯
설게' 만들고 있는 것이다. 또한 실제의 세계와 사물들은 성리학의 잘
짜여진 개념 명세표 속에서 그럴싸하게 분해·조립되어 해설되지만, 그
것은 역시 사람들에게 상징화된 지식만을 제공할 뿐, 생동하는 현실을
느끼게 하지 못한다. 이 세계는 다만 그 개념들의 배후에서 희미한 그
림자로만 남아 있을 뿐이다. 예컨대 마음은 "理와 氣의 合"이라는 명제
에서 우리는 실로 우주보다도 크고 신비로우며 변화무쌍하기 그지없는
우리들의 마음을 어떻게 느낄 수가 있을까? 그것은 마치, '수소 두 개와
산소 하나의 합성'이라고 하는 당구공 같은 원자들의 결합 속에서 물을
찾으려는 것이나 다름없다. 그리하여 많은 성리학자들은 그러한 추상개
념의 세계 속에 파묻혀 일상의 세계로 되돌아오는 것을 잊어버리기도
하였다.

　이제 우리는 이러한 관점에서 퇴계의 성리학을 검토해 보도록 하자.
먼저 그의 말을 인용해 본다. "대저 理는 일상의 세계에 충만하여 動靜
語默의 순간이나 윤리 실행의 즈음에 있습니다. …… 그런데 초학자들
은 이를 버리고 성급하게 추상적이고 심오한 것만 일삼아 재빨리 그것
을 파악하려 하니 …… 그래서 탐구하는 데 쓸데없는 수고로움만 더할
뿐, 행하는 데에는 망연해져서 실제로 착수할 데를 갖지 못하는 것입니
다."[50] 이는 그가 기본적으로 이기심성의 주제에 있어서조차 '체험적 성
찰과 실천'의 정신을 견지하려 했음을 말해준다. 그는 또한 사단칠정 논

쟁의 당사자였던 고봉에게 다음과 같은 편지를 보내기도 하였다. "가령 나의 이러한 논설이 십분 타당하다 하더라도, 실제로 심신의 수행에는 조금도 도움이 되지 못하고 단지 부질없는 논쟁 속에서 우리의 학문이 크게 금하는 것을 범하는 잘못이 있습니다."[51] 그는 다른 한편, 제자들의 이기심성 논변 조짐에 대해 南冥 曹植(1501~1572)이 행한 충고를 '藥石'으로 받아들이기도 하였다.[52]

더 나아가 퇴계가 평소 애독해 마지않았던 《심경》, 《주자서절요》와 같은 책들은 그의 '체험적 성찰과 실천'의 학문 정신을 부단히 강화시켜 주었을 것으로 보인다. 예컨대 주자는, 일상생활에 밀착된 공부에는 소홀하면서 추상세계만을 지향하려는 어느 학자에게 다음과 같이 충고한다. "성인의 뜻은 그렇지 않습니다. 요순이나 공자와 같은 성인들도 그들이 자처했던 것은 항상 일상생활 속에 있었습니다. 추상세계는 공부를 착수할 데가 없고, 의지하며 머무를 데가 없으니 …… 성인들이 어찌 일상의 動靜語默을 떠난 일이 있었겠습니까."[53] 그는 또한 말한다. "편지의 말씀이 모두 타당하기는 하지만, 맛의 여운이 없는 것이 아쉽군요. 평이하고 실제적인 데에 나아가 자세히 음미하고 탐색하여, 모름지기 맛없는 가운데에서 맛을 알아야만 여운의 맛을 알게 될 것입니다."[54] 퇴계는 아마도 이러한 글들을 읽으면서 "고기 맛"과도 같은 학문의 즐거움을 느꼈던 것으로 보인다.[55]

---

50) 〈答南時甫 別紙〉, 《退溪全書》 一, p.365.
51) 〈與奇明彦〉, 《退溪全書》 一, p.428.
52) 남명은 퇴계에게, "요즈음 학자들이 마당에 물 뿌리고 빗자루 잡는 법도 모르면서 입으로는 천리를 운운하며 명예를 훔치고 다닌다" 하면서, 선생은 어른으로서 그들을 꾸짖어 말리고 억제하고 규제해 줄 것을 청하였다(〈答李剛而〉, 《退溪全書》 一, p.528 ; 〈答李宏仲 別紙〉, 《退溪全書》 二, p.219 참조).
53) 〈答許順之〉, 《朱子書節要》, p.154.
54) 〈答許順之〉, 《朱子書節要》, p.156.
55) 〈答琴聞遠〉, 《退溪全書》 二, p.243 참조. 그는 66세 때에 《주자서절요》의 교정을 보면서 갖게 된 감상을 다음과 같이 피력한다. "계제에 한번 복습을 하면서 도의와 진리가 내 마음을 기쁘게 하는 것이 마치, 고기음식이 내 입을 즐겁게 하는

그러나 그럼에도 불구하고 퇴계의 인간학과 삶의 철학은 성리학 자체가 갖고 있었던 바, 위에 지적한 약점에서 전적으로 벗어나지는 못하였을 것으로 생각된다. 그 역시 우리가 늘상 친숙하게 감각하고 처사하는 사물과 세계를 理氣 등의 추상개념 속에서 박제화시켰기 때문이다. 그의 말을 인용해 보도록 하자. "四端은 理가 발함에 氣가 그것을 뒤따르고, 七情은 氣가 발함에 理가 그것을 탄다." 그러나 이 명제는 우리에게, 사단·칠정이 함의하고 있는 측은지심이나 희노애락 등의 생동적 감정을 전혀 전해주지 못한다. 그러한 이기론적 분석은 이를테면 어린아이가 우물에 빠지려는 것을 목격하는 순간 사람들이 저도 모르게 갖게 되는 '측은지심'의 감동을 추상개념의 '체'로 완전히 걸러내 버리기 때문이다. 부끄러움과 분노의 '수오지심' 또한 이기의 개념 속에서 메말라버리기는 마찬가지이다. 우리는 여기에서 "농담을 분석해서는 웃음을 자아내지 못한다"는 혹자의 말을 떠올린다. 퇴계의 말을 한 가지 더 인용해 보도록 하자. "仁義를 性의 관점에서 말하면 모두 體요, 情의 관점에서 말하면 모두 用이며, 陰陽으로 말하면 義體仁用이요, 마음과 일의 관점에서 말하면 仁體義用이 된다."[56] 이러한 논법 역시 우리를 사랑과 의로움이라는 仁義의 질박하고도 생동어린 세계로 인도해 주지 못함은 물론이다. 그것은 실천정신과는 거리가 먼, 추상지식의 유희에 지나지 않는다.

물론 퇴계가 理氣四七論의 수립을 그의 학문 목표로 삼아 의도적으로 추구했던 것은 아니다. 그의 이기심성설은 대개 제자들과의 문답 가운데에 전개된 것들이었으며, 그의 주장대로라면 그는 그 순간에도 '체험적 성찰과 실천'의 정신을 잃지 않았을 것이다. 그러나 이기심성 이론에 대한 관심이 점점 흥기되어 가는 당시 성리학계의 분위기 속에서 그

것과 같다는 것을 알게 되었습니다. …… 일상생활 속에서 진리의 깨달음 또한 전보다 더 절실하고 명백해져서, 일상의 가까운 곳에 바로 심원한 진리가 있음을 알겠습니다."
56) 〈答李宏仲 問目〉, 《退溪全書》 二, p.224.

의 논설들은 본의 아니게 그 자신이 한때 蓮坊 李球(?~1573)의 〈心無體用論〉에 대해 염려했던 것과 같은, "논의가 너무 고답적이어서 …… 심성을 불분명한 지경에 빠뜨림으로써 자신의 학문에 해악을 끼칠 뿐만 아니라, 후학들로 하여금 그것을 서로들 본받게 함으로써 공허한 말만 배우게 하는 적지 않은 폐단"[57]을 자아냈을 것으로 보인다. 그것이 바로 남명이 염려했던 바이기도 하다. 우리는 여기에서 그의 '체험적 성찰과 실천'의 인간학이 이기심성의 메마른 개념 속에서 다소 난삽해졌음을 지적할 수 있을 것이다.

4. 퇴계철학 연구의 과제

퇴계의 이기심성설은 그가 인간과 사물, 세계의 본질과 제현상을 통일적이고 정합적으로 해석하기 위해 구성해 낸 일종의 존재의 형이상학으로서, 그의 철학체계 속에서 매우 중요한 의의를 갖는다. 그것은 그가 삶에서 준거할 인간관과 세계관을 함축적으로 담고 있으며, 한편으로 그에게 '성학'의 체계와 방법론을 마련해줌으로써 그의 학문 목표에 보다 쉽게 도달할 수 있도록 해주었을 것이다. 그러나 그것은 결코 그가 온몸으로 행했던 철학의 중심주제가 아니었다. 그는 결코 철학이론가가 되고자 하지 않았으며, 앞에서 살핀 것처럼 그의 학문의 궁극적 과제는 도덕적 자아의 완성과 사회의 도덕화와 인간화, 더 나아가서는 우주만물이 제각기 '존재(삶)의 제자리'를 얻도록 돕는 데에 있었다. 그의 이기심성설은 이러한 과제를 완수하기 위해 그가 그려놓은 세계와 삶의 설계도일 뿐이었다. 그러므로 우리는 그의 이기심성설을 연구하되, 그 추상적인 도식들을 벗어나 그것들이 지시하고 있는 구체적인 사물과 인간의 세계로 나아가 그의 철학을 재구성해야 할 것이다. 이러한

---

57) 〈心無體用辯〉, 《退溪全書》二, p.330.

작업에는 당연히 그의 이기심성설뿐만 아니라 그의 언론과 저술 전체에 대하여 검토와 분석이 선행되어야 하며, 더 나아가 우리는 四書五經과 《심경》《근사록》《주자서》 등의 내용까지도 종횡으로 숙달하지 않으면 안 된다. 이에 더하여 '체험적 성찰'의 정신은 퇴계철학의 진수를 알게 해줄 관건이 될 것이다. 우리는 이 점에서 하나의 반성거리를 얻는다. 우리가 그 동안 퇴계의 이기심성설을 연구해 오면서 이러한 과제를 얼마나 수행하고 충족시켰는가 하는 것이다. 아니 우리는 오히려 그 동안 이·기·심·성·사단·칠정을 개념 부호화하여 그것들을 형식논리적으로만 분해하고 조합하는 추상지식의 유희에 빠지지나 않았는지, 그리하여 이러한 연구영역 속에서 자족하면서 우리 일상의 삶과 사회현실에 대해 무관심하지나 않은지, 근본적으로는 '成己成物'의 노력을 외면하고 있지는 않은지 자성해 볼 필요가 있다. 이러한 학문활동에 대해서는 퇴계 자신이 경계하였던 것임은 앞에서 살핀대로다.

그러나 우리의 연구가 이것으로 그쳐서는 안 된다. 오늘날 갈수록 황폐화되어 가고 있는 우리들의 삶과 사회에 더 나아가 현대문명에 대해 퇴계철학이 무엇을 제언할 수 있는지 우리는 또한 진지하게 검토하지 않으면 안 된다. 물론 그의 철학은 그 시대와 사회를 토양으로 하고 있는 것인 만큼, 우리의 관점에서 보면 일정한 한계와 약점을 갖고 있는 것이 사실이다. 그러나 인간과 세계에 대한 그의 깊은 성찰과 사색은 시공적 제약을 넘어서 이 시대를 사는 우리들에게도 여전히 타당한 삶의 정신을 현재형으로 제시해 줄 것이 있을 것이다. 그가 그저 한 시대의 학자로 부침하지 않고, 오늘날에 이르기까지 위대한 학자로서 뭇사람들의 존경과 추앙을 받아온 것도 그의 철학에 시대를 뛰어넘는 진리가 있기 때문일 것이다. 일례로 〈성학십도〉에 피력된 그의 '敬'사상을 음미해 보도록 하자.

마음을 고요히 상제를 우러르듯 하라. 발걸음은 장중하게, 손놀림은 조신하게, 땅도 가려서 밟아, 개미 두둑까지도 돌아서 가라. 문을 나서 사

람을 대할 때에는 손님을 뵙듯 하고, 일에 임해서는 마치 제사를 받들 듯
하여, 경건하고 조심스럽게 처신하여, 조금도 안일하게 나서지 말라.[58]

　그가 일상생활 속에서 견지하고자 했던 이러한 외경의 정신은[59] 우리
가 경건을 모르는 시대에 살고 있기에 더욱 커다란 의미를 갖는다. 나
아가 그것의 바탕을 이루고 있는 인간(생명)존엄 사상은 남들뿐만 아니
라 자기 자신까지도 경홀히 여기는 이 시대 사람들의 만연된 허무의식
을 치유해 주는 훌륭한 "약석"이 될 수도 있을 것이다. 그리하여 우리들
의 삶 속에서 그의 철학이 갖고 있는 시대적 한계를 평가하고 그 약점
을 비판하며 보충하는 한편, 그가 또한 우리에게 남긴 훌륭한 철학적
잠언과 성찰들을 우리들의 '실험'정신으로 이 시대의 문법에 맞게 발전
적이고 창조적으로 재구성하는 작업을 하지 않으면 안 될 것이다. 전통
을 계승하는 한국철학의 독자적인 공간이 여기에서 비로소 열릴 것이
며, 그것은 또한 현실적으로 가치혼란과 무규범의 와중에 있는 우리사
회와 나아가 어떤 한계에 다다른 듯한 현대문명에 활로를 제시해 줄 수
있을 것이다.

---

58) 〈聖學十圖〉, 《退溪全書》 一, p.209.
59) 이와 관련하여 퇴계의 제자들은 선생의 삶을 다음과 같이 기록하고 있다. "선생
　께서는 아무리 지체가 낮고 어린 사람이라도 소홀하게 대접하지 않으셨다"(〈言
　行錄〉, 《退溪全書》 四, p.56). "향리에서 아무리 비천한 사람에게라도 반드시 예를
　다하셨다"(위와 같음). "손님이 오면 그가 아무리 나이 어리다 해도 반드시 계단
　을 내려와서 맞이하셨고, 전송도 반드시 그렇게 하셨다"(p.57). "제자들을 마치 친
　구 대하듯이 하셨으며, 그들의 나이가 어리다 해도 이름을 버리고서 '너'라고 호
　칭하지 않으셨다. 그들을 맞이하고 보낼 때에는 예를 차리고 공경을 다하셨다"
　(위와 같음).

南冥思想의 本質과 特色

崔錫起(경상대)

1. 旣往의 硏究成果 檢討

남명에 관한 연구는 1980년대 전반기에 비로소 시작되었다. 이 시기는 남명학 연구의 제1기라고 하겠는데, 崔海甲·李樹健·金忠烈·崔丞灝·全炳允 등에 의해 산발적으로 이루어졌다.[1] 이 시기 연구는 남명의 생애 및 위인을 밝히거나, 그의 학문관과 사상적 특성을 부분적으로 드러내는 수준이었다. 남명사상에 관계된 논문도 윤리사상·정치사상 등 특정 분야별로 논한 것인데, 그 특성을 구체적으로 밝히거나 전체적으로

---

1) 崔海甲, 〈南冥의 爲政觀에 관한 小攷〉,《진주교육대학논문집》19집, 진주교육대학교, 1979.

―――, 〈南冥의 出處觀에 관한 小攷(其一)〉,《진주문화》3집, 진주교육대학교 진주문화권연구소, 1982.

李樹健, 〈南冥 曺植과 南冥學派〉,《민족문화논총》2·3합집, 영남대학교 민족문화연구소, 1982.

金忠烈, 〈生涯를 통해서 본 南冥의 爲人〉,《대동문화연구》17집, 성균관대학교 대동문화연구원, 1983.

崔丞灝, 〈南冥의 反躬體驗과 持敬居義思想의 硏究〉,《한국의 철학》11집, 경북대학교 퇴계연구소, 1983.

全炳允, 〈南冥의 思想과 文學 硏究〉, 계명대학교 교육대학원 석사논문, 1984.

개괄했다고 볼 수 없다.

남명학 연구는 1980년대 후반부터 활성화되었다. 이 시기는 남명학 연구의 제2기라 하겠는데, 裵宗鎬·金忠烈·琴章泰·申炳周 및 중국 학자 張永儁 등에 의해 이루어졌다.[2] 이 시기의 연구는 남명학의 특성을 考究하는 쪽으로 진전되어 남명학의 윤곽이 어느 정도 드러났다. 사상에 관한 연구도 學記圖를 분석하는 데까지 나아갔으나, 깊이 있는 논의를 하지 못하고 그림을 해설하는 정도에서 머물고 말았다. 한편 교육사상·정치사상·윤리사상 등 특정 분야의 사상에 초점을 맞춘 논문이 이 시기에도 꾸준히 나왔는데, 대체로 남명사상을 어느 한쪽으로 집중 거론한 것에 지나지 않는다.

남명학에 관한 연구는 이런 1980년대의 연구성과에 힘입어 1990년대 들어 본격적으로 연구되기 시작하였다. 1990년대의 연구는 남명학 연구의 제3기라 할 수 있다. 이 시기에는 남명학의 특성을 보다 다각도로 구명하려 하였고, 남명사상에 대해서도 다양한 시각으로 접근하였다. 즉 남명학의 특징을 현실주의적 세계관으로 보거나 실천유학적 성격을 가진 것으로 보는 연구가 이루어졌고,[3] 남명사상을 정치·윤리·교육의 측면에서 살피기도 하였으며,[4] 經世的·實學的 측면에서 논의되기도 하였

2) 裵宗鎬, 〈南冥聖學圖〉, 《南冥學研究論叢》 1집, 남명학연구원, 1988.
  金忠烈, 〈南冥學의 要諦 — 敬義〉, 《南冥學研究論叢》 1집, 남명학연구원, 1988.
  張永儁, 〈南冥先生之理學造詣與人格成就〉, 《南冥學研究論叢》 1집, 남명학연구원, 1988.
  琴章泰, 〈退溪와 南冥의 爲學體系〉, 《한국학학술회의논문집》, 한국정신문화연구원, 1988.
  申炳周, 〈南冥 曺植의 學問傾向과 現實認識〉, 서울대 대학원 석사논문, 1988.
3) 鄭羽洛, 〈天命問題와 관련한 南冥의 現實主義的 世界觀〉, 《남명학연구》 3집, 경상대 남명학연구소, 1993.
  權仁浩, 〈南冥 曺植의 現實認識과 出處思想 研究〉, 《남명학연구논총》 3집, 남명학연구원, 1995.
  崔英成, 〈曺南冥의 學問精神과 出處觀 研究〉, 《남명학연구논총》 4집, 남명학연구원, 1996.

다.[5] 또한 남명사상을 성리학적 사유가 아닌 원시유학적 사유로 보거나[6] 양명학적 사유로 보는 시각이 있었고,[7] 더 나아가 노장사상의 요소가 있는 것으로 보는 논의도 있었다.[8]

이런 연구를 통해 남명사상이 정통 성리학만을 추종하지 않고 원시유학의 정신을 회복하려 하였다는 논의는 남명학 연구의 진일보로 평가된다. 그러나 다른 논의들의 가장 큰 문제점은 남명사상을 전체적으로 파악하지 않고 어느 한 측면에 비중을 두어 다루거나, 조선시대 학술사의 흐름을 간과하였다는 사실이다. 제3기에 괄목할 만한 성과는 남명을 일단 성리학자로 보고, 그의 성리학적 이론을 찾으려는 노력이 나타났다는 점이다. 곧《學記類編》의 그림 및 〈神明舍圖〉를 면밀히 검토하여 남명사상의 성리학적 구조를 분석하는 연구가 이루어졌다.

본고에서는 이런 연구성과를 토대로 남명사상의 본질을 어떻게 볼

---

4) 曺校煥, 〈南冥 曺植의 倫理思想에 관한 硏究〉, 성균관대 유학대학원 석사논문, 1991.

史載明, 〈南冥 曺植의 教育思想에 관한 硏究〉, 경상대 대학원 석사논문, 1992.

周道濟, 〈南冥先生政治思想的研究〉,《남명학연구논총》5집, 남명학연구원, 1997.

5) 權仁浩, 〈南冥의 經世思想에 관한 硏究〉,《남명학연구논총》2집, 남명학연구원, 1992.

葛榮晋, 〈南冥的實學思想研究〉,《남명학연구논총》6집, 남명학연구원, 1998.

6) 蔡仁厚, 〈南冥之性理學說及其精神特徵〉,《남명학연구논총》2집, 남명학연구원, 1992.

金忠烈, 〈南冥學의 恢廓會通的 性格과 儒教維新〉,《남명학연구논총》3집, 남명학연구원, 1995.

徐遠和, 〈南冥과 大學〉,《남명학연구논총》4집, 남명학연구원, 1996.

7) 孫英植, 〈남명 조식의 주체성 확립 이론과 사림의 정신(Ⅰ)〉,《남명학연구논총》4집, 남명학연구원, 1996.

8) 吳進鐸, 〈南冥學에 있어서 莊子思想의 位置〉,《남명학연구》창간호, 경상대 남명학연구소, 1991.

三浦國雄, 〈曺南冥과 老莊思想〉,《남명학연구논총》3집, 남명학연구원, 1995.

坂出祥伸, 〈南冥과 老莊思想〉,《남명학연구논총》4집, 남명학연구원, 1996.

彭林, 〈南冥의 儒家思想中 道家的 面貌〉,《남명학연구》6집, 경상대 남명학연구소, 1996.

것인지 하는 점을 다시 생각해 보고, 나아가 《학기류편》을 통해 남명사상을 종합적으로 정리하면서 그 특색을 드러내 보도록 하겠다.

2. 南冥思想의 本質을 어떻게 볼 것인가?

위에서 대략 살펴보았듯이, 논자에 따라 남명사상을 보는 시각이 매우 다르다. 혹자는 원시유학에 가까운 것으로 보기도 하고, 성리학적인 것으로 보기도 하며, 또는 양명학적인 것으로 보기도 하고, 노장사상이 깃든 것으로 보기도 한다. 여기서는 이 네 가지 관점을 분석하면서 남명사상의 본질을 논의해 보기로 하겠다.

첫째, 노장사상이 깃들어 있는 것으로 보는 논의에 대해 살펴보기로 한다. 吳進鐸은 〈南冥學에 있어서 莊子思想의 位置〉[9]에서 남명사상에 장자사상이 일정하게 들어 있는 것으로 보았으나 "남명이 공자사상에서 벗어난 장자적 언어 문자와 그의 사상을 일방적으로 수용했다기보다는 공자의 가르침을 근본으로 하면서도 장자의 용어를 거리낌없이 사용했다"고 하였다. 또한 일본 학자 三浦國雄은 〈曺南冥과 老莊思想〉[10]에서 "남명은 上述한 바와 같이 노장사상이 없었다고 할 수 없으나 그의 사상적 기반은 역시 儒敎였다고 말해야 할 것이다"라고 하였고, 坂出祥伸도 〈南冥과 老莊思想〉[11]에서 "결국 본질적으로 노장사상이 그의 사상 속에 파고든 여지는 없었다고 생각된다"라고 하였다. 그리고 중국 학자 彭林은 〈南冥의 儒家思想中 道家的 面貌〉[12]에서 "남명선생은 도가로 흘렀던 적도 없고, 또 도가로서 유가를 貶視한 적도 없다. 그의 사상 구성에서 유가사상이 主가 되고 體가 되었고, 도가사상은 보조

---

9) 이 논문은 경상대 남명학연구소에서 발간한 《남명학연구》 창간호에 실려 있다.
10) 이 논문은 남명학연구원에서 발간한 《남명학연구논총》 3집에 실려 있다.
11) 이 논문은 남명학연구원에서 발간한 《남명학연구논총》 4집에 실려 있다.
12) 이 논문은 경상대 남명학연구소에서 발간한 《남명학연구》 6집에 실려 있다.

적인 것이 되고 用이 되었는데, 양자 간의 절대 서로 침범한 법이 없었다"라고 하였다.

이상 4편의 논문을 검토해 보면, 논자들은 한결같이 남명사상에 노장적 요소가 있기는 하지만 남명사상이 전적으로 노장적인 것만은 아니며, 오히려 유가사상을 근간으로 하고 있다는 결론에 도달하고 있다. 따라서 남명사상에서 노장적 요소를 논하는 것은 어디까지나 남명의 학문이 정통 성리학에만 매몰되어 있지 않고 廣博했다는 점을 말하는 것에 지나지 않는다.

둘째, 남명사상을 양명학적인 것으로 보는 논의에 대해 살펴보기로 한다. 이 점도 남명의 학문이 성리학을 근간으로 하면서도 양명학적 사유를 폭넓게 수용했다는 측면에서 논하는 것은 문제가 되지 않는다. 그러나 남명사상이 성리학이 아니라 양명학이라고 보는 시각이 있다. 孫英植은 〈남명 조식의 주체성 확립 이론과 사림의 정신(Ⅰ)〉[13]에서 "조식의 철학은 어느 모로 보나 성리학의 특징이 없다. 큰 줄거리로 보아서 굳이 규정하자면, 양명학적 경향에 가깝다고 할 수 있다"고 하였다.

손영식은 성리학의 개념을 "(1) 리와 기, 본성(性)과 감정(情)을 엄격하게 구분하는 이원론적 형이상학을 전개하며, (2) 거경(居敬) 궁리(窮理)의 마음 수양론을 제시한다"고 규정하고, (1)의 기준에 의해 남명은 리와 기의 형이상학을 제시한 것이 없기 때문에 성리학에서 벗어났으며, (2)의 기준에 의해 남명은 거경 궁리의 수양론을 제시하지 않고 敬·義, 또는 誠·敬의 수양론을 제시했기 때문에 성리학과 다르다고 하였다. 이 주장은 성리학의 개념을 위와 같이 단순하게 규정하는 것도 문제이지만, 남명이 위와 같은 이론을 전개한 적이 없다고 하여 성리학에서 벗어났다고 보는 데 더 큰 문제가 아닐 수 없다. 특히 남명이 敬·義, 또는 誠·敬의 수양론을 제시했기 때문에 성리학과 다르다고 하는 점은 도저히 이해할 수 없다.

---

13) 이 논문은 남명학연구원에서 간행한 《남명학연구논총》 4집에 실려 있다.

셋째, 남명사상을 일단 儒學을 근간으로 한 것으로 보되 성리학적인 것으로 볼 것인가, 아니면 원시유학에 가까운 것으로 볼 것인가 하는 문제에 대해 논의해 보기로 한다. 蔡仁厚는 남명이 주자를 服膺하나 주자학으로 자신을 제한하지 않았다는 점을 들면서, 결론적으로 일반 성리학자와는 정신기맥이 서로 다른 곳이 있으며, 선진의 원시유가와 비교적 서로 가깝다고 하였다.[14] 또한 金忠烈은 남명학의 특성은 성리학, 특히 주자학의 골간을 유지하면서도 동시에 탈성리학적 성격을 띠며 원시유학으로의 회귀를 꾀하고 있다고 하였다.[15] 徐遠和도 남명이 《대학》을 經典으로 삼아 의거했기 때문에 성리학상에서 남명은 주자학을 존중했지만, 삼강령·팔조목을 묶어 하나의 修己工夫를 강조한 까닭에 원시 孔孟儒學으로 복귀하는 경향이 있다고 하였다.[16]

한편 張立文은 《학기류편》을 설명하면서 남명의 학문은 朱熹를 종주로 한다고 하였고,[17] 崔錫起는 남명의 학문은 철저하게 성리학에 뿌리를 두고 있는데, 그의 성리사상 핵심은 存養 — 省察 — 克己의 修養論에 있다고 하였다.[18] 또한 琴章泰는 남명의 爲學체계를 《소학》의 실천과 《대학》의 바탕을 학문에서 기초로 삼고 나아가 四書를 중심으로 하고 《심경》, 《근사록》, 《성리대전》을 보조로 하는 도학적 원리를 통하여 심성의 수양과 의리의 정립을 추구하고 있다고 보면서, 主理論의 입장에 있는 것으로 보았다.[19] 그리고 鄭炳連은 理氣先後 문제를 집중 거론하면서 남명은 일단 理先氣後를 인정하는 바탕 위에서 다시 실제 경험적인 세

---

14) 蔡仁厚, 〈南冥之性理學說及其精神特徵〉, 《남명학연구논총》 2집, 남명학연구원, 1992.
15) 金忠烈, 〈南冥學의 恢廓會通的 性格과 儒敎維新〉, 《남명학연구논총》 3집, 남명학연구원, 1995.
16) 徐遠和, 〈南冥與大學〉, 《남명학연구논총》 4집, 남명학연구원, 1996.
17) 張立文, 〈南冥 性理哲學 硏究〉, 《남명학연구논총》 3집, 남명학연구원, 1995.
18) 崔錫起, 〈南冥의 神明舍圖·神明舍銘에 대하여〉, 《남명학연구》 5집, 경상대 남명학연구소, 1955.
19) 琴章泰, 〈南冥의 學記圖에 관한 연구〉, 《남명학연구논총》 2집, 남명학연구원, 1992.

계에서 氣先理後의 입장을 고구하고 있으며, 이기혼륜적 사고가 지배하고 있어 羅欽順의 설처럼 理氣一物說에 가깝다고 하였다.[20]

남명사상을 성리학적인 것으로 볼 것인가, 원시유학에 가까운 것으로 볼 것인가 하는 문제는 성리학적인 사유를 근간으로 하되, 그 속에만 매몰되지 않고 원시유학의 정신을 폭넓게 수용하였다고 보는 것이 타당하리라 본다. 다만 조선의 성리학이 정주학을 바탕으로 한 것이지만, 조선전기의 학계는 《근사록》, 《성리대전》, 《심경》 및 사서오경의 大全을 통하여 宋學을 폭넓게 수용하는 분위기였으며, 주자학만을 신봉하는 분위기는 아직 아니었다. 따라서 남명사상이 주자학에 바탕을 두었다는 언급은 신중을 기할 필요가 있다.

아무튼 남명사상이 성리학에 근거한 것임을 부정할 수 없다면, 그 다음에는 조선시대 학술사 속에서 그 성격을 구명하는 것이 바람직할 것이다. 곧 우리나라에서 성리학이 꽃을 피우는 16세기의 학술사적 흐름 속에서 남명사상을 검토하면서 그 특징을 논하는 것이 조선유학사 안에서 남명사상의 성격을 바르게 자리매김하는 것이라고 본다.

조선초기 세종 연간에 明初 胡廣 등에 의해 만들어진 《性理大全》과 사서오경의 大全本이 유입되어 간행되어, 반포되면서 주자가 만든 《소학》 《근사록》과 아울러 주요 교재로 채택되었다. 《성리대전》은 1432년(세종 14) 처음으로 경연에서 講하였고, 《근사록》은 1450년(문종 즉위년)에 처음으로 경연에서 강하였다. 그후 사림파가 등장하는 성종 연간에 이르러서야 이 책들이 경연에서 다시 進講되었다. 그러나 연산군 때에는 경연 자체가 제대로 열리지 않았을 뿐만 아니라, 이 책을 보는 사람들도 적었다. 그리하여 중종 초기에는 《성리대전》을 잘 아는 사람이 없어, 講할 사람을 양성하자고 건의하기에 이르렀다.[21]

이를 통해 보건대, 성종대 사림파가 조정에 진출하면서부터 성리서가 널리 익혀지다가, 연산군대의 침체기를 거쳐 1510년대인 중종 연간

---

20) 鄭炳連,〈曺南冥의 理氣論 硏究〉,《남명학연구논총》 3집, 남명학연구원, 1995.
21) 이상 《조선왕조실록》 참조.

에 다시 유행한 것을 알 수 있다. 이 시기는 전시대의 金宏弼 등이 《소학》의 실천을 중시한 데 힘입어 실천지침서로서 《소학》이 학문의 한 축을 이루었고, 성리학의 이론적 탐구를 위해 《근사록》이 학문의 다른 한 축을 이루었다. 조광조가 기묘사화 직전 2~3년간 《소학》과 《근사록》을 경연에서 집중 講한 것이 이를 입증한다.[22]

그러나 기묘사화 뒤에는 《근사록》, 《성리대전》 등의 책이 禁忌視되어, 이 책을 끼고 다니는 사람이 있으면 기묘의 무리로 지목하였고, 이 책을 찢어 벽을 바르며 배우려 하지 않았다.[23] 그리하여 사람들은 이 책을 禍亂의 발판으로 인식하였다.

한편으로 元儒 眞德秀(1178~1235)가 심성수양에 관한 글을 뽑아 만든 《心經》은 대략 14~15세기 경에 유입된 것으로 추정되는데, 金宏弼의 스승인 孫肇瑞가 이 책에 심혈을 기울였고, 김굉필을 거쳐 趙光祖가 이를 表章했으며, 金安國·成守琛·李彦迪·李滉·曺植 등이 이 책을 중시하였다. 그런데 16세기에 읽혀진 책은 明儒 程敏政(?~1499)이 1492년에 만든 《心經附註》인 것으로 여겨진다.[24]

이상에서 살펴보았듯이, 15세기 후반 사림파가 등장하면서 성리서를 본격적으로 탐구하기 시작했다. 사림의 학자들은 인간자세의 올바른 확립을 위해 《소학》을 특별히 중시하였고, 성리학의 大體를 유별로 정리해 놓은 《근사록》을 통해 사상적 기반을 구축하였다. 《근사록》이 《성리대전》보다 더 많이 읽혔던 것은, 《성리대전》이 宋儒 120家의 학술을 집성해 놓은 것이기 때문에 일목요연하게 파악하기 어려운 반면, 《근사록》은 道體·爲學·致知·存養·克己 등 14개 항목으로 분류하고 그에 관계된 주요한 설을 간추려 놓아 쉽게 이해할 수 있었기 때문이다.

1519년 기묘사화 이후 약 반세기 동안 학계는 암흑기였다. 남명의 말

---

22) 《조선왕조실록》 중종 14년 4월 19일조 참조.
23) 《조선왕조실록》 중종 28년 11월 16일조 참조.
24) 宋熹準, 〈우리나라에 있어서 心經註釋書의 史的展開〉, 《心經註解叢編》 一, 학민문화사, 1997.

을 빌리면, 학자들이 《심경》을 천자만이 쓰는 平天冠에 비유했다고 한
다.[25] 이러한 분위기 속에서 학자들이 조정에 나아가려 하지 않고 물러
나 학문에 열중하는 한편, 전보다 더 확고한 도덕성을 확보하려고 하였
다. 이런 특수한 역사적 상황 속에서 남명은 과연 어떤 학문을 내세웠
던가? 《조선왕조실록》明宗 21년(1566) 12월 2일조에 다음과 같은 기사
가 실려 있다.

　　조식은 집안에 있어 관혼상제에 모두 《주자가례》를 따르고, 流俗에
　휩쓸리지 않았다. 학생들을 가르칠 적에는 매양 《근사록》《성리대전》
　등의 책을 부지런히 읽게 했는데, 모두 몸으로 이해하여 자득하는 것을
　급선무로 삼고, 입으로 읽기나 하는 말단적인 공부는 달가워하지 않았다.
　그는 항상 "요즘 초학자들이 고원한 이치만 말하길 좋아하여 灑掃應對의
　예절도 모르면서 《易學啓蒙》, 〈太極圖說〉 등의 글을 먼저 배운다. 이는
　心身에 아무런 도움이 없을 뿐만 아니라, 끝내 명예를 구하는 쪽을 나아
　가게 된다"라고 하였다. 일찍이 이런 뜻으로 李滉에게 편지를 보내 이런
　풍습을 금하려 하였다.[26]

　이 자료에서 우리는 몇 가지 중요한 사실을 발견할 수 있다. 첫째 남
명이 《근사록》,《성리대전》을 중시했다는 점, 둘째 《성리대전》 가운데
서 《역학계몽》,〈태극도설〉 등 성리학의 본체론에 관한 형이상학적인
것보다는 실천적인 측면을 중시했다는 점, 셋째 章句之學보다는 自得을
중시했다는 점 등이다. 이런 점을 두고 볼 때, 남명은 성리학의 본체론
적 탐구보다는 실천적 爲己之學에 힘쓴 것을 알 수 있다.
　남명은 25세 때 《성리대전》을 접하였다. 그때 그는 元儒 許衡의 "志

25) 〈題李君所贈心經後〉,《남명집》(한국문집총간, 31책), p.501.
26) "曺植 居家 凡喪祭冠婚 皆倣朱文公家禮 不混於流俗 教學者 每勤讀近思錄性理
　　大全等書 皆以體會自得爲急 屑屑於口讀之末 常以近日初學之士 好談高遠 不知
　　灑掃應對之節 而先學啓蒙太極圖等書 無益於身心 而卒歸於爲名 嘗以是貽書李滉
　　欲禁此習"(《명종실록》 21년 12월 무자일조).

伊尹之志 學顔子之學 出則有爲 處則有守 丈夫當如此"라고 한 말에 깊
이 깨달은 바가 있어 학문의 대전환이 이루어졌다. 그후 그는 과거를
단념하고 金海 山海亭에서 성리학에 침잠하였다. 그때 그는 "항상 信實
하고 항상 謹愼하여 삿된 마음을 막고 誠心을 보존하라"[27]는 좌우명을
벽에 써 놓고 실천적 심성수양에 힘썼다. 31세 때 李浚慶이 《心經》을
보내왔는데 그는 이 책을 '죽지 않는 약'과 같다고 비유하며, "이 책을
아침저녁으로 매일같이 사용해도 스스로 그만둘 수 없을 것이다. 게을
리 하지 말고 노력하라. 顔淵처럼 되는 길이 이 책에 있다"고 하였다.[28]

그러면 남명의 학문이 어디에 바탕을 두고 있는지를 몇몇 자료를 통
해 살펴보기로 한다.

> 가) 다만 《대학》은 여러 경전의 綱領이니, 모름지기 《대학》을 읽어서
> 훤히 꿰뚫어 알게 되면 다른 글을 보기가 쉬워질 것입니다.[29]
> 나) 이제 《대학》을 가지고 공부를 하며 틈틈이 《성리대전》을 탐구하
> 십시오. 항상 《대학》 한 집만 출입하게 되면 燕나라에 가고 楚나라
> 에 가더라도 本家로 돌아와 머물게 될 것입니다.[30]
> 다) 金海 집의 상자 속에 푸른 표지의 작은 책 《근사록》이 있으니, 가
> 져다 골똘히 생각해 보십시오.[31]
> 라) 이 책(《심경》)은 죽지 않는 책이로구나.[32]
> 마) 그들이 자신을 위한 학문을 하는 데 먼저 《소학》, 《대학》, 《근사
> 록》을 읽으며 공부를 하지 않고 《주역》, 《계몽》을 먼저 읽으며, 격
> 물치지·성의정심의 차서를 구하지 않는다.[33]

---

27) "庸信庸謹 閑邪存誠 ……"(〈座右銘〉,《남명집》, p.479).
28) 〈書李君原吉所贈心經後〉,《남명집》, p.501.
29) "但大學 群經之綱統 須讀大學 融會貫通 則看他書便易"(〈示松坡子〉,《남명집》,
     p.491).
30) "於今 直把大學看 傍探性理大全 一二年 常常出入大學一家 雖使之燕之楚 畢竟
     歸宿本家"(〈答仁伯書〉,《남명집》, p.492).
31) "海家篋中 有靑衣近思錄小帙 須取而熟思之"(〈與金肅夫〉,《남명집》, p.493).
32) "是書者 其惟不死之藥乎"(〈書李君原吉所贈心經後〉,《남명집》, p.501.
33) "其爲自己之學 則不先讀小學·大學·近思而做功 先讀周易·啓蒙 不求之格致誠正

바) 오늘날의 학자들은 절실하고 가까운 것을 버리고 고원한 것만 추
향한다. 학문하는 것은 애초 어버이를 섬기고 형을 공경하며 어른
에게 공경히 하며 어린이를 사랑하는 것에서 벗어나지 않는다. 혹
시라도 이를 힘쓰지 않고 성리의 깊은 뜻을 탐구하려 하면 이는 人
事上에서 千里를 구하는 것이 아니다. 끝내 마음에 實得이 없을 것
이니 깊이 경계해야 한다.[34]

성종·중종 연간의 사림파 학자들은 《소학》을 중시하며 일상생활 속
에서의 실천적 자세를 확립하려 하였고, 《대학》을 통해 修身의 표본을
세우려 하였다. 예컨대 '小學童子'로 일컬어지는 金宏弼(1454~1504)이
실천을 위주로 하며 《소학》, 《대학》을 중시한 것이나, 柳崇祖(1452~
1512)가 《대학》의 요지를 10개의 箴으로 지어 중종에게 올리기도 한 것
이 이런 분위기를 반영한다.

이처럼 《소학》과 《대학》을 학문의 강령으로 인식하는 학풍은 16세
기의 남명에게 그대로 나타난다. 남명이 퇴계에게 보낸 편시에서 '요즘
학자들은 손으로 물 뿌리고 비질하는 절도도 모르면서 입으로 성리를
말한다'고 한 것이나, 위 인용문 바)의 경우가 바로 남명의 학문이 《소
학》에서 비롯됨을 말해 주는 것이다. 다음 그는 下學의 실천적 바탕 위
에 가)와 나)의 말처럼 《대학》의 공부를 세운다. 그리고 이를 더 정밀
히 하기 위해 나) 다) 라)의 《근사록》, 《심경》, 《성리대전》을 필요로 한
다. 이처럼 남명의 학문 체계는 《소학》과 《대학》을 根幹으로 하면서
성리서를 보조 교재로 채택하고 있다.

이런 남명의 학문은 김굉필·유숭조·조광조 등의 학문적 바탕 위에
성리서를 더 추가하여 보다 정밀한 修身의 體系를 수립한 것이라 하겠
다. 이런 점에서 그의 학문은 본질적으로 조선전기의 성리학 — 道學과

之次序"(裵紳 撰, 〈行錄〉, 《남명집》, p.550).
34) "今之學者 捨切近趨高遠 爲學 初不出事親·敬兄·悌長·慈幼之間 如或不勉於此
而遽欲窮探性理之奧 是不於人事上求天理 終無實得於心 宜深戒之"(成運 撰, 〈墓
碑文〉, 《남명집》, p.460).

일맥상통한다. 그가 〈戊辰封事〉에서 明善—窮理, 誠身—修身으로 학
문의 요점을 말한 것이, 栗谷이 말하는 道學과 유사한 점[35]에서도 이를
확인할 수 있다.

　남명도 당시 학자들처럼 성리학의 두 축을 居敬과 窮理로 본다. 거경
은 存養을 위한 것이고, 궁리는 바로 격물치지이다. 그런데 남명은 《대
학》의 삼강령을 存養 쪽에 비중을 두어 해석한다.[36] 그러나 그의 해석에
서 격물치지의 궁리를 경시한 것은 아니다. 그는 學記圖 제17도 〈敬〉에
서 '敬' 아래 '要在格致上'이라고 표기하여 격물치지의 바탕 위에 居敬을
내세웠다. 그러나 남명이 《대학》을 관통하는 것으로 敬을 내세운 것은
그의 성리학이 심성수양 쪽에 큰 비중이 두어져 있음을 말하는 것이다.

　이런 그의 사상적 기저에는 주자학자들과 다른 궁리에 대한 관점이
전제되어 있다. 주자는 《대학》補亡章에서 '卽物而窮其理'라고 하여 事
物에 나아가 그 이치를 궁구하는 것을 격물치지, 곧 궁리로 보았다. 퇴
계도 事事物物에 나아가 하나하나 그 도리를 궁구하는 것을 궁리로 보
았다.[37] 그러나 남명은 '讀書하여 義理를 講明해 應事接物에 當否를 구
하는 것'을 궁리로 보았다.[38] 이는 학기도 제18도 〈誠〉의 한 방위에 '物

---

35) 율곡은 "夫道學者 格致以明乎善 誠正以修其身 蘊諸躬則爲天德 施之政則爲王
　　道"라고 하였다(《栗谷全書》 15권, 東湖問答 論君臣相得之難).
36) 남명은 〈解關西問答〉, 《남명집》에서 "大學不言存養 此必全仁之誤記 大學明明
　　德止至善 乃開卷第一存養地也"라고 하였다. 이는 《대학》의 삼강령을 存養으로
　　보는 시각이다.
37) "窮理多端 不可拘一法 如窮一事不得 便生厭倦 遂不復以窮理爲事者 謂之遷延逃
　　避 可也……或吾性偶闇於此 難强以燭破 且當置此一事 別就他事上窮得 如是窮
　　來窮去 積累深熟 自然心地漸明 義理之實 漸著目前 時復拈起向之窮不得底 細思紬
　　繹 與已窮得底道理參驗照勘 不知不覺地 幷前未窮底 一時相發悟解 是乃窮理之活
　　法 非謂窮不得而遂置之也"(《퇴계집》(한국문집총간 29권, 제14권), 〈答李叔獻珥
　　別紙〉).
38) 남명은 〈戊辰封事〉에서 "其所以爲窮理之地 則讀書講明義理 應事求其當否"라고
　　하였다. 이러한 남명의 '格物致知'에 대한 생각은 程子의 견해와 유사하다. 정자는
　　'격물치지'하는 방법으로 '讀書講明道義'·'論古今人物而別其是非'·'應接事物 而處
　　其當否'를 들었다(〈或問聽訟一章……〉, 《大學或問》 참조). 또한 남명의 문인인

格知至意'를 두고 그 위에 '幾 — 善·惡'을 표시해 놓은 데서도 증명이 되며, 〈무진봉사〉에서 '所謂明善者 窮理之謂也'라고 한 데서도 입증된다.

그는 송대 학자들이 성인의 도에 이르는 이치를 다 밝혀 놓았기 때문에 그것들을 다시 궁구하기보다는 그 요체를 뽑아 성인의 도에 이르려 하였다. 그의 학문은 성인의 도에 이르는 것을 목표로 했기 때문에 宋代 학술을 가지고 다시 연역하지 않고, 그것을 階梯와 路脈으로 삼았다.[39] 그럼으로써 그는 심성수양에 필요하다고 느끼면 宋·元代 어느 학자의 설이라도 받아들였다. 대체로 16세기 중반까지는 《주자대전》, 《주자어류》 등 주자의 저술이 보급되지 않아서 주자학만을 존신하는 쪽으로 학풍이 경도 되어 있지 않았으며,[40] 간혹 주자의 설에 異說을 제기하는 경우도 있었다.[41]

성리학이 이 땅에 뿌리를 내리는 시기에, 남명사상은 형이상학적 이치를 궁리하는 쪽으로 나아가지 않고 철저히 심성수양에 치중하였기 때문에 이에 필요한 여러 설의 요점을 두루 취하고 융회관통하는 성향을 갖게 되었다. 여기에서 후대 학자들처럼 尊信朱子主義로 나아가지 않고 학문의 廣博性이 열리게 된 것이다.

　吳健·金宇顒 등의 격물치지에 대한 견해도 남명의 해석과 유사하다.

39) "濂洛諸賢以後 著述輯解 階梯路脈 昭如日星"(〈奉謝金進士肅夫〉, 《남명집》, p.492).

40) 《주자대전》, 《주자어류》 등은 1476년(성종 7)에 중국에서 들어와 1515년 간행을 논의하다가 기묘사화로 중단되고 말았다. 이 책들은 선조 연간에 가서야 간행되었다.

41) 일례로 鄭汝昌은 《중용장구》 首章 주자 주석의 '天以陰陽五行 化生萬物'만 취하고 '氣以成形而理亦賦焉'은 취하지 않았으며(이병도, 《한국유학사》, p.161 참조), 李彦迪은 주자 《대학장구》의 차서를 바꾸었으며, 李玶는 《중용장구》 주석의 '氣以成形而理亦賦焉'이 이치에 맞지 않는다고 하였다(〈儒門禁網〉, 《星湖僿說》 제21권 참조).

3. 學記圖를 통해 본 南冥思想의 特色

남명사상의 구체적인 특색은 學記圖에서 찾을 수밖에 없다. 《학기류편》은 남명의 독서기인 《學記》를 문인 鄭仁弘이 《近思錄》의 체제에 맞추어 14장으로 분류해서 남명 사후에 간행한 책이다. 학기도는 남명이 성리학을 공부하면서 중요한 내용을 적출하여 기록하는 한편, 그 내용을 다시 요약하여 도표화한 것이다. 이 학기도는 모두 24圖가 남아 있는데, 아마도 정인홍이 《학기류편》으로 편집하면서 관련된 내용에 삽입해 놓은 것으로 보인다. 또한 24개 그림 가운데 17개가 남명의 자작도이다.

《남명집》이 그렇듯, 《학기류편》도 여러 판본이 있지만, 대체로 1617년(정사년) 간행된 24圖가 들어 있는 《學記類編》과 刊年未詳인 6圖가 들어 있는 《學記類編刊補》와 역시 刊年未詳인 10圖가 들어 있는 《學記十圖出處類輯》 세 종류로 크게 구별할 수 있다.[42] 그런데 정사년 판본에 비해 후대의 판본은 그림의 變改가 심하다. 따라서 본고에서는 초간본인 정사본을 저본으로 논의할 것이며, 남명사상의 특색을 논하는 자리이니 만큼 후대 변개된 그림과 비교하지 않겠다.

1. 本體論에 관한 見解

1) 太極論

《학기류편》에 실린 제1도는 〈龍馬圖〉, 제2도는 〈洛書〉, 제3도는 이름이 없는데 흔히 〈孤虛旺相圖〉라고 하며, 제4도는 〈伏羲八卦·次序·文

---

42) 이에 관해서는 琴章泰 교수의 〈南冥의 學記圖에 관한 연구〉에 상세히 소개되어 있다.

王八卦次序〉, 제5도는 〈羲先天·文後天〉으로 되어 있다. 이 다섯 개 그림 가운데 제3도를 제외한 나머지 4개 그림은 《周易大全》에 실린 〈河圖〉, 〈洛書〉, 〈伏羲八卦次序之圖〉, 〈伏羲八卦方位之圖〉, 〈文王八卦次序之圖〉, 〈文王八卦方位之圖〉 등을 바탕으로 약간 보완하여 만든 것이다.

제1도 〈龍馬圖〉는 〈河圖〉를 바탕으로 한 것인데, 《易學啓蒙》〈本圖書 第一〉에 실린 孔安國의 '龍馬出河'란 말에 근거하여 이름을 바꾼 것이다. 그런데 남명은 〈河圖〉에 八卦·五方位·五行·四象·四方을 추가로 표기하였다. 이 그림은 《역학계몽》 제4권에 실린 元儒 胡方平의 〈伏羲則河圖以作易圖〉와 유사하다. 제2도 〈洛書〉는 《주역대전》의 〈낙서〉에 五行을 더 표기한 것이다. 제3도 〈孤虛旺相圖〉는 태극·음양·오행의 상생상극·팔괘 등의 변역을 융합하여 만든 것이다.[43]

제4도 〈伏羲八卦次序·文王八卦次序〉는 《주역대전》의 〈伏羲八卦次序之圖〉와 〈文王八卦次序之圖〉를 합하여 만든 것인데 〈伏羲八卦次序之圖〉의 太陽·少陽·少陰·太陰 아래 四九·三八·二七·一六의 수를 배열한 것이 다르며, 〈文王八卦次序之圖〉 아래의 '得乾初爻' 등 24자를 삭제한 것이 다르다. 제5도 〈羲先天·文後天〉은 《주역대전》의 〈伏羲八卦方位之圖〉, 〈文王八卦方位之圖〉를 바탕으로 하여 만든 것이다. 다만 〈羲先天〉은 〈伏羲八卦方位之圖〉에 父·母·長男·長女·中男·中女·少男·少女를 배열하고 가운데 '八卦正位'라고 쓴 것이 다르다. 〈文後天〉은 〈文王八卦方位之圖〉의 안에 3개의 원을 더 그려 太極 → 兩儀 → 四象 → 八卦로 연변됨을 나타내고, 그에 해당하는 太極·淸濁·金木水火를 팔괘 안에 표기한 것이 다르다.

이 다섯 개 그림 가운데 제3도만 남명의 自作圖로 일컬어지는데, 기실 나머지 네 개 그림도 《주역대전》의 그림과 완전히 일치하는 것이 아니다. 각각의 그림에는 모두 남명의 보완하는 의도가 들어 있다. 張立文은 이 5개 그림을 한 층으로 보아 천지만물의 근원으로부터 말한 것

---

43) 張立文의 앞의 논문 참조.

이라 하였으며, 〈태극도〉로부터 논의를 시작한 것이 아니라 도의 근원
처로부터 논의를 시작한 것이라 하였다.[44]

　제6도 〈三才一太極圖〉는 周敦頤의 〈태극도〉와 〈태극도설〉을 바탕
으로 하고, 張載·程子·朱子·陳淳·眞德秀·吳澄·蔡淵 등의 설을 두루 취
하여 만든 것이다.[45] 이 그림은 주자의 '三才一太極'이란 말에 의거하여
天·地·人이 모두 太極에 근원함을 나타낸 것이다.

　琴章泰는 이 그림을 해석하면서, 남명이 動·靜과 陰·陽을 體·用 양면
으로 파악하였다고 보고, 《學記十圖出處類輯》에 실린 〈記言〉의 '太極
理靜'에 의거하여 主理說을 선택하고 있음이 명백하다고 하였다. 우리
유학사에서 主理·主氣의 논쟁은 주로 四端·七情의 理發·氣發에서 비롯
되었는데,[46] 태극의 본체를 理라고 본 것에 대해 주리설이라고 단정하는
것은 이해할 수 없다. 본체인 태극이 理이고 靜하다는 것에 대해서는
별다른 이의가 있을 수 없다.[47]

　남명이 본체인 태극에 '理·靜'이라고 한 것은 주자의 설에서 나온 것

---

44) 張立文의 앞의 논문 참조.
45) 이 그림에 대해, 琴章泰는 〈태극도〉에다 圖說의 복잡한 개념을 해당시킨 것이
　라 하였고, 張立文은 〈태극도〉를 바탕으로 해서 〈태극도설〉과 張載·二程·朱熹·
　陳淳·眞德秀·吳澄 등의 설을 취하였기 때문에 함의가 풍부하고 구체적이라 하였
　는데, 蔡仁厚는 〈태극도〉를 취하지 않고 張橫渠·程子·朱子 및 후인들의 설에 의
　거하여 그린 것이라 하였다. 그러나 그림의 틀은 〈태극도〉에서 나온 것을 부인할
　수 없으니, 단순한 〈태극도〉에 후인들의 설을 복잡하게 배합한 것으로 보는 것이
　타당하다고 여겨진다.
46) 조남호, 〈조선에서 주기철학은 가능한가〉, 《논쟁으로 본 한국철학》, 예문서원,
　1995.
47) 이 점에 대해 일본 학자 大濱皓는 《朱子語類》 제94권의 "無極而太極 只是說無
　形而有理 所謂太極者 只二氣五行之理"라는 말과 "太極自是涵動靜之理 却不可以
　動靜分體用 蓋靜卽太極之體也 動卽太極之用也"를 인용하여, 주자는 태극을 理로
　보고 그 속에 動靜이 내재되어 있는 것으로 보았다고 하였다. 주자의 말에 의거
　하면, 동정을 體用으로 나눌 경우, 靜은 體에 해당되고 動은 用에 해당된다고 할
　수 있다. 따라서 남명이 태극에 '靜'이라고 표기한 것은 動靜의 體의 측면에서 말
　한 것이다.

인데,[48] 뒷시대 李顯益(1678~1717)이 이 그림을 비판하면서 태극의 본체는 靜의 측면으로만 규정할 수 없다고 하였다. 그러나 그는 '理'라고 표기한 데 대해서는 언급하지 않았다.[49] 이현익은 율곡학파에 속한 인물인데 이 그림의 '理'가 주리설을 드러낸 것이라면 '靜'을 비판하면서 '理'를 비판하지 않았을 리가 없다.

제7도 〈太極圖與通書表裏圖〉는 程復心의 그림으로, 주돈이의 〈태극도〉에 주돈이의 《通書》誠上·誠下 등의 문구를 배합하여 만든 것이다.

이상의 7도는 본체인 태극으로부터 천지만물이 발생되는 것을 요약한 것이다.

2) 理氣論

학기도의 제8도 〈理氣〉와 제9도 〈天理氣〉와 제10도 〈人理氣〉는, 태극에 내재한 動靜의 理가 動하여 形而下의 氣로 발생하는 것과 그것을 天·人의 경우에 나누어 도표화한 것이다. 이 세 그림은 주자의 이기론을 바탕으로 하여 그린 것이다.[50]

이 가운데 제9도 〈天理氣〉에 대해, 금장태는 理의 四德(元亨利貞)에는 配(仁義禮智)와 屬(春夏秋冬)을 제시한 데 비해, 氣의 四時에는 金木水火만 제시하였다는 점을 들어, 남명이 理主氣從의 理優位的 理氣 개념을 명확히 인식하고 있다고 하였다.[51] 그러나 理와 氣에 配·屬이 다른 점만을 가지고 그렇게 단정할 수 있는지 의문이다. 주자는 "理氣에는 본래 선후를 말할 수 없지만 所從來를 추측하려면 모름지기 먼저 理가

---

48) 〈三才一太極〉, 《학기류편》 제6도 아래의 주자의 설에 "太極而無極 正謂無此形狀 而有此理耳"라 하였고, 또 "太極 未動之前 便是陰 上面之靜 又生於動 便是形而上也"라 하였다. 또한 《朱子語類》 제20권에도 "靜爲主 動爲客 靜如家舍 動如道路"라고 하였다.
49) 李顯益, 〈曺南冥學記辨〉, 《正庵集》 제16권 ; 趙南浩, 〈김창협 학파의 남명학 비판〉, 《남명학연구논총》 제5집 참조.
50) 蔡仁厚의 앞의 논문 참조.
51) 琴章泰의 앞의 논문 참조.

있다고 해야 한다"[52]라고 하였는데,《학기류편》에는 이 구절을 그대로 기록하고 있다. 이를 보면 남명도 주자처럼 理先氣後의 입장이었다고 볼 수 있는데, 일본 학자 大濱晧는 이를 두고 시간적 선후가 아니라 논리적 선후라고 풀이하였다.[53] 이런 관점에서 보면 금장태의 '理主氣從의 理優位的 理氣 개념'이라는 설은 지나친 해석이다.

한편 鄭炳連은 제8도 〈理氣〉 다음에 뽑아 놓은 "朱子曰 理氣本無先後之可言 然必欲推其所從來 則先有是理 然理非別爲一物 卽存乎是氣之中 氣則金木水火 理則仁義禮智"라는 문구 가운데 '然理非別爲一物 卽存乎是氣之中'에 주목하여, 남명이 논리적으로 理先氣後를 인정하지만 실제적으로는 理氣無先後의 입장에서 오히려 氣先理後의 입장을 선호하고 있는 것으로 해석할 수 있다고 하였다.[54] 그러나 이 역시 지나친 해석이다.《학기류편》에는 위 문구 바로 다음에 "理氣本無先後 若以形而上下言之 須先有理"라는 말을 적어 놓고 있고, 뒤에도 理先氣後에 관한 언급이 계속되고 있다. 필자의 생각으로는 남명이 주자의 설에 충실하여 기본적으로는 理氣無先後의 입장에 있지만, 논리적으로는 理先氣後를 받아들인 것으로 보인다.

이상에서 살핀 것처럼, 남명의 理氣에 관한 생각을 어느 한두 문구에 천착해 主理論 또는 主氣論이라고 단정하기 어렵다. 필자의 생각으로는, 남명은 주자학에 기초한 理氣二元論的 사고를 하였다고 보인다.

3) 心性論

남명은 太極·理氣의 본원적 문제를 도표화한 뒤, 인간의 본원적인 문제로 넘어온다. 그는 우선 인간의 心·性·情의 문제를 요약하여 제11도인 〈心統性情〉을 그렸다. 그리고 다시 제12도 〈天道〉, 제13도 〈天命〉을 그려 天의 心·性·情과 人의 心·性·情을 간략히 정리하였다. 그는 또

---

52) 〈理氣一 總論〉,《性理大全》 26권.
53) 大濱晧 著, 이형성 옮김,《범주로 보는 주자학》, 예문서원, 1997, p.146.
54) 鄭炳連의 앞의 논문 참조.

이와 연관하여서 주자의 〈仁說圖〉를 택하고, 다시 이를 부연한 제15도
인 〈忠恕一貫〉을 그렸다.

금장태는 제11도 〈心統性情〉 아래의 '性 心之所具之理 情 性之用'이
라는 말에 주목하여, 남명은 性을 理·體로 보고 情을 氣·用으로 보았다
고 하였다. 그러나 이 그림은 心의 未發을 性으로 心의 已發을 情으로
보고, 다시 性·情에 모두 理·氣가 있는 것으로 구분하고 있다. 따라서
性을 體·靜, 情을 用·動으로 보는 것은 옳지만, '性은 理, 情은 氣'라고
곧바로 말하는 것은 맞지 않는다. 왜냐하면 性·情에 모두 理·氣가 있기
때문이다. 후대 李顯益은 이 그림에 대해 '性ー理, 心ー氣'의 규정을
엄밀하게 지키지 않았다고 비판하였다.[55]

남명의 이 〈心統性情〉에서 '理가 발하여 四端이 되고, 氣가 발하여
七情이 된다'는 대목은, 조선 성리학에서 四端七情 논쟁을 불러일으킨
부분이다. 퇴계는 처음에 '四端 理之發 七情 氣之發'이라고 했다가, 奇
大升과 논생을 거친 다음 '四端 理發而氣隨之 七情 氣發而理隨之'라고
수정하였다.[56] 남명의 견해는 퇴계의 前說과 같다. 따라서 理氣二元論的
성격이 강하다고 할 수 있다.

제14도 〈仁說圖〉는 주자의 그림으로, 〈心統性情〉의 演變圖式이다.
愛之理를 仁의 體로 보아 이를 性에 연결시키고, 仁의 用·施의 측면을
부연한 것이다. 제15도 〈忠恕一貫〉은 이런 仁을 얻기 위한 실현 방안을
體(忠)·用(恕)의 측면에서 天地·聖人·學者의 경우로 나누어서 그린 것
이다.

2. 爲學論에 관한 見解

위에서 살핀 본체론에 관한 내용은 남명이 종전의 太極·理氣·心性情
에 관한 설을 통합하여 斂繁就簡한 것이다. 그는 이 단계에서 더 이상

---

55) 조남호의 앞의 논문 참조.
56) 금장태의 앞의 논문 참조.

의 세부적인 탐구를 원하지 않았다. 그래서 그는 "학문은 애초 事親·敬
兄·悌長·慈幼의 사이를 벗어나지 않는다. 이를 힘쓰지 않고 문득 性理
의 奧旨를 끝까지 탐구하려고 하면 이는 人事上에서 天理를 구하는 것
이 아니다"[57]라고 하였다. 남명은 이를 바탕으로 자신의 도덕과 정신을
드높이기 위한 공부의 骨幹을 세우는데, 그 초석이 《小學》과 《大學》이
다. 이는 앞에서 살펴보았듯이, 앞 시대 사림과 학자들이 《소학》을 통
해 실천적 자세를 확립하고, 《대학》을 통해 修身의 표본을 세우려 한
전통과 맥락을 같이한다.

제16도인 〈小學大學〉은 이런 기초를 세운 것이다. 남명은 《소학》을
'收放心'으로 파악하여 本源을 涵養하는 것으로 보고, 《대학》을 '察義
理'로 파악해 進德修業하는 것으로 보았다.[58] 이는 《중용》의 尊德性·道
問學에 해당된다. 그런데 남명은 그 밑에 《소학》, 《대학》을 일관하는
논리로 敬을 내세우고, 다시 그것의 궁극적인 목표로 《중용》의 誠을 표
기하였다. 誠은 공부를 통해 도달하는 목표이다. 이 誠을 위해 敬이 필
요한 것이다. 문제는 《소학》의 '收放心'과 《대학》의 '察義理'를 일관하
는 것으로 敬을 내세운 데 있다. 무엇을 의미하는 것일까? 남명은 涵養
本源과 進德修業을 공부의 두 축으로 제시했지만, 그것의 밑바탕에는
敬으로 일관해야 한다는 점을 드러낸 것이다. 이것이 바로 남명사상의
초석이다.

이 그림의 '敬' 아래 '格致誠正 知'·'修齊治平 行'이라고 표기해 놓았
는데, 이에 대하여 후대 이현익은 '誠正(誠意正心)'은 行의 영역이지 知
의 영역이 아니라고 반박하였다.[59] 權近의 《入學圖說》에 실린 〈大學之
圖〉나 退溪의 聖學十圖 중 〈第四大學圖〉에는 格物·致知를 知로, 誠意·
正心·修身을 行으로, 齊家·治國·平天下를 推行으로 보고 있다. 이처럼

---

57) "爲學初不出事親敬兄悌長慈幼之間 如或不勉於此 而遽欲窮探性理之奧 是不於人
　　事上求天理"(〈言行總錄〉, 《南冥先生別集》 2권).
58) 이는 주자의 말에 의거한 것으로 〈學六知行〉, 《性理大全》 48권에 보인다.
59) 조남호의 앞의 논문 참조.

대체로 誠意·正心은 涵養하는 것이기 때문에 行으로 보는데, 남명이 知로 표기한 것은 정밀하지 못한 측면이 있다. 더구나 남명은 제20도 〈博文約禮〉에서 博文을 知로 보고 그 아래 '格物致知'를 표기하고, 約禮을 行으로 보고 그 옆에 '誠意'를 기록해 놓았다. 이를 보면 남명도 誠意·正心을 行으로 본 듯하다.

다음 제17도 〈敬〉에는 경공부를 위한 주요 설인 程子의 '主一無適'·'整齊嚴肅'과 謝良佐의 '常惺惺法'과 尹焞의 '其心收斂'을 사방에 배열하고, 중앙의 敬 아래에 '要在格致上'이라고 적어 놓았다. 이는 '경공부의 요점은 격물치지 위에 있다'는 말인데, 張立文은 아래의 '其心收斂'과 같은 문구로 보아 "요컨대 격치에서 그 마음을 수렴하는 것이다"라고 해석하였고, 琴章泰는 "敬의 요령은 격물치지하는 데 있다"고 하였다. 남명의 이 말은 '격물치지하여 의리를 살핀 뒤에 경공부를 해야 한다'는 말로, 主靜에 빠짐을 경계한 말이다.

제18도 〈誠〉은 공부의 목표인 誠을 이루기 위해 절실히 필요한 '格物致知 意誠'·'敬以直內'·'閑邪存其誠'·'修辭立其誠'을 사방에 표기해 놓았다. 이 그림에서 상하에 표기된 '格物致知 意誠'과 '敬以直內'는 마음이 외물과 접하기 전에 주체적으로 자신을 성찰하고 함양하는 두 축이고, '閑邪存其誠'과 '修辭立其誠'은 마음이 외물을 접한 뒤에 誠하게 하는 것이다. 이 그림에는 남명사상의 요체가 다 담겨 있다.

첫째, '格物致知' 위에 '幾 善惡'이라고 표기한 것이다. 이는 앞 그림에서 '敬 要在格致上'이라고 한 것과 같은 맥락이다. 곧 남명이 생각하는 격물치지는 주자처럼 '卽物而窮其理[60]'하는 일반적 사유에서 '의리를 강명해 선악의 기미를 살피는 것'으로 구체화시킨 것이다. 이 점이 후대의 학자들처럼 격물치지 쪽으로 흐르지 않은 이유이다.

둘째, '敬以直內' 옆에 '愼獨'·'持敬工夫'을, '義以方外' 옆에 '絜矩'·'講學工夫'를 표기해 놓은 것이다.[61] 여기가 바로 남명사상의 핵심인 敬義

---

60) 이 말은 《大學章句》補亡章에 보인다.
61) 이는 元儒 胡炳文의 설에 의거한 것이다.

思想이 근원한 대목이다. 《대학장구》 전6장에 誠意를 해석하면서 '愼獨'을 거듭 천명하였는데, 남명은 이 誠意를 存養의 居敬工夫로 보았다.[62] 또한 《대학장구》 전10장에는 平天下를 해석하면서 絜矩之道로부터 本(德)·末(財)과 仁·不仁과 義·利를 분별하는 데까지 언급하였는데, 남명은 이를 講學工夫(察義理)로 보았다. 남명은 義以方外를 위해서는 의리를 살피는 강학이 필요한데, 그것을 《대학》에서 찾으면 絜矩로부터 비롯된다고 본 것이다. 絜矩는 내마음을 미루어 남의 마음도 헤아리는 것으로, 義·利를 살피는 省察의 근본이 된다.

제19도 〈聖賢論心之要〉는 程復心의 〈心學圖〉에 약간 加筆한 것이다. 張立文은 이 그림을 〈心圖(良心本心圖)〉라 하였고, 蔡仁厚는 〈人心道心圖〉라 하였다. 명칭이야 어떻든 이 그림은 一身의 주재인 心(神明)을 惟精·惟一의 공부를 통해 敬하게 하기 위한 要語를 적어 놓은 것이다. 그런데 남명은 정복심의 그림 아래쪽 '操存' 옆에 '存'자를, '克復' 옆에 '省'자를 부기해 놓았다. 이는 居敬하기 위해서는 存養·省察이 필수적임을 드러낸 것이다. 역시 남명사상의 핵심을 드러내고 있다.

제20도 〈博文約禮〉는 존양·성찰에서 범위를 넓혀 克己의 단계로 나아간 것이다. 학문의 처음에는 擇善·明善의 博文(博學)이 필요하다. 그렇게 함으로써 善惡의 기미를 알 수 있다. 이것이 바로 格物致知로 惟精의 공부이다. 그 다음에는 선을 굳게 지키고 자신을 誠하게 하는 約禮가 필요하다. 이는 惟一의 공부로 居敬을 통해 誠意하는 일이다. 그 다음에는 실제의 일에 접해 마음에서 일어나는 사욕을 극복해야 한다. 그래서 이 그림에서는 約禮 밑에 '克己復禮'를 표기해 놓았다. 이는 〈神明舍圖〉의 克治와 같은 맥락에 있다.

제21도 〈不動心〉은 《맹자》의 '知言'과 '善養我浩然之氣'를 통해 不動心하는 내용을 간결히 표현한 것이다.

---

62) 제24도인 〈幾〉에 '誠意在謹獨'이라 표기하였다. 謹獨을 위해서는 敬이 요구되니, 이는 誠意를 존양공부로 본 것이다.

제22도 〈易書學庸語孟一道〉는 선행 연구자들이 말한 것처럼 爲學의 要諦를 종합한 것이다. 이 그림은 進德의 精圈, 居業의 一圈, 克己復禮 의 조목인 四勿의 大壯圈으로 되어 있다. 大壯圈은 제20도에서 살펴보 았듯이 應事接物에서의 克己를 표현한 것이다. 옆의 幾는 精을 위한 地 頭이고, '敬'은 一을 위한 地頭이다.

위에서 살펴본 남명의 爲學論은 《소학》 '收放心'과 《대학》 '察義理' 를 일관하는 논리로 敬을 내세운 데에서 세워졌다. 그것은 학문의 목표 를 誠에 두고, 이에 도달하기 위한 공부를 居敬의 토대 위에서 세운 것 이다. 앞에서 살펴보았듯이, 남명은 《대학》을 경전의 綱領으로 삼는다. 그 이유는 공부의 맥락이 여기에 다 들어 있기 때문이다. 곧 그는 《대 학장구》 전6장의 誠意를 위해서는 愼獨을 해야 한다는 말에서, 誠意를 위한 愼獨을 存養으로 보았다. 그리고 전7장의 正心을 省察로 보았다.[63] 그래서 이 存養과 省察을 공부의 중심에 둔다. 남명은 이 존양·성찰의 공부를 《주역》의 敬以直內와 義以方外로 구체화시킨다. 이는 居敬工夫 의 動·靜 양면을 말한 것이다.

존양·성찰하여 성의·정심하면 수신·제가·치국·평천하하는 데 미루 어 나갈 뿐이다. 공부의 요점은 격물치지와 존양성찰에 있다. 존양성찰 이 중심에 위치해도 격물치지가 없으면 안 된다. 남명이 생각하는 격물 치지는 바로 독서를 통해 義理를 講明해서 선악의 기미를 알고 義·利를 분변하는 講學工夫이기 때문이다. 남명은 《대학》의 격물치지와 성의정 심을 두 축으로 내세우고, 거기에 《서경》의 惟精·惟一과 《중용》의 道 問學·尊德性에 대비시켰다. 이 두 축을 중심으로 《서경》, 《주역》 및 四 書의 요지를 집합해 만든 것이 바로 제22도 〈易書學庸語孟一道〉이다.

이것이 남명 위학론의 대체이다. 그러나 중심은 격물치지에 있지 않 고 성의정심의 존양성찰에 있다. 이런 점이 바로 다른 성리학자들이 居

---

63) 남명은 제18도 〈誠〉에서 '到正心 言存省'이라는 말을 표기하였는데, 이는 大全 本 〈細註 雲峯胡氏〉, 《대학장구》 전7장(元儒 胡炳文)의 설에 따른 것이다.

敬·窮理를 두 축으로 세운 것과 다르다. 남명사상은 존양성찰에 요점이 있기 때문에 敬·義로 구체화된다. 그리고 사욕이 생기면 이를 즉시 물리쳐 止於至善해야 하기 때문에 克己復禮하는 克治의 실천을 내세운 것이다. 이 극치는 존양·성찰의 힘에 의지하는데, 雷天 大壯의 '非禮勿履'가 그것이다.

제23도 〈心爲嚴師〉와 제24도 〈幾〉는 〈存養附省察〉에 들어 있는데, 위의 위학론에서 다 언급한 내용이다. 제19도(程復心의 그림)에서처럼 남명은 心을 一身의 主宰者로 생각한다. 다만 이 心에는 人心道心이 있기 때문에 惟精의 공부를 통해 그 기미를 알고, 惟一의 공부를 통해 존양하고 성찰해야 한다. 이 그림은 바로 이 존양성찰의 惟一工夫를 나타낸 것인데, 존양에 비중을 두고 그린 것이다. 謝良佐의 '常惺惺'만 표기한 것을 보면 남명이 居敬工夫 가운데 '常惺惺'을 제일 중요하게 여긴 듯하다.

제24도는 존양·성찰·극기를 모두 나타낸 그림이다. '幾'는 善惡으로 갈라지는 기미이다. 이를 省察하기 위해서는 격물치지의 노력이 필요하다. 또한 이를 살핀 뒤 克己하기 위해서는 仁·勇이 필요하다. 그런데 이 둘은 存養(그림에는 '誠意在謹獨'이라 표기)의 바탕 위에서 이루어져야 한다.

중국 학자 張永儁과 張立文은 제22도와 문집에 실린 〈神明舍圖〉가 서로 호응한다고 하였는데, 필자도 이에 동의한다. 다만 〈신명사도〉는 위에서 논한 위학론의 모든 내용을 통괄하여 다시 간결하게 형상화한 것으로 남명 수양론의 결정체이다.

이상에서 살펴보았듯이 남명사상은 본체론에서는 선유의 설을 두루 수용하면서 절실한 것을 요약하는 정도에서 그치고, 위학론에서 존양성찰에 바탕을 둔 惟精惟一의 공부에 중점을 두고 있다. 이는 居敬·窮理를 두 축으로 하면서도 실제로는 窮理의 思辨으로 흐른 다른 성리학자들의 경우와 다르다. 남명의 위학론은 존양성찰에서 克己復禮의 克治까지 내세움으로써 수양론에 중점을 둔 사상으로 일관되었다. 이 점이 남명사상의 본질이며 특색이다.

4. 마무리

정인홍은 스승 남명의 학문 방법에 대해 "경전에서 널리 구하고 百家의 설을 두루 통한 뒤 斂繁就簡하고 反躬造約하여 스스로 一家의 학문을 이룩하였다"[64]고 하였다. 이를 통해 보면, 남명은 일차적으로 경전은 물론 제자백가의 설을 두루 섭렵하는 博學을 추구하였으나, 그 다음에는 박학다식에 머물지 않고 그 요지를 摘出하였으며, 나아가 그 善言을 자신에게 돌이켜 자신을 수양하려 하였음을 알 수 있다.

첫째, 남명은 박학을 추구하였기 때문에 유가의 설 이외에 불가나 도가의 설도 필요하다면 받아들였다. 또한 天文·地志·醫方·弓馬 등에도 뜻을 두고 궁구하였다. 16세기 조선의 성리학이 주자학을 본격 탐구하면서 尊信朱子學으로 나아간 반면, 남명은 박학주의를 택함으로써 주자학을 위주로 하면서도 후대 학자들에 의해 주자의 설과 다르다는 이유로 배척을 받은 謝良佐·胡炳文 등의 설을 널리 취하였다. 이 점은 그의 학문의 廣博性인 동시에 그의 사상이 어느 한쪽으로 편향되게 흐르지 않은 중요한 요인이 된다.

둘째, '斂繁就簡'은 사상의 편협성을 극복하기 위한 박학주의에 머물지 않고, 要旨를 파악하는 단계로 나아간 것이다. 남명은 《근사록》,《성리대전》,《심경》및 四書五經의 大全本을 통해 성리학에 침잠하였는데, 독서를 하면서 그 요지를 정리해 놓았다. 이것이 《학기류편》이다. 그리고 그는 다시 중심 내용을 간추려 도표화하였는데, 그것이 바로 學記圖이다.

남명은 "程·朱 이후에는 저술이 필요 없다"[65]고 하였는데, 곧 그는 程

---

64) 〈行狀〉,《남명집》, p.458.
65) 鄭蘊, 〈學記跋〉,《南冥集》(아세아문화사 영인본, 1989), p.134.

子·朱子 등 선유들이 大體를 다 밝혀 놓았기 때문에 그 요지를 體得하
면 되지, 자신이 새롭게 이치를 궁구할 필요가 없다고 본 것이다. 이런
학문태도가 선유들의 학설을 바탕으로 더 정밀히 캐 들어가는 것을 止
揚하고, 斂繁就簡의 자세를 갖게 한 것이다. 이는 金宏弼·趙光祖 등으
로 이어지는 실천을 중시하는 사림파 학풍을 계승한 측면과 성리서를
본격적으로 탐구하면서 思辨化 경향을 보인 당시의 분위기에 대한 반
성이 복합적으로 작용하였을 것이다. 이처럼 남명은 斂繁就簡의 태도를
견지함으로써 性理에 대한 이론적 탐구의 窮理로 나아가지 않고, 독서
하여 의리를 講明하는 窮理의 길을 택했다.

셋째, '反躬造約'은 위의 斂繁就簡한 것을 바탕으로 자신을 닦아 가는
길이다. 남명은 여러 곳에서 顏淵처럼 되기를 희망하였다. 물론 현실에
도를 펼 수 없기에 安貧樂道하겠다는 의도도 다분히 있지만, 그보다는
안연처럼 '克己復禮'하겠다는 의지를 표명한 것으로 보인다. 남명은 어
떻게 하면 私欲을 물리치고 자신을 誠(眞實無妄)의 경지에 이르게 할 것
인가를 고심하였다. 남명은 이 목표에 도달하는 것에 집중하여 충실하
고자 했다. 그래서 그는 顏淵처럼 되겠다는 큰 뜻을 세웠고, 그를 위해
높은 정신을 고취시켰다. 그리하여 그는 이론적 탐구를 지양하고 철저
하게 수양론 위주의 학문 체계를 세운 것이다.

학기도를 통해 남명사상의 특색을 살피면서 필자는 또 한번 남명사
상은 존양[敬]·성찰[義]·克己의 3단계 수양론을 확인할 수 있었다. 그러
면서 한 가지 궁금증이 풀리게 되었다. 남명 문하에 河沆 → 河受一 →
河弘度로 이어지는 학맥이 있는데, 이 학파에 전해지는 傳法文字가 있
다. 남명이 《맹자》盡心下의 "孟子曰 鷄鳴而起 孶孶爲善者 舜之徒也 鷄
鳴而起 孶孶爲利者 蹠之徒也 欲知舜與蹠之分 無他 利與善之間也"에서
그 뜻을 깊이 터득하였는데, 하항이 그 도를 전해 듣고 "手中明月 傳自
唐虞"[66]라 한 것이 바로 그것이다.

---

66) 〈河松亭〉,《星湖僿說》9권.

필자는 이 '明月'이 무엇을 가리키는지 한동안 의심하였다. 堯·舜으로부터 전해진 明月은 도대체 무엇을 의미하는 것일까? 우선 《맹자》의 문구에 따라 해석하면 利를 추구하지 않고 善을 부지런히 힘쓰는 것이다. 이는 지극히 당연한 말이 아닌가. 《논어》〈堯曰〉에는 堯가 舜에게 '允執厥中'이라 한 말이 있고, 《서경》〈大禹謨〉에는 舜이 禹에게 한 '人心惟危 道心惟微 惟精惟一 允執厥中'이라는 말이 있다. 곧 이는 요가 순에게, 순이 우에게 傳法한 문자이다. 순은 요의 말을 다시 위 16자로 풀이하였는데, 이 16자를 유학에서는 성인이 마음을 전한 문자로 본다.

그런데 위 16자 가운데 '惟精惟一'은 바로 道問學·尊德性에 해당되고, 성리학에서는 窮理·居敬으로 구체화된다. 학기도 제22도 〈易書學庸語孟一道〉에서 살펴보았듯이, 남명사상은 惟精(선악의 기미를 살피는 격물치지)과 惟一(居敬을 통한 존양·성찰)의 두 축이 중심이 된다. 그렇다면 요·순으로부터 전해진 明月은 바로 '惟精惟一'의 心法이 아닐까. 남명은 그것을 개인에게 추구해 天德을 이루고, 사회에 실현해 왕도를 이루려는 원대한 이상을 가지고 있었던 것이다.

退溪의 詩歌文學論과 文藝認識論의 爭點

李鍾虎(안동대)

1

퇴계문학에 대한 논의는 1930년대 근대 분과학문 체계가 성립된 뒤 오늘에 이르기까지 줄곧 이어져 왔다. 이 글은 그 동안 축적되어 온 연구성과를 검토하여 향후 연구방향을 전망해 보기 위한 시험적 노력의 일단이다. 아마도 21세기의 새로운 출발을 다짐하는 자기반성의 측면에서 일정한 의의가 있을 것으로 본다. 일찍이 10여 년 전에도 이 같은 시도가 한 차례 있었던 것으로 안다.[1] 그러나 10년이란 기간에 이루어진 연구성과가 적지 않기도 하거니와 한 차례의 점검으로 자기반성을 다했다 할 수 없다. 다만 논의의 대상을 시가문학과 문예인식이라는 두 가지 범주에 속하는 연구물을 중심으로 하고 논의의 방식을 쟁점사항 위주로 전개하기로 하였다. 쟁점이 선명하게 부각되는 경우도 있지만 그렇지 않은 경우도 있다. 다른 이의 그름을 적시하고 자기의 옳음을 주장한 것이 있는가 하면, 특정연구를 지칭하지 않았으나 논지가 기존의 주장들과 다른 기미를 은근히 풍기는 것도 있다. 이 글에서는 동일

---

1) 이동환, 〈퇴계문학 연구의 성과와 과제〉,《한국의 철학》제18호, 경북대 퇴계연구소.

한 문제에 대해 존재하는 모든 견해들을 논의의 대상으로 삼기로 한다.

본론에 앞서 현재까지 진행된 퇴계학에 관한 모든 논의들 속에서 문학분야 연구가 어떠한 위상을 보이고 있으며, 그 실상이 어떠한지를 알아본다. 이어서 시가문학에 대한 논의와 문예인식에 대한 논의에서 드러난 쟁점을 살펴본다. 여기서 시가문학이라 한 것은 국문시가와 한시를 아울러 칭하고 문예인식이란 문예와 관련한 의론적 진술을 포괄적으로 가리킨다.[2] 끝으로 현 단계에서 요구되는 퇴계문학을 보는 자세와 그 연구태도에 대한 필자의 견해를 밝히는 것으로 마무리하고자 한다.

2

퇴계의 학술에 대한 본격적인 논의는 1970년 거행된 '퇴계선생 서거 사백주기 기념사업'이 계기가 되어서 대구의 경북대 퇴계연구소(1973)와 서울의 퇴계학연구원(1973)이 창립되고부터 시작되었다. 20세기에 퇴계학을 부흥시킨 이 두 기관은 그들의 연구성과를 끊임없이 《퇴계학연구》(《한국의 철학》)와 《퇴계학보》에 보고하여 오늘에 이르고 있다. 1970년대 이전에도 퇴계에 대한 논의가 없지는 않았으나, 하나의 '學'으로 정립하여 집중적으로 探討된 바는 없었다. 1970년대 전반까지 기간은 넉넉하지 않았지만 그런대로 퇴계학의 주요문제들에 대한 연구와 토론이 이루어졌다. 이어서 퇴계학 연구원이 주최한 퇴계학 국제학술회의(1976, 1회)는 국제적 관심을 촉발시키고 연구 시각을 확대하는 데 큰 기여를 하였다. 1980년대는 안동대학교와 단국대학교에 퇴계학연구소가 창설되는 등 퇴계학이 또 한 차례 도약하는 추세를 보여주었다. 20세기에 발표된 퇴계학 관련 논저가 일천 수백여 편에 달하는 것으로 조사되고 있다.[3] 아마도 해방 이후 현재까지 역사적 인물에 대한 학적 관

---

2) 퇴계도 "工文藝, 非儒也"(《言行錄》 권4, '論科擧之弊')라 하여 '文藝'를 사용한 바 있다.

심이 퇴계의 경우와 같이 집중적으로 있어온 예는 드물 듯하다.

이 글에서는 퇴계학 연구의 중심기관인 퇴계학연구원과 국제퇴계학회가 주관하거나 후원한 국제학술회의와 《퇴계학보》를 통해 발표된 퇴계학 관련 논문과 필자가 인터넷을 통하여 거칠게 조사한 석박사 학위를 중심으로 퇴계문학 연구의 현황을 알아보기로 한다.

최근에 이루어진 보고에 따르면[4] 1996년까지 《퇴계학보》에 발표된 논문은 총 643편으로 집계되어 있다. 그 가운데에서 철학분야가 319편(49.6퍼센트)으로 압도적이고, 그 다음이 문학분야로 61편(9.5퍼센트), 교육분야가 20편(3.2퍼센트) 순으로 나와 있다. 이는 퇴계학의 본령이 철학분야에 있음을 반영한 것이나, 퇴계의 저술에 비추어 볼 때 문학분야가 다소 소홀히 다루어진 감이 없지 않다. 또한 문학분야 61편 가운데 번역 14편이 포함되어 있어 이를 제외하면 논문형식의 글은 47편이 되는 셈이다. 47편 가운데 시가연구가 29편으로 가장 많고 그 다음으로 산문연구가 10편이 있다. 이 역시 퇴계문학의 본령은 시가라는 사실을 다시 확인시켜 준다. 그 중에서 6회(1978년 12월~1980년 3월)에 걸쳐 번역 연재된 바 있는 王甦(臺灣 淡江大學)의 《退溪詩學》은 퇴계 시가연구의 압권이라 할 것이다.

인터넷에 올라와 있는 국회도서관과 국립중앙도서관 사이트의 데이터베이스 목록을 검색한 결과를 통해서 퇴계를 단독으로 다루었거나 논제에 퇴계가 엿보이는 석박사 논문제출 현황을 알아본다. 대학원에서의 연구상황은 퇴계학 연구의 장래와 밀접히 연계되어 있기에 주의 깊은 검토가 필요하다. 이미 제출된 석박사 논문 가운데 데이터베이스 목록에서 빠진 것도 없지 않을 것이다. 그러나 학위논문은 성격상 주요도서관에 소장되는 관례로 볼 때, 그 수량은 그렇게 많지 않을 것이다.

퇴계학 관련 학위논문은 윤사순의 〈퇴계의 이기론〉(1964, 석사)을 필두로 하여 모두 119편(석사 101편, 박사 18편)이 제출된 것으로 집계된

---

3) 〈퇴계학연구논저목록〉, 단국대 퇴계학연구소편, 《퇴계학연구》 제3집 부록, 1989.
4) 梁承武, 〈퇴계학연구의 현대화〉, 《퇴계학보》 제93집, 퇴계학연구원, 1997.

다. 시기별로 살펴보면, 1964~1970년이 4편, 1971~1980년(1975년 4편, 1976년 3편, 1977~1980년은 제출된 논문이 없음)이 7편, 1981~1990년이 45편, 1991~1998년에는 63편이 제출되었다. 1980년까지 제출된 논문은 그 후 10년간 씌어진 것에 3분의 1도 채 되지 못하며, 1996년 한 해에 제출된 논문 편수(13편)보다도 적다. 이 같은 수치는 퇴계학 연구가 1975년도를 전후로 활발해지기 시작하여 1980년대를 거쳐 1990년대에 들어서서 연구열이 날로 고조되어 갔음을 설명해 준다. 조금 아쉬운 것은 교육대학원에 제출된 석사논문이 일반대학원보다 훨씬 많았다는 사실이다. 따라서 질적인 면에서 다소의 편차가 있다는 점을 인정해야 할 것이다. 전체논문 가운데 111편이 철학과 사상 관련 논문(박사 15편)이고, 문학 관련 논문은 이종석의 〈퇴계의 시문학연구〉(1975, 석사)가 보고된 이래 모두 18편이 제출되어 전체에서 16퍼센트를 점유하고 있는데, 이는 《퇴계학보》의 9.5퍼센트보다는 6퍼센트 정도 높은 수치를 보이고 있지만 여전히 부진을 면치 못하고 있다. 문학관련 18편은 한시연구 14편(박사 3편), 국문시가 3편, 비평 1편으로 이루어져 있어 한시연구가 대부분을 차지한다. 제출 시기별로 보면, 1975년 1편, 1982~1988년이 5편, 1990~1996년이 10편(박사 3편)으로 향후 문학 관련 학위논문 제출이 당분간 점증 추세를 유지할 것으로 전망된다.[5]

위의 전망을 그대로 수용한다면 향후 퇴계문학 연구의 장래는 낙관해도 좋을 듯 싶다. 그러나 연구 인력의 분포도나 연구의 완성도라는 측면에서 볼 때, 미래를 낙관적으로 전망하기에는 조금은 조심스럽다. 대학

---

5) 단국대학교 퇴계학연구소가 조사한 〈퇴계학연구논저목록〉에서 문학 관련 논저를 뽑고 누락된 자료를 보충한 〈퇴계문학연구논저목록〉(《한국의 철학》 제18호 부록, 경북대 퇴계연구소, 1990)을 검토해 보아도 퇴계학 연구의 전반적인 추세가 1990년대로 접근하면서 한층 열기를 더해가고 있음을 실감할 수 있다. 동 목록에는 해방 이후 40여 년간(1949~1989년) 퇴계문학을 소재로 하여 연구한 논문(학위논문 9편 포함)이나 번역, 단행본(일부 수록도 포함) 등 140편이 소개되어 있다. 이를 시기별로 살펴보면, 1949~1970년이 15편, 1971~1980년이 49편, 1981~1989년이 76편이다.

원에서 나온 학위논문은 학계의 연구성과나 연구방향에 크게 의존하는 경향이 짙다. 창발적인 논지를 펴는 논문이 전혀 없는 것은 아니지만, 이전의 성과를 정리하거나 부연하는 양상이 주류를 이룬다. 이는 정해진 기한과 연구역량의 부족으로 논문 구성에 급급하여 自得보다는 依樣에 치우친 탓이다. 학위논문의 내용이 더 알차게 엮어지기 위해서는 선학들의 심도있고, 정밀한 연구성과가 계속 보고되어야 한다. 대학원생의 연구와 전문학자의 연구가 자동차의 앞뒤 바퀴와 같기 때문이다.

3

현재까지 이루어진 문학분야 연구성과의 상황을 편의상 연구자 중심으로 개괄해 보기로 한다.

최근의 연구물들에서 가장 빈도 높게 거론된 것은 역시 한시문학이다. 퇴계의 한시는 도합 2,127수에 달한다. 만일 제목만 전하는 逸詩까지 합한다면 3,558수에 이른다는 통계가 보고된 바 있다.[6] 한시문학에 대한 전면적 고찰은 20년 전 중국인 王甦 교수에 의해 이루어졌다.[7] 왕소는 퇴계시의 예술적 맥락을 읽어내는 탁월한 수완을 보였을 뿐 아니

---

6) 권오봉,《李退溪家書의 종합적 연구》(日文), 日本京都 中文出版社, 1991.

7) 王甦,《退溪詩學》,《퇴계학보》제1~6집, 1978~1980(이장우 역,《退溪시학》, 퇴계학연구원, 1981) ;〈퇴계의 시학과 시교〉(《퇴계학보》제19집, 1978) ;〈退溪 초년의 몇 수의 칠언절구〉(中文)(《중국문학보》4, 단국대학교, 1980) ;〈이퇴계의 영매시〉(《퇴계학보》제41집, 1984) ;〈퇴계시의 풍격〉(《퇴계학보》제42집, 1984) ;〈퇴계선생과 매화정신〉(《퇴계학보》제43집, 1984) ;〈퇴계의 心路歷程〉(日文)(《퇴계학보》52, 1986) ;〈퇴계의 문학관〉(《퇴계학연구》제1집, 단국대 퇴계학연구소, 1987) 등은 그의 專著인《퇴계시학》에 수록된 내용에서 한 대목씩 발췌하여 약간의 부분적 손질을 가하여 발표된 것들이다. 영매시를 소재로 한 글 (〈퇴계선생과 매화정신〉,〈퇴계시의 풍격〉,〈이퇴계의 영매시〉)은《퇴계시학》에서 진일보한 구성을 보여주면서, 文尾에서 대만의 國花인 매화와 연결지어 조국애를 고취하려는 의도를 드러내고 말았다.

라, 운율에도 밝아 퇴계의 시적 역량을 증명해 내는 데 성공하였다. 퇴
계가 知音을 만난 격인데, 伯樂이 지나가고 나면 千里馬가 없다고 했던
가? 필자의 얕은 식견으로 함부로 평할 수 없겠으나, 아직 그의 연구 수
준을 능가하는 국내 연구자들의 논저를 찾아볼 수 없어서 아쉽다. 《퇴
계시학》은 많은 사람에게 사랑을 받아 퇴계를 알고자 하는 이들의 필
독서가 된 지 오래다. 이에 《퇴계시학》에 수록되지 않았거나 수록되었
더라도 간략히 다루었던 부분들에 한하여 살펴보기로 한다.[8]

먼저 왕 교수의 詠梅詩 분석태도를 알아본다. 왕 교수는 퇴계의 영매
시에서 매화가 상징하는 인격화된 意象을 美人의 자태, 仙人의 風韻, 隱
士의 清標, 貞士의 志節로 나누어 분석하고, 이 네 가지 상징적 의미 속
에서 純粹美와 純粹善이 표현되고 있으며, 이는 곧 퇴계의 심령세계를
반영한 것이라 하였다. 퇴계 영매시 의경으로 寫實性·體物性·感悟性·
輔仁性·靈動性 등을[9] 들고, 궁극적으로는 매화의 옥설 같은 清眞함이

---

8) 왕 교수는 《퇴계시학》結語에서 퇴계시 특질을 두 가지로 정리하였다. 자연을
  사랑함[愛自然]과 진리를 사랑함(愛眞理)이 그것이다. 그리고 나서 '自然 — 情 —
  藝術境界 — 美', '眞理 — 性聖 — 賢境界 — 善'으로 묶어 상호 연계작용을 설명했
  다. 이 같이 왕 교수의 논법은 매우 간명하다. 이어서 왕 교수는 말한다. "퇴계가
  예술적인 경계를 추구한 것은 山水詩와 詠物詩에 많이 표현되어 있는데, 영물시
  중에 梅花詩가 가장 많다. 성현 경계에 대한 추구는 흔히 理語詩에 표현되어 있
  는데, 이치를 추구하여 실천에 옮길 수 있는가를 실험하여 참된 지식을 실제로
  터득하도록 한다. 퇴계가 추구한 예술 경계와 성현 경계는 갈라지는 것이 아니라
  相輔·相成, 相得·益彰의 관계이다. 시가 心學에도 절실히 필요하며 산수가 시를
  짓는 데도 도움이 되며 심성에도 적합하다는 것은 분명한 사실이다. 그러나 만약
  인생의 예술 경계와 성현 경계를 추구하려 한다면 시를 利器로 삼지 않을 수 없
  다. 이 같은 이치를 이해한다면 퇴계가 詩學을 理學의 일부분으로 삼은 소이를
  알 수 있게 된다." 왕 교수의 견해에 따르면, 퇴계시의 관건은 산수시·매화시·理
  語詩에 달려 있다고 할 수 있다.
9) '사실성'은 사물을 미세한 부분까지 관찰하는 세심함인데, 이는 퇴계의 情趣활
  동으로 어린아이와 같은 마음의 자연스런 표현이고, '체물성'은 매화를 사랑하는
  마음으로 자기 몸을 매화의 처지에 놓고 매화를 자기와 같이 보며 병들고 아픈
  것을 서로 관련짓고 가련하게 여기고 사랑하는 마음 일체를 말하며, '감오성'은
  매화시가 사람이 깊이 성찰해야 할 곳을 개발해주는 작용이며, '보인성'은 매화를

퇴계의 고결한 인격을 상징한다고 결론지었다.[10] 의상과 의경, 인격을 일원적으로 파악하려는 자세가 두드러져 보인다.

왕 교수의 분석과 함께 국내에서는 홍우흠 교수의 연구가 주목을 끈다. 그는 《매화시첩》을 텍스트로 삼아 분석했다. 퇴계의 매화시는 이전의 한중 매화시에서 직간접적으로 영향을 받았을 것으로 추정하고, 전대의 매화관에 대한 깊은 이해를 바탕으로 퇴계가 한중문학사에서 찾아볼 수 없는 독창적인 자신의 매화관을 확립하였다고 하였다. 홍 교수가 파악한 독창적인 퇴계의 매화관은 '本然之性'을 영원히 지켜나가고 있는 同志로서 매화를 인식한 데 있다. 그리고 그 예로 '傷寒梅花'의 형상화를 들었다. 홍 교수는 "숭고한 철리를 암시하고 있는 매화가 寒風冷雪로 傷寒을 입어 本然之性(純善無惡한 眞)을 잃었을 때의 원통함을 주제로 한, 시가 퇴계 이전에는 보이지 아니한다"고 지적함으로써, 퇴계 매화시가 성취한 의경의 개성화를 특기하고 있다.[11] 홍 교수의 연구는 앞서 이루어진 왕소의 영매시 연구에서 진일보한 성과를 보여주었다. 전대 매화시에 대한 세밀한 照檢과 퇴계 매화시에 대한 심오한 愛情이 없이는 '상한매화'를 포착해 내기 쉽지 않았을 것이다. 이 점에서 앞으

벗으로 삼아 그 바탕[仁]을 취하는 것이고, '영동성'은 객관적인 사물을 주관적인 상상을 통해 생명을 부여하고 靈性을 깃들게 하며 감정이 없는 것을 감정이 있게 하고 정체되어 있는 것을 생동하게 하며 감정과 풍경이 서로 융합되게 하고 사물과 내가 감정을 교류하게 되는 경지를 말한다고 했다.

10) 왕소, 〈이퇴계의 영매시〉, 《퇴계학보》 제41집, 1984.

11) 홍우흠, 〈梅花詩帖에 대한 연구〉, 《인문연구》 제4호, 영남대 인문과학연구소, 1981. 鄭錫胎, 〈이퇴계의 매화시〉(고려대 석사논문, 1987)에서는 퇴계 매화시의 개성으로 '문답형식'을 취한 점을 강조하고 있는데, 문답형식이 퇴계와 심령상으로 일체화를 도모한 결과 진퇴문제로 갈등하는 과정에서 나온 것으로 파악한 바 있다. 이 밖에 매화시 연구로는 李鍾錫, 〈퇴계의 시문학 연구 — 매화시를 중심으로〉(고려대 석사논문, 1975) ; 金泰鷹, 〈퇴계의 매화시 고찰 — 이상주의의 형상〉(《안동문화》 제6집, 안동대 안동문화연구소, 1985) ; 李澤東 〈퇴계의 매화시 연구〉(서강대학교 석사논문, 1989) ; 정석태, 〈퇴계의 매화시에 대하여〉, 《퇴계학연구》 제5집(단국대 퇴계학연구소, 1991) 등이 있다.

로 퇴계의 영물시 전반에 대한 새로운 검토가 이루어질 필요가 있다.

왕 교수는 또한 주자의 〈武夷櫂歌〉를 차운한 퇴계의 〈九曲櫂歌〉에
도 관심을 보였다. 그는 먼저 두 사람의 작품을 비교·분석하여 네 가지
방면으로[12] 내용적 특색을 요약하였다. 이어서 퇴계의 〈九曲櫂歌〉는 주
자에게서 볼 수 없는 遊仙의 색채가 있다는 점에 초점을 맞추어 유선사
상의 의미를 읽어내고자 했다. 왕 교수는 퇴계가 주어진 현실에 대한
반항, 증오와 같은 정신적 고뇌를 씻어내기 위한 유일한 방법으로 遊仙
을 택했기에 유선은 곧 자유의지의 표현이요, 심리적 안정과 초탈의 추
구였다고 본다. 따라서 퇴계의 은거 의지가 현실에 대한 소극적 겸양이
라면 유선사상은 이상에 대한 적극적인 집착일 것이라 했다.[13]

퇴계의 醉夢詩에 대한 왕 교수의 해석도 자못 이채를 띠고 있어 흥미
롭다. 그는 니체가 거론했던 '예술 세계를 구성하는 두 가지 정신'으로
서의 '夢'과 '醉'의 작용을 설명하고 나서,[14] 퇴계는 철인인 동시에 시인
이기에 퇴계시의 醉와 夢을 통하여 그 예술의 情思와 심령세계를 탐구
하고자 한다고 했다. '醉의 豪情'에서 飮酒와 관련한 작품을 분석하여
퇴계는 藝術幽思와 酒醉情懷를 발휘한 아름다운 시를 지어 眞力彌滿하
고 鳶飛魚躍하는 심령세계를 성공적으로 표현해 내었다고 보았다. '夢
의 意境'에서는 夢과 관련된 다양한 시편 가운데서 감정과 시어가 진지
한 記夢詩를 전기(50세 이전), 후기(60세 이후)로 나누어 분석했는데, 전
기는 현실과 이상이 괴리되어 정신적으로 고민하던 시기이므로, 遊仙色
彩를 띠면서 현실을 초월하고 物外에 遊心하는 것이 많고, 후기에는 陶
山으로 歸隱하여 심정이 한적해졌기에 遊觀之趣와 山林之樂하는 것이
많이 담겨 있다고 여겼다. 이어서 그는 퇴계의 醉夢詩를 평가하기를,

---

12) 퇴계 〈九曲櫂歌〉의 내용적 특색으로 '宗朱之情', '隱居意志', '遊仙思想', '進學意
   志'를 들었다.

13) 왕소, 〈退溪九曲櫂歌析論〉, 《퇴계학보》 제46집, 1985.

14) '夢'은 현실을 초월하게 하고 '醉'는 현실을 망각하게 하며, 예술생명에서 보면
   시는 예술작품이며 '美'의 化身이므로 시인의 몽은 곧 미의 形象이고 시인의 취는
   곧 미의 豪情이라 하였다.

"哲學人生 속에서 흘러나와 천인합일과 심물합일, 예도합일의 경계를 잘 표현해 내었다"[15]고 평하였다. 이처럼 생애 단계를 구분하여 그에 따른 시상의 변화 추이를 파악하는 방식은 다른 국내 연구자들에 의해서도 여러 차례 시도된 바 있다. 예컨대 현실과 이상이라는 상하구도를 설정하고, 그 사이의 대립과 조화로 퇴계의 초만년의 작품을 설명해 내려는 태도 역시 이제는 상투적인 접근방식으로 굳어진 듯한 느낌을 받는다.

夢과 관련한 퇴계의 작품을 분석한 국내학자로는 권오봉 교수가 있다. 권 교수는 왕 교수와는 체질을 달리하여 몽유시 자체의 문학성을 따지기보다 몽유시를 통해 퇴계의 생활 면모를 다각적으로 이해하려 했다. 그는 몽유시 해석의 오류를 막기 위해 퇴계의 행적을 꼼꼼히 찾아서 비교하는 수고를 아끼지 않았다. 작품분석을 통하여 권 교수는 퇴계의 몽유시와 記夢詩에서는 몽환이나 상상·공상으로 꿈이 해석되지 않으며, 《설문》에서 꿈을 해석한 현존성이 일관되게 드러나므로, 퇴계는 자면서까지도 현존·현실적인 마음 현상을 유지하고 있던 것으로 이해했다. 뿐만 아니라 퇴계는 꿈의 현존성을 유지·보존하기 위한 실험까지 시도하였는가 하면, 몽각을 일체화하고 꿈에 본 사실을 생활화해서 마음 調攝法으로 활용하는 관점을 가지고 있었다고 추론하였다.[16]

왕소와 같은 시기에 퇴계문학 연구의 부진을 씻고자 精心으로 퇴계시를 연구한 이는 이동환 교수이다. 이 교수는 퇴계시에 관한 2편의 논

---

15) 왕소, 〈退溪의 醉夢詩〉(中文), 《퇴계학보》 제56집, 1987.
16) 권오봉, 〈퇴계몽유시의 현존성과 특징〉, 《김형수박사회갑기념논총》(간행위, 1992).권오봉 교수는 퇴계학 연구를 하기 위해 기초작업에 심혈을 기울여 온 혼치 않은 퇴계학 전문가이다. 일본에서 퇴계연구로 박사학위를 취득한 후에 《퇴계의 연거와 사상형성》(포항공대, 1989) ; 《퇴계가연표》(퇴계학연구원, 1989) ; 《퇴계시대전》(여강출판사, 1992) ; 《월란지》(대보사, 1993) ; 《퇴계선생일기회성》(창지사, 1994) ; 《퇴계서집성》(대보사, 1996) ; 《이퇴계의 실행유학》(학사원, 1996) 등의 저작을 통하여 퇴계연구에 다대한 공헌을 한 바 있다. 또한 수년에 걸쳐 퇴계유촉지를 발굴탐색하고 기적사업을 전개하기도 하였다.

고를 통하여 퇴계한시 연구의 새로운 지평을 열었다. 그 첫 번째 논고
에서는 퇴계시의 본령을 '超越과 和諧'의 비전으로 보면서 퇴계시의 주
된 시인의식을 '淸淨한 세계에 대한 希求'라 하였다. 이 교수는 청정한
세계를 표상하는 의상으로 梅花·月·仙의 이미지를 제시하고, 混濁한 세
계에 의해 제약된 자리에서 淸淨 세계에 대한 희구가 나타나며, 이러한
制約으로부터 벗어나 청정의 세계로 넘어가려는 志向을 '超越의 비전'
으로 범주화하였다.[17] 또한 퇴계 田園詩에서 보여지는 和諧의 비전은
主理論者였던 그의 낙관적 세계관에서 나온 것으로 자연과의 합일 의
미도 아울러 갖는다고 보았다.[18]

또 한 편의 논고에서는 出仕期를 전후한 퇴계시의 변화양상을 '拘俗
으로부터의 脫却 — 자유로의 지향' 의식이 변형적으로 표현된 것으로
보고 있다. 이 교수는 출사기의 작품들은 현실지평과 자아와의 깊은 乖
離를 하나의 견딜 수 없는 구속으로 의식하고 있었으며, 구속으로부터
의 탈각의 염원으로 갈등하고 있는 '仙界에의 飛翔'이라는 시상에 집중
되었다고 한다. 그러나 50세를 전후한 隱居期의 작품들은 달과 매화가
詩材로 즐겨 사용되면서 적극적인 자유의 추구로 선회하면서 陶山 일
대가 '선계'로 表象했던 '자유의 공간'으로 구현되는 것으로 본다. 따라
서 출사기에 동경한 '선계'는 시인이 表象하고자 한 '자유의 공간'으로서
만 의미가 있을 뿐이지 夢幻的 仙化에 대한 욕구는 없다고 했다. 또한
만년에 주로 읊은 달과 매화를 詩材로 한 작품들은 단순한 서정시가 아

---

17) 이 교수는 이 초월의 비전을 가져오게 된 혼탁과 청정의 대립적 세계관은 그의
   現實觀(외적 대립의 경우)과 理氣論에 근거한 心性觀(내적 대립의 경우)과 對應
   된다고 하였다. 그러면서 퇴계시가 철학적 사유에 의한 자연과의 합일을 '興感'이
   라는 정서적 고양 쪽으로 받아들임으로써, 영원자와의 어떤 신앙적 결합의 기미
   를 보여주기도 한다고 하였다. 또한 퇴계의 시가 단순한 서정·전원시가 아니라
   철학적·도학적 사유를 그 깊이로 갖고 있을 것이라고 판단하였다. 그러므로 퇴계
   시를 철학적 또는 도학적 서정시의 넓은 한 경지를 열어주는 방향으로 접근하여
   연구되는 것이 바람직하다고 보았다.
18) 이동환, 〈퇴계의 시에 대하여〉,《퇴계학보》제19집, 퇴계학연구원, 1978.

니라 '清淨, 清眞'의 세계, 곧 천리의 세계를 표상한다는 것이다. 그리하여 퇴계는 '人欲'이라는 온갖 개아적 속성의 제약으로부터 해방된 '정신의 절대자유의 경지'인 천리의 세계를 思辨的으로 悟達할 뿐 아니라 情感的인 合一에까지 이르려 했으니, 이는 장자의 逍遙遊에서 느껴지는 것과 일면으로 통하면서도 인간의 地上的 삶을 떠나지 않는 자리에서 追求되는 것이라 했다.[19] 이 교수의 논지 자체가 대립과 그 지양의 면모를 띠고 있음이 눈에 들어온다. 즉 현실 ↔ 이상, 탈각 ↔ 지향, 출사 ↔ 은거, 구속 ↔ 해방, 몽환적 ↔ 지상적, 천리 ↔ 인욕 등등이 그것이다. 결국 퇴계가 유자로서의 규범을 일탈하지 않으면서 '선계'를 동경하다가 마침내 일정한 시점에 이르러 도산과 매화와 달을 통해 절대자유의 세계로 들어갈 수 있었다는 것으로 이해할 수 있겠다.[20] 이처럼 퇴계의 시

---

19) 이동환, 〈퇴계 시세계의 한 국면〉,《퇴계학보》제25집, 퇴계학연구원, 1980. 이 교수는 시분석을 통하여 얻어진 퇴계시의 청진한 의경을 사회이상으로까지 확대하여 석용해 보는 대담성을 보여준다. 퇴계가 도산을 중심으로 칭진한 정신의 세계를 형성, 문제자들에게 전파를 통해 점진적이고 전면적으로 확충해감으로써 현실을 개선하여 이상사회를 구현해 보려는 먼 안목 아래 현실에 참획하고 있었다는 것이다.

20) 이동환 교수의 퇴계시에 대한 접근방식은 후속 연구자들에게 상당한 자극을 준 바 있다. 그래서 퇴계의 문학관이나 성리학적 입장을 분석하고 거기에서 추출된 핵심적 이론을 작품세계에 적용하는 작업이 시도되기도 한다. 성리학 이론과 시학적 내부질서의 상호 소통관계를 유기적으로 파악하려 한 예로 鄭雲采, 〈退溪 漢詩 研究〉(서울대 석사논문, 1987)를 예로 들 수 있다. '성리학적 사유구조의 시적 표현을 중심으로'라는 부제를 단 이 논문에서 저자는 퇴계 主理論의 핵심용어를 理純不離·理發理到·物我一理로 정리하고, 일단 理純不離는 理의 순수성을 理發理到는 理의 자발성을, 物我一理는 理의 물아상관성을 가리킨다고 규정한다. 저자는 퇴계가 理의 순수성을 보장하기 위하여 理의 자발성을 주장하였고, 理의 순수성이 자발성을 통하여 나에게 실현되는 상태로 理의 물아상관성을 주장하게 된 것으로 파악하였다. 이 같은 이해를 바탕으로 저자는 이를 퇴계 문학관에서 추출된 蕩滌鄙吝(나를 벗어남, 물아가 괴리된 세계로부터의 탈각), 溫柔敦厚(저를 드러냄, 물에 대한 긍정적 관심), 感發融通(저와 나의 하나됨, 물아관계의 회복)으로 연결시킨 뒤, 퇴계의 시가문학 작품에 어떻게 그러한 원리들이 투영되어 있는지 몇 가지 작품을 통하여 검증해 나갔다. 그러나 필자의 안목에서는, 과연 퇴계

는 속류 문인들의 口氣와는 구별된다는 점에 동의하지만, 퇴계의 시가
마치 성직자의 종교적 체험을 고백한 것인 양 해석하는 데는 동의할 수
없다. 그러므로 퇴계의 시를 지나치게 고답적으로만 해석하는 것만이
능사는 아닐 줄 안다.[21] 잘못 이해하면 퇴계와 같은 사변적 정서적 체험

한시의 시상전개 양식이 그의 성리학적 사유구조와 일치하고, 나아가 퇴계한시의
시상전개 양식이 그의 국문시가에서도 그대로 나타나는가 하는 문제를 설명하는
데 저자가 보여준 이분법적 단순논리는 일정한 한계가 있어 보인다. 성리학과 시
문학은 바로 일대일로 대응시킬 수 있을 만큼 상호 긴밀성을 논하기 어렵다. 상
호간 높은 융합성과 소통성이 보장되는 동일차원의 사물이나 관념으로 양자를
보기 어렵다는 생각이 들기 때문이다. 논리의 정합성이 부족하면 자연 기계적이
며 도식적인 데 흐르게 되어 때로는 심각한 논리의 비약이 따르기도 하는 법이다.
도식화와 이분법의 오류를 최소화하기 위해서는 주자와 퇴계의 이기론을 면밀하
게 이해하는 길밖에 없다. 중국학자들이 주자의 시학을 이기론으로 확철하게 설
명할 수 있다고 말한 예는 아직 보지 못했다. 결국 성리학의 시문학에 대한 적용
문제는 理氣論을 어떠한 부면에까지 확대해서 해석할 수 있는지 하는 것과 직결
된다. 요컨대 오늘날의 입장에서도 理氣를 가지고 모든 것을 다 설명할 수 있다
고 볼 수 있는가, 또 퇴계가 당대의 모든 것을 이기의 시각으로만 보았을까 하는
물음과도 연관된다고 본다. 정우락은 〈퇴계 인식론의 문학적 반응과 상상력의 구
조〉(《한국의 철학》제21집, 경북대 퇴계연구소, 1993)에서 〈성학십도〉에서 보여
주고 있는 인식론을 근거로 그의 문학과 상상력의 구조에 대해 살폈다. 즉 퇴계
의 상상력은 변화불변이라는 시간성에 의해 구조화되고 있으며 변화 속의 불변
이라는 보다 높은 공간을 지향하고 있다 하여, 이 같은 인식론의 문학적 실천으
로 퇴계문학이 이루어졌다고 보았다. 또한 성리학과 관련지어 퇴계의 시문학을
검토한 것으로 李璡, 〈퇴계 성리학의 시문학적 변용양상 연구〉(동국대 박사논문,
1993)가 있음을 밝혀 둔다.
21) 퇴계작품이 거의 유교사상이나 윤리규범을 직접 교술하거나 그것을 지향하는
생활과 뜻을 표백한 것이어서, 시의 의미 내용이 관념이나 개념으로만 전달될 뿐
독자들의 정서로 체험되거나 미학적 감동으로 살아나지 않는다는 견해를 제출한
연구(芮昌海, 〈퇴계의 詩歌〉,《국어국문학》제101호, 국어국문학회, 1989)가 보고
된 바 있다. 사실 퇴계작품이 모두 관념이나 개념으로 전달된다고는 말할 수 없
다. 직설적으로 유교사상을 표현한 작품도 있지만 모두 다 그런 것은 아니다. 문
제는 시를 보고 해석하는 독자의 태도가 중요하다. 일단 선입견을 버리고 스스로
미학적 감동을 느껴보도록 노력할 일이다. 선입견 속에는 전인들이 내린 존경과
찬양으로 이어진 퇴계시에 대한 고답적 해석이 한몫하고 있음도 잊지 말 것이다.

이 가능한 경지에 이른 사람만이 퇴계의 시를 이해할 수 있다는 독선에
빠져들 수 있기 때문이다.

퇴계 이후 추종자들에 의해 가려지고 굴절된 이퇴계를 보지 말고 그
본래의 모습을 찾아보라고 외친 이는 이장우 교수이다. 그는 자신의 주
장을 증명해 보이기 위해 퇴계문집에 수록되지 않은 僧侶詩를 수집하
고 분석하여 퇴계의 僧侶觀을 제시하였다. 퇴계는 승려가 塵世의 구속
을 벗어나 자유롭게 유행할 수 있는 것, 고요하게 산사에서 정진할 수
있는 점을 매우 좋게 보았으며, 불교를 반대하는 태도를 견지하면서도
승려를 노골적으로 조롱하지 않았다고 했다.[22] 그 뒤 이 교수의 관심은
퇴계시의 변화발전 과정을 파악하기 위한 使行詩 연구로[23] 이어졌고 다
시 방향을 틀어 퇴계의 작문태도에[24] 눈을 돌렸다가 《師門手簡》에 나타
난 퇴계시와 시평을[25] 검토하는 데로 나아갔다. 일찍이 왕소의 《퇴계시
학》을 역주하면서 고민했던 주석문제를[26] 돌파하기 위한 방안을 찾아나
서는 길에 마침내 퇴계시를 완역해 내겠다는 야심찬 계획을 세우고,
1986년부터 《퇴계학보》에 퇴계시 역주성과를 보고하기 시작하여 이미
2권의 역주서를 상재한 바 있다.[27] 퇴계시를 공부하는 학도들로서는 여
간 다행한 일이 아니다.

손오규 박사는 퇴계의 시가문학 세계를 '山水詩'로 보고 전면적 연구
에 착수한 바 있다. 그리하여 眞山眞水를 노래한 퇴계의 산수시는 老莊
의 玄理를 담고 있는 산수의 詩歌를 배격할 뿐만 아니라 寫實의 정신에
입각하여 蘇軾으로 대표되는 別派와 江西派 문학적 경향도 배격하고 정

22) 이장우, 〈퇴계시와 승려〉, 《퇴계학보》 제68집, 1990.
23) ──, 〈퇴계의 使行詩〉, 《퇴계학연구》 제2호, 단국대 퇴계학연구소, 1988.
24) ──, 〈퇴계의 작문태도〉, 《퇴계학연구》 제8호, 경상북도, 1989.
25) ──, 〈사문수간에 나타난 퇴계시와 시평〉, 《퇴계학연구》 제9호, 경상북도,
1990.
26) ──, 〈퇴계문집주석소고〉, 《퇴계학보》 제48집, 1985.
27) 이장우·장세후 역, 《퇴계시 풀이》 제1권(중문출판사, 1996) ; 《퇴계시 풀이》 제
2권(중문출판사, 1998).

통적인 유가의 문학관에 의하여 미의 所在를 自然에 두었다고 보았다.[28]

이 밖에도 퇴계 시문학에 대한 다양한 연구가 수행되었다. 이가원 선생은 퇴계시에서 〈陶山雜詠〉이 閒適詩를 대표한다고 보고 朱子詩와 비교분석하여 〈도산잡영〉의 요체가 山林之樂에 있고 山水之樂으로 귀결되는데, 퇴계의 산수지락은 孔孟의 仁智之樂에 연원하고 있음을 밝힌 글도 있다.[29] 이민홍 교수는 퇴계가 주자의 〈무이도가〉를 수용하여 차운한 〈九曲櫂歌〉의 창작은 사림파 시가문학이 새로운 방향으로 발전하는 데 결정적 기여를 하였다고 평가하였다.[30] 또한 장세후 박사의 《퇴계잡영》을 통해 퇴계의 생활상 및 교육관의 변천을 고찰하여 그 가치를 따진 것이[31] 있는가 하면, 퇴계 출사시의 작품에서 〈至月十六日雪〉

---

28) 손오규, 〈퇴계의 산수문학 연구〉, 성균관대 대학원 박사논문, 1990.

29) 李家源, 〈陶山雜詠과 山水之樂〉, 《퇴계학보》 46집, 1985. 본문에서 따로 자리를 마련하기 어렵기에 초창기 퇴계학 진흥에 노고를 아끼지 않았던 이가원 선생이 제출한 퇴계문학에 관한 논고를 잠시 소개하기로 한다. 퇴계시역주를 비롯한 수많은 노작을 남긴 이 교수는 〈퇴계의 시문학연구 — 短歌와 詩歌에 대하여〉(퇴계학연구원, 퇴계선생사백주기기념사업회, 1972) ; 〈퇴계선생의 문학〉, 《한국의 철학》 4(경북대 퇴계연구소, 1976) ; 〈퇴계시의 특징 — 溫柔敦厚에 대하여〉, (《퇴계학보》 제43집, 1984년) ; 〈퇴계선생의 和陶集飮酒二十四首 初探〉(《퇴계학보》 제52집, 1986) ; 〈退溪學及其系譜的硏究〉(퇴계학연구원, 1989) 등의 논고를 발표한 바 있다. 그 중 〈퇴계시의 특징〉은 퇴계가 전통적인 시교인 溫柔敦厚를 종지로 삼아 시가창작을 했다고 보고, 그 시의 특징을 道文一致, 薰陶德性(퇴계시 중 태반을 차지함), 憂國憐民, 不專陶杜(도잠·두보 이외에 백거이·구양수·소식·주자 등의 장점을 섭취함) 등으로 나누어 이해한 글로 필치 곳곳에 퇴계집을 성력으로 읽어낸 공력이 느껴진다. 장세후는 〈퇴계의 주자시 수용〉(《퇴계학보》 93, 1997)에서 퇴계가 주자시에서 무수한 전고를 매우 다양한 방식으로 취한 사례를 꼼꼼하게 검토한 바 있다. 또한 논고에서 장세후는 두 사람의 시관을 비교하여 주자에게서는 作詩와 道學 사이의 갈등해소 과정이 드러나는 데 반해 퇴계에게는 그같은 갈등이 보이지 않는데, 이는 주자가 시작이 도학에 방해되지 않는다는 것을 입증한 결과를 토대로 퇴계가 시작의 공용성을 발휘했기 때문이라 하였다.

30) 이민홍, 〈무이도가 수용을 통해 본 사림파문학의 일양상〉, 《한국한문학연구》 제6집(한국한문학연구회, 1982). 이와 관련하여 유준영 교수의 〈구곡도의 발생과 기능에 대하여〉(《고고미술》 제151호, 1982)도 일정한 참고가 된다.

31) 張世厚, 〈퇴계와 퇴계잡영〉, 《퇴계학보》 제84집, 1994.

과 같은 민생고를 부드럽게 표현한 憐民의 시를 찾아내어 이를 社會詩의 범주에 넣어 논함으로써 퇴계시를 보다 다면적으로 보는 데 기여한 정범진 교수의 논의도 있었다.[32] 또한 길재·백이·장량·상산사호·유비·제갈량 등을 대상으로 한 퇴계의 한시를 분석하여 역사변동기를 살았던 인물의 거취에 대한 퇴계의 시각이 곧 그의 역사인식을 반영한다고 보고, 퇴계는 한 특정한 역사적 시기에 행한 인간의 실제적 역할보다 역사를 초월하여 존재하는 인간의 도리를 확립하는 것을 더욱 중시하는 理學的 역사인식을 지닌 것으로 이해한 이혜순 교수의 연구도 있다.[33] 한편 自然詩 분석을 통해 퇴계의 正心論을 검증해 내려는 시도가 있기도 하였다. 김태안 교수는 퇴계가 말한 '문학의 正心작용'이 賞自然의 감흥을 노래한 自然詩에 드러난다고 하면서, 山水詩에 나타나는 형상들을 흥취·한정·言學으로 나누고 이를 정심론과 관련지어 분석한 결과에 따라 퇴계문학이 윤리적 가치와 미적 가치가 고도의 문학형상으로 통일된 체계를 갖추었다고 한다.[34] 山水와 관련하여 시적 형상화 과정에서 보이는 미학적 원리를 자연과 인간이 융화된 미의식을 理趣的 시경으로 창출해 내는 것이라 본 정동화의 논문도 제출되었고,[35] 퇴계시가를 풍류의 차원에서 이해한 연구도 있다. 이동영 선생은 우리 민족의 전통으로서 특히 조선조에 교육받은 사람들이 가장 이상적 표준으로 삼았던 삶의 방식이 풍류이기에 퇴계도 風流韻事를 소홀히 하지 않았으니, 그의 풍류는 덕을 바탕으로 한 자연과 조화의 질서로서 온유돈후

---

32) 정범진, 〈퇴계선생의 사회시〉, 《퇴계학보》 제68집, 1990.
33) 이혜순, 〈퇴계시에 나타난 역사의식〉, 《퇴계학연구》 제2호(단국대 퇴계학연구소, 1988). 퇴계의 題畵詩를 분석한(박무영, 〈퇴계시의 한 국면 — 제화시연구의 시론으로〉, 《이화어문논집》 10, 이화여대 한국어문학연구소, 1989) 글도 퇴계시의 연구영역을 확대하는 데 일정한 공헌을 한 것으로 평가된다.
34) 김태안, 〈正心의 시학과 자연시 — 퇴계시를 중심으로〉, 《안동문화》 제14호, 안동대 안동문화연구소, 1993.
35) 정동화, 〈퇴계 산수시의 形象化에 대하여〉, 《퇴계학연구》 제11집, 단국대 퇴계학연구소, 1997.

한 인간애를 갖추었다고 한다.[36] 한 가지 더 소개하자면, 퇴계가 40대 출사기에 春愁, 離恨, 旅愁를 표현한 詞 3수를 분석한 연구도 차주환 선생에 의해 이루어졌다.[37] 퇴계의 詞 창작은 그의 문예적 취향을 엿보게 해주는 좋은 사례로 볼 수 있다.

왕소 교수 이외에도 퇴계문학, 특히 시가에 관심을 표명한 중국계 학자들이 여럿 있다. 邱燮友 교수(臺灣師範大學)는 제4차 퇴계학국제회의 발표논문 中文提要를 통해 퇴계시의 특색을 살폈다. 그는 詩에는 詩趣가 있는데, 시취는 情趣·畵趣·理趣로 구성되며 理趣는 대체로 說理詩 또는 哲理詩 속에 담겨져 있다 하고, 퇴계시에 나타나는 理趣를 意醉·餘意·神理·天趣로 나누어 분석한 뒤 이를 宋詩와 비교했다. 그가 내린 퇴계시의 특징은 송대 理學家들과 같이 깨달음의 도리(悟道而灑落)를 시 속에 사용하여 시의 새로운 경계를 개척한 데 있다고 하였다.[38] 그 뒤 李猷 교수(臺灣淡江大學)가 〈和陶集飮酒〉를 비롯한 30여 수의 퇴계시를 감상하여 장법·구법·음운·의경 방면에서 받은 인상을 정리하였다. 이 교수는 논문에서 퇴계의 작품은 시인이 쓴 시라 하고, 詩格은 晩唐과 兩宋 사이에 있으며 인격의 갈고 닦음과 함양함이 남김없이 시편 깊이 녹아 있어 표면상 쉽게 그 흔적을 찾아볼 수 없으니, 이것이 퇴계시의 고명한 점이며 사랑할 만한 점이라 했다.[39] 이 교수의 논고는 도학자라는 선입견을 가지고 퇴계시를 이해하려 하는 일반의 태도와는 시각을 달리한 점이 특색이다. 앞서 구섭우와 같은 논제를 가지고 퇴계시를 관찰한 杜松柏 교수(臺灣中興大學)의 논고도 우리들의 주목을 끈다. 두 교수는 청대 비평가 袁枚가 《隨園詩話》에서 말한 '說理詩'를 단서로 삼아 퇴계의 시를 분석하였다.[40] 그는 설리시를 '直言論說', '寓理成趣',

---

36) 이동영, 〈이퇴계의 詩歌와 道學〉, 《퇴계학보》 창간호, 퇴계학 부산연구원, 1995.
37) 차주환, 〈退溪詞 評說〉, 《퇴계학보》 제34집, 1982.
38) 邱燮友, 〈退溪詩的理趣 — 近世儒學과 退溪學〉(中文), 《퇴계학보》 29집, 1981.
    필자는 아직 이 논문의 전체 원고를 얻을 수 없어 요약문만 읽었음을 밝혀 둔다.
39) 李猷, 〈한국 퇴계 선생의 시작을 논설함〉, 《퇴계학보》 제40집, 1983.
40) 두 교수는 사람의 본성은 情感과 理性을 모두 가지고 있으나, 문학으로 표현될

'反常合道, 無理而妙' 등 세 가지 유형으로 나누고, 이중에서 '無理而妙'
한 것은 퇴계시에서 찾아내기 어렵다고 한다. 퇴계시에는 直言說理한
것이 대부분이라[41] 하고 그 내용을 明志自箴, 論道述學, 詠物見意, 開示
勸勉 등으로 나누어 놓았다. 이어서 퇴계시에서 寓理成趣한 작품에 대
하여 논했는데, 〈陶山春暮偶吟〉, 〈喜還亭〉, 〈步自溪上踰山至書堂〉 등과
같은 작품들을 佳作으로 꼽으면서, 이러한 것들은 說理했으되 설리의
名相을 남기지 않고 事物情景 속에 감추어 놓아 시의 맛이 盎然하여 玩
詩得理하고 由理得趣하는 妙가 있다고 했다. 그러나 애석하게도 퇴계는
理學家의 습기가 자못 많았기에 이러한 작품을 많지 남기지 못했다고
보았다.[42] 퇴계의 理趣詩를 논한 글 가운데 여기 杜 교수의 글이 가장
沈着하다고 볼 수 있겠다. 柳存仁 교수(호주 국립대 명예교수)는 퇴계의
非哲理詩에 대해 주로 논파하고자 했다. 그는 理學思想과 관련성이 적
은 비철리성의 작품 중에는 함축성 있고 혼후하며 문장의 기세가 웅장
하고 문구가 세련된 것이 참으로 많다고 했다.[43] 또한 憂國愛民의 胸懷
를 드러낸 것과 같은 비철리시의 수량이 철리시보다 더 많으며 묘사 범
위 또한 지극히 광범위하여 철리시가 단지 협소하게 明理라는 것을 담

때 抒情은 詩歌로 나타나고 說理는 議論으로 나타난다고 보았다. 그러나 서정 위
주의 시가라고 해서 설리·의론을 하지 못하라는 법은 없지만, '以詩論詩'하면 설
리시는 '眞心直說'이니, 설리를 직언하는 것은 설리의 혼적을 남기지 않을 수 없
게 되므로, 진정 잘된 설리시는 설리의 혼적을 남기지 않는 것인데, 比·興의 방법
을 써서 形而下者를 가지고 形而上者를 寓說해서 씰렁하게 설리하지 않고 狀物
로 明理하는 것이라고 하였다.
41) 이는 理學家들이 說理하기를 좋아하는 習氣가 그렇게 만든 것으로 보인다고 하
였다.
42) 杜松柏, 〈退溪의 寓理詩〉(中文), 《퇴계학보》 제55집, 1987.
43) 柳 교수는 퇴계가 老佛學을 공격한 것이 陸王學을 배척한 것보다 격렬하지 못
하였고 그의 사상이 비록 유교를 위주로 하지만 불교와 도교에 있어서도 관용적
인 언급이 있어 엄격한 태도를 보이지 않았는데, 그 원인이 宋明理學書를 읽으면
서 북송 이후로 이학을 강론한 자들과 마찬가지로 불교·도교와 관계를 완전히 단
절할 수 없었던 데에 있다고 하였다. 이 점은 앞서 이장우 교수의 논고에서 밝혀
진 퇴계의 승려관과 연락되는 부면이 있다.

론하는 것과 다르다 하였고,[44] 퇴계는 독서를 많이 하고 궁리를 많이 한
사람으로 南宋의 비평가 嚴羽가 말한 "理의 길에 빠지지 않고 말의 통
발에 걸리지도 않은 것이 뛰어난 것이다"라는 경계를 성취하였다고 평
하였다.[45] 그러나 柳 교수의 관점은 흥미를 끌지만 구체적인 작품예시
가 부족하여 자신의 입론을 검증하는 데는 무리가 있어 보인다.

   왕소를 비롯한 중국계 학자들의 견해는 우리 연구자들에게 시사하는
바가 적지 않다. 그들은 중국 전통시학의 관점으로 퇴계시를 읽고 감상
하며 분석하고 평가하는 일이 몸에 배어 있어, 주장하는 바에 출처가
있고 주장하는 방향이 선명하다. 비록 우리의 역사적 삶과 그로부터 형
성된 민족정서를 體化하지는 못했지만, 역대의 중국시를 일과처럼 접하
며 감상하는 예술적 수양 과정으로부터 얻어진 수준 높은 심미 능력에
기대어 퇴계시의 묘처를 찾아내는 데 익숙하다.[46] 백지장도 맞들면 훨

---

44) 柳 교수는 퇴계는 전인들의 작품을 이용하여 자신의 詩境을 나타내는 방식인
   換骨奪胎에 정통하였고, 和韻이나 用典에도 능숙하여 전혀 꾸밈없고 자연스럽다
   고 한다. 또한 嘉靖·隆慶 연간의 '詩必盛唐, 文必秦漢'을 강조하는 擬古風潮에 물
   들었던 명대 시인들과는 길을 달리한 것으로 보았다. 그러나 한국한문학사를 검
   토해 보면 퇴계시대에는 아직 명대의 문풍이 유입되지 않았음을 알 수 있다. 명
   대 의고주의 문풍은 퇴계 사후 임진왜란을 전후로 한 시기에 소개되었으므로, 柳
   교수의 위와 같은 언급은 조선한문학의 현실을 간과한 결과로 보인다.
45) 柳存仁, 〈이퇴계의 非哲理詩를 논함〉, 《퇴계학보》 89집, 1996. 본래 이 글은 《東
   方文化》(香港大學, 1990)에 기고한 것인데, 퇴계학연구원에서 그 원고를 우리말
   로 번역하였다. 필자는 아직 《동방문화》에 실린 원고를 보지 못하였다. 번역문을
   읽으면서 글의 흐름이 조금 매끄럽지 않다는 느낌을 받은 바 있는데 원고 자체가
   그런지 저으기 의심이 간다.
46) 중국 학자들이 퇴계한시를 읽어내는 시학적 심미 판단 능력은 뛰어나지만, 한국
   인과 같은 수준의 환경 이해나 언어 정서를 지니지 못하기에, 그들이 내린 심미
   판단에는 일정한 한계가 있다. 퇴계가 아무리 시가창작의 전범을 중국시에 두고
   이를 바탕으로 한시를 창작했다 하더라도, 창작 과정에서 생래적으로 그에게 주
   어진 자연환경과 인문환경의 일정한 제약을 받지 않을 수 없었을 것이다. 특히
   만년에 도산서당을 열고 여러 문도들과 수창한 한시들은 당시의 시대적 상황과
   문도들의 처지를 이해하지 못한다면, 퇴계한시의 의경을 핍진하게 파악해 낼 수
   없을 것이다. 퇴계가 한시작법에 맞추어 시를 지을 때, 1차적으로 모국어 문법으

씬 가벼운 법이다. 그래서 중국학자들의 참여가 우리에게는 큰 힘이 되는 것이다.[47]

퇴계한시를 연구한 많은 논저들은 이상에서 소개한 것 이외에도 상당수 있을 것이나[48] 일일이 소개하는 번거로움을 줄이기로 한다. 다만 여기서 한 가지 더 언급할 대목은 퇴계시가에 대한 品格문제이다. 현재까지 이루어진 품격연구는 손으로 꼽을 정도로 미진한 편이다. 퇴계시가의 품격을 '枯淡'으로 보고, "이 고담은 자연 속에서 오랫동안의 인격 수양과 정신의 함양으로부터 이를 수 있는 승화된 시적 품격이며 지나친 感情移入조차 경계하게 되어 溫柔敦厚한 서정을 지향하게 된다"고

로 사물을 인식했다고 보면, 중국인들의 퇴계시 이해가 시에 표현된 詞藻와 퇴계의 自註를 통한 이해 수준을 넘어서기 어려웠을 것으로 판단된다.

47) 한동안 있었던 대만과의 불편한 관계로 인해 우리들은 그쪽의 퇴계학 연구자들을 접할 기회가 적어졌다. 그 틈을 대륙의 학자들이 메워주고는 있으나, 문학분야에 있어서는 촌보의 진전을 이루지 못했다. 이 점이 퇴계문학을 어깨너머로 배우고자 하는 사람에게는 큰 유감으로 남지 않을 수 없다.

48) 본문에서 다루지 못한 연구자 중에서 서수생 교수의 논고를 잠시 소개할까 한다. 서 교수는 이른 시기에 본격적으로 퇴계문학에 관심한 연구자 중의 한 분이다. 그는 〈퇴계문학의 연구〉(《한국의 철학》 제1집, 경북대 퇴계연구소, 1973)에 이어 〈퇴계는 문학을 어떻게 보았나〉(《문학사상》 24 문학사상사, 1974)를 학계에 발표하여, 퇴계의 문학적 입장과 문학세계를 포괄적으로 이해하는 데 기여한 바 있다. 그 뒤 후속된 작업으로는 〈退溪詩書의 特異性〉(《퇴계학보》 제36집, 1982)과 〈퇴계의 한시연구(Ⅰ)〉(《한국의 철학》 제14집, 경북대 퇴계학연구소, 1986)가 있다. 〈退溪詩書의 特異性〉에서 서 교수는 '퇴계의 詩觀과 시적 미감'에 대해, 퇴계시가 內在的 美感에 있어서는 은유적 역사의식, 自然眞樂에서의 憧憬과 淸標心, 철학적 言外有意와 純靜性 등을 내용으로 하면서, 외형에 있어서는 율격을 철저히 갖춘 정형시의 명수였다고 하면서 하서 김인후가 퇴계를 평하여 '李杜文章王趙筆'이라 했으나 퇴계 시서의 실상으로 보면 '陶杜文章王右軍'으로 바꾸어 불러야 한다고 하였다. 〈퇴계의 한시연구〉에서는 퇴계의 시를 隱喩的 역사의식, 自然眞樂과 閑靜性, 花木詩의 淸眞性, 철학적 言外有意性, 回文詩의 平淡性 등으로 나누어 논의하기도 하였다. 아마도 퇴계의 글씨[書]에 대한 문예적 검토를 시도한 분으로 서 교수가 처음이 아닌가 한다. 퇴계가 말한 '文藝'는 필시 문학과 예술을 포괄하는 개념일 터인데 그렇다면 보다 깊이 있는 퇴계의 서법예술에 대한 연구도 있어야 하지 않을까 한다.

한 견해[49] 등이 최근에 와서 제출되는 현실이다. 한시 연구에서 최고 층
위가 품격(풍격)연구라고 한다. 품격이해는 한두 작품을 분석해서 얻을
수 없고 작가나 작품에 대한 총체적 파악을 전제로 이루어지는 것이다.
따라서 섣부른 품격론은 오히려 독자에게 왜곡된 미의식을 전달할 수
있으므로 신중을 기해야 한다. 20여 년의 연구성과에 힘입어 퇴계한시
와 〈도산십이곡〉에 대한 일정한 수준의 이해가 가능해졌다고 보면, 퇴
계시가에 대한 품격연구는 이제부터가 시작인 것이다.

퇴계의 散文 연구는 아직 초기 단계에 머무르고 있다. 산문연구 중에
서 먼저 이루어진 논고들은 퇴계 비지문에 대한 것이다. 퇴계가 찬한
墓碣銘의 내용을 분석하거나 그의 비지문에 대한 인식을 주로 검토하
였다. 퇴계는 비지문를 傳後文字라 하여 찬술에 매우 신중을 기했고, 규
모가 큰 神道碑文에는 전혀 손을 대지 않은 철저한 碑文不作論者였음
이 드러났다. 또한 局促하지 않은 문장을 쓰기 위해서는 반드시 修辭가
필요하다고 여기고 글귀마다 세심한 주의를 기울였다는 것이다.[50] 퇴계
가 남긴 山水遊記와 序跋文을 연구한 논고도 이루어졌다. 퇴계의 산수
유기는 유람적 성격이 짙으며 세속을 벗어난 초연한 심경에서 散懷를
목적으로 하고 유람하고자 하는 사람들에게 안내서와 같은 역할을 할
뿐만 아니라, 직접 탐승에 나서지 않고도 유람의 효과를 얻을 수 있는

---

49) 손오규, 〈퇴계의 산수문학 연구〉, 성균관대 박사논문, 1990. 이 밖에 퇴계시의
품격과 관련한 논의로는 趙載億, 〈退溪의 시와 閑靖性〉,《퇴계학연구》제5집, 단
국대 퇴계학연구소, 1991 ; 李敏弘, 〈퇴계시가의 품격연구 ― 도산십이곡을 중심
으로〉,《반교어문연구》제4집, 1992 ; 李然世, 〈퇴계시가의 풍격 ― '平淡'에 관한
연구〉,《퇴계학연구》제6집, 1992 등이 있으나 아직 만족스러운 성과를 보이지
못하고 있다. 특히 퇴계를 말할 때, 가장 자주 사용되는 '溫柔敦厚'를 품격으로 보
아야 하는지 어떤지에 대한 본격적인 논의가 부족하다.
50) 비지문과 관련한 논문으로는 安秉烈, 〈退溪碑誌文 고찰〉,《퇴계학》창간호(안
동대 퇴계학연구소, 1989) ; 이종호, 〈퇴계의 비지문자론 연구서설〉,《퇴계학》제
2집(1990) ; 〈퇴계의 비문부작론〉,《한문교육연구》제5호(1991) ; 〈퇴계의 갈문수
사에 대하여〉,《퇴계학》제3집(1991) ; 〈조선조 사대부층의 비지문자론〉,《교남
한문학》제3집(1990) 등이 있다.

글로서 遊山의 興이 그 주축을 이룬다고 한다. 또한 퇴계의 산수유기에
는 遊山의 興과 함께 敍景美가 돋보이며 특히 〈陶山記〉는 산수에 기탁
한 志도 잘 나타나 있어 후대 조선조 도학파의 시가문학 전통으로 그
맥이 이어졌다고 보았다. 아울러 퇴계의 序跋文에 나타난 산수의 미는
모두가 실제로 존재하고 있는 자연으로서 산수에 대한 아름다움을 노
래하고 있으며 산수를 조망하거나 이념과 연결되어 있지는 않다고 한
다.[51] 다른 연구에서는 山水遊記에 표현된 산수유람의 전 과정이 진리
체의 궁구 과정을 상징한 것이며, 序跋文에서는 퇴계의 求志와 實事求
是 정신이 잘 드러나 있음을 밝힌 바 있다.[52]

향후의 퇴계 산문연구는 앞서 이루어진 碑誌文과 序跋文, 遊記 분석
이 새로운 시각에서 보다 심화되어야 하고, 아울러 아직 손을 대지 못
한 다른 산문에 대해 본격적인 探討가 이어져야 할 것이다. 그러나 이
시점에서 우선적으로 요청되는 것은 퇴계 書簡文에 대한 연구이다. 서
간문은 퇴계산문의 주종을 이루고 있을 뿐 아니라, 일상적인 書寫 행위
로 그의 문장관이 극명하게 반영되어 있을 것으로 본다. 퇴계는 주자
서간문에서 요긴한 대목을 뽑아 《주서절요》를 편찬하여 주자학 연구의
길잡이로 삼았거니와 자신의 서간문도 《자성록》으로 엮어 자아성찰의
요긴한 자료로 삼은 바 있다. 물론 《주서절요》 편찬 동기가 당시 詞章
위주로 주자의 글을 대하는 풍조를 시정하려는 데 있기는 했으나, 서간
문이야말로 한 인격체의 심령세계를 알아내는 데 가장 효율적이라고
생각한 때문이다. 따라서 퇴계 서간문 연구는 단순히 문학적 측면에서
만 의의가 있는 것이 아니라 퇴계의 인간상을 총체적으로 파악하기 위
해서도 필요한 것이다. 문학적인 측면에서 퇴계 서간문 연구에서 먼저
착수해야 할 곳은 構法과 修辭 방면이다. 구법이란 문장의 시작과 중간
과 끝이 어떻게 이루어지고 있는가를 살피는 작업이고, 수사는 글에 동

---

51) 손오규, 〈퇴계의 산수문학 연구〉, 성균관대 대학원 박사논문, 1990.
52) 심경호, 〈퇴계의 山水遊記〉, 《퇴계학연구》 제10집, 단국대 퇴계학연구소, 1996.
　　및 〈퇴계의 서발문〉, 《한국의 철학》 제25집, 경북대 퇴계연구소, 1977.

원되고 있는 詞藻나 用語(稱謂를 포함한), 陳述形態 등을 분석해 내는
것이다. 서간문의 내용과 성격에 따른 구법과 수사를 분석해 나가면, 퇴
계 서간문의 특징이 저절로 드러날 수 있을 것이다. 퇴계가 정치활동
중에 자신의 정치적 견해를 담은 〈戊辰六條疏〉와 같은 政論散文도 연
구할 가치가 있다. 일반적으로 산문은 글의 성격에 따라 정도의 차이는
있지만 서정과 서사, 의론이 착종되어 있다. 상소문은 서정이나 서사산
문과는 달리 의론이 주가 되어 대상(국왕)을 감동시켜 자신의 주장을
관철하려는 목적으로 쓰여지는 것이다.

따라서 설득력 있는 글쓰기를 퇴계가 어떠한 방식으로 실천하고 있
는지 알아내는 것이 상소문 연구의 핵심이 될 것이다.

4

이제 퇴계 시가문학론에 대한 쟁점을 검토하기로 한다.

지금까지 퇴계의 시가문학을 둘러싼 논의의 쟁점은 국문시가인 〈陶
山十二曲〉의 창작동기에 관한 것이다.[53] 일찍이 趙潤濟 선생은 "시가문
학 방면으로 본다 하더라도 퇴계는 실로 위대하였다 보여진다. 그 심오
한 성리학을 완전 이해하고, 또 그를 발전시키는 것도 결코 용이한 일

---

53) 〈도산십이곡〉 내용에 대한 연구로 김광순, 〈퇴계문학에 나타난 자연관과 인간
관 — 도산십이곡을 중심으로〉,《연민학지》제1호(연민학회, 1993) ; 서원섭, 〈이
퇴계의 도산십이곡 연구〉,《한국의 철학》제2집(1974) 등 상당한 성과가 축적되
어 있다. 조동일 교수는 〈시조의 이론, 그 가능성과 방향설정〉,《우리문학과의 만
남》(홍성사, 1978)에서 퇴계의 시조를 本然之性에 관한 주장과 관련시켜 분석한
바 있고, 최동국 교수는 〈이황론〉,《한국고시조작가론》(한국시조학회, 백산출판
사, 1986)에서 "자연에서 사물의 理를 체험하고 시에 드러낸 이상적 상태가 溫柔
敦厚라면 시의 본질과 성격도 거기에서 찾아야 할 것이다. 이렇게 철저한 도학적
간섭 속에서 단련된 성정을 표현한 시는 어디까지나 도학적 수용이지 시가적 수
용은 못된다. 인간 본능 속에 깊이 자리한 성정이 사변적 논리구조물로 다루어졌
을 때 이미 시가의 구조물로는 결별되었기 때문이다"고 지적한 바 있다.

이 아닌데도 문학을 즐길 여유를 가졌으며, 또 그 위에 한국시가에까지 조예를 쌓아, 우리 시가문학상에 〈도산십이곡〉과 같은 우수한 작품을 남겼다는 것은 실로 그 정력에 감탄하지 않을 수 없을 뿐 아니라, 더욱 이 국학에 뜻을 두어 그 민족적인 의식이 뚜렷이 나타나 있다는 것은 아무래도 선생을 숭배하지 않을 수 없다"고 말한 바 있다. 이는 민족주의 사관에서 본 퇴계문학에 대한 평가이다. 이 같은 조윤제 선생의 인식에 대해 시비할 생각은 없다. 우리 것에 대한 애정은 어떠한 신념보다 우선한다고 믿기 때문이다. 사실 퇴계의 〈도산십이곡〉에 대한 후학들의 관심은 조윤제 선생의 이 같은 발언으로부터 촉발된 감이 짙다. 그는 퇴계 시가문학의 계통과 영향관계를 살피기 위해 장육당 이별, 농암 이현보, 회재 이언적, 신재 주세붕, 금계 황준량 등과 퇴계의 관련성을 추적한 바 있다. 그는 "〈李鼈六歌〉는 오늘에 전하지는 않지만, 그때에 盛傳하였다는 점과 퇴계가 하필이면 이것을 들어 모방한 점을 생각하면, 그것은 시조로서 역시 우수한 작품이리라 상상이 되고 퇴계는 어디인지 그 인물에 대하여 버리지 못할 점이 있다고 보았으리라 생각된다" 하고, 또 "〈도산십이곡〉이 〈이별육가〉의 직접적인 영향을 받아 이루어졌을 것만은 사실이니, 이별시가 문학은 곧 퇴계시가 문학에 어떤 형식으로나마 영향을 주었을 것은 틀림없을 것이다"고 하였다.[54] 이처럼 조 선생의 논고에서는 〈도산십이곡〉의 창작동기에 대한 언급이 빠져 있고, 단지 〈이별육가〉가 영향을 주었을 것이라는 추정을 제시하였을 뿐이다.

임형택 교수는 퇴계가 〈도산잡영〉과 〈도산기〉만으로도 읊을 것과 밝힐 것을 다 말해 놓고서 무엇 때문에 〈도산십이곡〉을 덧붙였을까 하는 의문을 품고 그 창작동기를 따졌다. 그는 〈도산십이곡발〉에 창작동기가 나와 있다고 하면서 퇴계가 '歌唱의 필요성' 때문에 한시 이외 〈도산십이곡〉을 지은 것이라 했다. 이어서 임 교수는 〈도산십이곡〉은 卽

---

54) 조윤제, 〈퇴계를 중심으로 한 嶺南歌壇〉, 《청구논문집》 제8호, 청구대학, 1965.

興的으로 지은 것이 아니고 무엇인가 숨은 의도가 있다고 보았다. 퇴계
가 〈도산십이곡발〉에서 〈翰林別曲〉을 매도한 것은 사대부들 사이에서
歌唱이 遊興的으로 흐르는 풍조를 경계하기 위함이고, 〈이별육가〉를
玩世不恭의 뜻이 있다고 비판한 것은 미수 허목의 〈藏六堂六歌識〉에
표현된 이별의 '高蹈拔俗'의 자세를 못마땅하게 여긴 때문이라고 하였
다. 임 교수는《패관잡기》에 기록된 이별의 행적을 자세히 소개하여 방
외인 타입의 인물로 규정하고, "방외인 타입의 인물들이 체제와 권력에
저항해서 자기의 주체성을 고결하게 지키는 경우 사대부다운 생활과
정신질서에 파탄을 일으키게 되었던 바, 퇴계는 이러한 인간 자세와 준
엄하게 분별해서 다른 길을 모색하였던 것이다"라 하였다.[55] 임 교수 논
문이 발표된 후 이별의 漢譯六歌 4장이 발견되어[56] 학계에 소개됨으로
써 〈도산십이곡〉 창작의도에 대한 논의가 구체화되어 갔다.

조윤제 선생을 이어 퇴계의 국문시가 연구에 열정을 보인 분은 崔珍
源 교수이다. 그는 일찍이 퇴계의 〈도산십이곡〉 창작동기에 대해 나름
의 견해를 밝힌 바 있다. 그는 퇴계가 〈陶山十二曲跋〉에서 밝힌 '翰林
別曲類는 矜豪放蕩하고 褻慢戱狎하다', '李鼈六歌는 玩世不恭의 뜻이
있고 溫柔敦厚의 實이 적다', '국문시가는 한시와 달라서 노래할 수 있
다' 등의 세 가지를 〈도산십이곡〉 창작동기로 보았다. 그런데 문제는
퇴계가 부정한 矜豪放蕩·褻慢戱狎·玩世不恭이 과연 무엇을 뜻하는가
였다. 최 교수는 긍호방탕·설만희압의 의미를 분석한 뒤, 한림별곡류의
주제가 風流와 관련된다고 하여 〈도산십이곡〉의 풍류는 '賞自然'을 뜻

---

55) 林熒澤, 〈국문시의 전통과 도산십이곡〉,《퇴계학보》제19집, 1978. 임 교수는 퇴
   계가 이별의 육가를 내용면에서는 비판하면서도 창작의 모델로 삼았다고 본다.
   그리고 〈도산십이곡〉의 역사적 기능에 대해 언급했는바, 시조는 가창적·즉흥적·
   오락적인 것이나 〈도산십이곡〉은 가창적 전통의 소산이지만 즉흥적·오락적인
   것은 아니었으며, 그에 따라 국문시는 즉흥적인 오락물에서 본격적인 문학으로
   지향을 보여주게 되었다고 하였다. 아울러 〈도산십이곡〉의 특징을 속기와 작위
   가 배제된 순수시로 보았다.
56) 崔載南, 〈藏六堂六歌와 六歌系時調〉,《어문논총》7, 부산대 국어교육과, 1983.

하므로 한림별곡류의 官能的 향락과는 다르며, '상자연'을 요구한 것은
전대 문자의 풍류를 극복함에 그 목적이 있다고 하였다. 이어서 〈이별
육가〉 漢譯詩와 〈도산십이곡〉을 비교하여 玩世不恭의 의미를 검토했
는바, 퇴계가 이별의 육가를 모방한 것은 육가의 형식(육가―6장)과 내
용[隱] 때문인데, 육가에서 드러난 隱의 自慢('忘世'와 '潔身傲世'의 기운)
을 지적하여 '玩世不恭의 뜻이 있고 溫柔敦厚의 실이 적다'고 평한 것으
로 보았다.[57] 이어서 최 교수는 〈도산십이곡〉에 나오는 '往來風流'는 山
水遊賞과 賞自然은 같음을 뜻하며 퇴계가 이를 무척 흥겨워했다고 보
고, 〈도산십이곡〉의 興은 '서정으로서의 홍'에 '자연의 理의 분명함'을
깨닫는 이념적 감동과 '평이한 것(일상생활)'으로부터 理로 나가는 태도
가 아울러 담겨 있다고 하였다.[58]

李敏弘 교수는 퇴계가 〈이별육가〉를 지양하여 온유돈후한 조선시가
의 모범이 되는 작품을 만들고자 했고, 이를 창작하면서 〈이별육가〉에
'玩世不恭之意'를 제외시키고 주자의 〈武夷雜詠〉 등의 山水詩的 韻味
를 가미한 것으로 보았다. 왜냐하면 〈도산십이곡〉이 12수의 시이고 주
자의 〈운곡잡영〉이 12수 6행시, 〈武夷精舍雜詠〉 또한 12수라는 사실을
우연의 일치로 볼 수는 없기 때문이었다. 그래서 이 교수는 〈도산십이
곡〉 12수는 분명히 〈무이잡영〉과 〈운곡잡영〉의 20수를 원용했다고 본
다. 또한 〈이별육가〉의 6수가 12수로 팽창을 한 것은 단순히 그 분량의
차이뿐만 아니라 내용에서도 상당한 차이가 있다고 하여, 〈이별육가〉
가 六歌系의 특성을 지닌 작품이라면 〈도산십이곡〉은 주자시의 수용과
이조 사림파의 문예의식을 아울러 곁들인 복합적인 것이라 볼 수 있다
고 하였다. 즉 〈도산십이곡〉은 〈이별육가〉의 노장적 은둔과 현실풍자

---

57) 최진원, 〈陶山十二曲攷〉(一), 《인문과학》 제13호, 성균관대학교 인문과학연구
　　소, 1984. 최 교수는 '溫柔敦厚'를 〈도산십이곡〉의 품격으로 보고, 그것은 퇴계의
　　'敬'공부에서 이룩된 抒情(性情의 醇正)이라고 말했다.
58) ――, 〈陶山十二曲攷〉(三), 《도남학보》 제7·8호, 도남학회, 1985. 최 교수는
　　유가의 자연관은 산수경치를(日用處로서의 산수경치)에 대한 시적 감동을 매개
　　하여 人間과 自然의 合一을 기하는바, 이것이 퇴계의 賞自然이라고 본다.

와 분방한 서정 등을 배제하고, 朱子詩와 文以載道論의 사림파 특유의
수용과 접맥된 문학론과 品格論에 바탕을 둔 連作短歌라고 보는 것이
다.[59] 이는 〈이별육가〉가 〈도산십이곡〉에 일정한 영향을 끼쳤다는 종
래의 주장과 견해를 달리 하는 것이다. 종래의 주장들은 〈도산십이곡〉
이 〈이별육가〉의 내용은 거부했지만 형식은 계승한 것으로 이해해 왔
으나, 이 교수는 퇴계가 내용과 형식 양면에서 육가를 부정한 것으로
보고 있기 때문이다.[60]

曺圭益 교수는 전대 시가에 대해 퇴계가 '矜豪放蕩·藝慢戱狎·玩世不
恭之意'라 평한 것은 한림별곡류 및 육가의 어떤 성격을 지적한 것인지,
전통 유가적 詩道이며 퇴계의 詩歌理想으로 제시된 온유돈후가 〈도산
십이곡〉에 어떻게 투영되어 있는가를 검토한 바 있다. 그는 퇴계가 한
림별곡류를 矜豪放蕩이라 질타한 이유가 여러 가지가 있지만[61] 특히
'나' 또는 '자신들'의 우월함을 부각시킨 점이 부정적 평가의 빌미가 되
었다고 한다.[62] 그리고 〈이별육가〉에서도 각 작품의 앞부분에 서정적
자아로서 '나'가 유사성의 법칙과 감정이입적 방법에 의해 투영되어 있
고 뒷부분에 대응구조가 구체적으로 드러나기 때문에 퇴계가 이를 '玩
世'로 본 것이고, 객체에 대하여 주체가 우월하고자 한 '자아도취'의 표

---

59) 이민홍, 〈도산십이곡의 온유돈후〉,《사림파문학의 연구》, 형설출판사, 1985.
60) 이민홍 교수는 뒤에 다른 글에서 퇴계의 〈도산십이곡〉을 창작하게 된 동기를
    전통적인 유교의 樂學思想에서 찾아내기도 하였다. 즉 퇴계는 新聲과 世俗之樂을
    경계했으며 亡國之音에서 治世之音으로 바꾸어 보려는 의지를 〈도산십이곡〉에
    서 표상한 것으로 보았다(〈사림파의 鄕樂에 대한 견해 — 퇴계·율곡의 俗樂認識
    을 중심하여〉, 간행위,《민족사의 전개와 그 문화》상 ;《벽사이우성교수정년퇴직
    기념논총》, 창작과 비평사, 1990).
61) 한림별곡류 자체의 내용, 형태가 지닌 부도덕성과 무규범성, 文士로서의 자긍심
    과 향락의 실상 등의 작품 내적 요인과 이러한 노래를 즐기던 가창의 현장, 즉 구
    연상황의 부도덕성 등과 같은 외적요인을 들었다.
62) 조 교수는 퇴계의 비판적 평어가 시가의 장르적 교체에 결정적 기여를 한 당대
    사림의 문학관을 대변한 것이며, 이러한 배척해야 할 부정적 시도와 추창해야 될
    긍정적 시도의 중간에 이별의 육가가 있는데, 작품 내용에 대한 재단비평적 규정
    이 '완세불공지의'였다고 한다.

현을 '不恭'으로 본 것이라 하였다. 조 교수는 〈도산십이곡〉의 창작동기를 꼬집어 말하지 않았다. 그러나 논지전개를 유추해 보면, 결국 퇴계가 '육가의 대립구조'에 반대하여 '전아한 평면적 구조'의 표본을 제시하고자 〈도산십이곡〉을 창작한 것으로 볼 수 있다. 왜냐하면 조 교수가 〈도산십이곡〉은 소재에 대한 시인 자신의 감정이입이 전혀 없고 서정성의 핵심인 대응구조가 결여되었다고 말했기 때문이다.[63]

金鍾烈 교수는 비세속적인 노래를 싫어했던 노년의 퇴계가 국문시가를 짓겠다고 생각한 실제의 동기는 완세불공한 〈이별육가〉의 盛傳에 자극을 받은 데 있다고 하였다. 완세불공한 〈이별육가〉의 유행은 당시 문인 계층의 세태를 반영한 것이고, 이러한 세태를 극복하기 위해 온유돈후를 표방하였다는 것이다. 따라서 〈도산십이곡〉이 〈이별육가〉를 비조로 삼아 순기능적으로 발전하여 〈도산십이곡〉 계통의 문학적 계보를 형성한 것이 아니라, 방외인 문학으로서의 육가계 문학이 지니는 본래의 의미를 소멸시키고, 文以正心의 도학적 교조문학으로 대치시켜 주자적 온유돈후를 재천명한 것이다라고 하였다.[64] 김 교수의 주장은 앞서 선행연구인 임형택 교수의 논문에 기술된 이별의 방외적 인간형에 대한 이해를 기초로 하고, 이민홍 교수의 육가부정론을 근간으로 하여 보다 적극적으로 육가계승설을 반대한 것이다. 아직 이민홍 교수와 김종

---

63) 曺圭益, 〈퇴계의 시가관 소고〉, 《퇴계학연구》 2, 단국대 퇴계학연구소, 1988. 이러한 견해에 대해 비판적인 입장을 밝힌 글도 보인다. 이동환 교수는 〈퇴계문학 연구의 성과와 과제〉에서 시조 연구에서는 시적 상상력의 구조와 운동을 탐구하는 것이 중요하다고 하면서, 〈도산십이곡〉의 前六曲 네 번째 시를 예로 들어, 조 교수가 서정적 자아인 '나'가 숨어버림으로써 대응구조가 없어지고 평면구조로 되었다고 보고 주제를 제시한 것을 비판한 바 있다. 김지용 교수도 〈퇴계의 시와 다산의 시─그 표현양상의 비교연구〉, 《퇴계학연구》 제4호(단국대 퇴계학연구소, 1990)에서 〈도산십이곡〉에서는 시인 자신의 '나' 즉 본체를 드러낼 이유가 없다고 하면서, 오히려 조 교수의 지적대로 "선험적 가치개념이 확고하게 서 있고 그것을 선양하려는 은연중의 목적의식이 창작행위의 저변에 깔려 있는 한" 시인의 얼굴을 내밀 필요가 없으며, 내밀었다가는 졸작이 될 것이라 했다.
64) 金鍾烈, 〈퇴계의 도산십이곡 창작에 관한 새 고찰〉, 《퇴계학보》 제73집, 1992.

렬 교수의 주장에 대한 반론이 제기되지 않고 있는 사정으로 보아, 일
견 종래의 육가계승설이 퇴조한 것으로 추정된다.

〈도산십이곡〉 창작동기에 대한 논의와 함께 퇴계의 가사 창작 문제
도 쟁점으로 부각된 바 있다. 1960년대 초반부터 정주동, 신기형, 이가
원, 서원섭, 김기탁 등에 의해 퇴계작품으로 소개되고 연구된[65] 〈환산별
곡〉, 〈도덕가〉, 〈목동문답가〉, 〈상저가〉, 〈낙빈가〉, 〈권의지로가〉, 〈금
보가〉 등 7편의 가사를 이동영 교수는 퇴계의 작이 아니라고 주장한다.
이 교수는 7편의 가사에 대한 원전과 작가의 추정도 역사주의 비평방법
을 통해서 보더라도 도저히 퇴계작이 될 수 없으며, 퇴계의 시가관이나
학문에 비추어 보아서도 용납될 수 없는 작품이라 하고, 修己正德을 통
한 도덕적인 인격의 완성에 목표를 두었던 그의 생애로 볼 때, 퇴계에
게는 오직 〈도산십이곡〉이 있을 뿐이라고 하였다.[66]

퇴계 시가를 어떠한 범주의 문학으로 부를 것인가에 대한 논의도 있
었다. 조윤제 선생은 당쟁 아래 明哲保身과 致仕客의 閒適에서 형성되
어 조화·영원·절로절로와 같은 자연의 일반미를 내용으로 하는 시가를
'강호가도'라 부르고 농암 이현보가 이를 唱導했는데, 퇴계가 농암의 영

---

65) 이에 대한 논문으로 정주동, 〈금보가〉, 《어문논집》 2(경북대문리대, 1964) ; 신
   기형, 〈퇴계선생의 효우가 일고〉, 《문경》 25(중앙대, 1968) ; 이가원, 〈퇴계 시가
   문학 연구〉, 《퇴계학연구》(퇴계선생사백주년기념사업회, 1972) ; 서원섭, 〈퇴계의
   금보가 연구〉, 《한국의 철학》 3(경북대 퇴계연구소, 1975) ; 서원섭, 〈이퇴계의 시
   가문학〉, 《한국의 철학》 6(경북대 퇴계연구소, 1977) ; 서원섭, 〈퇴계의 낙빈가 연
   구〉, 《퇴계학연구》 5(1978) ; 김기탁, 〈퇴계가사의 사상적 고찰〉, 《영남어문학》 6
   (영남어문학회, 1979) ; 서원섭, 〈퇴계의 상저가 연구〉(《퇴계학연구》 6, 1979) 등
   이 있다.
66) 퇴계의 가사로 보지 않는 이동영 교수의 연구로는 《가사문학논고》(형설출판사,
   1979) ; 〈주세붕과 도덕가〉, 《국어국문학》 84호(국어국문학회, 1980), 〈금보가의
   작자에 대하여〉, 《한국문학논총》 제4집(한국문학회, 1981) ; 〈퇴계의 歌辭所作說
   辨正〉, 《한국문학론》 제5호(한국문학회, 1982) 등이 있다. 강전섭 교수는 낙빈가
   를 조선후기 작품으로 보았다(〈낙빈가에 대하여〉, 《한국가사문학의 연구》, 형설
   출판사, 1974).

향을 다분히 입어 〈도산십이곡〉이 나오게 된 것으로 본 바 있다.[67] 그를
이어 江湖歌道의 특질을 규명하고자 한 최진원 교수의 노력에 힘입어[68]
한동안 학계에서는 퇴계 국문시가의 내용을 자연미의 발견으로 보고,
'강호가도'라는 문학범주 안에서 이해하려는 경향이 있어 왔다. 또 정규
복 교수에 의해 '醇正文學'으로서 퇴계의 시가가 연구되기도 하였다.[69]
정규복 교수는 조윤제 선생이 성정의 바른 데서 발하는 것, 즉 邪氣없
이 순결한 마음에서 우러나온 어부가나 송강의 가사를 순정문학이라
본 것에 따라 퇴계의 순정문학을 논한 바 있다.

말하자면 퇴계는 유가적 가치규준에 의해 인격·사상의 노숙기에 들
어서서 '순정문학'을 제시하고 동시에 그 같은 시가관에 의해 〈도산십
이곡〉을 짓게 된 것이지만, 그의 순정문학도 당시 사회라는 역사적 배
경과 그의 본래적인 泉石膏肓 및 도연명과[70] 이현보의 전원풍에서 영향
을 입어 마침내 '전원문학'으로 구체화되었다고 한다.[71] 정 교수가 말한
순정문학이란 용어는 강호가도의 내용이 지닌 도덕적 특질을 강조한
표현으로 보이고 강호가도의 지역성을 더 명확히 하기 위한 표현으로
다시 '전원문학'이란 용어를 사용한 것으로 이해된다.[72] 퇴계의 시가문
학을 '강호가도', '순정문학', '전원문학' 등으로 칭해 오던 것이 근년에
들어와 손오규 박사에 의해 여과·정리되어 '山水文學'으로 탈바꿈하게

---

67) 조윤제, 《한국문학사》, 동국문화사, 1949.
68) 최진원, 《국문학과 자연》, 성균관대 출판부, 1977.
69) 丁奎福, 〈퇴계와 醇正文學〉, 《퇴계학보》 제19집, 1978.
70) ───, 〈퇴계문학과 도연명〉(《퇴계학연구》 제9집, 단국대학교 퇴계학연구소,
   1995)에는 퇴계 문학관 속에 수용된 도연명의 자연과 인간의 합일정신을 밝히고
   和陶詩에 나타난 도연명 수용양상을 고찰하여서 퇴계문학의 醇正性을 확인하고
   있다.
71) 또한 퇴계의 순정문학은 그의 높은 성리론과 함께 당시 문학계의 표본이 되어
   자연미를 일층 심화한 일군의 '강호가도'에 적지 않은 영향을 끼쳤다고 한다.
72) 사실 '歌道'라는 용어의 개념의 출처가 확실치 못한 부분이 있고, 또 그 적용범
   위도 분명치 못한 구석이 없지 않기 때문에 다른 용어로 대치하고자 하는 경향이
   생겨나게 된 것이 아닌가 한다.

된다. 손오규는 그의 논저에서 "산수는 자연의 일부이지만 고전문학에
서는 자연과 동일한 의미로 사용되었다. 그 밖에 자연을 가리키는 말로
江湖나 江海, 山林 등도 사용되었지만 그 중에서도 산수가 대표적이라
고 하겠다.

따라서 원래 산수문학은 유학을 사상적 배경으로 하며 중국 劉宋 때
謝靈運에 의하여 발생한 일종의 문학유파지만, 본고에서는 자연을 소재
로 삼아 산수 애호의 정신에 입각하여 산수미를 형상화한 시가와 문학
작품을 의미하며 江湖歌道類는 물론, 성리학적 이념을 자연미로 형상화
한 작품까지도 포함시키고자 한다"[73]고 하였듯이, 산수문학에 대한 개
념규정이 매우 포괄적으로 진행되고 있음을 알 수 있다. 그는 이어서
퇴계의 山水觀을 요약하여 "擬構的인 세계나 혹은 관념상의 이상세계
를 상상하지 않고 어디까지나 인공이 가해지지 않고 오로지 자연의 이
법에 따라 본래의 모습을 지니고 있는 실재하는 산수를 아름다움의 대
상으로 인식하고 그 속에서 미를 발견하였다"고 하였다. 또한 "퇴계는
산수미를 가치로서 인식하기에 산수의 미를 묘사함에 있어서 形似에
얽매이지 아니하고 오직 정신의 세계에서 山水景物을 묘사하므로, 어떤
자연물을 노래한 시도 詠物的 차원이 아니라 그 배경이 되고 있는 산수
의 集中으로 묘사되어 지는 것이다. 즉 퇴계는 대상의 形象이 주는 감
각적 구속에서 벗어나 直觀과 想像에 의하여 정신적 가치와 내용미를
발견하여 시의 意境을 중요시하게 되니 形似를 최대한으로 억제하여
집중으로 나타나게 되고 이 집중은 퇴계시의 品格을 결정하는 요인이
된다"고 하였다.[74]

손오규에 의해 본격적으로 사용된 산수문학에 대해 최웅권은 이견을
보여 '산수전원 문학'으로 부를 것을 제안하였다. 그는 "시골에 몸을 묻
고 있었으나 현실에는 계속 집념하면서 자연을 소재로 산수전원의 경
치를 미적으로 드러내면서 작가의 그 어떤 정감이나 이념을 표현한 조

---

73) 손오규, 〈퇴계의 산수문학 연구〉, 성균관대 대학원 박사논문, 1990.
74) ──, 《퇴계의 산수문학》, 부산대출판부, 1994.

선조 15~17세기에 이르는 일군의 문인들의 작품을 산수전원 문학이라
고 한다"[75]고 했다. 최응권의 주장은 역사적 개념으로 산수전원 문학을
규정하자는 취지의 발언이다. 퇴계의 문학을 여러 가지 용어로 범주화
하는 것이 그의 문학세계를 다양하게 이해하는 데 도움을 준다면 환영
할 일이나 그렇지 않고 불필요한 혼선을 일으킨다면 바람직하지 않다
고 본다. 단지 이 문제는 퇴계라는 한 사람의 작가에 해당되지는 않을
것으로 생각한다. 이를 위해서는 기존의 국문학사나 한문학사에서 문학
의 범주를 획정한 용어들을 재검토하는 일이 선결되어야 할 것이다.

5

　다음은 퇴계가 문예를 어떻게 인식하였는가에 대한 검토이다.
　퇴계의 문예인식을 어떻게 이해할 것인가에 대한 논의도 연구자들
사이에 다양한 관점을 보여주고 있다. 퇴계의 문학관에 대한 고찰은 초
기 연구자들 사이에서 부분적으로 검토된 바 있는데, 1975년 임형택 교

---

75) 최응권, 〈조선조 산수전원 문학개념에 대한 일고찰〉, 《한국학논집》 제26집, 한
　양대한국학연구소, 1995. 논문의 저자는 역대 문학에 나타난 자연관을 개괄하기
　도 하였다. 즉 상고시대는 작가가 자연에 묻혀 살며 몸소 그 미를 이해하여 노래
　하지 못했고, 어느 한순간 자연의 특성을 문학에 활용하였기에 조선조 시가문학
　에서와 같이 작가가 뚜렷한 의식을 가지고 자연의 아름다움을 발견하고 노래할
　수 없었다는 것이다. 신화시대의 자연은 자연현상 자체가 아니라 인격화된 자연
　력이었으며, 고려조의 작품도 자연을 표현한 것이 없다고 했다. 청산·관동·죽계
　별곡도 자연을 심화시키지 못하고 단순히 자연에 의탁하였으며(청산), 자연을 직
　접적인 대상으로 했지만 산명·지명 등 여러 서경을 나열하였을 뿐(관동·죽계)이
　었다고 한다. 즉 자연은 아름다운 객관으로 존재할 뿐이었지 아직 불타는 생명의
　약동이 보이지 않는다고 했다. 그리고 정지상이나 최치원은 작품(한시)을 통해
　완전한 자연을 소재로 작자의 정감이나 이념을 표현했지만, 조선조처럼 유파를
　형성하지 못하였고 향리에 귀의해서 전원에 의탁하여 자연을 노래한 것이 아니
　었다고 보았다.

수가 16세기 사림파의 문예의식을 구명한 논고가 발표되면서 본격화되
었다.

임형택 교수는 퇴계가 "유가의 의미는 스스로 구분되니, 문예에 공교
한 것도 유가의 일이 아니며, 과거에 급제하는 것도 유가의 일이 아니
다(儒家意味自別, 工文藝非儒也, 取科第非儒也)" 하여 문예를 이단시한 것
처럼 보이지만, 퇴계의 의도는 詞章 위주, 문예에 몰두하는 태도를 반대
한 것이지 문예 자체를 거부한 것은 아니라고 보았다. 그래서 퇴계는
시의 폐단은 시 자체에서 오는 것이 아니라 시하는 사람들이 잘못한 때
문(詩不誤人人不誤)이며, '흥이 나고 정에 맞으면 시읊기를 그만둘 수 없
다(興來情適已難禁)고 말했으며, 뿐만 아니라 퇴계는 시작을 평생 자신
의 생활의 일부로 삼았고(遇景値興, 不可無詩), 문학을 인격수양의 수단
(學文所以正心)으로 보기까지 했다는 것이다. 따라서 임 교수는 퇴계에
게 문학은 대단한 의미를 갖는 것이라고 했다.[76]

후속된 연구는 조동일 교수에 의해 이루어졌다. 조 교수는 먼저 퇴계
의 사상이 창조적이라기보다 의고적인 방향에서 모색되어, 理는 氣보다
선행하며 스스로 발할 수 있으므로, 대립은 해소되고 도의의 근본이 구
현된다는 이상주의를 설정하여 도의의 질서를 불변의 것이라고 설명하
는 데 이르렀다고 요약했다. 그러나 퇴계의 '道義의 근본을 구현하는 문
학'은 物我의 간격과 內外, 精粗의 구분이 없어지는 상태를 향해 마음을
움직이게 하므로, 形氣로써 살아가고자 하는 사람들은 바라기 어렵고
감동을 느끼기 어려운 것이며, 氣의 대립적 운동으로 전개되는 현실의
문제를 도외시한 것이라 단정하였다.[77] 퇴계 문예의식을 이기론과 연계

---

76) 임형택, 〈16세기 사림파의 문예의식〉,《한국학논집》 3, 계명대 한국학연구소,
1975.
77) 조동일, 〈이황〉,《한국문학사상사시론》, 지식산업사, 1978. 이어서 조 교수는 퇴
계는 사상사에서 참으로 중요한 위치를 차지한다고 할 수 있지만 퇴계를 살펴서
사상의 전통을 알 수 있다고 믿고, 그 연구에만 노력을 집중하는 것은 분명히 한
쪽에 치우친 처사이어서, 문학사상사의 경우에도 그 폭과 변화를 이해하는 데 장
애가 된다고 지적하였다.

하여 논정한 조 교수의 관점은 퇴계문학관의 비현실성을 지적한 것으로 이해된다.

최신호 교수는 퇴계와 율곡의 문학사상을 비교한 노작을 발표한 바 있는데, 현실축과 이상축이라는 준거를 가지고 퇴계의 문학관을 검토하였다. 사람의 마음이 지향하는 바에 따라 철학이나 문학의 방향축이 달라진다고 보고, 상향축을 존중한 이는 理法論者이고 하향축을 존중한 이는 현실론자 또는 情感論者로 보는 관점을 취했다. 도학자들은 모두 이법론자들인데, 그 가운데 현실 쪽에서 이법을 본 사람을 이상주의론적 도학자로 이법 쪽에서 현실을 본 사람을 현실주의론적 도학자로 부를 수 있다고 하였다.[78] 최 교수는 퇴계가 현실 쪽에서 이법을 본 이상주의론적 도학자로 보았다. 그는 다시 理를 지향하면 이상주의 또는 이법론적 문학형태가 되고 氣를 지향하면 정감 또는 현실인식의 문학형태가 되는바, 퇴계는 主理論者로 문학에서 理法論이 존중되고 기질과 人心과 七情을 바탕으로 한 情感論은 소홀하게 되었다고 한다. 왜냐하면 이법론자들은 처음부터 인심의 발현이나 칠정의 발현인 진솔한 인간적인 정감은 중시하지 않기 때문이라는 것이다.[79]

최 교수는 또 다른 논고에서 마음의 향함인 志의 문제를 가지고 퇴계의 문학관을 살폈다. 그는 퇴계의 志는 모든 길을 차단하고 한 길로만 터놓았는데, 그것은 경전을 통해 성인을 배움으로써 도를 터득하는 것이라 한다. 따라서 퇴계의 言志詩[80]는 경전을 배우는 志學과 志學을 통해 도에 이르는 志道의 정신에서 나온 것으로 퇴계의 문학 또한 이러한

---

78) 최 교수는 '理法詩'란 현실적 嗜慾을 떠나버린 高朗明澈한 인격의 산물로 인간의 정감을 그대로 발현한 것이 아니라 어떤 틀에 의해서 여과하거나 어떤 절대 좌표를 향해서 완성해 가는 문학형태라 했다.

79) 崔信浩,〈退·栗문학사상의 기본방향 — 이상축과 현실축〉,《주자학과 한국유학》(제2회 동양문화국제학술회의 논문집), 성균관대 대동문화연구원, 1980. 따라서 최 교수는 情感文學이야말로 세상의 승강에 따른 여러 가지 체험과 진솔한 인간의 정감을 담을 수 있는 문학형태라고 하였다.

80) 言志詩는 왕소 교수의 《퇴계시학》에도 거론된 바 있다.

범주를 벗어날 수 없다고 했다. '遏人欲, 存天理'로 요약되는 퇴계의 心學이나 心性論도 지도와 구도의 정신에서 말미암은 것이라 한다. 퇴계의 이러한 심성은 그의 생활철학을 바꾸어 놓아 動보다 靜을 顯보다 隱을 세속보다 산수자연을 더 좋아하게 하였고, 이 같은 志가 곧 그의 문학사상이 되었다고 한다. 퇴계는 '詩本於性情'이라 하여 情 앞에 性을 여과장치로 만들어 놓고 情에 混雜되어 있는 不純物이 제거되는 효과를 거두고자 했으므로, 퇴계가 지은 性情의 시는 정을 그대로 쏟아 놓는 시와 다르다고 하였다.[81] 결론적으로 퇴계의 문학은 情感이 아니라 理法 또는 性情의 문학을 존중하는 특성을 갖게 되었다고 하여, 앞서 이루어진 자신의 주장을 재확인하였다.[82]

퇴계의 문학관을 더 적극적으로 해명하고자 한 연구자는 이원주 교수이다. 이 교수는 "우리들은 혹시 그 방대한 다른 유산을 간과한 채 시조의 주제를 넘겨짚고 가사의 내용을 해설했던 것은 아닐까? 더구나 가사 작품은 선생이 지은 것이라 단정하기 어렵고 설혹 선생이 지었다 하더라도 전승하는 동안 많은 訛脫이 생기고 이본이 생겼을 텐데, 그 가사들을 선생이 지은 것이라 하여 논란의 대상으로 삼음이 선생께 죄스러운 일은 아닐까?"라 하여, 퇴계문학에 대한 선행 연구 행태에 강한 불만을 토로하고, 국문시가 위주의 논의 구조를 청산해야 함을 역설하

---

81) 최 교수는 〈陶山十二曲跋〉의 보인 퇴계의 논점이 이분법으로 되어 있다고 하여, 矜豪放蕩·藝慢戲狎은 정련되지 못한 정감의 소산이므로 거부되었고 溫柔敦厚는 《禮記》에 나오는 至純한 시정신이였기에 긍정되었으며, 〈書漁父歌後〉에서는 淫蕩과 眞聲이 對를 이루었는데, 霜花店 제곡은 淫蕩하므로 버려야 하고 漁父歌는 眞聲이므로 취해야 하는 것으로 된다고 보았다. 또한 퇴계의 言志詩는 성인의 가르침을 배우고 도를 터득해 가는 志學·志道의 감흥과 즐거움, 天理의 구현물인 천지만물과 合一되는 즐거움을 읊었으며, 비록 언지시가 아니라 해도 대부분 산수자연에서 받은 감흥을 읊은 것이었다고 했다.

82) 崔信浩, 〈퇴계 문학관에 있어서의 志의 문제〉,《성심어문논집》제16호, 성심여대, 1994. 최 교수는 그러나 조선후기 문학사의 특성은 性에서 情으로 바뀌게 되는데, 이는 志가 情에 있음을 말하는 것으로 대단한 座標的 변동을 가져오게 되었다고 하였다.

였다. 말하자면 연구 시야를 넓혀 퇴계가 남긴 저술 전반에 대한 검토
의 필요성을 제기한 것이다.

이 교수가 퇴계집을 通觀하여 터득한 퇴계 문학관의 요체는 '立言垂
後의 정신' 그것이었다. 그는 퇴계의 구도는 은거가 아니라 立言垂後라
는 뚜렷한 목적을 가졌던 것이고 퇴거하여 그 목적을 달성함으로써 계
기적으로 이루어졌던 進과 退가 다 '有爲'의 의의를 가진다고 본다. '立
言'은 그 자체가 문학─광의의 문학의 힘을 빌리지 않을 수 없기에 문
학은 창작되어야 하고, 창작된 작품은 正心의 효용을 가지기에 문학은
소홀히 할 수 없게 되며, 입언하는 주체가 도학자일 때 이미 문학과 학
문은 相須的인 관계에 놓이게 되어 문장은 公器로 이해된다고 보는 것
이다.[83] 또한 이 교수는 퇴계문학의 특질은 規戒와 勸善에 있으며, 誇張
과 駁雜을 배격하여 온유돈후를 중시하는 데 있다 하고,[84] 求道의 문학
과 成道의 문학으로 나누어 그 내용을 정리하였다. 즉 유학자의 이상인
'성도의 세계'는 인욕이 없어지고 천리가 그대로 유행하는 세계인데, '花
發巖崖'의 시가 바로 그 같은 세계를 읊은 것으로 유가문학 특히 도학
자 문학의 극치를 보여준다고 하였다. 따라서 〈도산십이곡〉이나 〈도산
잡영〉 등은 단순한 賞自然의 문학이 아니고, 도에 나아갈 길을 제시하
고 그 세계의 즐거움을 노래한 도학자 문학의 또 하나의 극치로 보아야
한다고 하였다.[85] 이 교수의 논리 전개를 들여다보면, 평범한 도학자의
형상이 아닌 성인의 경지에 도달한 聖者로 퇴계를 받아들이고 있음을

---

83) 나아가 유학자의 문학은 道文이 相須 관계를 이루기 때문에 퇴계는 名利의 욕
   망이 끼어든 문장가의 문학과 場屋 문학을 비판하였다고 한다.
84) 아울러 퇴계 사상의 바탕엔 '인성의 선'이 전제되어 있는바, 그것은 理優位의 세
   계며 대립의 세계가 아니고 조화의 세계로서 그 性善의 또 다른 표현이 작가·작
   품의 상대적인 가치를 인정하는 成人之美라 하였다.
85) 이원주, 〈퇴계선생의 문학관〉, 《한국학논집》 8(계명대 한국학연구소, 1981) ; 〈도
   학파문학〉, 《한국문학연구입문》(지식산업사, 1982). 이 교수는 퇴계가 樂山樂水
   속에서 道義를 즐기고 心性을 기르는 즐거움을 갖고 시조·칠언·사언·오언 등으
   로 다채롭게 표현한 〈도산십이곡〉과 〈도산잡영〉을 道體가 구현되고 文質彬彬한
   '성인의 문학'으로 평가하였다.

알게 된다. 요컨대 이 교수의 관점은 퇴계의 문학이 終始로 求道에서 成道로 나아간 道 體認의 궤적으로 설명되어지고 있다는 점이 주목된 다 할 것이다.[86)

金周漢 교수의 퇴계문학 비평과 관련한 일련의 연구 업적들은 그 시 각의 참신성으로 인해 우리의 주목을 끌기에 충분하다. 김 교수는 일찍 이 주자와 퇴계의 문학관을 정밀히 비교·검토한 논문으로 박사학위를 받은 바[87) 있거니와 퇴계의 문예인식을 가장 체계적으로 정리한 전문가 이다. 그는 퇴계가 坐馳外慕하고 虛飾徇外하는 口耳之學, 爲人之學을 배격하고 存養省察하고 近裏着工하는 義理之學, 爲己之學을 지향했으 며, 이를 위해 《心經》을 신명처럼 받들면서 심학공부에 몰두했던 것으 로 이해했다. 그러나 '近裏着工' 곧 '向心, 向內, 向裏面'의 공부인 心學 에만 너무 치중하다 보면, 한 편에 치우치는 병폐가 있을 것을 염려하 여 向心力을 제어할 수 있는 방편으로 문학을 강조하게 되었다고 한다. 왜냐하면 문학은 대상을 향한 노력, 즉 離心力을 필요로 하는데, 대상이 心에 자극을 줄 때 그것을 어떻게 처리해야 하는가 하는 것 역시 위기 지학에서도 중요한 문제라고 생각했기 때문이라는 것이다. 퇴계가 《주 자서절요》를 편찬하면서 주자의 학문 내용 가운데 精深·緊切하지 않은 歇後語와 閒酬酢을 뽑아 넣은 이유도 離心力과 向心力의 평형을 유지 하기 위한 노력이었다고 본다. 퇴계는 七情을 외물이 사람의 形氣를 저 촉·자극할 때 心中에서 반응하여 나타나는 것인데, 이는 단순한 '緣境 而出'에 불과할 뿐으로 存養省察하는 의리차원의 노력이 가해져야 칠정 이 道心[선]이 될 수 있다고 한 바 있다. 김 교수는 이러한 緣境論을 문 학으로 이끌어와 "학자의 시문과 시문가의 시문의 차이는 후자가 주로

---

86) 앞서 조동일 교수가 지적한 것처럼 필자 역시 形氣로써 살아가고 있는 인간에 지나지 않기에 이 교수의 高談峻論이 필자를 여전히 高遠한 상념의 세계에서 방 황하게 만든다.

87) 金周漢, 〈中韓理學家之文學觀及其影響〉, 中國文化大學 中文硏究所 박사논문, 1985.

'緣境而出'하는 情感의 형상화라면 전자는 '存省의 과정을 경과한 뒤의 것'을 구상화한 것"이라 본다.[88] 그리하여 퇴계가 지나친 向外·離心하는 緣境 차원의 감동만을 추구하는 문학에서 向內·向心의 문학으로의 방향전환을 주장한 것이라 했다. 퇴계가 문장을 지음에 常格과 格例를 위주로 하지 않고, 지나치게 奇格·詭論을 운용하는 好奇自用·好奇尙異의 폐단을 지적하고, 學問意思보다는 詩人趣味에 경도되어 마음의 主宰力이 상실된 詩作活動을 비판한 것은 모두 연경 차원을 의리 차원으로 중화시키기 위한 것이라는 말이다. 뿐만 아니라 퇴계는 傳後할 수 있는 문장[立言]을 지어야 한다는 문장관을 지니고 있었기에 문장수련을 통해 '시문자체의 理'를 파악한 기반 위에서 이루어진 온유돈후한 글쓰기를 중시하였으며, 冗長無實하거나 過激不恭한 표현을 일삼는 緣境 차원의 글쓰기를 비판하고, 離心力의 지나친 발동으로 시의 내용이 放誕·厖雜한 데 흐르거나 인격에 맞지 않는 虛誇·過高를 경계한 것이라 하였다.[89] 요컨대 퇴계문학 비평의 비평사상의 가치는 바로 '向心의 문학'을

88) 이 점은 앞서 최신호 교수의 논고에서 말한 情感論과 연결될 수 있는 여지가 있으나, 김 교수의 관점과 최 교수의 관점은 다소 차이가 드러난다. 최 교수는 퇴계를 이상주의론적 이법론자로 보아 대체로 정감론을 부정한 것으로 파악했다. 그러나 김 교수는 퇴계가 다만 緣境而出하는 정감 편향을 경계한 것이지 정감 자체까지 모두 부정한 것으로 보지 않은 것 같다.

89) 김 교수는 퇴계가 "지나친 離心力의 발동으로 日常性에 빠져버린 문화를 向心力의 각성과 保持로 중화시켜 문화를 匡正하고자 하여 世道挽回를 자임했다"고 하면서, "유가의 학문으로 인간성의 회복을 시도하는 터라 자연히 문학도 문학가의 문학, 離心의 문학보단 학자의 문학, 向心의 문학에 더욱 무게를 두었던 것이며, 이런 것은 퇴계 자신이 견지하고 있던 '憂患哲學'에서 더욱 존재가치를 인정받게 된다"고 하였다. 鄭堯一의 〈퇴계의 문학론〉,《퇴계학연구》제4호(단국대 퇴계학연구소, 1990)에서도 '憂患哲學'에 유의한 관점이 드러나고 있다. 정 교수는 퇴계는 시가 작품에서 자연을 노래하면서 동시에 현실과 인생을 노래했다고 하면서, 자연을 노래함이 단순히 賞自然의 단계만 그쳐서도 안되기에 그 즐거움 중에서도 언제나 현실을 염려하였으며, 성현의 도를 따르고자 하는 학문의 어려움을 절실히 느끼는 데서 오는 근심과 그 학문의 즐거움이 '樂中有憂, 憂中有樂'의 정서로 나타나게 되었다고 하였다.

강조하여 도학과 문학을 조화시키려는 태도를 보여주었다는 데 있다고
하였다.[90] 한편 주자의 〈武夷櫂歌〉 수용을 분석한 논고에서 김 교수는
퇴계가 〈무이도가〉를 분석하면서 '작자의 입장에서 작시 의도를 파악
하려는 태도'를 보여준 사실에 주목하였다. 김 교수는 당시에 논란이 되
었던 〈무이도가〉 제9곡을 '學問入道次第'로 보는 註家의 견해나 註意에
충실했던 김인후의 견해, 그리고 註家의 '牽合之說'에 이끌린 기대승의
9곡을 究竟處로 보는 견해 등을 긍정하지 않고, '경물을 보고 느낀 바를
적은 것(景致之語, 本只爲景物而設)'이라 한 것은 작자(주자)가 그렇게 拘
拘한 분이 아니라고 믿은 때문이라는 것이다.[91]

  퇴계의 문학사상을 종래의 논의 방식과는 차원을 달리하여 분석한

---

90) 김주한, 〈李退溪文學批評小攷〉,《안동문화》제2집, 안동대학교 안동문화연구소,
   1981. 김 교수는 이 밖에도 주자계통의 유자가 공통으로 숭상하던 평어가 理致·
   理趣를 담은 것이었고 이 평어를 구성하는 글자가 沖·淡·蕭·散·簡·遠 등인데, 이
   것이 두 자에서 네 자로 복합되어서 사용되었는바, 沖淡蕭散은 모순·대립·갈등·
   충돌·상극이 통일·지양되는 차원의 미를 추구하는 離·向 自在한 조화의 덩어리
   를 말하는 것으로 天理를 체인하는 자리라고 논정한 〈論沖淡蕭散〉,《안동문화》
   창간호(안동대 안동문화연구소, 1980)를 위시해서, 퇴계의 문학관과 문학비평을
   주자와 비교하여 고찰한 〈퇴계와 주자의 문학비평 소고〉,《守愚齋 崔正錫博士回
   甲紀念論叢》(1984) ; 〈朱子와 退溪의文學觀〉(中文),《퇴계학보》제56집(1987), 퇴
   계 시문에 담겨 있는 樓臺亭榭名, 山川名, 地名, 그리고 이런 자연물과 감발융통
   에서 생기는 정신경계를 규정하는 것을 命名意識이라 보고, 그 특징을 고찰하여,
   寬展樂易의 포용성, 價値正視의 낙관성, 無可無不可의 중용성으로 수렴한 〈李退
   溪詩文 중의 命名意識〉,《퇴계학보》67(1990) 등의 논문을 학계에 보고한 적이
   있다.
91) 〈퇴계의 주자시 이해 — 武夷櫂歌를 중심으로〉,《영남어문학》제10집, 1983. 또
   한 김주한은 퇴계가 《주자서절요》에서 心學에서 末이라 볼 수 있는 歇後語를 삽
   입했던 태도로 보면, 퇴계는 '本末兼學'의 원만한 사고를 하고 있었고 末도 '道의
   一端'이라도 보았기 때문인데, 一端은 곧 分殊이므로 도학적 理一分殊論이 바로
   퇴계로 하여금 註意를 전적으로 찬성하지 않게 한 이유라고 하였다. 그러나 퇴계
   는 작자의 편에서만 詩評을 하는 게 아니고 독자의 편에서도 시의 공용을 인가하
   고 있어, '作詩·知詩·用詩' 세 방면으로 관찰하는 원만한 비평 태도를 유지했다고
   한다.

李魯亨 교수의 논문은 매우 이채롭다. 그는 퇴계의 사상을 당대 사회현실의 반영물로서 해석해내는 작업이[92] 필요하다고 문제를 제기하고, 문학사상에 대한 논의도 이 같은 관점에서 접근해 볼 필요가 있다고 하였다. 이어지는 담론에서 이 교수는 퇴계의 이기론은 당시 사회상황을 반영한 사상운동으로 볼 때, 사림세력을 理로 설정하여 善의 가치를 내포한 세력으로 규정하고 훈척세력을 惡한 氣의 집단으로 규정한다면 이 두 집단의 현실적 투쟁관계를 바로 理氣의 근원적 투쟁관계로 설정해 볼 수 있다고 했다. 그런데 퇴계는 투쟁의 향배가 理弱氣强, 사림의 약세와 훈척의 득세로 진행되는 불리한 국면을 타개하기 위해서 理發說을 주장하여 사림세력의 존재와 가치에 대한 樂觀論을 제시한 것이라 하였다.[93] 문학사상도 이와 마찬가지로 氣 일방의 詞章으로 혼란을 야기하던 당대의 비사회적 문풍 속에서 理와 敬의 道學文學을 이론과 창작의 양 측면에서 철저히 주장하고 실행하여 대사회적 목적을 지향했다고 이해하였다. 따라서 퇴계의 문학사상은 단순히 개인의 심성수양만을 위한 것이 아니라 정치사회적 비판과 실천의 이념이며, 이른바 사회현실을 비판하고 이를 극복하기 위한 일종의 문학적 운동으로서 성격을 지닌 것으로 파악하였다.[94]

---

92) 17세기 퇴계학파 이기심성론의 정치적 변용을 다룬 薛錫圭의 〈拙齋 柳元之의 理氣心性論 辨說과 정치적 입장〉,《조선사연구》6(1997) ; 〈活齋 李榘의 理氣心性論 辨說과 정치적 입장〉,《朝鮮時代史學報》4(조선시대사학회, 1998)과 퇴계의 理善氣惡, 理貴氣賤, 理尊氣卑 등과 같은 표현을 바로 대립된 두 집단의 상극적 국면을 극복하는 주장으로 보고, 퇴계의 理氣分屬論이 士禍를 극복하려는 성격이 있다고 본 李性源의 〈李滉, 李珥 理氣論의 政治 社會的 性格에 관한 연구〉(성신여대 대학원 박사논문, 1999) 등도 정치역사적, 정치사회적인 측면에서 퇴계학파의 이기론을 검토한 논문으로 참고가 된다.
93) 이 교수는 퇴계가 이러한 일련의 이론체계를 깨닫고 실천하는 행위로서 敬을 부단히 강조하였다고 보고, 퇴계의 철학사상과 문학사상은 정치·사회를 급진적으로 비판·극복하고자 하는 측면이 미흡해 보이는데, 그 이유는 당대의 위태로운 사회형편과 사상의 핵심적 근거인 理와 敬의 포용성과 점진성에 있었으며, 그러나 오히려 이 점진성을 통해 합리적인 역사기능을 수행할 수 있었다고 보고 있다.

金光淳 교수도 퇴계의 문예인식에 대해 일정한 견해를 보여준 바 있는데, 그는 퇴계의 誠敬철학과 문학인식의 관련성을 추적하였다. 퇴계는 敬은 誠으로 가는 길이라 하여 마음의 體를 靜으로 마음의 用을 動으로 파악하고, 정할 때 존양하고 동할 때 성찰하여 聖人의 경지에 도달하고자 했다고 보았다. 이어지는 논고에서 김 교수는 퇴계의 문학인식은 載道論的이지만 일반 재도론자와는 달리 문학으로 心性을 닦을 수 있다고 하여 '문학이 마음을 해친다'는 주장을 반박한 것으로 보았다. 퇴계는 문학과 철학의 관계를 상보적인 것으로 인식하여, 구도자인 '誠之者'는 '誠者'가 될 수 있는데 문학이 여기에 봉사한다고 생각했다고 한다. 특히 자연을 통해 이러한 관점을 문학으로 표현하기 위해 幽人이라는 대표적 구도자를 소재로 동원하였으니, 이는 퇴계가 성경철학을 바탕으로 성인이 되기 위한 부단한 방법론적 모색을 하고 있었다는 중요한 근거라 하였다.[95]

이상의 논의를 필자의 상상력을 동원하여 간명하게 요약한다면 다음과 같다. 조선조 지식인들의 사유활동 공간을, 政治社會的인 차원, 儒敎理學的인 차원, 文學藝術的 차원으로 대별하고, 2자 또는 3자가 상호 우위·열등의 관계를 보일 수 있다는 가정 아래 그 主[중심]와 從[주변]의 조합관계를 추론해 볼 수 있겠다. 예컨대 ① 정치사회＞유교이학, ② 정치사회＞문학예술, ③ 유교이학＞문학예술, ④ 유교이학＞정치사회, ⑤ 문학예술＞정치사회, ⑥ 문학예술＞유교이학, ⑦ 정치사회＞유교이학＞문학예술, ⑧ 정치사회＞문학예술, ⑨ 유교이학＞문학예술＞정치사회, ⑩ 유교이학＞정치사회＞문학예술, ⑪ 문학예술＞정치사회＞유교이학, ⑫ 문학예술＞유교이학＞정치사회 등이 그것이다. 논리적으로는 이 같

---

94) 李魯亨, 〈퇴계 철학사상과 문학사상의 사회적 의미〉,《한국의 철학》제16호, 경북대 퇴계연구소, 1988. 이 교수의 논고는 관점의 틀을 새롭게 제시했다는 의의는 있지만 구체적인 검증 과정이 결여되어서 논리적 정합성이 미약하다고 본다.
95) 金光淳, 〈퇴계의 誠敬철학과 문학인식〉,《동방한문학》제10호, 동방한문학회, 1994.

은 12가지의 주종관계가 성립될 수 있는데, 지금까지 퇴계의 사유활동을 검토한 연구들은 대부분 ③ 유교이학＞문학예술이나 ④ 유교이학＞정치사회, 또는 ⑩ 유교이학＞정치사회＞문학예술, ⑨ 유교이학＞문학예술＞정치사회 등이 강조된 듯한 느낌이 있다. 다만 앞에서 살펴본 이노형 교수의 논문은 예외인데, 그는 ① 정치사회＞유교이학, ② 정치사회＞문학예술, ⑦ 정치사회＞유교이학＞문학예술의 관점을 보여주고 있다. 어떠한 논고에서도 문학예술을 중심으로 보지 않았다. 따라서 퇴계의 문예인식은 철저히 유교이학 부문이나 정치사회 부문에 종속되어 있다는 결론에 도달하게 된다.

종래의 논의와는 차원을 달리하여, 이종호는 퇴계의 문예인식을 미학적 관점에서 접근해 들어간 바 있다. 아름다움을 가치인식의 또 다른 표현으로 보고 그것이 퇴계의 사상체계와 어떻게 관련되어 있는지를 살폈다. 그리하여 퇴계의 미학체계는 이른바 天人合一의 전통적 미학정신을 모색하고 성취하는 기반 위에서 전개되고 있으며, 이러한 정신은 그대로 퇴계의 의식세계를 관통하고 있다고 하였다. 그러나 천인합일의 정신이 관념일변을 통해서만 형성되는 것이 아니라 1차적으로 퇴계에게 주어진 시대현실, 즉 정치사회적 상황과 생활의 터전인 거주공간이 그의 심미의식을 결정하는 조건이라 보았다. 또한 이 천일합일의 심미이상을 구체적으로 표현하면, 인격미·자연미·문예미의 유가적 통일인데, 이 세 가지 미의 차원은 모두 퇴계의 현실생활로부터 형성되고 추구되며 실천된다고 했다. 퇴계의 심미인식은 수용자의 입장을 중시하여 공리성과 선택성을 강조한 점이 특징이고 유가의 심미이상이 절대적으로 작용하여 철저한 유가 편향의 심미효과만 인정되고 있다고 한다. 그런데 퇴계의 미학정신은 기본적으로 성리학적 관념론에서 유추된 것이기에 당대의 현실사회에서 전개되고 있던 기층민중의 미의식과는 일정한 거리를 유지할 수밖에 없었다고 보았다. 퇴계의 시가문학이 지향하고 있는 청정쇄락한 분위기는 임꺽정이나 홍길동과 같은 군도들이 출몰하고, 다수 농민들이 농토로부터 流離되는 사회현실과는 너무나 괴리

되어 있어 그의 미학이 지닌 현실성을 논하는 데 일정한 한계가 있다고
보았다. 다만 처참한 사화의 과정을 거치면서 당대 사회가 사대부층에
게 요구하였던 인간형이 무엇이었던가를 생각해 보면, 왜곡된 인간형을
바로잡고 참다운 유자의 길을 가려 했던 퇴계의 인간중심주의적인 미
학정신은 심각한 현실적 의의를 갖게 된다고 하였다.[96]

이상의 논의에서 볼 수 있듯이 퇴계의 문예인식에 관한 그 동안의 연
구물에서는 두드러진 쟁점 사상이 발견되지 않는다. 다만 연구자들의
문제의식과 접근방식에서 약간의 시각차가 엿보일 따름이다.[97] 필자의
생각으로는 퇴계의 문예인식 성격을 더 투명하게 파악하기 위해서는
퇴계 이전과 이후 문인학자들의 그것과 비교하는 작업과 창작의 현장
에서 퇴계의 문예인식이 어떻게 구현되고 있는지를 탐색하는 작업이
이어졌으면 한다.

---

96) 이종호, 〈退溪美學의 基本性格〉上,《퇴계학》창간호(안동대 퇴계학연구소, 1989)
    및 〈퇴계미학의 기본성격〉下,《안동문화》10(안동대 안동문화연구소, 1989) ; 〈退
    溪 美意識의 形成原理〉,《古典詩歌의 理論과 表象》(林下崔珍源박사정년기념논문
    집, 1991) 등을 참조. 저자는 퇴계미학의 성격을 온유돈후, 천인합일, 고담한 시적
    경계와 성정미의 중시에 있다고 하고, 이는 퇴계가 이러한 자연미, 인격미, 문예
    미를 성리학적 문화의 틀 속에서 통일시키고자 한 노력의 결과라 하였다.
97) 필자가 조사해 본 바로는 사실 최근 20여 년간 국문학 관련 학회가 발간하는 정
    기간행물이나 전국규모 학술회의에서 퇴계의 문학을 토론한 예가 거의 없는 것
    으로 안다. 한문학에 한해서 살펴보면 그 동안 실학파의 문예, 전이나 야담 등의
    산문방면 등으로 연구인력이 집중되었기 때문일 것으로 보인다. 그 결과 퇴계문
    학 관련 논문들이 대부분《퇴계학보》나 3개 대학의 퇴계학 관련 연구소의 정기
    간행물에 실리는 추세가 굳어진 듯하다. 앞으로 기대하는 바는 유관 전공자들이
    모여 퇴계문학에서 주요하게 거론되는 용어의 개념, 내용, 성격 등을 토론하는 자
    리가 있었으면 한다. 또한 퇴계학 연구기관에서도 퇴계학을 총체적으로 다루기
    보다 장기계획 아래 전문영역별 학술회의를 개최하여 기존의 논의를 심화시켜
    갔으면 한다.

6

본론에서 검토한 퇴계문학 연구의 현실에 기초하여 퇴계 시를 중심으로 필자의 생각을 정리하면 다음과 같다.

우리는 퇴계의 본색이 도학자였으므로 그의 문학작품이 '문학예술로서의 작품 고유의 내적 구조에 충실하기보다는 근엄한 도학적 설교로 시종할 것이다' 라는 선입견을 갖고 있다. 아울러 퇴계를 존경하고 추종했던 후학들의 회상과 추억을 감동적으로 기술한 '老先生의 언행에 대한 이야기'를 듣고 나서 퇴계의 작품을 읽고, 그 이야기의 진실을 확인하려 한다. 우리들 앞에는 퇴계의 작품을 이해하는 여러 갈래의 길이 놓여 있다. 그 속에는 전인들이 걸어갔던 길도 있다. 그 길은 수백여 년이 지난 오늘에도 여전히 古色蒼然하다. 전인들은 그들의 역사적 삶 속에서 퇴계의 작품을 보고 느꼈으며 그 느낌이 옳다고 믿었다. 전인들의 신념에 찬 퇴계 이야기를 경청하는 것이 뒤에 태어난 자의 도리이다. 다만 전인들의 말씀이 퇴계문학을 이해하는 하나의 본보기는 될지언정 정당하고 유일한 방법으로 단정할 수는 없다. 전인들의 말씀에는 소중한 진리가 담겨 있다. 그러나 어떠한 진리나 믿음이건 시대성의 구속으로부터 자유로울 수 없다. 시대성의 구속으로부터 나온 전인들의 진리가 때로 공시적 가치를 드러낼 수도 있으나, 그렇지 않고 한시적 가치에 그쳐 후대에는 전혀 통용되지 못하는 경우도 있다. 따라서 전인들의 말씀을 본보기로 한다는 뜻은 바로 시대성의 구속으로부터 탈각된 말씀을 듣고자 함이지 墨守·盲從하자는 것이 아니다. 시대성의 구속이란 주어진 역사단계에서 그 시대가 넘을 수 없는 체제나 이념으로부터의 구속이다. 시대성의 구속이 가치 중립적 표현이므로, 부정적으로 볼 필요는 없다. 위기의 시대건 평화의 시대건 '있어야 할 것'과 '없어져야 할 것', 즉 당대인들이 규정하는 선과 악이 공존하기 마련이다. 아무리 시

대성의 제한을 받아 선악이 갈등하고 투쟁하여 선이 승리하기도 하고
악이 승리하기도 하지만 결국 역사는 인간해방의 방향으로 진전되어
왔다. 선악의 갈등과 투쟁은 아직도 계속되고 있으며 그 진전방향은 지
금도 그대로 유지되고 있다고 믿는다. 같은 맥락에서 현재를 살아가는
우리 또한 주어진 시대성으로부터 자유롭지 못하다. 그에 따라 퇴계학
연구도 우리 시대의 자기만족을 지향하지 않을 수 없다. 왜 우리가 지
금 이 자리에서 퇴계학을 말해야만 하는가? 尊賢事業을 위해서 또는 단
순한 好古趣味나 지식욕구를 채우기 위해 퇴계학을 일삼는 사람도 없
지 않아 있을 것이다. 그러나 이는 1차적 동기는 될지라도 궁극적 목표
가 되어서는 안 된다. 과거는 현재를 위해 존재(以古爲今)한다. 그러므
로 과거의 퇴계학이 오늘을 위한 퇴계학이어야 의미가 있다. 이 시대가
퇴계학을 말하는 이유는 퇴계의 성리설이 부활하여 우리에게 축복을
내려줄 것으로 믿기 때문이 아니다. 인간 퇴계를 만나서, 물질적 풍요와
정신적 빈곤으로 표현되는 世紀交替의 상황에서 '우리가 어떠한 마음과
행실을 가지고 살아야 인간다움을 상실하지 않을 수 있는지?', 또는 '어
떻게 사는 것이 사람답게 사는 것인지?' 묻고, 그의 답변을 통해 우리의
일그러진 모습을 바르게 고쳐보자는 데 있다. 우리가 퇴계의 문학을 살
피는 이유도 有道者로서 퇴계가 지닌 풍채와 도량(風範神采), 곧 인격을
알기 위함이다. 퇴계의 문학연구를 통해 어떻게 이 같은 시대적 요구에
부응해 갈 것인가? 이것이 당면한 우리의 과제이다. 이러한 문제의식은
늘 깨어 있는 정신으로 살아 있어야 한다. 주어진 시대적 요구를 잊지
말고[勿忘] 그렇다고 빨리 해결하려고 조급해 하지 않으며(勿助) 자신의
공부를 점검하는 가운데서 퇴계 연구의 현재성을 실현해 갈 수 있을 것
이다.

　퇴계문학 연구의 당면한 과제를 수행하는 데 '活看(융통성 있게 이리
저리 궁리하는 태도)'과 '深玩(깊이 있게 사물을 대하여 이해하려는 태도)'
하는 자세가 무엇보다도 긴요하다.[98] 활간의 요령은 선입견과 선지식의
활동을 잠시 억제하고 발상의 지평을 넓혀 다면적으로 사고하는 데 있

고, 심완의 요령은 개개의 발상 가능한 측면을 더 정밀하게 분석하고 검증하는 데 있다. 활간이 수평적 사유공간을 확대하는 데 주력한다면 심완은 수직적 사유공간을 심화하고자 힘쓴다. 우리가 玄虛와 荒誕에 빠지지 않도록 전인들의 말씀에 유의해가면서 활간·심완하는 마음가짐으로 퇴계 작품을 마주하면, 퇴계의 문학도 새로운 생명력을 드러내게 될 것이다.

퇴계는 시를 좋아하여(喜詩) 시를 알았을(知詩) 뿐 아니라 시를 즐겼기에(樂詩) 시에 대해 말할(論詩) 수 있었다. 시를 좋아함은 그의 예술적 기질과 정서[氣味]인 形象思維에서 온 것이고 시를 안 것은 그의 도학적 氣味인 격물치지하는 理性思維가 움직인 탓이다. 시를 즐기고 시를 논한 것은 詩學 방면에 溫故知新하고 法古創新하는 실천적 노력이 가져온, 自成一家에서 획득한 일상성의 표현이다. 일상성의 획득(凡有感於情性者, 每發於詩)은 시작활동과 日用行事의 통일을 의미한다. 이쯤되면 예술적 기미와 도학적 기미가 이미 交織되어 통일적으로 결합되어 있으므로 굳이 그 先後를 가릴 필요가 없다. 그러므로 퇴계 시학을 검토하는 데 예술적 기미와 도학적 기미라는 양자 가운데 어느 일방의 우위를 고집하여 다른 일방의 작용을 애써 약화시키려는 태도는 바람직하지 않다. 심지어 퇴계의 모든 시문을 도학적 기미로만 재단하려는 교조적 재단적 도식적 시도는 더욱 위험하기까지 하다. 만일 이 같은 시도를 퇴계가 보았다면 아마도 '그대의 태도가 보는 이를 局束切蹙하게 만들어 寬展樂易할 맛이 없다'고 평했을는지 모를 일이다. 비록 퇴계가 평생토록 도학적 내용을 강론하고 이를 굳세게 실천해 나간 분임에 이론의 여지가 없지만, 전형적인 도학자이기 이전에 칠정을 지닌 하나의 인간이었음도 부인할 수 없다. 인간 퇴계는 어디에도 없고 보이는 건 오직 도학자 퇴계라 했을 때, 우리는 '얻은 것은 도학이요 잃은 것은 퇴계

---

98) '活看'과 '深玩'은 "此處最宜活看而深玩也"(〈答朴和叔書〉, 《栗谷全書》 9)라 한 栗谷의 말씀에서 취한 것이다.

이다'라고 선언해야 한다. 어떤 이유로 해서 또는 인간 퇴계를 잃어버렸
다고 판단되었을 때, 마음을 비우고 그가 남긴 문학작품을 읽어간다면
인간 퇴계의 본래 면목을 추상해 낼 수 있을 것이다. 문학은 인생을 관
념적이고 추상적으로 표출해 내는 것이 아니라 지극히 형상적이고 정
서적으로 드러내는 속성을 가지고 있기 때문이다. 요컨대 퇴계의 형상
을 無味乾燥하게 만들지 않기 위해서는 인간의 얼굴을 가진 퇴계의 도
학을 생각했으면 한다. 퇴계의 도학이 인간의 얼굴로 다가올 때, 비로소
퇴계시가 지닌 아름다움이 드러나게 될 터이다. 그리하여 퇴계의 국문
시가나 한시를 대놓고 江湖詩歌(또는 江湖歌道)나 道學詩라 하지 않고
운치있게 산수시나 전원시로 부르며 그 속에서 한 인간의 性情美와 대
우주의 自然美를 동시에 포착해내는 즐거움을 향유하게 될 것이다. 가
령 퇴계의 시를 강호시가(강호가도)니 도학시라고 불러도 좋고 산수시
나 전원시 또는 다른 용어를 붙여도 큰 문제는 없다. 그러나 강호시가
(강호가도)나 도학시가 곧 산수시나 전원시와 같을 수는 없다. 산수시나
전원시 속에 강호에서 노래한 도학자의 시가 있을 수는 있지만, 어떤
문학의 성격을 범주화하여 표지하는 말이나 용어로 강호시가(강호가도)
나 도학시는 적당하지 않은 듯하다. 도학시는 그냥 도학적 내용을 담은
것으로 도학자가 쓴 시를 지칭할 따름이고, 강호시가나 강호가도는 일
정 정도 문예속성을 감안한 듯하지만 일반화해서 문학용어로 쓰기에는
너무 그 의미 공간이 狹隘하다.

퇴계의 산수 전원시에서 도학적 기미를 드러내는 작품에 대해 생각
해 본다. 美를 추구하는 속성을 가진 문예라는 측면에서 접근해 보면,
'以理入詩'란 도학적인 의리를 시 속에 끌어들이는 것이다. 그 중 理語
를 사용하여 道理를 설명하기도 하는데, 이 경우 시는 형식(꺼플)만 남
고 미적 가치(알맹이)는 찾기 어렵게 되므로 엄격한 의미에서 시라고
볼 수 없다. 바로 理言詩라고 칭하는 편이 옳다. 이 같은 작품에 대해서
의미 있는 평가를 내리기 곤란하다. 이에 비해서 理趣詩는 풍부한 형상
성을 동원하여 음미할 만한 理趣를 담아낸 것으로 때에 따라 독자에게

흥건한 흥취를 불러일으켜 준다. 理趣詩는 도학의 理致를 표현한 것과 도학의 意趣를 표현한 것으로 나누어 볼 수 있다. 두 경우 모두 理語를 드러나게 사용하지 않는다는 공통점이 있다. 그러나 전자는 비교적 쉽게 시의 意境이 理學的 의미를 지향하고 있음을 알 수 있는 相關物이 엿보이지만, 후자는 거의 이학적 상관물이 배제되어 있어 보다 정밀한 감상을 거쳐 작품 전체가 풍기는 분위기를 感受한 뒤라야 그 의경을 간파해 낼 수 있다. 퇴계 이취시는 比·興 수사법을 즐겨 동원한다. 比興은 이취시를 예술의 자리에 서게 하는 매우 중요한 요소이다. 比와 興은 크게 보면 은유에 속한다. 대립 또는 연접되는 두 가지 의상(詩語나 詩句) 사이에서 주된 意象에 대해 보조된 의상이 強調·對比·類比의 작용을 하면 比이고 興起 작용을 하면 興이다. 比는 의상 사이의 관계를 어느 정도 알아낼 수 있지만, 興은 고도의 은유로 독자가 풍부한 연상작용을 동원하지 않으면 상호관계의 단서를 찾기 어렵다. 반면에 興은 비에 비해 독자에게 심원한 예술적 감동을 끼친다. 이취시에서 理致를 표현할 경우에는 比가, 意趣를 표현할 때는 興이 종종 동원된다. 퇴계는 以理入詩의 방식으로 다수의 한시를 창작하였을 뿐 아니라 도학적 의리로써 시를 논하는(以理論詩) 방식도 즐겼다. 그가 詩人趣味보다는 學問意思에 중점을 두고 상대의 시를 평가한 것이 그 좋은 예이다. 그 주된 활동은 시를 통해 상대의 마음 상태를 측량하여 학문이나 수양의 정도를 저울질하는(以詩衡心) 일이다. 이렇듯 퇴계는 도학적 의리와 시학적 원리를 일치(理詩一致)시켜 시를 창작하고 평가하였던 것이다.

퇴계는 시가를 창작하여 자신의 審美理想에 맞지 않는 의경이나 풍격을 멀리하고 새로운 의경을 개척하여 개성을 갖춘 풍격을 구현해 낸 것으로 보인다. 이는 그가 손수 창작한 〈도산십이곡〉과 만년에 주로 지어진 영매시를 통해 검증해 낼 수 있다. 또한 우리는 이 같은 작품에서 퇴계의 심미이상이 천인합일을 지향하고 있음을 확인하게 된다. 천인합일은 인간과 자연의 만남으로 主客構圖의 산물이다. 주관과 객관 사이의 관계를 통해 성립하는 시의 미적 경계를 표현하는 말 가운데 '有我

之境'과 '無我之境'이 있다. 유아지경은 자기 위주로 사물을 보기에 物我에 모두 나의 색채가 묻어난다. 무아지경은 사물의 입장에서 사물을 보기에 주객이 渾融되어 있어 피차의 구별이 어렵다. 그런데 과연 무아지경이 존재하는가? 유아지경은 超物之境으로 物景에 시인의 개성을 붙인 것이라면, 무아지경은 同物之境으로 시인의 주관적 정취가 소멸된 것이 아니고, 물경 속에 녹아 들어 그 일부분이 되어 物我一體의 경지에서 잠시 자아의식이 정지되는 상태에 지나지 않는다. 퇴계의 시에서 이른바 마음이 엉기고 정신이 풀려나서 온갖 자연조화와 남몰래 합쳐지는(心凝神釋, 與萬化冥合) 천인합일의 경계는 물아일체의 그것이다. 다만 퇴계의 미의식이 일반 문인들의 그것과 다른 점은 '합일'의 계기가 의도적이어서는 안 되고 심미주체의 심리상태가 '無欲自得'해야 한다는 것이다.

퇴계 시에서 특히 '梅花'를 소재로 한 작품은 주목할 만하다. 景이 情을 따라 생겨나거나(情隨景生), 정이 옮겨져 경으로 들어가는(移情入景) 두 가지 교육방식이 끝내는 '내가 매화인지 매화가 나인지를 알지 못하는 상태'로까지 나아간다. 이는 매화의 天과 나의 天을 契合시킨 결과이다. 天은 사물의 本性[본질속성]이다. 그렇다고 나와 매화가 물리적으로 완전히 하나의 개체로 변화되었다는 것을 뜻하지 않는다. 다만 시인이 매화의 본질속성 가운데에서 가장 優越한 측면을 궁리와 직관을 통해 찾아내어 시인이 회구하는 나의 이상적인 본질속성으로 轉移하거나 나의 이상적인 본질속성을 매화의 가장 우월한 본질속성에 投射시킨 것일 따름이다. 매화는 자연물이다. 天地人 三才의 하나로서 인간은 자연에 참여한다. 자연은 작위적인 노력없이도 생래적으로 주어진 天을 따라 그 본질속성을 어김이 없이 그대로 드러낸다. 物自體가 곧 天이다. 이것이 바로 '天命之謂性이요 率性之謂道'이다. 그러나 成道하지 못한 인간은 주어진 본질속성에 따라 온전히 保持해 나가기 어렵다. 그래서 길[道]아닌 길을 가지 않기 위해 부단히 자기의 마음자리를 보살핀다(省察). 이것이 바로 '修道之爲敎'이다. 따라서 도학은 率性하는 학문이

다. 퇴계는 바로 이 敎 → 修道 → 率性하기 위한 방편으로 시를 지었고
그 같은 노력의 완수를 확인하는 자리로 천인합일의 體認을 설정하였
다. 천인합일의 체득을 논리적인 문자를 통해서 확인하고 설명하는 데
는 일정한 한계가 있다. 퇴계는 후진 제자들과 시로써 수창하기를 즐겼
다. 그의 시작의 대부분이 화운시와 차운시로 이루진 것을 보더라도 이
를 쉽게 미루어 짐작할 수 있다. 모든 수창시에 해당하는 것은 아니지
만 퇴계 수창시의 상당부분은 수창에 임하는 상대의 性情樣態를 읽어
내어 修道의 정황을 간파하려는 방편으로 활용하고 있다.

   매화와 정감을 교류하는 단계에서 표현된 시가들은 퇴계의 사유활동
이 궁리의 차원을 거쳐 神遊의 차원으로 나아간 결과이다. 퇴계는 매화
와 神交를 맺은 것이다. 物我交融에 도취할 줄 알아 매화에서 '寒傷歎'
과 같은 참신한 意象을 찾아내고, 問答形式을 운용함으로써 새로운 意
境을 창조해 내었다는 관점에서 보면, 퇴계는 참다운 예술가의 정신을
지니고 있다. 시가에서는 格律과 用事, 造句 등을 통해 이루어진, 일상
어와는 다른 언어를 사용한다. 의경은 객관적인 景物과 주관적인 情意
가 交融되어 형성된 미적 경계이다. 의상이란 물경의 상이 정의의 상으
로 옮겨져 생성된다. 즉 물경의 형상에 작자의 미의식을 불어넣어 만들
어진 것이 의상이다. 예컨대, 梅花라는 형상으로부터 작자가 淸眞한 느
낌을 받았을 때, 淸眞이 곧 매화의 의상이 되는데 이 같은 의상이 반복
적으로 사용되어 굳어지면 마침내 고정된 의상을 지닌 시어로서의 시
가왕국의 시민권을 획득하게 된다. 객관 물경과 주관 정의는 낱말[詞]로
조성된 意象들로부터 생성된다. 그러므로 시에 동원된 낱말을 분석해
보면 詩語의 意象을 알 수 있고, 표현된 의상을 분석해 들어가면 詩篇
의 意境을 터득할 수 있으며, 각 시편의 의경을 분석하여 총체적으로
검토해 보면 작품의 風格을 알아내어 작가의 人格까지 유추할 수 있다.
시가언어는 含蓄을 중시하여 풍부한 의상을 만들어 낸다. 퇴계는 매화
로부터 다양한 의상을 찾아내어 표현하였다. 퇴계는 시가언어에서만 느
낄 수 있는 象徵과 情韻이 담긴 시어를 즐겨 사용하였을 뿐 아니라 쉽

게 속뜻을 간파할 수 없게 하는 심층적인 의미와 言外의 의미를 함축한 시어도 적지 않게 사용하였다. 때문에 시학에 정통하지 않은 사람으로 서는 詩意를 제대로 파악하기 힘들다. 이는 역으로 그만큼 퇴계가 시학 공부에 상당한 시간과 정열을 쏟았다는 사실을 반증해 준다. 의경이 지 극히 시원하고 맑은 경지(淸淨灑落)를 표현한 작품은 天眞·自然하여 神 助가 있는 듯한 느낌마저 들게 한다. 이 같은 경지를 표현하기가 쉬운 듯하지만 실상 그렇지 않다. 오랜 생활 경험의 축적과 심각한 자기성찰 (내성공부), 그리고 사물에 대한 투철한 觀照와 부단히 鎔鑄鍛鍊(煉字· 煉句·煉意)하는 고도의 예술적 수양 없이 하루 아침에 이를 수 없다. 퇴 계는 온유돈후한 태도를 가지고 객관 물경과 주관 정의가 적절하게 교 융된(娛意適情) 淸淨(淸眞)灑落한 의경을 만들어 내어 莊重簡淡한 풍격 을 형성하였다. 따라서 비흥수사를 통한 함축미의 제고를 촉진하는 온 유돈후는 퇴계시의 풍격 형성을 지도하는 원리로 작용하여 그의 인격 미를 조성해 주었다. 중년의 시가 청정쇄락한 세계를 희구하고 동경하 는 의경을 보여주었다면 만년에 창작한 시는 청정쇄락한 세계의 성취 로부터 오는 초월이 주된 의경이다. 이러한 의경으로부터 우리는 세속 의 명리나 정신적 고뇌로부터 밝고 맑은 새로운 세계로 훌쩍 뛰어 들어 가는 듯한 초월감을 느낄 수 있다. 이러한 퇴계시의 의경은 그의 고상 한 인격과 삶에 대한 심오한 이해 그리고 뛰어난 예술표현에서 우러나 온 것으로 우리 시대의 문예가 고민해야 할 화두이기도 한 것이다.

7

이제 필자 스스로를 향해 회초리를 들어야 할 시점에 왔다. 그것은 바로 퇴계문학을 전문적으로 연구하는 학자가 드물다는 데에서 연유한 다. 퇴계문학에 대해 한두 편의 논문을 발표한 연구자는 많지만 장기간 에 걸쳐 探討를 거듭해 온 전문가는 손으로 꼽을 정도다. 그렇게 만든 주범은 연구에 주력할 수 없게 하는 취약한 대학구조와 소재주의와 한 탕주의를 만연케 한 작금의 학문 풍토일 것이다. 그 결과 극단적으로 말하면, 교수는 있어도 학자는 없게 되었다. 전문학자의 부족은 필경 연구의 총체적 낙후성을 불러올 수밖에 없다. 낙후성을 초래한 책임은 연구자에게도 있다. 낙후성은 모든 것을 다 말해야 직성이 풀리고 거대한 문제를 담론해야 속이 차는 체질에서 다분히 연유한다. 이미 모든 것과 중요한 것을 다 말했으니, 다시 또 연구할 필요와 흥취를 느낄 수 없음은 당연하다. 전문학자는 그렇지 않다. 그는 작품 하나 또는 구절 하나에서 문제를 제기하고 수십년 동안 궁리를 거듭하고 생각을 정련한다. 그는 오랜 기간의 수고에 대해 타인의 인정이나 보상을 바라지 않고, 부끄럽지 않은 짤막한 논문 하나를 써내는 것으로 만족할 줄 안다. 그런 학자는 해박함을 소홀히 하지 않으면서 그에 못지않은 정밀성을 강구해 내는 데 이력이 난 사람이다. 주지하듯이 퇴계는 주자의 〈武夷櫂歌〉 제9곡 1수에 형성된 의경을 어떻게 이해하는 것이 좋을까 하는 문제를 가지고 확호한 주견이 생길 때까지 20여 년 동안 잊지 않고 궁리를 거듭하는 자세를 보여 주었다. 퇴계는 진정한 의미에서 프로의 길을 걸어간 분이다. 예던 길을 버리고 샛길로 가기에 익숙해진 우리의 모습이 너무도 부끄러워지는 오늘이다. 퇴계에게서 취할 점은 다른 것이 아니다. 바로 이 같은 그의 철저한 학문 정신이다. 전문가는 일조일석에 탄생되는 것이 아니다. 오랜 기다림을 거쳐 만들어지는 것이다. 퇴계학계가 머지않은 장래에 촉망받는 전문가들의 요람이 되기를 기대한다. 杞憂에 그치기를 바라면서 덧붙이고 싶은 게 있다. 그것은 지도적 연구 인력의 지역 편중 현상에 관한 것이다. 일일이 거명하지 않아도 알 수 있듯이, 초창기부터 퇴계문학 연구를 주도해 오고 있는 학자들의 대부분이 대구와 경북지방 출신들이다. 이 지역이 퇴계학의 본향이라는 점에 비추어 볼 때, 이 같은 현상은 사태발전의 필연적 결과이다. 이 고장 출신들이 지역의 현장성을 살려 타지역보다 훨씬 효과적으로 퇴계학을 연구할 수 있다는 사실에 동의한다. 단지 세간의 인식이 퇴계학은 그

지역 사람들이 주로하는 학문이라고 생각하게 될까 걱정이다. 벌써 20
여 년 전부터 퇴계학연구원에서는 '한국의 퇴계에서 세계의 퇴계로!'라
는 구호를 외치고 10여 차례 이상 국제학술회의를 개최해 온 바 있다.
지속되는 이러한 노력에 비추어 국내 연구인력의 편중현상은 뭔가 개
운치 않다. 필자의 淺見으로는 21세기 '新退溪學'과 '新退溪學風'의 전도
를 보장하는 것은 무엇보다도 퇴계 당대와 같이 전국에서 인재가 고루
참여하여 그 생기발랄함을 유지해 나가는 일이라고 믿는다. 어떻게 해
야 편중현상을 해소하고 전국적인 규모의 연구인력을 확충하며 믿음직
한 전문가를 길러낼 수 있는지는 앞으로 퇴계학계가 풀어야 할 숙제로
남긴다.

南冥文學 硏究의 成果와 課題

鄭羽洛(영산대)

1. 問題의 提起

남명학은 여러 가지 요인에 의해 주목받지 못했다. 현전하는 南冥(曺
植, 1501~1572)의 저술이 많지 않은 점, 조선후기 학문 풍토가 남명의
실천적 학풍과 대립된 방향으로 흘러간 점, 남명의 학문을 이단시하려
는 경향이 대두된 점, 그리고 무엇보다도 남명의 수제자 鄭仁弘(1535~
1623)이 인조반정과 더불어 비극으로 최후를 맞이한 점[1] 등이 대체로
그것이다. 그러나 1970년대 후반에 들어 철학계를 필두로 하여 남명학
이 지닌 정신사적 중요성이 학계에 보고되면서 남명이라는 인물과 그
를 宗匠으로 한 남명학파에 대한 조명이 다각적으로 이루어지게 되었
다.[2] 남명의 사상이 교육적 측면[3] 또는 사회·정치적 측면[4]에서 이해되

---

1) 吳二煥, 〈南冥學資料叢刊 解題 緒論〉, 《南冥學硏究論叢》 1(南冥學硏究員, 1988)
   참조. 이밖에 金忠烈은 〈南冥學을 소외와 오해에서 바로 잡자〉, 《嶺大文化》 17,
   영남대학교, 1984)에서 조정으로부터의 敬遠, 鄭仁弘의 失脚과 학파간의 대립, 文
   集 刪訂으로 인한 眞面目 喪失, 神道碑 是非로 인한 儒林과의 離畔 등을 들었고,
   權仁浩는 〈조식 ― 실천하는 지성〉, 《시사월간 WIN》(중앙일보사, 1997. 11)에서
   남명이 처사로서 벼슬에 나아가지 않은 점, 과격한 상소 등으로 많은 정적을 만든
   점, 문묘에 종사되지 않은 점, 관계 후손의 자긍심이 부족한 점 등을 보탰다.

기도 하고, 남명학의 근간이라 할 수 있는 《남명집》 판본의 변개에 대
한 사상사적 배경이 연구[5]되기도 했다. 또한 남명문학이 지닌 현실주의
적 성격이 단일한 이론에 의거하여 탐구[6]되는가 하면, 남명학파의 형성
과 전개가 역사적 시각에서 분석[7]되기도 하고, 남명학파와 화담학파가
비교사학적 측면에서 해명[8]되기도 했다.

　남명문학에 대한 연구는 여타의 학문 분야에 비해 소략하다. 이것은
남명 스스로가 시를 '玩物喪志' 또는 '驕傲之罪'를 더하는 물건으로 정의
하며 창작을 즐기지 않은 것이 그 한 가지 이유이고, 얼마 남아 있지 않
은 작품이 너무 난해하여 일정한 수준에 이른 고급독자라 할지라도 이
해하기 어려운 점이 있었던 것이 다른 한 가지 이유였다. 정인홍이 스
승의 시집을 내면서 머리말에서 제시한 언명은 그 좋은 증좌이다. '항상
시가 사람의 마음을 거칠게 만든다는 훈계를 갖고 계셨는데, 시인은 意
致가 텅 비어 있으므로, 배우는 사람의 큰 병통이 된다고 여기신 까닭
에 시 짓기를 좋아하지 않으셨다'라든가 '평일 시문을 지을 때 당초 생
각을 거치지 않고 바람처럼 몰아가듯 번개처럼 빠르듯이 하여 다시 고

---

2) 남명학에 대한 원전과 연구논저 목록으로는 吳二煥, 〈南冥學 關係 旣刊文獻 目
　錄〉, 《南冥學硏究論叢》 4(南冥學硏究院, 1996) ; 정우락, 《남명문학의 철학적 접
　근》(박이정, 1998) 부록 참조.

3) 韓相奎, 〈曺植의 敎育思想硏究〉, 중앙대 박사논문, 1990.
　史載明, 〈南冥 曺植 敎育思想의 繼承〉, 경상대 박사논문, 1999.
　蔡輝鈞, 〈南冥學派의 敎育思想 硏究〉, 영남대 박사논문, 1999.

4) 權仁浩, 〈朝鮮中期 士林派의 社會政治思想硏究—南冥 曺植과 來庵 鄭仁弘을 中
　心으로〉, 성균관대 박사논문, 1990.

5) 吳二煥, 〈《南冥集》諸本の成立とその思想史的背景 — 17·18世紀の刊本を中心と
　して〉, 日本 京都大 博士論文, 1997.

6) 鄭羽洛, 〈南冥文學의 意味表出樣相과 現實主義的 性格 硏究〉, 경북대 박사논문,
　1997.

7) 李相弼, 〈南冥學派의 形成과 展開 — 思想과 學脈의 推移를 중심으로〉, 고려대
　박사논문, 1998.

8) 申炳周, 〈朝鮮中期 處士型 士林의 學風 硏究 — 南冥學派와 花潭學派를 중심으
　로〉, 서울대 박사논문, 1999.

치지 않았으므로, 기이한 말과 심오한 뜻은 宿儒라도 혹 꿰뚫어 보지 못했다'라든가 한 것이 바로 그것이다.

남명문학은 그 소략성과 난해성에도 불구하고 1980년대에 들어서면서 남명이라는 역사적 인물에 대한 문학적 접근은 본격화되었고, 이후 남명의 상상력이 어떻게 통일되어 있는가를 적극적으로 살펴나갔다. 자료의 성격에 따라 두 방향으로 나누어졌다. 하나는 남명 작품을 중심으로 연구하였고, 다른 하나는 남명 전승을 중심으로 연구하는 것이었다. 전자는 시문 등 남명이 그의 언어로 창작한 작품과 〈학기류편〉처럼 일정한 그의 학문 체계에 의거하여 편집한 작품 가운데 창작작품에 대한 연구가 그것이고, 후자는 남명 관련 실록이나 실기 등의 역사적 전승과 문헌·구비설화 등의 문학적 전승 가운데 문학적 전승에 대한 연구가 그것이다. 남명문학 연구에서 창작작품과 문학적 전승이 중심을 이룬다고 하여 편집작품과 역사적 전승자료들에 대한 연구사적 존재 의의가 상실되는 것은 물론 아니다. 이들 역시 남명문학 연구의 보조적 자료로 충분한 역할을 수행하고 있기 때문이다. 사안이 이와 같으므로 남명학 전체의 연구 구도 하에서 남명문학에 대한 연구영역은 다음과 같이 이해할 수 있다.

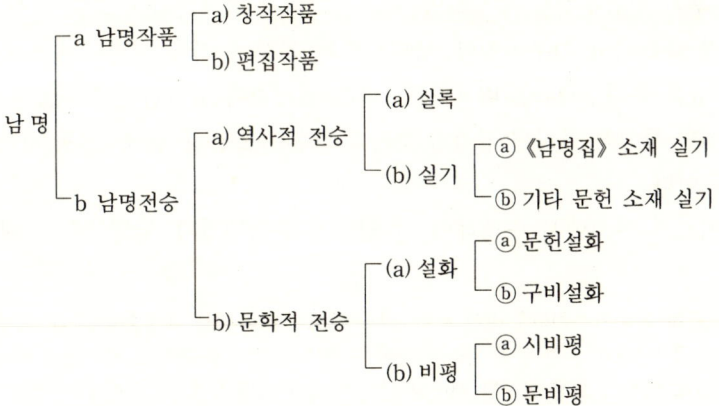

위의 그림에서 남명의 창작작품(남명-a-a)과 문학적 전승(남명-b-b)

은 남명에 대한 문학적 접근의 본령이다. 전자는 남명이 직접 창작하였
으니 '남명에 의한 문학'이라 할 것이고, 후자는 다양한 자료를 통해 남
명이 전승되는 것이니 '남명에 대한 문학'이라 할 것이다. 이 가운데 전
자가 중심이 될 수밖에 없다. 엄밀한 의미에서 남명문학은 바로 이를
말하는 것이기 때문이다. 연구자들 역시 이 같은 사실을 충분히 인식하
고 있었으므로, 지금까지의 남명문학 연구는 이를 중심으로 진행될 수
있었다. 그러나 후자 역시 남명을 문학적 시각으로 이해하는 데 중요하
다. 여기에는 설화와 같이 역사적 현실에서 벗어난 다양한 이야기들이
민중의 상상력과 교섭되면서 전해지는가 하면(남명-b-b-a의 경우), 비
평과 같이 남명의 작품에 대한 당대인의 구체적 평가가 일정한 시각에
의해 노출(남명-b-b-b의 경우)되기도 하기 때문이다.[9]

그 동안 남명에 대한 문학적 탐색은 연구자들의 고뇌에 찬 노력으로
진행되어 왔다. 이제 이 분야에 대한 약 20년간의 연구성과를 검토하면
서 21세기에 있어야 할 남명문학 연구에 대한 새로운 모색을 시도해 볼
때다. 또한 같은 해에 태어나 영남의 좌도에서 남명과는 또 다른 세계
관으로 문학활동을 전개하였던 退溪(李滉, 1501~1570) 역시 주목할 필
요가 있다. 이 둘과 그 제자들은 때로 갈등하고 때로 화합하면서 조선
중·후기 영남문학을 주도하였는데, 본고에서 퇴계와의 비교도 역시 문
학적 측면에서 이루어진다. 남명문학의 특성이 더욱 선명하게 드러날
수 있을 뿐만 아니라, 비록 서로 다른 세계관에 입각한 문학활동을 하
였지만 상생적 원리에 입각한 고차적 화합을 도출해 낼 수 있을 것이기
때문이다.

이로써 본고에서 수행해야 할 임무가 분명해졌다. 남명문학에 대한

---

9) 남명 전승인 '남명에 대한 문학' 역시 본고에서의 검토 대상으로 한다. 남명문
   학, 즉 '남명에 의한 문학'이라고는 할 수 없으나 남명을 문학적 시각에서 이해하
   는 데 있어 중요한 단서를 제공할 뿐만 아니라 남명의 창작작품이 그리 많지 않
   은 현재의 실정에서 여기에 대한 보다 적극적이고 진지한 논의가 요구되기 때문
   이다.

연구사적 검토와 남·퇴[10]의 문학적 입장에서 비교 논의, 그리고 남명문
학에 대한 앞으로의 연구사적 과제 설정이다. 이를 통해 연구사상 제기
된 남명문학의 특성은 자연스럽게 드러날 것이다. 이 같은 목적을 달성
하기 위하여 본고는 먼저 시간의 흐름을 한 축으로 하여 남명문학에 대
한 연구사를 종적으로 개관(2장)하고, 다음은 연구경향을 다른 한 축으
로 하여 연구사를 횡적으로 검토(3장)한다. 남명문학 연구사상 필연적
으로 제기되기 마련인 통시성과 공시성을 염두에 두었기 때문이다. 그
리고 남·퇴의 문학적 측면에서 비교 논의를 통해 남명문학이 지닌 특성
역시 도출(4장)해 내고, 마지막으로 남명문학의 연구사상 제기된 그 과
제를 제시(5장)하여 앞으로 이 분야에 대한 연구사적 비전을 제시하고
자 한다.

2. 硏究史 槪觀

남명문학에 대한 단편적 언급은 당대부터 진행되어 왔다. 최초의 언
급은 退溪에 의해 이루어졌는데, 그는 남명문학을 '奇險'으로 요약하였
다. 또한 퇴계의 문인이었던 權應仁(1517~?)은 소동파의 시가 중국에서
뛰어났다면 국내에서는 남명의 시가 제일이라 하였고, 許筠(1569~1618)
역시 房應賢(1524~1589)의 말을 빌어 남명의 시를 당대의 명작이라 하
였다. 그러나 金昌協(1651~1708)이 남명을 들어 기이한 것을 숭상하는
것이 뛰어나기는 하나 그의 시문은 대부분 말을 이루지 못한다고 하거
나, 《광해군일기》에서의 史臣이 그 문사가 괴상하고 이해하기 어려워
결코 도를 파악하고 이치에 도달하는 말이 아니라며 부정적 평가를 내
리기도 했다.[11] 이같이 남명문학에 대한 긍정적 또는 부정적 평가가 교

---

10) 남명과 퇴계를 줄여서 이렇게 표기하기로 한다. 남명을 앞세운 것은, 본 논의가
　　남명을 중심으로 이루어지고 있기 때문이며, 생년은 1501년으로 같지만 생월(남
　　명 : 6월 26일, 퇴계 : 11월 25일)로 보면 남명이 다소 앞서기 때문이다.

차되는 가운데 李睟光(1563~1628), 申欽(1566~1628) 등에 의해 남명문
학의 풍격, 작품경향, 창작기법 등이 두루 언급되었다. 이들은 말뜻이
높고 시운이 호장하며 대단히 기이하다고 하기도 하고, 현실과 밀착되
어 있음을 지적하기도 하였으며, 비유와 풍자에 능하다고 평가하기도
했다. 이 같은 평가는 현재까지도 유효하며 이후 많은 논자들에 의해
남명문학을 평가하는 중요한 잣대가 되었다.

　남명문학에 대한 언급은 신문학이 시작되면서 문학사에 등장하기 시
작하였다. 金台俊은 《朝鮮漢文學史》에서 사화기 이후 명종조의 유일로
남명을 떠올렸고, 李家源은 《韓國漢文學史》에서 朴趾源(1737~1805)의
지적을 제시하며 남명은 현실도피 사상을 갖고 있었던 것이 아니라고
적기하고 있다. 이 같은 평가는 당대인의 남명 시문평과 함께 이 분야
연구의 방향을 설정할 수 있게 했다. 남명문학은 1980년대에 들어 비로
소 집중적으로 논의되어 오늘에 이르고 있는데, 본고에서는 자의성과
모호성을 최소화하기 위하여 시간을 일정한 단위로 끊고 그 기간 내에
나타나는 연구자들의 연구방법론적 변이 과정을 추적하도록 한다. 편의
상 단위를 5년으로 하면 지금까지 4기가 된다.

　제1기(1981~1985)는 주로 남명문학이 작가론적 측면에서 소개되면서
단일 연구영역을 확보해 나가던 시기이다. 작가의 생애 또는 사상을 기
반으로 남명의 작품을 형식과 내용적 측면에서 개괄하는 것이 이 시기
연구자들의 주요 임무였다. 생애를 중심으로 포괄적인 남명 시문학의
주제를 나열(김려석/3, 서원섭·이홍진/4)[12]하기도 하고, 그 주제를 몇

---

11) 남명문학에 대한 평가는 인조반정 이전과 그 이후가 현격하다. 부정적 평가는
　　서인·노론 계열이 인조반정을 합리화하려는 과정에서 마련된 것이다. 본문에서
　　제시한 김창협과 《광해군일기》 史臣의 所論은 그 대표적인 예이다. 김창협은 주
　　자학의 무모순성을 추구하는 과정에서 남명문학을 비판하였고, 사신은 鄭仁弘의
　　이른바 '晦退辨斥箚'에 대한 평을 하는 자리에서 남명문학을 비판하였다. 남명문
　　학에 대한 김창협의 편협한 시각과 함께 《광해군일기》가 인조반정 이후 서인·노
　　론 계열에 의해 쓰여졌다는 점을 감안하여 남명문학에 대한 부정적 평가는 새롭
　　게 조명되어야 할 것이다.

가지로 집약(전병윤 / 9)시키기도 하고, 남명정신의 후대적 계승 문제를
논의(이하석 / 8)하기도 했다. 또한 남명의 부문학에서 작가의 사상 읽기
를 시도한 연구자(권정호 / 6)가 등장하는가 하면 비교문학적 또는 문헌
학적 측면에서의 연구가 이루어져 남명문학에 대한 연구영역을 확대해
나가기도 했다. 비교문학적 측면에서의 연구로는 花潭(徐敬德, 1489~
154 6)과의 비교를 통해 처사문학의 내적 다양성을 논의(정경주 / 2)하였
고, 퇴계와의 비교를 통해 영남학파의 두 종장에 대한 문학인식을 예각
화(김주한 / 7)하였다. 문헌학적 측면에서의 연구는 지은이가 남명으로
알려진 국문시가의 텍스트 확정 문제에 관심을 두고 논의가 개진(이동
영 / 1·5)되었다.

제2기(1986~1990)는 남명문학 연구를 위한 다양한 방법론이 모색되
던 시기이다. 이 시기 연구자들은 시문학을 통해 단일한 작가정신인 구
세정신(허권수 / 12)을 찾아내기도 하고, 부문학 특히 〈민암부〉의 창작
동기 및 형식과 표현 특성(양희철 / 13, 이상필 / 15)을 탐구하기도 했다.
이는 남명문학의 핵심에 보다 근접하기 위한 일단의 노력이라 할 것이
다. 남명의 산문작품, 남명의 문인유형, 전승에 대한 문제 또한 이 시기
에 두루 언급되었다. 이는 제1기보다 그 연구영역을 더욱 확대한 것이
었다. 산문작품은 〈유두류록〉이 중심(이재익 / 11)이 되었고, 문인유형
의 귀속은 조선전기 방외인문학의 성격을 따지면서 논의(윤주필 / 14)되
었다. 그리고 남명 전승이 주목(이상원 / 10)받기도 했는데, 이는 남명에
대한 문학적 접근을 위한 또 다른 노력이었다.

제3기(1991~1995)는 남명문학 연구가 작품론적 측면에서 심화되던
시기이다. 이 시기 연구자들이 선택한 작품 장르는 다양하다. 시문학에
대한 연구가 꾸준한 강세를 띠면서 깊이를 더했고, 부에 대한 연구도
종합적으로 이루어졌으며, 산문에 대한 연구 역시 앞 시기에 비해 다양

---

12) 연구자 및 번호는 논문 말미에 첨부한 '남명문학 연구논저 목록'에서의 연구자
와 일련번호를 의미한다. 이하 같은 방법으로 논의를 진행한다.

화되었다. 남명의 特立獨行에 기반한 특이한 격조(김충렬 / 18), 正士的 기질에 바탕한 뛰어난 작품성(이종찬 / 24), 旅遊詩에 담긴 작가의 의식 (김윤수 / 22), 자연과 인간에 대한 문제 및 미의식(장원철 / 25) 등은 시 문학을 통해 조명되었고, 남명의 학문방법론과 현실인식(김지엽 / 16) 및 천명사상과의 관련성(정우락 / 20) 등은 부문학을 통해 논의되었다. 그리 고 산문작품에 대한 연구에서는 〈유두류록〉의 창작원리(정우락 / 21), 이 작품에 나타난 작가의 정신세계(이정희 / 23, 최석기 / 27), 〈엄광론〉 의 대립구조 및 비판정신(정우락 / 26) 등이 두루 논의되었다. 한편, 이 시기에는 작가론적 측면에서의 새로운 관심이 일어난 시기이기도 하다. 작가정신의 기본구도(이동환 / 17)가 세워지고, 작가의 통일된 의식구조 (정우락 / 19)가 제시된 것이 그것이다.

제4기(1996~현재)는 남명문학 연구가 작가론적 측면에서 심화되는 시기이다. 즉 앞 시기의 작품론적 연구성과를 적극적으로 수용하면서 보다 종합적이고 체계적인 작가론을 마련하였던 것이다. 남명문학에서 의 현실주의 형성배경(정우락 / 28), 자아가 사물에 접근하는 방법 및 그 문학적 형상(정우락 / 32), 퇴처에 입각한 현실지향이라는 역설적 현실주 의(정우락 / 33)와 노장적 취향의 이상향 추구(홍성희 / 34) 등이 그것이 다. 이 시기는 남명 전승에 대한 새로운 관심이 일어나고, 창작작품 이 해를 위한 또 다른 모색이 이루어지기도 했다. 전자는 문학적 전승인 설화에 지속적인 관심(윤주필 / 31, 정우락 / 42)을 가지면서도 현대소설 에 전승되는 남명상(조구호 / 29)을 탐구하는 것이고, 후자는 남명이 지 은 墓誌(Sonja Häußler / 35), 남명 詩韻의 중국 시운과의 비교(유광화 / 30), 남명 銘文에 대한 의미분석(이상원 / 38), 남명 시에 나타난 隱逸心 理(권호종 / 36) 혹은 閑邪存誠의 문학적 형상(정경주/37), 남명의 시에 대한 인식과 그 분석(왕배원·김덕환 / 41), 그리고 남명 시조의 작자 문 제에 대한 문헌학적 이해(김일근 / 40) 등이 대체로 그것이다.

남명문학에 대한 연구는 연구자들의 기호에 따라 언뜻 보기에 무질 서하게 진행되어 온 것 같다. 그러나 이상에서 보듯이 연구사에서 제기된 고민들이 다양한 방식을 통해 유출되면서 반성과 모색, 그리고 그 극복이라는 발전 과정을 거쳐왔다. 먼저 작가론적 측면에서 남명과 그의 작품을 학계에 개괄적으로 소개(제1기)하고, 다음으로 본격적인 문학연구를 위한 연구방법론이 모색(제2기)되는가 하면, 여기에 의거하여 보다 철저한 개별작품에 대한 심층적 탐구(제3기)가 진행되기도 했다. 이는 남명문학을 보다 체계적으로 이해하기 위한 연구자들의 고심과 그 결과라 할 것이다. 그리하여 앞 시기 작품론적 탐구에서 거둔 성과를 기반으로 하여 작가론이 보강(제4기)될 수 있었다. 그러나 남명문학 연구가 이처럼 단선적으로 진행되지는 않았다. 시문학 중심의 창작작품에 대한 관심이 구심력을 잃지 않으면서도, 남명 전승과 비교문학적 혹은 문헌학적 측면에서의 연구는 그 원심력을 키워가고 있었다. 남명문학 연구사상 발생하는 이 같은 현상은 보다 큰 연구사 건설을 위한 내적 운동이라 할 수 있을 것이다.

3. 硏究 傾向別 檢討

연구사 개관에서 알 수 있었듯이 남명문학은 일련의 흐름을 지니면서 연구되어 왔다. 이제 이를 기반으로 하여 연구사에서 검출되는 경향별 연구성과를 공시적으로 검토하기로 한다. 남명에 대한 문학적 접근은 그의 창작작품에 대한 연구와 전승에 대한 연구로 대별되고, 이 가운데 전자가 연구의 중핵을 이룬다. 이는 장르를 변별하여 각 작품에 나타나는 의미를 밝히는 연구와 장르를 통합하여 작가의 의식구조를 해명하는 연구로 다시 분리된다. 작품과 전승에 대한 연구가 모두 남명에 대한 문학적 해명이라는 독립된 연구과제를 실천한 것이라면, 비교문학적 측면에서의 논의는 다른 작가와의 비교 하에 남명문학의 특성을 보다 선명하게 드러낸다. 이렇게 보면 남명문학에 대한 연구는 작품을 중심으로 하여 장르 변별적 연구, 작가를 중심으로 하여 장르 통합적 연구, 문학적 전승자료를 통해 남명형상을 따지는 전승에 대한 연구, 그리고 다른 작가와의 관계 하에서 남명문학을 이해하는 비교문학적 연구 등 네 가지 경향을 이룬다. 이를 순서대로 따지는 것이 본 장의 과제이다.

먼저 장르 변별적 연구부터 살펴보자. 분량이 많은 것은 아니지만 남명은 210여 수의 시를 비롯한 운문과 〈유두류록〉을 비롯한 산문 등 다양한 장르의 작품을 남긴다. 이 가운데 시문학에 대한 연구가 가장 활발하게 진행되었다. 시문학을 다루면서 연구자가 가장 먼저 시도하였던 것은 남명 시의 형식과 내용의 개관이었다. 남명문학 연구에서 초기적 현상으로 지극히 당연한 것이라 하겠다. 김려석(3)과 서원섭·이홍진(4)이 대표적인데 이들은 7언절구가 가장 많고 6언절구가 가장 적은 형식상의 특징과 함께 '勸學立志', '治世爲國', '節義淸貧', '江湖閑情', 또는 '贈答詩', '次韻詩', '山水詩', '詠物詩'로 남명 시의 내용을 분류하였다.[13] 이는 남명 시를 전체적 규모 및 내용을 포괄적으로 이해할 수 있게 하였다는 장점이 있으나, 남명 시의 주제를 선명하게 드러낼 수 없는 한계를 지닌다. 전병윤(9)과 이종찬(24)의 연구는 이를 극복하고 있다는 데서 의의를 지닌다. 즉 求道論學에 기반하여 集義의 사상과 관련된 사회시 혹은 성리학적 사상체계를 자연물에 寓意한 자연시로 분리하거나, 실천을 중시하는 正士的 기질의 실천성 혹은 일상을 초탈한 山雲的 恣意의 예술성으로 구분한 것 등이다. 이들 논의에서는 남명 시의 주제가 사회현실과 강호자연이라는 두 축으로 형성되어 있다는 생각을 견지하였다.

여기서 사회현실에 연구의 초점을 두는가 아니면 강호자연에 연구의 초점을 두는가 따라 남명 시의 주제는 두 갈래로 나뉜다. 전자에는 허

---

13) 왕배원·김덕환 역시 남명 시의 내용을 분류하였다. 이들은 우선 남명이 보인 시에 대한 부정적 견해를 살폈는데, 이는 당대의 모순 현실에 대한 처세태도와 관련이 있다고 했다. 그리고 남명 시를 '題咏類', '贈答類', '紀遊類', '感賦類'로 분류하여 남명 시 이해의 편폭을 넓혔다.

권수(12)와 김충렬(18)이, 후자에는 권호종(36)과 홍성희(34)[14]가 참여하여 논의를 펼쳤다. 허권수는 남명 시에서 단일주제를 찾아냈다. 救世精神이 바로 그것이다. 즉 남명의 시에 선비상 정립과 출처의 대절, 그리고 世道匡正이라는 구세의 논리가 뚜렷이 제기되어 있다는 것이다. 김충렬이 淑世精神을 남명 시에서 찾아낸 것도 같은 맥락이라 하겠다. 그는 남명의 特立獨行과 이와 관련한 남명 시의 특이한 격조에 주목하고, 남명은 자신의 독특한 뜻을 읊기도 하고 역사에 대한 관심을 노래하기도 했다는 것이다. 특히 그의 영사시에는 역사 교훈에 입각한 현실직시와 미래의 대비가 뚜렷이 나타난다고 했다. 이에 비해 권호종은 남명 시에 나타나는 隱逸心理를 찾으려 했다. 남명의 작품에 등장하는 출사 또는 은거와 관련된 중국인물을 중심으로 논의를 전개하였는데, 허유와 소부, 백이와 숙제, 阮籍과 謝安 등 다양한 중국인물의 등장은 각각 남명의 樂道守志, 非君不仕, 또는 노장적 은일심리 등이 반영된 결과라 하였다. 홍성희는 남명의 노장적 취향을 보다 적극적으로 다루었다. 즉 남명은 그의 작품을 통해 무릉도원형의 도가적 이상향을 추구하고 있었다는 것이다.

사회현실에 보다 밀착시켜 남명의 구세정신과 숙세정신을 찾기도 하고 강호자연에 보다 밀착시켜 남명의 은일심리 또는 도가적 이상을 찾기도 하면서 남명 시의 주제가 분열될 위기에 놓였다. 사정이 그럴 수 없다는 데서 문제의식을 예각화한 논의가 김윤수(22)와 장원철(25)에 의해 이루어졌다. 김윤수는 남명이 다른 지역을 여행하거나 산천을 유람하면서 지은 旅遊詩에 주목하였다. 그는 남명이 산수를 유람하면서도 산수에 用心하지 않았다고 전제하고 산수 속에서 인간을 발견하고 이것에 기반하여 지은 남명의 시는 실용적인 군자의 시가 압도적이라는

---

14) 홍성희는 이 논의에서 부문학 역시 다루고 있으니, 엄밀한 의미에서 장르 통합적 연구라 할 것이다. 그러나 시문학이 논의의 중심을 이룰 뿐만 아니라, 남명의 산문작품을 완전히 배제하고 있으므로, 장르 변별적 연구의 하위분류인 시문학에 대한 연구에 편입시켜 논의하기로 한다.

견해를 피력하였다. 사회현실과 강호자연 사이에서 남명의 고민은 장원철에 의해 보다 적극적이고 체계적으로 제시되었다. 그는 남명의 外王重視와 은일적 처세라는 상호 모순된 듯한 입장을 '자연의 인간화'로 이해하고, 자연 속에서 세사로부터 끝내 자유로울 수 없었던 남명의 고민이 陽剛의 미의식으로 표출되고 있다고 했다. 이 같은 과정 속에서 정경주(37)는 '閑邪存誠'의 문학적 형상이 어떻게 이루어지고 있는가를 따져 철학적 추상의 논리가 문학적 상상의 매개물과 결합되는 구체상을 보이며 이 분야 연구의 새로운 모색을 시도하기도 했다.

남명의 작품 가운데 부문학 또한 여러 연구자들에 의해 탐구되었다. 3편의 남명 부작품 가운데 가장 주목받은 것은 단연 〈민암부〉였다. 이 작품을 작품론적 측면에서 본격적으로 논의한 것은 양희철(13)이다. 그는 〈민암부〉가 文賦的 형식을 지닌 것으로 보고 이 작품이 지닌 표현 특성과 주제 변용의 문제를 두루 살폈다. 즉 比·興·問答式, 그리고 대구법을 형식적 측면에서 적절히 사용하고 있으며, 進言이나 상소적 내용이 부의 형식과 결합된 특징을 지닌다고 했다. 이에서 나아가 이상필(15)은 기층사회 민중의 처절한 삶과 당대의 사변적 학풍 등에서 그 창작동인을 찾는 한편 구성과 표현 특성 역시 살폈다. 〈민암부〉는 고부적 성격을 지니면서도 산문적 분위기가 압도적인 문부적 속성을 아울러 지니는 것으로 보고, 기승전결의 완벽한 구성, 육중하고 변화있는 리듬, 장엄하고 단호한 의미를 주는 어조사의 적절한 사용, 촉급한 의미를 주는 입성운의 頻用을 통해 주제를 효과적으로 드러내고 있다는 것이다. 아울러 민중에 의한 역성혁명의 논리까지 과감하게 수렴하여 조선전기 도학파의 문학에서 일반적으로 논의되던 방향과는 다른 차원의 의의를 지닌다면서 문학사 안에서 이 작품을 이해하려는 주밀성을 보였다.

〈민암부〉의 형식과 주제, 문학사적 의의 등을 두루 논한 것과는 달리 이 작품에 내재되어 있는 천명문제에 초점을 맞춘 논의도 있었다. 권정호(6)와 정우락(20)의 논의가 그것이다. 권정호는 남명의 〈민암부〉에 임금과 관리가 모름지기 백성을 두려워해야 한다는 畏民論이 뚜렷이 나타난다고 보고 이는 당시로서는 혁명적인 민주의식이었음을 강조하였다. 그리고 이 외민론이 바로 천명사상을 바탕으로 하고 있다는 것을 지적하기도 했다. 천명사상이 작품 전체를 지배하는 하나의 통일된 논리로 이해하고 이것의 문학적 형상을 따진 논의가 정우락에 의해 이루어졌다. 즉《서경》을 통해 '천 ─ 군 ─ 민'의 역동관계를 구체적으로 살펴 민의 원성과 천의 결정 및 왕조의 멸망은 인과론적 측면에서 연결되어 있다고 보고, 15세기부터 야기된 사대부 정치의 모순을 남명이 민감하게 인식했기 때문에 이 같은 관계설정이 가능하다고 했다.

〈민암부〉가 남명 부문학 연구의 주조를 이루지만 여타의 부, 즉 〈원천부〉와 〈군법행주부〉 또한 관심의 대상이 되었다. 〈원천부〉에 대한 관심은 권정호(6)와 김지엽(16)이 보였다. 권정호는 이 작품에서 제기되는 개념을 직관적 감각적인 표상이나 상상이 아니라 형이상학적인 인식논리학적 개념으로 이해하고 〈원천부〉는 천명사상에 바탕한 畏天思想이 주조를 이룬다고 하였다. 이에 비해 김지엽은 근원있는 샘물의 지속적인 흐름은 학자로서의 자세나 학문방법론을 의미하는 것이라 하면서 작품 해석상의 쟁점을 유발시켰다. 권정호가 〈원천부〉 말미의 '敬으로써 그 근원을 함양하고 하늘의 법칙에 근본해야 한다'는 구절을 주목한 데 비해, 김지엽은 이 작품의 표면에 흐르는 문맥을 중시하였기 때문이다. 김지엽은 〈군법행주부〉에 대해서도 관심을 가졌다. 남명이 한나라 유장의 고사를 빌어 당대의 정치기강 확립과 퇴폐 풍토를 척결하려 했다는 것이다.

한편 남명의 국문시가와 '銘'에 대한 연구가 시도되기도 했다. 국문시가에 대한 최초의 견해는 이동영(1)에 의해 피력되었다. 그는 영남우도의 국문시가를 언급하면서 남명의 작으로 알려진 8수의 시조 중 〈西山落日歌〉와 〈頭流山歌〉만 남명의 작이라 하였다. 그러나 이동영(5)[15]은

---

15) 이동영의 이 논의는 〈朝鮮嶺南詩歌의 硏究〉(성균관대 박사논문, 1983)에서 남명부분을 적출한 것으로 〈嶺右詩歌의 樣相〉,《時調文學論叢》3·4(韓國時調學會, 1987)에서 재론되었다. 또한 박사논문은《朝鮮朝 嶺南詩歌의 硏究》(부산대학교

이후의 논고에서 종전의 견해를 수정하여 현전하는 남명의 국문시가는 없다고 단언했다. 〈서산락일가〉는 진동혁의 견해를 받아들여 金應鼎 (1527~1620)의 작으로, 〈두류산가〉는 남명의 正體와 맞지 않는다면서 金馹孫(1464~1498)의 작품일 가능성을 시사하였다. 이동영의 견해를 정면에서 반박한 논의는 김일근(40)에 의해 이루어졌다.[16] 그는 〈두류산가〉의 경우 20종의 문헌에 모두 지은이가 '조식'으로 되어 있다면서 남명의 작임을 의심하지 않았을 뿐만 아니라 이 작품의 定本 역시 고증하였다. 또한 '조식'으로 記名된 작품 가운데 김응정의 〈서산락일가〉, 조종도의 〈金烏玉兎歌〉를 제외한 나머지 시조 역시 남명의 작일 가능성이 상존하고 있다고 했다. '명'에 대한 연구는 이상원(38)에 의해 이루어졌는데, 그는 남명 銘文이 지닌 의미층위를 추출하여 대립항과 그 의미지향에 대한 검토를 시도하였다. 이들 국문시가나 '명'에 대한 연구는 남명문학에 대한 연구영역의 확대라는 측면에서 모두 일정한 의의를 확보하고 있다 하겠다.

　남명의 산문작품은 두류산을 유람하고 쓴 〈유두류록〉이 가장 많이 논의되었다. 이 작품을 먼저 주목한 연구자는 이재익(11)[17]이다. 그는 영남지방의 두류산 유산기를 대상으로 분석하면서 남명의 〈유두류록〉도 함께 검토하였는데, 남명이 소극적으로 진리와 낙토를 찾기 위해 두류산을 유람한 것으로 보고 주제 역시 이와 관련시켜 논의하였다. 이 같은 시각에 일정한 이의가 제기된 것은 정우락(21)에 의해서다. 남명의 두류산 여행은 현실과의 유기성 속에서 마련된 것이니 현실주의적 세계관에 입각한 작품으로 보아야 한다는 것이었다. 이 작품이 지닌 창작

　　출판부, 1984)라는 제목의 단행본으로 간행된 바 있다.

16) 김일근의 이 논의는 〈曺南冥 時調의 作者存疑設에 대한 辨正〉(제38회 전국 국어국문학 연구발표대회 발표요지, 1995. 5)과 〈曺南冥 時調에 대한 新考—頭流山歌를 중심으로〉(제21차 한국 시조학연구발표대회 발표요지, 1996. 6)를 수정·보완한 것이다.

17) 이재익의 이 논의는 〈頭流山 遊山記 硏究〉(부산대 교육학 석사논문, 1988)에서 남명부분만을 적출한 것이다.

원리도 함께 제시하였는데 사실적 기록의 문학적 확장이라는 것이 그 것이다. 이정희(23) 역시 조선전기 두류산 유산기를 두루 다루면서 영남 우도 사림의 정신세계를 구명하였는데 그 주제는 역사적 현실과 밀착 된 것이었다. 〈유두류록〉에 대한 논의가 이같이 전개되는 과정에서 남 명의 산수유람에 대한 기본 관점을 제시하며 그의 정신세계를 고찰한 최석기(27)의 논의는 일진전이었다. 그는 '看山看水 看人看世'라는 남명 의 언표에 주목하며 산수를 통해 역사를 보고, 역사를 통해 다시 현실 을 보려 했던 것이 산수에 대한 남명의 기본 관점이라 하였다. 이에 기 반하여 자아에 대한 성찰과 심성수양, 역사에 대한 회고와 현실인식 등 을 두루 살펴 〈유두류록〉에 대한 이해를 명확히 하였다.

남명의 산문작품에 대한 연구는 여타의 장르로 확대되기도 했다. 정 우락(26)의 〈엄광론〉에 대한 연구와 Sonja Häußler(35)의 '묘지'에 대 한 연구가 그것이다. 정우락은 〈엄광론〉의 구조와 이것을 통한 비판정 신을 출처의식에 의거하여 살폈다. 즉 〈엄광론〉에서 객관적 현실과 주 관적 의지가 상호 충돌하면서 일으키는 대립현상을 관찰하고 이 같은 대립구조 사이에서 발생하는 것이 바로 비판정신이라 하였다. Sonja Häußler는 남명이 지은 묘지를 등장인물, 작성날짜, 주요내용, 묘명 등 으로 나누어 살폈다. 이 논의에서 주목되는 것은 작성날짜와 묘지작성 의 원칙에 대한 언급이다. 남명이 묘지를 작성한 것은 대체로 생애의 후반이라 하겠는데, 그가 28세 때 부친의 묘지를 짓고 있어 당시의 문 화적 상황에 견주어 볼 때 특이하다고 하였다. 그리고 묘지작성의 기본 원칙으로 진실성과 소박성을 지적하였다. 흔히 통용되는 고전의 인용이 라든가 고대 현인과의 비교 없이 사실에 입각한 소박한 형태로 묘지가 기술되고 있는데, 이것은 남명이 묘지를 작성하면서 지켜온 중요한 원 칙이라는 것이다.

지금까지 장르 변별적 연구를 살펴보았으니, 이제 장르 통합적 연구 를 살펴볼 차례이다. 남명문학에 대한 연구는 대체로 어느 한 장르를 중 심으로 진행되어 왔으나, 이와는 달리 한시를 비롯하여서 기행문·論·

상소문 등 여러 장르에 걸쳐 두루 나타나는 공통 문맥을 찾아 남명정신의 핵심을 해명하려는 노력이 있었다. 이하석(8), 이동환(17), 정우락(19·28·32·33) 등이 그들이다. 이하석은 시 작품의 분석을 통해 남명 氣節의 특이성을 발견하고, 기절의 의미를 상소문이나 부 등에서 찾았다. 즉 상소문 등에서의 거침없는 현실비판, 〈민암부〉 등에서 제시된 '군 — 민'에 대한 횡적관계 등은 당대로서는 가히 혁명적이라 하였다. 이와 함께 남명정신이 관리의 폭정에 항거하는 진주민란 등으로 이어진다면서 남명학의 전통과 계승에 대한 견해 또한 피력하였다.

이하석이 강한 기절의 소유자로 남명정신을 범박하게 이해한 것과는 달리 이 같은 기절의 발생처를 남명의 정신구도 하에서 살핀 것은 커다란 진전이었다. 이동환에 의해 이 작업은 이루어졌다. 그는 우선 남명학의 기본적인 특성을 '旁通百家 斂煩就簡 反躬造約'에서 찾고 '內明'의 敬과 함께 '外斷'의 義를 아울러 중시한 점이 남명정신의 두드러진 특징이라 하였다. 남명정신에서 장자사상의 역할을 주목하기도 했다. 즉 유학의 다른 면모로서 남명사상의 전체구조 속의 역동성으로 파악하여야 한다고 보고 자아정립의 거대지향을 제시하였던 것이다. 아울러 〈書劍柄贈趙壯元瑗〉이나 雷龍亭 銘文 등에 보이는 부동과 역동의 변증법, 한 시나 〈엄광론〉 등에서 제시되는 역사문화에 대한 일종의 사명의식, 민중세계에 대한 강렬한 관심과 애정을 통한 남명의 현실세계의 지향성 등을 두루 검토하였다. 이동환의 논의에 힘입어 정우락(19)[18]은 경의사상의 문학적 표출방법과 작가의식을 따졌다. 즉 內明의 성격을 지닌 경사상은 '빛'과 '청수' 등으로 표출되며, 外斷의 성격을 지닌 의사상은 '산'과 '나무' 등으로 표출된다는 것을 보였다. 작가의식 역시 이와 관련하여 현실과 초월의 서로 다른 세계인식을 통해 변증법적 과정을 거치면서 보다 차원 높은 현실의식으로 통일되어 있다고 했다.

---

18) 정우락의 이 논의는 〈南冥文學의 敬義思想 表出方法〉,《南冥學硏究》2(경상대 남명학연구소, 1992)과 〈敬義思想을 통해 본 南冥의 作家意識〉,《伏賢漢文學》8 (伏賢漢文學會, 1992)으로 나뉘어 보완되었다.

정우락은 또한 장르 변별적 연구에서 얻은 연구성과를 폭넓게 수용하면서 남명문학에서 현실주의가 생성될 수 있었던 배경을 역사적 상황과 작가의 반응이라는 논리 하에 탐구(28)하기도 하고, 남명문학 전체를 일정한 이론 하에 파악(32)하기도 했다. 이들 논의에 기반하여 〈誠爲太極圖(太極圖與通書表裏圖)〉를 중심으로 합일론, 조화론, 대립론을 이끌어내고 이것의 형상화를 구체적 작품에서 점검하여 현실주의적 성격을 따지는 논의로 확대(33)해 나갔다.[19] 여기서 정우락은 남명문학이 합일과 조화적 세계인식에도 일정 부분 연결되어 있지만 대립적 세계인식에 입각한 자아의 외적 확산으로 자신의 현실주의적 세계관을 가다듬어 갔다고 했다. 그리고 남명은 출처의식에 입각한 퇴처를 통해 이를 강조하였으므로 그의 현실주의는 역설적 성격을 지닌다고 하였다.

다음은 남명 전승에 대한 연구이다. 남명 전승은 설화를 중심으로 연구가 진행되었다. 이에 참여한 연구자로는 이상원(10), 윤주필(31), 정우락(42) 등이 있다. 이상원은 이 방면의 연구를 개척하였는데 남명 전승자료 27편을 수집하여 天·地·人因野乘, 그리고 복합야승으로 분류하고, 남명 전승은 지명유래 전설 등 지인야승이 가장 많으며 대체로 남명 연고지역인 산청지방에서 전해진다고 했다. 여기서 나아가 윤주필은 남명 전승의 주제를 더욱 선명하게 부각시켰다. 즉 남명 전승을 탄생담, 여성관계담, 학자담, 이인담으로 분류하고, 야담 또는 문헌설화에서는 학자담의 비중이 절대적이고 구비설화에서는 여성관계담과 이인담의 비중이 높은 편이라고 했다. 그리고 퇴계, 율곡, 화담 등의 전승에 비해 남명전승은 탄생담과 이인담이 상대적으로 미약하게 나타난다고 하면서 여타의 도학자와 비교하기도 했다. 정우락은 야담계 서사체 역시 문헌설화에 편입시켜 남명 전승의 양상과 그 의미를 살폈다. 전승의 유형을 인품담, 제자 관련담, 퇴계 관련담, 이적·이인담, 갈등담, 지명유래담 등

---

19) 정우락의 28·32·33번 논문은 작품론적 측면에서 발표되었던 20·21·26번 논문과 함께 《남명문학의 철학적 접근》(박이정, 1998)에서 정리되었다.

으로 다양하게 분류하고, 문헌설화는 논쟁의 형식으로 구비설화는 변이의 형식으로 존재한다고 하면서 특정한 역사에 대한 민중의 생각까지 전승자료는 담아내고 있다고 했다.

이밖에 전승에 대한 또 다른 연구로는 조구호(29)가 있다. 그는 설화적 전승에서 벗어나 현대소설에서의 남명 전승을 탐구하였다. 허구 속에서 진실을 찾으려는 의도는 이 방면의 다른 연구자들과 같다고 하겠으나 자료를 현대소설로 선택했다는 측면에서 사뭇 다르다. 그가 주목한 자료 홍명희의 《임꺽정》, 이재운의 《토정비결》, 정동주의 《백정》이었는데, 여기에 등장하는 남명상은 서로 다른 모습으로 나타난다고 하였다. 즉 강직한 은일지사, 도가적 방외인, 실천유학자의 표상이 그것이다. 이 논의는 설화로 고정되어 있는 남명 전승을 소설문학에까지 확대하고 있다는 측면에서 주목할 만하다 하겠다.

마지막으로 비교문학적 측면에서의 연구에 대하여 살펴보자. 지금까지의 비교 논의는 대체로 세 방면에서 이루어졌다. 같은 처사계열 작가와의 비교, 영남좌도 종장인 퇴계와의 비교, 중국 작가와의 비교가 그것이다. 첫 번째에 참여한 연구자는 정경주(2), 두 번째에 참여한 연구자는 김주한(7),[20] 첫 번째와 두 번째를 함께 고려한 연구자는 윤주필(14), 세 번째에 참여한 연구자는 유광화(30)이다.

정경주는 학덕과 인망을 갖추고 일세의 표준이 될 수 있는 인물로서 벼슬하지 아니한 자를 처사로 보고, 이들이 추구하고자 한 세계가 한결같지 않음에 착목하여 남명과 함께 화담을 떠올렸다. 그리하여 화담이 物理를 추구하며 관념적 경향이 있는 반면 남명은 士 본연의 책무인 憂國安民에 더욱 관심이 있었다는 점을 밝혔다. 김주한은 남명과 함께 퇴계의 학문관을 살피고 여기에 의거하여 문학에 대한 생각도 두루 살폈다. 퇴계가 孔孟程朱의 위대성은 立言垂後에 있다고 본 데 비해 남명은

---

20) 김주한의 이 논의는 〈退溪와 南冥의 文學觀 小考〉(《民族文化論叢》 5, 영남대 민족문화연구소, 1984)를 수정·보완한 것이다. 이는 다시 《韓國文學批評史論》 (學士院, 1993)에서 정리·수록되었다.

무엇보다 실천을 강조하였기 때문에 문학에 대한 생각도 다르게 나타났다는 것이다. 즉 퇴계는 시 창작에 보다 적극적이었다면 남명은 상대적으로 소극적이었다는 것이다. 소설에 대한 견해도 검토하였는데 퇴계가 《金鰲神話》를 비판한 데 비해 남명은 《장자》 우언을 받아들이는가 하면 심성소설인 〈천군전〉을 짓게 하였으니, 소설사의 배면에서 일정한 역할을 했다는 것이다.

윤주필은 타의적으로 은자가 되어야 하는 신세에 놓여 있는 사림파 가운데 친방외적 성향이 생겨났다고 보고 남명과 아울러 화담, 대곡을 거론하며 이들을 비교하는가 하면 퇴계에게 일정한 비판을 받았음에 주목하여 자연히 퇴계와의 비교도 이루어지게 했다. 즉 화담이 본체론적 연구에 침잠했다면 남명은 '人事'를 대단히 강조했으며, 대곡은 〈醉鄕記〉 같은 우의적 작품을 남겨 산림처사로서는 말할 수 없는 내심의 불만을 토로하였다는 것이다. 이들은 모두 퇴계에게 비판을 받게 되는데, 결국 시대에 대한 위기감을 지니고 유가적 수행과 학문연구를 통해 자기 입지점을 마련하면서 몸소 방외인의 영역 쪽으로 한 발 내 디딘 작가라는 측면에서 공통점을 지닌다고 했다.

이밖에 유광화는 남명의 詩韻을 중국의 용운체계와 비교한 독특한 연구를 하였다. 이 연구는 16세기 조선문학의 語音 연구의 일환으로 이루어졌는데 남명 시를 중심에 두고 河受一(1553~1612)의 시도 함께 논의되었다. 이들 시에 나타난 압운의 객관적 상황, 그리고 용운체계를 분석한 후 중국시의 용운과 비교하였다. 그 결과 남명의 시운은 평수운을 따라 압운하지 않았고 중국의 宋元明 시기의 중국어 운부체계와도 커다란 차이가 나는데, 오히려 송대 이전의 중국어 어음과 비슷한 경향이 나타난다고 하였다. 이로 보아 남명과 송정시의 압운은 동일 시대 중국어 어음에 의한 것이 아니라 송대 이전의 중국어 어음에 따른 것이라는 견해를 피력하였다.

남명문학에 대한 연구는 이상에서 보듯이 네 가지의 커다란 경향으로 나뉘어 진행되었다. 장르 변별적 연구는 대체로 작품론적 측면에서 탐구하는 것이었는데, 운문문학은 시문학을 중심으로 부 및 銘 등의 연구로 확대되어 갔고, 산문문학은 지리산 기행록인 〈유두류록〉을 중심으로 〈엄광론〉 등의 연구로 그 범위를 넓혀갔다. 장르 통합적 연구는 작가론적 측면에서 연구되었는데, 연구자들은 어느 한 장르를 고집하지 않고 남명의 다양한 창작작품 중에서 공통적으로 제기되는 문제를 포착하여 작가의 의식구조를 해명하려 하였다. 남명 전승의 연구 역시 시도되어 남명의 창작작품이 지닌 자료적 한계에서 벗어나 설화 및 현대소설에서의 남명형상을 두루 따졌다. 남명에 대한 문학적 해명을 위한 유연한 태도에 기인한 것이라 하겠다. 앞의 셋이 남명의 작품 및 전승에 고립되어 있는 것이라면, 비교문학적 연구는 남명을 화담과 퇴계 등 여타의 작가와 비교한 것이니 관계론적 측면에서의 남명 이해라 하겠다. 이로써 우리는 남명문학의 내적 또는 외적 접근을 통해 남명의 작품세계와 작가의식을 다각도로 이해할 수 있게 되었다.

4. 退溪文學과의 比較

남명과 퇴계는 여러 측면에서 비교되면서 알려져 왔다. 鄭逑(1543~1620)와 李瀷(1579~1624)의 증언을 통해 그 요체를 알아보자. 정구는 宣祖를 배알하는 자리에서 '이황은 덕이 두텁고 학문이 순수하여 학자들이 쉽게 찾아들 수 있으나, 조식은 특립독행하여 학자들이 요점잡기를 어렵게 여깁니다' 하였고, 이익은 경상도의 상도와 하도를 대비하면서 '두 학자가 다 같이 영남 지역인 소백산 아래와 두류산 동쪽에서 태어났지만 상도는 인을 숭상하고 하도는 의를 주로 하며, 퇴계의 학문이 바다처럼 넓다면 남명의 기질은 태산같이 높음에 견줄 만하다'고 평가하였다. 각각 '德厚學純·尙仁·海闊', '特立獨行·主義·山高'로 요약할 수 있을 것인데, 이익이 다른 글에서 '日月春風'과 '壁立萬仞'으로 퇴계와 남명을 비교한 것도 모두 같은 맥락에서 이해된다. 이 같은 비교를 통해 우리는 남·퇴의 기질적 상이를 발견할 수 있는데, 문학에 대한 생각역시 이들 평가와 일정한 관련을 맺고 있다. 이를 문학인식과 미의식의비교, 그리고 상호 비평으로 나누어 생각해 보도록 하자. 남명문학의 특성은 이 과정에서 자연스럽게 드러날 것이다.

먼저 남·퇴의 문학인식에 대해서이다. 남명은 도학에 기반한 문학적행위만 인정하였다. 정자와 주자 이후 더 이상 저술이 필요하지 않다고못박으며, 修辭立言을 즐겨하지 않는 것을 원칙으로 하였다는 것이다.기본적인 생각이 이와 같았지만 다른 한편으로 그는 시가 현실에 적용될 때는 나름대로의 기능을 한다고 생각했다. 즉 〈和淸香堂詩〉 같은 곳에서는 '칠언시 오언시가 만금의 가치가 있지만, 곁의 사람은 한 편의시로만 간주하는구나' 하면서 시에 대한 일정한 존재 의의를 부여하고있음을 본다. 이에 비해 문장을 제대로 쓰기 위해서 남명은 대단한 공을 들였다. 정인홍은 스승의 행장에서 남명 기상과 관련된 문세, 문장의독창성, 고문의 강조 등 남명 문장의 특성을 간명하게 제시하고 있다.남명 스스로도 〈與柳海龍書〉 등에서 관련 사항을 부각시키며 《고문진보》 후집 읽기를 권장하고 있다. 남명은 특히 이 책에서 제시된 소동파의 〈적벽부〉를 좋아한 것으로 보인다. 즉 '程夫子께서 子瞻을 공격하는데 비록 힘을 기울이셨지만 만약 선생께서 여기에 계신다면 나는 마땅히 이 賦를 잘 베껴서 한번 꿇어앉아 읽어 드리겠다. 이렇게 하면 정선생께서도 반드시 고개를 끄덕이실 것이다'라는 발언이 그것이다.

퇴계의 문학에 대한 생각은 남명에 비해 적극적이었다. 그는 벼슬길에서 물러선 가장 큰 이유로 '立言垂後'를 들었다. 입언은 학문을 바탕으로 하기 때문에 도학이 근본이 되며, 그것이 만세에 전해지기 위해서는 바로 문학이 필요하다는 것이다. 즉 문학과 도학은 相須關係에 있다고 보았다. 이 때문에 그는 '시가 학자에게 가장 긴요한 것은 아니지만좋은 경치를 만나면 시가 없을 수 없다'면서 창작에 대한 적극성을 보였다. 특히 수양의 정도가 작품에 드러난다고 보고 '敦厚한 실상을 지닌사람은 그 말이 和正하고 輕躁한 마음을 지닌 사람은 그 말이 부화하

다' 하면서 正心의 문학을 강조하였다. 문장 역시 시와 마찬가지로 정심
에 기반한다고 보았으므로, 金時習(1435~1493)을 '索隱行怪'로 지목하
며 《금오신화》를 배격하였던 것이다. 또한 문장을 제대로 짓기 위해서
는 일정한 수련을 거쳐야 한다고 했다. '말은 뜻을 전할 뿐이지만 학자
는 문장을 공부하지 않으면 안 된다'고 한 것이 그 예이다. 문장의 형식
미학적 측면을 염두에 둔 언급으로 보아도 좋을 것인데, 문학에 대한
퇴계의 이 같은 적극성 때문에 李珥(1536~1584)나 李湛(1510~1557) 등
에 의해 '因文入道', 또는 '文章道德 可謂兩備' 등으로 평가될 수 있었을
것이다.

다음은 남·퇴의 미의식에 대하여 살펴보자. 남명은 林下에서 평생 처
사적 삶을 살았다 하나 그의 관심은 世道匡正에 있었다. 그의 관심이
이처럼 현실로 열려 있었으므로, 여러 측면에서 대립되어 있었던 당대
의 부조리한 현실을 풍자하려 하였다. 여기서 우리는 남명의 '托興規風'
이라는 미학의 기본 성향을 짐작하게 된다. 남명이 비유에 장기가 있었
으며 해학으로 조롱하고 풍자하는 英氣가 있었다는 것은 여러 자료에
서 전한다. 남명의 문학에 천인합일의 온후한 경계가 나타나지 않은 바
아니나 근본적인 미의식이 이러했으므로, '바람에 떨리는 나무를 생각
하며 의리를 지키려다 억울하게 죽은 사람을 슬퍼'(〈贈吳學錄〉)할 수
있었다. '금마문에 세 번 이르렀지만 임금님은 뵙지 못하고 돌아왔다
지'(〈聞李愚翁還鄉〉)라며 李希顔(1504~1559)의 출처를 풍자한 것이나,
'조물주는 정녕 추위 속의 매화의 일 그르쳤나니 어제도 꽃피우고 오늘
도 꽃피운다네'(〈斷俗寺政堂梅〉)라고 하면서 姜淮白(1357~1402)의 실
절을 풍자한 것에서 사정을 명확하게 간파할 수 있다.

이에 비해 퇴계는 출사와 퇴처를 거듭하지만 그 자신의 뜻은 자연 속
에서 본연지성을 회복하는 데서 얻을 수 있는 '山林之樂'을 맛보는 것이
었다. 〈陶山雜詠幷記〉에서 비바람에 엎어지기도 했던 중년의 자신을
비판하면서 '오랜 병을 없애고 깊은 근심을 풀며 늘그막에 평안히 지낼
곳으로 이를 버리고 어디에서 구하겠는가?'는 발언에서 충분히 짐작할

수 있다. 그의 관심은 이처럼 자연을 통한 樂道에 있었다 하겠는데, 〈陶山記〉에서 玄虛와 高尙을 목표로 하는 노장적 자연관을 비판하며 道義를 기뻐하며 心性을 기르는 유가적 자연관을 제시한 것도 이 때문이었다. 이는 퇴계의 은거가 심성의 함양을 기반으로 하고 있다는 것을 말한 것이라 하겠다. 여기서 제기되는 미의식이 바로 '溫柔敦厚'이다. 〈한림별곡〉류에서 '矜豪放蕩', '褻慢戲狎'과 〈六歌〉에서 '玩世不恭' 등도 이로써 비판될 수 있었다. 그러나 퇴계미학의 기본 성향이 이같았다고 하여 현실비판을 외면했다고는 말할 수 없다. 온유돈후한 표현 속에서 소극적이나마 비판의식을 감출 수 있기 때문이다.

마지막으로 남·퇴의 상호 비평에 대하여 살펴볼 차례이다. 남명과 퇴계는 표면적으로 '畏敬' 또는 '神交'로 평가하면서 남명이 퇴계의 학문을 깊이 인정하기도 하고, 퇴계가 남명의 지적을 크게 주목하기도 하지만 서로 이면적 갈등을 겪은 것으로 보인다. 이는 그들이 지니고 있었던 세계에 대한 인식의 차이에서 비롯된 것이니 세계관적 갈등이라고 할 만하다. 상호 비평 역시 이에서 마련된 것이다. 남명은 퇴계에게 지나친 근신, '隱'에 대한 자부, 실천이 따르지 않은 고담성리 등을 두루 비판하는 가운데 문체론에 대한 비평 또한 가하고 있다. 퇴계는 남명에게 단성소에서 보이는 과격한 언사, 노장세계에 경도된 학문성향, 음부송사와 관련된 지나친 행동 등을 두루 비판하는 가운데 남명 시문에 대한 비평 또한 가하고 있다. 여기서 문학에 대한 상호 비평은 남명의 문체론에 대한 비평과 퇴계의 남명 시문에 대한 비평이 대표적이다.

남명은 자신의 문체를 고문으로 보고 퇴계의 문체는 금문이라 하였다. 김우옹에 의하면 남명이 만년에 다음과 같이 말했다 한다. 즉 "나는 고문을 배웠으나 완성하질 못했고 퇴계의 문은 본래 금문인데 오히려 성숙했다. 비유하자면 나는 비단을 짜다가 한 필을 완성하지 못하여 세상에서 사용하기 어렵고, 그는 깁으로 짰으나 한 필을 이루어 쓸 수가 있다 하겠다"고 한 말이 그것이다. 이는 퇴계의 문체가 품격의 측면에서는 자신에 비할 바가 아니지만, 활용적 측면에서는 자신이 퇴계에 비할 바가 아니라는 생각이다. 이처럼 남명은 고문을 강조하면서 글을 지었으므로, 그가 지은 부친 曺彦亨(1469~1526)의 묘갈명을 두고 南袞(1471~1527)이 '불세출의 고문'으로 칭송할 수 있었으며, 郭鍾錫(1846~1919)에 의해 '고문을 즐겨 지었으니 辭意가 굳세고 변화가 무상하여 무성히 법도가 있었으므로 사람들이 다투어 전송하였다'고 평가받을 수 있었다. 이에 비해 퇴계는 世體라고 할 수 있는 語錄體에 많은 관심을 보였다. 이는 퇴계가 《심경》을 강의하고 그의 제자들이 여기에 의거하여 주석한 《心經質疑》나 《心經講錄》 등을 보면 쉽게 이해 할 수 있게 된다.

퇴계는 그의 '온유돈후'한 미의식에 입각하여 남명문학에 대한 일정한 비평을 가하였다. 그는 남명의 〈乙卯辭職疏〉를 평하여 '무릇 상소라 하는 것은 곧은 말을 회피하지 않음이 좋으나, 모름지기 곡진하고 부드러워 뜻은 곧으면서 말이 순하여 과격불공한 병통이 없어야 아래로 臣子의 예를 잃지 않고 위로 임금의 뜻을 거스르지 않는 것'이라고 하면서 '남명의 상소는 참으로 금세에 얻기 어려운 바이긴 하지만 말이 지나쳐서 비방하는 데 가깝다'고 하였던 것이다. 이밖에 어떤 중이 퇴계에게 남명의 시를 바치자 남명 시 전체에 대한 자신의 견해를 '奇險'으로 요약한 것이나, 남명이 지은 〈유두류록〉을 읽고 '尙奇好異 難要以中道'라며 비평하였다. 그러나 그는 남명의 시가 '기험'하지 않을 때는 그 스스로 남명의 작품에 대한 차운시를 남기기도 하고, 〈유두류록〉 역시 한 편으로는 '천고영웅의 탄식을 자아내고 귀신을 어둠 속에서 울게 한다'면서 찬사를 아끼지 않았다.

이상에서 남·퇴를 문학적 측면에서 비교하여 남명문학이 지닌 특성을 도출해 보았다. 정구, 이익 등이 남·퇴에 대한 기질적 성향을 대비시켜 놓았거니와 문학에 대한 생각이나 미의식 등도 이와 밀접한 관계 하에 비교된다. 일정한 문장수련을 하지 않은 바 아니나, 문학에 대한 생각은 남명이 더욱 부정적이었다. 이것에 용심하면 뜻을 손상시킬 수 있다고 보았기 때문이다. 이에 비해 퇴계는 비록 그러하기는 하나 마음을 바로 하기 위해서 문학은 오히려 필요하다고 하면서 적극성을 보였다. 미의식은 남명의 '탁흥규풍'과 퇴계의 '온유돈후'로 특징지워진다. 물론 남명에게 후자가 없거나 퇴계에게 전자가 없었던 것은 아니다. 상대적으로 볼 때 문학을 통한 이 같은 변별적 미의식이 제시될 수 있다는 것인데, 이로써 우리는 현실세계에 보다 밀착되어 있는 남명의 문학세계에 대하여 이해하게 된다. 남·퇴는 상호 비평을 해주기도 했다. 남명은 주로 퇴계의 문체, 즉 수文世體를 문제 삼았고, 퇴계는 주로 남명문학에 나타나는 과격한 言辭나 노장적 기풍 등을 문제 삼았다. 그러나 이 같은 비평은 상대의 독자성을 인정하면서 마련된 것이니 끝까지 균형감각과 신뢰성을 잃지 않았다 하겠다.

5. 硏究의 課題

남명이라는 한 작가를 향한 약 20년간의 연구는 그 질량적 수준에서 볼 때 과소평가될 수 없다. 남명이 사회적 실천을 앞세우며 스스로 작가이길 거부하였지만, 작가적 역량은 그의 뜻과는 별도로 후세 사람들에게 다양한 관심을 불러일으켰다. 당대인들에 의한 남명문학의 단편적 관심이 1980년대에 들어 논리를 갖춘 논문으로 발표되었고, 소개와 모색 그리고 구체적 작품론과 의식의 해명을 기반으로 한 작가론에 이르기까지 다양한 방법론적 고민에 의거하여 그 결과물들이 학계에 보고되어 왔다. 우리가 앞서 살핀 것은 바로 그 성과를 연구사적 입장에서 개관한 것이었다. 그러나 연구의 성과 못지않게 이 방면의 연구자들 앞에 놓인 과제 역시 중요한 것이라 아니 할 수 없다. 다음 세기의 남명문학에 대한 연구사적 비전은 이 과제들에 대한 철저한 검토와 그 학문적 실천을 통해 마련될 수 있기 때문이다. 이를 염두에 두면서 연구경향별 검토에서 제기된 과제들을 몇 가지 항목으로 나누어 살펴보기로 하자.

첫째, 장르 변별적 연구의 영역확대와 작품의 형식미학에 대한 검토이다. 장르 변별적 연구는 연구사 초기부터 주목받으며 남명문학 연구 가운데 가장 많은 성과를 거두고 있는 부분이다. 운문작품은 남명의 시문학을 중심으로 부와 명, 그리고 국문시가 등으로 이어졌으며, 산문작품은 〈유두류록〉을 중심으로 〈엄광론〉과 〈묘지〉 등으로 이어졌다. 이들 작품 역시 지속적인 관심을 두면서 정치하게 논의되어야겠지만, 여타의 장르, 즉 56편의 서간문, 5편의 記文, 7편의 발문, 5편의 상소문 등에 대한 독자적인 문학적 접근 또한 시도되어야 할 것으로 본다. 이 작품들은 전통적으로 한문학 분야에서 중요하게 취급되어 왔을 뿐만 아니라, 그 기술방법이나 작가적 태도 역시 뚜렷이 제기되어 있으나, 여기에 대한 개별 연구가 현재 전무한 실정이다. 또한 각 작품이 지닌 주제나 내질적인 의미 역시 중요한 것이긴 하지만 작품이 지닌 형식미학적 측면에 대한 관심이 필요하다. '무엇을'에 대한 문제라기보다 '어떻게'에 대한 문제라 하겠는데, 작품의 주요 내용은 거기에 알맞은 일정한 형식미와 함께 전달될 수 있기 때문이다.

둘째, 장르 통합적 연구의 장르 간 관계에 대한 검토이다. 장르 통합적 연구는 남명문학의 다양한 장르를 포괄적으로 다루되 각 장르에서 공통인자를 추출하여 그것으로 남명의 작가정신을 탐색하는 것이 주된 임무였다. 이 같은 연구방법이 남명문학 전체에서 단일한 작가정신을 찾아내는 데는 매우 효과적으로 활용될 수 있었으나, 개별 장르가 가지는 특수성을 고려하지 않았다는 비판은 모면하기 어렵다. 즉 한 작가가 시문학 등 운문으로 자신의 뜻을 형상화하는 것과 기행문 등 산문으로 자신의 뜻을 기술하는 것은 다를 수밖에 없다는 것을 충분히 고려해야 한다는 것이다. 사정의 이러함을 인식하면서 한편으로 각 장르의 이질성에 주목하되, 다른 한편으로 각 장르의 동질성을 분석하여 그 유기적 관계를 밀도있게 따져야 할 것이다.

셋째, 남명 전승 연구의 역사성과 문학성에 대한 검토이다. 문헌설화와 구비설화에 대한 탐구는 이 분야 연구의 핵심이다. 그러나 이들 자료는 성격이 그리 단순한 것이 아니다. 역사적 전승인 《실록》 및 실기와 일정한 관련을 맺으면서 문학적 전승이 이루어지고 있기 때문이다. 따라서 문헌설화의 영역을 어디까지로 할 것인가 하는 것은 여전히 커다란 문제로 남아 있다. 즉 야담계 일화까지 포함할 것인가 아니면 민중적·허구적·산문적이라는 설화의 요건을 만족시키는 것만 그 대상으로 할 것인가 하는 것이 그것이다. 여기에 대한 심각한 고민을 전제로 하여 설화에 나타난 역사성과 문학성을 심도있게 따질 때, 남명 전승의 의미가 더욱 선명하게 드러날 것이다. 이것은 남명의 창작작품이 그리 많이 남아 있지 않은 현재의 상황에서 남명 이해를 효과적으로 할 수 있는 하나의 중요한 방법이 아닐 수 없다.

넷째, 비교문학적 측면의 정치하고 본격적인 검토이다. 지금까지 이 분야에 대한 연구는 화담 및 퇴계문학과 남명문학을 비교하여 그 차이점을 찾아내거나, 남명의 시운을 중국의 시운과 비교하여 그 특성을 찾아내는 연구가 단편적으로 이루어져 왔을 뿐이다. 이는 다른 작가들과 변별되는 남명문학의 독자성을 찾기 위한 중요한 작업이라 하겠는데, 여기에 대한 연구가 본격화되었다고 하기는 어렵다. 이 점을 충분히 고려하면서 인접 학문분야에서의 연구성과를 원용하는 것도 하나의 방법일 수 있다. 예컨대 남명학파와 화담학파의 학풍을 史學的 측면에서 비교한 연구가 최근 신병주에 의해 진행되었는데[21] 이 같은 역사학계의 성과는 비교문학적 측면의 연구에 상당한 도움이 될 것으로 생각된다. 중국문학과 비교도 역시 요청된다. 남명이 좌구명이나 유종원의 글을 좋아하였다고 거듭 논의되어 왔으나, 구체적으로 어떻게 영향받고 있으며 남명이 이를 어떻게 자기화하고 있는가에 대한 논의는 전무한 실정이다. 남명의 개성적 문체는 이로써 해명될 것으로 본다.

이밖에 남명문학의 특성이 남명학파의 문학에 어떻게 작용하는가 하는 문제이다. 이 작업은 남명학파에 대한 종합적인 연구라는 측면에서

---

21) 申炳周, 〈朝鮮中期 處士型 士林의 學風 硏究 ― 南冥學派와 花潭學派를 중심으로〉, 서울대 박사논문, 1999.

중요하다. 역사적 시각에서 마련된 남명학파의 전체적인 지형도는 이상 필의 〈남명학파의 형성과 전개〉[22]라는 논문을 통해 이미 보고된 바 있 다. 여기서 거둔 성과를 충분히 활용하면서 남명문인에 대한 개별연구, 이를 기반으로 한 남명학파에 대한 문학적 측면에서의 전개 양상을 다 시 따지는 것은 보다 큰 남명문학 이해를 위해 필수적이다. 이와 함께 퇴계 및 퇴계학파를 아우르는 영남문학에 대한 연구, 율곡 및 기호학파 를 아우르는 한국문학에 대한 연구로 나아가야 할 것이다. 이 같은 체 계적이면서도 종합적인 연구가 선행될 때 한국 사림파 문학사 안에서 남명 또는 남명학파가 지닌 상상력의 구도는 그 위상과 특성이 일정한 영역확보와 함께 보다 진전된 의미로 우리 앞에 제시될 것이다.

---

22) 李相弼, 〈南冥學派의 形成과 展開 — 思想과 學脈의 推移를 中心으로〉, 고려대 박사논문, 1998.

남명문학 연구논저 목록

1) 李東英(1981), 〈江右詩歌研究序說〉, 《陶南學報》 4, 陶南學會.

2) 鄭景柱(1982), 〈朝鮮中期 處士文學의 傾向〉, 《釜山漢文學研究》 2, 釜山 漢文學會.

3) 金麗石(1983), 〈南冥 漢詩文學 研究〉, 慶北大 教育學碩士論文.

4) 徐元燮·李鴻鎭(1983), 〈南冥 曺植의 生涯와 文學〉, 《韓國의 哲學》 11, 慶北大 退溪研究所.

5) 李東英(1983), 〈曺南冥時調의 作者存疑〉, 《崔東元教授華甲紀念論叢》, 同 刊 行委員會.

6) 權正浩(1984), 〈曺南冥의 生涯와 文學思想〉, 《晉州文化》 5, 晉州教大 晉州文化圈研究所.

7) 金周漢(1984), 〈退溪와 南冥의 文學批評〉, 《嶺大文化》 17, 嶺南大.

8) 李河石(1984), 〈맑은 지킴과 탁한 감춤〉, 《嶺大文化》 17, 嶺南大.

9) 全炳允(1984), 〈南冥의 思想과 文學研究〉, 啓明大 教育學碩士論文.

10) 李商元(1988), 〈南冥 曺植에 關한 野乘의 研究〉, 《南冥學研究論叢》 1, 南冥學研究院.

11) 李在翼(1988), 〈遊頭流錄에 나타난 曺植의 自然觀〉, 《語文教育論集》 10, 釜山大 國語教育科.

12) 許捲洙(1988), 〈南冥詩에 나타난 救世精神〉, 《南冥學研究論叢》 1, 南冥 學研究院.

13) 楊熙喆(1989), 〈南冥 曺植의 「民巖賦」 研究〉, 《伽羅文化》 7, 慶南大 伽 羅文化研究所.

14) 尹柱弼(1990), 〈朝鮮前期 方外人文學에 관한 當代人의 認識 研究〉, 韓 國精神文化研究院 博士論文.

15) 李相弼(1990), 〈南冥의 民巖賦에 대하여〉, 《漢文學論集》 8, 檀國漢文 學會.

16) 金知燁(1991), 〈南冥 曺植의 賦에 關한 研究〉, 嶺南大 教育學碩士論文.

17) 李東歡(1991), 〈曺南冥의 精神構圖〉, 《南冥學研究》 1, 慶尙大 南冥學研

究所.

18) 金忠烈(1992), 〈詩文을 통해 본 南冥의 思想〉, 《南冥學硏究論叢》 2, 南
冥學硏究院.

19) 鄭羽洛(1992), 〈南冥文學의 敬義思想 表出方法과 作家意識〉, 慶北大 碩
士論文.

20) ──(1993), 〈天命問題와 關聯한 南冥의 現實主義的 世界觀〉, 《南冥
學硏究》 3, 慶尙大 南冥學硏究所.

21) ──(1994), 〈南冥의 「遊頭流錄」에 나타난 記錄性과 文學性〉, 《南冥
學硏究》 4, 慶尙大 南冥學硏究所.

22) 金侖壽(1995), 〈南冥의 旅遊詩 小考〉, 《韓國漢文學硏究》 18, 韓國漢文
學會.

23) 李政喜(1995), 〈頭流山 遊覽錄에 나타난 嶺南士林의 精神世界〉, 慶尙大
敎育學碩士論文.

24) 李鍾燦(1995), 〈正士的 氣質의 南冥詩文〉, 《東方漢文學》 11, 東方漢文
學會.

25) 張源哲(1995), 〈南冥詩 世界의 한 局面〉, 《南冥學硏究》 5, 慶尙大 南冥
學硏究所.

26) 鄭羽洛(1995), 〈'嚴光論'의 構造를 통해 본 南冥의 批判精神〉, 《東方漢
文學》 11, 東方漢文學會.

27) 崔錫起(1995), 〈南冥의 山水遊覽에 대하여〉, 《南冥學硏究》 5, 慶尙大
南冥學硏究所.

28) 鄭羽洛(1996), 〈南冥文學에서의 現實主義 形成背景에 관한 硏究〉, 《韓
國의 哲學》 24, 慶北大 退溪硏究所.

29) 曺丘鎬(1996), 〈小說文學에 나타난 南冥의 人間像〉, 《南冥學硏究論叢》
4, 南冥學硏究院.

30) 劉廣和(1997), 〈南冥·松亭詩韻考〉(金德煥 譯), 《南冥學硏究論叢》 5, 南
冥學硏究院.

31) 윤주필(1997), 〈설화에 나타난 道學者像 ― 남명 조식 전승을 중심으
로〉, 《南冥學硏究》 7, 慶尙大 南冥學硏究所.

32) 鄭羽洛(1997), 〈南冥의 事物接近에 관한 理論과 그 文學的 形象化의 一

局面〉,《南冥學硏究論叢》5, 南冥學硏究院.

33) 鄭羽洛(1997), 〈南冥文學의 意味表出樣相과 現實主義的 性格 硏究〉, 慶北大 博士論文.

34) 洪性熙(1997), 〈南冥 曺植의 作家意識 硏究— 敬義精神과 老莊的 趣向을 중심으로〉, 慶熙大 敎育學碩士論文.

35) Sonja Häußler(1997), 〈南冥 曺植의 墓誌〉,《南冥學硏究論叢》5, 南冥學硏究院.

36) 權鎬鐘(1998), 〈南冥 曺植詩의 隱逸心理 管窺〉,《南冥學硏究論叢》6, 南冥學硏究院.

37) 鄭景柱(1998), 〈南冥詩의 修養論的 意味〉,《南冥學硏究院報》6, 南冥學釜山硏究院.

38) 李商元(1998), 〈南冥 撰 銘文의 意味分析〉,《南冥學硏究論叢》6, 南冥學硏究院.

39) 鄭羽洛(1998),《남명문학의 철학적 접근》, 박이정.

40) 金一根(1999), 〈曺南冥의 國文詩歌에 대한 深層硏究-頭流山歌의 作者와 定本考〉,《南冥學硏究論叢》7, 南冥學硏究院.

41) 王培源·金德煥(1999), 〈南冥先生詩說略〉,《南冥學硏究論叢》7, 南冥學硏究院.

42) 鄭羽洛(1999), 〈說話에 나타난 南冥形象의 樣相과 意味(1)〉,《南冥學硏究論叢》7, 南冥學硏究院.

退溪의 書院敎育의 특성

朴洋子(강릉대)

1. 서 언

퇴계(1501~1570 : 名은 滉, 字는 景浩, 退溪는 그의 號)의 학문에 관하여 고찰할 경우, 우선 염두에 두어야 할 것은 그 학문의 내용이 철학이든 문학이든 교육이든 간에 퇴계가 유학자라는 사실이다. 유학의 기본정신을 한마디로 말하기는 힘들지만, 《大學》의 이른바 三綱領·八條目이 그 근간이 되고, 이를 다시 네 글자로 줄여보면 '修己治人'이라고 할 수 있을 것이다. 퇴계는 사는 동안 수기치인의 기본정신에 서서 德性을 함양하고 뭇 이치를 연구하여, 일상생활에서나 관직에 있을 때나 그 出處進退를 분명히 하며 산 實踐哲學者이다.

또 하나 간과해서는 안 되는 것은 퇴계가 유학자 가운데서도 신유가 그 중에서도 朱子學을 깊이 신봉하고 있었다는 사실이다. 조선시대를 풍미한 유학은 宋學 그 중에서도 주자학이 주축을 이루고 있는데, 이 宋代 유학의 특징은 漢·唐의 豪族·貴族과 같이 타고난 신분에 의해 출세하는 것이 아니라, 이른바 사대부라 일컬어지는, 聖賢이 기록한 經傳을 공부하여, 經書의 정신을 체득한 독서인들이 과거라고 하는 관리채용시험에 합격하여 관직에 나아가 정치인이 된다고 하는 점에 있었다.

조선시대에서도 관직에 나아간 사람들은 대체로 經傳을 공부하여 科擧
에 합격한 말하자면 학자인 동시에 정치가인 사대부들이었다. 퇴계는
바로 선비가 정치가가 되는 사대부의 길을 걸었던 사람이었다.

퇴계가 태어나 성장하고 활약했던 시기는 장기간에 걸친 士禍의 餘
震과 名利와 俸祿만 탐하는 소인배들이 득세하던 극도로 혼란한 시대
로 일컬어지고 있다. 퇴계는 결코 관직에 뜻이 없었던 사람은 아니었으
나, 다만 네 차례나 계속된 士禍로 얼룩진 혼탁한 세태에서는 道義를
실현하기 어렵다는 사실을 깊이 깨닫고 부득이 官界에서 물러나 聖人
의 道를 후세에 전하기 위하여 書堂을 지어 제자를 교육하고, 書院을
설립하여 유가의 이상인 '篤志願學'[1]의 원대한 정신을 수립했던 것이다.

본론에서는 주자학이 조선사회에 수용되는 과정에서 일어난 사화로
얼룩진 혼란한 시기에 사대부로서의 삶을 선택하였으나, 적극적으로 정
치에 참여하기보다는 현인을 높이고 道義를 강론하여 장래 국가경영에
필요한 인재를 교육하는 쪽을 택하고, 그리하여 조선조의 여러 서원 설
립에 직접 또는 간접적으로 관여하고 또한 서원 의례의 사표가 된 퇴계
의 서원관에 초점을 맞추어 퇴계의 서원교육의 특성을 일별해 보고자
한다.

2. 서원의 설립목적

서원은 조선 특유의 제도는 아니고, 그 연원은 宋代초기까지 거슬러
올라간다. 유학 그 중에서도 특히 주자학의 기본 사상을 국가경영의 근
간으로 삼은 조선사회에 서원이 등장하는 때는 1543년(중종 38) 풍기군
수 周世鵬(1495~1554 : 字는 景游, 號는 愼齋)에 의해 창건된 백운동서원
이 그 효시이다.《증보문헌비고》에 기록되어 있는 서원만 해도 327개
소나 되고, 각 붕당에 의하여 전국 각지에 서원과 祠宇가 다투어 설립

---

1) 〈迎鳳書院記〉,《退溪先生文集》권 42. 이하 퇴계문집이라 약칭함.

되었던 숙종 말에는 680여 개소나 되었다고 한다. 서원이 이처럼 조선 사회에서 크게 융성하게 된 이유는, 주자학이 조선사회에 뿌리를 내린 것과 관계가 있는데, 주자(1130~1200 : 名은 熹, 字는 元晦, 號는 晦庵)의 서원교육의 정신과 그 교학 내용을 적은 〈白鹿洞書院揭示〉[2]는 조선조 서원 성립에 결정적 영향을 주고 있다. 주자는 일찍이 廬山에 白鹿洞書院을 중건하여 민간 교육기관인 서원교육의 중요성을 현창하고 있다. 주자가 南康軍 知事로 부임(1178년)한 즉시 廬山에 있는 백록동서원을 복원한 이유[3]는, 첫째 당시 宋代 官學의 피폐상을 들 수 있고, 다른 하나는 백록동서원이 자리한 廬山이 예로부터 老佛이 융성했던 곳이기 때문이었다. 인재 양성기관으로 중앙에 國學과 州學·縣學이 정비되어 있었으나, 이곳은 과거시험을 준비하는 예비학교로 전락하여 聖人의 참된 학문의 도야란 도저히 기대할 수 없었고, 또한 虛無를 주장하는 老莊과 寂滅을 말하는 불교의 이론이 이 세상에 성행하는 한, 유학이 높이는 聖人之道는 도저히 실현될 수 없었기 때문이었다. 그리하여 주자는 〈大學章句序〉에서 당시 참된 성인의 학문에 도전하는 학풍으로, 과거에 합격하기 위하여 속된 유학자들이 경전을 암송하고 詞章이나 익히는 과거공부와 이단인 노장의 허무와 불교의 적멸의 가르침, 그리고 권모술수로써 공명을 취하는 학설과 百家衆枝의 流派 등을 지적하고 이를 통렬히 비난하고 있는데, 그 중에서도 주자가 평생 비판의 강도를 늦추지 않았던 것은 노장과 불교였다. 주자는 여기에 한걸음 더 나아가 '玉山 강의'[4]에서는 같은 유학자들 가운데서도 경계해야 할 급선무는 科名爵祿之計 이외에도 陳龍川(1143~1194 : 名은 亮, 字는 同甫)으로 대표되는 浙東功利의 學과 陸象山(1139~1192 : 名은 九淵, 字는 子靜)을 대표로 하는 江西空虛의 學을 근절하는 데 있다고 이들을 통렬히 비판하고 있다. 또한 湖南學派의 高遠性에 대해서도 날카로운 비판의 화살을 멈

---

2) 《晦庵先生朱文公文集》 권 74. 이하 《朱子文集 ─ 揭示》로 약칭함.
3) 〈朱子의 書院觀〉, 《동방학지》, 연세대, 1995, pp.80~84.
4) 《주자문집》 권 74.

추지 않고 있는데, 그 이유도 湖南學 내부에 깊이 잠재해 있던 禪味를 간파했기 때문이다.

　퇴계가 서원에 관하여 어떠한 생각을 하고 있었는지를 알려주는 자료는 《퇴계문집》 각처에 산견되고 있는데, 그 가운데에서도 〈上沈方伯書〉[5], 〈擬與榮川守論紹修書院事〉[6], 〈擬與豊基郡守論書院事〉[7], 〈伊山書院記〉[8], 〈迎鳳書院記〉[9], 〈易東書院記〉[10] 등에 자세하다.[11] 당시 한성에서는 이미 成均四學이 설치되어 있었고, 또 전국 각지에 향교가 개설되어 있었음에도 불구하고, 서원이 필요한 이유에 대하여 퇴계는 〈上沈方伯書〉에서 다음과 같이 말하고 있다.

　　隱居하여 뜻을 구하는 선비들은 道義를 강론하여 밝히고 사업을 익히는 倫序에 있어서, 이들은 대개 시끄럽게 경쟁하고 다투는 것을 싫어하여 책을 짊어지고 넓고 한가한 들판이나 물가로 피해 나가 선왕의 도를 칭송합니다. 고요히 천하의 의지를 살피며 덕을 쌓고 仁을 몸에 익혀 이것으로 즐거움을 삼습니다. 그래서 즐거운 마음으로 서원에 나가는 것입니다. 國學이나 향교가 사람이 많이 모이는 마을 가운데 있어서 한쪽으로는 學令에 구애받고 다른 쪽으로는 異物에 유혹을 받는 것과 비교해 보면 그 공효가 같지 않습니다. 이는 선비가 학문을 할 때 서원에서 그 힘을 얻을 수 있을 뿐만 아니라, 후일 국가가 賢人을 얻을 때에도 또한 국학이나 향교보다 나을 것입니다.

　퇴계는 〈擬與榮川守論紹修書院事〉에서도

　　서원은 賢人을 존중하고 선비를 길러 즐겨 인재를 육성하기 위하여 만

---

　5) 《퇴계문집》 권 9.
　6) 同卷 12.
　7) 同卷 12.
　8) 同卷 42.
　9) 同卷 42.
　10) 同卷 42.
　11) 〈퇴계의 서원관〉, 《퇴계학보》 제83집, 퇴계학연구원, 1994의 내용 참조.

들었다.

고 하고, 또 〈擬與豊基郡守論書院事〉에서는

　　서원은 賢人을 받들어 높이고, 道義를 강론하기 위하여 만들었다.

고 말하고 있다. 〈伊山書院記〉와 〈迎鳳書院記〉에도 서원이 필요한 이
유에 대하여 자세히 기록되어 있다. 퇴계는 국가가 서원의 설립을 허가
한 것은, '尊賢養士', '尊賢講道', '樂育人材'라는 목적을 가지고 있는 서
원이, 科擧와 같은 법령의 구속을 받고 있는 國學이나 향교와 같은 官
學보다도 교육효과가 뛰어나기 때문이라고 말하고 있다. 이러한 서원의
설립목적은 주자의 〈백록동서원게시〉의 내용을 답습한 것이다.

3. 조선에서 서원이 일어난 이유

서원이 중국에서 일어난 이유에 대하여 퇴계는 〈伊山書院記〉에서

　　옛날 三代의 학문이란 모두 人倫을 밝히는 것이었으나, 후일 聖王이
일어나지 않게 되자 古道는 완전히 무너져버렸고, 詞章을 지어 풍류를
즐기는 무리나, 경전을 암기하여 과거시험에 합격함으로써 利祿과 명예
를 취하는 길로 치닫는 무리가 많아짐으로써, 인간의 본성인 德性을 함
양하려는 마음이 찌들게 되어, 국학과 향교가 엄연히 존재함에도 불구하
고 참학문은 이루어지지 않았다. 이에 뜻있는 선비들은 이러한 사실을
깊이 탄식하고 책을 등에 지고 경관이 뛰어난 깊은 산중으로 피하여 나
아가, 성인의 道를 강론하고 밝혀서 자신의 몸을 수양함은 물론 다른 사
람들도 혁신하도록 도와줄 목적으로 서원이 일어났다.

고 기술하고 있는데, 이는 말을 바꾸면 조선에 서원이 필요한 이유이기

도 하다.

퇴계의 서원관을 알려주는 전술한 여러 자료들을 분석해 보면, 퇴계가 당시 사회상을 어떻게 이해하고 있었는지 잘 알 수 있다. 퇴계는 한마디로 당시는 성인의 道가 실현될 수 없는 혼탁한 세상으로 이해하고 있다. 《孔子》의 '修己安百姓',[12] 《大學》의 '八條目', 《周易》의 '崇德廣業'[13] 등에 나타나 있는 바와 같이 유학은 修己治人의 구조를 가지고 德治를 기본틀로 삼고 있는데, 유가는 특히 修己를 治人의 先決요건으로 생각한다. 따라서 유자가 관직에 나아가는 것은 단순히 입신출세하여 신분상승을 기도하는 개인적인 차원만 있는 것이 아니라, 하늘로부터 받은 明德을 닦아 국가사회에 '道義'를 실현해야 한다는 使命의식이 있었음을 간과해서는 안 된다. 그러기에 수양이 덜 되어 학문이 아직 지극한 곳에 이르지 못한 사람은 "함부로 관직에 나아가 세상을 經綸해서는 안 되고, 설사 등용된다 하여도 자신의 뜻을 펼 수 있는지 없는지 그때를 헤아려 행동함이 필요하다"[14]고 퇴계는 말하고 있다. 더구나 태어난 시대가 험난하여 덕을 갖추고 있어도 그 뜻을 펴서 道義를 실천할 수 없을 때에는 과연 어떻게 살아야 하는가. 여기에 儒者의 出處進退 문제가 생기게 된다. 사대부였던 퇴계가 관직에 나아가고 물러갈 때의 準則인 출처진퇴관에 엄격했던 것[15]도 실은 이는 유자가 중시하는 道統에 관계되는 중대한 일이었기 때문이다.

여기서 또 하나 짚고 넘어가야 할 사실은, 그 동안 사계의 통설로 되어온 조선조 500년이 주자학 일변도라는 지배적 시각에 관한 문제점이다. 결론부터 말하면 주자학은 고려 충렬왕 시대에 元으로부터 수입된

---

12) 《논어》 憲問篇.
13) 《주역》 계사전.
14) 《퇴계문집》 권 16, 答奇明彦 ; 《퇴계선생언행록》 권 3, 出處 李德弘 기록.
15) 《퇴계선생언행록》 권 5, 論人物 金誠一 기록. 《퇴계선생언행통록》 권 1, 實記 김성일 지음. 《퇴계문집》 권 15, 答李大成 文樑 ; 《퇴계문집》 권 17, 答奇明彦 丁卯. 퇴계의 출처진퇴관에 대하여는 박양자, 〈퇴계의 자연관〉, 《퇴계학보》, 퇴계학연구원, 1992 참조.

이래 200여 년이 훨씬 지난 退溪·高峯·栗谷·牛溪의 논변을 기다려 비로소 뿌리를 내리게 되는데, 불교사상이 깊숙히 뿌리내린 고려의 학문적 토양에 주자학이라는 새로운 학문의 씨앗이 조선조에 떡잎을 피우고 뿌리를 내리는 데는 오랜 세월이 걸렸고 또한 우여곡절도 많았다. 그 대표적 예가 이른바 士禍인데, 이는 조선초기 사회 전반에 만연해 있던 불교적 요소를 유가사상 특히 주자학의 핵심사상으로 대치해 가는 과정에서 일어난 문화적 충격임을 알 수 있다. 따라서 조선초 주자학의 수용 과정에 대한 정밀한 연구가 선행되어야만 조선조 서원이 대두하게 된 사상사적 배경과 그 의미를 분명히 할 수 있으며, 또한 그 동안 부정적 시각으로 일관되어 온 이른바 사화와 당쟁의 성격에 대해서도 바른 해석을 할 수 있게 될 것이다. 퇴계 당대에 빈번하게 일어난 이 사화의 여파는 퇴계의 일생에 긴 그림자를 드리웠고, 그 출처진퇴관에도 큰 영향을 끼쳤다.

수기치인을 이상으로 삼은 체제 아래에서는 선비인 士와 정치가인 大夫가 결합된 士大夫는 모든 儒者의 이상이다. 그러나 조선시대 유학자들이 모두 사대부의 길을 걸은 것은 아니다. 학덕을 쌓아 선비로서의 자격을 충분히 갖추고 있었음에도 불구하고, 때로는 자의와 타의에 의해 大夫로 되는 길이 좌절되었기 때문이다. 여말선초의 冶隱 吉再와 같은 節義派와 세조의 찬위로 인한 生六臣과 같은 忠節派들은 조선초 각각 자신의 고향으로 돌아감으로써 孟子의 이른바 홀로 그 道를 실천하는 선비[士]들이 전국 각지로 흩어지게 되는데, 이러한 선비들의 서재나 서당에 뜻을 같이하는 선후배 선비들이 모여 道義를 강론하는 일이 있게 되자, 스승이 같은 선비집단이 나오게 되었다. 또한 전국에 흩어져 있던 뜻을 같이하는 선비들도 국가의 대사를 당하여 공통된 의견을 도출해 냄으로써 사림 또는 사류로 불려지게 되었고, 성종·중종대가 되면 중앙정치 무대의 견제세력으로 등장하였다. 이 사림 가운데에는 후일 遺逸로서 천거되어 관직에 나아가 사대부가 되기도 하였다. 퇴계는 자기의 재능을 숨기고 은둔생활을 즐긴 이러한 사림들의 韜晦의 생활을

깊이 이해하고 있었으며, 그리고 韜晦의 일생을 보낸 顔回와 李延平에
대해서도 높게 평가하고 있다. 그러나 퇴계는 사림의 길을 택하지 아니
하고 사대부의 삶을 선택한 사람이다.

퇴계는 관직에 대하여 관심이 없었던 것은 아니나, 그가 평생 관직에
소극적일 수밖에 없었던 이유는 과거를 치게 된 연유를 밝힌 퇴계의 말
을 깊이 음미해 보면 잘 알 수 있다. 曺南冥(1501~1572 : 名은 植, 字는
楗仲, 南冥은 號)에게 보낸 서신에서 퇴계는

집이 가난하고 부모님이 늙어 어쩔 수 없이 과거를 보아 利祿을 취하
게 되었다.[16]

고 말하고 있다. 士禍의 회오리바람이 아직 완전히 가시지 않았던 그
당시에 퇴계가 과거에 대하여 큰 관심을 가질 수 없었던 것은 당연한
일이었을 것이다. 그러나 수기치인을 이상으로 삼고 있는 유가의 가문
에 태어난 퇴계가 과거에 응시한 것 또한 당연한 일이었다. 당시 시대
의 혼란상을 잘 알고 있어서 道義의 실현이 어려울 것이라는 사실을 충
분히 알고 있었을 퇴계가 과거에 응시했을 때에는 충분한 이유가 있었
을 것이다. 군자가 벼슬하는 것은 그 義를 실현하기 위해서이다. 그러나
살다보면 때로는 가난하기 때문인 경우도 있을 수 있다. 부모를 봉양하
기 위해서 어쩔 수 없이 하는 벼슬이라면 존귀한 것을 버리고 낮은 자
리에 만족하며, 많은 祿을 버리고 적은 봉록에 만족해야 한다는 孟子의
말[17]처럼, 퇴계 역시 부모 봉양이 그 이유였다. 이는 퇴계가 평생 높은
벼슬을 하지 않았고, 모친 3년상을 치루고 난 43세 이후 거듭 사직소를
내고 있는 사실에서도 알 수 있다.

일찍이 공자는 "天下에 道가 있으면 나타나 벼슬하고, 道가 없으면
숨는다"[18]고 했다. 또 수신하여 德과 학문을 갖추고 있어도 나라에서

---

16) 《퇴계문집》 권 10, 與曺楗仲.
17) 《맹자》 만장장구 하.

"써 주면 道를 행하고 버리면 은둔한다"[19]고 말한다. 맹자 역시 수신출 세하여 "뜻을 얻으면 천하백성과 더불어 이를 행할 것이요, 뜻을 얻지 못할 때에는 홀로 그 道를 행할 따름이다"[20]고 말하고 있는데, 이러한 出處觀을 이어받은 사람이 다름아닌 남송의 주자였고, 퇴계도 이 선상 에 서 있는 것이다. 따라서 이처럼 道義를 실현할 정치적 상황이 되지 못하면, 물러나 고향으로 은둔하는 것은 유자에게는 지극히 당연한 일 이었다. 고향의 산림 속에서 孟子의 이른바 홀로 그 道를 실천하면서 다시 천하에 도의를 실천할 때가 오기를 기다리는 것이다. 경우에 따라 서는 자기 당대에 그 기회가 오지 않을 수가 있다. 그러기에 뜻을 가진 儒者들은 聖人의 道를 후세에 전하기 위하여 후학을 교육하는 것이다.

퇴계가 〈伊山書院記〉에서 志尹學顔이라 하고, 〈迎鳳書院記〉에서 篤 志願學이란 一句에 의탁하여 나타내려고 했던 의미도 바로 이러한 수 기치인의 정신을 함축하고 있는 것이라 할 수 있다.

여기서 伊尹이 經世濟民의 道에 뜻을 두고 천하를 經綸하는 儒家의 이른바 治人의 모범을 의미하는 것이라면, 顔淵은 하늘로부터 받은 明 德을 밝혀 修身하여 道義를 체득하였으나, 亂世에 태어나 그 도의를 실 현할 수 없음을 알고, 관직에 나아가는 것을 포기하고 조용히 숨어 韜 晦의 일생을 보낸 사람을 상징하는 것이라 할 수 있다. 태평성대에 태 어나 훌륭한 임금을 만났더라면, 마땅히 伊尹과 같이 천하를 經綸하는 것이 儒家의 理想이나, 亂世에는 물러나 후세에 聖人의 蘊蓄을 발명하 여 이를 萬世無窮에 전해야 하는 것[21] 역시 儒家의 이상이라는 것이다. 자기가 모시는 임금이 堯舜과 같이 되도록 깨우쳐 주고, 백성들에게도 堯舜之道의 혜택을 입게 하여 제 살길을 찾도록 도와주지 못하면, 그것 이 마치 자신의 잘못처럼 부끄럽게 생각했던 伊尹이 가졌던 그러한 정

---

18) 《논어》 태백편.
19) 《논어》 술이편.
20) 《맹자》 등문공장구 하.
21) 《通書》 제29, 聖蘊.

치에의 원대한 포부를 돈독히 가지고, 陋巷에 살면서도 가난을 두려워
하지 않고, 세상이 자신을 알아주지 않아도 남을 원망하는 일 없이 安
貧樂道의 생활을 즐기며 산 顔回의 위학정신을 희구하며 살라는 退溪
의 이 篤志願學이란, 간곡한 염원에서 書堂을 지어 제자들을 가르치고,
書院을 설립하여 尊賢講道를 강조해 온 儒者 李退溪의 理想을 읽을 수
있다.

退溪는 오래 계속된 士禍의 餘震과 간신배들이 들끓는 혼탁한 세태
에서 道義의 실현은 도저히 불가능하다는 사실을 깊이 통찰하고, 자신
이 신봉하는 聖人의 道를 후세에 전하기 위하여, 부득이 官界에서 물러
나 고향으로 돌아와 도산서당을 지어 제자들 교육에 전념했던 것이다.
퇴계가 1565년 65세 때 지은 〈書院十詠〉[22] 가운데 9개소의 서원의 설립
에 직접 또는 간접적으로 관여하고 또한 그 儀禮 制定에 깊이 관여한
것도 결단코 연고 없는 일은 아니었던 것이다. 따라서 퇴계를 오로지
隱逸의 생활을 희구했던 인물로 이해하는 것은 옳다고 할 수 없다. 퇴
계에게는 張載의 이른바 "生民을 위하여 道를 세우고 往聖을 위하여 絶
學을 잇는다"[23]고 하는 儒者로서의 원대한 꿈이 있었던 것이다. 이러한
의미에서 퇴계는 맹자의 이른바 대장부였다고 할 수 있다.

퇴계가 書院敎學의 기본으로 삼은 것은 '尊賢講道', '尊賢養士'의 정신
이다. 尊賢에 대해서 말할 것 같으면, 하나는 指導者의 자격을 갖춘 사
람을 얻는 일의 중요성, 즉 師道의 확립이며 다른 하나는 후배에게 모
범이 되는 鄕土의 先賢을 顯彰하는 일이며, 무엇보다도 道統의 傳에 관
계가 있는 선현에 대한 존숭의 정신을 잊어버리지 않는 일의 중요성이
다. '講道'라고 하는 면에 대해서 말하면, 決科利祿을 성취하기 위해서
가 아니고, 또한 언어문사의 세련됨을 습득하기 위해서도 아닌 오로지
'五倫'이라고 하는 인류의 도를 강습하는 곳에 書院敎學의 기본이 있는
것이다. '養士'라고 하는 면에 대해서 말하면, 서원교학에 의해서만이

---

22)《퇴계문집》권 4.
23)《張子全書》권 14, 性理拾遺.

篤志願學의 선비, 환언하면 언젠가 참으로 국가 사회를 위해 공헌할 수
있는 인재를 양성할 수 있다고 하는 주장이며, 이것이 후일 서원 출신
자가 政界에 진출할 수 있는 길을 열어 주었던 것이다.

4. 서원의 교육내용

퇴계가 書院教學의 기본으로 삼은 것은 尊賢講道, 尊賢養士, 樂育人
材이고, 이 정신에 의해서만이 진정한 유가의 근본인 수기치인을 실천
할 수 있는 篤志願學의 선비를 기를 수 있다는 것이다. 퇴계는 〈伊山書
院記〉에서 서원교학의 모범으로 삼을 만한 것으로 朱子의 〈白鹿洞書院
揭示〉, 〈白鹿洞賦〉[24], 〈衡州石鼓書院記〉[25] 및 張南軒(1133~1180 : 名은
栻, 字는 敬夫)의 〈潭州重修嶽麓書院記〉[26]를 들어 다음과 같이 기술하고
있다.

五倫을 근본으로 삼아 理를 궁구하고 실천을 돈독히 하는 것은 朱선생
의 白鹿洞規이다. 伊尹이 뜻한 바에 뜻을 두고 顔淵이 즐겨한 그 학문을
배우며, 誠과 明이 함께 나아가고 敬과 義가 서로 같이 서는 것은 또한
그 (白鹿洞)賦詠에 보이는 것이 그러하다. 仁으로써 道를 전하고 그 民生
을 구하려고 한 것은 張南軒이 嶽麓의 여러 君子들에게 기대한 바가 크
다. 마음이 아직 움직이기 전에 그 온전함을 기르고, 마음이 움직일려고
할 때 그 기미를 살펴서 善이면 이를 확충하고, 惡이면 이를 극복하여 제
거한다. 이 또한 朱선생이 저 石鼓의 諸生에게 下學의 공효로써 보여준
것도 지극하다. 그러므로 이에 아울러 취하여 諸君들에게 이를 읽히려고
한다. 만약 훗날 조정의 命으로 山長 제도를 만들고 巨儒를 얻어 가르침
을 창도한다 하여도, 그 가르침을 행하는 所以는 역시 이에 지나지 않을

24)《주자문집》 권 1.
25) 同卷 79.
26)《南軒先生文集》 권 10.

것이다. 실로 이는 제군들의 본성 가운데 갖추어져 있으니, 어찌 다른 것
에서 구하기를 기다릴 것이냐. 제군은 이에 힘쓸지어다.

퇴계가 여기서 인용하고 있는 〈白鹿洞書院揭示〉, 〈白鹿洞賦〉, 〈衡州
石鼓書院記〉, 〈潭州重修嶽麓書院記〉의 네 가지는 모두 宋儒가 書院에
의탁한 敎學의 正道를 아주 잘 표명하고 있는 것이라 하여, 서원에 관
하여 설명할 때 항상 인용되는 유명한 문장이다. 퇴계도 이 네 문장을
제시해서, 서원의 교사와 학생들에게 올바른 지침을 보여주고 있으며,
이에 의해서 퇴계가 마음속에 그리고 있었던 서원 교학의 이상적인 모
습을 알 수 있게 된다.

퇴계가 〈伊山書院記〉를 통하여 말하려고 하는 서원교육의 내용을 요
약하면 첫째 오륜을 근본으로 삼고, 그 실천은 學問思辨의 窮理공부와
處身할 때의 篤行공부를 병행하여야 한다. 둘째 유가의 이상인 수기치
인의 정신을 기르기 위하여, 伊尹이 가졌던 정치가로서 웅대한 뜻과 顔
淵이 지녔던 안빈낙도의 정신을 마음속에 간직하여야 한다. 그리고 天
道인 誠은 자신을 이룰 뿐만 아니라 남도 이루게 해주니, 이러한 진실
하고도 거짓이 없는 誠을 지니기 위해서는 敬으로 마음을 바르게 하고,
義로 외형을 반듯하게 가져야 한다. 셋째 仁으로 널리 온 백성을 구제
해야 하며, 넷째 마음이 고요할 때에는 存養하고, 마음이 움직일 때에는
성찰하여야 한다. 또한 이 모든 공부는 일상생활 가운데 구체적이고도
卑近한 下學의 공부로부터 시작하여야 한다는 것이다.

이를 좀더 구체적으로 살펴보면, 첫째 전술한 바와 같이 그동안 퇴락
하여 황폐해 있던 백록동서원을 다시 일으킨 사람은 주자였다.[27] 여기
서 배우는 학생들을 위하여 朱子가 지은 〈白鹿洞書院揭示〉는 이 서원
만이 아니라 주자학의 기본 경전으로서, 후세 주자학자들 사이에서 널
리 존숭되어 온 것은 주지의 사실이며, 퇴계도 그 중의 一人으로 퇴계

---

27) 박양자, 〈朱子의 書院觀〉, 《동방학지》, 연세대, 1995, pp.85~91.

가 서원의 학생들에게 제시한 '本之五倫, 而以窮理篤行爲學云云'이란 一文도 이 朱子의 〈揭示〉에 기초하는 것이었다. 朱子는 〈揭示〉 가운데에서 옛 聖賢이 사람들에게 학문을 하도록 가르치는 이유에 대하여, '義理를 講明함'으로써 그 몸을 닦고, 그러한 후에 미루어 다른 사람에게 미치게 함에 있다고 하면서, 이 '講明義理, 以修其身, 然後推以及人'을 실천하는 방법으로 五敎之目 즉 맹자의 이른바 五倫을 맨 먼저 들고 있다. '父子有親, 君臣有義, 夫婦有別, 長幼有序, 朋友有信'의 五倫은 儒者가 전통적으로 존중해 온 가장 기본적인 道德이며, 주자는 이것이 우리 인간 본성에 뿌리박고 있다고 하여, 白鹿洞書院에서 공부하고 있는 학생들이 수득해야 할 가장 기본적인 學修내용으로 삼았다.

퇴계가 〈擬與豊基郡守論書院事〉에서 尊賢 '講道'라고 말하고 있고, 또 〈戊辰六條疏〉[28]에서 '明道術'이라 말하고 있는 이른바 道·道術은 주자가 말한 이 '講明義理'의 義理와 같은 의미로, '天命에서 나와서 彝倫에서 행해지는 것으로써, 천하고금이 다 같이 이로 말미암는 길'이라고 퇴계는 말하고 있는데, 여기서 彝倫이란 바로 오륜을 가리키고 있다. 그런데 佛家에서는 慈悲를 내세워 儒家가 가장 중요시하는 父子有親의 도리를 혼란시키고 있다. 또 出家함으로써 夫婦有別의 도리도 파괴시키며, 君臣有義 또한 지키지 아니하므로, 유가의 견지에서 보면 佛家는 유가가 무엇보다 중시하는 가족 질서와 국가사회 질서를 동시에 파괴하는 위험사상이라 아니할 수 없다. 老子의 경우는 비록 완전히 出家는 아니한다 해도 無爲自然이란 老子思想이 지니고 있는 高遠한 면이 한 걸음 더 나아가면 萬物一體觀에 떨어지기 쉬우므로, 유가의 기본 이념인 修己治人의 관점에서 보면 治人의 면이 결핍되어 있다. 또 이론적 窮理공부를 전연 무시함으로써 허무에 빠지기 쉬운 폐단을 가지고 있다. 朱子가 〈揭示〉에서 제일 먼저 오륜을 들고, 공부하는 순서로《中庸章句》20장의 이른바 學問思辨의 窮理공부를 든 다음 篤行之事로서 修

---

28)《퇴계문집》권 6.

身하고, 處事하고, 接物할 때의 요령을 들고 있는 것도, 이것은 어디까지나 老佛과 一線을 긋기 위한 주자의 강경한 의사표시라 할 수 있다. 맹자가 일찍이 兼愛를 주장하는 墨翟을 無父라 하여 공격하면서 義를 강조하고, 爲我를 주장하는 楊朱를 無君이라 하여 仁을 강조한 것[29]과 그 사상적 궤를 같이하고 있다 할 것이다. 老佛의 道가 이 세상에 성행하는 한, 유학이 높이는 聖人之道는 실현될 수 없는 것이다. 주자가 道統정신을 견지하고 聖學의 입장을 명확히 하려고 한다면 聖學에 위반되는 異端學에 대한 비판은 당연한 일이다. 주자가 같은 유학자 가운데서도 湖南學과 陸學 그리고 陳學을 격렬하게 공격하는 것도, 이들의 사상이 도통정신에 정면으로 위배되는 것이기 때문이었다.

그리고 이 오륜을 바르게 실천하기 위해서 주자는 〈揭示〉에서 學問思辨이란 窮理의 공부와 修身하고 處事하고 接物할 때의 篤行의 공부로서, 몇 가지 구체적인 실례를 들고 있다.《中庸章句》제20장은 魯의 哀公이 政事에 대하여 묻는 것으로 시작되는데, 공자는 "나라 정치란 사람에게 달려 있는 것이니, 賢臣을 취하고, 자기 몸을 닦되 천하의 達道인 오륜으로써 하고, 道를 닦되 天地가 만물을 낳고 기르는 仁에 의거해야 한다"고 대답하고, 더 나아가 "君臣也, 父子也, 夫婦也, 昆弟也, 朋友之交也五者, 天下之達道也"라 하여 천하고금이 다 함께 이에 근거를 두고 있는 오륜을 실천하는 방법으로, 이른바 學問思辨行의 다섯을 들고 있다.《孟子》盡心知性條의 朱子注에 의하면, "마음은 사람의 神明이니, 모든 理가 갖추어져 있고 萬事에 응하는 연유이다. 性이란 마음에 갖추어져 있는 理이고, 天이란 이 理가 말미암아 나오는 곳이다. 사람이 가지고 있는 이 마음은 전체가 아님이 없으나, 理를 궁구하지 않으면 가려진 바가 있어 이 마음이 가진 量을 다할 수 없는 것"[30]이기 때문에 理를 궁구하지 않으면 안 된다는 것이다. "博學之, 審問之, 謹思之, 明辨之, 篤行之"는 程子 이래 宋儒가 학문하는 방법으로 중시해 온 것

---

29)《맹자》등문공장구 하.
30)《맹자》진심장구 상, 盡其心者 知其性也條의 朱注.

이다. 朱子는 이것을 백록동서원에서 배우는 학생들의 공부하는 순서로 채택하고 있다. 사람들이 공부해야 할 것은 모두 성현이 지은 경전 가운데 갖추어져 있으므로, 뜻있는 선비들은 이를 매일 읽고 익혀 깊이 생각하고 묻고 분석할 것 같으면, 행동이 도리에 맞는 것은 당연한 일이라는 것이다.

그리하여 주자는 자신을 수양할 때 "말할 때에는 자기 진심을 다하여 믿음으로 하고, 행동할 때에는 도탑고 삼가함으로 하여야 한다"[31]는 것과, "분노를 참아 화내지 않도록 경계하고, 사욕을 억제하여 탐욕스럽지 않도록 한다"[32]는 말과 "他人이 善을 행하는 것을 보면 이를 배워 행하기를 바람의 빠름과 같이 하고, 자기 과실이 있으면, 단호하게 이를 고쳐야 한다"[33]는 말을 들고 있는데, 이는 평소 누구나 자기 몸 가까운 데서 쉽게 실천할 수 있는 것들이다.

또한 일상생활 가운데 어떤 사물을 접하거나 어떠한 사태에 직면하게 될 때에 대처하는 요령으로 朱子는 董仲舒의 이른바 "그 義理를 바르게 하여 그 利益을 도모하지 말고, 그 道理를 밝혀서 그 功績을 계산하지 말라"[34]는 말을 인용하여, 결과와 이익만을 중시하는 당시의 利祿 追求 풍조에 대하여 쐐기를 박고 있다. 마땅히 지켜야 할 의리를 행하면 그 가운데 利는 저절로 생기게 되고,[35] 道義를 밝혀 이를 실천하는 가운데 공적이 자연히 나타나게 마련이라는 것이다. 이는 動機의 순수성과 수단방법의 공정성을 강조하는 주자로서는 당연한 결과로, 주자가 55세 되던 해 浙東의 功利學派에 대해 격렬한 공격을 가하지 않을 수 없었던 이유이기도 하다. 이 道義와 功利에 대한 峻別은 주자사상의 특성이기도 하다. 주자는 이것을 백록동서원에서 배우는 학생들의 공부하는 순서로 채용하고 있는데, 퇴계도 역시 이것을 서원교학의 기본으로

31) 《논어》 위령공편.
32) 《주역》 損卦 大象.
33) 《주역》 益卦 大象.
34) 《漢書》 동중서전.
35) 《주역》 乾卦 文言傳 利者義之和也의 朱注.

삼고 眞知實踐의 學이라 하여 높이고 있다.

둘째 〈白鹿洞賦〉를 살펴보면, 퇴계의 〈伊山書院記〉에 나오는 志尹學顔과 〈迎鳳書院記〉에 나오는 篤志願學이란 문구는, 〈白鹿洞賦〉 가운데의 '莘摯가 품었던 바를 성실히 하고 巷顔이 보존한 바를 삼가 지킨다'는 문구를 바꿔 말한 것으로, 원래는 周濂溪의 《通書》志學章 제 10에 그 典據가 있다.

주자는 이 '志伊尹之所志, 學顔子之所學'을 白鹿洞書院에서 배우는 학생들이 반드시 위학의 기본 자세로 삼아야 한다고 했던 것이다. 이것은 서원을 단순히 講學하는 장소로만 생각하지 않고, 道義政治를 실현하기 위해 국가가 필요로 하는 인재를 양성하는 장소, 즉 儒者의 이상인 '修己治人의 道'를 修得하기 위한, 실효성 있는 最良의 교육기관으로 생각하고 있었음을 말해주고 있다. 또한 퇴계의 이른바 '誠明兩進, 敬義偕立'이란 二句는 이것도 주자의 〈白鹿洞賦〉에서 인용한 것인데,《中庸章句》제21장의, "誠으로 말미암아 밝아짐을 性이라 이르고, 明으로 말미암아 誠實해짐을 敎라 이르니, 성실하면 밝아지고, 밝아지면 곧 성실해진다"가 그 典據이다. 또한 《易》坤卦 文言傳에, '君子敬以直內, 義以方外'라 기술되어 있는 것을 인용하여, 儒學의 입장이 內外를 일관하는 사상임을 명시한 것이다.

셋째 張南軒의 〈潭州重修嶽麓書院記〉를 살펴보면, 宋朝의 4대 서원 가운데의 하나인 湖南의 嶽麓書院도 한때 廢絶의 위기에 처해 있었으나, 南渡 후의 乾道 元年, 知潭州荊湖南路安撫使였던 劉珙에 의해 중건되었다. 〈潭州重修嶽麓書院記〉는 그 다음해 겨울 11월에, 劉珙의 快擧를 기리기 위해서 張南軒이 찬술한 것이다. 그 가운데에서 張南軒은 무엇 때문에 劉珙은 서원을 재흥했는가, 그 眞意에 대해서 다음과 같이 기술하고 있다. "劉侯가 이 快擧를 행하신 것이, 어찌 그대들로 하여금 무리지어 하는 일 없이 안일하게, 다만 과거시험과 利祿을 취할 궁리만 하게 하기 위해서였겠는가. 또한 어찌 그대들로 하여금 言語文詞의 기교를 익혀 쓰도록 할 뿐이었겠느냐. 생각건대 인재를 육성하여 이 道를 전하여 이 백성들을 구제하려고 한 것이다."

퇴계가 "仁以傳道, 而欲濟斯民, 張南軒所望於嶽麓諸子者衆矣"라고 기술하고 있는 것은, 바로 이 張南軒의 말을 인용한 발언이다. 劉珙이 嶽麓書院을 재흥한 목적은 '決科利祿之計'를 하도록 하기 위해서가 아니고, 또한 '言語文詞之工'을 습득하기 위해서가 아니라, 오직 성인의 道를 전해 천하만민을 구제할 수 있는 능력을 갖춘 仁人을 양성하는 데 있다고 한 張南軒의 말은, 嶽麓書院에서 공부하는 학생들에게 건 기대가 얼마나 컸는가를 보여주고 있다고 하는 것이 퇴계의 견해이며, 이것도 서원을 '尊賢養士講道'의 장소로 본 퇴계 서원관의 특색을 고찰할 때 빼놓을 수 없는 아주 중요한 면이다.

넷째 〈衡州石鼓書院記〉를 살펴보면, 이것은 唐代 이후 오랜 전통을 가진 衡州의 石鼓書院을 재흥시킨 宋若水 등 數人의 공적을 기려 주자가 찬술한 것이다. 이 가운데에서 주자는 그간 國學·鄕校의 과거를 위한 교육이 초래한 폐해를 極論하고, 서원 성립의 경위와, 그 존재의의를 밝히고, 최후에 《中庸》首章에 적혀 있는 '致中和'의 공부에 근거하여, 서원에서 공부하는 학생들이 먼저 종사해야 할 下學의 공부로서, '養其全於未發之前, 察其幾於得將發之際, 善則擴而充之, 惡則克而去之' 즉 喜怒哀樂 未發時의 存養의 공부와 已發時의 省察의 공부를 들고 있다. 이는 주자 수양론의 핵심이다. 주자가 여기에서 특히 '下學之功'에 언급하고, 그리고 또한 퇴계가 이에 관해서 '又朱先生示夫石鼓諸生, 以下學之功者至矣'라고 기술하고 있는 것은, 前揭 張南軒의 〈潭州重修嶽麓書院記〉가 단번에 '傳道濟民'이라고 하는 고원한 경지를 강조하여, 서원에서 배우는 학생들에게 과중한 책무를 부과시켜 준 것은 下學의 功으로 보충하려고 했기 때문이다. 퇴계는 주자와 張南軒이라고 하는 두 先賢의 書院敎學에 관한 대표적인 발언을 인용하여, 서원의 학문이 決科利祿을 목적으로 하는 국학·향교의 교육과는 전혀 이질적인 것임을 밝힘으로써, 서원의 師生에게 敎學의 正道를 교시했던 것이다.

5. 결 어

퇴계가 서원교육의 내용으로 제시한 이 네 가지는 서원교육에만 한 정된 것이 아니라, 퇴계의 핵심사상을 이루고 있으며, 또한 퇴계 학문관 의 일관되는 공부론이기도 하다. 이는 1568년 만년에 퇴계가 선조에게 올린 〈戊辰六條疏〉[36]의 내용을 살펴보면 잘 알 수 있다. 퇴계에 이르러 주자의 서원에 관한 정신은 실생활 속에서 완벽하게 실천되고 있음을 알게 된다.

마지막으로 전술한 퇴계의 서원교육의 네 가지 내용에 의거하여, 퇴 계와 남명의 학풍의 특성을 일별해 봄으로써 결론에 대신하겠다.

퇴계와 남명은 두 분 모두 1501년 경상도에서 태어났다. 퇴계가 경상 좌도 남명이 경상우도라는 지리적 차이는 있었지만, 기묘사화(1519)를 경험한 것은 19살 때였다. 그리고 집안 내력을 보아도 퇴계는 을사사화 (1545)에서 넷째 형 瀣가 피화되어 유배 도중 사거했고, 남명 역시 숙부 曺彥卿이 기묘사화 때 피화되는 참담한 사화의 공통 경험을 가지고 있 었다. 그리고 퇴계와 남명은 다 같이 유학자였다. 그러나 한 사람은 사 대부로 또 한 사람은 사림으로 처신했다.

현존하는 《남명집》의 내용을 보면 남명은 주자학의 근본사상에 대하 여 상당한 수준으로 이해하고 있었던 듯하다. 그러나 18세 이전에 이미 經·史·子를 두루 섭렵했을 뿐만 아니라 음양 천문지리·의방·수학·弓馬 行陣 관방·진수 등 잡학에 큰 관심을 두었다고 적혀 있는 〈행장〉의 기 록[37]과 남명의 所見이 실은 莊周와 한통속이고, 자기에게 절실한 근본 공부는 하지 아니하고 南華之學을 창도했다는 퇴계의 말[38] 등을 참고해

---

36) 《퇴계문집》 권 6, 疏, 제3조 敎聖學以立治本 참조.
37) 《교감 국역 남명집》(경상대 남명학연구소, 1995)권 4, 보유, 행장.
38) 《퇴계선생언행록》 권 5, 유편 崇正學.

보면, 남명은 주자학 이해에서 별로 적극적이 아니었던 것 같다. 남명이 장자에 경도되어 있었다는 사실은, 南冥이란 號가 실은 《장자》내편 逍遙遊편에 나오는 '南冥者天池也'에서 따온 것이며, 그가 강학의 장소로 삼았던 雷龍亭 역시 《장자》외편 在宥편에 典據가 있는 말을 사용한 것에서도 알 수 있다. 또 〈乙卯辭職疏〉에서 불교의 이른바 〈眞定〉이란 다만 이 마음을 보존하는 것일 뿐이니, 上達天理하는 데 있어서는 유교와 불교가 한가지라고 한 점[39] 등을 미루어 보면, 남명은 불교에 대해서도 관대한 입장이었던 듯하다. 따라서 老佛을 인륜을 해치는 이단으로 이해하고 있었던 퇴계가 이러한 남명의 사상에 대해 우려한 것은 당연한 일이었을 것이다. 따라서 〈을묘사직소〉에서 대왕대비를 '不過深宮 一寡婦'라 극언한 남명에 대하여 "남명의 疏가 참으로 지금 세상에서 얻기 어려운 것이기는 하나, 언어가 적당함을 지나쳐서 헐뜯고 들추어 내는 데 가까우니, 당연히 성상께서 보시고 노하게 된 것이다"라고 말하고, 또 "남명은 비록 理學으로 자부하고 있지만, 바로 말하면 奇士이다. 그 의론과 식견이 모두 新奇한 것을 가지고 높은 사업으로 삼고 세상을 놀라게 하는 의론으로 삼고 있다. 어찌 참으로 도리를 아는 사람이라 하겠는가"[40]고 직언하고 있는 것도, 이는 단순한 비방이 아니라 참된 학문 즉 聖學에 대한 견해가 서로 다르기 때문에 나온 결과라 할 것이다.

또한 오륜을 실천하는 방법으로 퇴계는 〈揭示〉의 내용대로 窮理·篤行을 들고 있는데, 致用을 중시하고 실천에 힘쓴[41] 남명은 篤行에 대해서는 긍정한 반면 窮理에 대해서는 비판적이었던 것 같다. 남명 역시 '下學人事·上達天理'[42]란 논리를 펴고 있지만, '下學而上達'의 '下學'의 내용이 주자의 이른바 事物에 해당되는 事理·物理·本性을 포괄하는 것

---

39) 《교감 국역 남명집》권 2.
40) 《퇴계선생언행록》유편 論人物. 鄭惟一기록.
41) 《선조수정실록》권 6, 선조 5년 정월 무오.
42) 《교감 국역 남명집》권 2, 戊辰封事.

이 아닌 人事에 한정되어 있고, 또한 窮理도 明善에 한정되어 있는 듯
하다.[43] 또한 독서할 때도 章句의 해석에 구애받지 않고 自得處를 중시
한 점, 또 정인홍이 스승의 학풍을 '歛繁就簡·反躬造約'이라 하여 '簡約'
으로 보고 있는 점, 그리고 남명이 講論하고 辨析하는 말을 좋아하지
아니하고, 강론하고 변석하는 것을 空言을 일삼는 일이라 하여 躬行에
아무런 이익이 없다고 말하고 있는 점[44] 등을 눈여겨보면, 簡約을 높이
는 陸象山의 학풍과 道家의 학풍을 연상하게 한다. 이는 《대학》의 이른
바 '格物致知', 《중용》의 이른바 '道問學' 그리고 '博學·審問·愼思·明辨'
의 이론공부를 중시한 퇴계와는 확연히 다른 점이다. 퇴계가 "요즈음
학자들은 灑掃應對之節도 모르는 주제에 입으로는 天理를 담론하여, 헛
된 이름이나 훔쳐서 세상을 속이고 있는데도 선생은 長老로서 꾸짖지
않는다"[45]고 퇴계를 빗대어 비판한 남명의 회답 편지를 받고 "많은 사
람들이 남명을 절개가 굳고 고상한 사람이라고 이르기는 하지만, 학문
을 통하여 이와같이 되는 공부를 한 사람이 아니다. 그러므로 나아가서
사업을 성취한 것이 없다"[46]고 제자 洪仁祐에게 말하여 반박하고 있는
것도 까닭없는 일은 아니다. 이는 당시 주자학의 수용정도를 놓고 볼
때, 주자의 핵심사상을 받아들여 자신의 것으로 體得한 주자학자 퇴계
와 송학에 대한 폭넓은 이해가 있었음에도 불구하고 장자사상에 기울
어지고 불교 및 이른바 잡학에 호의적이었던 남명의 학문관의 차이에
기인한다고 볼 수 있다. 이러한 사실은 후일 東人이 南人과 北人으로
나누어지는데, 결정적인 요인이 되고 있는 점에서도 잘 알 수 있다.

서원에서 공부하는 학생들에게 伊尹이 가졌던 정치가로서의 원대한
포부와, 또 안연이 즐겨한 安貧樂道의 정신을 배워, 어떠한 세상이 오든
지 유자로서 출처진퇴에 오점을 남기는 일이 없도록 하라는 퇴계의 '篤

---

43) 《교감 국역 남명집》 권 2, 무진봉사.
44) 《교감 국역 남명집》 권 4, 行狀.
45) 《교감 국역 남명집》 본집 서, 與退溪書.
46) 《퇴계선생언행록》 유편, 論人物.

志願學'정신은 남명도 일찍이 25살 때에 《성리대전》에서 "伊尹의 뜻한 바에 뜻을 두고, 안자의 학문을 배워 벼슬길에 나아가면 큰일을 이룩하고 초야에 숨어 살면 자신을 지키는 것이 있어야 한다. 대장부는 이와 같이 하여야 한다"[47]고 하며, 이때의 심경을 "어려서 부모를 잃고 돌아갈 곳을 모르다가 어느날 갑자기 자애로운 어머니의 얼굴을 보고 하도 기뻐서 자신도 모르는 사이에 손발이 절로 춤을 추는 것 같았다"는 말로 표현하고 있다. 남명이 '수기치인' 정신에 서 있었던 것은 〈乙卯辭職疏〉, 〈戊辰封事〉 및 〈嚴光論〉에 보이는 내용에 의해서도 알 수 있다. 남명은 諫議大夫를 제수받았으나 이를 거절하고 평생 낚시질이나 하며 생을 마친 嚴光을 성인의 도를 추구한 사람이라고 하면서, 엄광이 관직을 거절한 것은 聖天子를 만나지 못했기 때문이라고 이해하고 있다. 만약 伊尹이 탕왕을 만나지 못했다면 有莘 교외에서 죽었을 것이고, 부열이 고종을 만나지 못했다면 부암 들판에서 늙어 갔을 것이니, 도를 굽혀 가면서까지 벼슬하기를 구하지는 않았을 것이라 하여, 엄광이 낚시질하는 한 늙은이로 일생을 마친 것이나 남명 자신이 처사로 일생을 보내게 된 것은 실은 聖王을 만나지 못한 탓임을 은근히 실토하고 있다. 또 〈陋巷記〉[48]에서 "天子는 천하로서 자신의 영토를 삼지만, 顔子는 萬古로서 자신의 영토로 삼으며, 천자는 만승으로 자신의 지위를 삼지만, 顔子는 道德으로 자신의 지위를 삼는다. 그러니 그의 영토는 얼마나 넓고, 그의 지위는 얼마나 큰가" 하여 顔子의 道를 높이고 있는 점으로 보면, 남명은 '修己治人'의 정신을 잘 알면서도 顔子의 일생을 선택한 선비임을 알 수 있다. 남명이 임종에 임하여 "나의 평생의 뜻이 處士에 있었으니, 처사로 불러 달라"고 한 점,[49] 史官들조차 남명을 '逸士'[50]로 불러준 것 등을 감안하면, 남명은 안연의 안빈낙도의 정신을 體認하고 있

---

47) 《교감 국역 남명집》 본집 跋, 書圭菴所贈大學冊衣下.
48) 《교감 국역 남명집》 본집 記.
49) 《교감 국역 남명집》 연보 72세.
50) 《명종실록》 권 19, 명종 10년 11월.

었던 사림의 대표임을 알 수 있다. 그러나 남명이 出仕를 하지 않은 것
은 안연의 영향도 물론 있겠지만, 남명이 장자의 사상에 경도되어 있었
다는 사실도 간과해서는 안될 것이다.

　흔히 남명사상의 특징은 敬義를 중시한 점에 있다고 한다. 〈行狀〉에
도 남명이 "집안 창벽간에 크게 '敬義' 두 글자를 써 두고, 吾家에는 이
두 글자가 있을 뿐이라 하면서, 성현의 千言萬語가 모두 이 敬義 두 글
자를 벗어나지 않는다"고 말하고 있다. 敬義는《周易》坤卦〈文言傳〉
에 "君子敬以直內 義以方外"에 典據가 있는 말로, 孔子 이후 유자가 높
이는 말이다. 따라서 주자도 〈白鹿洞賦〉에 이를 인용하고 있으며, 퇴계
도 이를 중시하고 있다. 이로써 남명만이 특별히 敬과 義를 높혔다고
보기는 힘들다. 다만 남명이 敬義를 병칭하여 사용하는 것과 義에 더
큰 비중을 두는 점이 오히려 독특하다 할 것이다. 왜냐하면 程伊川·謝
上蔡·尹和靖·朱子 등 송대 도학자들은 敬을 특히 중시하였으며, 주자는
未發 靜時의 存養과 已發 動時의 省察에 일관하여 필요한 수양법으로
敬을 들고 있는데, 퇴계도 물론 이 노선에 서 있다. 未發 靜時의 存養과
已發 動時의 省察은 朱子 공부론의 큰 특색인데, 이 존양과 성찰을 잘
이루기 위해서는 居敬이 반드시 필요하다고 한다. 주자는 이 敬은 動靜
을 일관하는 전체적인 마음의 공부로, '敬은 一心의 主宰·萬事의 근본'
이며 '聖學의 처음이 되고 나중이 되는 要諦[51]라고 말하고 있다. 퇴계
역시 "程朱의 흥성은 居敬窮理란 두 마디로 만세에 큰 교훈을 세웠다"[52]
고 하고, "오직 主敬의 공부만이 動靜을 通貫하여 거의 用工에 부족하
지 않다"[53]고 말하고 있다. 남명도 〈무진봉사〉에서 程·謝·朱의 敬說을
인용하고 있는 것으로 보아 송대 도학자들의 敬說을 수용한 것 같다.
그러나 후일 임진왜란이 일어나자 남명문하인 郭再祐·鄭仁弘·김면 등
이 의병장이 되어 활약한 것은 어디까지나 남명의 義를 중시한 사상을

---

51)《대학》혹문.
52)《퇴계문집》권 12, 여박택지.
53)《동상》권 14, 답이숙헌 별지.

실천한 것이라 할 수 있다.

널리 仁을 베풀어 모든 백성을 구제하는 이른바 博施濟衆說에 관하여 보면, 남명은 金海·三嘉·德山에 은거하면서도 '不能忘世, 憂國傷民'하는 자세를 가지고 있었다고 한다. 백성 대하기를 부모가 자식에게 하듯 하라는 남명의 정신은 정인홍에게 계승되어, 그의 상소문에는 保民·愛民·恤民 등의 어휘를 자주 볼 수 있다. 일찍이 이 널리 베풀어 모든 백성을 구제하면 가히 仁이라 할 수 있느냐고 물은 子貢에게, 孔子는 "어찌 仁만이겠는가. 반드시 聖人이다. 堯·舜과 같은 聖天子도 그리할 수 없어서 고민하셨다"[54]고 답하고 있는데, 퇴계는 〈西銘考證講義〉에서 이 구절은 子貢이 자기 몸 가까운데서 仁을 실천할 생각을 하지 않고 高遠한 것을 구하므로 공자가 나무라신 것이라 해석하고 있다. 유가에도 백성 보기를 '마치 赤子를 보살피듯이, 상처난 사람을 보호하듯이'라는 말이 있으나, 우선 孟子의 이른바 '親親而仁民 仁民而愛物'이란 말에서 알 수 있듯이, 仁을 베풀 때에도 불교와 같은 무차별 사랑이 아니라 '推己及人'의 정신이 있어야 할 것이다. 이런 측면에서 보면 남명문하에는 子貢과 같은 高遠性이 보인다 할 것이다. 이 高遠性은 까닥 잘못하면 노장이나 불교가 주장하는 萬物一體說에 떨어지게 되므로, 이 세상사를 초월한 초탈주의에 빠지게 되기 쉽다. 언뜻 보면 고상해 보이나, 공허하여 실생활에 있어서는 아무런 도움이 되지 않는다. 따라서 퇴계는 오류에 의거한 실질적인 '下學의 공부'를 窮理篤行이라는 실천방법을 통해 실현하려고 한 것이다.

끝으로 이 기회에 제안하고 싶은 것은 퇴계와 남명의 사상을 고찰함에 있어서, 양현의 사상적 특성을 조선시대 주자학의 수용선상에서 다루는 작업이 필요하다는 점이다. 조선시대는 유학을 國是로 받아들였음에도 불구하고 주자학의 핵심사상인 《朱子家禮》가 조선사회에 뿌리를 내리는 데는 200여 년이 걸렸다. 또한 3년상이 정착되고 오류이 일상생

---

54)《논어》옹야편.

활화되며, 향약이 성황을 이루는 시기는 적어도 임진왜란을 거쳐 조선 사회가 전반적인 제도개혁을 시행한 선조 이후였다. 선조대를 고비로 불교는 정치제도적 면에서 표면적으로는 그 자취를 감추고 조선중기에 이르면 주자학은 명실공히 조선사회의 지도 이념이 되는데, 퇴계와 남명은 바로 조선사회에서 불교의 세력이 점점 약해지고 주자학의 영향이 점차 커지는 사상적 과도기에 산 유학자들이라 할 수 있다. 따라서 주자사상 가운데 핵심 부분을 체인한 퇴계와 宋學을 폭넓게 수용한 남명의 학문관의 차이는, 선조시대 이후부터 그 제자들 사이에서 주자학 이해의 순도를 놓고 논쟁으로 전개되는데, 이때부터는 유학자들 사상 내부에 잠복해 있던 불교적 요소와 노장적 요소는 물론 주자와 견해를 달리하는 陸王的 요소들을 변별하여 보다 순수한 주자학 쪽으로 나아가려는 학풍이 등장하게 된다. 학문한 사람이 과거를 통해 정치가가 되는 유학이 가진 '修己治人'의 특성때문에, 임진왜란과 明淸교체기(1662)의라는 엄청난 對外 정치 현실의 변화에 당면하여, 현실인식에 대한 견해가 서로 달랐던 조선 유학자들의 학문과 사상의 차이가 정치적 견해 차이로 확대되어 일어나게 된 것이 이른바 당쟁이라 할 수 있다. 따라서 퇴계와 남명의 사상적 차이를 학문적 우열로 자리매김하는 것은 옳지 않고, 중국의 주자학이 조선사회에 조선주자학으로 토착화해 가는 과정에서 필연적으로 일어난 당쟁은 통과의례와 같은 성격을 가진 것으로 생각하여야 할 것이 된다.

南冥의 現實認識과 對應

鄭震英(동명정보대)

1. 머리말

최근 남명에 대한 연구는 아주 활발하고, 또 많은 성과를 얻고 있다. 그러나 이것은 문학이나 철학, 교육학 등의 분야에서 이루어진 성과이다. 여기에 비해 역사학에서 남명을 대상으로 한 연구성과는 그리 많지 않다.[1]

남명의 삶은 재야 비판적 지식인으로서 일관하였고, 또 학문의 실천을 중시하였다. 따라서 자신의 생각을 구체적으로 제시하거나 스스로 문자로 남긴 것이 많지 않을 뿐만 아니라, 그것도 詩文과 簡札類가 대

---

[1] 최근의 남명에 대한 연구목록에 따르면, 총 연구편수는 170여 편에 이른다(정우락, 〈부록 ― 남명학 관련 연구논저 목록〉, 《남명문학의 철학적 접근》, 박이정, 1998 참조). 이 가운데 역사학 분야의 연구는 서너 편에 불과하다. 그것도 사상분야를 빼면 다음 이수건 교수의 몇 편의 연구가 거의 전부인 것으로 보인다.

　이수건, 〈남명 조식과 남명학파〉, 《민족문화논총》 2·3합집, 영남대 민족문화연구소, 1982.

　──, 〈남명과 남명학파〉, 《경남문화연구》 11, 경상대 경남문화연구소, 1988.

　──, 〈남명학파와 남명조식〉, 《남명 조식의 사상과 문학》, 동방한문학회, 1995.

부분을 차지하고 있다. 또한 官撰史料相에서도 구체적인 활동을 찾아보기 어렵다. 다시 말하면 역사연구에 절실히 필요한 자료가 한정되어 있다. 이 같은 문제가 역사학의 남명학 연구를 주저하게 하였던 것으로 보인다.

남명에 대한 역사학계의 관심이 적었던 것은 다만 자료의 부족이라는 측면만은 아니고, 그간 역사학계의 연구 풍토와도 밀접한 관련이 있을 것 같다. 역사학계는 오랫동안 중앙의 정치와 제도사에 보다 많은 관심을 가져왔다. 다시 말해 지방 또는 향촌사회에 대한 관심을 가지게 된 것은 최근의 일이었다. 남명에 대한 접근 방법을 넓혀야 한다는 의미이다.

남명의 사회적 기반은 향촌사회였고, 또한 삶의 대부분을 경상우도에서 보냈다. 이것은 남명의 정치적·학문적인 위치가 향촌사회의 범위를 벗어나지 못하였다는 것이 아니다. 그의 삶과 활동의 일차적 기반이 바로 향촌사회였다는 것이다. 15세기 이후로 士林派의 가장 큰 관심사는 향촌사회에 있었음은 누구나 인정하는 바이다. 남명은 이 같은 사림파의 전통을 계승 또는 이끌어 가는 입장에 있었다. 그럼에도 불구하고 현존의 남명 관련 문자로는 이와 관련된 언급을 찾아보기 어렵다. 이것은 동시대를 함께 살았던 退溪 또는 栗谷과 비교된다는 점에서 검토해 볼 필요가 있을 것이다.[2] 연구자들 관심 또한 여기에 미치지 못하였다. 이 글에서도 이에 대한 관심을 가졌지만, 미처 구체적으로 언급하지 못하였다.

남명이 역사학계에서 크게 조명되지 못한 또 다른 이유는, 남명 이후

---

2) 퇴계와 율곡의 향촌사회에 대한 관심은 향약의 실시와 서원의 건립 등으로 나타나고 있다. 여기에 대해서는 다음을 참고할 수 있다.

정진영, 〈16세기 향촌문제와 재지사족의 대응 —'예안향약'을 중심으로〉, 《민족문화논총》 7, 영남대 민족문화연구소, 1986.

────, 〈예안 역동서원의 연구〉, 《안동문화연구》 3, 안동문화연구회, 1989.

김무진, 〈율곡 향약의 사회적 성격〉, 《학림》 5, 연세대 사학회, 1983.

의 정치적 또는 학문적인 측면도 크게 작용하였다고 할 수 있다. 말하자면 鄭仁弘의 북인정권이 부정되면서, 그리고 "自成一家之學"[3]을 이룬 남명의 학통 또한 당시의 주류 성리학에서 소외되었기 때문이었다. 그러나 1970~1980년대의 정치적인 격변기를 거치면서 남명의 생애와 활동은 비판적 지식인의 전형으로서 새롭게 조명되기 시작했다. 그러나 여전히 역사적인 입장이기보다는 사상, 문학, 교육적인 측면에서였다. 이 같은 연구에서 얻어진 성과를 본고의 관심과 관련하여 요약한다면, 이제 남명의 평가는 비판적 실천적 지식인으로서의 모습에서 한걸음 더 나아가 개혁의 방안을 제시한 인물[4] 또는 실학자적인 면모의 발견[5]에까지 이르고 있다.

역사 연구가 시대의 요구를 전적으로 외면할 수만은 없다. 때문에 사회 모순에 대한 통렬히 비판한 지식인의 전형으로서의 남명이 1970~1980년대의 요구였다면, 오늘날의 요구는 여기에 만족하지 않는다. 다시 말해 사회 모순의 고발과 비판을 넘어서 이것을 극복할 수 있는 방안과 해결책까지도 요구하고 있다. 이러한 점에서 개혁 방안과 실학과 관련하여 전개되고 있는 최근의 연구성과는 주목된다. 그러나 이들 연구에서는 개혁의 구체적인 방안이 무엇인지, 실학으로서의 남명학이 유

---

3) 정인홍과 허목의 남명 〈行狀〉
4) 정우락, 《남명문학의 철학적 접근》, 박이정, 1998.
  신병주, 〈조선중기 처사형 사림의 학풍 연구 — 남명학파와 화담학파를 중심으로〉, 서울대 박사논문, 1999.
5) 권인호, 〈남명학파의 실학사상연구〉, 《남명학연구논총》 5(진주 : 남명학연구원, 1997).
  葛榮晉, 〈남명의 실학사상연구〉, 《남명학연구논총》 6, 1998.
  조평래, 〈남명사상의 실학적 성격〉(경상대 대학원 석사논문, 1988).
  이들의 실학 개념, 또는 남명의 실학사상에 대한 설명은 다음과 같다. 즉, 조평래는 "民本的이고 敬·義를 바탕으로 하는 經世有用"을, 권인호는 "유교사상의 근본 宗旨라고 할 수 있는 '修己治人'에서 그 궁극적 목적인 '治人'을 실학"이라고 하였다. 갈영진은 남명의 실학사상이 "주로 實體論과 實修論·經世論"으로 구성되어 있다고 하였다.

학 또는 이를 실천하고자 하였던 일반적인 유학자들과의 차별성은 무엇인지에 대한 엄밀한 검토는 보이지 않는다.

이 글의 또 다른 관심은 남명이 당시의 사회 모순을 비판하면서 제시한 해결책과 이것이 가지는 의의와 한계가 무엇인가 하는 문제이다. 아무리 위대한 인물이라도 역사적 조건을 뛰어넘기란 어렵다. 그런데 인물연구에서는 간혹 연구 대상으로 하고 있는 인물을 절대화하는 경향이 있다. 학문연구에서 이 점은 경계되어야 한다. 또한 역사는 자료로서 말해야 함은 재론할 필요가 없다. 그러나 필자가 관심을 가지는 문제에 대한 자료는 사실상 《남명집》에 산견되는 극히 제한된 내용뿐이다. 이러한 점에서 동시대를 살았던 인물과의 비교도 하나의 방법론이 될 수 있을 것이다. 그러나 공부가 미숙한 필자로서는 감당하기 어려운 문제이다. 따라서 이 글은 필자가 제기한 문제에 대한 극히 시론적인 성격을 벗어나지 못하였다.

2. 16세기의 역사현실과 남명

대체로 연산군의 등장으로부터 시작되는 16세기는 15세기를 중심으로 정비되었던 사회체제에 많은 문제점이 드러나는 시기이다. 그것은 정치·사회·경제 등 사회 전반에서 유기적으로 전개되는 것이었지만, 그 가운데에서도 가장 두드러진 현상은 훈구와 사림세력의 정치적 갈등에서 전개된 사화와 농민의 유망, 그리고 임진왜란으로 집약될 수 있을 것이다.

훈구세력은 세조가 정권을 장악하고 유지하는 과정에서 많은 공신을 만들어 낸 이후, 새 군주가 즉위하면 공신을 책봉하는 것이 관례가 됨으로써 그 세력이 크게 늘어났다. 이들은 기득권세력으로 권익 유지에 급급하였고, 상당수는 불법과 비리를 자행하고 있었다. 기존의 토지에 공신전과 노비까지 하사받아 엄청난 대토지를 확보하였고, 또 개간과 고리대로 이를 더욱 확대해 나갔다. 이들은 또한 관권의 비호하에 농민을 불법으로 사역하거나, 防納에도 관여하여 부를 축적하고 있었다.

이들과는 달리 성종대부터 비로소 중앙정계에 등장하기 시작한 초기의 사림세력은 국가와 왕실에 대한 공로, 정치적 지위와 경륜, 사회경제적 기반 등 그 어느 것에서도 훈구세력의 상대가 될 수 없었다. 사림세력은 대부분 소규모의 농장을 소유한 중소지주였고, 자영농의 상태에서 벗어나지 못한 사람도 있었으며, 노비 노동력을 보유했어도 많은 부분을 양인 농민의 노동력에 의존했다. 이들은 훈구세력에게 토지와 노비가 집중되고 조세제도 등의 문제로 농민이 유리·도망하는 사회현실에 위기의식을 갖고 이를 주목하였다.

이 같은 위기는 훈구세력을 견제하거나 압도할 수 있을 때, 다시 말해 사림의 정치적 성장에서 극복 가능한 것이었다. 따라서 사림세력은 훈구파의 견제와 그들의 정치적 기반을 확보하기 위한 차원에서 적극 활동하였는데, 이들의 활동을 주로 다음과 같은 세 가지 측면으로 정리해 볼 수 있다. 첫째는 훈구파의 비리와 비행을 직접적으로 비판하는 것이며, 둘째는 다양한 개혁정책을 추진하는 것이었고, 셋째는 향촌사회에서 그들의 기반을 확고히 하는 것이었다. 직접적 비판이 방납을 통한 비행, 토지의 겸병, 공권력을 통한 농민의 사역 등에 대한 것이라면, 井田論·均田論·限定口數論 등의 제기, 防納의 폐단을 제거하기 위한 제도적 방안의 모색, 왕도정치의 실현을 통한 사회개혁의 추진 등은 사림세력이 추진한 개혁정책이었다. 한편 유향소 복립운동, 향약의 보급과 실시, 서원의 건립운동 등은 훈구파의 중앙집권적 향촌정책을 배격하고 향촌사회를 그들의 세력기반으로 확고히 하기 위한 것이었다.

그러나 이러한 사림세력의 활동은 훈구세력의 반격으로 번번이 실패 좌절되고 말았으며, 더욱이 많은 사림이 희생되는 대가를 치러야만 했다. 그러나 거듭되는 사화에도 불구하고 사림세력의 성장은 꾸준히 진행되었다.

그것은 이러한 사림파의 활동이 현실적 명분을 확보할 수 있었을 뿐

만 아니라 특히 개혁의 추진이 정치 사회적으로 큰 영향을 주었기 때문
이다. 또한 거듭되는 사화는 많은 학자들을 山林으로 끌어들여 處士의
삶을 선택하게 하고 이들을 정치참여보다는 학문 탐구와 학문의 실천
문제에 전념케 하였고, 또한 향촌사회에서 사회경제적인 기반을 확고히
함과 아울러 사림적 분위기를 크게 확산시켜 나갈 수 있게 하였다. 즉
현실적 명분의 확보, 성리학의 학문적 발전, 향촌사회에서의 기반확보
와 사림적 분위기의 확산 등은 결국 선조 이후 정국을 그들 중심으로
이끌어 갈 수 있는 힘이 되었던 것이다. 아무튼 선조의 즉위와 더불어
사림은 정치주도 세력으로 등장하게 되었다. 실제로 이들의 정계진출이
활발하게 전개됨으로써 한편에서는 새로운 시대를 맞이하는 긍정적이
고 낙관적인 분위기가 조성되어 갔다.

남명 또한 이 같은 정치적 상황에 큰 영향을 받으면서 사림파의 정치
적 학문적 전통을 계승하거나 이끌어 가는 연장선상에서 성장·활동하
고 있었다. 그러나 선조 이후의 일반적인 경향과는 달리 남명의 현실은
여전히 "탄식하고 울먹이다가 잇따라서 눈물을 흘리거나",[6] "낮에는 하
늘을 우러러보며 탄식하고 밤에는 천장만 쳐다보는"[7] 비관적인 것이었
다. 그것은 다름아닌 깊은 산중에 살면서 굽어살펴본 民情 때문이었다.
남명은 "민생의 곤궁함을 염려하여 아픈 병이 자기 몸에 있는 듯하였
고, 회포가 쌓여 말이 목에 메이기도 하였고",[8] "홀로 앉아 슬프게 노래
를 부르다가, 노래가 끝나면 눈물을 흘리기도 하였다."[9]

---

6) 〈戊辰封事〉, 《南冥集》(경상대 남명학연구소 편역본, 이상과 실천사, p.254) "臣
索居深山 俯察仰觀 噓唏掩抑 繼之以淚者 數矣." 이하 특별한 언급이 없는 《남명
집》은 모두 이를 이른 것이며, 쪽수는 번역문을 기준으로 하였다.

7) 〈乙卯辭職疏〉, 《南冥集》, "臣所以長想永息 晝以仰觀天者 數矣 噓唏掩抑 夜以仰
看屋者 久矣," p.243.

8) 〈言行總錄〉, 《南冥集》, "念生民困悴 若恫瘝在身 懷抱委襞 言之或至鳴噎"(아세
아문화사 영인본, p.182).

9) 成運, 〈南冥先生墓碣〉, 《大谷集》 하권, "不能忘世 憂國傷民 每值淸宵皓月 獨坐
悲歌 歌竟涕下."

16세기의 역사현실에서 두드러진 것은 바로 이 같은 民生의 문제였다. 이것은 민생의 유망으로도 표현되는 것이었다. 민의 유망은 "나라가 흐트러지고 망하는 禍根"[10]이거나, 백성들이 나라를 엎어버리는 民巖의 원인으로 이해되듯이 심각한 것이었다. 말하자면 왕조정부의 존립문제와 직결되고 있는 것이었다.

아무튼 민의 유망은 16세기의 중요한 사회문제 가운데 하나임에 틀림없었다. 그러면 이러한 민의 유망은 어디에서 기인하는 것일까?

이 같은 문제를 우선 향촌사회의 구체적인 사정을 통해 살펴보기로 한다. 그 구체적인 예는 1557년(명종 12)과 1579년(선조 12)의 충청도 단양 군수가 보고한 내용이다. 우선 1557년의 보고에 따르면 당시 단양군의 良民戶는 40호에 불과했고, 軍丁은 원래 배정된 26명에서 13명만이 남아 있을 뿐이었다고 한다.[11] 이것을 백여 년 전의《세종실록지리지》(1450년경)의 단양군의 사정, 즉 양민호 235호와 비교해 보면 도리어 엄청나게 감소한 것임을 알 수 있다. 이것은 말할 것도 없이 민의 유망으로 빚어진 결과였다. 이 같은 민의 유망은 당시 일반적으로 지적되고 있던 군포와 공물 등 부세부담의 과중 때문이었다. 그런데 문제는 민의 유망이 그 자체로서만 끝나지 않는다는 것이다. 국가적인 차원에서는 민이 다름아닌 국역과 군역의 담당자라는 점에서 이들의 유망은 곧 국가재정과 군액 감소와 직결되는 것이었고, 향촌사회의 차원에서는 이들이 담당해야 할 부세와 군역을 아직 유망하지 않은 양민호에 전가시킴으로써 유망을 더욱 심화시키고 있었다.[12] 민의 유망에 따른 이 같은 사정은 약 20년 뒤의 보고서에 그대로 나타나고 있다.

1579년의 보고서에는 1557년의 사정을 언급하면서 그 이후에 유망한

---

10)〈戊辰經筵啓箚〉,《陶山全書》1(정신문화연구소 간, p.187), "今人狃昇平 不知國家亂亡之禍 率由於民巖 雲合土崩之勢 恒起於民流."

11) 黃俊良,〈陳民弊十條疏〉,《錦溪集》권 4 ;《명종실록》권 22, 명종 12년 5월 기미조.

12) 정진영, 앞의 논문, 1996 참조.

사람과 이로써 생긴 묵밭이 얼마나 되는지를 알지 못한다고 하였다. 그래서 장차에는 민이 한 사람도 남지 못하게 될 것임을 걱정하고 있다.[13]

이 같은 사정은 단양군의 경우에만 국한된 것이 아니었다. 비슷한 시기의 경상도의 언양현의 경우도 그러하였고[14], 그리고 이 같은 보고서를 접한 사신이 "한 고을의 폐단을 통해 360州를 추측한즉 그러하지 않는 곳이 없다"[15]라고 한 것에서, 또는 "옛날의 100호 촌이 지금은 혹 3·40家로 줄어들었다,"[16] "백리 간에 이르도록 煙火를 볼 수 없다"[17]는 사정 등에서도 확인할 수 있는 것이었다. 그리하여 "이름만의 군대가 있을 뿐 실제로는 없는 것인데, 이러한 사정은 京鄕이 마찬가지"[18]였던 것이다. 남명 또한 이 같은 사정을 "수십 년 이래 백성 군사 할 것 없이 離散하여 閭里가 텅 비었다"[19]고 하였다. 이 같은 현실에서 임진왜란을 맞이하게 된 조선사회는 일거에 붕괴될 수밖에 없었던 것이다.

아무튼 우리는 민의 유망이라는 16세기의 현실을 확인할 수 있었다. 남명은 "백성과 군졸이 유망하여 아버지와 아들이 서로를 보호하지도 못하는 현실"[20]을 안타까워했다. 그리고 이 같은 원인은 바로 "行政의 번거로움과 세금의 과중"[21]에 있었다. 민의 유망이 본격화한 것은 주로 연산군 이후 훈구세력의 집권기에 자행된 것으로 이해된다. 훈구세력은 대토지를 소유하고 있었으며, 국가권력을 이용하여 많은 비리와 부정을 자행하고 있었다. 따라서 민을 유망하게 한 근본 원인으로 지적되는 번거로운 행정과 과중한 세금은 다름아닌 이들의 弊政에서 기인하였던 것으로 이해될 수 있다.

---

13) 黃應奎, 〈丹陽郡陳弊疏〉,《松澗集》권 3.
14) 林薰, 〈彦陽陳弊疏〉,《葛川文集》권 2.
15)《명종실록》권 22, 명종 12년 5월 기미조.
16)《명종실록》권 32, 명종 21년 4월 무인조
17)《명종실록》권 32, 명종 21년 5월 임인조
18) 李滉,《陶山全書》Ⅰ, 〈戊辰經筵啓箚〉, p.187.
19)《명종실록》권 33, 명종 21년 10월 갑자조.
20) 〈遊頭流錄〉,《南冥集》, p.285, "政煩賦重 民卒流亡 父子不相保."
21) 위와 같음.

그러면 이렇게 유망한 민은 어디로 갔을까? 유망한 농민의 대부분은 사실상 달리 삶의 방도가 없는 상황에서 또다시 농촌사회에 재편성될 수밖에 없었다. 훈구세력이 대토지 소유와 여기에 걸맞는 노비를 소유하고 있었다면, 사림세력 역시 중소지주적 존재로서 일정한 토지와 노비를 확보하고 있었다. 사림의 이러한 경제적 기반은 주로 16세기를 거치면서 확보되는 것으로 보인다. 따라서 당시 향촌사회 민의 유망은 단지 훈구파의 폐정에서만이 아니라 향촌사회에서 사림파의 경제활동으로 나타나는 결과였다.[22] 즉, 사림파는 향촌사회 지배층으로서 그들 자신의 경제적 기반 확보에 적극적이었고, 이러한 모습은 훈구세력이나 중앙권력으로부터, 또는 그들 자신들로부터도 武斷土豪로 규정되고 있었다.[23]

아무튼 사림세력은 향촌의 중소지주로 16세기에 상당한 양의 田民을 소유하고 있었다. 이러한 전민은 부모와 처변을 통한 상속에서 오는 것이기도 하였지만, 한편에서는 흉년이나 세금으로 몰락하는 농민들의 投託을 통해 또는 이들의 전답을 헐값에 사들이거나 노비화함으로써 또는 그들 소유의 노비를 양인과 交婚시킴으로써 얻어진 것이었다. 이것은 사림이 급격한 숫적 증가와 자녀균분상속으로 인한 전민의 재분배에도 불구하고, 계속적으로 중소지주로서 경제적 기반을 확보해 갈 수 있었던 배경이었다. 따라서 훈구뿐만 아니라 사림 또한 결과적으로 국역체제의 기반을 해체하고 파탄시키는 데 크게 기여하고 있었던 셈이다. 다시 말해 민의 유망 결과는 한편에서는 사림에 의한 토지집적과 私賤증가의 현상으로 나타나는 것이며, 이것은 곧 국가의 公田과 公民의 占奪을 의미하는 것이었다. 양민의 노비화로 장차 양민이 없어지는

---

22) 정진영, 앞 논문 참조, 1986.
23) 당시 많은 사림계 인사들이 土豪로 취급받아 처벌당하기도 하였다(이수건,《영남사림파의 형성》, 1979, p.12). 1615년 안동부의 鄕規인 〈新定十條〉 이후에 마련된 〈追錄〉에서는 '武斷土豪'로서의 재지사족의 모습을 구체적으로 파악할 수 있다(정진영,《조선시대 향촌사회사》, 한길사, 1998, p.109 참조).

데까지 이를 것을 우려하고 있었던 것은[24] 바로 이와 같은 사정을 보여 준다.

또한 향촌사회에서 전개되고 있던 민의 유망, 이것의 원인이고 결과 이기도 하였던 사림의 전민증식은 한편에서는 하층민의 저항을, 다른 한편에서는 중앙정부와의 마찰을 일으키고 있었다. 이러한 것은 어느 경우나 향촌사회에 기반을 둔 사림세력에게는 큰 문제가 아닐 수 없었 다. 이 시기 개별 향촌 단위에서 실시되고 있던 鄕約, 洞約, 洞契 등은 이 같은 문제를 재지사족 중심으로 해결하려고 한 노력의 하나였다. 퇴 계와 율곡에 의한 향약류의 실시는 그 좋은 예이다. 이들 향약이 사림 자신에 대한 자기규제를 강하게 제기하고 있었던 것은 바로 이 같은 이 유에서였다.[25]

3. 남명의 현실인식

남명이 당시 현실을 어떻게 인식하고 있었는지는 전후 네 차례에 걸 친 상소와 한 차례의 進言에 잘 나타나 있다. 네 차례의 상소는 곧 1555 년(명종 10) 단성현감에 임명된 뒤에 올린 〈乙卯辭職疏〉, 1567년(선조 즉위년) 갓 즉위한 선조에게 出仕特旨를 받고 올린 〈丁卯辭職呈承政院 狀〉(이하 〈정묘소〉라 한다)[26]과 1568년(선조 1) 5월의 〈戊辰封事〉, 그리 고 1571년(선조 4) 선조가 식물을 하사한 데 대한 사은소인 〈謝宣賜食 物疏〉(이하 〈식물소〉라 한다)이다. 진언은 1565년(명종 20) 문정왕후가

---

24) 《중종실록》 권 32, 중종 13년 2월 경인조, "柳沃曰 …… 或壓良爲賤 其弊將至於 無良民矣."

25) 정진영, 앞 논문, 1986 참조.

26) 〈정묘소〉는 1567년에 올린 것인데, 왕조실록에는 1571년(선조 4) 5월 병자조에 수록되어 있다(《남명집》, p.247, 주 28) 참조). 그러나 〈식물소〉에서 "지난해 신 이 두 번이나 거친 글을 올려 …… "라고 하였으니, 〈정묘소〉는 1567년에 올린 것 임을 다시 확인할 수 있다.

죽고 윤형원이 실각되어 명종의 친정이 시작된 후 尙瑞院 判官을 제수받고 명종을 親對하여 爲學之方과 治國之道를 물은 데 대하여 대답한 것을 말한다.[27] 여기서 우선 주목할 문제는 남명의 상소가 명종대에서 선조대까지 이르고 있다는 사실이다. 이것은 다만 시간적인 경과를 말하는 것이 아니라, 정치주도세력이 勳戚에서 사림으로 교체됨을 말한다. 또한 선조의 즉위기에는 사림이 비로소 정국을 주도함에 따라 낙관적인 분위기가 팽배하였음을 염두에 둘 필요가 있다.

아무튼 이를 통해 남명이 당시대를 어떻게 이해하고 있었는지를 보도록 한다.

가) 전하의 나라 일이 이미 그릇되어서 나라의 근본이 이미 망했고, 하늘의 뜻은 가버렸으며, 인심도 이미 떠났다. 비유하자면, 큰 나무에 백년 동안 벌레가 속을 먹어 진액이 이미 말라 버렸는데 …… 이 지경에 이른 지가 오래된다. 그 형세가 극도에 달하여 지탱할 수 없고 사방을 둘러보아도 손쓸 곳이 없다는 것을 알면서도, 낮은 벼슬아치는 주색만을 즐기고, 높은 벼슬아치는 오로지 재물만을 늘리며 물고기의 배가 썩어 들어가는 것 같은데도 그것을 바로잡으려 하지 않는다. 게다가 궁궐 안팎의 신하들은 후원하는 세력을 심거나 백성들을 수탈하는 데만 급급할 뿐이다. 慈殿은 궁중의 한 과부에 지나지 않고, 전하는 어리니 천 가지 백 가지 天災와 억만 갈래의 人心을 무엇으로 감당해 내며 무엇으로 수습하겠는가? …… 냇물이 마르고 좁쌀비가 내리며, 노랫가락이 구슬프고 입는 옷이 흰색이니 그 조짐이 무엇이겠는가?[28]

---

27) 남명은 명종 21년 7월에 부름을 받았으나 입궐하지 않았고, 8월에 상서원 판관에 제수되자 10월에 入對하였다(《명종실록》 권 33, 명종 21년 10월 갑자조).

28) 《南冥集》, 〈乙卯辭職疏〉 p.243, "抑殿下之國事已非 邦本已亡 天意已去 人心已離 比如大木 百年虫心 膏液已枯 茫然不知飄風暴雨何時而至者 久矣 在廷之人 非無忠志之士夙夜之士也 已知其勢極而不可支 四顧無何手之地 小官嬉嬉於下 姑酒色是樂 大官泛泛於上 唯貨賂是殖 河魚腹痛 莫肯尸之 而且內臣樹援 龍挐于淵 外臣剝民 狼恣于野 亦不知皮盡而毛無所施也 …… 慈殿塞淵 不過深宮之一寡婦 殿下幼沖 只是先王之一孤嗣 天災之百千 人心之億萬 何以當之 何以收之耶 川渴雨粟

나) 나라 근본은 쪼개지고 무너져서 물이 끓듯 불이 타듯 하고, 신하들
은 거칠고 게을러서 시동 같고 허수아비 같다. 기강이 없어졌고, 원기가
나른해졌으며 예의가 없고 刑政이 온통 어지러워졌다. 선비들의 습속은
허물어졌고, 公共의 도리가 없어졌고, 사람을 쓰고 버리는 것이 온통 뒤
섞였고, 기근이 갈 데까지 갔고, 창고는 고갈되었고, 제사는 더럽혀졌고,
세금과 공물은 멋대로 이고 변경의 방어는 텅 비었다. 뇌물이 만연하고,
남을 헐뜯는 풍조와 원통함, 사치가 극도에 달했고, 공헌이 통하지 않고,
夷狄이 업신여겨 쳐들어오니, 온갖 병통이 급하게 되어 하늘 뜻과 사람
의 일도 예측할 길이 없게 되었다.[29]

다) 예로부터 권신으로서 나라를 마음대로 했던 일이 있기도 하고, 戚
里로서 나라를 마음대로 했던 일이 있기도 하였으며, 부인과 환관으로서
나라를 마음대로 했던 일은 있었다. 그러나 지금처럼 胥吏가 나라 일을
마음대로 했던 일이 있었다는 것은 듣지 못했다. 정권이 대부에게 있어
도 오히려 옳지 못한데, 하물며 서리에게 있어서야 되겠는가?[30]

라) 전하의 나라 일이 이미 글러 한 가닥도 손댈 곳이 없는데, 모든 관
원은 둘러서서 보기만 하고 구원하지 않는다. 이미 어떻게 할 수 없음을
알고, '어떻게 해야 할까?'라고 생각조차 하지 않은 지가 오래 되었다.[31]

가)는 문정왕후와 윤형원으로 연결된 척신정치기에 사림에게 화를
입히고 난 뒤 민심을 수습하고 士類를 회유하기 위한 수단으로 遺逸登
用이라는 허명으로 남명을 단성현감에 임명한 것에 대해 남명이 그 유

其兆伊下 音哀服素 形象已著."

29) 〈丁卯辭職呈承政院狀〉,《南冥集》, p.247, "邦本分崩 沸如焚如 群工荒廢 如尸如
偶 紀綱蕩盡 元氣薾盡 禮義掃盡 刑政亂盡 士習毁盡 公道喪盡 用捨混盡 饑饉荐盡
府庫竭盡 饗祀瀆盡 徵貢橫盡 邊圉虛盡 賄賂極盡 掊克極盡 冤痛極盡 奢侈極盡 飮
食極盡 貢獻不通 夷狄凌加 百疾所急 天意人事 亦不可測也."

30) 〈戊辰封事〉,《南冥集》, p.251, "自古 權臣專國者 或有之 戚里專國者 或有之 婦
寺專國者 或有之 未聞有胥吏專國 如今之時者也 政在大夫 猶不可 況在胥吏乎."

31) 〈辭宣賜食物疏〉,《南冥集》, p.256, "伏見殿下之國事已去 無一線下手處 諸臣百
工 環視而莫救 已知無可奈何 不曰如之何者 久矣."

명한 '과부론'으로 사직소를 올린 것이다. 말하자면 척신정치의 폐해를 극렬하게 비판한 것이라 할 수 있다. 즉, 척신정치로 말미암아 나라의 근본이 망했고 천심과 인심도 떠나버려, 더 이상 손써 볼 곳이 없다는 것이다. 이를 벌레가 속의 진액을 다 빨아먹어 말라 버린 고목에 비유하고 있다. 이 같은 현상은 어제오늘의 일이 아니라 이미 오래 되었다고 했다. 더욱 심각한 문제는 이런데도 어느 누구 바로잡으려 하지 않으며, 또 어떻게 해야 할지 생각조차 하지 않고 있으며, 왕은 어리고 후견자인 문정왕후는 일개 과부에 불과하니, 천재와 인심의 이반을 감당해 낼 수 없다는 것이다. 이러하니 멸망의 조짐이 나타나는 것은 당연한 것이다. 말하자면 당시의 현실이 과히 절망적임을 말하고 있다.

그러나 명종 20년 문정왕후가 죽고 윤형원이 실각하고 곧 이은 선조의 즉위는 척신정치의 청산을 가져왔다. 남명은 이러한 정세 속에서 한때 희망을 갖고 상경하여 명종을 대면하기도 하였다. 그러나 그의 기대와는 거리가 멀었기 때문에 곧 하향하고 말았다. 또한 선조의 즉위와 더불어 사림의 정치가 본격적으로 전개되었음에도 불구하고 남명이 보는 현실은 조금도 달라지지 않았다. 나) 다) 라)는 선조의 등극 이후에 올린 것으로 이 같은 사정을 잘 보여준다.

나)에서는 어디 하나 성한 곳이 없어서 손댈 곳이 없음을 말하고 있다. 구체적으로는 국가와 사회 기강의 문란, 인사제도의 문제, 국고의 탕갈, 이적의 침략 등을 말하고 있다.

다)는 남명이 새로 등극한 선조에게 군주의 爲學治國의 근본과 君臣관계 및 善政에 필요한 그의 治政觀을 피력한 것인데, 위에 제시한 것은 이른바 '鄕吏亡國論'의 일부이다. 천한 서리가 국정을 마음대로 한다는 것이다. 이것은 앞서 지적했던 척신정치의 폐단보다도 더욱 심한 것이다. "서리와 온갖 관리가 한무리가 되어 나라의 심장부를 차지하고 앉아 國脈을 결단내고 있기"[32] 때문이다. 따라서 현실은 더욱 절망적으

---

32) 〈戊辰封事〉,《南冥集》, p.252, "小吏爲盜 百司爲群 入據心胸 賊盡國脈."

로 인식될 수밖에 없다. 그래서 "民情을 굽어살피고 하늘을 우러러보며 탄식하고 울먹이다가 눈물을 흘리지"[33] 않을 수 없었던 것이다.

라)는 음식물을 내리는 선조의 하교를 받고 감사드리는 글이지만, 도리어 음식을 하사할 것이 아니라 '임금이 의를 실행할 것(君義)'을 촉구하고 있다. 남명의 부정적 현실인식은 조금도 바뀌지 않았음을 알 수 있다. 그것도 이미 글러 버려서 어떻게 해야 할지 생각조차 않은 지가 오래 되었다는 것이다.

이상에서 볼 수 있듯이 남명이 보는 현실은 총체적 위기에서 오는 절망적인 상황이다. 총체적 위기는 어디에서 오는 것일까? 〈乙卯辭職疏〉의 입장, 즉 척신정치의 폐해를 극론한 것에서 본다면 그 원인은 척신정치에서 찾아진다. 그러나 앞에서 언급하였듯이 척신정치가 청산된 사림의 집권기에도 남명의 인식이 달라진 것이 없다. 그렇다면 그 원인은 달리 찾아져야 한다. 관리들의 안일과 탐학, 국맥을 결단내는 향리에 대한 문제도 제기하였다. 그러나 이것이 근본적인 원인인 것 같지는 않다.

그러면 근본적인 원인은 어디에 있는가? 그것은 오직 군주 한 사람에게서 기인하는 문제였다. 남명의 이 같은 생각은 〈民巖賦〉에 잘 나타난다. 장황하지만 중심되는 내용을 제시하면 다음과 같다.[34]

가)
백성이 물과 같다는 말은
예로부터 있어 왔으니
백성은 임금을 받들기도 하지만
백성은 나라를 엎어버리기도 한다.
(民猶水也, 古有說也, 民則戴君, 民則覆國)

나)
아아, 촉산의 험함이

---

33) 〈戊辰封事〉,《南冥集》, p.254, "臣索居深山 俯察仰觀 噓唏掩抑 繼之以淚者 數矣."
34) 〈民巖賦〉,《南冥集》, pp.112~116.

어찌 임금을 넘어뜨리고 나라를 엎을 수 있으리오?
그 암험함의 근원을 찾아보면,
진실로 임금 한 사람에게서 벗어나지 않는다.
한 사람의 불량함에 말미암아,
여기서 위험이 가장 크게 된다네.
궁실이 넓고 큼은,
암험함의 시작이요. ……
형벌을 자행함은,
암험을 돌이킬 수 없게 함이다.
(嘻噓哉蜀山之險, 安得以憪君覆國也哉, 究厥巖之所自, 亶不外乎一人,
由一人之不良, 危於是而甲仍, 宮室廣大 …… 巖之興也, 刑戮恣行, 刑戮
恣行, 巖之固也)

다)
비록 그 암험함이 백성에게 있다지만,
어찌 임금의 덕에서 말미암지 않겠는가?
물은 河海보다 더 큰 것이 없지만,
큰 바람이 아니면 고요하고,
암험함이 민심보다 더 위태로운 것이 없지만,
포악한 임금이 아니면 다 같은 동포인 것을!
(縱厥巖之在民, 何莫由於君德, 水莫險於河海, 非大風則妥帖, 險莫危於
民心, 非暴君則同胞)

즉, 가)에서는 일반적으로 지적되듯이 물로 비유되는 백성들이 임금
을 받들기도 하고 나라를 엎어버릴 수 있음을 말하고 있다. 나)에서는
이 같은 민암이 임금 한 사람의 실정에서 말미암음을 말하고 있다. 그
리고 궁실의 넓고 큼, 女謁[35]의 성행, 기준 없는 세금징수, 도에 넘치는
사치, 掊克[36]의 자리차지, 형벌의 자행을 실정의 구체적인 예로 들고 있

---

35) '여알'이란 임금의 총애를 틈타 妃嬪이나 궁녀가 정치에 참여하는 것을 말한다.
36) '부극'이란 백성의 재물을 수탈하는 데 혈안이 된 사람을 뜻한다.

다. 다)에서는 암험해지는 것은 백성들이지만, 이것은 임금의 덕과 직결
되는 것임을 다시 한번 강조하고 있다. 다시 말해 부정적인 현실의 극
단적인 결과인 민암, 곧 임금을 넘어뜨리고 나라를 뒤엎어버리는 험함
이 생기는 원인은 진실로 군주 한 사람에게서 벗어나지 않는다는 것이
다. 그리고 민의 험함은 君德의 여부에 달린 것이라고 했다. 결국 척신
정치의 폐해, 관의 안일, 나아가서는 서리들의 국정 농단 등 모든 문제
가 군주 한 사람의 덕이 있느냐 없느냐에 달린 문제였다. 그러니 척신
이나 관료의 안일과 탐학은 부정적 현실을 배태하는 종속적인 요소에
불과한 것이었고, 또한 훈구와 사림의 교체가 국가의 治亂을 좌우할 수
있는 근본적인 요인이 될 수 없었던 것이다.

우리가 앞에서 주목하고자 하였던 훈구와 사림의 교체가 그의 현실
인식에서 중요한 변수가 되지 못하는 이유는, 현실인식의 긍정과 부정
이 척신이나 안일한 관료들에게 있는 것이 아니라 오직 군주에게 달린
문제였기 때문이다. 다음의 시[37]에서 남명의 부정적 현실인식이 어디에
서 오는지를 다시 한번 확인할 수 있다.

> 魯나라 들판에서 麒麟은 헛되이 늙어가고,
> 岐山엔 봉황새도 날아오지 않네.
> 빛나던 문물도 이제 끝장이니,
> 우리의 道는 누굴 의지해야 하나?
> (魯野麟空老, 岐山鳳不儀, 文章今已矣, 吾道竟誰依)

기린이나 봉황이 성군을 의미함은 자명하다. 남명은 기린은 노나라
의 들판에서 늙어가고 봉황은 기산에 날아들지 않는다고 하여 聖王의
부재와 이로 말미암아 의지할 곳조차 없게 된 현실을 한탄하고 있다.
즉, 남명은 그의 시대를 성왕이 부재한 현실로 본다. 따라서 남명의 부
정적 현실인식은 덕을 갖춘 군주가 없는 데서 기인한 것이라 하겠다.

---

37) 〈無題〉,《南冥集》, p.43.

4. 부정적 현실의 극복 방안

1) 聖君論

앞에서 남명의 현실인식이 부정적이었음을 확인할 수 있었다. 그것
도 너무나 절망적이어서 "재주가 周公과 召公을 겸하고 지위가 정승 자
리에 있다 하더라도 어찌 해볼 도리가 없다"[38]고 했다. 그렇다면 이 같
은 부정적 현실을 타개할 수 있는 방법은 없는 것일까?

남명은 이 같은 현실에 필요한 것은 개혁임을 절절히 역설하고 있다.
남명은 개혁의 시급함을 '救急'[39]이라 표현하기도 하였고, 명종을 면대
하여서는 "획기적인 변통 없이는 난국을 수습할 수가 없다"[40]고 하였다.
획기적인 변통이란 곧 "칠 년 가뭄에 시들어진 풀을 윤기나게 하는 큰
장마비"와 같은 것이라고 했다.

그러면 남명이 현실극복 방안으로 제시한 개혁의 구체적인 내용은
어떤 것인가?

> 가) 근위병을 불러모으고 나라 일을 정돈하는 것은 자질구레하게 형벌
> 을 정하는 데에 있지 않고 오직 전하의 한 마음에 달려 있다. …… 전
> 하가 학문을 좋아하는지 풍류를 좋아하는지, 그 좋아하는 바에 나라
> 의 흥망이 달려 있다. 전하가 진실로 어느 하루 깜짝 놀라 깨달아, 팔
> 을 걷어붙이고 학문에 힘쓰면 홀연히 덕을 밝히고 백성을 새롭게 하
> 는 도리 안에 온갖 선이 갖추어지게 되고 온갖 德化도 이로 말미암
> 아서 나오게 된다. 이것을 들어서 시행하면 나라는 다 잘 살게 할 수

---

38) 〈乙卯辭職疏〉, 《南冥集》, p.244, "當此之時 雖有才兼周召 位居鈞軸 亦末如之何
    矣."
39) 〈丁卯辭職呈承政院狀〉, 《南冥集》, p.247.
40) 《明宗實錄》 권 33, 명종 21년 10월 갑자조.

있고, 백성은 화합하게 할 수 있으며, 위태로움을 편안하게 만들 수
있다. …… 엎드려 바라건대, 전하는 반드시 마음을 바로 하는 것으
로써 백성을 새롭게 하는 요점으로 삼고, 몸을 수양하는 것으로써
사람을 쓰는 근본으로 삼아 王道의 법을 세우시라. 왕도의 법이 왕
도의 법답지 않으면 나라가 나라답게 되지 못한다.[41]

나) 백성을 잘 다스리는 요점은 임금이 선을 밝히고 몸을 정성 되게 하
는 데에 있을 뿐이다. 선을 밝힌다는 것은 이치를 궁구함을 이름이요,
몸을 정성 되게 한다는 것은 몸을 닦는 것을 말한다. …… 이 같은 공
부는 반드시 敬을 위주로 해야 한다. 경을 주로 하지 않으면 마음을
간직할 수 없고, 마음을 간직하지 못하면 천하 이치를 궁구할 수 없
으며, 이치를 궁구하지 못하면 사물의 변화를 다스릴 수가 없다.[42]

가)에서는 백성이 흩어지고 군정이 격감한 부정적인 현실을 극복하
여 나라를 잘 살게 하고, 백성을 화합하게 하고, 위태로움을 편안하게
만들 수 있는 방법을 제시하고 있다. 그 방법이란 자질구레한 형벌을
정하는 데에 있지 않고, 오직 군주 한 사람이 학문에 힘써 덕을 밝히려
는 마음먹기에 달려 있다는 것이다. 말하자면 군주가 진실로 어느 날
깨달아 학문에 힘써 聖君이 된다면 주공·소공도 어쩔 수 없는 절망적인
현실이라도 금방 새롭게 될 수 있다는 것이다. 나)에서는 백성을 다스
리는 요점을 보다 구체적으로 말하고 있다. 그런데 당시 백성들은 7년

---

41) 〈乙卯辭職疏〉, 《南冥集》, pp.245~246, "號召勤王 整頓國事 非在於區區之政刑
有在於殿下之一心……好學問乎 好聲色乎 好弓馬乎 好君子乎 好小人乎 所好在是
而存亡繫焉 苟能一日惕然警悟 奮然致力於學問之上 忽然有得於明新之內 則明新
之內 萬善具在 百化由出 舉而措之 國可使均也 民可使和也 危可使安也 約而存之
鑑無不空 刑無不平 思無邪焉……伏願殿下 必以正心爲新民之主 修身爲取人之本
而建其有極 極不極 則國不國矣.."

42) 〈戊辰封事〉, 《南冥集》, p.249, "爲治之道 不在他求 要在人主明善誠身而已 所謂
明善者 窮理之爲也 誠身者 修身之謂也 …… 所謂敬者 整齊嚴肅 惺惺不昧 主一心
而應萬事 所以直內而方外 孔子所謂 修己爲敬者 是也 故非主敬 無以存此心 非存
心 無而窮天下之理 非窮理 無以制事物之變."

기근에 이미 시들어져버린 상태다. 이런 백성을 잘 다스려 소생시키기 위해서는 군주가 敬을 위주로 하여 善을 밝히고 몸을 정성되게 해야 한다고 했다. 이렇게 하면, 아래로 나라가 저절로 다스려지게 되는데, 그것은 마치 우레가 치면서 소낙비가 쏟아져 천지가 해갈되는 것과 마찬가지라 하였다.[43] 그렇지 않고 "다스려지기를 구하는 것은 배 없이 바다를 건너는 것 같아서, 다만 저절로 **빠져 죽을 뿐**"[44]이라 하여 군주의 수양을 강조하고 있다.

남명은 부정적인 현실의 근원을 군주에서 찾듯이, 이를 해결할 수 있는 주체 곧 개혁의 주체도 군주에서 찾고 있음이 분명하다.

그렇다고 하여 임금이 홀로 정치를 할 수는 없는 노릇이다. 신하들의 보필이 절실하다. 그것은 큰 장마비를 내려 타들어가고 목마른 듯한 형세를 바로잡기 위해서도 "반드시 세상의 운세를 걸머쥔 뛰어난 보좌를 얻어서 서로 공경하여 한배를 탄 듯 함께 하여야만"[45] 했다. 말하자면 훌륭한 인재를 얻어야만 덕화를 베풀 수 있다는 것이다. 훌륭한 인재를 얻는 것 또한 군주의 일이고, 이것 역시 군주가 몸을 닦음으로써 가능한 것이었다. 몸이 닦이지 않으면 자기 마음속의 저울과 거울이 없으므로, 선악을 분별하지 못하여 사람을 쓰고 버리는 데 실수하게 되며, 옳은 인재를 쓰지 않으면 군자는 초야에 있고, 소인이 나라를 마음대로 하게 되기 때문이다.[46] 사실 남명이 극렬하게 비판하였던 척신정치의 문제도 소인이 나라를 마음대로 함에서 말미암은 것이었다고 할 수 있다. 이 같은 소인들을 등용한 것도 다름아닌 군주였다. 따라서 문제는 군주가 크게 성을 내어 하늘의 기강을 한번 떨쳐 순임금이 四凶을 제거하던 것과 공자가 少正卯를 베던 것과 같이 하면[47] 해결될 것이라고 하

---

43) 〈戊辰封事〉,《南冥集》, p.250.
44) 〈戊辰封事〉,《南冥集》, p.255, "不明君德而求制治 猶無舟而渡海 祇自淪喪而已."
45) 위의 책, p.250.
46) 위의 책, p.251.
47) 위의 책, p.253. 사흉은 순 임금에 의해서 제거된 共工, 驩兜, 三苗, 鯤을 말하며, 소정묘는 魯나라 大夫로 政事를 어지럽히다 공자에게 죽임을 당하였다.

였다.

우리는 이 같은 남명의 개혁론을 '聖君論'이라 할 수 있을 것이다. 남명은 이를 '君義'라고도 요약하였다.

2) 士[선비]의 역할과 남명의 현실참여

부정적 현실의 원인과 그것을 극복할 수 있는 방법은 오직 군주 한 사람에게 달린 것이었지만, 그렇다고 하여 남명을 포함한 士[선비]의 역할이 무시될 수는 없다. 선비는 임금의 덕화를 펼치기 위한 보좌로서, 그리고 백성의 대변자로서 그 역할이 중요하기 때문이다.

그러나 남명은 거의 관직에 나아가지 않고 은거하였다. 또한 스스로를 處士라고 하였다. 처사란 정치권력에 타협하지 않고 향리에 묻혀 지내는 산림학자를 말한다. 15세기 말엽부터 50여 년간이나 지속된 사화라는 정치적 환경은 사림사회에 출사를 부정적으로 인식하는 기풍을 조성하게 했다.

이들 처사형 지식인들, 곧 사림세력은 선조의 즉위와 더불어 척신정치가 종결되고 사림들이 정국을 주도해 가면서 점차 두 가지 흐름으로 나뉘어진다. 사화가 종료된 명종대 후반 이후에 정국을 낙관적으로 인식하여 현실정치에 참여하는 집단이 생겨나는 반면, 현실정치를 여전히 모순과 비리에 가득 찬 것으로 파악하여 계속해서 은거를 고집하는 사람들이 나타났다.[48] 퇴계가 당시의 정국을 낙관하였던 것과는 달리, 남명에게 있어서 현실은 여전히 부정적으로 인식되었다. 이미 지적하였듯이 부정적인 현실은 곧 道가 행해지지 않는 시대였으니, 은거란 피할 수 없는 것이었다.

따라서 남명은 자신은 물론이고, 선비들의 出仕를 비판하였다. 그것은 역사상에서 큰 사업을 할 수 있는 인사가 時勢를 정확히 인식하지

---

48) 신주백, 앞의 논문, p.20.

못하고 가볍게 출사함으로써 자신이 지니고 있는 능력을 마음껏 발휘하지 못했을 뿐만 아니라, 그 화가 사람에게까지 미침을 안타까워했기 때문이다.[49] 그리고 金宏弼과 趙光祖의 경우도 시세를 판단하는 선견지명이 부족하여 화를 당했음을 지적하기도 하였다.[50] 당시의 상황이 출사할 만한 시세가 아니라는 판단에서 남명은 은거했던 것이다.

일반적으로 지적되고 있듯이 남명의 은거는 노장적 은둔과는 다르다. 즉, 벼슬길에 나아가지 않았던 것은 노장적 은둔이 아니라, 나가서 왕도 정치를 실현할 만한 때를 기다리고 있었던 것이다.[51] 남명의 은거는 능력과 의지를 가졌음에도 그것을 마음껏 펼칠 수 없는 현실에 대한 안타까움과 저항이었다. 남명은 이 세상을 소생시키려는 의지도 있었고, 능력도 있었음을 그의 문집 곳곳에서 내비치고 있다. 명종을 만난 것도 그러하였고, 더욱이 현실에 대한 극렬한 비판 자체가 그것을 역설적으로 말해 준다. 그만큼 자신이 있었던 것이다. 이러함에 민생의 고초를 깊이 생각하고 탄식하여 눈물을 흘렸던 이유는 이미 그릇되어 버린 참담한 현실 때문이기도 하였지만, 한편에서는 그의 재능이 쓰일 수 없는 현실에 대한 안타까움이기도 하였을 것이다. 이것은 사실상 은거가 아니라 적극적인 현실참여의 또 나른 방법이었다. 따라서 남명은 백성의 대변자로서 백성들의 고초를 생각하고 '이 세상을 소생'시키려는 강렬한 의지를 내보이기도 하였다. 그러나 지식인의 사명을 직접 실현할 수 있는 방도는 오직 군왕의 '밝은 해'를 기대하는 길뿐이었다.[52] 다시 말해 선비가 이 세상을 소생시키려는 강렬한 의지를 가졌더라도 밝은 해인 군주가 그의 몸을 비추어주지 않는 한 선비의 의지는 실현될 수 없는 것이었다. 따라서 개혁에 있어서 선비의 역할은 어디까지나 군주에 종

---

49) 〈言行總錄〉,《南冥集》, p.182, "先生 惜世之君子出爲時用 要做好事 事敗 身儠貽 禍士林者 正坐見幾不明 相時不審."

50) 〈與吳御史書〉,《南冥集》, p.147, "前日寒喧孝直 皆不足先見之明 況我與君輩乎."

51) 이상필, 〈남명학파의 형성과 전개 ─ 사상과 학맥의 추이를 중심으로〉, 고려대 박사논문, 1998, p.57.

52) 〈次徐花潭韻〉,《南冥集》, p.99, "要把丹心蘇此世 誰回白日照吾身."

속된 것이었다. 남명의 의지와 능력은 사실상 도가 행해지는 세상, 성군이 위에서 덕화를 베풀 때에나 펼쳐질 수 있는 것이었다. 이것은 시대적 또는 유학자로서 남명의 한계라 할 수 있다. 여기서도 남명의 개혁론이 '성군론'에 입각하고 있음을 잘 볼 수 있다.

3) 실천적 실용적인 입장

남명의 현실대응의 한 특징은 실천적·실용적인 입장으로 설명할 수 있다. 그것은 남명이 다양한 학문을 두루 섭렵하고 있었다는 점이나, 이기론에 대한 관심의 미약함, 나아가서는 주자의 성리학만을 전부로 생각하지 않았다는 지적 등과도 일맥상통한다.[53] 남명은 당시의 선비들이 性理를 논하는 데 세월 가는 줄을 모르는 것을 비판하고 있다. 즉, "세상의 학문한다는 사람들이 생활의 절실한 문제는 버려두고 하늘의 이치만 논하고 있다"(《언행총록》)고 하여 이기론에 치우친 당시의 士風을 통렬히 비판하기도 하였다.

> 요즘 선비들은 손으로 물 뿌리고 비질하는 절도도 모르면서 입으로는 천상의 이치를 말하는데, 그들의 행실을 공평히 살펴보면 도리어 무지한 사람만도 못하다.[54]

오늘날의 폐단은 흔히 높고 먼 것에 힘을 쓰고 내 몸에 절박한 병을 살피지 못하는 자가 많다. 성현의 학문이란 애초부터 일상생활에서 벗어난 것이 아님에도 엉뚱하게 이것은 버려두고 갑자기 성명의 오묘한 이치를 엿보고자 한다면 인사에서 천리를 밝히려는 것이 아니며, 성을 밝혀 명을 알려고 하면서 孝悌에 근본을 두지 않는 것이다. 비유하건대 큰 저

---

53) 이러한 지적은 남명 연구자들에 의해서 자주 언급되어 왔다. 남명의 다양한 학문적 경향과 주자의 성리학에 대한 생각 등은 申炳周의 앞 논문에 잘 정리되어 있다.

54) 〈與吳御史書〉, 《南冥集》 p.147. "君不察時士耶 手不知洒掃之節 而口談天上之理 夷考其行 則反不如無知之人."

잣거리를 다니면서 진기한 보화를 구경하는 것과 같으니 종일토록 거리를 오가며 공연히 그 값만 논할 뿐 끝내 자기 물건이 되지 않는 것이다.[55]

다시 말하면 이기의 틀로는 현실의 모순 구조를 적절히 읽어낼 수 없으며, 따라서 부정적인 현실을 극복할 수 없다는 것이다. 이러한 입장에서서 이기의 공론을 실천성이나 실용성과 연결되지 않는 공허한 것으로 비판하고 오히려 이러한 공론이 사회의 새로운 문제로 나타날 것임을 우려하였다.

時俗이 숭상하는 바를 자세히 들여다보면, 당나귀 가죽에 기린의 모형을 뒤집어씌운 것 같은 고질이 있다. 온 세상이 모두 그러해 惑世誣民하는 데 급급하고 있으니, 크게 어진 이가 있더라도 구제할 수 없을 것이다. 이는 실로 斯文의 宗匠인 사람이 오로지 上達만 주로 하고, 下學을 궁구하지 않아 구제하기 어려운 습속을 이루었기 때문이다. …… 공은 지금 이 폐단을 구제하기 어렵다는 것을 알아야 한다.[56]

즉, 일상생활과 동떨어진 학문추구, 관념론적인 논의가 성행하는 것에 대한 우려를 표명하였는데, 사문의 종장이란 다름아닌 퇴계를 지칭한 것이다. 이것은 곧 퇴계의 理氣論的인 학문적 경향에 대해 비판한 것이라 할 수 있다. 이 같은 비판은 그에게 준 편지에서도 그대로 전개된다.

---

55) 〈南冥先生編年〉,《南冥集》27년 갑신조 (박병련, 〈남명 조식의 정치사상과 사상사적 위치〉,《정신문화연구》제20권 제3호, 1997, p.178 재인용), "今日之弊 多務高遠 不察切己之病 聖賢之學 初不出於日用常行之間 如或舍此而據欲窺性命之奧 是不於人事上求天理 盡性知命 不本乎孝悌也 譬如遊通衢大市 見珍玩奇寶 終日上下衢街 而空談其價 終非自家物也."
56) 〈與吳子强書〉,《南冥集》, pp.159~160. "熟看時尙 痼成麟楦驢騉 渾世皆然 已急於惑世誣民 雖有大賢 已不可救矣 此實斯文宗匠者 專主上達 不究下學 以成難救之習 …… 公今不可不知此弊之難救矣."

요즘 공부하는 자들을 보건대, 손으로 물 뿌리고 비질하는 절도도 모르면서 입으로는 天理를 담론하여 헛된 이름이나 훔쳐서 남들을 속이려 하고 있다. 그러나 도리어 남에게서 상처를 입게 되고, 그 피해가 다른 사람에까지 미치니, 아마도 선생 같은 장로께서 꾸짖어 그만두게 하시지 않기 때문일 것이다.[57]

따라서 학문하는 자세에서도 '敬義'를 전제로 한 反躬實踐에 궁극적 목표를 두어서 性命·天理와 같은 '上學'보다는 日常動作과 같은 '下學'적인 측면에 치중하였다.[58] 이 같은 점에서 남명의 학문을 '實行하는 학문'으로서 實學이라고도 하였다. 그래서 '虛를 경계하고 實에 힘쓰는' 학문태도는 남명의 실학사상에 중요한 부분이라고 하였다.[59] 이 같은 점에서 남명의 '실학'은 이후 조선후기 실학사상의 연원으로서까지 확대 해석되기도 한다.[60] 그러나 남명이 강조하는 실천·실용성을 실학이라고 한다면, 이것은 청나라에서 들어온 고증학과 서양의 과학정신에 입각한 조선후기의 특정한 학풍으로서의 '실학'과는 다른 것으로, 말하자면 이 기론으로 대표되는 공론에 대한 대립적 의미를 가진 천근한 실제적 학문이라는 뜻으로 쓰기도 한다.[61] 따라서 이 같은 '실학'의 강조는 당시 유학자들에게서 보편적으로 나타나던 바[62]라는 지적은 타당한 것이라고 할 수 있다.

아무튼 남명은 비판과 실천, 실용적인 학문을 통해 당시의 현실에 적극 참여하고 있었던 셈이다. 이것이 바로 남명의 현실대응의 한 특징이

57) 〈與退溪書〉,《南冥集》, p.135, "近見學者 手不知洒掃之節 而口談天理 計欲盜名 而用以欺人 反爲人所中傷 害及他人 豈先生長老無有以呵止之故也."
58) 이수건, 앞의 논문, p.204.
59) 갈영진, 앞의 논문.
60) 권인호, 앞의 논문.
61) 정우락, 앞의 책, p.289.
62) 정우락, 앞의 책, p.290 참조. 정우락은 그 구체적 예로서 李珥의《擊蒙要訣》의 다음 내용을 들고 있다. "所謂學問者 亦非異常別件物事也 …… 皆於日用動靜之間 隨事各得其當而已"(《栗谷全書》, 擊蒙要訣).

라고 할 수 있다. 여기서 실천이란 앞에서 언급한 개인적으로는 修己와 修養으로 나타나겠지만, 사회적·정치적으로는 國政에 대한 비판과 대안의 제시, 민생에 대한 관심 등으로 구체화되는 것으로 보인다. 남명이 개혁의 중심적인 대안으로 제시한 '성군론'도 이 같은 실천·실용성의 궁극적인 귀결점이었다고 생각된다.

4. 의의와 한계

남명의 현실인식과 이를 극복하기 위한 방안이 가지는 의의와 한계는 무엇인가. 이것은 남명이 얼마만큼 현실을 정확하게 인식하고 있었는지, 그리고 그 해결방안이 역사적 맥락 속에서 어떤 의미를 갖는가 하는 문제로 접근할 수 있다.

우선 남명의 현실인식은 상당히 정확했고, 이를 바탕한 그의 출처 또한 석설했다고 할 수 있다. 오랜 척신정치로 국가기강이 크게 문란해졌고 이에 국역체계는 파탄되고, 민생은 도탄에 빠졌으며 군역 자원은 크게 감소되었던 것이다. 더욱이 이러한 폐단의 여독이 사림이 정국을 주도해 가던 선조 연간에도 그대로 지속되고 있었다. 남명은 이러한 현실을 낙관하지도 방관하지도 않았다. 그는 결코 세상을 등진 은둔 군자였던 것이 아니라 상소와 진언을 통해 시폐를 극론하고, 임금을 격려하여 성군이 되게 하고자 하였다. 이러한 남명에 대한 다음과 같은 사관의 평가는 남명의 출처를 적절하게 잘 드러내어 주고 있다.

당시 遺逸에 假託하여 실제 學德을 갖추지 않고 한갓 虛名으로 盜名欺世하는 자가 많았다. 그러나 植은 持身修潔하여 초야에 묻혀 세상에 드러내려고 하지 않았으나 그 명망이 자연 조정에 전달되어 관직이 누차 제수되었으나 安貧自樂하여 끝내 出仕하지 않으니 그 뜻 가상하다. 그러나 植은 결코 세상을 잊는 데 과감하지 않았다. 陳疏抗義하여 時弊를 極論함에 辭懇義直했으며, 傷時憂亂하여 나의 임금을 明新의 경지에 넣고

風化를 왕도의 극치에 두려고 했으니 그 憂國之誠이 지극하다. 아, 평소 뜻한 바를 임금 앞에 다 개진하고 끝내 處士로서 일생을 마쳤으니 그 마음은 충성하고, 그 절의는 높다 하겠다.[63]

아무튼 당대 현실에 대한 남명의 비판은 준엄했을 뿐만 아니라 역사의 정당성을 확보하고 있다. 또한 그의 부정적 현실인식은 현실의 부정이 아니라 사실은 그만큼 개혁이 절실함을 역설한 것이기도 하였다. 특히 향리망국론은 이후의 사회개혁론자들에 의해서 계승되기도 하였다.

그러나 이러한 점과는 달리 남명의 개혁론은 구체성과 현실성을 가졌다고는 할 수 없다. 다시 말해 현실인식의 정확성과 비판의 엄정함에도 불구하고 현실을 타개하기 위한 방법에서는 상당히 추상적인 측면이 강하다. 예컨대, 향리망국론을 제기했지만, 그것을 개혁하는 방법은 '군의 위엄'에서 찾고 있다. 남명은 "학문에서도 實見이 없고, 疏章에도 經濟之策이 없다. 비록 그의 政見이 세상에 시행되었다 하더라도 어느 정도 효과가 있었을지는 미지수이다"[64]고 한 율곡 이이의 지적은 비록 학문 체계와 정견을 구체적인 저술로 남기지 못한 것에 대한 貶論[65]이라 하더라도, 疏章에 經濟之策이 없었다는 지적은 곧 남명의 개혁론이 구체성과 현실성을 가지지 못하였음을 적절하게 지적한 것으로 생각된다. 이 점은 河崙[66]이라든가 金馹孫[67] 등 사림계 선배들의 개혁론, 또는 16세기 특히 민생문제와 관련하여 민에게 가장 큰 고통을 주고 있었으며, 남명 또한 중요하게 지적하고 있었던 貢納制에 대해 전개되고 있던

---

63) 《明宗實錄》 권 19, 명종 11년 11월 경술조.
64) 〈經筵日記二〉, 《栗谷全書》 권 29, 선조 5년 정월조.
65) 이수건, 앞의 논문, 1982, p.214.
66) 〈請袪民弊啓〉, 《浩亭集》 권 2, 하륜은 이 계에서 당시의 폐단을 유형화하여 적시하고, 민본적 원칙에 의거하여 수령과 토호세력을 억제하기 위한 대책과 책임 행정을 구현하기 위한 대책을 구체적으로 제시하고 있다(박병련, 앞의 논문, p.164).
67) 이수건, 〈탁영의 정치·사회사상과 개혁안〉, 《탁영 김일손의 문학과 사상》, 영남대 민족문화연구소, 1998.

개혁의 방안 등과 비교할 때 보다 분명해진다. 여기서는 공납제의 개혁
에 대한 문제를 예로 보기로 한다.

공납제는 선초부터 제도적 미비로 말미암아 많은 문제를 노출하고
있었고, 16세기에 이르러서는 방납의 폐단이 심화되어 갔다. 이 같은 문
제는 제도의 미비 때문이었지만, 이것은 사실 수령과 향리 그리고 중앙
의 권세가의 牟利行爲에서 더욱 심화된 것이었다. 남명의 향리망국론의
문제는 바로 이들에 의해서 자행되는 방납에 있었다. 이 같은 방납제의
개혁을 주장하였던 것은 梁誠之였고, 이후 金宗直, 趙光祖 등의 사림계
열 관료들에 의해 지속적으로 추진되었다. 이들에 의해 추진된 공납제
개혁의 방향은 '改貢案'과 '杜防納'이라는 두 방향으로 전개되었는데 이
것은 말할 것도 없이 17~18세기를 거치면서 大同法으로 귀결되어 간
다.[68] 이 같은 공납제의 개혁이 다름아닌 제도의 개혁이었음은 말할 필
요도 없다. 남명이 국왕의 위엄으로 해결하고자 하였던 것과는 거리가
있다.

남명에 대한 이 같은 평가는 사실 남명이 행정가가 아니라 정치가였
고, 정치가라기보다는 유학자였고, 국정에 참여하고 있었던 것이 아니
라 재야의 지식인이라는 측면에서 이루어져야 할 것이다. 그리고 남명
이 자신의 학문 체계와 政見을 구체적인 저술로 남기지 못했다는 점도
고려되어야 할 것이다.

그렇다 하더라도 남명의 개혁론에 대한 한계를 접어둘 수는 없다. 앞
에서도 줄곧 이야기해 왔지만, 남명의 개혁론의 근본은 철저히 '聖君論'
에 입각하고 있다. 이러한 성군론은 조광조의 至治主義에 입각한 王道
政治에 접맥된다. 이 같은 개혁론은 사실 위험한 것이다. 현실의 군주는
성군이 아니었고, 군의 수양을 통한 왕도정치의 실현은 우선 군주 자신
이 수용할 수 없는 문제였기 때문이다. 조광조의 왕도정치의 실패는 다
름아닌 中宗의 반발 때문이기도 하였다. 따라서 남명의 성군론은 이러

---

68) 고석규, 〈16,17세기 공납제 개혁의 방향〉, 《한국사론》 12, 1985.

236 제1부 퇴계와 남명의 사상적 특성

한 점에서 실현 불가능한 것이었다.

물론 남명은 성군만을 유일한 대안으로 생각하지는 않았던 것으로 비추어진다. 그것은 우선 〈軍法行酒賦〉에서 내보인 한나라 劉章과 같은 위엄있는 군주의 출현을 통해 정치기강을 일거에 쇄신하고자 한 것에서 추측된다. 이것은 한나라 고조의 손자였던 유장이 呂太后가 정권을 마음대로 천단하므로 군법에 의지하여 여씨를 제압한 일을 두고 쓴 것인데, 실은 文定王后의 집정을 은근히 비판한 것이다. 즉, 16세기의 위기상황을 한나라의 위기상황과 비교하면서, 유장과 같은 결단력 있는 군주의 출현을 기대한 것이다. 유장은 결코 성군이 아니었다. 따라서 이것은 차선책이었다.[69] 따라서 〈杏壇記〉에서는 다시 仁義에 기반한 왕도정치를 주장하였던 것이다.[70] 여기서도 볼 수 있듯이 해결책은 여전히 군주의 문제로 귀결된다.

다른 한편 현실 극복의 한 방법으로 제기되는 것이 民巖의 문제이다. 말하자면 민이 나라를 망하게 할 수도 있다는 것으로, "민을 역사의 주체적 세력으로 인식"[71]하고 있는 것으로도 보인다. 그러나 이는 사실 현실정치의 모순을 극복할 수 있는 힘을 민에서 찾는 "혁명성의 내포"[72] 또는 "역성혁명의 논리"[73]이기보다 유교의 민본사상에 철저한 것이며, 이를 통해 그 같은 현실이 일어나지 않도록 임금을 경계하는 것에 보다 큰 비중이 있다고 할 수 있다. 이것은 민암이라는 말이 "왕은 …… 백성들의 험함을 돌아보고 두려워하여야 한다"[74]고 하였듯이 왕을 경계하는

---

69) 정우락, 앞의 책, pp.125~126 참조

70) 위의 책, p.135 참조

71) 위의 책, p.315.

72) 신병주, 앞의 논문 p.84. 신병주는 남명의 "민본사상은 역사상 줄곧 수단으로만 취급하였던 민에 대하여 그 주체적 지위를 인정하고 민을 기반으로 하여 척신세력이나 부패한 관리를 추방하고 公道論을 무기로 등장하는 사림세력의 입지점을 넓히는 혁명성을 내포했다고 볼 수 있다"고 하였다.

73) 이상필, 앞의 논문, p.62.

74) 〈召誥〉,《書經》, "嗚呼 有王 雖少 元子哉. 其丕能誠于小民 今休 王不敢後 用顧 畏于民巖."

논리이지 민을 주체로 보고자 하는 것은 아니었다. 따라서 이 같은 민본사상은 "나라의 흥망은 민심의 苦樂에 있다"[75]거나 "군주는 마땅히 백성을 보전하는 데 마음을 두어야 한다"[76]는 것과 같이 여말선초 유학자들이 보편적으로 가지고 있던 이데올로기였다.[77] 따라서 〈民巖賦〉에서 구체화된 민본사상은 남명만의 생각이 아니라, 남명에 의해 보다 구체적화되고 강조된 것이라 할 수 있다. 민암이 나라를 어지럽히는 근본 문제임은 퇴계에 의해서도 제기되고 있었음을 주목할 필요가 있다.[78]

〈民巖賦〉의 중심은 "임금을 받들기도 하지만 나라를 뒤엎기도" 하는 백성이 아니라, 사실은 군주가 이러한 백성의 힘을 거울삼아 스스로를 살펴야 한다는 데에 있는 것이다. 따라서 이것은 성군론의 또 다른 표현이라고 할 수 있다.

이러한 성군론을 중심으로 하는 남명의 현실 대응론을 현실정치의 모순에 대해 "직접적이고 적극적인 대응책을 제시"[79]한 것으로 이해하기는 어렵다. 남명이 민생을 생각하고는 눈물을 흘리고 슬퍼하였지만, 지식인으로서 이를 해결할 수 있는 직접적인 방도가 없었던 것은 모든 대안이 오직 군왕을 통하는 길뿐이었기 때문이다. 남명에게 군왕 곧 성군은 '이 세상을 소생'시킬 수 있는 유일한 희망인 '밝은 해'였다. 여기에 남명의 한계가 있다. 이러한 점에서 남명의 성군론은 제도개혁을 통해 조선후기의 사회모순을 극복하고자 했던 실학파의 개혁론과는 차원을 달리한다.

남명은 군주국가의 체제를 뛰어넘을 수 없는 시대적 조건 아래에서 살았고, 왕도정치를 이상으로 삼고 있던 유학자였다. 이러한 점은 〈聖學十圖〉와 〈戊辰六條疏〉에서 성학을 두텁게 하여 다스림의 근본을 세울 것을 건의하였던 퇴계와 다르지 않다. 유학자로서 남명과 퇴계가 성

---

75) 《태종실록》 권 18, 태종 9년 10월 을축조.
76) 《태종실록》 권 13, 태종 7년 6월 계미조.
77) 김훈식, 〈여말선초의 민본 사상과 명분론〉, 《애산학보》 4, 애산학회, 1986.
78) 주 10) 참조
79) 신병주, 앞의 논문, p.94.

군을 통해 현실의 문제를 극복할 수 있는 방법을 모색하였던 것은 당연한 것이었다. 따라서 남명의 한계는 그 개인의 한계가 아니라 시대적 역사적 한계라 할 수 있다.

5. 맺음말

오늘날 남명에 대한 평가는 비판적 실천적 지식인으로, 그의 학문과 사상은 민을 주체로 한 혁명성의 내포 또는 실학적 단서를 연 것으로까지 이해되고 있다. 이 연구는 남명에 대한 이 같은 평가를 역사학의 관점에서 재검토해 보고자 한 것이다. 그것은 이 같은 이해가 주로 문학, 교육학, 또는 철학적인 관점에서 접근된 것이기 때문이다. 따라서 이를 위해서는 남명의 시대와 남명의 경제적, 신분적 또는 학문적인 입장을 분명히 할 필요가 있었으며, 나아가서는 그의 주장이 당시 유학자들과의 차별성과 역사적 맥락도 아울러 검토되어야만 했다. 그러나 필자의 능력 한계로 말미암아 어느 하나 제대로 수행되지 못하였다.

16세기의 역사현실은 남명의 지적과 같이 암담한 것이었다. 그것은 民의 流亡이라는 문제로 나타났고, 이것이 민암이 되어 나라를 뒤엎거나 혼란하게 할 수 있는 근원으로 인식되고 있었다. 그런데 이 같은 민의 유망은 사실 봉건정부나 훈구세력의 가렴주구에서만 기인하는 것이 아니었다. 재지사족 또는 사림파 관료들이 대체로 중소지주로서 경제적 기반을 확보하고 확대해 가는 과정에서도 말미암은 것이었다. 남명은 곳곳에서 궁핍한 생활을 이야기하고 있지만, 그렇다고 하여 그의 경제적 처지가 농민과 비슷하였던 것은 아니었다. 남명 역시 기본적으로는 중소지주적인 경제적 기반을 가지고 있었다고 할 수 있다. 그래서 평생 동안 학문에 몰두할 수 있었고, 山海亭·鷄伏堂·雷龍亭·山川齋 등을 지어 자신을 함양하고 제자들을 가르칠 수 있었던 것이다. 이와 함께 사회적 신분적 처지에 있어서도 남명은 농민이 아니라 농민을 지배하던 지배층이었다. 남명은 노비와 농민에 대해 온정의 눈길을 자주 보내고 있었지만, 그렇다고 하여 남명이 농민적 또는 민중적인 사유체계를 가지고 있었던 것도 아니었다. 말하자면 지배의 대상이었던 농민이 도탄에 빠진 것을 안타까워하고 이를 구제하고자 노력한 지식인이었다. 학문적으로는 노장사상과 양명학, 불교뿐만 아니라 잡학에 이르기까지 다양하게 관심을 가지고 있었지만, 남명은 어디까지나 유학자였고 성리학자였다. 다만 性理에 천착하기보다는 이것의 정치·사회적 실천에 보다 많은 관심을 두었다고 할 수 있다. 남명에 대한 연구는 이 같은 전제 위에서 이루어져야 할 것이다.

남명은 당대의 현실을 총체적 위기에서 오는 절망적인 것으로 보았다. 나라의 근본도 망했고, 天心도 民心도 다 떠나버렸다고 했다. 그래서 재주가 周公과 召公을 겸하고 지위가 정승의 자리에 있다 하더라도 어찌 해볼 도리가 없다고 하였다. 이 같은 총체적인 위기는 물론 척신정치의 폐해나 관리들의 안일과 탐학, 國脈을 결단내는 향리들에게서 말미암은 것이었다. 그러나 남명은 이것을 근본적인 원인으로 파악하지는 않았다. 총체적인 위기의 근본 원인은 오직 군주 한 사람에게서 기인하는 문제로 파악하고 있었다.

그러면 이 같은 총체적 위기를 타개할 수 있는 방안은 무엇인가? 남명은 그 방안을 '획기적인 변통' 곧 개혁에서 찾고 있었다. 그러나 남명의 개혁론은 자질구레하게 형벌 같은 것을 정하는 것이 아니라 군주의 한마음에서 찾고 있었다. 그래서 군주가 진실로 어느 하루 깜짝 놀라 깨달아 팔을 걷어붙이고 학문에 힘써 홀연히 덕을 밝혀 성군이 된다면 모든 문제가 해결될 것으로 이해하였다. 이것은 위기의 원인을 군주에게서 찾았던 남명에게는 당연한 귀결이었다. 아무튼 우리는 이 같은 남명의 개혁론을 聖君論이라고 할 수 있다.

이 같은 성군론에서 선비의 역할은 어디까지나 군주에 종속된 것일 수밖에 없다. 그래서 선비는 出處를 명확히 해야만 했다. 남명은 평생을 은거했다. 이것은 노장적인 현실도피가 아니었다. 또한 남명은 스스로

이 세상을 소생시킬 수 있는 능력과 의지를 가지고 있다고 생각했다. 그렇지만 그의 능력과 의지는 오직 군주의 밝은 해를 통해서만 발휘될 수 있는 것이었다. 이 같은 선비의 역할은 성군론에서는 당연한 것이었다. 그렇다 하더라도 선비가 오직 군주의 밝은 해만을 마냥 기다릴 수는 없다.

民의 대변자며 지식인으로서의 선비의 역할은 현실의 모순구조를 적절히 읽어내고 부정적인 현실을 극복할 수 있는 방안을 제시해야만 한다. 그러기 위해서는 性理·天理와 같은 虛學에 몰두할 것이 아니라 일상생활에 필요한 실용·실천적인 '下學'에 힘쓸 것을 강조하였다. 남명학에서의 실용·실천성은 이기론의 공리공담에 대응되는 의미에서는 '실학'이라고 할 수 있으나, 조선후기의 실학과는 엄연히 역사적 개념을 달리한다. 실용·실천의 구체적인 모습은 개인적으로는 수기와 수양으로 나타나지만, 사회·정치적으로는 국정에 대한 비판과 민생에 대한 관심 등으로 나타난다. 남명은 이를 통해 현실에 적극 참여하고 있었고, 이것이 곧 실천인 셈이었다.

아무튼 남명이 본 현실은 정확했고, 이에 비판은 엄정한 것이었다. 그러나 그가 제시한 대응책, 곧 성군론에 입각한 개혁론은 구체성과 현실성이라는 측면에서는 한계를 가진다. 다시 말해 현실인식의 정확성과 비판의 엄정함에도 불구하고 현실을 타개하기 위한 개혁론은 다분히 추상적인 것이었다. 이것은 조선후기 실학파들과는 물론이고, 사림계 선배들의 개혁론과 비교해 보아도 그러하다. 남명의 성군론은 조광조의 至治主義에 입각한 王道政治에 접맥된다. 군주의 수양을 통한 왕도정치는 실현될 수 없었을 뿐만 아니라 실행에 옮겨진다 하더라도 중종과 조광조의 관계에서 보듯이 그것은 위험한 것이었다. 현실의 군주는 성군일 수 없었고, 왕도정치의 실현은 무엇보다 군주 자신이 수용할 수 없었기 때문이다.

물론 남명은 성군론만을 유일한 대안으로 제시하지는 않았다고 주장할 수도 있다. 성군이 아닌 劉章과 같은 위엄있는 군주의 출현을 기대한 것이라든가, 〈民巖賦〉에서 제시된 민의 역할이 그것이다. 특히 후자의 경우에서 일부의 연구자들은 남명학이 가지는 혁명성을 찾고자 한다. 그러나 〈민암부〉의 중심은 임금을 받들기도 하고 나라를 뒤엎기도 하는 민에 있는 것이 아니라, 군주가 이를 거울 삼아 스스로를 살펴야 한다는 데 있다. 따라서 이것은 성군론의 또 다른 표현이라고 할 수 있다. 남명에게 군주는 이 세상을 소생시킬 수 있는 유일한 희망인 밝은 해였기 때문이다. 따라서 〈민암부〉는 당시 유학자들이 가지고 있던 민본사상을 보다 강조하고 구체화함으로써 군주가 성군이 되어야 함을 역설한 것이다. 사림세력이 훈구세력에 비해 상대적으로 민생문제에 대해 많은 관심을 가졌고 이들을 기반하여 그들의 입지점을 확대하고자 하였던 것은 사실이지만, 민을 역사의 주체세력으로 보는 것이나 민의 주체적 지위를 인정하고 이를 기반으로 하여 사림세력의 입지점을 넓히는 혁명성을 내포했다는 주장은 지나친 해석이 아닌가 생각한다.

아무튼 16세기 사회모순에 대한 남명의 개혁론은 성군론으로 요약할 수 있다. 그리고 이 같은 개혁론은 제도개혁을 통해 조선후기의 사회모순을 극복하고자 했던 실학파의 개혁론과는 차원을 달리한다. 이것은 남명이 군주국가의 체제를 뛰어넘을 수 없는 시대적 조건 아래서 살았고, 왕도정치를 이상으로 삼고 있던 유학자였다는 점에서 피할 수 없는 한계였다.

제 2 부

남명학파와 퇴계학파의 사상적 특성

南冥·退溪 兩 學派의 思想 特性에 관한 몇 가지 問題提起

李東歡(고려대)

1

나는 여기서 남명·퇴계 兩 學派의 사상 특성과 그것의 사상사적 의미에 관하여 몇 가지 문제제기를 해 보고자 한다. 남명과 퇴계의 사상에 관해서 나온 논문이 이미 가위 汗牛充棟이라 할 만하다. 남명의 경우 그 연구가 적극화된 지가 아직 오래지 않다 하겠으나 우리가 접할수 있는 원자료의 양에 비추어서는 짧은 기간 동안이지만 축적된 연구실적이 결코 적지가 않다. 연구 참여자가 多衆이라는 데에 힘입어서일 터이다.

한편 이 두 사상가의 門流들의 사상에 관해서는 대체로 저조한 편이다. 그 가장 비중이 큰 이유인즉 아마도 사상사적으로 내실 있는 자료가 빈약한 때문이 아닌가 생각된다. 이런 추측은 일단 인정되어질 법하다. 일찍이 河謙鎭이 지적한 바와 같이 "退陶先生의 門人·私淑 諸賢들은 모두 退陶를 篤信해서 退陶가 말한 것을 벗어나서는 또한 따로 一義를 세우지 아니 했고,"[1] "南冥先生의 門人으로서 德溪·東岡 數賢은 또

---

1) 河謙鎭,《東儒學案 上編》4, 陶山門下諸儒學案.

246 제2부 남명학파와 퇴계학파의 사상적 특성

한 退溪先生에게도 師事했거니와 그 나머지 사람들은 모두 종신토록
南冥에게 依歸하여 스승이 전해준 것을 삼가이 지키고 논저하기를 좋
아하지 아니 했기"[2] 때문이다.

이렇게 퇴계·남명 두 사람의 사상에 관해서는 일종의 연구의 飽和
때문에, 그리고 그 門流들의 경우는 자료의 빈곤 때문에 연구가 일정한
한계에 도달했음을 감지하게 되는 것은 나만에 해당되는 문제일까.

여기서 나는 먼저 방법적 문제 한두 가지를 거론해 보고 싶다. 한 가
지는 사상사의 연구를 當該者의 사상적 저작에만 기대지 말자는 것이
다. 당해자가 쓴 詩什, 제3자가 서술한 당해자의 전기 자료, 일화 등 입
수 가능한 모든 문헌자료는 물론 구전자료까지 활용할 자세로 임하자
는 것이다. 말하자면 '知의 考古學'이라고 할 방법으로 임하자는 것이다.
물론 이 방법은 이미 參用되고 있지만 보다 적극화하자는 것이다.[3]

그 다른 한 가지는 '무엇'과 함께 '어떻게'를 아울러 살펴야 한다는 것
이다. 아니 오히려 '무엇'보다 '어떻게'에 더 주의를 집중해야 할 필요가
있다. 다시 말하면 한 사상가의 어떤 사상적 抽象內容 자체와 함께 특
히 그 추상 내용의 具體內容化 방식 또는 具體的 發現 방식에 유의하자
는 것이다. 이를테면 價値論的 信念體系性이 높은, 그리고 한 시대의 이
데올로기로 실현되었던 道學의 경우, 특히 그 心學 부문의 경우 사상의
추상 내용에 있어 사상가들 사이의 個性 偏差가 얼마나 있겠는가. 더
구체적으로 지적하자면 가령 퇴계와 남명의 心學에서 그 추상 내용의
차이가 얼마나 되겠는가 이다. 남명에게 있는 '敬'과 '義'가 퇴계에게는
없는가. 여기서 '敬'과 '義'라는 심학의 추상 내용 범주 자체만을 即物的
으로 파악한다고 가정해 보라. 퇴계다움과 남명다움을 어디서 찾을 수
있겠는가. 여기에서 우리는 우선 그 추상 내용들이 퇴계와 남명에게 있

---

2) 위의 책 《中庸編》 11, 陶山門下諸儒學案.
3) 외람되이 소개하건대 필자가 연전에 郭忘憂堂의 사상을 이런 방식으로 접근하
  여 〈郭忘憂堂의 道學的 精神構造와 現實主義的 性向〉이란 제목으로 발표한 바
  있다(《伏賢漢文學》 9, 1993).

어 구체적으로 내용화되는 방식 또는 樣態를 점검하게 된다. 각 단위 추상 내용들이 두 사상가의 사상 총체에 들어가 그 총체를 구성하는 방식—즉 다른 내용 단위들과 맺어지는 관계의 양태 및 그 관계 속에서의 비중 등이 빚어내는 의미를 검증하게 된다. 이를테면 주로 '義'와의 연관 맥락에 놓이는 남명의 '敬'과, 주로 '仁'과의 연관 맥락, 그리고 여기에 남명에게서는 볼 수 없는 '理'가 가담되는 맥락에 놓이는 퇴계의 '敬'이 가지게 되는 개념 실질 내지 含意가 의당 다를 것이기를 기대하기 때문이다. 이 방법 또한 쓰여지지 않은 것은 아니다. 그러나 보다 精銳하고도 심도 있게 할 것이 요구된다. 그리고 여기에서 나아가 각 개별 단위 사상 내용들이 언어로써나 실제의 삶에서 발현되는 양태까지 검증되어야 마땅할 것이다. 이렇게 일정 범위의 사상계에서 공유되는 사상 단위의 추상 내용이 각 개별 사상가들에게 '어떻게' 구체적으로 내용화되고, 發現되느냐를 검증하여 얻게 되는 의미는 결국 '무엇' 즉 해당 사상가 실질 내용의 사상이 轉移됨은 물론이다. 그래서 사상가들이 抱持하고 있는 사상 내용을 보다 풍부하고도 개성적으로 파악하게 됨은 당연한 결과다.

2

남명학파와 퇴계학파를 비교론의 방법으로 접근할 만할 전망의 일단 兩門을 함께 출입했던 吳健·鄭逑·金宇顒들의 사상과 남명계가 퇴계계로 흡수되고 난 뒤에 일어났음직한 사상 內質의 일정한 변화의 地平에서 모색하는 것이 손쉬울 터다.[4] 이 두 경우를 제외한, 그 이전 두 학파가 사상사의 表層에서 竝流하던 시기에는 과연 서로 주고받은 무엇이 있다고 생각할 수 있겠는가. 이런 점에서 퇴계와 남명 사이에 있었던

---

4) 이런 모색의 基盤的 연구가 최근 李相弼에 의해 충실히 이루어져 있다. 학위 논문 〈南冥學派의 形成과 展開〉가 그것이다.

'撥雲散'과 '當歸' 이야기는[5] 상징적으로 示唆해 주는 바가 있다. 한 마디로 두 사람 사이의 다분히 비우호적인 내적 긴장을 족히 읽을 수 있다. 그렇다고 서로 주고받은 것이 아무 것도 없다고 생각한다면 속단이다. 영향이란 꼭 우호적인 관계에서 순행적으로 일어난 것만에 한정되지 않는다. 그렇다고 해서 또 크게 기대할 것도 없을 것 같다. 최소한 두 사람 사이의 긴장은 두 학파가 각기 자기 노선의 사상의 정체성을 보다 뚜렷하게 확립하는 데에서 서로 자극과 충격을 주는 일정한 힘으로 작용했을 것임은 틀림없을 터다. 이 작용의 구체적인 실상은 아마도 검증 가능의 밖에 있을 것 같다.

이러고 보면 두 학파의 사상적 특성에 대해서는 위에서의 비교 가능 구역 외에는 대비 이상으로 접근할 수 없을 것 같다. 그리고 대비는 兩者가 같은 역사적 시공간 속에 학파적 실체로서 존재한 조건을 전제로 하는 것이 의의를 가질 것임은 말할 것도 없다. 이 사실에 입각하여 여기서 남명·퇴계 晚年 또는 再傳 제자 세대까지에서 대체로 師門에의 正體性의 정도가 상대적으로 높다고 인정되는 두 세 사람씩—南冥—鄭仁弘—郭再祐와 退溪—柳成龍—張興孝를 대비의 視界에 넣고 각 학파의 사상적 특성에 관해 새로운 이해의 시각에서 몇 가지 문제제기를 하고자 한다.

1) 남명학파의 사상의 根源의 思惟를 퇴계학파의 主理的 사유에 대하여 主氣的 사유로 보고 싶다. 주지하듯이 남명은 理氣 문제를 정면으로 거론한 적이 없을 뿐 아니라 그런 논의 자체를 혐오하기까지 했다. 이러한 남명의 사상의 근원적 사유를 氣的으로 이해하는 것이 일견 불합당해 보일 것도 같다. 그러나 남명사상의 내용을 구성하는 知的 想像은 氣를 그 資具로 하여 운동하고 있는 특성이 充溢하고 있다는 점에서 氣的 사유로서의 이해가 단순히 타당한 것에 그치지 않고 그의 사상을 근

---

5) 《南冥集》3(成大 大東文化硏究院 影印本)의 〈答李退溪〉와 《退溪集》10(위와 같음)의 〈答曹楗仲〉 참조.

원적으로, 그리고 보다 명료하게 이해·설명하기 위해서 매우 적의하다고 생각한다. 나아가 그의 사상을 당시대의 여타 사상들과의 관계를 연결하는 데에도 이렇게 이기론적 구도에 비추어 이해하는 것이 효용성을 보다 높이는 길이기도 하다. 다만 한 가지 유의할 점이 있다. 남명에게서의 氣는 후세의 도학에서 정교하게 세련된 그런 류의 氣와는 일정한 거리가 있다는 사실이다. 다시 말하면 그에게서의 氣는 다분히 노장적인 소박성을 머금고 있는 氣다. 그의 문헌에서 氣的 사유의 예증을 제시하는 일은 오히려 쑥스러운 바가 있다 하겠다. 한두 가지만 제시해 본다.

무엇보다 그의 사상의 핵심이 '性理'의 '性'과 관련해서 표방된 것이 아니라 '心'과 관련해서 표명되었다는 것이다. 心은 전통적으로 氣로 인식되어 왔다. 물론 당시대 도학에서는 心을 理氣合成物로 이해하기도 했으나, 이 경우도 '虛靈不昧'하여 心다운 作動을 하는 주체는 어디까지나 氣였던 것이다. 여기에다 남명은 心을 즉 '神明舍'라고 표현했다. '神明'은 氣의 精華物이다. 또 神明舍의 主를 '太一君'이라 했다. '太一'은 道家로부터 온 개념으로 '元氣'라는 뜻을 함축하고 있다. 나아가 感官의 작용으로 발생하는 邪欲을 克服하고 心의 작동을 戰鬪의 氣勢로 森嚴하게 意象하고, 雷天 大壯으로 '勿(禁止)'의 깃발을 표상한 것 등은 '克己復禮'의 개념 구조의 性向上 일정한 개연성이 인정된다 하더라도 氣的 想像力의 성향이 넘쳐나고 있음에 주목할 필요가 있다. 다음의 서술은 그가 우주의 구극 실재를 氣로 생각하고 있음을 분명하게 보여 준다.

顔氏의 道는 '物初'에까지 극해 있고 '化始'에까지 까마득히 닿아 있다.[6]

'物初'다 '化始'다 하는 표현은 저 退溪에서 보는 '淨淨潔潔'하고 '光明·空濶'한 理의 세계와는 거리가 멀다. 남명의 만년 제자 곽재우의 〈調

---

6) 〈陋巷記〉, 《南冥集》 2(아세아문화사 영인본).

息箴〉[7]같은 것은 남명의 〈鷄伏〉 개념의 연속이란 점에서 이 학파에서
氣的 사유의 전승의 일단을 확인할 수 있다.

그런데《學記類編》및 그 그림을 보면 理도 중시되어 있는 듯한 대
목들이 없지 않다. 하지만 鄭蘊의 追跋에서, "내가 역량도 헤아리지 않
고 외람되게《學記類編》에 발문을 썼었다. 그 뒤에 남명 선생의 둘째
아드님 漆原君이 그 아들을 보내어 말하기를 '이 記의 편함은 先考 자
신께서 편찬한 것이 아니다' 云云"[8]한 내용으로 미루어 보건대, 이 책
내용의 남명에게로의 歸屬性이 미덥지 못하다고 생각된다. 설령 그 내
용 일부가 남명에게 귀속된다 하더라도 남명사상의 本領으로까지 끌어
들여 볼 수는 없는 것이다.

2) 다음은 퇴계학파의 사상을 존재철학적 성격, 남명학파의 사상을
實存哲學的 성격으로 이해하고 싶다. 永續하는 普遍世界로서의 '맑고
깨끗하며, 빛나고 확 트인' 理의 세계를 현상계의 根柢 또는 究極地에
상정하고 일상적 삶을 이 理의 세계로 지향된 地平에서 겪고자 한다는
점에서 퇴계학파 사상 성격을 존재철학으로 이해하는 데에 무리가 없
을 줄 안다. 여기에다가 특히 敬의 지평에 '上帝'의 빛나는 來臨을 맞이
하고자 하는 主體의 자세까지 가담되면 더욱 그러한 성격이 드러난다.
퇴계학파에서 사람의 현실적 삶에서 특히 '靜'에의 立脚을 강조한 것도
그 사상의 존재철학적 성격에서 기인한다. 퇴계는,

> 大極에 動靜의 妙가 있으나 그 動은 靜에 근본한다. 聖人은 動靜의 德
> 을 온전히 하되 그 動은 靜에 主한다.[9]

라고 靜을 강조했다. 그리고 그 氣質의 果剛함에서 보면 남명계에 근사
할 듯한 金誠一의 경우도,

---

7) "虛極靜篤, 湛湛澄澄, 止念絶廬, 杳杳冥冥."《忘憂堂全書》(망우당기념사업회 간),
   p.126.
8) 〈學記類編跋〉
9) 〈靜齋記〉,《退溪集》42.

빈 장막에 밤은 깊어 사람 세상 더욱 고요한데,
다 같은 幽靜한 意趣가 소리 울리며 흘러가는 냇물에도 있다오.
(虛幌夜深人復靜, 一般幽意在鳴川)[10]

라고 하여 그 이념적 지향은 퇴계와 마찬가지로 靜이었다.

이에 대하여 남명학파에서의 主體는 철저히 현상계의 구체적 체험을
중시한다. 남명 이하 그 門流들의 강력한 현실참여 의지의 내적 동태
또는 외적 실현에 충분히 드러나 있다. 남명학파에도 물론 보편구극계
로서의 理가 엄연히 있다. 그러나 그것이 퇴계학파에서처럼 강조되어
있지도 않지만, 또 현상계에서의 삶이 그곳으로 지향되어 있는 정도도
퇴계학파의 경우와는 현격히 차이가 난다. 현상계에서의 주체가 이 보
편구극계를 자기 삶에서 향유하는 형태에 가깝다.

(顏氏의 道는) 天地의 크기와도 비교가 안 되고 日月의 빛으로도 밝게
하지 못한다. 즐기기를 天으로써 하고, 근심하기를 天으로써 한다.[11]

이 天의 향유에 비추어 생각해 보면 남명의 제자 河沆이 〈祭南冥先
生文〉에서,

上帝를 우러러 엄숙하고 공손하시었다.[12]

라고 한 남명 생전의 心學 공부를 묘사한 한 토막은 그 含意가 퇴계학
파의 경우와는 다소 차이가 있지 않을까 생각된다. 이를테면 역시 남명
이 썼던 心學 공부의 한 방편으로, 깨끗한 잔에다 깨끗한 물을 가득 채
워 두 손으로 받쳐 머리 위로 쳐들고 긴 시간 동요하지 않음으로써 주
체를 專一化시켰던 것에 준하지 않았을까 한다.

남명학파에서 이 주체의 전일화에는 세계와의 다분히 對決的인 관계
가 전제로 되어 있었다고 보아야 할 것이다. 이 점은 남명, 정인홍, 곽재

---

10) 〈敬次退溪先生韻〉, 《鶴峰集》 1.
11) 주 6)과 같은 곳.
12) 《覺齋集》 1.

우의 당시 현실 대응에서 躍如하게 드러나고 있다. 일찍이 李瀷이,

> 中世 이후 퇴계는 小白山 아래에 태어나고, 남명은 頭流山 동쪽에서 태어나니 모두 嶺南의 땅이다. 上道에서는 仁을 숭상하고 下道에서는 義를 주장한다.[13]

라고 하여, '仁·義'로써 두 학파의 意識의 특성을 아주 명쾌하게 대비시켜 규정한 바 있거니와, 이것은 仁이 주체의 세계 포섭 지향 구조라면 義는 주체의 世界와의 對決 지향의 구조이기 때문이다. 남명학파에서 특히 劍과 武德을 숭상하는 기풍도 이 義의 주체 구조와 무관하지 않을 터다.

여기에 남명학파 주체들이 곧잘 涵攝하고 있는 辨證的 力動性까지를 결합시켜 생각하면 이 학파의 실존철학적 성격은 매우 뚜렷하게 드러난다. 남명에게서 주로 不動과 力動의 변증법으로서의 주체의 역동적인 자기 작동을 보게 된다. 일례로 〈神明舍銘〉의 마지막 귀절 '尸而淵'을 가지고 보자. 이 구절은 주지하듯이 《莊子》在宥篇에 나오는 '尸居而龍見, 淵默而雷聲'을 축약한 것이다. 그 뜻은 尸童처럼 꼼짝하지 않는 不動의 모습을 하고 있으면서도 龍처럼 變幻自在하게 나타나고, 깊고 조용한 못처럼 침묵을 지키고 있는데도 우레 같은 큰 소리를 내어 상대를 감동시킨다는 것이다. '尸居'의 不動과 '龍見'의 力動, '淵默'의 부동과 '雷聲'의 역동이 맺고 있는 변증 구도를 읽어낼 수 있다.[14] 남명의 이 변증적 역동성이 곽재우에게 이르러 '奇正相生'의 兵家 思考로 일정하게 변형되어 발현되었다.[15]

3) 남명에 대한 퇴계의 비판 가운데 或人의 말을 빌려 '中道를 기대하기 어렵다'[16]는 것이 있다. 이것 역시 남명학파와 퇴계학파의 특성의 대

---

13) 〈東方人文〉, 《星湖僿說》.
14) 李東歡, 〈曹南冥의 精神構圖〉, 《南冥學研究》, 경상대학교 남명학연구소, 1991.
15) 주 3)의 논문 참조.
16) 〈答黃仲擧〉, 《退溪集》 20 참조.

조적 이해 範疇의 하나가 될 만하다. 퇴계의 이 논평은 앞에서 검토한 바 남명의 세계와 다분히 대결적이면서 변증적 역동성을 함유한 주체를 지목하고 있는 것으로 이해된다.

여기에 의거하여 나는 두 학파의 사상적 특성의 또 하나 대조항으로 '獨行性'과 '中和性'을 들고 싶다. 물론 어디까지나 상대적이다. 바로 義와 仁의 개념 구조와도 대응이 되는 특성이다. 心에 대한 유성룡의 다음과 같은 규정은 남명학파의 주체 성향과는 매우 대조적이다.

> 마음[心]이란 것이 비록 한 몸 가운데 있으나, 실은 천하를 管攝하는 이치를 가지고 있다. 무릇 宇宙內 上下方이 모두 마음의 境界인지라 마음이 몸 안에 있는 것으로 '들어옴'을 삼고, 몸 밖에 있는 것으로 '나감'을 삼아서는 안 된다.[17]

유성룡의 이 견해에는 陽明學的 氣味가 없지 않아 보이거니와 '中和'의 개념에 따히 합치되는 것은 아니나 퇴계학파의 존재론적 心學의 특성을 엿보기에는 일정한 효용성을 가지고 있다고 하겠다.

3

종전에 제기되지 않았던 새로운 시각으로써 이해를 시도해 보았다. 합당성만 있다면 되도록 여러 각도의 이해 시각을 가지는 것이 좋을 것은 말할 것도 없다. 이 시도가 하나의 이해 각도로 정착되기를 스스로 기대한다.

두 학파의 사상 특성을 대비적 시각에서 연구 토론하는 까닭에는 무슨 우열의 비교 — 엄밀히 말해서 정신적인 것들 사이에 절대 우열은 없다 — 를 企圖하자는 것은 물론 아니다. 어디까지나 두 학파 사상의 특

---

17) 〈心無出入說〉, 《西厓集》 15.

성을 가급적 선명히 하여 우리 사상사를 보다 풍성하고 깊이 있게 이해
하는 안목을 가지기 위함이다. 晦齋에 이어 전개되는 이 퇴계·남명학파
사이의 이 멋진 사상적 개성 수립은 이익의 말대로 우리 "文明의 極이
었다."[18]

南冥學派의 南冥思想 繼承樣相

李相弼(경상대)

1. 머리말

南冥 曹植(1501~1572)은 바로 앞 시대의 일두 정여창과 한훤당 김굉필, 정암 조광조 등과 긴밀한 사상적 연관을 가지면서, 老莊과 佛敎 및 陽明學 등도 일정하게 수용하여, 한편으로는 매우 폭이 넓으면서도 한편으로는 千仞壁立의 우뚝한 경지를 이룩한 사상가이다.

그의 사상이 폭넓은 것은 어릴 적부터 다양한 서적을 깊이 탐독한 데서 연유한 것이려니와, 그가 천인벽립의 기상을 갖게 된 것은 폭넓은 사상을 바탕으로 하여 자신만의 특이한 인식론과 수양론을 가지고 있었기 때문이다.

남명은 인식론의 측면에서는 《學記類編》이 단적으로 보여주는 것처럼 정주의 성리학적 세계관을 바탕으로 하고 있으면서도, 인식 세계의 범위를 확대해 보려는 의도에서 장자의 세계관도 적극적으로 수용하였다.[1] 그리고 수양론의 측면에서는 存養·省察·克治의 과정[2]을 통해 生死

---

1) 李東歡, 〈曺南冥의 精神構圖〉, 《南冥學研究》 創刊號, 1991, pp.8~10 참조.
2) 崔錫起, 〈南冥의 神明舍圖·神明舍銘에 대하여〉, 《南冥學研究》 제4집, 1994, p.188 참조.

를 거는 철두철미한 수양론을 견지하였다. 나아가 남명은 현실인식의
측면에서도 철저한 개인적 실천을 바탕으로 하여 사회적 실천을 적극
적으로 지향하였다.

요컨대, 그의 〈神明舍圖〉가 요약적으로 보여주고 있는 '斯殺的 存養
省察', '方斷的 處事接物' 및 '嚴正한 出處觀'과 동시에 나타나는 '積極的
인 社會的 實踐指向性', '冷嚴한 現實批判 精神' 등이 그의 사상의 특색
이며, 아울러 현실을 상대적으로 경시하는 듯한 당시 이론 중심의 학문
태도에 대한 반성에서 제기한 '程朱後不必著述'의 태도 및 '開悟式 敎學
方法' 등이 그의 학문에서 나타나는 특색이라고 할 수 있다.[3]

남명에 관한 연구가 118편에 이르고 그 가운데 학문·사상에 관한 연
구가 62편에 이르고 있지만, 남명학파의 사상을 전체적으로 조망한 연
구 논문은 아직 나온 적이 없다. 그러나 남명학파에 해당하는 인물들에
대한 개별적인 연구는 상당히 진척되어 있다. 즉 郭再祐에 관한 연구가
29편, 鄭仁弘에 대한 연구가 15편, 鄭逑에 대한 연구가 11편, 金宇顒에
대한 연구가 5편, 吳健에 대한 연구가 4편 발표되었으며, 이밖에 崔永
慶, 趙宗道, 金沔, 成汝信, 李晁, 郭䞭, 朴齊仁, 吳澐, 河受一, 鄭慶雲, 鄭
蘊, 河弘度, 金麟燮, 河謙鎭, 曺兢燮 등에 대한 연구도 각각 한두 편씩
발표된 바 있다.

그러나 이들 연구의 대부분은 남명 문인들에 대한 것이고, 한두 편씩
발표된 남명 私淑人들에 대한 연구는 모두 단편적인 작가론에 해당하
는 연구이다. 물론 남명 문인들에 대한 연구도 개별적인 주제 중심의
연구가 대부분이며, 남명사상의 계승양상에 대한 종합적인 연구는 필자
의 〈남명학파의 형성과 전개〉에서 비로소 개략적으로나마 검토된 정도
이다.

〈남명학파의 형성과 전개〉에서는 남명의 문인들과 再傳 문인들에게
있어서 남명의 사상이 어떻게 수용·계승되고 있는가를 사안별로 살핀

---

3) 李相弼, 〈南冥學派의 形成과 展開〉, 고려대 박사논문, 1998, pp.28~67 참조.

뒤, 그 나머지 사숙인들에 대해서는 인물별로 그 계승양상을 개략적으로 살피는 정도에서 그쳤다. 본고에서는 남명학파의 형성 이후 한말에 이르기까지 시대를 구분하여, 그 시기별로 남명사상의 계승양상이 어떠한가를 살펴봄으로써 남명학파 내의 정신사적 흐름을 통시적으로 개괄해 보려 한다.

남명의 사상은 남명 당대에 남명의 문인들을 중심으로 계승되기 시작함으로써 남명학파의 형성을 이루게 되었다. 남명사상의 주된 계승자는 물론 남명의 문인들이지만 그 영향은 남명의 문인에서 그치지는 않았다. 그러나 여기서는 남명의 문인들이 남명의 사상을 계승하는 양상을 고찰하고, 나아가 그 사숙인들의 계승양상은 어떠한가를 살핀 뒤, 인조반정 이후 무신난을 거쳐 조선말기에 이르기까지 어떤 양상으로 계승되고 있는가를 구명해 보려 한다.

2. 明宗代에서 仁祖反正까지의 南冥思想 繼承樣相

남명은 10~20대까지 주로 서울에서 공부하였고, 30세 이후 金海의 山海亭에서 은거하면서부터 講學하는 이들이 불어나기 시작했으며, 48세 이후 三嘉의 태생지 근처에 鷄伏堂과 雷龍舍를 지어 두고 학문 연구와 강학에 매진하고 있으면서, 전국적으로 크게 명성을 얻음으로써 경상우도의 인물들이 대거 及門하였으며, 61세 이후 두류산 아래 德山으로 들어가 山天齋를 卜築하고부터는 及門者가 전국적으로 확대되었다.

《南冥編年》에는 벗들과의 交遊 상황 및 來學者들에 대한 기록이 연도별로 정리되어 있다. 이 자료에 의하면 산해정 시대의 주요 교유 인물로는 김대유·권규·신계성·이원·이희안·곽순 등의 경상도 인물과 성수침·이문건·성우·성운·이준경·송인수 등 서울 인물들이 있다. 이들과의 교유가 있음으로 해서 남명의 학문과 사상이 영남은 물론 기호지역에도 널리 알려지게 되었다. 이때 문인으로 급문한 이들은 정지린·정복

현·이제신·권문임·노흠 등이었으며, 이들은 대개가 초계·거창·의령·단
성·삼가 등지의 인물들인데, 이들과의 강학에 대한 기록은 남아 있지
않아 그 구체적인 실상을 알기는 어렵다.

그러나 雷龍舍 시대에 오면 來學者들의 숫자도 많이 늘어나고 지역
적 범위도 크게 확산되면서 강학이 많이 이루어졌던 것으로 보인다. 이
때 급문한 이로는 임희무·박승원·이광우·이광곤·문익성·오건·강익·박
제현·박제인·하응도·하락·하항·정인홍·오운·조종도·이천경·김면·김
우굉 등이 있으며, 이들은 함양·단성·합천·산음·함안·진주·고령·성주
등지의 인물들이다.

그리고 남명이 61세 이후 산천재로 거처를 옮긴 뒤, 來學者들의 범위
가 전국적으로 확산되었다. 이때 급문한 사람은 정탁·조원·이조·류종
지·진극경·정유명·김우옹·이로·이보·이지·최영경·도희령·김효원·노
관·임운·정구·최황·유대수·곽재우·성여신·손천우·박찬·구변 등이 있
으며, 이 당시 남명 문인의 지역적 범위는 서부 경남을 중심으로 하여
전국적으로 확대되었다고 할 수 있다. 그리고 이때에는 산천재에서 이
루어진 강학활동 이외에도 매우 빈번하게 강학 모임이 이루어졌던 바,
이들 모임의 성격은 물론 강학이 위주였지만, 이러한 강학 모임을 통해
서 남명의 사상이 문인들에게는 물론 많은 지식인들에게 전파될 수 있
었음은 어렵지 않게 생각해 볼 수 있다.

1) 德溪 吳健(1521~1574)

남명 문인 가운데 座長이었던 덕계는 굉장한 剛斷이 있었던 인물로
보인다. 집 근처 淨水寺에 들어가 10년 정도 글을 읽었는데, 문을 닫고
똑바로 앉아서 凝然히 움직이지 않았으며, 낮에는 무릎 모양을 바꾸지
않았고 밤에는 눈을 붙이지 않았으며, 때로는 낮은 소리로 글을 읽기도
하고 때로는 조용히 서안을 마주하고 있기도 하되, 절의 중들과는 한
마디 말도 나누지 않았다고 한다.[4]

덕계는 과감하여 일을 만나면 곧바로 앞으로 나아가고 흔들리지 않는 측면이 있다. 특히 '義'라고 판단되면 조금도 흔들림 없이 과감하게 실천하는 것이 남명의 정신이거니와, 덕계에게서도 이런 면모가 두드러지게 나타난다. 선조 원년(1568) 司諫院 正言으로 있을 때에 올린 〈請罪申士楨不孝啓〉와 〈請黜石尙宮啓〉는 같은 사안에 대하여 각각 7차와 3차의 啓聞을 통하여 자신의 뜻을 관철하였다. 또 〈請改正楊仁壽司直啓〉와 〈請改正林晉賞加啓〉 등의 경우는 각각 3차와 6차에 걸쳐서 끈질기게 아뢰고 있음을 볼 수 있다. 이처럼 옳다고 생각되면 벼슬을 걸고 끝까지 관철시키려고 하였던 것이, 出仕했을 경우 남명의 敬義思想의 顯現 모습이 아닐까 한다.

덕계가 이조정랑 자리를 버리고 고향으로 돌아간 것에 대하여 栗谷 李珥가 〈經筵日記〉에서, 다음과 같이 언급하고 있다.

> 吏曹正郎 吳健이 벼슬을 버리고 고향으로 돌아갔다. …… 이조정랑이 되어서는 公道를 넓히기에 힘썼으며, 사람됨이 순박하고 질실하고 과감하여 일을 만나면 바로 앞으로 나아가고 흔들리는 바가 없었으므로 원망하는 자가 많았다. 盧禛이 오건과 舊分이 있었는데, "그대가 시골 출신으로 과거에 급제하여 청현직에 올랐으니 그대에게는 과분하다. 마땅히 현명함을 숨기고 조심스럽게 행동하여 인심에 부응하여야 할 것이거늘, 무슨 까닭으로 망녕되이 자기 견해를 고집하여 스스로 원망을 사는가?"고 꾸짖었으나, 오건은 그래도 고치지 않았다. 뭇사람들의 원망이 더욱 심해지고 또 임금의 뜻이 사류를 싫어하여 세속으로 흐르는 형세가 날로 심하므로, 오건이 유학의 도를 펼 수 없다고 생각하여 벼슬을 버리고 돌아간 것이다.[5]

---

4) 吳健, 〈行錄〉, 《德溪集》 7卷, 13張, "先生入淨水寺 讀書 前後十餘年 閉門危坐 凝然不動 晝不變膝 夜不交睫 或低聲讀誦 或靜嘿對案 未嘗與寺僧交一言."

5) 李珥, 〈經筵日記〉(壬申 閏二月條), 《栗谷全書》 29卷, 3張(《韓國文集叢刊》 45 卷, p.130), "吏曹正郎吳健 棄官歸鄕 健少好學 從曺植遊 晚以科第發身 非門閥 故 仕不顯 名士多知其賢 薦以史官 史官例試才 健不就試 人問其故 健曰 我何故自入 千古是非叢中乎 旣陞六品 乃踐淸要 作銓郎 務恢公道 爲人淳實果敢 遇事直前 無

고 한 기록이 있다.

여기서 우리는, 덕계가 벼슬하는 과정에서 公道를 넓히는 일에 힘쓰면서 '遇事直前 無所回撓'하는 자세를 보였고, 결코 관망하면서 은근히 높은 자리에 오르기를 기대하는 인물이 아니었음을 알 수 있다. 그래서 덕계는 유학의 도를 옳게 펼 수 없다고 판단되면 벼슬을 버리고 돌아갈 수밖에 없었다.

덕계의 이러한 출처관은 평소 남명의 편지를 받고, "의리를 보는 눈이 높지 못하다고 꾸짖으셨다. …… 비록 천 리 먼 곳에 있으나 마치 '秋霜烈日'을 마주한 듯하다. 늠연히 머리털이 일어나니, 게으른 생각을 일깨우고 움튼 鄙吝의 마음을 태워버리기에 충분하다"[6]는 데서도 볼 수 있듯이, 남명과의 깊은 정신적 교감에서 이루어진 것으로 보인다.

德溪 吳健이 전라도 지방의 災傷敬差官으로 나갔다 와서, 민생을 위하여 邦禁을 해제해 주기를 요청한 것[7]이라든지, 逋租와 逋卒의 문제를 현실적으로 해결해 주기를 요청한 것[8] 등에서 덕계 학문의 현실지향적

所回撓 人多怨者 盧禛與健有舊 訶之曰 汝從草茅發迹 致身淸顯 於汝過分 當韜晦
小心 以副人心 何故妄執所見 自取怨怒乎 健猶不改 衆怨益甚 且上意厭士類 而流
俗之勢日盛 健度不能有爲 乃棄官而歸."

6) 吳健, 《歷年日記》乙丑年(1565) 4月 16日條, "南冥先生回報鄙書 責以見義不高
其警發昏惰 至矣 雖在千里 如對秋霜烈日 凜然竪髮 足以起懦 瘳寐思想 令人吝萌
稍煎 非砥柱奔波氣象 何以打疊乎庸陋 此心少懈 虛負警責之敎 他日桃川 無以爲
咏歸之資."

7) 吳健, 〈敬差官時啓〉, 《德溪集》 4卷, 5〜7張(《韓國文集叢刊》38卷, p.108),
"使牧子不得自養其生 而責之以養馬 寧有是理哉 當初設禁之意 只爲其有害於牧
場也 其禁閑場開墾 或他民竊耕則固也 而幷與牧子而無生生之資 此則非臣所敢知
也 …… 不制常産 而生理切迫 不得不犯其禁 又從而罪之 無乃或近於罔民乎."

8) 吳健, 〈論逋租逋卒弊瘼啓〉, 《德溪集》 4卷, 7〜9張(《韓國文集叢刊》38卷,
p.109), "蓋貢賦徭役 雖有定規 而因循弊生 沈痼亦多 以此規模 責任守令 則守令
雖不自爲偸竊 而以有防碍處 不得如意而行之矣 或者曰 祖宗以來 因循之事 不可
輕改 臣意以謂 此則泥於常道 而非權時處中之道也 …… 今則閭閻虛蕩 財用耗竭
若一遵前例 而不知所以通變 則凡諸應費 非神運鬼輸 必至剝其膏血矣 …… 軍籍
待八月改修 已下敎矣 然以絶戶之故 一族切隣之被侵 已到極地 一日之害 甚於一

성향을 볼 수 있으며, 남명도 이 소식을 듣고 '不負所學'이라고 칭찬하였던 것이다.[9]

2) 守愚堂 崔永慶(1529~1590)

수우당 최영경은 서울에서 태어나 젊은 시절부터 뜻이 높고 깨끗한 선비로 알려졌다. 牛溪 成渾이 安敏學의 소개로 효성이 지극하다고 알려진 수우당을 만나보았다. 이로부터 수우당이 사림에 크게 알려졌다고 한다.[10] 《守愚堂實紀》의 〈事實〉에 보이는 수우당의 孤高卓節[11]함은 진실로 타고난 것이라 하겠거니와, 서울에서 소문을 듣고 진주 덕산까지 남명을 찾아간 것은 서로 기미가 통하는 점이 있기 때문에 가능했던 것이다. 그래서 남명 생전에 사는 곳이 너무 멀어 자주 만날 수 없어 한탄하다가, 사후에나마 그 遺芬을 잃지 않으려고 진주로 이사와 학문에 전심하면서 고고하게 살았던 것이다.

특히 마음을 단속함이 매우 임했다고 하는 것이나, 주고받음을 엄격히 하였다고 하는 것이나, 名利에 초연하였다고 하는 것 등은 남명의 厮殺的 存養省察 및 方斷的 處事接物의 정신을 이어받은 결과라 할 만하다. 그리고 '봉황이 천 길 하늘을 나는 듯한 기상'이란 표현은, 그의 인품에 대한 총체적인 評言이며, 남명에 대하여 '천 길 절벽이 우뚝 선

年 遲待數月 則見存之軍卒 尤爲消縮 旅外之額 卽令毀之 可也 …… 今則軍民之苦 莫甚於此時 尤不可不送御史 以救侵毒之害."

9) 曹植, 〈與子强子精書〉, 《교감국역 — 南冥集》(慶尙大學校 南冥學研究所編譯, p.385), "曾見朝報 認子强多所建明 國之大事 不過兵食 遭租連卒 方通積百年咽塞 如公可謂不負所學矣."

10) 成渾, 《牛溪集》年譜 丁丑年(1577年)條(《韓國文集叢刊》43卷, p.252), "崔永慶 在京城 安敏學稱其孝 先生造焉 永慶自此見重於士林."

11) 崔永慶, 《守愚堂實紀》(1700年 刊本) 上卷, 8張 事實, "生見識甚高 城府甚嚴 不妄言笑 謹於取與 非其義也 一芥不以取諸人 非其人也 雖貴游 不屑就也 於俗習蛻如也 於聲利超如也 囂囂然自樂其道義之妙 而倜然獨立於埃壒之外 眞有遯世無悶 確乎不拔之志 而亦有鳳翔千仞底氣象焉."

듯한 기상'이라 하는 것과 기실 비슷한 표현인 것이다.

수우당이 평소에 수양으로 쌓아 올린 고도의 정신경계가 어느 정도 인가를 느끼게 하는 獄中에서의 다음 卒記는, 남명의 경의사상을 수용하여 체득한 守正의 정신을 선명히 보여준다.

하루는 식사를 하고는 神氣가 不平하여서 한 士人의 무릎을 베고 누웠다. 곁의 사람이 모두 이상하게 생각하였다. 집안 사람 가운데 감옥 바깥에 있던 사람이 시험해 보고자 공에게 글자 한 자 써주기를 간절히 요청하였다. 공이 천천히 일어나 크게 '正'이라는 한 글자를 썼다. 글자의 획이 이미 이지러졌다. 士人을 둘러보면서, "그대가 이 글자를 알아보겠는가?"라 하고는 이윽고 졸하였다.[12]

덕계가 이조정랑으로 있으면서 省庵 金孝元(1542~1590)에게 훌륭한 인물을 얻었다고 하자, "그 분이 필시 우리 崔丈이겠지요. 산을 흔들기는 쉬워도 우리 崔丈의 마음을 움직이기는 어려울 텐데, 공이 출사시킬수 있겠습니까?" 했다고 한다.[13] 崔丈은 守愚堂 崔永慶을 가리키는데, 수우당이 벼슬길에 나아가기 어려워한 것은 남명과 흡사하다고 할 만하다. 이는 1572년에 慶州參奉, 1573년에 主簿, 1575년에 司畜, 1581년에 司憲府 持平 등에 제수된 일이 있었으나,[14] 모두 사직하고 한번도 벼슬자리에 나아가지 않았다는 데서 확인된다.

---

12) 崔永慶, 〈堂實紀〉 27張, "一日 食罷 神氣不平 就枕士人膝 傍人皆怪之 家人之在外者 欲試之 請公寫一字 甚懇 公徐起 大書一正字 字劃已訛 顧士人曰 君可識此字否 有頃而卒."

13) 崔永慶, 《守愚堂實紀》(庚辰板) 15張 叙述, "吳德溪爲銓郎時 謂金公孝元曰 某在吏部數年 不得人 酒今始得間世人豪 金遽曰 必吾崔丈也 撼山易 撼吾崔丈難 公能起之耶."

14) 〈事實〉, 《守愚堂實紀》의 기록에 의한 것이다. 《宣祖實錄》 1573년 6월 3일에 六品職에 제수되고, 1583년 1월 2일 司憲府 持平에 제수되었다는 기록이 있다.

3) 來庵 鄭仁弘(1536~1623)

내암 정인홍은 광해군 때 대사헌에서 영의정에 이르기까지 줄곧 직
함을 띠고 있었다. 行公한 적은 없으나 광해군이 직첩을 거두지 않았기
때문이다. 그리고 인조반정 때 광해군 秕政의 책임을 뒤집어쓰고 처형
당했다. 이후 조선시대 줄곧 내암에게 유리한 정치적 반전은 없었으므
로 伸冤이 되지 않다가 1908년에 와서야 비로소 신원되었다.

내암에 대하여 선조는, "그의 勁節은 백단으로 꺾으려 해도 꺾을 수
없다"[15] 했고 광해군은, "孤忠 · 勁節은 우뚝하여 미치기 어렵다"[16]고 인
정하였으며, 그의 문인 吳汝穩은 方峻, 즉 '方正하고 高峻하다'[17]고 표현
하였다.

내암은 20세를 전후한 시기 이후 남명에게 가르침을 받았는데, 남명
은 내암의 생각이 凡人과 다름을 알고 持敬工夫로 가르쳤고, 내암은 굳
센 마음으로 어려움을 무릅쓰고 밤낮으로 공부를 게을리하지 않았다.
남명은 만년에 혼미한 정신을 일깨우는 의미를 지닌 敬義劍을 내암에
게 내려주었다고 하며, 내암은 이를 턱 밑에 대고 수련을 하였다고 한
다.[18] 내암의 勁節 · 方峻한 면모는 이러한 수련과 무관하지 않았던 것으
로 보인다.

'義'에 의한 현실 판단과 그 실천을, '敬'에 의한 내적 수양과 동일한
가치로 보는 것이 남명학의 특징적인 면모인 바, 내암에게서 이러한 점

---

15) 《朝鮮王朝實錄》 宣祖 35年 7月 辛酉條, "上曰 …… 其勁節 百折不能折,"
16) 鄭仁弘, 《來庵集》 附錄 禮曹佐郎尹銑齋來謚旨(戊申八月十三日) 14卷, 2張(《韓
   國文集叢刊》 43卷, p.470), "孤忠勁節 卓爾難及."
17) 《朝鮮王朝實錄》 宣祖 35年 9月 甲申條, "慶尙道宜寧進士吳汝穩 上疏曰 ……
   仁弘方峻之性 逈出流俗 疾惡之腸 不容苟合"
18) 《宣祖修正實錄》 6年 5月 庚辰條, "鄭仁弘 陜川人也 童時從曺植學 植奇其志操
   異凡兒 誨以持敬 自是堅苦用功 晨夜不懈 植常佩鈴喚醒 拄劍警昏 末年 以鈴與金
   宇顒 以劍與仁弘曰 以此傳心 仁弘以劍拄頷下擎跽 終身如一日."

이 두드러지게 나타난다. 己丑獄事와 연루되어 동문인 守愚堂 崔永慶이 억울하게 죽은 것과 관련하여 牛溪 成渾과 松江 鄭澈을 심도 있게 비판한 것도, 단순히 미워하기를 좋아하는 마음이 있었기 때문이라고 하기보다는 현실 판단의 기준을 '의'에 두고 그 실천을 위해 끊임없이 노력하는 과정으로 이해할 만하다.[19]

광해군 즉위 이후 내암과 관련 있는 사건으로는 臨海君 逆獄事件, 永昌大君 逆獄事件, 仁穆大妃 廢妃 문제 및 晦退辨斥事件 등이 있었다.

임해군 역옥사건에 대해서 내암은 討逆의 논리를 갖고 있었고, 同門인 한강은 全恩의 논리를 갖고 있었다. 이 사건에 대한 일반적 견해는 시각의 차이 정도로 인식하여 어느 한 견해를 완전히 그르다고까지 보지는 않는 경향이지만, 영창대군 역옥사건과 인목대비 폐비 문제에 대해서는, '내암이 영창대군에 대해서는 토역의 논리를 갖고 있었고, 인목대비에 대해서는 폐비를 주장하였다(廢母殺弟)' 하여 인조반정 이후 이 죄목으로 내암이 처형당했다.

인조반정 이후 내암이 처형당한 죄목은 사실과 거리가 멀다. 먼저 黨與를 완전히 토벌하고 나면 어리고 약한 영창은 우리 속의 豬豕일 뿐이라 하였고,[20] 또 여덟 살 어린아이가 역모에 참여했을 리가 없는 것은 자명하니 終始保全해야 한다고 했다.[21] 그리고 인목대비에 대해서는, 君臣·子母의 名義는 하늘로부터 나오는 것이어서 바꿀 수 없다고 했다.[22]

19) 李相弼, 〈來庵 鄭仁弘의 學問性向과 政治的 役割〉, 《南冥學硏究》 6輯, 경상대학교 남명학연구소, 1996, pp.86~90 참조.

20) 《光海君日記》 5年 6月 丙午條, "瑞寧府院君前右議政鄭仁弘上疏 …… 擧春秋先治黨與之法 首謀布置者 勦減略盡 羽毛凋落 則稚弱之의 特圈中之一豬豕耳." 이 기록이 《來庵集》에는 보이지 않으나, 家藏 筆寫本 文書에는 보인다.

21) 鄭仁弘, 〈再箚〉, 《來庵集》 10卷, 1~3張 (《韓國文集叢刊》 43卷, p.420~421). "試以瓈之事言之 八歲稚童 不知利害趨舍之所在 其不參逆謀 不獨聖教丁寧 而凡有血氣者 孰不知其必不然也 …… 今의稚少之子 無子糾之爭 子推之過 特匍匐入井之一赤子也 殿下推先王顧托之意 爲終始保全之慮." 이 기록이 《實錄》에는 실려 있지 않다.

22) 《光海君日記》 9年 11月 乙酉條, "左議政鄭仁弘送議于議政府曰 …… 臣者有不

요컨대 내암은 역적 주모자는 단호히 처리해야 하되, 영창은 어려서 아무 것도 모르므로 죽일 이유가 없다는 것이고, 인목대비는 광해군과 母子의 名義가 있으므로 廢할 수 없다는 것이다.[23] 이러한 사고 방식은 바로 '義'에 입각한 현실 문제 처리라는 남명 이후의 경의사상에서 근원한 것으로 보인다.

내암의 출처관 역시 남명의 출처관에 깊은 영향을 받은 것이다. 내암은 수우당과 함께 1573년에 천거된 후, 1577년 2월 15일에는 사헌부 지평에 취임, 1578년 11월 18일에는 영천군수에 제수되었으나 사직, 1580년 12월 5일에 사헌부 장령에는 취임, 1582~1586년까지 부모의 상복을 입은 뒤, 1586년 7월에 益山郡守에 제수되었으나 사직하는 등 사직과 취임을 반복하였다.

1592년 임진왜란에 同門인 松庵 金沔, 忘憂堂 郭再祐와 함께 倡義하였고, 1602년 대사헌에 제배되었다. 李貴의 탄핵을 받은 뒤 사직하였다. 1608년 영의정 유영경을 공격하며 선조의 광해군에로의 선위가 마땅하다는 상소를 했다가 귀양을 갔다. 광해군이 즉위한 뒤 풀려났다. 그리고 곧바로 漢城判尹, 대사헌에 제배되면서부터 우의정, 좌의정, 영의정에 이르기까지 줄곧 벼슬을 받고 그때마다 사직하였으나, 광해군이 이를 거두어 들이지 않음으로써, 行公은 하지 않았으나 현직은 띠고 있었다.

내암의 宦歷을 유심히 검토해 보면, 1602년에 대사헌을 사직한 뒤로는 인조반정으로 처형될 때까지 21년 동안 실직에 취임한 적이 없음을 알 수 있다. 1580년에 사헌부 장령으로 있으면서 명성을 얻은 이후로 벼슬에 제수될 때마다 거의 대부분 사직 상소로 일관하고 있음은 그의

共之義 母子有不易之名 二者各盡其道 然後可無後悔 …… 又以書抵爾瞻曰 讐不共天 臣子之大義也 …… 君臣母子之名義 出於天而不可易."

鄭仁弘, 〈答都堂〉, 《來庵集》 11卷, 5張 (《韓國文集叢刊》 43권 p.431), "君臣子母之名義 出於天而不可易."

23) 여기서 보듯이 내암이 인조반정 이후 폐모의 주모자로 몰려 죽은 것은 실정과 어긋난다.

출처관이 매우 엄정한 것이었음을 대변하는 것이다.[24]

내암은 그 학문 성향이 백성의 현실적인 삶에 깊은 관심을 표명하고 있다는 점, 즉 민본정신에 입각한 위민정치를 역설하였다.[25] 保民이니 愛民·爲民·生民·恤民 등의 용어는 내암의 疏箚에서 흔히 볼 수 있는 것이다. 이는 내암의 학문 성향이 현실에 밀착해 있으며, 특권 계층이 아닌 일반 백성의 삶에 깊은 관심이 있음을 보여주는 것이다.

'保民'은《맹자》에 나오는 말로 왕도정치의 기본이다. 내암은 임금에게 이 보민과 함께 백성이 암험한 존재임도 아울러 역설함으로써, 현실에 대해 심각한 경계를 하고 있다. 백성이 암험한 존재라는 인식은 남명이 〈民巖賦〉에서 엄중하게 제기하였던 내용임을 감안한다면, 내암의 이러한 언표는 남명의 현실인식에 깊이 동감한 데서 우러나온 것으로 이해된다. 남명의 〈민암부〉에서는《서경》의 "民巖을 돌아보고 두려워하소서(用顧畏于民嵒)"란 말을 援用하여 글을 전개하고 있는데, 여기에

---

24) 來庵이 光海君에게 영향력 있는 발언을 한 것과 관련하여, 光海君代에 내암이 현직에 있으면서 일을 처리한 것으로 이해하는 것은 사실과 거리가 멀다. 내암이 광해군에게 정치적 영향을 준 것이 있다면, 이것은 山林으로서 왕에게 건의하는 형식이었다는 것으로 이해함이 정당할 것이다.

25) ① 鄭仁弘, 〈辭貳相箚〉,《來庵集》5卷, 29張(《韓國文集叢刊》43卷, p.367), "易以損下益上爲損 以損上益下爲益 其義甚明 爲萬世不易之象 孟子之以保民制産之說 眷眷於齊梁者 誠以救時之務 莫急於此也 若以孟子爲不識時務迂儒則已 不然爲治者 舍保民何先 臣又聞書曰可畏非民 曰用顧畏于民嵒 臣嘗推明古人之意 竊以爲國以民存 以民亡 自人君言 則固是可顧畏之一嵒也 民安國固 賊不敢乘 自隣敵言 則爲不可升之天險也 易益之九二曰 有孚惠心 有孚惠我德 人君以誠愛民 民以誠愛君 可與冒白刃 可與入水火 終如歸市 效死不去 以戰則勝 以守則固 然則人心者 莫險之險 莫固之固也 以此而言 保民 不獨爲致治之先務 亦自爲制敵之要術 內治外攘 初非兩項事 孟子所謂發政施仁之餘 可制梃撻秦楚堅利之甲兵者 蓋以此也 今者賦役煩重 民苦倒懸 防納之害 人情之弊 愈久愈甚 而民不堪命."

② 鄭仁弘, 〈引見草〉,《來庵集》下(亞細亞文化社, 1983, p.5), 1615년 10월 1일, "上畏天 下恤民 乃人君之策也 若上不畏天 下不恤民 則民心安可以收 天意安可回乎 易曰 厚下安宅 損上益下 書曰 民惟邦本 本固邦寧 又曰 德義(筆者註：義는 威의 誤字)惟畏 德明惟明 實相表裏之言也 今則百姓離散 若無藩籬 保民之道 上宜務行."

인용한 내암의 글을 보면 마치 〈민암부〉에 주석을 붙인 것으로 착각이
될 정도로 그 의미를 부연설명하고 있음을 알 수 있다. 이는 현실인식
에 대한 남명의 영향이 내암에게 어떻게 연계되는지 비교적 분명하게
보여주는 자료라고 생각된다.

현실인식과 관련되는 것으로 현실에 대처하는 방식 즉 처세방식이
학자나 학풍에 따라 매우 특징적으로 나타날 수 있는데, 남명의 문인
또는 재전 문인들의 처세방식을 보면 이들이 매우 깊이 서로 연계되어
있음을 알 수 있다. 이 부분은 남명 학문의 가장 큰 특징이라 할 수 있
는 '경의'와 깊은 관련이 있으며, 남명 문인 가운데 남명의 학문에 가깝
다고 하는 학자일수록 이 부분에 대한 깊은 공감이 있다는 것도 알 수
있다. '경의'는 기본적으로 사회적 실천의지와 맞물려 있는 것으로, '경'
은 위기지학을 하는 학자의 내적 수양을 위한 필수적인 것이며 '의'는
이를 현실 세계에 구현하는 데 기준이 되는 것이다. 남명이 '경'과 함께
'의'를 중시하여 강조한 것은 蘊蓄한 학문을 현실 세계에 구현하는 방법
에 대해서 남다른 관심을 가졌다는 증거라고 할 수 있다.[26]

來庵 鄭仁弘의 경우 15권의 문집 가운데 9권이 疏箚인데, 소차의 내
용 가운데 대부분이 벼슬을 그만두면서 현실을 비판하는 내용이다.
1594년에 올린 〈辭尙州牧使疏〉 및 〈大司憲時五不仕辭職箚子〉에서 왜
란의 발발이 우리 조정 내부의 衣冠之盜가 불러들인 것이라고 냉철히
비판하고 있는 것[27]이 그 예이다.

---

26) 李相弼, 〈來庵 鄭仁弘의 學問性向과 政治的 役割〉, 《南冥學硏究》 6輯, 경상대
   학교 남명학연구소, 1996, pp.75~84 참조.
27) 鄭仁弘, 〈辭尙州牧使疏〉, 《來庵集》 2卷, 31張(《韓國文集叢刊》 43卷, p.326),
   "然則海寇非自至也 我有以速之也 秀吉非莫强也 我有以自伐也 行長淸正 非善用
   兵也 我無以禦之也 …… 殿下誠欲收討賊復讐之功 則必先以衣冠之盜爲慮."
   ──, 〈大司憲時五不仕辭職箚子〉, 《來庵集》 3卷, 4張(《韓國文集叢刊》 43卷,
   p.329), "君子曰 內有衣冠之盜 然後外有干戈之盜 則壬辰海賊之患 實是內寇之召
   也."

4) 覺齋 河沆(1538~1590)

각재 하항은 그 아버지 河麟瑞가 남명과 친구였으므로 일찍 남명에
게 執贄하였던 것으로 보인다.《編年》에는 1556년 각재의 나이 19세 때
그의 형 喚醒齋 河洛(1530~1592)과 함께 집지한 것으로 되어 있다. 남
명에게《소학》과《근사록》을 배워 잘 실천하였으므로 당시 사람들이,
"닭이 울면 일어나 세수하고 머리 빗으며 …… 등의 말은 책 속에서나
보이는 말이고 실제 행하는 사람을 보지는 못했더니, 각재는 이를 모두
실천하니 각재는 참으로 小學君子이다"[28] 하였다고 한다.

뿐만 아니라 남명의 함양하는 방법을 본떠서 집에 '雷龍' 그림을 걸어
두고 마음을 수양하였으며,[29] 벽에다 '百勿旗' '三字符'라는 雙額을 써두
고 수양하였다고 하며, "책 속에 엄한 스승과 두려운 벗이 있다. 글 읽
는 사람들이 진부한 말로 보기 때문에 마침내 힘을 얻을 곳이 없는 것
이다. 만약 예전의 생각을 깨끗이 씻고 새 마음으로 조용히 보면 곳곳
에 넘실거리는 성현의 말씀이 질병을 치료하는 靈丹이 아닌 것이 없
다"[30] 하였다.

남명도 생전에 각재를 가리켜 '雪中梅'라고 그 인품을 칭송하였고, 수
우당은 '沙上白鷺'라 하였다고 한다. 또한 門人 思湖 吳長(1565~1617)은
大覺書院 奉安文에서 "학문은 '敬義'를 추구하였으며 행실은 孝悌를 온
전히 하였다" 하여, 각재가 남명의 사상을 깊이 추구하였던 것으로 이

---

28) 金宏,〈覺齋河公行狀〉,《龜窩集》p.916, "當時諸斯文以爲 鷄初鳴 咸盥櫛等語
只於黃卷中見之 未見有行之者 今於覺齋而見之 若覺齋眞小學君子也."

　　河沆,〈行錄〉(栢谷 陳克敬 所錄),《覺齋集》, "當時諸斯文曰 小學中 鷄初鳴 咸
盥等語 只見於黃卷上 未見行之者 覺齋則一切行之 是乃眞一小學也."

29) 河沆,《覺齋集》附錄〈遺事〉(松亭 河受一 所撰), "嘗得雷龍眞於京師 掛諸堂壁
以朝夕寓目焉."

30) 金宏,〈覺齋河公行狀〉,《龜窩集》, pp.917~919, "大書百勿旗三字符六字 揭于
壁 …… 黃卷中自有嚴師畏友 而讀者以陳言看了 故竟無得力處 若濯去舊見 以新
心靜看 則洋洋聖謨 無非却疾之靈丹."

해하였다.

다음은 각재가 지은 〈南冥曹先生銘〉의 일부이다.

道 있는 이가 頭流山에서 일생을 마치시니,
보이는 것이 까마귀 아닌 것이 없구나!
의문스러운 것을 물어 보려 해도 큰 거북이 없으니,
슬프다, 萬事가 그만이로구나!
태어난 때를 옳게 타고나지 못하니,
물고기 눈이 眞珠 노릇을 하는구나!
　　……
한결같이 古道를 짊어가니
따르는 사람 없어 쓸쓸하네.
손안의 明月珠는,
堯舜으로부터 전해진 것.
明月珠는 공허하게 빛나고,
行人은 요행을 바라고 있네.
　　……
대롱으로 북두성을 보니,
어찌 하늘 거리를 엿보겠는가?
다만 내 눈의 한계일 뿐,
영원히 맑게 빛나리!
(道死頭流, 莫黑匪烏, 稽疑無龜, 萬事嗚呼, 生際不辰, 魚目爲珠 ……
一筇古道, 踽踽無徒, 手中明月, 傳自唐虞, 明月空輝, 行人守株 ……
管中窺斗, 寧覰天衢, 但限吾目, 永言淸曜)[31]

손안의 明月珠는 堯舜으로부터 전해 내려온 道學의 전통을 의미하며,
각재는 이 글을 통하여 남명이 그 道統을 이어받은 것으로 표현한 것이
다. 그 도통은 남명에게 온 뒤로 공허하게 빛난다고 말함으로써, 경의사

---

31) 河沆, 〈南冥曹先生銘〉, 《覺齋集》 卷中 7張(《韓國文集叢刊》 48권, p.513).

상을 핵심으로 하는 남명의 학문을 유학의 정통으로 인식하고 있음을 알 수 있다.[32]

5) 東岡 金宇顒(1540~1603)

東岡은 남명의 친구 七峰 金希參(1507~1560)의 아들이다. 1551년에 칠봉이 三嘉로 남명을 방문한 적이 있고, 남명은 1559년 성주로 칠봉을 방문한 적이 있는 것으로 보아 친분이 매우 두터웠음을 알 수 있다.[33] 1563년 동강은 남명의 外孫壻가 되고 이후 자주 남명을 배알하여 남명의 기대를 크게 받았다. 동강이 편지에서 호칭을 祖孫 관계로 쓰자 남명이 이를 지적하면서, 붕우 사이의 의리로 契合하여, 서로가 성취한 것을 서로 나누어 주는 관계가 되기를 원하였다.[34]

동강은 1563년에 처음 남명에게 執贄했는데, 이때 남명으로부터 '惺惺子'라는 喚醒用 도구를 받고,[35] 1566년에 〈神明舍圖〉와 〈神明舍銘〉을 참고로 〈天君傳〉을 짓기를 명받았다.[36] 〈천군전〉은 학계에 心性假傳小

---

32) 星湖 李瀷의 《星湖僿說》人事門 河松亭 부분에 이 내용이 일부 인용되면서 謙齋가 松亭의 說을 부연한 것으로 표현되어 있는데, 《覺齋集》이 1813년에 初刊되었으므로 이는 성호가 당시에 《각재집》을 구해보지 못한 데서 온 오류인 것으로 보인다.

33) 七峰은 宇弘(1522~1590), 宇宏(1524~1590), 宇容(1538~1608) 및 宇顒 등 아들이 넷인데, 둘째인 우굉과 넷째인 우옹이 남명에게 급문한 것으로 되어 있다.

34) 曹植, 〈奉謝金進士肅夫〉, 《南冥集》2卷, 24張 (《韓國文集叢刊》31卷, p.492) "請加數月之功 冬間投我 聯經一旬 非我有得於君 則君或有取於我矣 山中詞亦未穩 君只以長老期我 何可作爲浮詞耶 且稱孫稱祖不當 古人不如是也."

35) 金宇顒, 〈南冥先生言行錄〉, 《東岡集》17卷, 20張(《韓國文集叢刊》50卷, p.420), "癸亥歲 宇顒初拜門下 先生出所佩囊中鈴子 以贈曰 此物惺惺子 淸響解警省人 佩之覺甚佳 吾以重寶與汝 汝其堪保此否."
《宣祖修正實錄》6年 5月 庚辰條 "(鄭仁弘 陜川人也 童時從曹植學 植奇其志操 異凡兒 誨以持敬 自是堅苦用功 晨夜不懈 植常佩鈴喚醒 拄劍警昏) 末年 以鈴與金宇顒 以劍與仁弘曰 以此傳心."

36) 金宇顒, 〈天君傳〉, 《東岡集》16卷, 15張(《韓國文集叢刊》50卷, p.403), 제목 아래에 '南冥先生作神明舍圖 命先生作傳 蓋先生年少時也'라는 주석이 보이며, 동

說로 알려져 있지만, 소설이라기보다 敬義의 의미가 어떤 것인지 깊이 깨닫게 하기 위하여 남명이 낸 과제에 대한 보고서이다. 동강은 이 〈천군전〉에서, 敬과 義가 제 역할을 다하지 않음으로 해서 천군이 나라를 잃었다가, 다시 경과 의가 합심하여 적들을 厮殺함으로 해서 나라가 태평하게 된다고 하였다. 이는 〈신명사명〉을 문장으로 부연 설명한 것이라 할 수 있다.

동강은 조정에 있으면서 임진왜란이라는 국가의 위기를 당하여 여러 차례에 걸쳐서 疏箚를 올렸다. 중요한 것만 들어보면 1592년 11월에 올린 〈備禦機務七條〉, 12월에 올린 〈備邊司獻議〉, 1594년 6월에 올린 〈憲府七條箚〉, 7월에 올린 〈陳時務四條箚〉, 12월에 올린 〈中興時務箚〉, 1596년 2월에 올린 〈陳時務十六條箚〉, 11월에 올린 〈請堅守都城箚〉, 1597년 2월에 올린 〈進言疏〉 및 8월에 올린 〈中興要務私議〉 등이 있다.

이들은 크게 두 가지로 나누어지는데, 하나는 戰時와 상관없이 언제나 필요한 것을 진술한 것이고, 다른 하나는 전시이기에 긴급히 필요하다고 생각하여 진술한 것이다. 전자에 해당되는 것은 평소 경연에서 누차 임금에게 강조한 것들로, 군주의 수양이 나라의 운명과 직결되어 있으므로 임금은 꾸준히 마음을 닦기에 부지런하여야 한다는 것이다. 전시임에도 불구하고 이러한 문제에 대해서 이처럼 집념을 가지고 추구했던 것은 〈천군전〉의 현실정치에서의 실현과 관련이 있는 것으로 판단된다. 문신임에도 불구하고 구체적인 군사 작전에 관한 것과 전시 체제의 운용에 관한 방안을 적극적으로 개진하고 있는 것도 남명의 경의 사상을 이어받은 〈천군전〉과 무관하지 않다. 그리고 이들 疏箚를 전개하면서 보여주는 의지의 단호성은 그가 남명의 제문이나 행장·행록 등에서 남명을 '烈日秋霜之氣', '炯炯之心 烈烈之氣' 등으로 묘사한 기상이 다시 顯現한 것처럼 보인다.

師友나 門人들의 東岡에 대한 제문이나 만사에서도, 鄭逑의 '水月襟

___

강 연보 27세조(1566년)에 '作天君傳'이라 하였다.

懷 氷雪風致', 徐思遠의 '敬義功深 明誠積學', 朴廷璠의 '堂堂正論 凜凜
高義', 鄭逑의 '松柏之姿雪月襟', 張顯光의 '約以惺惺法', 呂大老의 '雪月
精神氷玉心', 趙靖의 '橫流砥柱' 등으로 표현되어 있는바, 남명의 경의사
상이 동강에게 수용된 면모가 여실히 드러난다.

동강 김우옹은 1567년 문과에 급제하였으나, 벼슬은 사양하였다. 남
명이 일찍이 동강에게, "내 평생 하나의 장점이 있으니 죽는 한이 있더
라도 구차하게 남을 따르지는 않았다는 점이다"[37] 하였다. 또 정인홍,
김우옹, 정구 등에게 "그대들이 출처에 대해서 조금은 본 데가 있으니
내가 마음으로 허여한다. 사군자의 큰 절개는 오직 출처 하나에 달려
있을 뿐이다" 하였다.[38]

동강은 1573년 비로소 弘文館 正字로 벼슬길에 나아갔다. 5년 동안
경연에 참여하였다. 1577년 사직하고 星州의 修道山 아래 考槃洞에 칩
거하다가 1579년 다시 경연에 참여하였다. 그 동안 부응교, 사인, 응교,
대사성, 우부승지, 대사간, 이조참의, 전라도 관찰사, 부제학, 이조참판,
형조참판, 안동부사 등의 벼슬에 제수되었다. 내직에 있을 때는 늘 경연
에 참여하였다. 1589년 기축옥사에 연루되어 會寧으로 귀양을 갔다. 임
진왜란이 발발하자 사면을 받아 벼슬에 임명된 뒤 1599년 질병으로 사
직하기까지, 上疏와 啓聞, 箚子 등의 여러 가지 방법으로 宣祖에게 국난
을 수습하기 위하여 최선을 다하여 건의를 하였다.

동강은 黨人으로 지목되면서까지 자신의 견해를 당당히 밝혔으며,
구차히 남을 따르려 하지 않았다. 그리고 경연에서 해박한 학문과 당당
한 논의로 선조의 총애를 받았으나, 언제든지 벼슬을 그만둘 각오로 임
하였다. 벼슬이 바뀔 때마다 거의 대부분 상소하여 사직을 요청한 것에
서 이를 확인할 수 있다. 적어도 출처 문제에 있어서만큼은 한 점 의혹

---

37) 金宇顒, 〈南冥先生言行錄〉, 《東岡集》 17卷, 21張(《韓國文集叢刊》 50卷, p.421),
　　"謂宇顒曰 吾平生有一長處 抵死不肯苟從."
38) 曹植, 《南冥集》 卷4, 補遺 行錄 (《韓國文集叢刊》 31卷, p.549), "又語仁弘及
　　顒逑曰 汝等於出處 粗有見處 吾心許也 士君子大節 唯在出處一事而已."

도 남기지 않으려 하였던 점을 볼 수 있다.

6) 寒岡 鄭逑(1543~1620)

寒岡의 祖父 鄭應祥은 서울 사람으로 寒暄堂 金宏弼의 女壻이며, 아버지 鄭思中은 碧珍人 李煥의 딸을 아내로 맞아 鄭适, 鄭崑壽, 鄭逑 등 삼형제를 낳았다. 한강이 태어난 곳은 성주의 沙月里로 동강이 살던 사도실[思道谷] 마을과 바로 이웃한 柳村 마을이다. 한강은 어릴 적부터 동강과 친하게 지내었으며, 17세 때(1559) 星州 訓導로 온 從姨母夫 德溪 吳健에게 執經師事하였다. 덕계는 1551년 이후 줄곧 남명을 사사하였고, 성주 목사로 있었던 錦溪 黃俊良(1517~1563)의 영향으로 1563년에 퇴계를 배알하였는데, 한강도 이 해에 퇴계를 배알하였다. 한강은 그 뒤 1566년 德山의 山天齋로 남명을 찾아뵙고 남명의 학문을 접함으로써, 평생 학문에 盡力하여 퇴계와 남명의 학문을 集成할 수 있었다.[39] 한강은 퇴계와 남명의 학문을 집성한 이답게 퇴계의 溫柔敦厚한 측면과 남명의 直截果剛한 측면이 언행록[40]에 조화롭게 나타나 보인다. 학문의 내용에 있어서도, 퇴계의 崇正學에의 意志와 남명의 높은 정신적 경계를 조화롭게 수용하였다. 한강의 경우는 남명사상의 계승이라는 측면에

---

39) 李相弼, 〈寒岡의 學問性向과 文學〉, 《南冥學研究》 創刊號, 경상대학교 남명학
   연구소, 1991, pp.187~196 참조.
40) ① 鄭逑, 《寒岡全集》 下(驪江出版社, p.4), 《寒岡先生言行錄》 1卷, 學問 : 先生
       束脩往拜于南冥先生之門 佩服敬義之訓 益篤踐履之工.
    ② 鄭逑, 《寒岡全集》 下(驪江出版社, p.7), 《寒岡先生言行錄》 1卷, 持敬 : 時或
       閉目危坐 凝然不動 望之若泥塑人 若不可親者 而卽之 則溫溫如在春風中矣.
    ③ 鄭逑, 《寒岡全集》 下(驪江出版社, p.10), 《寒岡先生言行錄》 1卷, 成德 : 先生
       每於答問論事之時 則和緩中自有嚴厲 人莫不心醉誠服.
    ④ 鄭逑, 《寒岡全集》 下(驪江出版社, p.16), 《寒岡先生言行錄》 1卷, 教人 : 先生
       教學者曰 敬以直內 義以方外 此學者喫緊用工處也.
    ⑤ 鄭逑, 《寒岡全集》 下(驪江出版社, p.20), 《寒岡先生言行錄》 2卷, 尊賢 : 一邊
       人(指仁弘)訾先生以不尊尙南冥 至以背師目之 先生聞之曰 莫如我敬先生.

서는 경의사상의 수용보다 현실주의적 성향을 학문적으로 계승한 측면
이 돋보인다.

寒岡 鄭逑도 출처에 있어서 매우 신중하였다. 1573년 동강의 추천으
로 禮賓寺 參奉에 除拜된 뒤로, 1575년 健元陵 參奉에 제배되었고, 1578
년에 司圃署 司圃, 義興 縣監, 宗簿寺 主簿, 三嘉 縣監 등에 제배되었고,
1579년 知禮 縣監에 제배되었으나 모두 사직하고 나아가지 않았다.

1580년 昌寧 縣監에 제배되자 비로소 출사하였다.[41] 이 뒤로 끊임없
이 벼슬이 내렸는데, 內職은 한사코 사양하였고 外職은 마지못해 부임
하였다. 同福 縣監(1584), 咸安 郡守(1586), 通川 郡守(1591), 江陵 府使
(1593), 江原道 觀察使(1596), 成川 府使(1597), 忠州 牧使(1602), 安東 府
使(1607년) 등이 그가 맡은 외직이다. 내직은 1594년과 1595년 사이에
주로 承旨로 활동한 것이 대부분이고, 이 기간 외에도 내직에 제배된
적이 많긴 하지만 실제 출사한 경우는 별로 없다. 당시 내직은 시비의
소굴이라 할 정도로 당파간의 은밀한 문제들이 얽혀 있었으므로 의도
적으로 이를 피한 것처럼 보인다.

한강 정구의 경우에도 현실지향적 학문 성향이 뚜렷이 보인다. 누차
언급했듯이 한강은 퇴계와 남명을 함께 사사하여 양현의 장점을 집성
한 인물이다. 이는 양현 문하에서 독보적이라 할 만한 그의 방대한 저
술에서도 확인된다.

문집의 글 이외에 한강의 저술은 모두 32종인데, 이 가운데 禮書가 7
종, 地志가 7종, 歷史書가 5종, 醫書가 2종이다.[42] 예학은 당시 사회에서
가장 현실적인 학문이라 할 수 있으며, 역사인식 또한 당시 사회에서
선비가 처신할 수 있는 기준을 제시해 주는 현실적인 학문이라 할 수

---

41) 이때 상소하여 사양하였으나 허락을 얻지 못하고 사은하였는데, 이 자리에서
   선조가 "퇴계와 남명의 학문과 기상이 어떠한가"라는 질문을 받고 대답한 바,
   이때의 답변에서 양현의 학문과 기상을 잘 표현했다고 전해진다.

42) 李相弼, 〈寒岡의 學問性向과 文學〉, 《南冥學硏究》 創刊號, 경상대학교 남명학
   연구소, 1991, pp.191~196 참조.

있다. 한강이 예학과 역사 방면에 많은 저술을 남긴 것은 퇴계의 학문과도 깊은 관련이 있지만, 남명의 현실지향적 학문 성향과 더욱 밀접한 관련이 있는 것으로 보인다. 현실지향적 학문 성향이 아니면 저작되기 어려울 것으로 짐작되는 地志나 醫書 등에 한강이 특히 깊은 관심을 기울였던 점에서도 한강 학문의 현실지향적 성향이 뚜렷이 드러난다.

7) 忘憂堂 郭再祐(1552～1617)

'敬'과 '義'의 관계는 대등한 듯하면서도 '경' 쪽에 더 비중이 두어져 있지만, 남명의 경우에는 '의'를 '경'과 엄밀한 의미에서 대등하게 보려 하였기 때문에, '경'보다 '의' 쪽에 더 비중이 두어진 것처럼 보인다. 이런 관점에서 남명의 '의'를 가장 적극적으로 수용한 이가 바로 망우당 곽재우이다.

망우당은 宜寧 世干里 외조부 姜應斗의 집에서 태어났다. 14세 때부터 《春秋》에 잠심함으로써, 《춘추》가 그의 학문의 근본이 되었다. 《춘추》의 주제를 한 글자로 표현하면 '義'이다.[43]

16세(1567) 때에는 남명의 외손녀를 아내로 맞음으로써, 남명의 학문을 바로 접할 수 있었다. 20세(1571) 때부터 글공부의 여가에 활쏘기, 말타기, 글씨쓰기, 셈하기 등을 익히고, 兵書도 두루 보았다. 망우당의 독서 성향이 남명과 일정한 관련이 있음을 엿볼 수 있다.

34세(1585) 때 進士 會試에 入格하였으나 답안 내용이 忌諱를 抵觸하였기 때문에 罷榜당하였다. 다음해 父親喪을 당하고 服이 끝난 1589년부터 임진왜란 전까지 宜寧 岐江가 遯地精舍에서 漁釣로 自樂하였다. 나아가 벼슬할 때가 아니라고 판단하여 칩거한 것은 남명의 출처관과 유관한 것으로 보인다.

1592년 4월 13일 왜적이 대거 침략해 들어옴에 列郡이 瓦解되자, 망

---

43) 崔錫起, 〈忘憂堂 郭再祐의 節義精神〉, 《南冥學硏究》 6輯, 경상대학교 남명학 연구소, 1996, pp.110 참조.

우당이 4월 22일 전국에서 가장 먼저 창의하였다. 그리고 한편으로 난초에 慶尙監司 金睟가 한번 싸워 보지도 않고 도망친 것을 檄文으로 격렬하게 성토하였다. 宜寧의 鼎巖津을 중심으로 낙동강과 남강 사이에서 많지 않은 병사로 여기저기 출몰하면서 많은 전과를 올렸다. 남명이 '경'과 대등하게 '의'를 강조했던 점이, 결과적으로는 망우당과 같은 문인들로 하여금 임진왜란이라는 미증유의 국난에 자연스럽게 목숨을 걸고 싸우게 하였다.

忘憂堂 郭再祐의 경우, 그 도학적 정신구조의 현실주의적 성향에 대해서 이동환은 그 특징을 두 가지로 도출하여 제시하고 있다. 즉, 하나는 도학의 두 가지 큰 도덕범주인 '仁義' 가운데 '義'에 편중되어 있으며 그것이 특히 강한 엄숙성과 동적 에네르기를 띠고 있다는 것이다. 그리고 나머지 하나는 행위의 규범적 的確性의 획득 방향이 다각화되어 있음으로써 보다 현실성을 띠었다는 것이다. 그리고 망우당의 도학적 정신구조는 객관적 名보다는 주관적 實에 치중하는 따라서 現實主義的인, 민중지향의 성향을 가진 것으로 결론을 내렸다.[44]

망우당 곽재우는 새로 등극한 광해군이 여러 차례 벼슬로 불렀으나 끝내 사양하였다. 1608년 11월에 부호군을 사직하면서 상소를 올린 적이 있다. 거기서 당시 현안이던 臨海君 逆獄事件에 대해 언급하면서, 全恩說의 부당함을 극렬하게 攻斥하였다.[45] 벼슬을 그만두는 마당에 그렇게까지 시사에 민감한 일을 논의할 필요가 없을 법한데도, 한치의 양보도 없이 격렬하게 논급하고 있다. 남명이 단성현감을 그만두면서 올린 상소에서 시사에 대해 그렇게까지 격렬할 필요가 없었을 법한데도 가차없이 비판하였던 바, 망우당에게서도 이러한 정신이 그대로 보인다.

---

44) 李東歡,〈郭忘憂堂의 道學的 精神構造와 그 現實主義的 性向〉,《伏賢漢文學》 9輯, pp.35~36 참조.

45)《光海君日記》即位年(戊申) 11月 戊戌, "副護軍郭再祐上疏辭職 …… 逆琿全恩之說 誰作俑者 其將以喪邦乎 此之爲說 似是而非 近理而曲 臣竊惡其亂法而亂義 亂法之弊 將至於無法 亂義之患 必至於滅義 無法滅義 國能存乎."

8) 桐溪 鄭薀(1569~1641)

桐溪 鄭薀은 草溪鄭氏로, 선대 이래 초계에서 살다가 증조부 鄭玉堅이 宜寧으로 옮겨 살았고, 조부 鄭淑이 加祚를 거쳐 安陰 嶧洞에 정착하게 되었다. 아버지 嶧陽 鄭惟明(1539~1596)은 葛川 林薰의 문인으로 남명 문하에도 출입하였던 인물이며, 임진왜란 때에는 石谷 成彭年(1540~1594)과 함께 안음 지역의 起兵有司로 倡義하였던 인물이다.

동계는 어릴 적에 아버지와 동문인 石谷 成彭年에게 배웠고,[46] 장성하여서는 月川 趙穆, 來庵 鄭仁弘, 寒岡 鄭逑, 梧里 李元翼 등을 사사하였다.[47] 이들 가운데 동계에게 가장 영향을 많이 준 인물은 來庵과 寒岡이며, 동계는 이들을 통하여 남명의 사상을 체득하였다.

동계가 쓴《학기유편》의 발문에 보이는, "선생은 깊이 산중에 은둔해 있으면서 남이 알아주지 않아도 섭섭해 하지 않았다. 오로지 경의의 학문을 정밀하게 연구하여, 이미 성현의 경지에 이르렀다. …… 이것[學記]은 모두 선생이 실제로 몸소 실천하고 마음으로 터득한 것이요, 空言은 아니다"[48]는 표현에서, 동계의 남명에 대한 평소의 인식과 景慕가 얼마나 분명하며 얼마나 절실한가를 잘 이해할 수 있으며,《학기》의 내용이 선현의 요어를 그냥 베껴 둔 것이 아니라 모두 남명 스스로 실천했던 것이라고 인식한 데서, 그의 실천의지를 읽을 수 있다.[49]

---

46) 鄭薀,〈成石谷傳〉《桐溪集 續集》2卷, 1~3張(《韓國文集叢刊》75권, pp.322~323), "石石谷者 成上舍彭年之號 而頤翁其字也 …… 親炙於葛川林先生之門 …… 薀年未弱冠 出入門庭 親承擊蒙之誨 …… 薀之得有今日 公之力盖多焉 …… ."

47) 鄭薀,《桐溪集》年譜(《韓國文集叢刊》75권 pp.401~402) 참조.

48) 鄭薀,〈南冥曺先生學記類編後跋〉,《桐溪集》 2卷, 24~25張(《韓國文集叢刊》75卷, pp.184~185), "嘉遯山中 不見是而無悶 專精敬義之學 已至聖賢之域 …… 此皆先生所躬行心得之實 而非空言也."

49) 鄭薀,〈李子章所書己卯諸賢書帖跋〉,《桐溪集》 4卷, 73~74張(《韓國文集叢刊》75권, pp.282~283), "雖於顚沛困厄之中 書尺往復 若履平地 所立之正 所養之深 可見於斯帖中矣 …… 不徒慕其人而常慕其道 不徒誦慕而必躬行而心得之 然後可

동계는 仕宦하여서도 옳다고 믿는 것은 목숨을 돌보지 않고 불같은 직언을 펴곤 하였다. 사간원 정언으로 있으면서 광해군의 행차를 가로 막고 극언한 적이 있다.[50] 당시 국왕이 貞陵洞 行宮인 慶運宮에 임시로 있다가 한 달 전에 昌德宮이 완성되어 移御하였는데, 광해군이 妖言에 혹하여 경운궁으로 다시 거처를 옮기려고 하였다. 사헌부와 사간원이 함께 만류하다가 듣지 않자 모두 포기하였는데, 동계 혼자서 길을 막고 격렬하게 만류하였다. 결국 이 일로 인하여 咸鏡道 鏡城의 判官으로 左遷되었다.

1613년 癸丑獄事가 일어났다. 동계는 永昌大君을 죽이려는 신료들의 견해에 반대하다가 낙향하였다. 스승인 내암에게 편지를 통해 討逆의 논리를 8세 어린이인 영창대군에게 적용하는 것은 바람직하지 못하다는 의견을 개진하였다.[51] 내암이 동계의 편지에 영향을 받은 것인지는 알 수 없으나, 내암 역시 '영창을 죽일 필요는 없다'는 요지의 의견을 피력하였다.[52]

그런데, 1614년 1월 13일에 부임한 江華府使 鄭沆이 圍籬安置된 영창대군을 2월 10일에 살해하고 말았다. 이에 동계는 2월 21일 '정항의 목을 베고 영창대군의 位號를 追復하기'를 요청하는 封事를 올렸다가[53] 護

以不負其慕尙之心矣."

50) 《朝鮮王朝實錄》光海 3年(1611年) 11月 26日(辛酉), "正言鄭蘊啓曰 …… 臣之愚意以爲 舍橋乘船 似不是固爭之事 而古人猶欲頸血濺地 況今玆之擧 關國家盛衰 係民心離合 官以諫爲名者 其可不爭之以死 而苟焉塞責而已乎 設或不幸 今日仍留慶運之說 果符於下民之臆度 則臣當攀輦血頭 牽裾泣諫 死於國門之外 是臣之意也."

51) 鄭蘊,〈年譜〉,《桐溪集》癸丑(1613年)條 '與鄭仁弘書論永昌事', "略曰 八歲童子 萬無謀逆之理 …… 上批有曰 先王托孤之意 正謂今日慮 在天之靈 陟降在玆 予何忍加法云 則上意所在 的然可知."

52) 鄭仁弘,〈再箚〉,《來庵集》10卷, 2張(《韓國文集叢刊》43卷, p.420), "試以의之事論之 八歲稚童 不知利害趨舍之所在 其不參逆謀 不獨聖敎丁寧 而凡有血氣者孰不知其必不然也 …… 今의 稚少之子 初無子糾之爭子推之過 特匍匐入井之一赤子也 殿下推先王顧託之意 爲終始保全之慮

53) 鄭蘊,〈甲寅封事〉,《桐溪集》3卷, 1~5張 (《韓國文集叢刊》75卷, pp.203~

逆으로 論罪당해 濟州 大靜에 위리안치되었다. 당시 兩司가 함께 동계를 논죄하였던 것을 보면 영창대군을 죽이는 것이 북인의 당론이었음을 알 수 있는데, 동계는 목숨을 걸고 이에 정면으로 대응했던 것이다.

1623년에 동계는 인조반정이 일어남으로써 유배생활 10년 만에 풀려날 수 있었다. 인조가 被罪人 가운데 동계를 가장 먼저 불러 사간원 헌납으로 삼았다. 그 후 1624년 대사간으로 있을 때 역옥사건이 발생하여 仁城君(1588~1628)이 이에 연루되자 "殷鑑이 멀리 있지 않고 바로 廢朝에 있습니다. 폐조에서 비록 昏亂한 政事가 있었더라도 만약 同氣를 죽이지 않고 母妃를 폐하지 않았더라면, 전하처럼 지극히 어진 마음과 성대한 덕을 지니신 분이라 할지라도 하루아침에 임금의 자리를 차지할 수는 없었을 것입니다"[54] 하면서 全恩을 주장했다. 동계의 주장은, 인조반정이 일어나게 된 것은 광해군의 昏政 때문이 아니라 그가 동기를 죽이고 모비를 폐했기 때문이라는 것이며, 이는 다른 말로 보면 반정을 한 인조도 동기인 인성군을 죽이면 廢黜을 당할 수도 있다는 무서운 直言이었던 것이다.

1627년 정묘호란이 일어났을 때는 벼슬을 그만두고 시골에 거처하고 있었는데, 전쟁이 일어나자 바로 행재소로 달려갔다. 그리고 인조에게 죽을 각오로 싸워서 종묘사직을 지킬 것을 내용으로 하는 상소문[55]을 올렸다.

1636년 12월에 또 淸人이 대거 來侵하자, 仁祖와 함께 남한산성에 있으면서 죽을 각오로 성을 지킬 것을 역설하고, 강화를 주장하는 崔鳴吉을 매국의 죄로 다스릴 것을 요청하였다.[56] 1637년 1월 왕이 항복하러

---

205) 참조.

54) 鄭蘊, 〈甲子啓辭〉, 《桐溪集》 3卷, 10張(《韓國文集叢刊》 75卷, p.207), "囊時之請殺永昌 今日之請罪仁城 果孰是孰非乎 若不問義理之當否 形迹之虛實 而一以賊招而已乎 則逆獄之興 殆無虛歲 仁城雖除 豈無仁城 先王之子 噎盡之矣 …… 殷鑑不遠 只在廢朝 若使廢朝雖有昏亂之政 而不殺同氣 不廢母妃 則雖以殿下之至仁盛德 不能一朝居此位也."

55) 鄭蘊, 〈斥和疏〉, 《桐溪集》 3卷, 20張(《韓國文集叢刊》 75卷, p.212).

나간다는 소식을 접하고 할복자살을 기도하였다. 말하자면 동계는 끝까지 '義'의 정신으로 임금에게 차자를 올렸고, 임금이 치욕을 당하자 자결함으로써 '의'를 실천하려고 했던 것이다.

동계의 일생은 그 아버지 嶧陽 鄭惟明이 起兵有司로 倡義함으로부터 선조 말기와 광해군 시기의 論執, 인성군 역옥 사건에서의 강력한 논의, 정묘호란과 병자호란 때 '國君死社稷'의 정신을 인조에게 끝까지 강조하면서, '大夫死官守'의 정신으로 자결을 시도한 일까지 한결같이 '義'로 일관한 삶이었다.

3. 仁祖反正 이후 英正祖까지의 南冥思想 繼承樣相

앞에서 잠깐 본 것처럼, 桐溪 鄭蘊이 영창대군 옥사와 관련하여 1614년에 올린 甲寅封事가 중요한 정치적 쟁점이 되어, 남명학파의 내적 갈등이 심화된다.

주지하다시피 내암의 문인들이 주류를 이루고 있던 북인들 가운데 갑인봉사 이후 동계의 견해에 동조하는 일파가 中北이라는 또 하나의 집단을 이루게 되자 내암 문인들이 갈등과 분열을 보이기 시작했다. 동계와 견해를 같이하였다고 해서 처벌을 받은 내암의 문인들로는 雪壑 李大期(1551~1628), 茅谿 文緯(1554~1632), 思湖 吳長(1565~1617) 등이 그 대표적인 인물이다. 그리고 이들에 동조하였던 이들로는 文景虎·李彦英·裵大維 등이 있으며, 이들은 대체로 내암의 문인 가운데 重鎭에 해당된다.

思湖나 雪壑은 인조반정 이전에 죽었거나 직후에 죽었지만 동계를 중심으로 하는 중북 계열은 광해조 때 핍박당하였다고 해서 인조반정

---

56) 鄭蘊, 〈山城箚子〉, 《桐溪集》 3卷, 68~69張(《韓國文集叢刊》 75卷, pp.236~237), "與其屈膝而亡 曷若守正而死社稷乎 況君臣父子背城一戰 則不無完城之理乎 …… 伏願殿下 痛斥鳴吉之言 以正賣國之罪."

이후 그래도 출사할 수 있었다. 그러나 내암의 문인들 가운데 대북이었던 인물들은 모두 정치적으로 몰락하였으며, 중북이었던 사람들도 대부분 내암과의 관계를 부정하거나, 나아가서는 남명과의 연원 관계는 언급을 회피한 채 퇴계와의 연원 관계를 강조하려는 움직임이 강하게 나타났다. 결국 내암이 영도하던 남명학파가 내암의 정치적 패퇴로 말미암아 이처럼 몰락하게 되면서부터 남명학문의 지역적 기반이었던 강우의 학자들은 기세가 꺾일 대로 꺾이게 된 것이다.

좌도에 갈암 이현일, 밀암 이재, 제산 김성탁, 대산 이상정 등이 퇴계의 학맥을 성대히 이어가던 것과 비추어 보면, 남명학파를 자처해야 할 우도의 학자들은 이렇다 할 학문적 성과를 드러내지 못하고 있었던 것이 사실이다. 다만 겸재 하홍도와 설창 하철, 양정재 하덕망, 한계 하대명, 괴와 하대관 등 안계의 진주하씨와 능허 박민, 서계 박태무, 눌은 박정신, 눌암 박지서 등 나동의 태안박씨와 석계 하세희, 태와 하필청, 동외 조휘진, 국담 하진백 등 수곡과 단목의 진양하씨 및 소남의 함안조씨와 남계 이갑룡, 남고 이지용 등 사월의 성주이씨 등이 남명학파의 터전에서 명맥을 이어오고 있었다.

이들 가운데 겸재 하홍도와 서계 박태무, 남고 이지용의 학문을 살펴봄으로써 인조반정 이후 영·정조대까지 남명사상의 계승양상을 일별하고자 한다.

1) 謙齋 河弘度(1593~1666)

謙齋 河弘度는 남명의 문인들, 예컨대 來庵 鄭仁弘, 寒岡 鄭逑 같은 이들이 經綸과 學問을 크게 떨칠 시기에 젊은 시절을 보냈고, 인조반정으로 인하여 남명학파가 허물어지려 할 즈음, 벼슬에 유혹되지 않고 진주지역을 지키면서, 남명학문의 精髓를 깨우쳐 후학들에게 전수해 주었던 인물이다.

겸재는 어릴 때부터 남명의 문인인 외조부 竹閣 李光友(1529~1619)

의 영향을 받았고, 자라서는 松亭 河受一(1553~1612)을 師事하였다. 겸재가 송정을 사사한 기간은 2년 정도밖에 되지 않았지만, 그의 〈記松亭先生語〉라는 글을 통해서 볼 때 송정으로부터 받은 감명은 남달랐던 것으로 보인다.[57] 이 글은 송정과 각재를 통해 거슬러 올라가서 남명과 접속하려는 의식이 드러난 글이다. 이 글 가운데 '袖中明月 傳自唐虞'는 앞에서 인용한 바 있는 각재의 〈南冥曺先生銘〉[58]에 나오는 글이다. 이 글은 결국 堯舜으로부터 내려오는 道統이 남명에게 전수되었다는 의식이, 覺齋로부터 松亭을 거쳐 謙齋에까지 이어져 있음을 보여준다.

겸재는 50세 이후 약 20년간 이 지역 유림의 宗匠이었을 뿐만 아니라, 조정에서 심각하게 논란하던 服制 문제를 임금이 직접 사람을 보내 자문할 정도로 조정에까지 알려진 학자였는데, 그는 남명의 핵심사상인 '敬義'에 대하여 다음과 같이 말한 바 있다.

대개 들으니 '義'는 '敬'이 아니면 나오지 못한다고 한다. 비유하자면 '敬'은 거울과 같고 '義'는 바로 (이 거울로) 비추는 것이다.《丹書》에 '敬義'를 말했고, 坤卦 六二爻에서는 '直方大'를 말했다. 공자께서 이를 서로 관련시켜, "敬으로써 안을 곧게 하고 義로써 밖을 반듯하게 한다"고 말씀하셨다. 그러니 이 두 글자는 伏羲氏의 卦에서 근본하고 黃帝에게서 비롯되어 孔子에 의해 그 뜻이 드러났다. 程子에 이르러 처음으로 '敬'을 말하여《小學》의 부족한 부분을 보충하고, 天德과 王道의 요점을 밝혔다. 程子는 또 "涵養은 敬으로 해야 하며, 進學은 致知에 달려 있다"고 하였다. 朱子는 "敬은 성학의 시작이요, 끝이다"고 하였다 …… 근세에 文貞

---

57) 河弘度, 〈記松亭先生語〉,《謙齋集》9卷, 27~28張(《韓國文集叢刊》97卷, p.164), "愚嘗拜松亭公鄕先生水谷精舍 仍陪宿 鷄旣鳴 蹙諸子某某等起 諄諄敎誘曰 孟子曰 鷄鳴而起 孶孶爲善者 舜之徒也 爲利者 蹠之徒也 我南冥先生深得其旨 樂堯舜之道 非其義 一介不以與人而取於人 拔其利源而塞之 …… 我覺齋叔父 受業親炙 而聞其道 有所不知 知之未嘗近利 …… 故嘗曰 袖中明月 傳自唐虞 如我不肖 自少 摳染 雖未能私淑 銘心傳得 至死不忘 汝輩出於吾門 雖不得大任重責 亦可以箕裘 承業 粗知善利 深寃如登之力 愼勿陷於爲不義 以忝爾所生也."
58) 河沆, 〈南冥曺先生銘〉,《覺齋集》卷中, 7張(《韓國文集叢刊》48卷, p.513).

公 曺先生이 이 두 글자를 斷然히 벽에 걸려 있는 日月로 삼았다. 그러므로 佩劍에 '內明者敬 外斷者義'라는 명을 새겼던 것이며, 이를 날마다 차고 다닌 것은, 여기서 터득한 것이 있었기 때문이었다.[59]

'義'는 '敬'이 아니면 나오지 못한다는 표현은, '敬'이 '義'의 바탕이 된다는 뜻이다. 그리고 선현들이 말했던 '敬·義'의 뜻을 남명이 체득하여 벽에 걸려 있는 일월로 삼았다고 표현하였다. 이것은 '義'의 바탕이 '敬'이지만 남명이 '義'를 '敬'과 대등하게 중시하였음을 겸재가 분명히 인식하고 있었음을 의미한다.

겸재는 '의'가 '경'에서 나온 것이라는 인식에서 출발하여, '경'을 특히 강조하였다. 그는 음식물을 하사한 임금에게 君道九事를 진술하는 상소문을 올리면서 다음과 같은 내용을 陳達하였다. 즉, 임금이 해낼 萬事·萬化의 근본은 마음이고, 이 마음을 밝히려면 공부를 해야 하는데, 이 공부가 明善·誠身인바 이는 '敬'을 위주로 해야 가능하다고 하면서, '敬'이야말로 大人의 학문인 大學의 시작이요 끝이라 하였다.[60]

또한 秋潭 鄭頠(1599~1657)에게 답한 편지에서, "學問의 始終은 '敬' 한 글자를 벗어나지 않습니다. 그리고 그 순서는 《近思錄》으로부터 시작하여 四書를 배우고 다시 五經을 배우는 것입니다. 그리고 涵養은 모름지기 '敬'으로 해야 하며 進學은 致知에 달려 있다(涵養須用敬 進學在致知)는 말은 程朱의 학문이 孔孟의 학문에 이르는 방법입니다"[61] 하였

---

59) 河弘度, 〈敬義說贈李義仲〉, 《謙齋集》 9卷, 29~30張(《韓國文集叢刊》 97卷, p.165), "蓋聞義非敬不出 敬比如鏡 義是能照也 丹書言敬義 坤六二言直方大 吾夫子係之曰 敬以直內 義以方外 然則此二字 本於義畵 始於黃帝 發於夫子也 至程子首言敬 補小學之闕 明天德王道之要 且曰 涵養須用敬 進學在致知 朱子曰 敬者聖學之成始成終者 …… 近世曺文貞公 以此二字 斷然爲壁棲之日月 故銘其佩劍曰 內明者敬 外斷者義 日日佩服者 有見於此也."

60) 河弘度, 〈謝恩兼陳君道九事〉, 《謙齋集》 7卷, 31~32張(《韓國文集叢刊》 97卷, p.128), "臣聞萬事萬化之本 在於人主之一心 此心之明暗邪正 而治亂興亡繫焉 … 故文貞公臣曺植曰 爲治之道 要在人主明善誠身 而明善誠身 以敬爲主 敬者大學之徹頭徹尾者也 …… 於是聖心無所虛假 而主敬之功自密 克治之效日新."

다. 여기에서 겸재가 얼마나 깊이 '敬'에 경도되어 있었는지를 살필 수
있다.

이제까지 겸재의 경의사상에 대한 관심과 실천의지 등을 살펴보았다.
남명의 경의사상을 이어 '경' 쪽으로 좀더 발전시키려는 면모가 어느 정
도 드러났다. 이 밖에도 언행록을 보면, 백성을 위한 정성이나 출처의
엄정함 등에서도 남명의 정신을 철저히 계승하고 있음을 볼 수 있다.
예컨대, "무릇 고을 수령이 올 때마다 정성스럽게 건의하는 것은 백성
을 구휼하는 방도에 관한 것이었다"[62]고 하는 표현이나, 선생은 출처를
군자의 큰 절개로 생각하여, 일찍이 "출처가 바르지 않으면 나머지는
볼 것이 없다"[63]는 표현 등에서 이를 확인할 수 있다.

또한 선현들이 다방면으로 깊이 있게 연구한 저술이 많으므로 무엇
보다도 실천이 중요하다고 생각하였으며, 저술하여 남이 알아주기를 구
하는 따위의 행동은 좋아하지 않았다.[64]

겸재는 출처의 엄정함이나 기미를 알아차리는 명철함의 측면에서 남
명을 우리나라 최고의 학자로 평가하였는데,[65] 西溪 朴泰茂(1677~1756)
는 진주 지역에 남명과 겸재가 있는 것은 하늘에 해와 달이 있는 것과
같다고 말함으로써,[66] 사실상 남명 이후 겸재를 최고의 인물로 꼽고 있

61) 河弘度, 〈答鄭子儀〉, 《謙齋集》 3卷, 6張 (《韓國文集叢刊》 97卷, p.66)
   "學之始終 不出一敬字 而階梯 則自近思而四子而五經 而涵養須用敬 進學在致知
   十字 是伊洛之達於洙泗者也."
62) 河弘度, 〈附錄 ─ 行錄〉, 《謙齋集》 12卷, 47張 "凡地主之來 所懇懇者 恤民之方
   也" 〈附錄 ─ 行錄〉, 《謙齋集》 12卷, 56張, "見官人 則必極陳救民之道."
63) 河弘度, 〈附錄 ─ 行錄〉, 《謙齋集》 12卷, 47張 "先生以出處爲君子大節 嘗曰 出
   處不正 餘無可觀."
64) 河弘度, 〈附錄 ─ 行錄〉, 《謙齋集》 12卷, 53張
   "先生以踐實爲主 不喜著述 以求人知曰 古聖闃奧 宋朝儒賢 相繼闡明 我東先儒
   又從而發揮 爲學次第 入道路脈 極其分明 今之學者 不患難知 特患其不行."
65) 河弘度, 〈再題南冥先生文集後〉, 《謙齋集》 9卷, 22張 (《韓國文集叢刊》 97卷,
   p.161), "南冥先生 出處之正 見幾之明 東方一人而已."
66) 朴泰茂, 〈8張 ─ 年譜〉, 《西溪集》 8卷, "操文謁南冥謙齋兩先生墓 先生於兩先生
   甚尊信之 每曰 吾鄕之有此兩先生 如天之有日月也."

다. 이는 경의사상의 실현, 嚴正한 출처관, 현실에 대한 걱정, 실천을 특히 중시한 점 등 여러 가지 측면에서 겸재가 남명사상을 실질적으로 계승하고 발전시킨 인물이기 때문일 것이다.

2) 西溪 朴泰茂(1677~1756)

西溪는 진주의 奈洞에 세거하던 泰安朴氏로 한강의 문인 凌虛 朴敏의 증손이다. 어려서는 丹牧 외가의 戚叔인 處士 河瀞에게서 배웠고, 아버지의 친구인 水谷의 처사 河檜의 女壻가 되면서 石溪 河世熙, 知命堂 河世應, 台窩 河必淸, 珠潭 金聖運, 養正齋 河德望, 寒溪 河大明 등과 친분을 맺게 된다. 이들은 각각 松亭 河受一, 白巖 金大鳴, 謙齋 河弘度의 후예들로 강우 남명학파의 명맥을 이어온 인물들이다. 외조부 역시 남명 문인 河魏寶의 후손이며 來庵과도 관련이 깊은 집안의 인물이다.

22세에 蒼雪 權斗經이 내방한 것을 계기로 密庵 李栽, 息山 李萬敷, 霽山 金聖鐸, 塤叟 鄭萬陽, 篪叟 鄭葵陽 등과 교제하게 되고 나아가 近畿地域의 星湖 李瀷과도 서신 왕래를 하게 되었는데, 이들은 대체로 퇴계를 사숙한 인물들이다.

서계는 이처럼 남명학파의 본거지를 지역적 기반으로 하고 있으면서도, 퇴계 사숙인들과의 교제를 통해 퇴계학파의 영향을 적지 않게 받게 되었다. 이것은 겸재가 몰한 뒤로 이미 이 진주 지역에는 안동 지역에 필적할 만한 큰 학자가 없었다는 의미이기도 하다.

그가 남긴 96편의 서간은 이들과의 교제와 爲己의 학문을 탐색하는 과정을 보여주며, 40편의 祭文, 18편의 謁墓文, 20편의 祝文 등은 그가 남명학파와 퇴계학파의 핵심 인물들에 대한 깊은 추모의 念을 보여주고 있으며, 또 41편의 序跋과 19편의 記와 22편의 傳과 遺事는 그가 이 지역의 秉筆家였음을 극명하게 보여주는 것이기도 하다.

그는 명을 19편이나 남겼는데 대부분 위기지학의 의지가 뚜렷이 드러나는 것이다. 그 가운데 〈劍銘〉은 다음과 같다.

안으로 마음을 밝히는 것은 경이요
밖으로 행동을 결단하는 것은 의이다.
훌륭하신 南冥선생은
이 검에서 남 먼저 깨달았도다.
헐지도 말고 상하게 하지도 말며
하지도 말며 변하지도 말라.
내 장차 이를 쓰리라,
義理와 利益의 關頭에서
(內明者敬, 外斷者義, 猗歟南冥, 先獲於此, 勿毀勿傷, 勿褻勿渝褻慢, 將
我用之, 於義利關頭)[67]

西溪는 泗川 해변의 雲興寺 老僧으로부터 松雲大師 惟政이 쓰던 검
한 자루를 傳受하였다고 〈劍說〉[68]에서 언급하고 있는데, 이 글은 이 검
의 명일 듯도 하다. 앞부분에서 남명의 〈패검명〉을 그대로 인용한 뒤,
의리와 이익이 갈라지는 곳에서 이 검을 쓰겠다는 의지를 분명히 하였
다. 그리고 그때 쓰기 위해서는 평소에 검을 훼손하지 말아야 하며 아
무렇게 대하거나 검에 대한 마음이 변해서도 안 된다고 강조하고 있다.
검은 언젠가의 쓰임에 대비하여 평소에 열심히 마음을 수양하는 것에
다름아닐 것이다.
그러나 그의 〈座右戒銘〉에 보이는 다음의 항목들은 서계가 살았던
인조반정 이후 무신란을 거치는 과정에서 남명학파 인물들의 처신에
대해 시사하는 것이 적지 않다.

朝廷의 利害得失이나 지방 관리의 任免에 대해 말하지 않는다
고을 관리들의 장단과 득실을 말하지 않는다
다른 사람이 지은 과실이나 악행을 말하지 않는다
관직에 나아가거나 시세에 아부하는 데 대해 말하지 않는다

---

67) 朴泰茂, 《西溪集》 5卷 48~49張, 〈劍銘〉.
68) 朴泰茂, 《西溪集》 6卷 37~38張.

남에게 부치는 편지를 열어 보거나 지체시켜서는 안 된다
남과 같이 앉아서 남의 私信을 엿보아서는 안 된다
무릇 남의 집에 들어가 남의 글을 훔쳐보아서는 안 된다
(不言朝廷利害邊報差除, 不言州縣官員長短得失, 不言衆人所作過惡,
不言仕進官職趨時附勢, 附人書信不可開圻沈滯, 與人幷坐不可窺人私
書, 凡入人家不可看人文字)

서계는 이미 14개조에 달하는 좌우명을 지어 두고, 다시 모두 14개
조로 되어 있는 이 〈좌우계명〉을 지었다. 이는 기실 范益謙의 座右戒에
銘을 붙인 것에 불과하지만, 당시 남명학파의 인물들로서는 특히 이와
같이 조심하지 않으면 언제 화가 닥칠지 모르는 상황에 처해 있었던 것
으로 짐작되기도 한다.

《西溪集》의 雜著에는 〈鼎岡書院箴規〉, 〈親訓〉, 〈洞約〉, 〈龜溪書院講
規〉, 〈遺訓〉 등의 글이 실려 있다. 이 가운데 〈친훈〉과 〈유훈〉은 부모
와 스승의 훈계를 정리한 것이고, 〈유훈〉은 자신이 後孫들에게 훈계로
남기는 글이다. 이 밖의 3편은 유림들에게 강학과 돈목을 강조하기 위
한 것이다. 이런 글들이 글 읽는 선비로서 마땅히 해야 할 일반적 도리
를 담고 있는 것이긴 하지만, 西溪에게서 이러한 내용이 두드러지게 강
조되어 나타나는 것은 위에서 언급한 시대상황과 무관하지는 않다고
보아야 할 것이다.

3) 南皐 李志容(1753~1831)

謙齋 河弘度(1593~1666), 雪牕 河澈(1635~1704) 그리고 三緘齋 金命
兼(1635~1689) 이후로, 知命堂 河世應(1671~1727), 台窩 河必淸(1701~
1758), 南溪 李甲龍(1734~1799) 등이 水谷과 沙月에서 학문을 授受해
왔는데, 南皐 李志容은 남계의 從叔이면서 門人이 된 인물이다.

단성의 성주이씨는 桐谷 李晃가 남명의 문인이고, 梅月堂 李賀生은
德溪의 문인이고, 梧月堂 李惟誠은 覺齋의 문인이었으므로, 일찍부터

남명학파에 속하는 가문이었다. 18세기 중엽 이래로 근처에 있었던 水
谷, 安溪의 진양하씨와 함께 이 지역 학계를 주도했던바, 南溪 李甲龍과
南皐 李志容 및 南川 李道默 같은 이가 대표적인 인물이다. 南溪 李甲
龍은 台窩 河必淸의 문인으로 자신의 문하에서 문과 급제자가 아홉 명
이나 나왔을 정도로 門下가 성대하였다.

남고 이지용은 〈山天齋齋案序〉에서 "우리가 여기서 수백 년 동안 살
면서 집집마다 효제하고 사람마다 충신하며 詩書禮樂의 글을 외면서
태평하게 오늘날에 이른 것은 모두 선생께서 내려주신 것이다. 그러니
우리가 선생을 尊慕하고 선생을 愛悅함에 마땅히 무슨 일이든지 하지
못할 일이 없어야 할 것이다"[69] 하여 남명의 정신이 지역사회에 끼친 영
향이 지대하였음을 언급하고 남명을 尊慕愛悅할 것을 역설하였다.

南皐는 남명이 직접 강학하던 곳이 200년 넘도록 복원되지 못한 것
을 오래도록 안타까워 하던 지역적 분위기가 있었음을 분명히 언급하
고 있어서,[70] 강우 지역의 학자들에게 퇴계학파의 영향이 이미 뿌리 깊
이 내려 있었음에도, 이와는 별도로 남명의 정신을 이으려는 강한 의지
가 맥맥히 흐르고 있음을 느끼게 한다.

---

69) 李志容, 〈山天齋齋案序〉, 《南皐集》 3卷, 14張, "吾輩食玆土數百年 家孝弟人忠
信 誦詩書禮樂 太平以至于今日者 秋毫皆先生賜也 然則吾輩所以尊慕先生愛悅先
生者 宜無所不至."

70) 李志容, 〈山天齋齋案序〉, 《南皐集》 3卷, 15張, "夫先生之堂舍 不爲不多 而聖
敎所以獨及於是齋者 特以是齋之與他逈別 則後學尊仰之誠 益復與學校而無間矣
宜其糾護奉衛 百世以俟 而不幸煨燼於龍蛇 邱墟於滄桑 至于今 行人過客 指點其
遺址 其聖賢遺像 則方島夷搶攘也 移奉于德院 雖幸得免於兵燹 而久處塵壁 極其
難安 此吾鄕先父老 所以益復齋咨 有以思復乎是齋 而因循未遑者也 豈事之成毁
屈伸 卽莫不有時與命存焉歟."

4. 純祖 이후 韓末까지의 南冥思想 繼承樣相

1) 晩醒 朴致馥(1824~1894)

晩醒 朴致馥은 한강 문인이었던 匡西 朴震英의 후손으로 咸安에서 태어나 남명의 고향 三嘉에서 일생을 거의 보냈으므로, 남명에 대한 생각이 각별한 인물이었다. 우리는 이 점을 그가 지은 〈少微星〉이라는 시를 통하여 살펴볼 수 있다.

　　선생이 남녘 땅에서 일어나
　　우리 東國에 豪氣를 떨쳤네.
　　敬義의 학문이 우뚝하여
　　두류산은 울지 않는다.
　　(先生起南服, 豪氣振扶桑, 巖巖敬義學, 頭流山不鳴)[71]

少微星은 처사를 상징하는 별이다. 남명이 몰할 적에 소미성이 떨어졌다는 이야기가 전해짐으로 인하여 소미성은 남명을 상징적으로 표현한 말로 쓰인다. 그 소미성을 제목으로 하면서 남명의 학문이 敬義를 위주로 한다는 주석과 함께 경의의 학문이 巖巖하다고 표현하였다. 그리고 하늘이 울어도 울지 않는 두류산의 기상을 남명이 닮으려고 한 점을 염두에 두고 晩醒은 두류산은 하늘이 울어도 울지 않는다고 표현한 것이다.

晩醒 朴致馥은 定齋 柳致明의 문인인 동시에 性齋 許傳의 문인이기도 하다. 당대에 定齋는 영남남인 학맥의 宗匠이었고 性齋는 기호남인

---

71) 朴致馥, 〈少微星〉, 《晩醒集》 3卷, 18張, "先生起南服 豪氣振扶桑 巖巖敬義學 頭流山不鳴(先生之學 以敬義爲主)."

학맥의 종장이었다. 性齋 許傳은 岳麓 許筬의 후손인데, 악록이 남명의 문인으로 알려져 있을 뿐만 아니라 악록과 그 아우 교산 허균이 모두 북인이었다. 성재는 남명을 두고, "공간적으로 하늘과 땅을 다 하고 시간적으로 만세의 세월이 흐르더라도, 우뚝하게 버티고 서서 자신의 뜻을 홀로 실천한 사람은 동방에 오직 선생 한 분뿐이다"[72]고 격찬한 바 있다. 만성도 성재의 이러한 생각을 이어 山天齋에서 다음과 같은 시를 남겼다.

> 난리 뒤 허물어진 담장을 차마 보리오?
> 비단에 표구된 遺像을 공손히 바라본다.
> 우리 집의 日月이 머리 위에 있으니,
> 어두운 거리에 길 막힐까 걱정 말라.
> (忍見頹垣留劫後, 恭瞻遺像揭綃中, 吾家日月臨頭上, 莫恨昏衢路
> 不通)[73]

'우리 집의 일월'은 바로 '경의'를 뜻하는 말이다. 남명이 산천재에서 우리 집의 日月과 같다고 하면서 窓壁 사이에 써 두면서까지 강조하였던 '경의'사상이 지금도 전해오고 있어 路脈이 분명하다고 함으로써, 남명의 사상이 강우 지역 남명연원 학자들의 정신적 지표가 되고 있음을 드러내고 있다.

만성은 남명이, 적극적으로 나아가 벼슬한 대표적 인물인 伊尹의 뜻을 가지고 있으면서, 물러나 은거한 대표적 인물인 顔子의 학문을 하였으며, 정자와 주자의 학통을 이은 것으로 평가하였다.[74] 그래서 "頑惡한 사람과 懦弱한 사람이 그 기풍을 듣게 하였고 '敬義'로써 학문의 문을

---

72) 許傳, 〈山天齋講會詩軸序〉, 《許傳全集》 2卷, p.386, "窮天地亘萬世 卓然特立 而獨行己志者 東方惟先生一人耳."

73) 朴致馥, 〈丁丑八月 與李上舍汝雷震相·金持平聖夫 作頭流行 共宿山天齋〉, 《晚醒集》 1卷, 26張.

74) 朴致馥, 〈雷龍亭釋菜常享文〉, 《晚醒集》 13卷, 19張, "伊顔志學 洛婺統緒."

여는 열쇠로 삼게 하였다"[75]고 남명의 학문이 지닌 사회교육적 의의를 천명하였다. 그리고 결국에는 남명의 학문이 태산보다 높고 바다보다 넓다고 극찬하였던 것이다.[76]

晚醒이 이처럼 남명을 尊慕했다는 것은 《學記類編》의 내용에 대한 崔東翼의 질문에 조목조목 답변한[77] 데서도 확인할 수 있으며, 남명을 文廟에 從祀하기를 요청하는 상소문에서도 드러난다.[78] 만성은 이처럼 남명에 대한 존모의 생각을 갖고 있었으므로 미수 허목의 저술인 《記言》의 刊所에 편지를 보내어 〈答學者〉라는 편지글을 刪削해 버릴 것을 간절히 요구하였다.[79] 미수의 이 편지에는 "남명은 高士이므로 만약 지금 살아 있다면 만나보고 그 사람됨을 알고 싶지만, 그와 벗으로 사귀지는 않겠다"[80]는 내용 등 남명을 폄하하는 투의 문장이 있어 문제가 되었다. 만성은 이 글이 이 지역 사회에 몰고 올 파란을 예견한 듯 간절하게 산삭하기를 요청하였지만 만성의 뜻이 이루어지지 않았고, 결국 미수의 이 편지가 결정적인 계기가 되어 그의 所撰 南冥神道碑인 〈德山碑〉가 무너지게 된다.

만성이 보여준 이러한 제반 행동을 통해서, 그리고 그가 지은 시들을 통해서, 그가 남명의 경의사상을 매우 의미있게 생각하여 계승하고 있

---

75) 朴致馥, 〈南冥曺先生雷龍亭釋菜告由文〉, 《晚醒集》 13卷, 19張, "頑懦聞風 敬義啓鑰."
76) 朴致馥, 〈山海亭重建記〉, 《晚醒集》 12卷, 24張, "余謂先生之道 泰山不足高也 瀛海不足大也."
77) 朴致馥, 〈答崔汝敬東翼學記類編別紙〉, 《晚醒集》 7卷 10~12張 참조.
78) 朴致馥, 〈請南冥曺先生從祀文廟疏〉, 《晚醒集》 4卷, 8~10張, "見賢而至於國人曰可 則其論公矣 公論而至於百年不改 則其天定矣 擧國臣民 以文貞公曺植躋廡事 陳章叫閤 已至四十五度 百年者已三之 其論之公而天之定 闕惟久矣 …… 文貞之學 若有一毫疵纇 不合從祀 則已 不然 則今其時矣 更待何日 章至於四十五上 不爲不多矣 年至於三百有餘 不爲不久矣 …… 其學 則敬義夾持 誠明兩到 劬庸學而立的 紹洛婆而作程."
79) 朴致馥, 〈山天齋抵京中記言補刊所文〉, 《晚醒集》 9卷, 26~28張 참조.
80) 許穆, 〈答學者〉, 《記言》別集 6卷, 9~11張(《韓國文集叢刊》 99卷, p.25), "南冥者 古之所謂高士 若其人在世 吾亦願見而一識其爲人也 然與之友 則吾不爲也."

다는 것은 규지할 수 있다.

2) 端磎 金麟燮(1827~1903)

단계의 문집인 《端磎集》 目錄 끝부분에 端磎의 아들 金壽老의 다음
과 같은 발문이 있다.

　　18세 때에 '天君之誓'를 지으시고는 뜻을 돈독하게 가지고 힘써 행하
셨다. …… 일찍이, "선비가 이 세상에 살아가는 데에는 두 가지 道 즉,
'出' '處' 뿐이다. 出仕하면 무언가 해냄이 있어야 하고 隱處하면 지키는
것이 있어야 하나니, 선왕의 도를 지키다가 지하에서 선왕을 만나뵈면
그것으로 족하다"고 말씀하셨다. 이 때문에 문을 닫고 사람을 물리쳐 세
상 일에 상관하지 않으셨지만, 忠君愛國의 마음은 일찍이 시골에 묻혀
사는 사람 같지 않으셨다. …… 성품이 著述을 좋아하지 않으셨다. 부득
이 남의 집 글을 써 주어야 할 적에는 반드시 사실에 입각해서 쓰고 잘
보이려고 하지 않으셨다. …… "性과 天道는 공자께서도 드물게 말씀하신
것인데, 오늘날은 입만 열면 '理'니, '氣'니, '主理之學'이니 한다. 그러나
그 실제는 바람이나 그림자를 잡는 것과 같아 잡아낼 수가 없음은 물론,
처음 글 배우는 젊은이로 하여금 志向할 곳을 迷惑하게 하니 매우 두려
워할 만하다" 하셨다.[81]

　이 글에 의하면 端磎는 첫째, 출처를 분명히 하되, 隱處하여서도 忠君
愛國의 마음을 갖고 있었다. 둘째, 저술을 좋아하지 않았지만 부득이한

---

81) 金麟燮, 《端磎集》(釜山大 韓國文化硏究所 刊本), p.50, 〈端磎集目錄跋〉(金壽
　　老 所述), "十八作天君之誓 以勵志而篤行焉 …… 甞曰 士生於世 有二道 出與處
　　而已 出則有爲 處則有守 守先王之道 以見先王於地下 足矣 是以杜門却掃 與世不
　　相干涉 而忠君愛國之心 則未甞以山野自居 …… 性不喜著述 不得已副人家文字
　　則必從實書之 不爲求媚 …… 誠不肯曰 東人文集 爲弊滋甚 近日則可謂家家爲之
　　汝等切勿效也 …… 又曰 性與天道 夫子之所罕言 而今日開口 曰理曰氣曰主理之
　　學 而其實如捕風捉影 無所摸捉 使新學小生 迷於所向 甚可畏也."

경우 사실에 입각해서 썼다. 셋째, 理氣說 등 理論에의 偏向을 매우 부
정적으로 보았다. 이 세 가지는 남명이 평소에 가졌던 정신자세 그대로
이다.

이는 단계가 평소에 남명의 사상을 계승하려는 의지가 강하였기 때
문에 가능했던 것으로 보인다. 그가 쓴 〈南冥先生文集跋〉에서 이러한
의지를 엿볼 수 있다.

出處의 엄정함과 선견지명은 당연히 우리 동방에서 첫째라 하겠다. 胸
襟이 灑落함은 가을달이 하늘을 지남에 먼지 하나 일지 않는 것과 같으
며, 기상이 尊儼함은 태산에서 아래를 내려다봄에 만물이 모두 나지막하
게 있는 것과 같아서, 위로는 君父와 公卿, 搢紳, 士大夫로부터 아래로는
閭巷의 匹夫와 깊은 산골짝의 愚夫愚婦들에 이르기까지 모두 선생이 계
시다는 것을 알았다. …… 망녕되이 찬을 지어 보았다.

만 길 절벽처럼 우뚝한 氣象
그 氣風 百世토록 떨치리
'敬義'의 공부가 깊으셔서
밖을 반듯하게 하고 안을 곧게 하셨네
인륜을 실천하심은 바르시고
왕도를 주장하심은 중용의 도리에 마땅하도다
《學記》를 편집한 것이 있어서
영원히 학자들에게 길을 열어 주시네
(壁立萬仞, 風振百代, 敬義工深, 方外直內, 人倫之正, 王道之中, 學記
有編, 開示無窮)[82]

端磎가 出處와 선견지명의 측면에서 남명이 역대 최고의 인물이라는

---

82) 金麟燮, 〈改刊南冥先生文集跋〉,《端磎集》 pp.440~441, "出處之正 先見之明
當爲吾東方第一人 胸襟灑落 如秋月行天 一塵不動 氣象尊儼 如東岱視下 萬品俱
低 上自君父公卿搢紳士大夫 下至閭巷匹庶 深山窮谷愚夫愚婦 皆知有先生 ……
妄爲之贊曰 壁立萬仞 風振百代 敬義工深 直內方外 人倫之正 王道之中 學記有編
開示無窮."

점과, 흉금의 쇄락함과 기상의 존엄함으로 해서 上下尊卑間에 남명을
모르는 사람이 없었다고 찬양한 것은, 자신이 남명의 사상에 경도되어
있으면서 그 사상을 계승하려는 의지가 강했다는 증좌이다. 〈贊〉에서
壁立萬仞의 氣象과 敬義 思想을 특히 내세운 점도 찬양의 의미와 함께
계승의 의지로 받아들여진다.

端磎가 산천재에서 지은 시 가운데, "전례 없이 후학의 느꺼움을 이
기지 못하게 하시거늘, 지금 누가 선생의 풍모를 계승할고?"[83]라는 구절
이 있는데, 이는 바로 단계 자신이 남명의 사상을 계승하겠다는 의지에
다름아닐 것이다. 단계는 또 〈山天齋置田贍學記〉에서도 남명의 出處大
節과 盛德氣象을 언급했으며,[84] 백운동 계곡이 남명의 杖屨之所인 점을
들어 修契를 하고 記文을 남겼는데, 단계는 여기서도 "지금은 풍속이
너무 허물어져 있으므로, 모름지기 벽립천인의 기상을 가지고서 머리가
쪼개지고 사지가 분해되더라도 시속에 따라 변하지 않은 뒤에야 길인
이 될 수 있을 것입니다"[85]고 한 남명의 언급을 떠올리고 있다. 이러한
기록은 단계 자신이야말로 남명사상의 계승을 역사적 책무로 깊이 자
각한 데서 나온 것이라고 할 수 있을 것이다.

3) 后山 許愈(1833~1904)

后山 許愈는 내암 정인홍과 한강 정구를 사사했던 滄洲 許燉의 후손
이다. 후산은 寒洲 李震相의 문인으로 자신이 비록 퇴계의 학맥이라 하
더라도 내면에 남명에 대한 존모의 생각이 매우 깊었던 인물이다. 후산

---

83) 金麟燮, 〈謁南冥先生祠退山天齋有感〉, 《端磎集》, p.91, "曠古不勝後學感 至今
　　誰繼先生風."
84) 金麟燮, 〈山天齋置田贍學記〉, 《端磎集》 p.400, "先生之大節出處 盛德氣像 壁
　　立萬仞 風振百代 遊於斯者 懍然如接乎目 優然若在乎耳."
85) 金麟燮, 〈白雲洞修稧記〉, 《端磎集》, p.418 "先生之言曰 如今時俗汚毁已甚 要
　　須壁立千仞 頭分支解 不爲時俗所移 然後方可做成吉人." 여기서 인용한 선생의
　　말은 남명이 金孝元에게 답한 편지인 〈答仁伯書〉의 말미에 나온다.

이 남명 학문의 핵심이라 할 수 있는 〈神明舍圖〉와 〈神明舍銘〉에 대하여 〈神明舍圖銘或問〉이란 글을 통해서 주석을 낱낱이 달아 면밀히 분석한 것은, 단순한 학문적 관심의 차원을 넘어 내면적으로 남명을 깊이 계승하려는 의지의 발로라 해석된다. 다음의 글에서 이 점을 살펴볼 수 있다.

선생의 이 그림은 本集에 실려 있으나 세상의 학자 가운데 이를 능히 해석하는 이가 드물다. 심하게는 혹 이에 대해 헐뜯는 경우도 있다. 내가 망녕되이 나의 뜻으로 或問을 만든 것은, 작으나마 그 단서를 드러내려는 것이고, 감히 견득한 것이 있어서 진리를 말할 수 있다는 뜻에서 한 일은 아니다. 만약 뜻을 같이하는 이가 있다면 나의 僭濫한 점은 이해해 주고, 잘못된 것은 고쳐 주어서, 선생의 心學이 세상에 크게 밝혀지면 어찌 사문의 다행이 아니겠는가?[86]

이 글의 앞부분 두 줄은 남명의 학문을 살 모르면서 남명을 노장이리 헐뜯는 자들이 있었음을 말한 것이다. 그리고 그 뒤에서 후산은 자신에게 꿰뚫어 보는 눈이 있기 때문이 아니라, 남명의 학문적 처지를 변호하여 남명사상을 후학들에게 알리려는 마음에서 이러한 작업을 하였다고 말하고 있다. 여하튼 〈신명사도〉와 〈신명사명〉에 대하여 모두 5,000자가 넘는 분량의 글로 세밀하게 분석한 것은 남명에 대한 존모와 남명사상에 대한 계승 의지에서 나왔음은 물론이다.

후산은 老伯軒 鄭載圭와 함께 당시 삼가 지역의 학계를 주도하며 남명을 위한 사업을 공동으로 추진하였다. 그는 노백헌과 함께 삼가에 뇌룡정을 중건한 뒤 상량문을 지었고 노백헌은 시를 지었던바, 지금도 이 두 글이 뇌룡정에 나란히 걸려 있다. 다음은 후산이 지은 〈雷龍亭上樑

---

86) 許愈, 〈神明舍圖銘或問〉,《后山集》12卷, 12~13張, "先生此圖 載在本集 而世之學者 鮮能言之 甚者 或加訛議焉 愈妄以己意 設爲或問 蓋微發其端 非敢謂見得到說得眞也 如有同志者 恕其僭而訂其誤 因而發撝之張皇之 使先生之心學 大明於世 則豈非斯文之幸哉."

文〉의 일부이다.

> 완악한 이가 청렴해지고 나약한 이가 우뚝 서게 되니, 유림에서 영원
> 한 스승으로 존모하였고, 고요한 연못처럼 시동처럼 거처하면서 공부와
> 수양을 하였으니, 뇌룡정이 사방의 건물 가운데 우뚝하도다. 階庭과 礎石
> 은 예전대로이고, 건물은 거듭 새롭게 되었도다. 우리 남명 선생께서는
> 실로 東方의 間氣로 山寺에서 科文 공부하다가 벗들과 헤어져 《左傳》과
> 柳宗元의 문장을 익혔네. 병풍에 그려진 先師에게 인사를 드리면서 程朱
> 의 학문에 노력을 경주했네. 敬義는 우리 집의 日月이라 하면서 昏暗을
> 깨어 깨우치게 하였으며, 出處는 君子의 中庸이라 하여 때에 따라 알맞
> 게 하였네. 氣象은 태산이 절벽처럼 우뚝 선 듯하고, 志趣는 상서로운 봉
> 황이 높이 나는 듯하다.[87]

남명학문의 영향력과 남명학문의 형성과정을 차례로 언급한 뒤, 남
명학문의 중추인 경의사상, 출처관, 기상 등을 차례로 거론하였다. 이
글에서 우리는 후산이 남명에게 깊은 관심을 가지고 남명의 사상을 추
향하려 했음을 다시 한번 확인할 수 있다.

라) 老栢軒 鄭載圭(1843～1911)

老栢軒은 三嘉 陸洞 출신으로, 남명의 妹夫 鄭白氷과는 同宗이다. 그
래서 동향의 선현인 남명에 관해 더욱 관심을 가질 수 있었다. 노백헌
은 앞에서 언급한 후산 허유와 매우 긴밀하게 교제하면서 〈신명사명〉
및 〈신명사도〉에 대해 서로 의견을 교환하였으며, 鄕內의 유생들이 남
명사상을 계승하려는 의지가 부족한 것에 대하여 다음과 같이 언급하

---

87) 許愈, 〈雷龍亭上樑文〉, 《后山集》 15卷, 9～10張, "頑廉而懦立 儒林尊百世之師
淵默而尸居 亭扁聳四方之觀 階礎仍舊 簾宇重新 恭惟南冥先生 實是東方間氣 撮
諸生於山寺 割戀左柳之文 拜先師於屛風 刻意程朱之學 敬義吾家之日月 破昏爲
醒 出處君子之中庸 隨時以措 氣像則泰山壁立 識趣則瑞鳳高翔."

고 있다.

　　저는 항상 오늘날 학자는 마땅히 남명을 으뜸가는 스승으로 삼아야 한
다고 말합니다. 그러면 많은 사람들이 눈을 반짝이면서 듣습니다. 그렇게
말하는 데는 대체로 이유가 있습니다. 배우지 않으면 그만이거니와, 배우
면서도 忠信과 마음을 수양하는 실상에는 어둡고 길이 예전 사람이 하던
겉모습만 따르고 있으며, 마음 안에서 汗馬의 공을 거두어야 함을 잊고,
입가에 침을 튀겨 가며 이야기하는 것을 숭상하고 있기 때문입니다. 또
자질이 순근함에 가까운 자들도 거의 모두가 눈썹을 내리깔고 눈을 지그
시 감아서 閨門의 법도를 실천하고, 밥해 먹던 솥도 깨부수고 타고 온 배
와 노도 불지르는 大勇氣를 진작하지 못하고 있습니다. 이와 같이 하면
서도 성공을 바라는 것은 제가 들은 바가 아닙니다. 요즈음 학자들은 대
체로 병이 고황에 들어서, 다른 사람을 논하면서 자신을 돌이켜 스스로
돌아보지는 않고, 다만 앉은 곳에서 이러한 병통을 고치려 하니, 이것이
남명을 스승으로 본받는 것이겠습니까? 이것이 남명을 스승으로 본받는
것이겠습니까?

　　그러니 이 풀이(許愈의 〈神明舍圖銘或問〉을 말함 — 필자주)가 오늘날
이루어진 것은 어찌 斯文에 유관한 것이 아니겠으며 後生의 큰 행복이
아니겠습니까? 남명선생의 입장에서 말한다면 후세의 子雲을 만났다고
하지 않을 수 없습니다.[88]

　이 글은 후산이 자신의 〈신명사도명혹문〉을 노백헌에게 보내 의견을
물은 데 대하여 노백헌이 답한 편지글이다. 노백헌은 여기서 학자들에
게 남명을 본받아야 함을 역설하고 남명이 공부하던 厮殺的 자세로 공
부할 것을 주장하면서, 그렇지 않으면 남명을 스승으로 본받는 것이 아

---

88) 鄭載圭, 〈答許后山〉, 《老栢軒集》 5卷, 12~14張, "愚常言今之學者 當宗師南冥
　　人多聽瑩然 其意則蓋有以也 不學則已 學而昧忠信內修之實 而長依樣畵葫之習
　　忘心地汗馬之功 而尙口角天花之墜 又資近淳謹者 率皆低眉闔眼 做得閨門撿押
　　而不能破釜焚楫 鼓作大勇 若是而望其有成 非余攸聞 今之學者 大抵病入膏肓 未
　　論它人 反身自顧 只是坐在裏許 欲醫此病 其惟師法南冥歟 其惟師法南冥歟."

니라고 단정하고 있다.

노백헌은 이 편지의 말미에서 후산의 풀이 가운데 문제가 되는 점을 낱낱이 지적하였고, 남명의 후손 復菴 曺垣淳(1850~1903)에게도 이 문제를 진지하게 논의하였다.[89] 그리고 그의 〈偶記〉라는 글에서 그가 남명을 지극하게 존모하는 모습을 볼 수 있다.

우리 교남에서 학문을 창도한 이는 한훤당과 일두 양선생인데, 불행히도 혹독한 사화를 만났다. 이로부터 선비는 참벌을 두려워하여 배우기를 꺼려함으로써 거의 전해짐이 없었다. 남명 선생이 계셔서 伊尹의 뜻과 顔子의 학문을 추구한 바, 敬義思想과 出處大節로 우뚝하게 百世의 스승이 되었다. 그리고 江右 지역이 文獻의 지방이 되어 온 나라 사람들이 다 함께 그의 높은 행실을 우러러보고 있다. 학업을 강의하고 기풍을 보는 것도 마땅히 강우에 있으니, 강우의 선비가 선생의 덕을 존모하고 선생의 도를 밝히려는 데 더욱 자별해야만 하는 까닭이 여기에 있다.[90]

노백헌은 자신이 생장한 三嘉에서 남명이 태어나 백세의 스승이 된 것을 긍지로 생각하고, 남명의 정신을 본받아야 하는 이유를 명확히 제시하고 있다. 또한 남명사상의 핵심이 경의사상과 출처관임을 분명히 하고 있다. 그런데 이 글 뒤에 眉叟 許穆이 지은 〈德山碑〉의 내용이 남명의 형상화에 극진하지 못한 점이 있음을 말하고, 尤庵 宋時烈이 지은 南冥神道碑의 내용이 남명을 극진하게 잘 드러내고 있음을 언급하였다. 이로 인해 나중에 〈덕산비〉가 뽑히고 우암이 지은 신도비가 들어서게

---

89) 鄭載圭, 〈答曺衡七庚寅〉, 《老栢軒集》 8卷, 27~28張, "耳目日月陰陽左右之易置 愚妄嘗疑之 而言於南黎 黎時亦領可 及其爲或問也 引先天太極圖之陰陽左右而謂不必疑者 愚見終有可疑 故略爲辨說 以告之 則黎又欣然從而改之矣 猶疑先生作圖之時 左右方位 初不屑屑置意也."

90) 鄭載圭, 〈偶記〉, 《老栢軒集》 32卷, 16~21張, "吾嶠南倡學 自暄蠹兩先生 而不幸遭士禍之酷 自是士懲斬伐 以學爲諱 幾乎無傳焉 有南冥先生者 作志伊學顔 敬義之工 出處之節 卓然爲百世之師 而江右爲文獻之邦 高山景行 通國所同 講業觀風 宜在江右 則江右之士 所以尊慕先生之德 發明先生之道者 尤有別焉."

된다. 뿐만 아니라 남명을 추모하고 남명사상을 본받는 데 남인 중심이었던 데서, 노백헌이 중요한 역할을 함으로써 노론 계열의 학자들이 여기에 적극적으로 참여할 수 있는 기반이 마련되었다.[91]

5) 俛宇 郭鍾錫(1846～1919)

면우 곽종석은 스승인 한주 이진상의 主理說을 이어서 역시 주리설을 펼쳤던 학자이다. 남명의 학문에 대해서는 퇴계나 퇴계 계열 학자들의 학문 내용에 비해 상대적으로 관심도가 매우 얕은 편이다. 그러나 그가 丹城에서 태어났고 강우 지역을 기반으로 살았기 때문에 남명에 관한 관심이 내부적 또는 잠재적으로 있었던 것이 분명하다. 예컨대 다음의 편지글에서도 이런 점을 충분히 살필 수 있다.

우리 江右 지역은 우리 老先生이 倡道한 이래 보는 자는 感化가 되고 듣는 자는 發奮하여, 지금에 이르도록 집안마다 그 가르침을 服膺하고 사람마다 그 뜻을 숭상함으로써, 滔滔한 흐름에 말려들지 않게 되었으니, 이는 모두 선생이 당일 우리에게 남겨 주신 학문과 사상 덕분입니다.…… 해마다 한두 번 산천재에서 모여 敬義 두 글자의 뜻을 강의하고《學記類編》의 뜻을 강구하며, 先哲의 遺像을 펼쳐 절하고 퇴계와의 깊은 우정을 생각해 보며, 잠깐 보는 사이에 만에 하나 비슷한 것을 얻어서, 선생의 도로 하여금 땅에 떨어지지 않게 한다면 또한 유감이 없을 것입니다.[92]

---

91) 崔益鉉,〈次艾山鄭載圭見贈〉(金南馨所藏), "幾人能學穌齋老 十駕難追後栗翁 大道分明知不遠 蘆雲藥水鎭吾東." 이 시는 면암이 1902년 노백헌의 집에 들러 차운한 시이다. 結句에서 蘆沙의 嫡傳인 老栢軒과 華西의 門人인 자신이 우리나라에서 최고의 학자임을 비유적 표현으로 자부하고 있는바, 노백헌의 학문적 위상이 면암에 의해 인정받고 있음이 주목된다.

92) 郭鍾錫,〈與曹仲昭〉,《俛宇集》壹 p.389, "吾江右 自吾老先生倡道之後 見之者 感化 聞之者奮興 以至于今 家服其敎 人尙其志 粗免爲滔滔之歸者 莫非先生當日 賜也 …… 歲一再會于山天齋 講敬義二字之旨 究類編學記之義 展拜先哲之遺眞 想像陶山之密契 瞻忽之間 有以得其萬一之髣髴者 而俾先生之道 庶幾不墜於地

이 글은 면우가 남명의 후손 曺鎔에게 보낸 편지인데, 산천재에서 일
년에 한두 차례 모여서 남명의 학문을 강구하고 그 정신을 이어받도록
하자는 내용이다. 강우 지역은 남명이 있어서 커다란 덕화를 남겼으므
로 지금도 그 영향이 확인된다는 의미의 이 발언은 江右라는 지역에서
남명의 존재가 어떠한가를 잘 보여주는 표현이다. 이러한 점은 앞의 노
백헌의 글에서도 확인된 것으로, 당시 강우 지역에 남명에 관한 관심이
상당히 고조되어 있었음을 느끼게 한다.

다음 글은 〈神明舍圖〉에 관한 의견으로, 남명에 관한 관심과 함께 당
시에 가장 많이 언급되었던 주제이다.

> 선생 문집의 중간이 이미 끝났으니 斯道의 다행입니다. …… 〈신명사
> 도〉에 대해서는 제가 어리석으니 어찌 감히 논의하겠습니까? 저윽이 생
> 각건대 …… 선생이 당일 원곽 안에 집을 그려둔 것은 마음의 집을 의미
> 한 것이고, 집 바깥에 원곽을 쳐둔 것은 신체의 주요한 관문을 의미한 것
> 이었습니다. 지금 만약 집을 철거한다면 關門만 있고 집은 없는 형태가
> 됩니다. 만약 원곽으로 집을 삼는다면 귀와 눈과 입의 세 관문이 어찌 마
> 음에 구멍으로 붙을 수 있겠습니까? 본래 그림대로 두는 것이 온당할 듯
> 합니다. '國君死社稷' 다섯 자는 '太一君' 아래 橫註로 처리하고 三關의 勿
> 旂는 모두 눕히지 말아야 할 것입니다. 이는 이미 衡七(曺垣淳)과 만나 다
> 이야기하였으니, 모름지기 앞뒤를 잘 돌아보고 생각하여 처리하십시오.[93]

〈신명사도〉 안에 있는 집을 제거하자는 의견에 대해 반대하면서 '國
君死社稷'도 그대로 두자는 견해를 제시한 것이다. 이처럼 남명의 구체
적인 작품을 두고 문집을 重刊하면서 어떻게 처리해야 할 것이며, 왜

則亦可以無憾矣."
93) 郭鍾錫, 〈與曺仲昭〉, 《俛宇集》壹, p.390, "先先生文集重刊已了 斯道之慶 ……
神明舍圖 鍾愚駃 尤何敢容議 竊以爲 …… 先生當日 爲屋于內者 方寸之舍也 爲
垣于外者 軀殼之關也 今若撤去屋子 則是有關而無舍也 如又以垣而做屋 則耳目
口三關 豈竅着于方寸者也 恐不若依本圖之爲穩當 而國君死社稷五字 橫注於太一
君之下 三關勿旂 俱不可偃 已與衡七面罄 望須叩竭而更商焉."

그렇게 해야 하는가 하는 등의 논의가 당대의 유림 종장이던 면우를 중
심으로 일어나는 것은 어쩌면 너무나 당연한 것인지도 모른다. 당시까
지 남명의 墓誌銘이 없었으므로 면우가 이 글을 맡게 되었는데, 다음이
그 일부이다.

> 선생께서 일찍이, "우리 집에 '敬'과 '義'가 있는 것은 하늘에 해와 달이
> 있는 것과 같아서, 만고토록 바뀔 수 없다" 하셨다. 아아, 선생께서 살아
> 계실 적에는 곧 당일 모습을 갖춘 敬義 그 자체이셨고, 선생께서 돌아가
> 신 후에도 그 마음이 민멸되지 않았으니, (민멸되지 않은 것은) 곧 만고
> 토록 바뀔 수 없는 敬義인 것이다. 그러니 선생은 바로 日月이시다. 일월
> 을 어찌 그림으로 그려서 傳授할 수 있겠는가?[94]

남명의 경의사상이 하늘의 일월처럼 만고토록 민멸되지 않고 전수되
어 오고 있음을 언급한 뒤, 묘지명에서 남명을 형상화하면서 겉모습은
그려낼 수 있겠지만 정신까지 그려내는 일이 쉽지 않음을 토로한 것이
다. 여기 이 짧은 글에서 우리는 면우가 남명의 정신세계를 정확히 파
악하고 있음과, 자신도 이를 계승하려는 의식이 있었음을 알 수 있다.

6) 晦峰 河謙鎭(1870~1946)

晦峰 河謙鎭은 松亭 河受一의 후손이다. 松亭은 覺齋 河沆의 문인이
고 覺齋가 남명의 문인이다. 晦峰은 寒洲 李震相의 학문을 이은 俛宇
郭鍾錫의 문인이지만, 가정적으로 보면 남명과 학맥이 닿아 있다.《晦
峰集》의 내용으로 보면, 대체로 퇴계 계열의 학문을 숭상하면서도 한편
으로는 남명에 대하여 숭앙하는 마음 또는 남명의 사상을 계승하려 하
는 점을 看取할 수 있다.

---

94) 郭鍾錫,〈南冥曺先生墓誌銘〉,《俛宇集》四 p.191, "先生嘗曰 吾家之有敬義 如
天之有日月 亘萬古 不可易 嗚呼先生之存 卽當日有象之敬義也 先生之沒 其心猶
不泯 卽萬古不可易之敬義也 先生卽日月也 日月可繪而傳耶."

農巖 金昌協이 "남명은 실로 학문을 모른다. 다만 처사 가운데 기절이 있는 사람일 따름이다"[95] 하여, 남명을 심하게 폄하하였는데, 이에 대해서 晦峰 河謙鎭은 "무릇 敬으로 마음을 곧게 하고 義로 일을 반듯하게 처리한다는 말은 《周易》文言에 비로소 보이고, 정자와 주자가 일생 종사한 것이 바로 이것이다. 이러함에도 학문을 모른다고 한다면 농암의 이른바 학문이란 과연 어떤 학문인가?"[96]는 말로 통렬히 반박하였다. 회봉의 이러한 태도는 敬義를 宗主로 하는 남명의 학문에 대한 무한한 신뢰와 함께 자신이 남명학파의 일원임을 간접적으로 보여주는 것으로 해석된다. 아울러 회봉이 남명의 경의사상에 대하여 자신감을 가지고 체득하려 했음을 느끼게도 한다.

회봉은 또 《東儒學案》의 〈德山學案〉에서 다음과 같이 말함으로써 남명과 퇴계를 학문적으로 완전히 대등하게 파악하고 있음을 보여준다.

國朝의 유학은 명종·선조 시절에 가장 성대하였다. 그리고 퇴계와 남명 두 선생이 영남에서 나란히 우뚝하였다. 퇴계는 嶺左인 禮安의 陶山에 살았으며, 남명은 嶺右인 晋州의 德山에 살면서 蔚然히 百世의 道學宗師가 되었다. 두 선생을 天品의 측면에서 보면, 퇴계는 渾厚天成하며 남명은 高明剛大하다. 出處의 측면에서 보면, 퇴계는 일찍이 宦籍에 올라 벼슬이 貳相에 이르렀으며, 남명은 은거하면서 뜻을 숭상하여 조정에서 여러 차례 불렀으나 宦路에 나아가지 않았다. 학문의 측면에서 보면 퇴계는 天人性命의 이치를 정밀하게 연구하고 힘써 분석하여 더 이상 남은 것이 없었으며, 남명은 敬義夾持의 공부로 反躬實踐함으로써 저절로 이룬 법이 있었다. 이것이 이 두 선생의 기상과 규모가 조금 다르지 않을 수 없는 점이다. 그러므로 후세의 논자들이 왕왕 그 본말은 탐구하지도 않고 망녕되이 고하를 평가함으로써 紛然히 논의해 마지않게 되었던 것이다. 그러나 이는 퇴계가 높은 벼슬에 이른 것이 자신이 구하고자 한 것

---

95) 金昌協, 〈雜識〉, 《農巖集》 32卷, 32張, "南冥實不知學 只是處士之有氣節者耳."
96) 河謙鎭, 〈讀農巖集〉, 《晦峰集》 24卷, 12張, "夫敬直義方 始見於文言 而程朱夫子一生所從事者 此也 以此而謂不知學 農巖之所謂學者 果何學歟."

이 아니었으며, 남명이 뜻을 숭상한 것이 세상을 완전히 잊으려 한 것이
아니었다는 사실을 모른 데서 나온 말이다. 퇴계는 도를 밝히는 데 급급
하였으며, 남명은 당대의 현실을 구하는 데 돈독하였다. 그러니 이 두 선
생의 마음이 한가지이며 이 두 선생의 도가 한결같은 것이다.[97]

晦峰이 俛宇의 문인이고 면우는 寒洲의 문인이고 한주는 陶山의 정
맥을 이은 定齋 柳致明의 문인이므로, 단순히 학맥의 차원에서 보면 회
봉이 남명을 퇴계와 이처럼 대등하게 논의하기 어려울 것이다.[98] 그러
나, 남명이 '雪中寒梅'라고 그 기상을 격찬했던 覺齋 河沆이 회봉 자신
의 家學淵源이었다는 점을 이해하고 나면 어느 정도 수긍이 가게 된다.
회봉이 이런 언급을 한 배경은 그렇다 하더라도, 이 인용문은 이미 星
湖 李瀷의 언급[99]과 《宣祖實錄》[100] 등에 바탕한 말이며 퇴계와 남명을

---

97) 河謙鎭, 〈德山學案〉, 《東儒學案》 中篇 10卷, 1張, "國朝儒學 最盛於明宣之際
而退溪南冥二先生 幷峙于嶺中 退溪居嶺左禮安之陶山 南冥居嶺右晋州之德山 蔚
然爲百世道學之宗師 二先生以天品 則退溪渾厚天成 南冥高明剛大 以出處 則退
溪早通仕籍 位至貳相 南冥隱居尙志 屢徵不起 以學問 則退溪精硏力索天人性命
之理 無有餘蘊 南冥反躬實踐敬義夾持之功 自有成法 此其爲氣象規模 不能無少
異 故後之論者 往往不究其本末 或妄加軒輊 紛然置議之不已 然殊不知退溪之通
顯非求進 而南冥之尙志非果忘也 退溪急於明道 南冥篤於救時 其爲心同 而爲道
一也."
98) 일반적으로 퇴계 계열의 학자들이 남명을 퇴계와 대등하게 논의하는 것을 못
마땅하게 여기고 있음은 주지의 사실이다.
99) ① 李瀷, 〈東方人文〉, 《星湖僿說》 天地門, "歷千有餘年 聖朝建極 人文始闢 中
世以後 退溪生於小白之下 南冥生於頭流之東 皆嶺南之地 上道尙仁 下道主義 儒
化氣節 如海闊山高 於是乎文明之極矣."
  ② 李瀷, 〈白頭正幹〉, 《星湖僿說》 天地門, "退溪生於大小白之下 爲東方之儒宗
其流深涵濃郁 揖遜退讓 文彩彪暎 有洙泗之風焉 南冥生於頭流之下 爲東方氣節
之最 其流苦心力行 樂義輕生 利不能屈 害不能移 有特立之操焉 此嶺南上下道之
有別也."
100)《朝鮮王朝實錄》宣祖 38年(1605年) 7月 24日(丙申), "嶺南人才之府庫 士論之根
柢 自新羅至于高麗 自高麗迄于聖朝 名儒碩士 彬彬輩出 以扶國家之元氣者 斑斑
可考 曩在先朝 退溪南冥兩夫子者 竝生於一道 倡明道學 開示義理 以淑人心扶世
敎爲己任 士子之薰陶漸染觀感興起者 不知其幾人矣."

그런 대로 객관적으로 이해하려 한 모습으로 판단된다.

5. 맺음말

이제까지 남명의 문인들과 사숙인들의 남명사상 계승양상을 살펴보았다. 남명의 문인들에게 공통적으로 나타나는 특징적인 면모를 정리해보면 다음과 같다.

첫째, 경의사상을 남명의 핵심사상으로 이해하고 이를 이어받으려는 자세를 가지고 있다. 둘째, 남명의 '程朱後不必著述'의 태도와 '詩荒戒'의 영향으로 문집의 분량이 적으며 특히 시의 분량이 적다. 셋째, 성리학적 이론 탐구와 유관한 글이 거의 없다. 이는 남명이 사회적 실천을 강조하면서 이론적 탐구를 경계했기 때문인 것으로 보인다. 넷째, 현실비판 정신이 강하며 그런 만큼 현실의 어려운 상황에 민감하게 반응한다. 이는 남명의 현실지향적 성향과 현실비판 정신에서 영향을 받은 것으로 보인다. 예컨대 긍정적인 측면에서는 임진왜란 때의 창의를 들 수있고, 부정적인 측면에서는 기축옥사(1589), 계축옥사(1613) 등을 겪으면서 반대당과의 격심한 갈등이 일어난 것 등을 들 수 있다.

남명 사숙인들의 남명사상 계승양상에서는 남명 사숙인들 가운데 대표적 인물 몇 명만을 대상으로 하여 살펴보았다. 아직 개별 인물에 대한 연구가 부족하고 자료는 너무 많아 단정하긴 어렵지만, 대표적인 인물들을 통해서 미약하나마 남명의 정신이 연면히 이어져 내려왔음을 볼 수 있었으며, 남인 계열의 학자들이나 노론 계열의 학자들이거나 간에 강우 지역을 생활 거점으로 삼고 있는 인물들은 남명사상의 계승이란 측면에서는 긍정적으로 검토될 만하였다. 이 시기에 오면 남명학파의 네 가지 특징 가운데 경의사상의 계승 및 현실지향적 성향과 비판정신 등은 어느 정도 변모된 채 계승되고 있었으며, 문집의 분량이 적었던 점 및 성리학적 이론 탐구와 유관한 글이 없었던 점은 상당히 퇴색

해지고 말았다.

이제 지금까지의 논의를 마무리하면서 남명사상의 계승이 지니는 역사적 의의를 제시하고자 한다.

남명이 살았던 16세기 직전까지의 유학의 흐름은 一蠹 鄭汝昌, 寒暄堂 金宏弼, 靜菴 趙光祖 등에 의하여 소학을 중심으로 현실에서 '堯舜君民'의 道學政治를 실현하려는, 즉 다분히 현실지향의 실천적 성향을 띠는 것이었다. 그러나 여러 차례의 사화로 인하여 현실에서 이들이 참담한 좌절을 겪음에 따라, 이들 이후의 학자들은 도학정치의 실현을 전제로 하는 심성수양과 이론의 정비에 학문의 역량을 집중시키게 되었다. 학문의 방향이 이렇게 정립된 데에는 晦齋 李彦迪, 退溪 李滉 등의 역할이 결정적이었다.

남명은 바로 이러한 사상사적 전변의 시기에 태어나 생장하면서 전래의 도학정치를 정치적 이상으로 삼고 '敬義'를 바탕으로 하는 철저한 개인의 수양과 함께 사회적 실천을 강력히 지향하는 쪽으로 학문의 방향을 설정하였다. 특히 남명은 전투에서 죽을 각오로 적을 물리치려는 廝殺的 자세를 '敬'의 구체적인 방법으로 제시함으로써, 당시까지 여타의 학자들에게서 볼 수 없었던 精神修鍊의 치열함을 보여주었으며, 나아가 '경'을 통한 수양을 바탕으로 하면서 '義'를 행동의 표준으로 삼아 方斷的 자세로 사회적 실천을 지향함으로써 '의'의 중요성을 '敬'의 중요성과 대등한 정도로 끌어올려, 이전의 선현에게서 볼 수 없었던 독창적인 '경의사상'을 제시하였던 것이다.

남명이 평소 견지하였던 엄정한 出處觀이나 백성에 대한 강렬한 애정과 함께 사회적 실천을 지향하는 학문의 성향이 한편으로는 그의 경의사상에 수렴이 되면서 한편으로는 경의사상을 통해 확산됨으로써, 남명사상의 다양한 국면이 입체적 모습을 띠게 되었다. 남명이 '一家의 學問을 이루었다' 하는 언표도 이러한 점에서 이해되는 것이다.

남명사상의 이러한 면모는 문인들 전반에게 계승되어 이른바 남명학파를 형성하게 되는데, 이들 남명의 문인들 가운데서 동강 김우옹은 임금의 측근에서 심성수양을 통한 聖學의 완성으로 도학정치의 이상을 실현하려 하였고, 내암 정인홍은 사헌부 掌令으로 있을 때 강력한 비판 정신으로 관인들의 의식을 바로잡으려 하였고, 寒岡 鄭逑는 주로 지방 수령직을 통하여 蘊蓄한 학문을 백성에게 직접 실현시키려 하는 등 정치 현실에서 두루 그 역량을 발휘하였다.

남명의 문인들은 정계에서의 이러한 활약 못지않게 자신들의 생활 근거지를 중심으로 문인 집단을 형성하였다. 수우당 최영경과 각재 하항은 진주·단성·산음 등지를 중심으로, 내암 정인홍은 합천·삼가·초계·함양·안음·거창 등지를 중심으로, 한강 정구는 성주·고령·칠곡·대구 등지를 중심으로 각각 강학활동을 통하여 문인 집단을 형성해 나갔다. 남명의 문인들에 의해 형성된 이들 재전 문인들은 모두 남명의 사상을 계승하고 있었으므로 서로 간에 문인들이 겹치는 경우가 많았으며, 이런 현상은 남명학파 구성원 상호간에 일체감을 형성하게 하였다.

이러한 일체감은 선조 25년(1592)에 일어난 임진왜란 때 여실히 드러나, '義'에 입각한 사회적 실천을 중시하던 남명의 정신이 유감없이 발휘되었다. 이때 남명의 문인들과 내암 정인홍의 문인들이 주축이 된 남명학파가 대대적으로 창의활동을 전개하였던바, 개인적·산발적으로 창의활동이 이루어졌던 다른 지역에 비해, 강우 지역에서의 집단적·조직적 창의활동은, 남명이 특히 '의'를 '경'과 대등하게 중시하면서 사회적 실천을 강조하였던 면모가 그 문인과 재전 문인들에 의해 선명하게 드러난 결과라고 그 의의를 규정할 수 있다.

임진왜란 때의 이러한 대대적인 창의활동으로 인하여 남명학파 전체의 위상이 제고되었음은 말할 것도 없거니와, 이에 따라 남명학파를 주도하던 내암 정인홍의 정치적 위상도 높아졌다. 광해군의 즉위에 적극적 지지 의사를 표명했던 내암은 광해군이 즉위한 뒤 그의 정신적 지주 역할을 하였고, 내암은 이에 부응하여 광해군을 만날 때마다 민본정신에 입각한 위민정치를 할 것을 역설하였으며, 역시 광해군의 존경을 한 몸에 받았던 한강 정구는 향리에서 엄청난 문인 집단을 형성하면서 강학활동에 전념하였다. 따라서 이 시기는 대거 정계에 진출한 내암의 문인 집단과 향리에서 학문에 몰두한 한강의 문인 집단이 朝野에서 남명학파의 역량을 보여준, 남명학파의 전성기였다고 할 수 있다.

그러나 인조반정 이전에 한강이 沒하고 인조반정으로 내암이 처형당함으로써 남명학파는 엄청난 위축의 시대를 맞이하였다. 즉, 반정이 일어나자마자 내암이 88세의 노구로 끌려와 처형당하고 내암의 문인들이 대거 처형당한 것과 관련하여, 살아남은 일부 내암 문인들의 세력이 여타 북인 잔여 세력과 결탁하여, 여러 차례의 반란을 시도하였으나 그 때마다 실패함으로써, 남명학파가 정치적으로는 물론 학문적으로도 몰락하게 되었다는 것이다.

이러한 정치적·학문적 위축은 내암과 그의 문인 일부로부터 발단되어 남명학파 전체에 그 영향이 파급된 것으로, 이후 이 지역 학자들이 여러 차례에 걸쳐《南冥集》을 釐正하였던 것도 이러한 몰락에서 벗어나려는 노력의 일환이었던 것이다.

영조 4년(1728)에 일어난 무신난 또한 남명학파와 무관하지는 않다. 무신난은 경종을 지지하던 남인과 소론의 일부 세력이 영조를 축출하고 노론을 제거하기 위하여 일으킨 반란이므로, 기본적으로는 남명학파와는 무관한 사건이었다. 그러나 安陰을 중심으로 일어난 鄭希亮과 陜川을 중심으로 정희량에 동조하여 일어난 曺聖佐는, 각각 내암의 문인이었던 동계 정온과 도촌 조응인의 후손이므로, 이후 남명학파의 근거지인 강우 지역이 반역향으로 지목됨으로써 남명학파는 정치적·학문적으로 더욱 위축을 겪게 되었던 것이다.

이러한 상황에서도 남명학파 학자들의 남명을 추숭하는 사업은 끊이지 않고 계속되었다. 이 일은 주로 尊衛釐正 내지는 時諱釐正의 차원에서《남명집》을 중간하는 일과 남명을 문묘에 종사하기 위한 일들이었다. 이런 일들의 진행은 남명학파가 정치적·학문적으로 엄청난 위축을 겪고 있으면서도, '경의사상을 중심으로 一家를 이루었던' 남명의 학문정신이 후대에 면면히 살아 있음을 보여주는 것이라 할 수 있다.

19세기 이후 기호남인의 영수 성재 허전과, 영남남인의 영수 정재 유치명 및 그의 문인 한주 이진상, 노론 계열의 노사 기정진 등의 문하에 강우 지역 학자들이 대거 급문하여 성황을 이루었는데, 이들의 학문 연원이 위로 퇴계와 율곡 등에 닿아 있음으로 인하여 남명학파의 학풍이 크게 변모하게 되었던바, 이 시기 강우 지역 학자들의 문집에 나타나는 외견상의 모습만으로는 남명학파의 풍모가 거의 드러나지 않게 되었다.

그러나 이런 가운데서도 일부 문집에는 남명에 대한 존모의 생각이 편린으로 남아 있어, 남명사상이 어느 정도 계승되어 왔던가 하는 점을 살펴볼 수 있었다. 특히 조선말기에 이르면 남명의 경의사상이 집약된 것으로 알려진 〈神明舍圖〉와 〈神明舍銘〉에 대하여 精緻하게 해석하는 작업이 후산 허유, 노백헌 정재규, 면우 곽종석, 복암 조원순 등 몇몇 학자들에 의해서 이루어지는데, 이 과정에서 남명의 노장적 면모에 대한 해석은 제외된 채 논의되고 있음으로 보아 이들에게 퇴계학파적 시각이 깊이 침투되어 있음을 보여준다.

남명의 작품에 대한 이론적 탐구 이외에 남명의 정신을 실천하려는 학자들도 상당히 존재하였음을 짐작케 하는 인물로 단계 김인섭 같은 이가 있다. 그는 평소에 남명의 사상을 자신의 생활 속에서 구현하려 하였으며, 이 점은 특히 丹城民亂 때 그가 정신적 지주 역할을 하였던 것에서 확인된다. 또 1894년과 1910년 등에도 《남명집》이 중간되었는데, 이때 간행된 문집에는 노장과 관련될 법한 구절이 모두 삭제됨으로써, 이 문집으로는 남명을 바로 이해하기 어렵다는 문제점이 남아 있기는 하지만, 이러한 활동을 통하여 강우 지역에서 여전히 남명의 정신을 이으려는 학자들이 광범위하게 존재하였음을 짐작할 수 있다.

요컨대 남명은 그의 경의사상 및 엄청나게 거대하고 웅장한 정신세계의 크기로 인해 16세기 유학사에서 일단 주목을 받은 인물이었으나, 인조반정 이후 내암의 패퇴와 함께 남명학파가 정치적·학문적으로 위축됨으로써, 남명의 학문과 사상을 계승하는 인물들이 江右 지역에 한정되었다. 그러나 20세기에 들어오기까지 남명의 직계 학맥은 거의 없어진 상황에서도 남명의 사상은 강우 지역에서 끊임없이 이어져 왔다. 앞으로 더욱 연구되어야 분명해지겠지만, 한 지역에서 이처럼 한 인물의 사상이 정치적 패퇴에도 불구하고 끊임없이 존숭되고 계승된 경우는 그 유례를 찾기 어려울 것으로 생각된다.

조선후기 퇴계학파 철학사상의 전개

琴章泰(서울대)

1. 퇴계학파와 학맥과 전개

退溪 李滉(1501~1570)은 16세기 중반에 활동하면서, 조선시대 사회
를 지탱하는 이념의 중추를 이루었던 道學을 새로운 차원으로 끌어올
림으로써 조선시대 도학을 확고하게 정립하는 역할을 수행하였다. 퇴계
는 道學을 구성하는 여러 기본 영역에 걸쳐 폭넓게 인식을 심화시켰다.
곧 퇴계가 高峯 奇大升과 벌였던 四七論의 성리학적 쟁점은 한국의 性
理哲學이 전개될 수 있는 기반을 확립하였고, 禮學에서도 구체적 문제
에 대해 문인들과 치밀하게 검토하였으며, 修養論의 영역에서는 敬의
실천을 위한 방법을 체계화하여 '퇴계 心學(心性修養論)'으로서의 독자
적 세계를 제시하였던 것이 사실이다. 이와 더불어 퇴계는 평생에 걸친
講學을 통해 經學의 문제를 폭넓게 토론하며, 학문방법론[爲學論]의 정
밀한 인식을 제시하고, 出處와 사회문제에 대해서도 진지한 관심을 보
여주고 있다.

퇴계의 탁월한 학문적 성취는 한 시대에 우뚝한 봉우리로 솟아올랐
을 뿐만 아니라, 그 다음 시대로 멀리 그늘을 드리워 많은 후학들이 여
러 시대에 걸쳐 師承關係의 학맥을 유지해 가며 퇴계의 학풍을 계승하

여 다양하게 전개시켜 갔다. 이러한 의미에서 퇴계의 학맥은 조선중기
에서 후기로 이어가면서 우리나라에서 최초의 '학파'를 형성하였던 사
실을 주목할 필요가 있다. 우리가 '퇴계학파'라 일컫는 학파의 조건으로
서는 먼저 철학적 근본입장의 공통성에 기반한 학풍의 지속성이 있다
는 점이요, 동시에 학맥의 사승관계가 뚜렷하게 드러나고 있다는 사실
을 내포하고 있다.

여기서 철학적 입장의 공통성은 학파로서 기준이 되고 있지만, 정통
론에 빠져서 배타적으로 적용시키는 것은 바람직하지 못하다. 따라서
퇴계학파 안에서도 퇴계의 학설에 의문을 제기하거나 다른 설을 내세
우는 것도 전체적 흐름 속에서 퇴계철학이 전개하는 다양성의 폭으로
수용할 수 있어야 한다고 본다. 또한 학맥의 사승관계는 엄격히 적용하
기 어려운 경우가 흔히 나타나고 있는 사실을 부인하기 어렵다. 사숙으
로 연결되기도 하고, 또는 후학으로 계승되면서 퇴계학맥에 연속하는
것으로 자각되고 있는 경우도 있다. 퇴계 이후 4백년을 이어온 퇴계학
파의 연속성을 중시하여, 퇴계학파의 범위를 인식하는 것은 학풍과 학
맥의 큰 흐름을 중심으로 파악할 수 있을 것이다.

퇴계학파는 발생의 지역적 배경과 관련하여 매우 폭넓은 다양성을
보여주고 있다. 영남 지역에서 보면 퇴계의 활동 무대는 동북 지역 예
안의 안동권이 중심이 되며, 퇴계와 같은 시기에 南冥 曺植(1501~1572)
은 三嘉·山淸의 晉州圈에서 활동하였다. 그 학맥의 지역적 분포는 낙동
강을 기준으로 하면 대체로 江左(낙동강 동쪽)의 安東圈과 江右(낙동강
서쪽)의 진주권으로 이분화되고 있으며, 그 중간 지역에서는 퇴계와 남
명의 양쪽 문하에 출입하는 경우가 있었으며, 퇴계학파의 전개과정에서
보더라도 독자적 학풍을 지니는 경우가 나타나고 있는 특징을 보여주
고 있다.

퇴계학파는 16세기 후반에 주로 퇴계의 문하에서 직접 수학한 문인
들이 활동하였다면, 17세기부터 20세기 중반까지는 퇴계학파의 후학들
에 의해 계승되어 가는 과정을 볼 수 있다. 이들의 학맥과 학설이 분화

되어 가는 과정은 그 지역적 배경과도 긴밀하게 연결되고 있음을 엿볼
수 있는 것이 사실이다.

먼저 16세기 후반에 퇴계문하에서 수학한 중요인물 가운데 月川 趙
穆, 艮齋 李德弘, 鶴峰 金誠一, 西厓 柳成龍은 안동 지역을 배경으로 하
며, 豊基의 錦溪 黃俊良와 醴泉의 草澗 權文海도 안동에서 가까운 위치
에 있다. 昌原의 芝山 曺好益은 만년에 永川으로 移居하여 江右에서 江
左로 옮겨온 경우이다. 특히 안동의 학봉과 서애는 퇴계학파를 형성해
가는 두 중심축을 이루고 있다. 강우 지역으로 山青의 德溪 吳健과 星
州의 寒岡 鄭逑 및 東岡 金宇顒은 퇴계문하의 중요한 인물이면서 퇴계
와 남명 두 문하에서 수학한 인물이다. 竹川 朴光前은 영남 지역을 벗
어나 호남 寶城 출신으로 퇴계문하에 나왔던 경우이다.

퇴계는 고향 禮安을 중심으로 활동하고 짧은 기간 서울에서 벼슬살
이를 하거나 단양·풍기에서 수령을 지내기도 하였다. 이때에 교류하던
인물들 가운데는 퇴계의 문하에서 受學하지는 않았지만 퇴계와 직접
만나거나 왕복서신을 통해 학문적 토론을 벌이고 퇴계를 스승으로 존
중하였던 중요한 인물들로서는 호남 光山의 高峯 奇大升과 서울의 耻
齋 洪仁祐, 蘇齋 盧守愼, 栗谷 李珥를 들 수 있다. 고봉 기대승은 퇴계와
상반된 입장에서 성리설의 토론을 오랫동안 전개했지만, 퇴계의 학문에
깊이 경도되었고, 또 그 자신 독자적 학맥을 형성하지 않았다는 점에서
퇴계학맥에 넣기가 어렵지는 않은 것으로 보인다. 이에 비해 서울에서
활동하던 인물인 치재 홍인우는 퇴계와 성리학적 입장이 정면으로 충
돌하는 花潭門人이었으며, 소재 노수신은 수양론의 문제를 중심으로 퇴
계와 왕복서한을 통해 활발한 토론을 벌였지만 성리설의 기본 입장에
서 현격한 차이를 보여주고 있다. 또한 율곡 이이는 퇴계를 師事하였지
만 퇴계 사후에 퇴계의 견해를 정면으로 비판하면서 독자적 학설을 정
립하였고, 퇴계학파와 맞서는 학맥을 형성하고 있는 사실에서 퇴계학맥
에 넣기는 어려운 인물이다. 따라서 고봉·치재·소재·율곡의 경우 퇴계
를 師事하고 從遊한 인물로 보는 것이 무리가 없을 것이다.[1]

1) 퇴계학파 학맥의 계보

퇴계학파의 학맥은 시대에 따라 분화가 일어나고 있지만 크게 보면 鶴峯·西厓·寒岡의 門下를 중심으로 발단하고 있는 것이라 할 수 있다. 17세기 이후 퇴계학파가 성립되고 계승되는 과정에서 대표적 학맥을 살펴보면 (1) 鶴峰 金誠一 학맥, (2) 西厓 柳成龍 학맥, (3) 寒岡 鄭逑 학맥, (4) 愚潭 丁時翰의 私淑 학맥을 들어볼 수 있다.

(1) 鶴峰 金誠一의 학맥은 퇴계학파의 중심을 이루는 정통 학맥으로 가장 많은 학자들이 배출되었으며, 가장 다양하게 분화되는 양상을 보여주고 있다. 안동[臨河 川前]의 학봉 김성일을 계승한 학맥은 敬堂 張興孝을 거쳐 그의 외손인 葛菴 李玄逸(1627~1704)에 이르러 퇴계학파의 성리학적 학통이 확고하게 정립되었으며, 갈암에 이어 그의 아들인 密菴 李栽(1657~1730)를 거쳐 그의 외손인 大山 李象靖(1710~1781)의 문하에서 俛庵 李㙖, 東巖 柳長遠, 損齋 南漢朝, 立齋 鄭宗魯, 川沙 金宗德, 壺谷 柳範休 등 당대의 저명한 학자들이 배출되고, 퇴계학파의 중심으로서 확고한 위치를 정립하였다.

大山의 학맥은 損齋를 거쳐 대산의 외손인 定齋 柳致明의 문하에서 拓庵 金道和, 西坡 柳必永, 頤齋 權璉夏, 西山 金興洛, 寒洲 李震相 등 韓末 퇴계학파의 중심인물들이 등장하였고, 그 가운데 서산 김홍락은 안동권의 정통 학맥을 계승하여 중심인물이 되었고, 星州의 寒洲 이진상은 퇴계의 성리설을 새롭게 해석하여 心卽理說을 제기함으로써 한말

---

1) 《陶山及門諸賢錄》에는 高峯 奇大升, 蘇齋 盧守愼, 栗谷 李珥, 牛溪 成渾를 비롯하여, 花潭문인인 恥齋 洪仁祐, 思菴 朴淳, 東岡 南彦經, 草堂 許曄과 南冥문인 德溪 吳健 등을 퇴계의 及門人으로 수록하고 있다. 또한 李家源 교수의 《退溪學及其系譜的研究》(퇴계학연구원, 1989, pp.377~395)에서는 퇴계학의 계보를 '薰陶弟子'·'家學淵源'·'私淑諸人'으로 구분하고, '薰陶弟子' 속에 ① 영남학파와 ② 기호학파를 포함하는데, 여기서 기호학파의 인물로 율곡 이이, 우계 성혼, 월정 윤근수, 고봉 기대승을 들고 있다.

성리학의 대표적 인물로 등장하였다. 척암 김도화의 문인 東山 柳寅植
은 애국계몽사상가로서 활동하였으며, 寒洲의 문인으로 俛宇 郭鍾錫은
儒林대표로서 유림의 독립청원운동[巴里長書事件]을 주도하였으며, 俛
宇의 문인 晦峯 河謙鎭(1870~1946)은 한국유학사의 저술로서 《東儒學
案》을 편찬하였으며, 眞庵 李炳憲(1870~1940)은 康有爲의 公羊學과 孔
敎사상을 받아들여 今文經學의 영역을 개척하였고 孔敎運動을 위한 저
술과 활동에 중요한 업적을 남겼다. 重齋 金榥(1896~1978)은 성리설과
역사학에 관한 많은 저술을 남겼을 뿐만 아니라, 그 문하에서 宋贊植 등
여러 역사학자 및 한문학자들이 대학에서 활동하여 전통유학을 현대의
학문영역으로 연결시켜 주는 중요한 역할을 하고 있다. 또한 寒洲의 아
들이기도 한 韓溪 李承熙는 일제침략기에 만주에 망명하여 孔敎운동을
전개하였다. 한계의 문인 心山 金昌淑은 임시정부에서 독립운동을 하였
으며, 해방후 성균관과 유림조직을 재건하는 중심역할을 담당하였다. 이
처럼 퇴계학파 안에서도 특히 한주 문하에서 전통유학의 근대적 계승
과정이 가장 활발하게 나타나고 있는 사실을 주목할 필요가 있다.

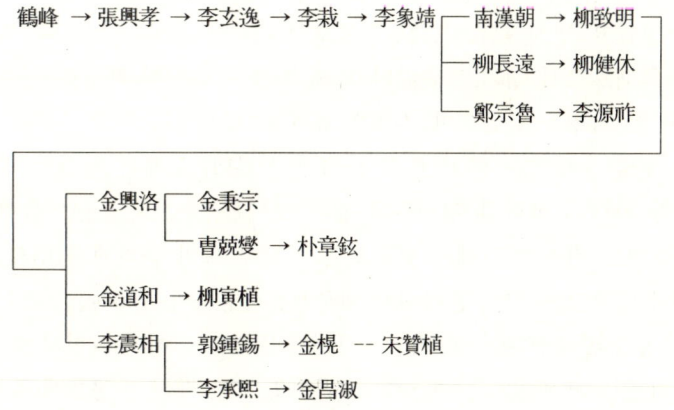

　(2) 西厓 柳成龍의 학맥은 尙州의 愚伏 鄭經世에 계승되어 禮學을 일
으켰고, 우복의 학맥은 서애의 아들 修巖 柳袗과 손자 拙齋 柳元之로

이어지면서 상주 지역의 학맥으로 자리를 잡았으며, 서애의 7대손 江皋
柳尋春을 거쳐 한말에 이르러 서애의 9대손 溪堂 柳疇睦(1813~1872)으
로 이어졌다. 계당은 특히 예학에 밝아 중요한 업적을 남겼다. 이 학맥
은 면면히 이어져 왔으나 서애가문의 家學的 전통이 강하였으며, 크게
번성하지 못하였던 것으로 보인다. 서애의 학맥을 이어가는 尙州圈은
학설에서 안동권과 차이를 드러내는 것은 아니며, 예학에 밝다는 관심
영역의 특징을 찾아볼 수 있을 정도이다. 이들의 학맥도 안동권과 깊은
교류로 얽혀 있지만 경쟁적 위치에서 일정한 거리를 보여주기도 하였
다. 곧 屛山書院을 중심으로 하는 서애계열의 屛派와 虎溪書院을 중심
으로 하는 학봉계열의 虎派 사이에 屛虎是非를 일으켰던 사실도 있다.

西厓 → 鄭經世 → 柳袗 → 柳元之 → … → … → 柳尋春 → 柳疇睦

(3) 寒岡 鄭逑는 퇴계와 남명의 두 문하에서 수학하였으며, 그의 학풍
도 예학에 집중하여 퇴계학파의 초기에 예학의 선구가 되었다. 그의 학
맥은 眉叟 許穆과 旅軒 張顯光을 통해 매우 독특한 성격의 학맥으로 전
개되고 있다. 먼저 경기도 漣川 땅에서 살았던 미수 허목은 古學의 학
풍을 열었고, 당시 禮訟의 중심인물로서 예학에 조예가 깊었다. 미수의
사숙 학맥으로서 경기도 安山의 星湖 李瀷은 실학의 핵심적 인물로서
星湖學派 實學을 열었으며, 성호의 문하는 攻西派인 順菴 安鼎福 계열
에서 下廬 黃德吉을 거쳐 性齋 許傳에 이른다. 성재는 실학적 의식이
쇠퇴한 반면에 예학과 경세론에 깊은 조예를 지녔고, 近畿인물이지만
金海府使로 잠시 영남에서 활동하는 기간에 그의 문하에 善山의 舫山
許薰이 나왔고, 방산의 문하에서 애국계몽사상가인 韋菴 張志淵이 나왔
다. 다음으로 旅軒 張顯光 계열에서는 家學으로 이어져 여헌의 8대손인
漆谷의 四未軒 張福樞는 寒洲와 交遊하였으며, 敬의 수양론에 깊은 관
심을 보였다. 또한 聞慶의 淸臺 權相一은 家學으로 퇴계의 학풍을 엄격
하게 계승하였는데, 淸臺의 5대조 松巢 權宇는 퇴계문인이고 高祖인 琴
谷 權益隣은 여헌문인이었으니, 여헌 자신은 퇴계의 성리설로부터 상당

한 거리를 보였으나, 그 학맥에서는 淸臺의 경우에서 볼 수 있는 것처럼 퇴계의 학설에 철저히 회귀하는 현상을 보여주기도 한다. 또한 여헌의 문인으로 평안도 泰川의 遯庵 鮮于浹은 평안도 지역의 도학학풍을 일으키는 데 중요한 역할을 하였으며, 퇴계학파의 학맥을 평안도 지역에까지 확장하는 역할을 하였다.

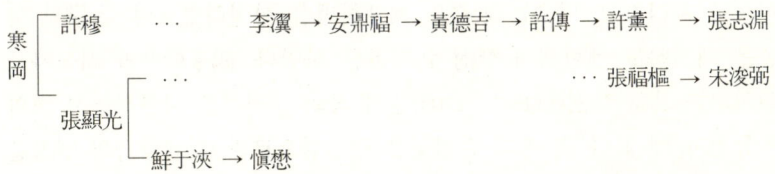

(4) 그밖에 퇴계의 사숙 학맥으로서 강원도 原州 法泉의 愚潭 丁時翰을 들 수 있다. 우담은 그의 부친 丁彦璜에게 배웠고, 우담의 從祖父인 顧菴 丁胤禧는 퇴계의 문인이었으니, 그의 학맥은 家學으로 퇴계에 이어지고 있다. 우담은 葛菴과 학문적 교류가 깊었고, 우담의 문인으로 尙州의 息山 李萬敷(1664~1732)와 利川의 畏庵 李栻(1659~1729)이 비중이 큰 성리학자들이며, 이들은 성호와도 교류가 깊었다.

2) 퇴계학파의 시대적 전개

퇴계의 성리설·수양론·예학을 비롯한 학풍이 정립된 이후 이를 계승하고 재해석 해가는 퇴계학파의 전개과정을 보면 크게 네 시기로 구분해볼 수 있다.

(1) 제1기(16세기 후반)

퇴계의 直傳문인이 활동하던 시기이다. 鶴峯·西厓·寒岡이 직전문인의 중심축을 이루고 학맥을 형성하였다. 특히 愚伏과 한강은 예학을 깊이 천착하여 퇴계학파의 禮說을 정립시켰으며, 旅軒은 理氣經緯說 내지

道一元論의 독자적 성리설을 제기하였다.

(2) 제2기(17세기)

이 시기의 대표적 인물로서 퇴계의 再傳문인으로는 서애 문하의 愚伏 鄭經世(1563~1633)와 한강문하의 旅軒 張顯光(1554~1637), 眉叟 許穆(1595~1682)이 가장 중요한 역할을 하고 있다. 우복은 예학의 대표적 인물로 자리잡고, 미수는 近畿의 퇴계학맥을 형성하였으며, 古學의 학풍을 제기하고 예학에서 핵심적 역할을 하였다. 鶴峯학맥의 계승자로 인정되는 葛菴 李玄逸(1627~1704)은 율곡의 성리설을 비판하면서 理의 능동성과 理·氣나 四·七의 분별설을 강조함으로써, 퇴계학파의 입장을 확립하였던 시기이다. 또한 서애학맥의 拙齋 柳元之와 퇴계 사숙학맥의 愚潭 丁時翰도 이 시대의 대표적 학자이다.

(3) 제3기(18세기)

密菴 李栽, 淸臺 權相一, 星湖 李瀷이 이 시기에 활동하던 중요한 인물들이다. 특히 18세기 후반에 활동하던 大山 李象靖(1710~1781)은 퇴계학파의 학풍이 分別說의 二元論에 기울어지는 것을 극복하기 위해 渾淪과 分開의 양면성을 종합하는 포용과 조화의 논리를 제기하였다. 또한 大山은 《理氣彙編》, 《朱子語節要》, 《心經講錄》 등의 저술을 통해 퇴계학파 성리설을 이론적으로 정립함으로써, 퇴계학파 학풍의 전성기를 이루었으며, 이때부터 안동권은 사실상 퇴계학파의 중심으로서 가장 큰 비중과 권위를 누리게 되었다. 近畿에서 퇴계의 학풍을 私淑하여 계승한 성호 이익은 "우리나라에 퇴계가 있는 것은 중국에 공자가 있는 것과 같다"[2]고 언급하여, 퇴계를 극진하게 존숭하였으며, 퇴계의 학문을 정밀하게 연구하여 《李子粹語》, 《四七新編》, 《李先生禮說類編》을 저술함으로써 퇴계학의 교과서적 기본틀을 정립하였다.

---

2) 《星湖全集》 권56, 1, 〈書退溪先生筆後〉, "東邦之有退溪, 猶中國之有孔子."

⑷ 제4기(19세기)

이 시기에는 안동권을 중심으로 大山의 학풍을 계승하는 定齋 柳致明과 그 문인 西山 金興洛의 학풍이 퇴계학파의 정통으로 권위를 확립하고 있었으며, 다른 한 갈래로서 정재의 문인이지만 理철학의 입장을 강화하여 心卽理說을 제기한 星州의 寒洲 李震相과 그의 문인 俛宇 郭鍾錫의 활동이 주목된다. 한주는 퇴계 성리설을 근원적으로 새롭게 해석하였으며, 안동권의 퇴계학파 정통 학맥으로부터 엄격한 비판을 받으면서 그 학문적 입장을 수호해 갔으며, 한주의 문하에서 俛宇 郭鍾錫, 韓溪 李承熙, 后山 許愈, 紫東 李正模, 膠宇 尹冑夏, 勿川 金鎭祜, 晦堂 張錫英, 弘窩 李斗勳이 출현하여 '洲門 8賢'으로 일컬어지고 있을 만큼 활발한 학풍을 일으켰다. 따라서 한말의 시기에 퇴계학파 안에서 '한주학파'로 일컬을 수 있는 학맥의 분화가 일어나고 있는 것이 사실이다.

2. 성리설의 전개와 쟁점

⑴ 제1기(16세기) : 心性개념의 인식과 易學

이 시기에 활동하던 퇴계의 直傳문인으로 성리설에 뚜렷한 견해를 제시한 인물로서 艮齋 李德弘은 심성의 未發·已發問題에 주의를 기울이고, 芝山 曺好益은 性개념과 성선의 정당성을 확인하는 데 관심을 보이고 있다. 이들은 성리설과 易學을 연관시켜 해석하는 점이나 퇴계의 사칠설을 따르는 점에서 공통성을 보여주고 있다.

艮齋 李德弘은 未發의 때에도 本心이 유행하고 있으며 性이 갖추어져 있음을 확인함으로써, 未發·已發의 단계에 각각 심·성을 배당하는 것이 아니라, 어느 단계에서나 심·성이 떠나지 않음을 지적한다. 나아가 미발에서 本心이 유행한다는 주자의 언급에 대해 趙穆이 의문을 제기하자, 그는 마음의 體가 '원래 죽은 물건이 아니라 活動하고 虛明한 물

건'이라 규정하고, 動靜과 體用이 서로 근원하는 一心의 妙를 강조한다. 그는 마음의 體用·動靜問題를 《易》의 陰陽互根의 논리구조와 연결시켜 해석함으로써 易說과 性理說의 일관된 논리를 추구하고 있다. 그는 '虛靈'을 理(虛)와 氣(靈)의 결합으로 마음의 本根이라 정의하고, 虛靈이 人心·道心의 양면으로 발동하는 것임을 확인한다. 나아가 그는 四七說에서도 퇴계의 互發說을 충실히 따르고 있다.

芝山 曺好益은 天理가 形氣 속에 있는 것을 '性'이라 하고, 기질 속에 있는 천리만을 專指하여 말하면 '天地之性'이요, 기질과 천리를 兼指하여 말하면 '氣質之性'이라 구분한다. 여기서 맹자의 '성선'은 천리만을 專指하여 말한 것이요, 순자의 '성악'이나 揚雄의 '性善惡混' 및 韓愈의 '性三品'은 기질만을 專指하여 말한 것이라 대비시킨다. 특히 '성악'을 주장하는 것은 淸·濁·粹·駁의 차이가 있는 기질에서 악만 지적하는 것은 '기'의 개념도 모르고 있는 것이라 비판하였다. 따라서 그는 성리학의 인성론이 專指理와 兼指理氣의 양면적 인식방법이 있지만 專指氣의 인식은 성리학의 정통적 입장과 어긋난 것으로 비판한 것이다. 또한 그는 《중용》의 '天 — 命 — 性' 3단계와, 《주역》 繫辭의 '道 — 善 — 性' 3단계를 일치시키면서, 이를 확장하여 《서경》湯誥의 '上帝 — 降衷 — 恒性'과 《通書》의 '誠 — 源 — 立' 등 氣와 理가 결합하여 사물로 이루어지는 발생과정을 3단계의 구조로 파악하고 있다. 또한 그는 性(心之理)과 情(性之動)은 理·氣가 복합되어 있으며, 性·情을 조종하는 주체로서 심은 리·기가 복합되어 있는 존재일 수밖에 없다 하여 '心合理氣說'을 기본입장으로 확인하고 있다.

(2) 제2기(17세기) : 一元論과 二元論의 양립

17세기 전반기에 활동하던 퇴계의 再傳문인으로는 愚伏 鄭經世와 旅軒 張顯光의 경우 성리설에 대한 인식이 심화되면서 퇴계의 학설로부터 상당히 이탈하는 자유로운 사유태도를 드러내고 있다. 그러나 17세

기 후반기에 활동하던 퇴계학파 후학의 성리학자로서 拙齋 柳元之, 葛
菴 李玄逸과 愚潭 丁時翰은 선배학자인 愚伏과 旅軒이 일원론적 견해
를 제기하여 율곡에 접근하던 것과는 반대로, 율곡의 이론을 철저히 비
판함으로써 퇴계의 이원론적 입장을 강화하는 태도를 보여주고 있다.

우복 정경세는 사단·칠정을 포함하여 모든 현상에서는 理本氣用의
理氣구조를 제시하고, 互發說을 사단·칠정에서 각각의 주장자를 언급
한 것일 뿐이라 해명하고 있다. 또한 그는 희노애락을 인의예지에 배당
하는 것을 견강부회라 비판하여 퇴계의 '四對七說'을 따르고 있다. 율곡
의 문인 沙溪 金長生이 퇴계의 견해를 理氣二物說이라 비판한 데 대해,
우복은 理·氣가 본래 一物이 아님을 강조하고, 理氣一物說의 그릇됨을
지적하여 퇴계의 二物說을 계승하고 있다. 우복은 '性'을 '理가 氣 속에
떨어져 있는 것'이라 하여 氣質之性을 기준으로 삼아, 性과 理가 본체
[體]는 같으나 처지[位]가 다른 것이라 하고, 퇴계의 心개념을 理·氣의
결합으로 확인하고 있다.

旅軒 張顯光은 사단을 칠정 속에 있는 것이라 하여 율곡의 입장에 접
근하지만, 人心·道心에서 발단의 유래에 따른 차이를 인정함으로써 퇴
계의 견해를 수용하고 있다. 그는 理·氣의 근거를 '道'일 뿐이라 하여
'道一元論'의 독자적 논리를 제시하면서, '經·緯의 비유'로 理·氣를 일체
의 구성 요소로서 설명하는 '理氣經緯說'을 주장하였다. 또한 그는 性·
情도 心의 경위로 파악하여 '性情經緯說'을 제기하며, 사단·칠정이 모두
기에 속하면서 리의 發이라는 양면을 포괄함으로써, 主理·主氣 가운데
어느 한쪽으로 기울어지지 않는 그 자신의 독자적 입장을 보여주고 있
다. 그는 道心은 人心 속에 있으면서 經이 되며 性 내지 天理를 가리킨
것이라 함으로써, 人心·道心이 처음과 끝이 되어 서로 변할 수 있다는
율곡의 입장과 차이를 보여주고 있다.

拙齋 柳元之는 당시 性과 理를 구별하는 견해와 일치시키는 견해가
맞서 '性理有間無間' 논변이 벌어지자, 理를 氣와 뒤섞어 말할 수 없는
것처럼 性도 기질 속에 있지만 기질을 겸한 것이 아님을 강조하여, 性

과 理를 일치시키고 있다. 그는 퇴계의 〈心統性情圖〉 중·하 2도와 율곡
의 〈心性情圖〉를 대비시키면서 율곡의 성리설을 엄격하게 비판하였다.
그는 情에 본래 악이 있는 것이 아님을 강조하여 율곡이 '情'권에 처음
부터 악을 설정하는 것을 비판하고, 사단·칠정을 性命과 形氣 또는 正
과 私의 차이로 구별함으로써 율곡이 사단·칠정을 물에 섞인 진흙처럼
혼합하고 있다고 비판한다. 또한 율곡이 '칠정은 사단을 겸할 수 있다'
고 보는 것은 氣를 理로 삼는 것이요, 주와 종을 뒤집는 것으로 理가 장
수로 될 수 없게 하는 중대한 오류에 빠졌다고 비판하였다.

葛菴 李玄逸은 만년에 〈栗谷李氏論四端七情書辨〉에서 율곡의 사칠
론을 조목별로 비판하였으며, 《愁州管窺錄》에서 旅軒 張顯光을 비롯하
여, 芝山 曹好益, 西厓 柳成龍, 艮齋 李德弘 등 퇴계문인들의 성리설까
지 비판적으로 검토함으로써 퇴계의 성리설을 엄격하게 옹호하였다. 곧
갈암은 율곡이 사단을 칠정 가운데 善一邊을 택하여 말한 것이라는 주
장에 대해, 사단·칠정이 그 所從來에서 각각 주장하는 바가 있음을 밝
혀 主理·主氣로 양립시키고 있다. 또한 그는 理·氣 내지 四·七의 분별
설을 강조하여 율곡의 混淪說을 비판하며, 理의 발동을 부정하는 율곡
에 따르면 理는 虛無空寂한 것이 되어 萬化의 근원이 될 수 없다고 비
판하고, 율곡의 人心道心一源說도 天理人欲同體說에 가깝다고 비판하
였다. 이처럼 갈암은 퇴계의 이원론적 입장을 강화하여 理의 능동성을
확립하고, 율곡의 성리설을 엄격하게 배척함으로써 퇴계학파의 정체성
을 정립해 갔던 것이다.

愚潭 丁時翰은 사칠론에서 퇴계의 互發說은 混淪과 分開가 서로 침
투되어 어느 한쪽에 치우치지 않는 것이라 파악하여, 明代 整菴 羅欽順
의 理氣一物說을 비판함은 물론이요, 葛菴이 율곡의 성리설을 비판하면
서 理氣를 二物로 삼아 先後가 있는 것으로 보는 것에 대해서도 문제점
을 지적하였다. 그는 퇴계의 〈心統性情圖〉에서 '中圖'에는 사단이 칠정
에 포함되어 있어서 율곡의 사칠설을 포함하고 있으며, '下圖'에는 사단
이 칠정의 위에 있어서 互發하는 것임을 밝히고 있다. 또한 그는 理發

을 부정하는 율곡의 氣發一途說에 대해, '無朕한 理'에서 動靜하고 流行
하는 妙를 透視하지 못하는 병폐를 지적하고, 율곡이 理氣를 一物로 보
고 理를 氣로 보는 병통에 약간은 빠져 있다고 비판하였다. 愚潭은 韓
元震·李柬을 중심으로 한 人物性同異 논쟁에 앞서서, 문인 李栻과 더불
어 3년 동안(1700~1702) 인물성동이 문제에 관한 논변을 벌여, 인간과
만물의 존재에서 各具한 性稟의 차별성을 분명하게 밝혔다.

(3) 제3기(18세기) : 分開說에서 渾淪·分開의 통합적 관점으로 移行

이 시기에 활동하던 密菴 李栽, 淸臺 權相一, 星湖 李瀷, 大山 李象靖
에서는 퇴계학파 성리설이 본격적으로 심화되고 확산되는 양상을 보여
준다. 앞시대 갈암의 이원론적 입장이 밀암과 淸臺에서는 계승되고 있
지만 大山에서는 渾淪과 分開를 종합하는 관점이 제기되어 상반된 견
해가 양립하고 있지만, 큰 흐름은 分開說의 극단화에서 대산을 통해 포
괄적 입장의 방향이 잡혀가고 있다. 여기서 성호의 경우는 퇴계의 이기
설을 계승하면서도 실학적 사유에 따른 독자적 해석의 여지를 보여주
는 경우이다.

密菴 李栽는 太極의 妙는 形·跡이 없지만 반드시 形氣 위에 타는 것
이라 지적하여, 太極 ― 理가 陰陽 ― 氣를 타고 발동하는 시간적 동시성
을 중시하면서 태극 ― 理의 원리적 근원성을 인정하는 입장을 밝히고
있다. 그는 사칠론에서 율곡의 입장에 대해 '理를 氣로 인정하는' 병통
이 있는 것이라 비판하고, 동시에 사단칠정을 모두 理의 發이라는 李棟
完의 '理發一途說'에 대해 '氣를 理로 인정하는' 병통이 있음을 비판하였
다. 그는 율곡이 理氣를 합하여 하나로 삼는 理氣一物說이라 규정하고,
이러한 율곡의 성리설에 대해 부친 갈암의 비판을 계승하여 논변을 더
욱 심화시켜 갔다.

淸臺 權相一은 철저히 율곡의 성리설에 대한 비판을 통해 퇴계 성리
설의 정당성을 재확인하고 있다. 곧 그는 動·靜의 주체를 太極이라 언

명하여 理의 능동성을 확인하고, 理生氣·理先氣後의 주리론을 확인하
였다. 여기서 그는 율곡이 動·靜을 氣에만 소속시켜 理를 '하나의 죽은
물건'으로 보는 것은 理의 主宰하고 運用하는 능력을 이해하지 못한 것
이라 비판한다. 그는 理·氣가 서로 뒤섞일 수 없다는 조건에서 퇴계의
互發說을 확인하고, 理·氣를 混淪하여 말하는 것은 퇴계의 의도가 아님
을 확인한다. 그는 "四端은 本然之性이 發한 것으로 理發이요, 七情은
氣質之性이 發한 것으로 氣發"이라 하여, 퇴계가 처음 鄭之雲의 〈天命
圖〉를 수정할 때의 초기 견해를 적극적으로 긍정하여 理氣二物說을 강
화가고 있다. 그는 人心과 道心이 다른 원천에서 발생되는 것임을 확인
함으로써, 율곡의 人心道心終始說을 너무 혼륜하여 분별이 없는 것이
며, '氣를 理로 여기고', '理를 氣로 여기는' 근본적인 착오에 빠진 것으
로 비판하고 있다.

星湖 李瀷은 理가 氣를 主宰하는 주리론의 기본원칙을 확인함으로써
退溪의 성리설을 계승하고 있다. 그는 '心'이란 명칭이 生體의 臟器인
'心臟'에서 나온 것이라 하고, 존재양상에 따라 土石은 無心의 단계요,
生·長·衰·落하는 草木은 生長之心의 단계로 知覺이 없으며, 禽獸는 생장
지심을 바탕으로 知覺之心까지 있는 단계요, 인간은 生長之心·知覺之心
에다 理義之心이 있는 단계라 하여, 心의 존재양상에 따른 중층구조를
제시하면서, 엄격한 의미에서 심이란 知覺 이후의 단계라고 본다. 이러
한 星湖의 心三層說은 성리설의 개념구조에 사로잡혀 있지 않고 경험
적 관찰로 분류체계를 구축하여 실학적 사유로 넘어가는 과정을 드러
내주고 있다. 성호는 율곡의 氣發一途說을 거부하고 퇴계의 互發說을
계승하고 있으며, 칠정도 性의 발동으로서 근원적으로 理發임을 전제로
하고, 발동의 苗脈에서 차별이 있으므로 '氣發'이라는 명칭이 발생하게
되는 것이라 한다. 여기서 그는 율곡의 氣發理乘一途說과는 정반대로
理發氣隨一途說을 사단칠정의 공통기반으로 확인한다.

大山 李象靖은 한편으로 율곡학파의 성리설이 理를 '죽은 것'으로 여
기는 병통이 있음을 인정하면서, 다른 한편 理·氣를 상대시켜 각각 스

스로 발동하는 것으로 보는 淸臺의 견해에 대해 지나친 것으로 비판한
다. 그는 動·靜하는 것은 氣의 작용[機]이지만 그 위에 太極·理가 타고
주장함으로써, 같은 動·靜의 현상을 氣의 작용으로 인식할 수도 있고,
理의 유행으로 인식할 수도 있음을 밝히고 있다. 그는 당시 理氣說의
대립된 주장의 근거를 균형 있게 검토하면서, 그 자신은 양면적 관점이
동시에 성립할 수 있는 포괄적 논리를 관철함으로써, 퇴계의 理氣論이
지닌 竪看과 橫看의 이중적 시각을 통합하는 관점을 정립하였던 것이
다. 大山의 心개념은 퇴계의 心合理氣說에 확고하게 근거하고 있으며,
四七論은 渾淪說과 分開說을 종합하는 입장을 밝히고 있다. 따라서 퇴
계 〈心統性情圖〉의 '中圖'는 四·七을 渾淪하여 말한 것이라 하여 七包
四의 입장을 수용하고, '下圖'는 分開하여 말한 것이라 하여 互發說을
확인하였다. 특히 그는 율곡이 《聖學輯要》에서 퇴계의 四七·理氣說을
비판하고 있는 데 대해 조목별로 검토하면서, 율곡이 渾淪說에 치우쳐
전체를 못보는 것으로 비판하고 있다.

(4) 제4기(19세기) : 心合理氣說과 心卽理說의 양립

이 시기에 활동하던 퇴계학파 성리학자들의 한 갈래는 퇴계의 정통
학맥을 계승한 안동권의 定齋 柳致明과 그 문인 西山 金興洛의 흐름이
요, 이와 다른 한 갈래는 정재의 문인이지만 理철학의 입장을 강화하여
心卽理說을 제기한 星州의 寒洲 李震相과 그의 門人 俛宇 郭鍾錫의 흐
름이다.

정재 유치명은 스승 대산의 理動靜說을 더욱 심화시켜 理活物說로
나아가, 적극적으로 理無爲說이나 理無動靜說을 극복하고 있다. 그는
퇴계의 心合理氣說에 근거하여 明德은 心이지만 主理로서 心本體를 가
리키는 것으로 파악한다. 또한 그는 人物性同異論에서 理는 人과 物에
따라 貴賤의 차이가 없다는 관점에서 '理同'이요, 氣는 人과 物에 따라
通·塞의 차이가 있다는 관점에서 '氣異'라 하여 양면적으로 해석하면서

도, 그 자신은 同論을 異論보다 더욱 높게 평가하고 있다. 또한 퇴계이
후 四·七을 本然·氣質에 대비시켜 설명해 왔지만, 그는 本然·氣質(性)은
그 본체가 混融하여 틈이 없으므로 剔拔說은 가능하지만 分開說은 불
가능한데 비해 四·七(情)은 감응하는 대상에 따라 발동하는 情이 다르
므로 分開說이 가능하고 함께 性에서 나와 같이 情이라 일컬으니 渾淪
說도 가능하다 하여, 四·七을 本然·氣質에 상응시켜 설명할 수 없는 점
이 있음을 밝히고 있다.

西山 金興洛은 理가 스스로 動靜하는 것이 아니라 氣를 타고 動靜하
는 것임을 강조한다. 따라서 太極(理)의 動靜과 氣의 動靜이 하나의 현
상에 대한 인식상의 구별이라 파악하고 있다. 여기서 그가 퇴계학파의
성리설이 不相雜의 조건을 강조해 왔던 측면과 달리 不相離의 측면을
동시에 고려하는 大山 이후의 학풍을 계승하고 있음을 볼 수 있다. 또
한 그는 四七說에서도 渾淪하여 말하는 때는 性·情도 모두 渾淪하여 말
할 수 있다 하고 '모두 理가 發한다' 하거나, '性이 곧 理이다'라 말하는
것은 발라내는(剔拔) 뜻이요 渾淪하여 말하는 것이 아니라고 구별한다.
나아가 그는 《중용》의 鬼神개념을 主理·主氣의 어느 쪽으로 말하든지
理·氣가 항상 내포되어 있는 不相離를 재확인함으로써, 퇴계학파의 성
리설에서 理氣不相雜을 강조하면서 理氣二元論으로 나아가려는 경향을
견제하여 균형을 잡고자 하는 입장을 관철하고 있다.

寒洲 李震相은 竪看·橫看·倒看의 세 가지 인식 관점과 順推·逆推의 두
가지 추론방법을 제시하면서, '竪看'에서는 太極이 陰陽에 앞서 있지만
'橫看'에서는 태극이 음양 속에 있고 '倒看'에서는 음양만 보이고 태극은
죽은 것으로 여기게 되는 것이라 구분한다. 한주의 독자적 성리설은 '心
卽理'로서, 그는 心을 넓게 말하면 理·氣를 겸하지만, 心의 主宰를 말하
면 理만을 가리킨 것이요, 心의 본체를 말하면 '性이 곧 心'이라는 개념
의 범위를 제시하고 있다. 또한 그는 主宰를 말한다는 것은 心만을 가
리켜 말한 것이라 하고, '作用을 主宰로 인식하는 것'은 불교의 오류이
고, '主宰를 作用으로 인식하는 것'은 心卽氣를 주장하는 근세 유학자들

의 오류라 지적한다. 한주는 〈心統性情圖〉의 '中圖'는 竪看의 관점에서 心의 본체로서 性을 가리킨 것으로 心卽理임을 밝힌 것이며, '下圖'는 橫看의 관점에서 心을 理·氣의 결합으로 제시하여 互發을 설명한 것이라 파악하고 있다. 따라서 그는 퇴계의 心說에 대한 전통적 해석인 心合理氣說을 下圖의 橫看에 한정시키고, 퇴계의 本意는 中圖의 竪看을 통해 心卽理說로 나아간 것이라 새롭게 해석한다. 그는 理가 타고 발현하는 氣를 經氣와 緯氣로 구분하여, 四端은 經氣를 타고 발현되는 것이요, 十情(七情)은 이 緯氣를 타고 발현되는 것이라 한다. 여기서 그는 情을 다양하여 '七情'으로 정해진 것이 아니라 하며, 五行의 氣가 유행하는 情으로 '十情'을 표출시키고 있다. 또한 그는 互發의 근본을 理發의 一路라 파악하여, 互發說이 理와 氣가 각각 발현한다는 各發說이 아님을 밝히고 있다. 이러한 寒洲의 四七論은 퇴계의 互發說을 수용하면서도 자신의 主理철학을 관철하는 四七理發說의 새로운 해석체계를 전개해가고 있는 것이다.

俛宇 郭鍾錫은 스승 寒洲의 성리설을 계승하여 理가 氣를 主宰함은 理·氣가 서로 의뢰하고 서로 기다려서 모든 작용을 하지만, 언제나 理가 주체가 되고 氣가 자료가 되는 것임을 확인한다. 俛宇는 '心'을 '一身의 主宰'라 하고, 心은 主宰이지만 性은 主宰가 아니라 하여, 總會(통체)로서의 心이 各具[특수]로서의 性을 검속할 수 있는 主宰의 역할을 하는 心·性개념의 차이를 밝히고 있다. 俛宇는 〈四端十情經緯圖〉를 통해 四端·七情을 四端과 十情(愛·喜·樂·憂·哀·惡·怒·忿·欲·懼)으로 재분류하고 이를 經緯論으로 재구성하였다. 그는 四端은 가지 수를 증감시킬 수 없지만, 七情은 백 가지 천 가지로 넓힐 수도 있고 한두 가지로 집약시킬 수도 있다 하고, '四端'은 理가 氣를 타고 곧바로 발현되는 것으로 '經'이요, '十情'은 理가 氣를 타고 있지만 곁으로 나오는 것으로 '緯'라 하여, '四端十情經緯說'을 제기하고 있다. 俛宇는 '心合理氣說'을 표방하는 퇴계학파의 정통 학맥으로부터 한주의 '心卽理說'에 대한 비판이 일어나자, 한주의 心卽理說을 확고하게 변호함으로써 한주학맥을 정립하는 중

추적 역할을 하였다.

3. 수양론의 전개와 敬의 방법

(1) 제1기(16세기) : 戒懼·謹獨과 存養·省察의 持敬方法

퇴계학파에서 성리설과 더불어 수양론의 문제는 핵심적 과제를 이루고 있다. 퇴계의 直傳문인들 사이에서는 敬義夾持·戒懼謹獨·存養省察·愼獨 등 敬의 실천방법에 대한 논의가 활발하게 일어나며, 특히 艮齋 李德弘과 芝山 曹好益은 敬의 실천이 경세론의 기초가 됨을 밝히고 寒岡 鄭逑는 마음을 어지럽히는 惡의 조건을 확인하고, 西厓 柳成龍은 上帝가 降臨하는 자리의 두려움을 강조하고 있다.

艮齋 李德弘은 수양의 과제로 敬·義를 夾持하고 戒懼·謹獨함으로써 善端을 확충해 가며, 天人이 일치하는 경지에까지 향상시켜 가는 '敬'의 실천과정을 제시하였다. 나아가 그는 涵養을 근본으로 致知를 하고 致知를 근본으로 省察하는 것으로서, 안으로 뿌리를 찾아드는 단계를 확인하며, 동시에 涵養에 근본을 두고 正心이 이루어지고, 正心을 하는데 誠意가 활동으로 나타나는 실마리가 되는 것으로서, 뿌리에서 밖으로 표출되는 단계를 확인하고 있다. 또한 그는 持敬·省察·讀書의 3조목을 위학체계로 제시하면서, 특히 '持敬'은 靜時공부로 '正衣冠·莊整齊肅'을 들고, 動時공부로 '一思慮·不欺不慢'을 들며, '敬'에서 動·靜을 관통하여 엄숙하고 외경하는 마음의 자세를 요구하고 있다. 또한 그가 修養과 治國에 요구되는 실천조목으로 구성된 補藥으로 惺心元·和氣湯·益元散·壽民丹을 제시하면서, 특히 '惺心元'에서 敬의 기본적인 실천방법으로 '戒愼恐懼·整齊嚴肅·主一無適'을 들고 있다.

西厓 柳成龍은 수양의 실천조건으로서 上帝가 降臨하고 神이 엿보는 두려움을 강조하고, 삼가고 두려워함으로써 상제의 법칙을 따르도록 요구하고 있다. 그는 '誠'은 하늘과 성인의 道로 일치시키며, '誠의 원리

를 '誠意'로 구체화시키고 있다. 나아가 그는 마음의 未發時에 '主敬'함
으로써 치우치고 의지하지 않게 하는 것과, 已發後에 더욱 '察識'함으로
써 過不及이 없게 되는 것을 대비하여, 敬을 未發時에 전적으로 적용되
고, 已發後에는 敬에 察識을 첨가하는 수양방법을 제시한다. 동시에 그
는 靜時에 戒愼恐懼하는 것은 存養 속의 성찰이요, 움직일 때 涵養主一
하는 것은 성찰 속의 존양이라 대비시킴으로써, 動·靜의 때에 따라 존
양·성찰이 서로 침투되어 있는 것임을 밝히고 있다.

　寒岡 鄭逑는 '貪·殘·暴·慢'을 四端의 賊으로 '食·色·臭·味'를 七情의
淪으로 제시하여 마음을 어지럽히는 惡을 분석하고, 善의 실현을 위해
明·誠을 요구하며, 動·靜 사이에 敬·義를 夾持하도록 요구하고 있다. 먼
저 私欲의 惡을 억제하고, 나아가 本心을 간직하는 적극적 방법은 '愼
獨'으로 파악하며, 그 요령은 '思'로 제시한다. 그는 戒愼恐懼를 함양의
근본방법이라 밝히면서, 동시에 敬을 '마음이 항상 담담하고 自在로운
것'이라 언급하고 있다.

　芝山 曺好益은 '敬'의 실천체계로서 '曲禮四句'를 분석하여, '毋不敬'
은 涵養·省察의 총론이요, '儼若思'는 涵養할 때의 敬이요, '安定辭'는 省
察할 때의 敬이요, '安民哉'는 백성에 임게 되는 효과라 하여, 敬의 실천
이 경세론의 실현에 기초가 됨을 밝히고 있다. 나아가 그는 持敬공부의
조목으로서 操存·存養省察·待物의 3과제로 제시하고 있다.

(2) 제2기(17세기) : 誠敬·敬義·精一의 수양방법

　이 시기 퇴계학파 인물들은 수양방법을 더욱 다양하고 구체적으로
제시하고 있다. 愚伏 鄭經世는 欽·恭을 敬의 양면으로 제시하고 敬·誠
을 병립시키며, 旅軒 張顯光은 精·一을 大要로 삼으며, 眉叟 許穆은 精·
一·中을 기본원리로 파악하고, 拙齋 柳元之는 存心養性·持敬主靜을 중
심개념으로 제시하고, 愚潭 丁時翰은 敬·義가 일관함을 강조한다.

　愚伏 鄭經世는 '欽明文思'의 '欽'을 다시 밖으로 모습을 주로 하는 '恭'

과 안으로 마음을 주로 하는 '敬'의 양면으로 분석하고 있다. 또한 그는 '敬'을 실현하는 요령이 '畏'에 있음을 강조한다. 그는 敬공부를 靜時의 存養과 動時의 성찰로 대비시키면서, 김장생의 지적을 받고 나서 존양을 세밀하게 추론하면 動靜을 겸한 것임을 확인하고 있다. 수양론의 중심개념으로 '敬'과 '誠'을 병립시키며, 誠을 이루면 저절로 聖의 영역에 이르게 된다 하여, 誠을 수양론의 귀결점으로 제시한다. 그는 '謹獨(愼獨)'이 天德을 받들고 王道를 실천하는 요령이며, 동시 誠·敬공부를 하는 시작이라 제시하여, 수양론이 통치원리의 기초임을 역설하고 있다.

旅軒 張顯光은 綱領 2조목으로 留心道德·立心敬誠 아래에 細目10조목은 '主宰'로서 存心靜一·遊心宇宙, '用功'으로서 治心謹愼·操心堅貞, '模範'으로서 處心虛明·持心正大, '補養'으로서 棲心淡泊·玩心高明, '機關'으로서 安心本分·平心逆境의 수양론적 구성체계를 제시하고 있다. 그는 人心과 道心을 한마음에서 私와 理를 구별하여 精과 一을 가르치는 것에서 '聖學의 大要'가 나온다고 밝히고 있다.

眉叟 許穆은 心의 전개과정으로서 體의 쪽에 靜·虛·明·通을 들고, 用의 쪽에 動·直·公·溥를 들어 대응시키고 있다. 그는 學者가 추구해야 할 근본조목으로서, 善을 택하고 惡을 제거함에 '精', 독실하게 믿고 굳게 지킴에 '一', 德을 이루고 백성을 교화하는 데 '中'의 중요성을 강조하여, 精·一·中을 修養과 治道의 기본원리로 파악하였다. 그는 忠信하면 德이 닦여지고 篤敬하면 誠意가 수립된다 하여, 德과 誠을 닦을 수 있는 수양의 방법으로 言과 行을 주목한다. 그는 특히 '敬'의 主一無適으로 動時나 靜時에 마음이 안정함을 공부의 第一義라 강조하고, '敬'은 '誠을 간직하는 것(所以存誠)'이요, '敬'으로 主一하면 思慮가 저절로 고요해져 안정을 얻게 되는 것이라 본다.

拙齋 柳元之는 수양방법으로 操身하는 조목으로 魯齋 許衡의 '克己·愼言·安心·靜守'의 4조목을 강조하고, 그 스스로 '默思·矯輕·警惰·克己'의 4조목을 제시하기도 하였다. 그는 福의 기반으로서 '和'와 禍의 뿌리가 되는 '疑'를 대비시켜 '和'를 중시하며, 마음을 편안히 하고 혈기를 조

화롭게 할 것을 강조하고 있다. 그는 〈收放心圖〉에서 공부의 大體로
'戒懼'와 '愼獨'을 내세우고, 敬의 중심조목으로 '主一無適'과 '常惺惺'의
체계를 제시하였다. 그는 수양론의 구조를 存心養性과 持敬主靜을 중심
으로 제시하면서, '存心'은 養性의 밭이요, '持敬主靜'은 存心養性하는
格式이라 지적하고, '靜'하면 定하고, '敬'하면 一하게 되는 효과를 제시
하고 있다.

愚潭 丁時翰은 '敬'과 '義'를 수양의 기준으로 삼아 일상생활 속에서
엄격하게 실천하였으며, 敬하여 항상 깨어 있으면, 性의 體段이 분명하
고 뚜렷해진다 하고, 寂然不動할 때 털끝만큼도 名義를 그 속에 끼워넣
지 않으면 '敬以直內'요, 感而遂通할 때 모든 대응에 곡직하게 마땅히
하면 '義以方外'라 해석하여, 敬·義가 體用으로 일관함을 확인하고 있
다. 그는 성품을 함양하는 공부방법으로서, 일에 대응하고 사물에 접하
는 자리에서 마음을 잃지 않고 이치를 얻는 것이라 하여 구체적 실천
속에서 수양하도록 요구한다. 곧 家事의 번잡한 일이 학문하는 데 방해
되는 것이 아니라 수양하는 실지임을 강조하고, 일을 대할 때마다 道理
를 파악함으로써, 平日의 병통을 통렬하게 제거하는 것이 학문하는 방
법이라 하여, 학문과 수양의 실천적 성격을 강조하고 있다.

(3) 제3기(18세기) : 외형의 整齊嚴肅과 敬의 실천과제

이 시기에 퇴계학파의 수양론은 한층 더 구체적인 실천과제를 확인
한다. 密菴 李栽는 心·身과 內·外를 한결같이 하고자 하며, 淸臺 權相一
은 〈夙興夜寐箴〉과 〈敬齋箴〉에 기초한 持敬공부를 실천하며, 大山 李
象靖은 《敬齋箴集說》을 통해 持敬의 실천방법을 체계화하였다.

密庵 李栽는 수양론의 핵심개념인 存養·省察에서 存養을 靜공부로
보는 근거는 戒愼·恐懼를 靜에 謹獨을 動에 각각 分屬시켜 대비적으로
규정한 것일 뿐이라 하여, 存養공부가 실지로 動靜을 꿰뚫고 體用을 갖
춘 것으로 확인하고 있다. 그는 인간의 마음이란 活物이니 풀어놓아 두

면 없어지므로 붙잡아 간직하여야 하는 것으로 인식한다. 여기에 存心하는 방법이 바로 '敬'이며, 敬은 動靜을 관철하고 體用을 갖추어 있는 것으로, 실제에서 心·身과 內·外가 肅然하여 한결같이 하는 것임을 강조한다. 특히 그는 '敬'을 整齊嚴肅으로 인식하고, 그 실천방법으로 嚴威儼恪·動容貌·整思慮·正衣冠·尊瞻視의 조목을 제시하기도 한다.

淸臺 權相一은 날마다 동이 트기 전에 일어나 〈夙興夜寐箴〉과 〈敬齋箴〉을 외우는 일과를 통해 모든 일에 敬하고 모든 순간에 敬하는 持敬 공부를 실천하였다. 정신을 안으로 수렴하는 養性의 靜的 공부와 정신을 화창하게 밖으로 펼치는 浩然之氣를 기르는 動的 공부를 병행시키고 있다. 그는 특히 孟子가 말한 勿忘, 勿助長이 存心하는 第一法이라 지적하며, 수양공부의 가치기준으로 公과 義를 확인하면서 수양의 점진적 진보 과정을 강조하고 있다. 그는 '敬'의 가장 절실한 개념은 두려움(畏懼)이라 하여, 두려우면 자연히 마음을 收斂할 수 있고, 자연히 모습이나 태도를 整齊嚴肅하게 할 수 있고, 자연히 깨어 있을(惺惺) 수 있음을 제시한다.

大山 李象靖은 《敬齋箴集說》을 저술하여 퇴계학의 수양론을 계승하고 심화시켰으며, 경전의 근본 가르침이 本心을 지키는 것이요 본심을 지키는 방법이 敬임을 지적하여, 경학과 수양론을 일관시키고 있다. 또한 그는 수양공부를 道(理)와 德(仁)이 함께 성취되는 것이라 확인하며, 敬畏와 篤恭의 실천으로 '中和 — 位育'의 功效가 이루어지는 것이라 하여, 내면의 心性에서 연마된 것이 천하에서 실현되는 것임을 강조하고 있다. 그는 靜時의 戒愼·恐懼와 動時의 省察을 '敬'공부의 두 축으로 제시하고, '敬'은 一心의 主宰이므로 動·靜을 관통하여 流行하는 것이라 밝히고 있다. 또한 그는 戒懼와 存養이 靜時공부를 넘어서 動·靜을 겸하는 敬공부임을 강조하며, '存養'을 未發의 본체를 보존하는 것이요, '省察'을 將發의 기미를 살펴서 선택하는 것이라 하여, 이 두 가지 수양법을 통해 '中和'를 실현할 수 있는 것이라 제시한다. 그는 마음을 직접 다스리는 수양공부보다는 밖으로 나타난 동작이나 인간관계 등을 통해

안으로 마음을 다스림으로써, 말단에서 출발하여 근본으로 향하는 경험
적 실천방법을 중시하고 있다.

⑷ 제4기(19세기) : 수양론의 독자적 체계화

이 시기의 퇴계학파 인물들은 敬의 수양방법을 더욱 엄격하게 규정
하면서 독자적 수양론을 체계화하고 있다. 定齋 柳致明은 '反己'의 방법
으로 자신의 수양론을 구체화하였으며, 西山 金興洛은 '主一'의 실천방
법을 心과 事의 만남에서 확인하고, 寒洲 李震相은 성리설의 기반 위에
修養論을 확립하며, 性齋 許傳은 存養과 誠敬을 수양방법을 중심으로
存心의 수양론과 愛民의 경세론과 敬天의 종교성을 일관시켜 제시하고
있다.

定齋 柳致明은 敬을 '操存'으로 확인하고, '操存'은 義를 쌓아가는 도
리로서 勿忘·勿助할 것을 강조한다. 나아가 그는 마음이 一身의 主宰로
서 一身을 檢束할 수 있음을 지적하여, '主一'은 '한 가지 일을 만날 때
마다 전심하여 일삼는 것'이라 하여, 일에 마음을 집중하는 것을 통해
마음을 붙잡는 敬의 방법을 제시하고 있다. 또한 그는 마음을 구속하여
붙잡으려고만 한다면 속박되어 답답하게 되는 병통이 있음을 지적하고,
主一無敵이나 整齊嚴肅이 밖에서 통제하여 안을 기르며, 일에서 주장하
여 마음을 한결같이 하는 敬의 수양방법임을 강조한다. 그는 자신에게
도리켜 찾고 성찰하는 '反己(反求諸己)'의 방법을 수양론적 핵심개념으
로 제시한다. 곧 그는 操存·存養의 수양법을 反己의 방법으로 구체화시
키고, '敬'이나 '誠'도 反己에 뜻이 있어야 함을 역설한다. 그는 '對越上
帝'도 潛心하여 엄숙함이 마치 上帝를 마주하는 것과 같다 하여 마음이
태만할 수 없음을 가리키는 것일 뿐이요, 초월적인 天(上帝)을 찾는 것
이 아니라 한다.

西山 金興洛은 '主一'이란 본래 '主一事'에서 나온 명칭이라 하여, 心
과 事가 만나는 실지에서 수양방법을 확인하고 있다. 그는 大山의 《敬

齋箴集說》을 집약하여 〈敬齋箴集說圖〉를 그리면서 動·靜의 '때'와 表·
裏의 '자리'를 관통하는 敬의 실천 기준으로 '主一無適'을 지적하고, 그
실천과제로서 '勿忘·勿助長'을 제시하여 '중단됨'과 '어긋남'을 경계한
다. 그는 '涵養'을 端·莊·精·一에서 마음을 간직하여, 動時나 靜時나 노
력하는 것이라 하고, '致知'를 學·問·思·辨의 즈음에 궁리하여 일과 사
물에 따라서 그 의리를 정밀하게 밝히는 것이라 정의함으로써, 涵養의
수양공부와 致知의 학문과정이 상호보완적임을 강조한다. 또한 그는 敬
의 실천요령으로 '操心'을 강조하고, 正衣冠·尊瞻視를 그 마음이 밖으로
드러난 것이라 하여 '整齊嚴肅'을 마음의 드러난 자세로 해석하고 있다.
나아가 그는 심성의 함양으로서 仁을 추구하는 것이 敬과 긴밀히 연관
되어 있음을 주목하며, 敬과 仁을 서로 떠날 수 없는 表裏관계로서 서
로 보완하는 것으로 주목한다.

寒洲 李震相은 修養論을 성리설의 기반 위에 확립하고 있다. 즉 다시
말하면 그는 《理學綜要》에서 天道·命·性·心·情의 개념을 理의 근원과
主宰 및 발현의 문제로 주리론의 성리설을 정밀한 체계로 집대성하고,
이에 근거하여 學·行·事의 문제로 理를 성찰하며 현실을 이치와 일치시
켜 가는 수양론적 과제를 제시함으로써, 성리설에 근거한 수양론의 위
치와 방향을 명확히 밝히고 있다. 또한 그는 수양론을 기반으로 의리론
적 실천원리를 정립하는 체계로서 《千古心衡》과 《直字心訣》을 남기고
있다.

性齋 許傳은 人心·道心의 훈계가 萬世에 극기의 大法을 열어 주었다
고 강조한다. 그는 '欲'이 私를 이루는 것으로 한번 활동하면 마음을 공
격하여 위태로운 인심은 더욱 위태로워지고 은미한 도심은 더욱 은미
해지는 것으로, 그 극복방법을 '克己復禮', '遏人欲·存天理'라 한다. 또한
그는 出治의 경세론과 心法의 수양론과 講學의 위학론이 서로 연결되
어 있음을 밝히고 있다. 그의 수양론은 存·養과 誠·敬을 중심축으로 삼
고, 存誠 → 主敬 → 存心의 구조로 存誠을 근본으로 삼는 수양론을 제
시한다. 또한 그는 '精·一'의 심법에 따라 存心의 실천방법으로써 愛民

(仁)·敬天(禮)을 요구하여, 존심의 수양론을 애민의 경세론과 경천의 종교성을 결합시키고 있다. 또한 그는 '正心'을 修·齊·治·平의 근본이라 하여, 정심을 수양론과 경세론의 근본으로 확인한다. 그는 '主一'에서 '一'이 바로 '誠'이라 하여, 敬은 과정이요 誠은 그 완성이라 하며, '誠'은 五常의 근본이요 百行의 근원이며, '敬'은 一心의 主宰요 萬事의 근본이라 대비시키고 있다. 또한 主敬은 德을 수립하고 백성을 보호하는 근본이라 하여, 수양론과 경세론의 연속성을 밝히고 있다. 그는 敬을 存心의 방법으로 誠을 養性의 방법으로 대비시키며, 誠은 '一'이요, 敬은 그 '一'을 함양하는 방법이라 하고, 誠이 아니면 '一'의 性을 함양할 수 없다 하여, '性'을 떠나서 誠이 없으며, '一'을 떠나서 誠이 없는 것이라 하여서, 誠·一·性이 일체를 이루는 것으로 밝히고 있다.

4. 퇴계학파의 사상적 특성

퇴계학파의 사상적 전개과정을 도학체제의 기본 영역에 따라 개관하고 나서, 퇴계학파의 사상적 특성을 점검해 본다면 두 가지 문제를 찾아볼 수 있다. 하나는 퇴계학파가 4세기 이상 전개되어 오는 과정에서 국내의 다른 학파와 교류를 통해 그 차별성을 어떻게 드러내고 있는지 확인하는 것이요, 다른 하나는 퇴계학파 내에서 학맥에 따른 특성과 시대에 따른 특성을 파악하는 것이다.

(1) 南冥학파·栗谷학파의 交流

먼저 같은 영남 지역 안에서 퇴계학파와 가장 가까이 자리잡고서 서로 침투되어 영향을 미쳤던 남명 조식학맥의 남명학파와 대비시켜 보는 것이다. 조선전기 사림파의 학풍을 계승하는 영남 지역 도학의 학풍은 16세기 중반에 江左[안동권]의 퇴계와 江右[진주권]의 남명에 의해 主理철학의 성리설과 修養論을 공통기반으로 하는 독자적 학풍을 일으

컸다. 퇴계·남명의 두 문하에 출입하였던 寒岡 鄭逑는 宣祖임금에게 스승인 퇴계와 남명의 기상과 학문을 묘사하면서, "李滉은 德器가 넉넉하고 실천이 독실하며, 공부가 순수하고 익숙하여 단계가 분명하며, 曺植은 器局이 엄숙하고 단정하며 才氣가 호매하여 초연히 자득하고 우뚝하게 서서 외롭게 나갑니다"[3]라고 대답하였다. 퇴계의 온화한 인품과 원숙한 학문에 대비시켜 남명의 강건한 기상과 고결한 지조를 제시하고 있는 것이다.

퇴계와 남명은 성리학과 수양론의 체계에서 쟁점이 되는 차이를 보여주고 있는 것은 아니지만, 학문자세에 차이를 드러내고 있는 것이 사실이며, 두 인물의 생애를 통한 出處에서도 차이를 보여주고 있는 것이 사실이다. 퇴계와 남명 사이에 주고받은 往復書翰에서 남명은 퇴계에게 "요즈음 보니 학자들이 손으로는 물 뿌리고 마당 쓰는 절도조차 모르면서 입으로는 天理를 말하여, 이름을 훔치며 남을 속이고 남에게 까지 해를 미치는 것은 선생과 어른된 사람이 꾸짖어 그치게 하지 않은 까닭이 아니겠는가"[4] 하여, 퇴계와 高峯 사이의 四七論辨 이후로 성리설에 대한 토론이 활발하게 벌어지고 있는 퇴계 문하의 학풍을 비판적으로 지적하였다. 이에 대해 퇴계는 인간의 선한 본성에 근거하여 성심으로 학문하는 사람이 있음을 들어 성리설을 토론하는 학풍을 꾸짖고 배척할 수 없음을 조목별로 해명하고 있다.

그만큼 퇴계는 성리설의 토론이 지닌 학문적 중요성을 인정하고 있는 데 비하여 남명은 관념적 논쟁으로 지식과 명성을 꾸며대고 현혹시킬 위험이 있음을 경계하고 사림파의 학문전통인《소학》의 구체적 실천을 강조하고 있는 것이다. 여기서 드러내는 퇴계와 남명의 학풍이 지닌 차이점은 도학 전통에서 道體를 밝히는 과제와 踐履를 독실하게 하

---

3)《寒岡先生年譜》, 권2·5, 〈行狀〉, "李滉德器渾厚, 踐履篤實, 工夫純熟, 階級分明, 曺植器局峻整, 才氣豪邁, 超然自得, 特立獨行."

4)《南冥集》, 권3·1, 〈與李退溪〉, "近見學者, 手不知灑掃之節, 而口談天理, 計欲盜名, 而用以欺人, 害及他人, 豈先生長者, 無有以訶止之故耶."

는 과제로 '下學'에서 '上達'로 가듯이 순서가 분명한 것이다. 다만 踐履를 강조하는 남명이 도학 정신의 엄격한 단계적 향상을 요구한다면, 道體를 밝히는 공부를 허용할 수 있다는 퇴계는 竝行的 深化를 요구하는 것이라 할 수 있다. 따라서 수양론의 방법에서도 敬·義의 병행[敬義挾持]은 기본명제의 하나이지만, 퇴계는 敬의 문제를 철저히 관철하고 있다면, 남명은 敬·義의 연관성을 강조하는 경향을 보여주고 있는 것이 사실이다. 따라서 퇴계의 '居敬'수양론은 심성의 함양에 치중하여 도덕적 인격형성을 지향한다면, 남명의 '敬義'수양론은 의리의 가치규범과 연결되어 현실사회의 적용이 중요시되고, 義理論의 신념적 실천을 지향하는 것으로 볼 수 있다.[5]

남명은 수양론적 내면화를 퇴계의 학풍에서처럼 엄격하게 강화시키고 있지만, 동시에 사회적 비판의식에서 의리론을 예리하게 발휘하고 있는 점에서는 수양론을 넘어서서 적극적인 사회적 관심을 간직하고 있다. 남명은 벼슬에 나가기를 사실상 거부하고 處士로 생애를 마쳤지만, 그의 사회적 관심은 현실사회의 불의에 대한 비판적 인식을 엄격히 제시하는 것으로서 사회에 무관심한 것이 아니요, 퇴계의 경우처럼 벼슬에 나갔지만 항상 돌아오려는 자세와도 구별될 수 있다.

晉州圈을 중심으로 형성된 남명학파의 학통은 비록 그의 문인인 來菴 鄭仁弘으로 인해 학통이 무너지고 그후 영남 지역은 대체로 퇴계학파에 흡수되었지만, 남명의 학문적 영향력은 한말에 이르기까지 지속되어왔던 것이 사실이다. 남명의 〈神明舍圖〉는 남명자신의 수양론을 인식하는 데 중요한 문헌이며, 남명의 命으로 문인 東岡 金宇顒은 〈神明舍圖〉의 '神明'을 의인화하여 〈天君傳〉을 지었으며, 〈神明舍圖〉에서 제시된 '國君死社稷'의 구절은 의리문제로서 韓末에 深齋 曺兢燮을 비롯한 당시 이 지역 학자들 사이에서 활발히 토론되기도 하였다.[6]

---

5) 琴章泰, 〈退溪와 南冥의 爲學體系〉, 《한국학의 과제와 전망》(2), 한국정신문화연구원, 1988, pp.173~189.
6) 南冥의 〈神明舍圖〉에서 '國君死社稷'의 5字가 乙未(1895) 德山重刊本 《南冥集》

퇴계는 畿湖 지역의 河西 金麟厚와 交遊하였으며, 高峰 奇大升과 四七論을 중심으로 본격적인 성리설의 논변을 전개하였다. 퇴계 — 고봉의 四七論辨은 결과적으로 퇴계의 주리론적 성리학의 입장을 확고하게 정립할 수 있는 계기를 마련해 주었다. 퇴계 사후에 기호 지역에서 율곡과 牛溪의 四七논변이 再燃되고, 이때 율곡이 퇴계의 互發說을 비롯한 성리설의 기본입장을 비판함으로써 조선시대 儒學史는 퇴계학파와 율곡학파의 두 큰 분파로 양립하게 되었다. 퇴계의 학문과 인품은 율곡학파에서 지속적으로 존중되었지만 성리설에 대한 비판적 입장이 확립되자, 17세기에 들어와 퇴계학맥에서 葛菴 李玄逸을 중심으로 율곡의 성리설에 대한 엄격한 비판이 전개되었고, 율곡의 성리설과 퇴계의 성리설을 대립적으로 인식하면서 퇴계학파의 정체성을 더욱 선명하게 인식하게 되었던 것이라 할 수 있다. 그러나 퇴계학파 안에서는 18세기에 大山 李象靖에 이르러 확고한 중심을 정립하면서 퇴계의 성리설을 分開說로 강조하던 해석에서 渾淪說과 분개설을 종합하는 것으로 재해석하면서 퇴계 성리설의 포괄적 성격을 확인하였다.

퇴계의 성리설은 理·氣의 互發을 주장함으로써, 理·氣의 不相雜을 강조하여 二元的 성격을 지니고 있다면, 율곡의 성리설은 氣만의 능동성을 주장하고 理·氣의 不相離를 강조하여 一元的 성격을 지니는 것으로 대비시켜 볼 수 있다. 또한 퇴계는 修養論에 치중하여 사회현실 문제에 직접 뛰어들지 않는 데 비하여, 栗谷은 經世論에 치중하여 현실개혁의 更張論을 적극적으로 전개하는 양상을 보여준다. 이러한 학풍의 차이는 두 학파 안에서 전개되는 다양한 관심에도 불구하고 지속적인 특징으로 나타나고 있음을 확인할 수 있다. 퇴계학파과 율곡학파 사이에 성리설과 예설을 중심으로 서로에 대한 비판적 인식이 지속적으로 나타났

에는 刪去되었다가 江右의 衆論에 따라 그후 靑谷에서 再刊된《南冥集》에 다시 살려졌던 사실이 許愈·宋鎬坤·崔琡民·鄭載圭와 曹兢燮 등 당시 이 지역 학자들 사이에 큰 논쟁점이 되었던 사실을 볼 수 있다.《深齋集》, 권15, 33-35, '神明舍圖五字辨.'

지마는, 부분적으로 서로에 대한 이해와 관심을 보여주었던 사실도 나타나고 있다. 퇴계학파의 愚伏 鄭經世는 沙溪 金長生 등 율곡학파의 중심인물들과 폭넓게 교유하면서 서로에 대한 이해를 보여주었고, 율곡학파의 農巖 金昌協은 퇴계의 성리설에 대한 긍정적 이해를 넓혔다. 이와 더불어 한말의 시기에 오면 퇴계학파의 성리학을 心卽理說로 새롭게 해석하였던 寒洲 李震相의 학맥에서는 율곡학파의 성리학 전통에서 心主理論을 새롭게 제기한 華西 李恒老 계열과 적극적으로 접근하는 사실을 확인할 수 있다. 寒洲의 門人 俛宇 郭鍾錫은 華西문하에서 重菴 金平默과 省齋 柳重敎 사이에 心說논쟁이 벌어졌을 때 重菴의 입장을 적극 지지하고 省齋에 대한 비판적 견해를 제시하였던 사실을 확인할 수 있다.

(2) 퇴계학파 사상의 지역적·시대적 특성

퇴계학파의 사상은 먼저 학맥의 분화에 따라 지역적 특성을 보여준다. ① 安東圈은 鶴峯 金誠一 계열의 학맥이 지속적으로 계승되고 확산되어 왔으며, 성리설의 정통적 입장을 확립하고 수양론적 학풍이 강하게 유지되고 있는 사실을 볼 수 있다. ② 尙州圈은 西厓 柳成龍 계열의 학맥이 비교적 약하였지만 지속되어 왔으며, 17세기의 愚伏 鄭經世와 19세기의 溪堂 柳疇睦에서 처럼 禮學에 큰 업적을 보여주었지만 성리설에서는 안동권과 거의 일치하는 것으로 학맥의 독자성은 있지만 학풍의 독자성을 뚜렷하지 못한 것이 사실이다. ③ 江左와 江右의 중간지대라 할 수 있는 중부 지역인 星州에서는 16세기에 寒岡 鄭逑와 19세기에 寒洲 李震相이 등장하여 독특한 학풍을 형성하고 있다. 먼저 寒岡 鄭逑는 퇴계·남명의 두 문하에서 수학한 인물로 예학에서 주도적 역할을 하였다. 寒岡의 학맥에서 旅軒 張顯光은 善山-漆谷畿湖 지역에서 독자적 性理說을 전개하였으므로 한말에 四未軒 張福樞로 이어지는 家學의 전통을 유지하여, 그의 문하에서 평안도 泰川의 遯菴 鮮于浹을 통해 퇴계학파가 평안도 지역으로 확산하게 되었다. 또한 寒岡의 문인인 眉叟 許穆은 近畿南人학맥을 이루어 예학과 古學의 經學학풍을 일으키고 그를 私淑하는 星湖 李瀷 이후 실학사상을 형성하고 있다. ④ 星州의 寒洲 李震相은 안동권의 定齋 柳致明 문하에 나갔지만, 心卽理說의 독자적 성리설을 정립하였으며, 그의 문인 俛宇 郭鍾錫을 중심으로 山靑·居昌 등 江右 지역에서 진취적이고 활발한 학풍을 형성하였다.

퇴계학파의 시대적 특징을 개괄해 보면, ① 제1기(16세기)에 활동하던 퇴계의 直傳문인들은 성리설에서 상대적으로 미약한 반면에 禮學에서는 寒岡 鄭逑가 등장하고 경세론적 인식에서는 西厓 柳成龍이 등장하여 뚜렷한 업적을 남기고 있다. ② 제2기(17세기)에는 전반기에 활동하던 旅軒 張顯光과 愚伏 鄭經世의 경우처럼 퇴계의 성리설에서 어느 정도 자유로운 입장을 보여주기도 하고, 후반기에 활동하던 眉叟 許穆의 경우처럼 古學의 새로운 영역을 제시하기도 하고, 葛菴 李玄逸과 愚潭 丁時翰 등에 의해 율곡의 성리설을 비판하면서 퇴계학파의 정통적 입장을 확립하는 등 다양한 양상으로 전개되기 시작하였다. ③ 제3기(18세기)에는 安東에서 大山 李象靖이 퇴계의 학문 체계에 대한 인식을 심화시키면서 퇴계학파의 정통 학맥으로 확고하게 자리를 잡았으며, 近畿에서 星湖 李瀷이 퇴계의 성리설과 예설을 편찬하면서 실학의 학풍을 열어감으로써, 퇴계학파의 새로운 양극적 양상을 전개하고 있다. ④ 제4기(19세기)는 韓末의 시기로 학풍의 다양화가 뚜렷하게 일어나고 있다. 퇴계학파의 중추로서 定齋 柳致明의 문하에 많은 한말 도학자들이 출현하고 그 가운데 西山 金興洛이 중심역할을 하고 있으며, 수양론의 학풍이 강하게 발휘되고 있다. 이에 비해 定齋문인의 한 사람인 寒洲 李震相은 心卽理說의 새로운 성리설의 이론체계를 제기하여 안동권의 정통 학맥과 이론적 갈등을 일으켰으며, 寒洲는 한말 도학에서 가장 중요한 인물의 한 사람으로 중시되고 있다. 또한 近畿학맥을 계승한 性齋 許傳은 禮學에서 중요한 업적을 남겼으며, 영남 지역에서도 광범하게 영향을 미치고 있다. 퇴계학파의 한말 도학은 20세기로 계승되어 日

帝强占期와 해방 이후에까지 활발한 활동을 하고 있는데, 특히 20세기 전반에 안동의 東山 柳寅植과 善山의 韋菴 張志淵은 계몽사상가로서 활동하고, 淸道의 中山 朴章鉉은 민족의식에서 경학의 재구성을 시도하며, 寒洲학맥에서 韓溪 李承熙와 眞菴 李炳憲의 유교의 종교운동으로서 孔敎운동을 전개하고, 韓溪문하의 心山 金昌淑은 독립운동가로서 해방 후 유림조직의 재건을 주도하였던 사실을 볼 수 있다. 이러한 사실은 퇴계학파가 최근에 이르기까지 한편으로 전통 도학의 학풍을 계승하면서도 다른 한편으로 유교의 근대적 개혁에 주도적 역할을 하고 있음을 보여주는 것이다.

南冥學派의 문학관과 문학세계

張源哲(경상대)

1. 머리말

남명학파의 문학과 같은 하나의 통시적 현상을 설명할 때에 우선 생각하여야 할 것은 단순히 정치·경제·사회 등의 역사적 배경에 관한 個條式의 설명, 요컨대 상호 유기적 관련성이 결여된 각각의 사실에 대한 기술로는 별다른 성과가 없다는 점이다. 이러한 문제를 다룰 적에 보다 효과적인 방법은 열거되는 사실에 앞서 우선 사실 전체에 대한 시점과 해석을 제공하는 것이며, 아울러 사실과 그로 말미암아 발생하는 문제 상호간의 관련성을 해독한 바탕 위에서 나름대로의 전체적 결론을 제시하는 것이 아닐까 생각한다.

다행히 최근에 이르러 남명의 문학세계 전반이나 남명학파의 역사적 전개 양상 등에 대한 총합적이고도 실증적인 연구성과들이 나타남으로써 이러한 전체적 시점과 해석에 대한 연구사적 갈증이 어느 정도 해소되었다고 할 수 있다.[1] 그러나 최근까지의 남명에 대한 연구가 비교적 다양한 관점과 시각을 바탕으로 하여 그 전체상을 어느 정도 파악할 수

---

[1] 이상필, 〈南冥學派의 形成과 展開〉, 고려대 박사논문, 1998.
　정우락, 《남명문학의 철학적 접근》, 박이정, 1998.

있을 만큼의 성과를 거두었던 반면에 남명학파에 대한 기존의 연구는 대체로 학파를 중심으로 하여, 개별 인물의 사상사적 측면의 해명에 초점이 맞추어져 왔다고 하겠다. 그 결과 남명학파의 문학적 측면의 전개와 같은 거시적 주제를 논하기 위해서는 아직까지도 개별 문인의 문학론이나 문학세계, 아울러 그 기반을 형성하고 있는 미의식이나 정신세계 등에 대한 미시적 연구는 충분한 축적을 이루지 못하고 있는 형편이라 하겠다.

한편으로 보다 큰 차원의 문제로 이 발표에서는 본격적으로 다루지는 못하겠지만, 기존의 연구방법의 주류를 이루었던 이른바 '近代主義的' 시각의 문제, 요컨대 근대 이전을 부정적 대상으로 보려는 암묵적 전제에 대해서도 일정 부분 문제제기가 있어야 하겠다. 곧 대부분의 연구자가 암묵적으로 상정하는 朱子學的 世界像으로부터 近代的 思惟로의 탈피라는 가설에 대해서도 이제는 그것이 어쩌면 우리 스스로가 근대 이후의 역사적 불행에서 벗어나기 위해 만든 허구적인 근대상의 반영일지도 모른다는 의문을 조심스럽게 제기해야 할 때가 아닌가 하는 것이다. 이른바 '近代知'라는 지적 제도에 입각한 연구의 결과물이라고도 할 이러한 '實體로서의 朝鮮'은 사상사나 문학사 연구를 포함한 제반 연구의 생산성의 측면에서 볼 때 이제는 그 유효성을 상실한 것이 아닌가 판단된다. 따라서 최근에 활발히 이루어지는 國民國家論的 시각에 입각해 전근대 시대를 바라보는 우리의 '근대적' 시각 자체에 대한 근본적 반성에 입각해야만 논의의 생산성이 보장되는 것이 아닌가 한다.[2]

이러한 배경에서 이 발표에서 논의될 내용도 현재로서는 남명학파의 문학관이나 문학세계를 전체적으로 이해하기 위한 시각이나 관점의 제시와 같은 하나의 관견의 제시에 그치고자 한다. 그러한 전제 위에서

---

2) 이른바 國民國家論的 근대 비판의 시각을 문학사와 관련하여 논의한 저작으로는 다음과 같은 것이 있다.

Haruo Shirane, 《創造된 古典 — 正典 형성·國民國家·日本文學》, 新曜社, 1999.
子安宣邦 외, 《思想史의 19세기 — 江戶의 思想 7》, 펠리칸 사, 1997.

우선 道學 또는 朱子學과 관련된 문학의 문제, 그리고 그와 관련하여 남명학파의 문학관의 성립의 문제 등을 중심으로 논의를 전개하고자 한다. 다음으로 이러한 가설적 논의를 바탕으로 남명학파 문학세계의 전개에 대한 논의를 기존의 연구사의 검토 작업과 병행하여 행하고자 한다. 따라서 남명학파의 문학관이나 작품세계에 대한 기존 연구사의 검토 역시 전체적으로 제시되는 管見의 성격을 띤 논의의 흐름을 보강하는 방향과 관련하여 다소 선별적으로 이루어지는 점에 대해 미리 양해를 구하고자 한다.

2. 儒學과 文學의 거리

대개의 유학자가 으레 그러하듯이 남명도 문학에 대해서는 대단히 부정적인 견해를 지녔던 것으로 알려져 있다. 흔히 거론되듯이 시가 인간의 마음을 피폐하게 한다는 '詩荒戒'[3]의 언급이 그러하거니와, 남명 자신의 다음과 같은 발언 역시 문학에 대한 그의 부정적 생각의 일단을 잘 보여준다고 하겠다.

> 일찍이 시를 읊조리는 일은 玩物喪志하기에 가장 좋은 것일 뿐만 아니라, 저에게는 매번 무한히 교만해지는 죄를 더해 준다고 생각하였습니다. 이 때문에 諷詠을 폐지한 지가 수십 년 가까이 됩니다.[4]

玩物喪志說[5]과 함께 시가 학문에 방해가 된다고 수십 년간 시를 짓지

---

3) 鄭仁弘, 〈南冥先生詩集序〉, 《來庵集》권 12, "常持詩荒計 以爲詩人意致虛曠 大爲學者之病 故旣不喜逑作."
4) 〈答成聽松書〉, 《南冥集》권 2, "嘗以哦詩 非但玩物喪志之尤物 於植 每增無限驕傲之罪 用是廢閣諷詠 近出數十載."
5) 玩物喪志라는 말은 《書經》旅獒편에 처음으로 나타난다. 그런데 흔히 문학 부정의 입장으로 인용되는 玩物喪志說은 《程氏遺書》, 〈伊川先生語錄〉등에 등장하

않았다는 고백은 그 역시 玩物喪志說과 함께 載道說, 勸善懲惡說 등의
세 가지 주장을 핵심적인 내용으로 하는 도학적, 곧 주자학적 문학관을
지니고 있었음을 보여준다고 하겠다.[6] 이런 생각은 당연히 남명학파에
속하는 문인들에게 강한 영향을 미쳤을 것으로 보이는데, 남명의 嫡傳
으로 자부하였고 그만큼 그의 사상을 충실히 계승하였다고 할 수 있는
鄭仁弘의 다음과 같은 발언은 그러한 저간의 상황을 잘 보여준다고 하
겠다.

　　요즈음 사람들의 이른바 '科業'이라는 것은 바로 이른바 '文學'의 餘技
이니, 혹 공자의 학술이 아니라고 할 수는 없을 것입니다. 그러나 도리어
인심에 해가 되는 것은, 바로 잡초가 곡식 논에 자라면서 곡식을 해치고
도적이 백성 가운데에서 일어나 양민을 해치는 것과 같으니 이는 바로
'文學' 가운데에서도 하나의 異端인 것입니다. 게다가 예전에 '文學'이라
고 했던 것이 어찌 지금의 '句讀에 신경을 쓰고 韻律에 재주를 부려 시대
의 변화에 편승하여 爵祿이나 취하기를 좋아하는 것'을 말하는 것이겠습
니까?[7]

스승인 남명이 시를 문제 삼아 자신의 詩觀을 거론했던 데에 비하여,

는데, 《近思錄》 권 2의 〈爲學類〉에는 다음과 같은 구절들이 보인다. "問作文害道
否 曰害也 凡爲文 不專意則不工 若專意則志局於此 又安能與天地同其大也 書曰玩
物喪志 爲文亦玩物也." "明道先生 以記誦博識 爲玩物喪志."
6) 이른바 載道說은 인간에게 있어 가장 중요한 것은 道의 규명과 실천이며, 文은
말단의 技로서 그러한 도를 실어 전하는 것일 뿐이므로, 文은 도를 표현하는 수
단으로 종속적 존재에 불과할 뿐이라는 것이다. 勸善懲惡說은 문이 도를 실어 전
하는 수단이라면 당연히 문에는 도를 널리 펼치려는 의도, 요컨대 道德性 — 勸
善懲惡적인 주제 의식 — 이 표현되어야 하고, 그 결과 文의 창작과 감상에는 반
드시 도덕적 의도가 전제되어야 한다는 것이다. 마지막으로 玩物喪志說은 修養을
통한 도의 실천이야말로 인간의 궁극적 목적이고, 그러한 목적을 이루고자 하는
마음가짐을 志라고 할 수 있는데, 말단의 技에 불과한 文에 탐닉함으로써 도를
실천하고자 하는 意志를 해쳐서는 안 된다는 것이다
7) 鄭仁弘, 〈問答〉, 《來庵集》.

문학의 여기일 뿐이자 이단에 불과한 과업의 폐단을 지적하면서 내암
은 '문학'과 '유학'의 문제로 논의의 폭을 확장하고 있다. 그렇다면 내암
을 비롯한 이들 도학자, 또는 주자학자가 생각하는 진정한 문학이란 무
엇인가라는 문제가 당연히 제기되어야 할 것이다. 이런 맥락에서 남명
학파의 문학세계를 논의하기 위한 전제로서 이들이 생각하는 문학의
의미, 요컨대 '道學'으로서 儒學과 문학의 거리 문제에 대한 논의와 재
인식의 필요성이 생겨난다고 하겠다.

그러한 논의의 전제로 다루어야 할 '道'와 '道學', 그리고 '文'과 '文學'
의 의미 가운데에서 전자의 문제는 뒤에서 논하기로 하고 우선 후자에
대해서 언급해 보기로 하자. 그러한 논의는 우선 주자학의 문맥에서 쓰
이는 '文' 또는 '文學'이라는 용어의 의미 폭이 근대 이후에 확립된 '文
學'이라는 용어[8]와 반드시 일치하지 않는 점에서 출발해야 할 것이다.
주지하다시피 주자학적 문학관에서 일컫는 문학은 범박하게 이해하자
면 근대적 의미의 '문학'도 포함하지만 동시에 '非文學'도 포함하는 언어
표현 전반을 지칭하는 개념으로 이해할 수 있을 것이다. 바꾸어 말해
그러한 문학은 종래의 학문 개념과 중복되는 인문학 전반을 지칭하는
광의의 개념과 특별히 인간 감정의 표현에 중점을 두면서 상상력에 근
거하는 창작문학이라는 협의의 개념을 한꺼번에 포괄하는 용어로 볼
수 있는 것이다.

이런 의미에서 보면 앞서 언급한 주자학적 문학관의 핵심인 載道說,
勸善懲惡說, 玩物喪志說 등도 근대 이후에 확립된 협의의 '문학'에 대한
주장이 아니라 폭넓게 인간의 언어 표현 전반에 적용되는 일종의 '언어
표현관'으로 이해하는 것이 타당할 것이다. 요컨대 이들 주장은 언어 표
현의 목적과 기능에 대한 주자학적 사고 방식의 특색으로 이해해야지,
그것을 바로 협의의 문학에 대한 '문학관'으로 이해하는 것은 적잖은 오

---

8) 주지하다시피 '文學'이란 용어는 1870년 일본의 명치시대 洋學者인 西周가 《百
   學連環》이라는 책에서 처음으로 사용하였던 말로, 그는 이 용어를 19세기 서양의
   'literature'의 번역어로 '상상력에 근거한 창작문학'의 개념으로 사용하고 있다.

해를 불러일으킨다고 할 수 있는 것이다. 그러한 오해는 바꾸어 말해 오늘날 우리가 지닌 '문학'관이 근대 이후 광의의 문학에서 협의의 문학 에로의 급속한 개념 전환[9] 위에 성립되었다는 점을 이해하지 않음으로 써 생겨나는 것이라고 할 수 있다.[10]

아울러 주자학이 중시하는 광의의 '문학적' 언어 표현의 중심은 앞에 서 남명의 詩觀에 대한 언급에서도 알 수 있듯이 어디까지나《詩經》이 라는 전범에서 출발하는 표현 행위인 詩 ─ 좀더 범위를 확장한다면 '詩 文' ─ 를 일차적인 대상으로 삼는 것으로 보아야 할 것이다. 그리고 그 러한 언어 표현은 당연히 앞서 언급한 載道說, 勸善懲惡說, 玩物喪志說 의 핵심적 내용을 구현해야 하는 것이었다. 그런데 문제는 실제의 詩作 행위의 양상은 반드시 이러한 원칙이 충실히 지켜지지 않았다는 점에 있다고 해야 할 것이다.

우선 주자학자가 완물상지설을 충실히 지킨다면 문학 활동, 곧 詩作 활동 자체가 크게 억제되거나 소극적으로 이루어져야 할 것이다. 이 측 면에서 보면 남명의 문인들은 이러한 원칙을 충실히 지켰던 것으로도 이해할 수 있다. 무엇보다도 이들이 남긴 시문의 분량이 극히 적다는 사실이 이를 잘 증명하는 것이라고 하겠다. 다음으로 詩作을 하는 경우 에서도 그 작품의 내용은 재도설이나 권선징악설의 원칙에 입각한 도 덕적 주제의 표현이어야 할 것이다. 물론 이들의 작품에는 도덕적인 勸 善懲惡의 주제를 충실히 표현한 작품이 있지만, 문제는 그런 작품만이 있는 것은 아니라는 데에 있다. 곧 이들 시작품의 상당 부분은 도덕적

---

9) 이러한 전환의 원인으로는 國民國家의 형성과 관련된 근대 민족주의의 발흥, 서양의 音聲中心主義와 관련된 言文一致의 문제, '國語'와 '國文學' 개념의 성립 등을 들 수 있을 것이다.

10) 예를 들어 오늘날의 문학 연구에서 종래의 언어 표현, 곧 광의의 문학에서는 당 연히 중시되던 사상이나 역사, 정치 등과 관련된 言說은 대체로 '문학적' 언어가 아닌 것으로 捨象되는 반면 종래에는 전혀 관심의 대상이 되지 않았던 小說的 언 어가 대표적인 문학 행위로 급격한 지위 향상을 이루는 것이 그 대표적인 예라고 할 수 있다.

내용과는 관계없이 交際詩, 또는 閑寂의 감정을 나타낸 서정시, 또는 詠
物詩 등의 성격을 지니고 있는 것이다.

사정이 이렇다면 문제는 주자학적 문학관의 원칙과 반드시 일치하지
는 않는 개개인의 시작 행위의 실상, 곧 문학세계를 어떻게 이해할 것
인가로 좁혀진다고 하겠다. 지금까지 연구에서 이들이 겉으로는 주자학
적 문학관을 표명하면서도 시작 행위의 실제에서는 그러한 문학관에
반대하고 저항했다는 식으로 이해할 수는 없을 것이다. 이와 관련해서
지적되어야 할 문제는 지금까지 사상사나 문학사의 연구에서 흔히 주
자학은 부정되고 청산되어야 할 전근대적 — 차라리 반근대에 가깝다고
하겠다 — 인 반동으로서 암묵적으로 전제되어 왔다는 점이다. 反주자
학으로서 실학의 성립과 실학파 문학, 그리고 이를 기점으로 한 조선후
기 한문학의 연구가 그 대표적인 경우[11]이지만 주자학을 이렇듯 문학에
대한 역기능만을 지니는 압제자로서만 강조하는 것은 문제 해결에 별
다른 도움이 되지 않는다는 점도 분명히 인식해야 할 것이다. 따라서
앞서 언급한 시작 행위 차별상의 문제도 이를 주자학 내부에서 기존의
재도설 등으로 대표되는 언어 표현관과 입장을 달리하는 문학관이나
詩觀이 형성되었던 결과로서 이해하는 것이 타당하다고 하겠다. 그렇다
면 주자학, 특히 남명학파의 내부에서 그러한 문학관이나 시관의 분열
이 실제로 일어났던 것인가, 또한 일어났다면 그 양상과 원인은 무엇인
가를 살펴보아야 할 필요가 있겠다.

---

11) 實學의 의의가 反주자학의 측면으로만 지나치게 강조되어 왔던 점은 문학사의
경우와 마찬가지로 근대의 성립의 문제와 관련지어 이해해야 할 것이다. 곧 식민
지 시대의 일본 학자들의 식민사관에 대한 반론으로, 동시에 자생적 근대화론의
필요성에서 부각되기 시작한 실학의 강조는 조선의 학문적 전통의 본류를 부정하
면서 출발했다는 점에서 식민사관과 발상의 궤를 같이한다는 근본적인 문제점을
안고 있는 것이다. 요컨대 이 시기의 근대주의와 그로 비롯된 근대주의적 시각이
표면적으로는 식민사관과 대립하면서도 이면적으로는 일본이 만들어 놓은 근대
의 전제를 이의 없이 받아들였다는 점은 비판적으로 지적되어야만 할 것이다.

3. 道文의 관계로 본 남명학파 문학관의 성립

앞서 주자학의 언어 표현관의 문제에서도 보았듯이 주자학의 문학관
은 어디까지나 '道'를 표현한 문학이어야 한다는 명제로부터 출발하고
있다. 요컨대 학파와 인물에 따라 어느 정도의 편차는 있겠지만 문학은
언제나 도와 연관되어야 한다는 입장이 기본 전제였다고 하겠다. 그렇
다면 문제는 언제나 되풀이되는 감이 있지만 이렇듯 주자학적 문학관
의 기본 전제로 작용하는, 요컨대 남명과 남명학파의 문학 의식의 극점
에 놓여 있는 '도'의 성격이 무엇인가 하는 점이다.

그러한 도를 인간이 지켜야 할 도덕규범 정도로 단순화시켜 이해할
수도 있겠지만, 보다 크게 보면 이들에게 있어 도란 일종의 초월적 보
편자의 성격까지도 띤다고 해야 할 것이다. 따라서 그러한 '道를 배운
다'는 행위, 곧 도학은 범박하게 이해하면 인간 삶의 究極 근거나 목적
을 인식하고, 또한 거기에 이르고자 하는 행위라고 할 수 있는 것이다.
요컨대 이들에게 도학이라는 학문 행위는 본래 사물이나 지식에 대한
지적 탐구인 동시에 그 자체로 삶의 의미나 가치에 대한 탐구와도 불가
분의 관계에 놓여 있는 것이다. 이런 의미에서 도학은 현대의 '學(問)'과
'思想', 경우에 따라서는 신체적인 수행이나 의례의 의미를 지니는 '종
교'적 의의까지도 모두 포괄하여 일체화한 총합적 행위라고 할 수 있다.

이렇듯 도학으로서 주자학을 이해하기 위해서는 언제나 그 배후 전
체에 대한, 곧 究極의 진리를 지향하는 자각적 의식이 전제된다는 점을
명심해야 한다. 그 결과로 앞서도 언급했듯이 학문을 매개로 구체적 사
물이나 지식뿐만 아니라 삶 자체에 대해 끊임없이 물음을 제기하고, 역
으로 그러한 물음을 통해 삶을 영위해야 한다는 자각이 유학자에게는
언제나 요구되었던 것이다. 따라서 이러한 자각, 요컨대 도에 대한 지향
의식을 수반하지 않는 학문 행위는 아무리 뛰어난 경우라도 잡학 또는

속학으로 경멸되거나 비판을 당하기 마련이었던 것이다.

도학자로서 남명에게도 그러한 전체로서의 도와 자기합일하는 것이야말로 역사적 현실 속에서 살아가는 자신의 존재 이유였던 것이다.[12] 고대 유교에서는 그러한 초월적 보편자를 '天'이라 하였고, 주자학에서는 이를 '理'라고 대체[13] — 天卽理 — 하는 등의 용어의 차이 — 그 결과로 도달할 목표점도 '天人合一' 또는 '性情之正(理)' 등의 용어로 지칭되었다 — 는 있었지만, 이러한 구극의 원리야말로 도학적 문학관, 따라서 남명과 남명학파의 문학이 도달하고자 한 궁극적 지향점이라고 보아도 무방할 것이다.

이렇게 보면 도학자의 문학 행위란 그러한 보편자로서의 道와 교섭하는 인간의 정신적 고투의 양상, 즉 인간의 사고나 사상을 經學的 범위 안의 언어를 매개로 하여 표현하는 것이라고 일단 정의할 수 있을 것이다. 앞서 인용한 문장에서 정인홍이 '글재주가 있어 과거에 잘 합격하는 사람'은 단지 '문인'일 뿐이지 진정한 '인재', 곧 儒者는 아니라고 하는 발언의 의미도 이러한 맥락에서 이해되어야 하는 것이다.

따라서 도학적 문학관은 애초부터 문학을 사상적 행위의 범주 안에서 파악하였던 것임을 알 수 있는 것이다. 바꾸어 말해 처음부터 사상과 문학의 구별이나 경계가 존재하지 않았던 것이다. 그렇다면 남명에게서의 '문학적 행위'는 오늘날 말하는 '思想的 탐구'[14]라는 말과 거의

---

12) 도학적 사고의 기저에는 크게 보아 두 가지의 기본 전제가 있다고 할 수 있다. 우선 유한한 존재자인 인간과 우주의 구극적 실재인 도와는 합일이 가능하고 또한 그러한 합일을 지향해야 한다는 생각이다. 다음으로 수양과 실천을 통해 획득된 구극적 實現態의 이미지는 어디까지나 일상적 현실의 연장, 곧 '倫理'와 연결되어야 한다는 생각이다. 따라서 도학은 도덕적 사회질서, 요컨대 人倫의 완전한 실현을 구체적 목표로 하고 있다고 볼 수 있다.

13) 주지하다시피 주자는 '天卽理'라는 명제를 통해 고대 유교 이래의 '天'의 개념을 '理'로 대체하고, 아울러 물질적 근원을 나타내는 '氣' 개념을 보충하여서 理氣의 형이상학을 정립하였다. 이로써 理는 天의 개념에 따라다니던 공간적인 具象性을 벗어나 사물과 현상에 대한 초월성과 내재성을 동시에 획득함으로써 존재의 관념적인 근원, 요컨대 형이상학적 원리로서의 의의를 획득하게 되는 것이다.

동의어라고 보아도 무방할 것이다. 요컨대 그러한 범주밖에 위치하는 '문학'은 남명의 의식에는 처음부터 존재하지 않았던 것이다.[15] 남명에게 '문학'은 그것이 본래 '사상적 탐구'이기 때문에 문학으로 성립할 수 있었던 것이기 때문이다.

그런데 앞서 언급했듯이 '사상적 탐구'로서 문학에 始終했던 남명에게서 그러한 행위를 통해 추구되던 궁극적 해결점은 어디까지나 道와의 합일이었다. 남명의 문학세계를 떠받치고 있는 미의식은 분명 그러한 자신의 求道者的 충족감을 드러내고자 하는 경향과 밀접한 관계가 있었던 것으로 보인다. 이러한 '구도자적 관심'[16] 속에서는 초기의 주자학이 그러했듯이 형이상학적인 것에의 지향과 형이하학적이고 현세적인 사물에의 관심이 아직 未分化의 상태에 있었다고 하겠다.[17]

이렇듯 남명의 '구도자적 관심' 속에 형이상학적인 지향과 형이하학

---

14) 여기서는 '思想'과 '哲學'이라는 용어는 분리하여서 보고자 한다. '哲學'이라는 용어 자체가 본래 일본에 서양 철학을 처음 소개하였던 洋學者 西周가 만들어 낸 용어 — 본래는 '希哲學'이었다 — 라는 데에서 보듯이, 본래의 서양 철학은 그리스의 철학 이래 論理的인 學問知를 통한 世界觀·人生觀의 통합을 추구하는 특징을 지니는 반면에 동양 사상은 논리적인 學問知를 그다지 중시하지 않았다는 차이가 있다. '철학'이라는 용어의 外延을 안이하게 확대해서 사용하는 것은 자칫 서양 철학과 동양 사상의 본질적인 차이를 간과해버릴 위험성이 있는 것이다.

15) 이런 맥락에서 흔히 '사상'과 '문학'을 구별하지 않았던 유학적 문학을 진정한 '문학'이 아니라고 보는 입장은 따지고 보면 근대 이후 서양으로부터 移植된 狹義의 문학관에 입각한 견해임을 알 수 있는 것이다. 아울러 과거에는 문학이 사상에 종속되어 있었다는 식의 생각 역시 일면 타당치 못한 것임을 알 수 있다.

16) 李東歡,〈曹南冥의 精神構圖〉,《南冥學硏究》1, 경상대 남명학연구소, 1991.
   위의 논문에서는 이를 남명의 정신세계에서 나타나던 '자아 정립의 거대 지향' 이라고 지적하고 있다.

17) 주자학을 이해할 때 전제로 해야 할 사실의 하나는 수세기에 걸친 朱子學의 형성기 — 宋·元 시기 — 는 중국 역사에서도 심각한 國難期였다는 점이다. 따라서 이러한 정치적 상황하에서 형성된 주자학은 그 이면에 언제나 윤리적인 高潔함과 실천적 타당성이라는 문제 의식의 背光을 띠고 있다는 점이다. 그러나 이러한 주자학의 아우라(aura)의 문제는 그 철학의 문제를 논의할 적에는 대체로 간과되는 경향이 많았다고 하겠다.

적인 관심이 혼재했다는 사실을 이해한다면 흔히 남명사상에 형이상학적 관심의 부재를 지적하는 것은 일방적 견해라고 하겠다. 곧 남명의 경우는 학자로서 자신의 이론을 정립해 가는 '지적 의무'와 위기에 처한 사회적 현실에 대응하고자 하는 '사회적 의무' 가운데 후자에 더 많은 비중을 두었던 것으로 이해해야 한다. 그의 敎說의 저변에 깔린 경세가적인 윤리적 절박성, 곧 敬義의 강조도 그러한 사정에 연유하는 것이라 하겠다. 남명사상에서 보이는 이러한 '지적 긴장'에 대한 '사회적 긴장'의 우월성은 당연한 결과로 '程朱後不必著述'의 주장을 낳게 하였고, 후대에 남명학파로 하여금 여느 학파보다도 '사회적 긴장'을 강조하는 학풍을 지니게 했던 것이다.

그러나 남명 이후의 남명학파의 단계에 이르면 남명이 보여주었던 '구도자적 관심'은 곧 왜소화하고 만다. 그러한 왜소화, 곧 '구도자적 관심'의 아우라(aura)가 사라지고 난 뒤에 남게 되는 것을 굳이 이름 붙이자면 실천과 관련된 강렬한 '윤리적 관심'이라고 해야 할 것이다. 이렇듯 강렬한 '윤리적 관심', 곧 경의사상으로 집약되는 실천적 사고가 남명학파에 속하는 이들 사이에서 면면히 이어져 갔다는 것은 남명을 사숙하였다고 할 謙齋 河弘度의 발언을 보아도 능히 짐작할 수 있는 것이다.[18] 그리고 남명학파의 그러한 실천의 윤리학은 당연히 학문의 실천

---

18) 〈記松亭先生語〉, 《謙齋集》 권 9.
　"내가 일찍이 水谷精舍의 松亭 선생을 찾아 뵈옵고 함께 모시고 잔 적이 있었다. 닭이 울고 나서 선생은 여러 제자들을 깨워 일으킨 뒤에 친절하게 가르쳐 주셨다. '孟子가 말하기를 닭이 울면 일어나 부지런히 착한 일을 하는 사람은 舜의 무리요, 닭이 울면 일어나 부지런히 이익을 추구하는 사람은 盜蹠의 무리다'라고 하셨다. 우리 南冥 선생께서 그 뜻을 깊이 체득하시어 堯·舜의 도를 즐기셨으며, 의로운 것이 아니면 하나라도 남에게 주거나 남에게서 받지 않으셨으니 私利의 근원을 막고 뽑아버리고자 하신 것이다. 功名과 이익의 경우에만 그런 것이 아니라 사소하게 마음을 쓰거나 일을 할 때에도 모두 그러하셨다. …… 覺齋 숙부가 남명 선생에게서 직접 가르침을 받아 그 도를 전해 들으셨으니 알지 못하는 바가 있었을지언정 알고 나서는 일찍이 이익을 추구한 적이 없었으니, 그 결백한 행실과 굳은 절개는 누구에게나 존경심을 일으키게 하였다. 일찍이 말씀하시기를 '소

성이나 유자로서의 인격성 및 그 정치적 연속성 등의 문제 등에 집중하면서 여느 학파에서도 보기 힘든 현실 비판과 대응을 통하여 '사회적 긴장'의 강도를 보여 주었다고 하겠다. 그러나 한편에서는 그 대가로 이론적 학문을 기반으로 한 '지적 긴장'은 현저히 약화되었다고 할 수밖에 없을 것이다. 남명학파에 속한 문인들이 저술을 별로 남기지 않은 점, 이론적 탐구와 유관한 저술이 거의 없다는 사실 등은 바로 그러한 맥락에서 이해해야 할 것이다.

문제는 남명의 경우에는 '구도자적 관심'을 기반으로 하여 '사상적 탐구'와 동일시되었던 문학 행위가 남명학파의 단계에 이르면 '윤리적 관심'과 분열되어 자립으로의 길을 걷게 된다는 점이다. 요컨대 강렬한 '윤리적 관심'과는 구별되는 은밀한 '문학적 관심', 그리고 이를 기반으로 하는 독자적인 문학 행위의 맹아가 나타나기 시작한다고 볼 수 있는 것이다. 이러한 변화의 원인으로 미시적으로는 개인의 의식 변화, 거시적으로는 사회·역사적 변화 등의 동인을 들 수 있을 것이다. 그러나 보다 근본적인 원인은 초월적 보편자로서의 도가 광채 — 이러한 광채 속에서는 개인의 문제는 존재하지 않았다 — 를 잃고 난 뒤, 단지 체제 유지 구호로 形骸化된 '天理' 하에서 강렬한 '윤리적 관심'만으로는 충족되

매 속의 明月珠는 唐虞로부터 전해온 것이다'라고 하셨다. 나같이 불초한 사람도 어릴 적부터 그 가르침에 젖어 들어 비록 아직 잘 이어받지는 못했으나 마음에 새겨 전승하고 죽을 때까지 잊지 않으려 한다. 너희가 내 문하에 출입하였으니, 비록 중대한 책임을 맡지는 못한다 하더라도 또한 집안 대대의 가업은 이어받을 것이니, 善과 私利의 차이를 조금이나마 알거든 산에 오르는 것과 같이 있는 힘을 다하여 선을 행할 것이며, 삼가 불의에 빠져 조상을 욕되게 하지는 말아야 할 것이다"(愚嘗拜松亭先生于水谷精舍 仍陪宿 鷄旣鳴 蹩弟子某某等起 諄諄教誘曰 孟子曰 鷄鳴而起 孳孳爲善者 舜之徒也 孳孳爲利者 跖之徒也 我南冥先生 深得其旨 樂堯舜之道 非其義 一介不以與人 以取於人 拔其利源 而塞之 不但於功利上然也 於些少處心立事 莫不皆然 …… 我覺齋叔父 受業親炙 而聞其道 有所不知 知之未嘗近利 淸修苦節 聞者起敬 故嘗曰 如我不肖 自少孺染 雖未能私淑 銘心傳得 至死不忘 汝輩出於吾門 雖不得大任重責 亦可以箕裘承業 粗知善利 深致如登之力 愼勿陷於爲不義 以忝爾所生也).

지 않는 개인의 내면적 문제들이 발생하기 시작한다는 것이다.

물론 그러한 개인의 내면적 문제에 대해서조차도 여전히 '윤리적 관심'으로 모든 것을 해결할 수 있다고 믿는 경우에는 어떠한 갈등이나 분열도 일어나지 않았을 것이다. 문제는 그러한 '윤리적 관심'을 통한 해결에 만족치 않고 자신의 내면적 공백 ─ 이러한 공백은 일면 형이상학적 원리의 부재로 말미암아 생겨나는 것이라 하겠다 ─ 을 새로운 '문학적 관심'을 통해 해결하고자 하는 경우인 것이다. 이렇게 되면 이전에 보편적 초월자인 도를 추구하는 '사상적 탐구'와 일체화되어 있던 문학 행위는 개인의 내면적 문제와 관련된 새로운 '문학적 관심'을 담당하는 행위로서 점차 독자적 위상을 확보하게 되는 것이다. 아울러 '문학적 관심'과 관련된 새로운 문학 행위는 당연히 載道說, 玩物喪志說, 勸善懲惡說로 대표되던 기존의 주자학적 언어 표현관의 원칙의 범위를 넘나들기 시작하게 되는 것이다. 앞서 유학자가 표면적으로 주자학적 언어 표현관을 부정하지 않으면서도 실제의 詩作 행위에서는 반드시 그러한 원칙을 준수하지 않는 현상은 이러한 맥락에서 이해되어야 한다.

이렇게 보면 남명과 남명학파의 문학의 기본 양상은 전체적으로 연속된 하나의 동심원적 구조[19]를 이루고 있는 것이 아닌가 가정해 볼 수 있겠다. 우선 그 동심원의 중심에 '사상적 탐구'로서 경학과 미분화된 상태의 '사고의 문학'이 있었던 것으로 볼 수 있다. 물론 그러한 '思考의 문학'은 남명의 경우처럼 '구도자적 관심'에 기반을 둘 경우 사상과의 구별 자체가 없었던 단계라고 할 수 있을 것이다. 다음으로 문인의 경우에 이르면 '윤리적 관심'과 '문학적 관심'이 분열하게 되는데, 여기에 대응하는 것이 '思考의 문학'의 둘레에 사상적 탐구라는 기본 성격은 유지하면서도 경학적 언어로부터 점차 분리, 개인적 서정을 드러나는 '서정의 문학'이 존재하는 것으로 생각할 수 있다. 그러한 '서정의 문학'은 '윤리적 관심'을 여전히 강조하면서 보다 '사고의 문학' 쪽에 접근해 있

---

19) 따라서 시간 전개에 따른 順次的 구조는 아니라고 하겠다.

는 경우와 그렇지 않은 경우 등등의 다양한 차별상을 드러내는 것으로
보아야 하겠다. 그리고 '서정의 문학'이 '윤리적 관심'과 일정한 거리를
두는 '문학적 관심'과 결합하여서 독자적 문학 행위로 자립하는 경우에
는 동심원의 중심으로부터 가장 먼 주변부에 희미하게나마 '虛構의 문
학' — 여기에서의 의미는 서양 문학에서의 虛構가 아니라 수법적인 측
면의 의미가 강하다고 하겠다 — 의 영역이 존재하는 것이 아닌가 가정
해 볼 수 있다.

4. 남명학파의 문학세계

　남명학파에 속하는 문인들의 문학세계에 대한 기존의 연구 업적을
일별해 보면 아직까지 그 전체적 판도와 개개인의 문학세계를 상세히
파악할 정도의 충분한 연구 업적이 축적되지 않았다는 것을 알 수 있
다. 통시적인 측면에서 남명학파의 전체적 윤곽은 어느 정도 파악[20]이
되었다고 하지만, 아직까지 남명 문인에 대한 개별적 연구성과는 충분
하다고 할 수 없는 상태이다. 더욱이 기존의 연구가 寒岡 鄭逑와 東岡
金宇顒, 忘憂堂 郭再祐 등의 주요 인물에게만 집중적으로 쏠려 있고 나
머지 인물에 대해서는 거의 논의가 이루어지지 못하는 점이 상황을 더
욱 어렵게 만드는 형편이라 하겠다. 이러한 연구사적 상황은 향후에도
개별 연구가 많이 이루어져야 하거니와 그러한 개별 연구의 축적 위에
서 이루어질 통시적 시각의 확립과 남명학파의 문학적 전개의 이해와
서술이라는 목표점까지는 향후 많은 과제가 남아 있음을 보여준다고
하겠다.
　연구사적 상황이 이렇게 된 중요한 원인으로는 앞서 지적한 대로 이
들이 남긴 문집, 그 가운데 문학과 관련 있는 시문의 분량이 극히 적다

---

20) 이상필, 앞의 논문 참조.

는 점을 들 수 있을 것이다.[21] 이러한 현상은 물론 흔히 지적되듯이 남명의 '詩荒戒'나 완물상지설이 후대의 문인들에게도 강력한 영향을 미쳤던 하나의 결과로도 볼 수 있다. 이른 시기의 제자로 가장 영향력이 있었다고 할 德溪 吳健이나 守愚堂 崔永慶, 來庵 鄭仁弘 같은 이들은 아마도 그러한 스승의 가르침에 가장 충실했던 그룹으로 앞서 언급한 동심원적 구조 안에서 여전히 '사고의 문학'을 고집하면서 강렬한 '윤리적 관심'을 유지하였던 대표적 경우라고 하겠다.

덕계가 한강 정구에게 문학에 지나친 관심을 기울이지 말라고 충고했던 일화[22]나, 문장은 표현이 간단하면서 뜻을 잘 전달해야 하는 것으로 문학적 표현에 관심을 가질 필요가 없다는 최영경의 주장,[23] 그리고 스스로 남명의 嫡傳으로 자부했던 내암이 스승의 문학관을 요약한 발언[24] 등을 살펴보면 이들의 문학에 대한 태도를 능히 짐작할 수 있는 것이다. 물론 140여 수에 이르는 비교적 많은 시작품을 남기고 있는 덕계의 경우, 그가 시문을 무조건 경시했다고 보는 것은 일방적인 해석일 수 있다. 그러나 그의 작품세계가 대체로 현실 문제를 중심으로 하여 '윤리적 관심'으로 시종하는 자아성찰로 일관하고 있다는 점[25]은 덕계의 경우도 문학은 어디까지나 사상에 봉사해야 한다는 입장을 견지하였음

---

21) 남명학파의 주요 문인들이 남긴 문집의 분량(부록 제외)을 보면 한강 정구(27권), 동강 김우옹(17권), 내암 정인홍(13권), 부사 성여신(6권), 덕계 오건(6권), 부사 성여신(6권), 망우당 곽재우(2권)의 순이다.
22) 덕계 오건이 한강 정구에게 주었다는 다음의 시는 남명 사후 문인들의 문학에 대한 상반된 태도를 보여주는 좋은 예라 하겠다.
　邵康節이 시 읊기를 좋아한 것이 아니라(堯夫非是愛吟詩)
　단지 虛明하고 洒落함을 좋아한 것이라네(只愛虛明洒落時)
　부질없이 달을 보며 康節의 시를 외지 말라(莫把遺詩空玩月)
　맑은 마음으로 고요히 사색함이 좋으리라(好將淸意靜中思)
23) 崔永慶, 《守愚堂實記》, "嘗曰 文章要須辭約而理達 何必攻文尙辭."
24) 각주 2) 참조.
25) 덕계의 문학에 대한 연구는 梁基錫, 〈德溪 吳健 漢詩研究〉, 경상대 교육대학원 석사논문, 1991. 이외에는 거의 이루어지지 않고 있는 형편이다.

을 짐작할 수 있게 한다.

이들과는 달리 寒岡 鄭逑, 東岡 金宇顒, 忘憂堂 郭再祐, 浮査 成汝信 등은 남명학파 문학의 전개에서 비교적 풍성한 성과를 보이고 있는 그룹이라고 할 수 있을 것이다. 이들은 물론 각자가 처한 개인적 또는 역사적 상황에 따라 상이한 문학세계를 보여주고 있지만 적어도 이들의 문학 행위는 앞의 덕계·수우당·내암 등의 경우와는 구별되는 일정한 차별상을 보이고 있다. 곧 이들의 문학 행위는 '윤리적 관심'과 관련된 '사고의 문학' 영역에서 '문학적 관심'에 근거한 '서정의 문학' 영역까지 걸쳐 있다고 할 수 있다.

앞서 언급했듯이 이러한 변화가 일어나는 요인으로는 다른 무엇보다도 이들에게는 '사상적 탐구'로서 궁극적 대상이 되는 초월적 도, 그리고 그와 관련된 '구도자적 관심'이 더 이상 존재치 않게 되었다는 사실을 들어야 하겠다. 戰亂이나 政爭과 같은 역사적 격변이 이들에게 스승의 시대에는 가능했던 절대적 道의 추구가 이제는 불가능하다는 점을 깨닫게 했던 것이다. 다소 거친 추측이지만 한강이 伽倻山을 바라보며 지었다는 다음 시작품은 그러한 정신사적 변화의 양상을 상징적으로 잘 보여주는 것이 아닌가 한다.

> 온몸을 다 내놓지 않고
> 한 모퉁이 기이함만 살짝 보인다.
> 이제사 알겠노라 조화옹의 뜻
> 天璣를 드러내지 않으려 하네[26]
> (未出全身面, 未呈一角奇, 方知造化意, 不欲露天璣)

인구에 회자되는 작품인 〈題德山溪亭柱〉에서 스승인 남명이 智異山의 이미지를 빌어 보여주던 역동적 기상에 견주어 보면, 한강이 가야산의 이미지를 통해 보여주는 정신의 지향점은 대단히 수동적이고 소극

---

26) 〈夙夜齋望伽倻山〉, 《寒岡集》 권 1.

적인 인상마저 지니고 있는 것이다. 그러한 이미지의 차이와 지향점의
괴리는 곧 세대교체에 따른 정신사의 변화가 어떠한 방향으로 진행되
었는가를 짐작하게 한다. 요컨대 남명의 정신세계에서 나타나던 '自我
定立의 巨大志向'으로서 道의 이미지[27]나 〈神明舍圖〉 등에서 秘義的인
형태로나마 산발적으로 나타나던 도에 대한 존재론적인 관심 등이 이
들 문인에게는 거의 보이지 않는다는 사실은 이러한 배경에서 이해해
야 할 것이다.[28] 이렇듯 절대적인 도에 대한 관심의 상실은 상대적으로
이들에게 자신들이 속한 사회로 향한 '윤리적 관심'과 인간의 내면에 대
한 '문학적 관심'을 촉발하였다고 볼 수 있다.

이런 맥락에서 보면 한강 정구는 아마도 그러한 정신사적 변화와 그
로 말미암은 문학에 대한 인식의 확장을 가장 잘 보여주는 경우라고 할
수 있겠다. 그의 문학관이나 문학세계에 대한 기존의 연구[29]에서도 부
분적으로 지적되듯이 한강은 남명의 문인 중에서도 두드러지게 문학에
대한 깊은 관심과 유연한 태도를 지녔던 것으로 보인다. 앞서 언급한
바 있는 덕계의 그에 대한 충고, 일찍이 蘇東坡의 〈赤壁賦〉를 애독했다
는 일화[30], 그리고 그가 《朱子詩分類》, 《古文會粹》와 같은 문학서를 편
찬했다는 사실 등은 그에게 적어도 남다른 문학 애호의 성향이 있었다

27) 李東歡, 〈曺南冥의 精神構圖〉, 《南冥學研究》 1, 慶尙大 南冥學研究所, 1991.
28) 이상필, 앞의 논문, p.103.
29) 寒岡 鄭逑의 문학을 다룬 업적은 다음과 같다.
　　金光淳, 〈寒岡의 生涯와 文學〉, 《韓國의 哲學》 13, 慶北大 退溪研究所, 1985.
　　李相弼, 〈寒岡의 學問性向과 文學〉, 《南冥學研究》 1, 慶尙大 南冥學研究所, 1991.
　　李源杰, 〈寒岡 鄭逑의 漢詩研究〉, 安東大 碩士論文, 1991.
　　───, 〈寒岡 鄭逑의 詩世界〉, 《漢文學論文集》 3, 安東漢文學會, 1993.
　　朴英鎬, 〈寒岡 鄭逑의 學問精神과 文學觀〉, 《東方漢文學》 10, 東方漢文學會, 1994.
　　宋寯鎬, 〈寒岡 鄭逑의 詩文學에 대하여〉, 《東方漢文學》 10, 東方漢文學會, 1994.
　　朴英鎬, 〈寒岡의 遊伽倻山錄 연구〉, 《南冥學研究論叢》 5, 南冥學研究院, 1997.
30) 〈言行錄〉, 《寒岡集》, "先生嘗愛蘇東坡赤壁賦 謂余等曰 此詞品格 實非世間人所
　　做作."

는 점을 부인할 수 없게 하는 것이다. 한강의 문학에 대한 이러한 견해
와 태도는 '因文推理'[31]라는 말에서도 드러난다고 하겠는데, '文을 통하
여 理를 미루어 알 수 있다' 하는 그의 생각은 적어도 그의 문학관이 재
도론적 문학관과는 달리 理(道)를 인식하는 데 문학의 역할과 존재를
일정 정도 인정하는 쪽으로 향하고 있었음을 보여주는 것이라 하겠다.

그 자신의 '부끄럽게도 평소에 시를 짓지 않았다(愧我平生不作詩)'[32]거
나 '시에 능하지 못하다(余獨不能詩)'[33]는 고백에도 불구하고 한강은 남
명학파 중에서는 비교적 뛰어난 수준의 시작품을 많이 남겼다 하겠다.
그러한 작품들이 주제 면에서나 표현기법 면에서도 특기할 만한 수준
에 있었다는 점은 기존의 연구에서도 대체로 확인되고 있다. 남명학파
중에서 비교적 일찍부터 그 작품세계가 주목받고, 시에 못지않은 수준
을 보이는 산문에까지 작품론[34]이 확대된 배경에는 이른바 '近畿學脈'에
서 차지하는 사상사적 위상에 못지않게 그의 문학적 관심과 관련된 빼
어난 '서정의 문학' 세계가 존재했기 때문이라고 하겠다.

한강과 더불어 흔히 兩岡으로 일컬어지는 東岡 金宇顒[35]은 남명학파

---

31) 위와 같음, "先生讀書 必求大義 爲詞章 不事世俗陳腐之態 因文推理." 이에 대해
   서는 李源杰, 〈寒岡 鄭逑의 詩世界〉 참조.
32) 〈送金東岡歸京〉, 《寒岡集》 권1.
33) 〈遊伽倻山錄〉, 《寒岡集》 권9.
34) 예를 들면 朴英鎬, 〈寒岡의 遊伽倻山錄연구〉에서는 한강의 산문이 대체로 현실
   주의적 성향을 지니면서도 기록문학으로서의 일정한 문학적 수준을 보여준다고
   지적하고 있다.
35) 동강 김우옹의 문학을 다룬 업적은 다음과 같다.
   金光淳, 〈東岡의 生涯와 文學〉, 《韓國의 哲學》 11, 경북대 퇴계연구소, 1983.
   金洪永, 〈東岡 金宇顒의 讀書論과 學問的 性向〉, 《南冥學硏究》 6, 경상대 남명
   학연구소, 1996.
   張榮圭, 〈東岡 金宇顒의 生涯와 詩世界〉, 《漢文學硏究》 12집, 계명한문학회,
   1997.
   趙昌圭, 〈東岡 金宇顒 修養論의 文學的 形象〉, 경성대학교 석사논문, 1999.
   이밖에 동강 김우옹의 사상을 다룬 업적은 다음과 같다.
   金光淳, 〈東岡의 生涯와 思想的 志向〉, 《東方學志》 36·37합집, 연세대 국학연구

가운데 가장 먼저 작가론이 나올 정도로 일찍부터 주목받은 경우라 하겠다. 그러나 연구사적 관심의 대상은 그의 시문보다는 남명의 〈神明舍圖〉와 〈神明舍銘〉의 의미를 부연설명한 작품인 〈天君傳〉이었다고 하겠다. 그런데 〈天君傳〉의 성격을 두고서는 이른바 '天君小說'의 효시로서 그 소설적 성격을 강조하는 입장[36]과 소설이 아니라고 보는 견해[37]가 서로 논란을 벌이고 있는 형편이다. 흔히 지적되듯이 心性論에 관한 기존 개념으로 확인해야 그 내용을 이해할 수 있고, 사건 전개보다 설명이 길며 사신의 평까지 달려 있는 등 소설 작품으로 보기에는 많은 약점[38]을 안고 있는 이 작품에 대한 성격 논란은 사실 작품 자체보다는 논란의 방식 자체에 문제가 있다고 하겠다.[39]

원, 1983.

　權仁浩, 〈東岡 金宇顒의 學問과 思想研究〉, 《南冥學研究論叢》 2, 남명학연원, 1992.

　韓相奎, 〈金東岡의 教育思想〉, 《南冥學研究論叢》 3, 남명학연구원, 1995.

36) 金光淳, 《天君小說研究》, 螢雪出版社, 1982 , 〈東岡의 生涯와 文學〉, 《韓國의 哲學》 11, 慶北大 退溪研究所, 1983.

37) 조동일, 《한국문학통사》 2, 지식산업사, 1994에서는 소설이 아니라 心性假傳體로 보고 있으며, 이상필, 〈南冥學派의 形成과 展開〉, 고려대 박사논문, 1998에서도 소설로서의 성격을 부정하고 있다.

38) 참고로 북한에서 출판된 《고전소설해제》 2(문예출판사, 1991). 이른바 '天君小說'로 불리는 《愁城誌》, 《天君演義》, 《天君本紀》, 《天君實錄》 등은 소설로 인정하고 있으나, 〈天君傳〉은 소설로 보고 있지 않다.

39) 이것은 최근 근대 이후의 '國語' 또는 '國文學'이라는 개념의 성립을 두고서 벌어지는 논란, 이른바 國民國家論的 근대 비판론과 '正典(canon)' 연구 등의 동향을 보면 쉽게 이해할 수 있다. 곧 표면적으로는 문화적 전통의 正體性 확립을 통해 여타 문화와의 차별성을 확보함으로써 自國 문화에 역사·사회적 統一性을 부여하고자 하는 이들 개념이 실제로는 상당 부분에 있어 西洋의 모델에 따라, 이른바 近代主義的 전제 위에 구축된 것이라는 비판이 그것이다. 그 결과 서양 문학에서 도입된 小說文學이 급격한 지위 향상을 이루고, 이윽고 小說史를 포함한 自國의 문학사에서 서양의 모델에 입각한 等價物을 찾아내려는 노력이 시작되었다는 것이다. 이러한 맥락에서 보면 15세기의 《金鰲神話》에서 17세기의 《홍길동전》에 이르는 소설사적 공백을 메우려는 시도에서 비롯되었다고 할 〈天君傳〉에 대한 소설 자격 논란은 그 자체로 많은 문제를 안고 있다고 볼 수 있다.

따라서 현재로서는 소설 자격에 대한 시비를 떠나 새로운 표현 수법의 도입이라는 측면에서 동강의 문학관과 관련 지어 〈천군전〉의 의의를 평가하는 것이 가장 온당한 해결책이 아닐까 한다. 요컨대 주제적 측면에서는 앞서의 주자학적 언어 표현관인 재도설과 권선징악설을 조금도 벗어나지 않는 것과는 대조적으로 심성이라는 추상적 개념을 쉽게 설명하기 위해 허구적 — 敬·義라는 충신과 懈·傲라는 간신을 등장시키거나, 시간 순서에 따른 사건의 전개를 설정하는 것 등이다 — 인 표현 수법 자체를 사용한 점을 중심으로 이를 평가해야 하지 않을까 하는 것이다.

이러한 점은 시문에 나타나는 그의 문학세계가 기존 연구가 지적하듯이 대체로 '道學者'의 그것을 크게 벗어나지 않는다는 사실에 견주어 보면 그 의의를 이해할 수 있는 것이다. 요컨대 동강은 한강이 '문학적 관심'에서 출발하여 '서정의 문학'으로 접근했던 것과는 대조적으로 '문학적 관심'에서 비롯된 '허구적 (수법의) 문학'을 통해 역으로 자신의 '윤리적 관심'을 강화하는 방향으로 나아가고 있다고 보이기 때문이다. 그러한 동강의 생각은 다음 시에서 상징적으로 드러난다고 하겠다.

> 흰 돌 맑은 샘이 있는 곳에
> 그대의 시가 없을 수 없네
> 天機가 드러나는 곳에
> 너도 잊고 또 나도 잊었네[40]
> (白石淸泉境, 君詩不可無, 天機呈露處, 忘爾更忘吾)

앞에서 인용한 한강의 작품과 견주어 보면 알 수 있듯이 '구도자적

이러한 비판의 근거에 대해서는 다음의 연구가 참고가 된다.

Haruo Shirane, 《創造된 古典 — 正典 형성·國民國家·日本文學》, 新曜社, 1999.
姜海守, 〈植民地 '朝鮮'에 있어서 '國文學史'의 成立〉, 《世紀轉換期의 國際秩序와 國民文化의 形成》, 柏書房, 1999.
40) 〈西溪唱酬三首〉, 《東岡集》 권1.

관심'이 사라지고 난 뒤에도 동강은 天機 — 여기서는 天理, 또는 道라고 보아도 무방할 것이다 — 로의 희망, 곧 형이상학적인 원리에 대한 자신의 집착을 버리고 있지 않는 것이다. 따라서 그가 보여준 '허구적 문학'의 새로운 표현은 자신이 놓여 있는 '윤리적 관심'의 차원을 다시금 道와 합일되는 '구도자적 관심'의 차원으로 되돌리기 위한 '사상적 탐구'로서의 '사고의 문학' 행위였던 것이다. 이렇게 보면 그의 정치 참여가 실은 〈천군전〉의 이념을 현실 정치에 실현시키려는 행위였다는 해석은 매우 타당한 것이라고 할 수 있다. 즉 그의 문학 행위는 철저히 자신의 '윤리적 관심'을 형상화하기 위한 '사고의 문학'을 궁극적 지향점으로 하였다.

이상에서 보듯이 한강이 '윤리적 관심'에서 출발하여 '서정의 문학'으로 접근하고, 동강은 '윤리적 관심'에서 출발하여 역으로 '사고의 문학' 쪽을 지향하였다고 한다면, 망우당 곽재우[41]와 부사 성여신[42]의 경우는 남명학파의 문학세계에서 아마도 가장 '서정의 문학'에 가까이 접근한 경우라고 보아야 할 것이다. 우선 망우당과 부사는 비슷한 삶의 궤적을 보이는데, 전란의 시기에는 현실을 정면으로 타개해 가는 적극적 모습[43]

---

41) 忘憂堂 郭再祐의 문학을 다룬 업적은 다음과 같다.

　金周漢, 〈忘憂堂의 文學世界〉, 《忘憂堂 郭再祐研究》 1, 망우당기념사업회, 1988.

　黃渭周, 〈忘憂堂 漢詩譯註〉, 《伏賢漢文學》 7, 복현한문학회, 1991.

　李東歡, 〈郭忘憂堂의 道學的 精神世界와 그 現實主義的 性向〉, 《伏賢漢文學》 9, 복현한문학회, 1993.

　趙鍾業, 〈忘憂堂의 詩研究〉, 《伏賢漢文學》 9, 복현한문학회, 1993.

　洪瑀欽, 〈論忘憂堂郭再祐文學中所現之義氣精神〉, 《大東漢文學》 6, 대동한문학회, 1994.

　金周漢, 〈忘憂堂 文學의 自由追求 試論〉, 《南冥學研究》 5, 경상대 남명학연구소, 1995.

　崔錫起, 〈忘憂堂 郭再祐의 節義精神〉, 《南冥學研究》 6, 경상대 남명학연구소, 1996.

42) 順貞, 〈浮査 成汝信 研究〉, 경상대 교육대학원 석사논문, 1995.

　李商元, 〈浮査 成汝信의 隱逸精神〉, 《南冥學研究論叢》 6, 남명학연구원, 1996.

43) 임진왜란 당시 부사는 초기에 金德齡 등에 합세하여 싸웠고, 뒤에는 花旺山城

을 보이다가, 이윽고 그러한 현실의 모순과 갈등으로부터의 도피책으로 만년에 神仙思想이나 仙趣에 기울어지는 성향을 보이는 것이다. 다음의 작품은 그러한 두 사람의 삶의 궤적과 만년에 도달한 仙的 趣向을 상징적으로 잘 보여준다고 하겠다.

영화를 사양하고 녹을 버리고 구름 낀 산에 누워
세상사 내버려두고 근심을 잊으니 몸이 절로 한가롭네
예나 이제나 神仙이 없다고 말하지 말라
단지 내 마음 한번 깨닫는 데에 달려 있노라[44]
(辭榮棄祿臥雲山, 謝事忘憂身自閑, 莫言今古無仙子, 只在吾心一悟間)

나는 이 세상 사람
애초에 物外人이 아니었네
가을 바람에 높은 흥취 이니
神仙을 배우는 사람되리[45]
(我是寰中人, 初非物外人, 秋風動高興, 將作學仙人)

51세 때의 심경을 노래한 망우당의 작품은 '事憂'와 '仙子' 사이의 방황과 갈등을, 71세 때의 심경을 옮긴 부사의 작품 역시 '寰中'과 '仙人' 사이의 방황과 갈등을 보여주고 있다. 이렇듯 망우당의 문학세계가 보여주는 '자유추구'[46]와 '節義精神'[47]이라는 정신구조의 대립양상이나, 부사의 문학세계에서 표출되는 仙趣와 선비의식의 복잡한 갈등양상[48]은 단지 강렬한 '윤리적 관심'을 통해 단선적으로 해결될 성질이 아니었다는 점에서 문제가 있었다. 그 결과 '兼善'의 이상이 더 이상 실현될 수

전투에서 망우당과 협력하여 전투에 참가하였다.

44) 郭再祐, 〈詠懷〉, 《忘憂堂全書》 권 1.
45) 成汝信, 〈遊頭流山詩〉, 《浮査集》 권 2.
46) 金周漢, 〈忘憂堂 文學의 自由追求 試論〉 참조.
47) 崔錫起, 〈忘憂堂 郭再祐의 節義精神〉 참조.
48) 崔錫起, 〈浮査 成汝信의 智異山 遊覽과 遊仙詩〉, 《韓國漢詩學會 — 제9회 연구대회 발표자료집》, 1999.

없는 상황에서 '獨善'[49]의 논리라는 새로운 탈출구의 모색은 당연하였던 것이 아닌가 여겨진다.

따라서 이들은 남명학파의 여느 문인들과는 달리 '윤리적 관심'과 '문학적 관심'의 절충과 융합을 통한 해결책을 모색하였던 것으로 보인다. 요컨대 의식의 심층에 깔려 있는 '절의정신'이나 '선비의식'과 같은 '윤리적 관심'이 언어의 표층에서는 '문학적 관심'과 결합한 본격적인 '서정의 문학'으로 나타나는 것이다. 이들의 문학세계는 이렇듯 언어 표현에 있어 적극적으로 유학적 사고의 경계를 넘나든다는 점에서 여타의 문인과는 차별성을 지닌다고도 할 수 있다. 아울러 이들이 보여주는 儒者와 시인의 내적 분열, 곧 '개인의 내면'이라는 '사적 영역의 해방'과 '인간 자연성의 발견'이라는 문제는 후대의 문학사적 흐름과 관련하여 일정 정도 적극적인 의의를 부여받을 수 있지 않을까 한다.[50]

그것은 기존의 '사상적 탐구'로서 경학적 언어를 매개로 한 문학으로는 표현할 수 없는 작자의 性情의 자기 주장, 곧 인간의 자연적 性情의 세계에 대한 적극적 관심으로 발전하고, 이윽고 이를 표현하는 '抒情의 문학' 행위에 대한 인식의 확장의 결과로도 이해할 수 있는 것이다. 요컨대 인간의 자연적 감정의 표출 매체로서 문학은 이들에 이르러서야 비로소 그 존재 의의를 인정받았다고 하겠다. 그러나 다른 한편으로는 이러한 '서정의 문학' 세계가 '삶의 자세로 隱逸을 한평생 지향했음에도

---

49) 《孟子》,〈盡心章句〉上, "尊德樂義 則可以囂囂矣 故士窮不失義 達不離道 窮不失義 故士得己焉 達不離道 故民不失望焉 古之人得志澤加於民 不得志修身見於世 窮則獨善其身 達則兼善天下."

50) '서정의 문학' 행위로 지칭되는 그러한 관심은 이후의 문학사에서는 '性情之正'으로 불리던 기존의 性情의 범위를 넘어 서서 개인적 성정이 있는 그대로 표현되는 새로운 性情―性情之眞―의 세계를 지향하게 되는 거대한 경향으로 나타나게 되는 것이다. 이들 역시 자신의 의사와는 관계없이 그러한 시대의 흐름 속에서 부분적인 영향을 받았던 것은 분명한 사실이라 하겠다. 그 결과로 이들은 명목상으로는 '性情之正'을 내세우면서도 그 이면에 情感 풍요한 개성의 해방, 요컨대 抒情的 개성의 발견을 자신의 언어를 통해 표출하는 실마리를 열어갔던 것이라고 볼 수 있다.

불구하고 결국 세사의 얽매임에서 자유로울 수 없었던' 남명의 정신세계[51]를 이면적으로 계승하는 것이라는 사실도 인정해야 할 것이다.

이런 측면에서 動的 에네르기로 충만한 '義'가 '知命自足' 성향과 正負의 관계로 상호 균형과 안정을 이룬다는 망우당의 정신 구조[52]는 남명의 '구도자적 관심'이 후대에 이르러 단지 강렬한 '윤리적 관심'의 차원으로 왜소화하는 데 대한 하나의 반발로도 이해될 수 있는 것이다. 따라서 앞서 언급했듯이 '자연의 인간화'로 요약되는 남명의 미의식과 달리 '인간의 자연화'라는 방향으로 나타나는 망우당과 부사의 미의식은 시대 변화에 따른 남명사상의 이면적 계승의 한 형태로도 볼 수 있는 것이다. 대체로 '윤리적 관심'에서 출발하여 '인간을 위한 문학'을 주장했던 이들이 실제 작품에서는 별다른 성과를 거두지 못했던 것과 달리 망우당과 부사가 실제 작품에서도 상당한 성과를 거두었던 것은 이들이 지닌 複層位의 정신 구조와 미의식의 결과로 이해해야 할 것이다.

5. 하나의 결론 : '方法으로서의 朝鮮'이라는 물음

근대 이후 이른바 '國文學史'라는 근대적 지적 제도가 수립된 이후의 한국문학 연구는 본래 文·史·哲의 통합 개념이었던 '漢學'을 '漢文學'으로 축소·격하시키면서 이를 근대주의적 개념의 國民文學인 '韓國文學'

---

51) 장원철, 〈南冥詩 世界의 한 局面〉,《南冥學硏究》5, 慶尙大 南冥學硏究所, 1995.
52) 李東歡, 〈郭忘憂堂의 道學的 精神世界와 그 現實主義的 性向〉,《伏賢漢文學》9, 복현한문학회, 1993.
　"忘憂堂의 道學的 精神構造는, 아주 簡要하게 파악하면, 義와 知命自足 두 範疇의 主流力量이 正負의 관계로 高度한 嚴肅性向의 直의 姿勢 내지 樣式으로 있는 가운데 奇正의 機制가 直의 掌握下에 놓여 있는 形局이다. 義 자체가 본래 行動 志向性이 강한 資質인데 奇正의 動的 機制가 몰려 있어 그의 精神에는 動的 에네르기가 강하게 흐르고 있다. 그러나 知命自足이라는 負面의 資質이 義와 比等한 比重으로 이런 점에서 均衡과 安定을 이루고 있다."

의 범주 안으로 포섭해 가는 일련의 과정이었다. 이러한 포섭 과정이 별다른 저항 없이 자연스럽게 받아들여졌던 것은 무엇보다도 근대 이후 지금까지 우리의 '학술지' 성립이 '주자학적 사유 구조의 停滯'와 '근대적 발전으로 이어지는 반주자학적 경향'이라는 명제를 암묵적으로 전제하였기 때문이라 하겠다. 그러나 논의 대상이 남명학파의 문학적 측면의 전개와 같이 주자학적 사유 구조 안에서 하나의 완결된 구조를 이루고 있는 경우에는 이러한 기존의 암묵적 전제는 곧 그 생산성 또는 유효성을 상당 부분 상실하고 마는 것이다.

이 글에서는 이러한 맥락에서 우선 남명학파의 문학적 전개와 그 양상을 도학 내지 주자학의 내적인 틀 안에서 이해하여 설명해 보고자 하였다. 요컨대 기존의 道文 관계의 변화라는 측면을 중심으로 경학과의 미분화 상태로부터 문학 행위가 점차 자립해 가는 동시에 그 범위가 확대되어 가는 과정을 남명학파의 경우를 대상으로 논의해 본 것이라고 하겠다. 그 결과로 '사상적 탐구'로서의 '사고의 문학', '윤리적 관심'과 '문학적 관심'과 결부되어 나타나는 '서정의 문학', 그리고 수법적인 측면에서의 '허구의 문학', 기타 여러 차별상이 남명학파의 문학 행위로 존재하였음을 파악할 수 있었다.

그러나 이렇듯 '사상적 탐구'로서 도학적 문학이 추구하던 道의 보편자적인 성격이 점차 붕괴되어 감으로써 문학의 인식 범위가 확대되고, 그 결과로 기존의 재도설이나 권선징악설 일변도의 시각에서 벗어난 새로운 문학이 나타나는 현상은 비단 남명학파에게만 국한된 것이라고는 할 수 없을 것이다. 그러한 현상은 동일한 주자학의 범위에 속하는 퇴계학파나 기호학파의 경우에도 유사하게 나타날 가능성이 높은 것이다. 문제는 이러한 가설에서 출발하여 개별 문인에 대한 작가론과 작품론을 축적하고, 그러한 축적을 통해 가설을 다시 수정하는 등의 작업을 반복함으로써 이들 학파가 동일한 사림파 문학으로서 지니고 있는 사유 구조나 미의식이 무엇인가, 동시에 다른 학파와 변별되는 독자적인 성격이 무엇인가를 전체적으로 규명해 가는 일이라고 해야 할 것이다.

그러나 한편으로 보면 단선적인 분석 시각에 입각한 연구의 축적을 통해서는 결코 복합적이고도 중층적인 성격을 지니는 문학사나 사상사의 내실에 도달하는 것은 불가능할 것이다. 더욱이 앞서 지적했듯이 그러한 연구의 시각이 근대 이후의 우리의 역사가 만들어 낸 정신적 억압의 산물인 근대주의에 입각할 때, 그 결과는 거대한 하나의 허구가 되고 말 위험성에 언제나 노출되어 있는 것이다. 따라서 남명학파의 문학과 같은 논제도 이를 다루기에 앞서 우선 그 전제로서 '근대에 재구성된 조선', 그리고 그러한 과정을 통해 '國民文化化'한 조선의 思想과 文學을 解體하는 방법론적 탐구와 논의가 필요하지 않을까 생각한다. 요컨대 지금이야말로 '근대의 문법'의 解體를 통한 이른바 '방법으로서의 조선'과 같은 분석 시각을 수립하고, 그러한 시각에 입각한 言說의 生成史로 문학사나 사상사 연구가 등장해야 할 시점이 아닌가 하는 것이다.[53] 그러한 필요성에 대한 제언으로서 하나의 管見에 머물러 있는 이 글은 그러한 과제를 향한 출발 선언 이상의 의미를 지니는 것은 아니라고 해야겠다.

---

53) 子安宣邦, 〈方法으로서의 江戶〉, 《方法으로서의 江戶 — 江戶의 思想 10》, 펠리칸 사, 1999.

　"西洋의 近代를 추종하면서 그 對抗으로서 自己를 形成했던 日本의 近代史를 되읽어보고, 다시 포착해야 할 批判的인 視點, 그것이 '方法으로서의 江戶'이다. '江戶'라고 해도 그것은 결코 對抗으로서의 實體的인 江戶·德川日本의 주장은 아니다. '實體로서의 江戶'라는 이야기는 西歐的 近代로 轉移해 가던 近代日本에 對抗하는 또 하나의 近代, 요컨대 德川日本을 再構成한 이야기에 불과할 뿐이다. 그렇지만 '方法으로서의 江戶'란 日本의 近代史의 外部에서 이루어진 '歷史에로의 批判的 視角'의 주장인 것이다."

　이밖에 中村春作, 〈思想史의 脫構築과 知識人論의 發生〉, 같은 책 참조.

退溪學派의 文學

― 南人文學의 成立과 그 展開 ―

李敏弘(성균관대)

1. 問題의 提起

退溪學派의 주류는 南人이다. 하지만 退溪學이 南人들만의 전유물은
아니고, 黨脈을 초월한 士人들의 공유물이었음은 주지의 사실이다. 여
기서 黨色이나 色目이라고 하지 않고 黨脈이라고 지칭한 데는 이유가
있다. 서양 중세국가들의 당쟁은 매우 관대하게 평가하거나, 역사의 멋
정도로 생각하면서, 조선조 당쟁에 대해서는 그 순기능은 전적으로 배
제하고 단점만을 확대하여 이를 蛇蝎視하는 각계각층의 잘못된 인식을
밝히고자 함이다.

동서고금을 막론하고 당파가 없는 시대나 국가는 절대로 존재하지
않았다. 당파가 없었다고 규정된 시대나 국가가 있었다면, 그 시대나 국
가의 실상을 몰랐거나, 그렇지 않으면 부정하고 싶은 마음에서 나온 속
단일 것이다. 당색과 당쟁은 악이고 있어서 안될 것이라고 주장하는 사
람들 모두에게도, 그 내면에는 당파의식이 확실하게 자리잡고 있다는
사실을 부정하지 못한다. 만일 이를 부정하고 공명정대한 원론적 논의
를 펴는 사람이 있다면, 그것은 손바닥으로 하늘을 가리는 행위와 다를
것이 없다.

이와 같은 이유로 해서 필자는 南人이라는 용어를 역사적으로 존재했던 긍정적인 士人 집단의 명칭이라고 단정하고, 기존의 색목 등의 용어를 지양하고 黨脈이라고 부르고 있다.[1] 이는 비단 남인에게만 국한되는 것이 아니고, 西人에서 분파된 老論이나 少論은 물론이고 北人 등의 모든 사인 집단에도 해당된다. 필자는 이 같은 조선조 사인들의 당맥을 중심으로 하여 '南人文學, 老論文學, 少論文學, 北人文學' 등으로 유분하여 연구할 필요성을 일찍이 제기한 바 있는데, 이 같은 인식은 지금도 변함이 없고, 오히려 그 필요성에 대해서 훨씬 더 강력하게 주장하고 싶었던 것이 사실이다. 한국문학은 복합적인 다양한 성향을 지닌 종합적 문학이지, 결코 단세포인 아메바와 같은 단순한 문학이 아니다.

이에 덧붙여 말하고 싶은 것은 남인문학이 최고이며 여타 당맥에서 형성된 문학이 최악이라는 것은 분명히 아니라는 점이다. 한국문학이 남인문학밖에 없다면, 그것은 한국문학의 불행이다. 한국문학이 훌륭한 한국문학일 수 있는 이유는, 노론문학과 소론문학도 있으며 북인문학 등도 있기 때문이다. 그러므로 역사적으로 존재했던 제반 黨脈들이 형성한 문학들은 결코 우열이나 고저장단으로 접근하여 포폄하려는 의도가 있다면, 그것은 대단히 경계해야 할 인식이다.

특정의 당맥을 중심으로 모인 사인들은 학문적 성향이 동일했으며 각자가 향유한 문학에 대한 미의식 역시 거의 동일했거나 비슷했다. 정서의 경우 천차만별일 것은 당연하지만, 함께 자주 만나서 학문을 토론하고 문학을 말하며 술잔을 기울이며 담소하는 과정에서 서로를 닮아갈 확률이 높고, 같은 스승 밑에서 공부하다보면 스승의 면모를 알게 모르게 닮을 수밖에 없기 때문에, 유사한 사유체계나 미의식 또는 정감을 갖게 될 것은 당연하다.

퇴계학파의 사인들을 유학과 문학의 두 갈래로 나눌 수 있는데, 이

---

1) 李敏弘, 《朝鮮中期 詩歌의 理念과 美意識》(성대출판부, 1993)에서 聾巖과 退溪의 詩歌를 논의하면서 色目이나 黨色 등의 용어 대신 黨脈이라는 단어를 사용한 바 있다.

중에서 문학계열에 국한시켜 논의를 전개하고자 한다. 퇴계학파의 주된 계파는 유학사상일 수도 있지만, 그 못지않게 문학 쪽으로 관심을 기울여 이를 계승한 인맥도 적은 편은 아니다. 이 논문의 부제를 "南人文學의 成立과 그 展開"라고 한 까닭은 퇴계학을 남인문학의 상위 영역으로 보았기 때문이다. 조선중기 이후로 南人들이 중앙정계에서 대부분 소외되었기 때문에 유학과 문학에 침잠하여 괄목할 만한 업적을 이루었는데, 이는 당대의 불행이 후대에는 행운이 된 하나의 예이기도 하다. 퇴계학파에서 문학이 차지하는 비중이 유학에 비해 적다고 하여 당대에 끼쳤던 영향이 꼭 왜소했다고 단정하기는 어렵다. 특히 필자가 중점적으로 다루고자 하는 南人歌曲의 남상이었으며, 전범이 되었던 〈陶山十二曲〉과 문인들이 창작한 〈도산십이곡〉 계열의 무수한 連作短歌들이 끼친 영향도 결코 적은 편이 아니었다. 〈도산십이곡〉은 남인가곡의 正宗으로서, 후대 문학분야에 관심을 기울였던 南人系 士人들의 가창생활에 필수가 되었고, 이를 준거로 한 모방작이 속속 창작되어 南人系 短歌文學에 핵심으로 부각되었다.[2]

퇴계문학에 대한 연구는 일일이 열거할 수 없을 정도로 많다. 그러나 퇴계학파를 한데 묶어서 체계적으로 연구한 업적은 드문 편이다. 퇴계학파의 문학 연구의 단초를 연 선학은 陶南 선생이다. 도남은 〈退溪를 중심으로 한 嶺南歌壇〉이란 논문에서 퇴계학파의 사인들 중에서 일정한 성향을 공유한 문학이 있었음을 일찍이 간파하고 이를 칭하여 '嶺南歌壇'이라고 규정했다.[3] 도남은 퇴계의 시가가 퇴계 당대에 홀연히 나타난 것이 아니고, 〈李鼈六歌〉와 관련이 있을 뿐만 아니라, 聾巖의 〈漁父歌〉와도 관련이 있다고 논정했다.

2) 金相珍, 《朝鮮中期 연시조의 硏究》(민속원, 1997)의 六歌系 연시조의 空間意識과 理念 장에서 東峰六歌와 藏六堂六歌를 전재한 후, 權好文의 〈閑居十八曲〉과 張經世의 〈江湖戀君歌〉, 安瑞羽의 〈楡院十二曲〉, 權榘의 〈屛山六曲〉, 申墀의 〈永言十二章〉 등 〈도산십이곡〉 계의 작품들의 성향에 대해서 논의했다.
3) 趙潤濟, 〈退溪를 中心으로 한 嶺南歌壇〉(청구대논문집 제8호, 1965)에 詩歌를 중심으로 하여 퇴계 시가의 淵脈을 밝혀서 후학들에게 많은 계시를 주었다.

　퇴계학파의 문학은 국문시가 계열과 한시문 계열로 분류할 수 있다.
국문시가 계열의 중심축은 〈陶山十二曲〉인 만큼, 〈도산십이곡〉을 중심
으로 퇴계학파의 국문시가 계열에 대해 논의하고자 한다. 퇴계학파의
문학에서 국문시가를 계승한 제자들과 한시문을 계승한 문도들이 있게
마련이지만, 한시문과 달리 국문시가의 경우는 퇴계학파의 특성이 더욱
두드러지게 나타났다. 퇴계학파의 경우 〈도산십이곡〉은 전범적 가곡으
로 평가되고 향유되었다. 그러므로 퇴계의 문도들 중 남인계의 사인들
은 〈도산십이곡〉을 마치 한시를 차운하듯이 형식은 물론이고 내용까지
크게 변화시키지 않고 교과서처럼 수용하여 이를 재창출했다. 가곡의
체제도 육수와 또는 열두 수를 고수하는 경향이 있었고, 명칭 역시 퇴
계가 명명한 대로 '六歌'가 아니라 '六曲' 또는 '十二曲'을 거의가 준수하
고 있었다.

　南人歌曲 중에서 〈도산십이곡〉 이외에 꼭 짚고 넘어가야 할 것이 있
는데, 그것은 다름 아닌 〈漁父歌〉이다. 〈어부가〉를 두고 〈漁父曲〉이라
하지 않고 〈어부가〉라고 명명된 데 주목할 필요가 있다. 〈어부가〉는
聾巖(李賢輔, 1467~1555)이 찬정한 작품으로서 退溪가 이에 깊이 관련
했기 때문에 남인가곡들 중 중요한 가요의 하나로 굳혀졌다.[4] 〈어부
가〉는 聾巖에 의해 재발견되고 널리 알려졌는데도 불구하고, 후대 南人
系 사인들은 이를 퇴계의 작품으로 치부한 예가 허다했다. 壽軒 李重慶
(1599~1678)의 〈梧臺漁父歌〉는 九曲과 五章으로 되어 있지만, '曲'의
경우는 가곡의 장르적 의미가 아니라 강호의 어떤 지점을 가리켰다. 그
러므로 漁父詞에서 발원한 어부가 계열을 계승한 南人系 士人들의 작
품명은 대체로 '○○歌'라고 볼 수 있다.[5]

　東方의 歌曲에도 당맥이 분명하게 있었다는 사실은 수년 전에 필자

---

4) 李佑成, 〈高麗末 李朝初의 漁父歌〉(성대논문집 9집, 1964)에 어부가가 東方歌曲
에서의 차지하는 비중과 의미에 대해 확연하게 논정한 바 있다.

5) 李重慶의 〈漁父歌〉 自序에, 어부사를 〈陶山漁父詞〉라고 했고 별도로 〈漁父別
曲〉 六章을 지어서 〈陶山十二曲〉을 계승했음을 밝혔다.

가 이를 밝힌 바 있다.[6] 孤山 尹善道(1587~1671) 역시 〈漁父四時詞〉의 발문을 통하여, "聾巖 선생이 이를 애호하여 권태롭게 여기지 않았고, 퇴계부자가 탄상해 마지않았다"고 기록하여 농암 → 퇴계로 이어지는 南人系 士人의 가곡임을 언명했다.[7] 고산이 이를 〈漁父四時歌〉라고 하지 않고 〈漁父四時詞〉라고 한 것은 어부가가 중국의 詞曲과 관련된 것임을 염두에 두었기 때문에 그 원명을 살린 것으로 여겨진다. 남인가곡의 경우 대체로 '○○歌'라고 했을 때는 道學的 性情美學에 의거하여 창작된 것이 아니라, 강호에서 자연을 즐기며 노니는 유희적 경향이 있는 작품이라는 含意도 있는 듯하다. 이에 반해 '○○曲'일 경우 '○○歌'와는 달리 퇴계가 정의한 '言志', 즉 主理的 性情美學에 입각하여 창작된 작품일 가능성이 있다.

남인가곡의 주류인 〈도산십이곡〉계의 작품이 철저하게 儒家的인 데 반해, 〈어부가〉계 가곡은 다소나마 노장적 분위기가 있는 것으로 생각된다. 〈도산십이곡〉이 유가적 미의식에 의해 창작된 규범적 작품임은 林下先生의 일련의 논문에서 구체적으로 규명되었다.[8] 그러므로 〈도산십이곡〉에 깔려 있는 주제의식과 미의식을 철저하게 검토하면 남인가곡의 실상이 자연스럽게 밝혀진다. 〈도산십이곡〉에 대한 연구 업적은 예상보다 많은 편이 아니다. 그 이유는 〈도산십이곡〉을 범상한 시각으로 관찰할 때 잡혀 나오는 것이 별로 없기 때문이다. 그리하여 이에 대한 연구는 끝난 것으로 속단하고 선반 위에 올려놓았던 기간이 한동안 계속되었다.

본고는 남인문학의 성립과 그 전개에 주안점을 두면서, 남인가곡의

---

6) 李敏弘, 〈聾巖詩歌의 理念과 美意識〉, 《聾巖 李賢輔의 文學과 思想》(안동문화연구소, 1992)에서 어부가가 남인계의 가곡이었음을 논의했다.

7) 尹善道, 《孤山遺稿》卷6 下, 〈漁父四時詞跋〉, "聾巖先生好之不倦 退溪夫子歎賞無已."

8) 崔珍源, 〈陶山十二曲攷〉, 《人文科學》13輯(성대 인문과학연구소, 1984) ; 〈陶山二曲攷二〉, 《陶南學報》7輯(圖南學會, 1985)에서 〈陶山十二曲〉에 대해서 정치하게 논정했다.

대표인 〈도산십이곡〉과 퇴계의 문도들이 계승한 〈도산십이곡〉 계의 작
품을 주로 고찰하기로 한다. 남인문학이 존재한 것이 확실하다면 이를
뒷받침하는 미의식이 있었을 것이다. 그러므로 필자는 主理的 性情美學
과 이에 수반된 品格論의 일단을 밝혀서 퇴계학파의 문학을 규명하는
데 하나의 방법론으로 삼고자 한다. 아울러 퇴계학파의 문학연구에 대
한 종합적인 검토와 그 문제점을 적시한 최근의 연구가 본고를 작성하
는 데 도움이 되었음도 밝혀둔다.[9]

2. 〈陶山十二曲〉과 南人歌曲

　조선조 士人들의 경우, 在朝이든 在野이든 간에 樂舞는 풍류생활의
중요한 부분을 차지하고 있었으며, 악무 중에서 가장 손쉽게 향유할 수
있는 短歌가 유달리 중시되었다. 퇴계는 일반 사인들은 물론이고, 특히
그의 문인들이 정통 樂學思想에 부합되는 가요를 부르기를 기대했다.
당시 퇴계의 문인들 역시 아마도 〈李鼈六歌〉와 〈翰林別曲〉과 같은 단
가와 〈경기체가〉를 즐겨 불렀던 것으로 추측된다. 〈陶山十二曲跋〉에서
퇴계는 東方의 노래가 대체로 淫哇하여 족히 말할 바가 못된다고 비판
했다. 이 경우 '東方歌曲'의 범주는 〈李鼈六歌〉와 〈翰林別曲〉이 포괄되
는데, 여기서 우리는 퇴계가 '歌'와 '曲'을 분별하고 있었다는 점을 주목
할 필요가 있다. 이들 歌曲 중에서 단가인 〈李鼈六歌〉가 세상에 널리
유행하고 있음을 강조했는데, 이는 그의 문인들도 향유층에 포함되었기
때문에 이 같은 기술을 한 것이 아닌가 한다.[10] 퇴계가 변별하여 말한

---

9) 李鍾虎, 〈退溪의 詩歌文學論과 文藝認識論의 爭點〉(慶北大 退溪學研究所, 1999
　년 5월)에서 退溪의 詩歌文學에 대한 기존의 업적을 종합비판하고 그 문제점을
　구체적으로 검토했다.
10) 李滉, 《退溪集》 卷43, 〈陶山十二曲跋〉, "吾東方歌曲 大抵多淫哇不足言 …… 近
　世有李鼈六歌者世所盛傳."

동방의 노래 중에서 '歌'와 '曲'은 어떤 차이가 있는지도 밝혀져야 한다. 퇴계가 〈陶山六歌〉 또는 〈陶山十二歌〉라고 하지 않고, 〈陶山六曲〉 또는 〈陶山十二曲〉이라고 명명한 데는 그만한 이유가 있었을 것이다.

歌와 曲이 차이가 어떤 있었던 점은, 〈李鼈六歌〉의 창작자인 장육당 이별의 후손들이 이를 모방하여서 지은 李得胤(1553~1630)의 〈西溪六歌〉, 〈玉華六歌〉와 李弘有(1588~1671)의 〈山民六歌〉 및 李淨(?~1594)의 〈楓溪六歌〉 등의 명칭이 '○○曲'이 아니고 '○○歌'로 명명된 사실도 참고가 된다.[11] 이에 비해 退溪學派의 士人들이 〈陶山十二曲〉을 의방하여 창작한 작품들의 명칭이 대부분 '○○曲'으로 되어 있다는 사실도 시사하는 바가 있다. 퇴계 이후 士人들이 가와 곡을 변별하지 않고 혼용하여 사용했다는 흔적도 발견되기는 하지만, 내용상 차이가 있었다는 것은 인정된다. 퇴계가 〈이별육가〉를 '略倣'했다고 한 것은 〈李鼈六歌〉의 노랫말을 배제하고 당시 널리 유행하던 단가의 곡조만을 수용했다는 의미로 해석된다.

〈도산십이곡〉은 〈이별육가〉의 곡조 틀속에 〈도산십이곡〉의 노랫말을 넣어서 문인들과 휘하의 兒輩들로 하여금 스스로 노래하고 춤추게 하는데 목적이 있었다. 스스로 노래하고 춤추게 했다는 것은 〈도산십이곡〉이 노래에만 국한된 것이 아니라 무용까지 포함된 악무였음을 유추할 수 있다. 단언하기는 어렵지만, 〈도산십이가〉라고 하지 않고 〈도산십이곡〉이라고 한 까닭은 〈이별육가〉와 확연하게 변별시킨다는 의도와 더불어 무용까지 곁들인 악무였기 때문에 '曲'이라고 한 것이 아닌가 한다.[12] 〈도산십이곡〉이 노래만이 아니라 무용까지 포함된 歌曲인 점을 그 동안 우리는 별로 주목하지 않았다.

글자 한자에도 신중을 기하는 퇴계의 성품을 감안할 때, 〈도산십이

---

11) 李相周, 〈李得胤과 西溪六歌 玉華六歌의 創作年代〉(竹夫 李箎衡 敎授 停年退職 紀念論叢, 1996) 참조.

12) 李滉, 《退溪集》 卷43, 〈陶山十二曲跋〉, "欲使兒輩 朝夕習而歌之 憑几而聽之 亦 令兒輩自歌 而自舞蹈之."

곡〉은 民族樂舞의 한 분야인 소위 東方歌曲의 맥락과도 연관되었을 것
으로 생각된다. 그러므로 퇴계가 〈陶山十二曲〉이라고 명명한 것은 이
노래가 東方歌曲 중에서 '○○歌系'가 아닌 '○○曲系'의 전통을 계승했
음을 스스로 밝힌 것이다. 〈陶山十二曲〉이 東方歌曲의 맥락 속에 중요
한 歌曲의 하나로서 존재하고 있는 만큼, 응당 민족악무의 최초의 기록
인 《三國史記》의 '樂'조를 검토할 필요가 있다.

　《삼국사기》 樂志(雷川은 樂이라고만 했지 志字를 붙이지 않았다)에는
'樂'과 '曲' 그리고 '調'가 각기 다른 개념으로 사용되고 있는데, 그 가운
데에서 '曲'은 高句麗 樂人 王山岳이 지은 〈玄琴曲 一百餘曲〉과 玉寶高
의 〈新調三十曲〉 등이 있는데, 이 경우의 曲은 '調'의 하위 갈래로 사용
되고 있다. 여기에 등장하는 수백 개에 달하는 曲의 실상을 파악하기는
어렵지만, 단순한 현금이나 거문고나 가야금의 곡조 정도로 보기에는
문제가 있다. 옥보고가 지었다는 〈上院曲〉, 〈中院曲〉, 〈老人曲〉, 〈鴛鴦
曲〉 …… 등의 명칭이 갖는 의미를 염두에 둘 때, 거문고 곡조만을 지칭
한 것 같지는 않다. 《삼국사기》 악지에 등장하는 악무의 갈래에는 '樂·
曲·舞·歌·引' 등이 있는데, 이 가운데에서 〈思內舞〉조를 보면 '監三人·
琴尺一人·舞尺二人·歌尺二人'이 등장한다고 했다. '○○舞'라는 악무에
도 거문고 연주자와 무용수, 그리고 歌客이 나와서 연출했음을 확인할
수 있다.

　《삼국사기》 악지의 악무명칭을 참작건대 '曲'은 단순히 노래만으로
구성된 것이 아니라 무용 등도 포함된 것으로 유추할 수 있다. '曲'으로
명명된 악무가 노래만 있는 것이 아니라는 사실은 〈于勒十二曲〉으로
널리 알려진 伽倻樂舞가 가야금의 曲調에 국한된 것이 아니라 가야연
맹의 여러 나라의 국가악무를 지칭한 사실과도 연계된다.[13] 〈우륵십이

---

13) 李敏弘, 《韓國民族樂舞와 禮樂思想》(집문당, 1997)의 '伽倻樂舞와 禮樂思想'장
　　에서 〈于勒十二曲〉으로 알려진 伽倻樂舞는 신라가 가야를 합병하여 新羅樂으로
　　편입되는 과정에서 가야제국의 '十二樂'이 강등되어 '十二曲'으로 변모된 것임을
　　논했다.

곡〉의 '十二曲'이 〈도산십이곡〉과 연관된 것은 아닐지라도, 12라는 숫
자는 반드시 우연의 일치라고 단정키는 어렵다. 일찍이 필자는 〈도산십
이곡〉이 〈이별육가〉를 약방하는 과정에서 前六曲과 後六曲으로 확장
되어 12曲이 된 것은, 朱子의 〈武夷精舍雜詠〉과 〈雲谷雜詩〉十二首와
도 무관하지 않음을 지적한 바 있다.

퇴계의 陶山은 주자의 은거지 '雲谷'과 관계가 깊고,[14] 栗谷의 高山은
주자의 〈武夷九曲〉과 이면으로 깊이 연결되어 있는 데 반해, 남명의 경
우는 주자의 은거지와 특별한 연관이 없는 점은 16세기 사림파의 강호
생활과 비교할 때 특이하다고 하겠다. 남명 역시 仕宦에 별 뜻이 없었
고, 그러기 때문에 남명이 경영한 '雞伏堂·雷龍亭·山天齋·山海亭' 등의
亭臺를 응당 주자의 은거지와 대비할 법도 한데, 그 같은 흔적은 발견
되지 않는다.[15]

《高麗史》樂志 '俗樂'조에 '○○曲'이라는 칭호로 정식으로 나타난 악
무는 〈翰林別曲〉이다. 〈翰林別曲〉은 퇴계가 〈도산십이곡〉을 창작하는
데 〈이별육가〉와 더불어 결정적인 역할을 한 이른바 東方歌曲 가운데
하나이다. 속악조 말미 〈用俗樂節度〉 항목에 〈太平年之曲〉, 〈水龍吟之
曲〉, 〈憶吹簫之曲〉 등에서 曲이라는 명칭이 나오지만 이들은 순수한 東
方歌曲으로 보기에는 문제가 있고, 이 경우는 장르가 아닌 곡조를 가리
킨 것으로 생각된다. 다만 高句麗樂으로 분류된 '溟州'의 경우는 〈溟州
曲〉으로 추정된다. 여기서 말하는 '曲'은 곡조의 개념이 아니라 장르개
념을 뜻하지만, 명주곡은 앞의 〈水龍吟之曲〉 등과는 달리 장르를 지칭
했다고 여겨진다.[16]

《三國遺事》에는 가사가 전해지는 소위 鄕歌 14수와 漢譯歌 2수, 그리

---

14) 朱熹,《朱文公文集》卷6, 卷9의 〈雲谷雜詩〉와 〈武夷精舍雜詠〉.
15) 曺植,《南冥集》〈行狀〉 참조.
16) 《高麗史》志 卷二十五 樂二 俗樂조 溟洲 항목에 〈遂歌此曲〉으로 표기되어 있
    고, 用俗樂節度 항목에는 〈奏太平年之曲〉, 〈奏水龍吟之曲〉, 〈奏憶吹簫之曲〉으로
    표현되어 있다.

고 가사 부전의 7수 등 도합 23수 내외의 樂舞가 전해오는데, 이 중에서
曲은 〈玄琴抱曲〉, 〈大道曲〉, 〈問群曲〉 등 3수밖에 없고 〈薯童謠〉, 〈風
謠〉 등의 두수를 빼면 나머지는 전부 歌이다. 유명한 향가 14수가 〈서
동요〉와 〈풍요〉를 제외한 12수 모두가 '歌'인 점은 주목된다. 〈보현십
원가〉를 포함한 향가 25수 중 〈처용가〉와 '怨歌'라고 알려진 宮廷栢 이
외에는 후세에 천 몇 백 년 동안 수많은 문헌들에 언급되지 않았을 뿐
아니라 관심 밖에 있었다는 사실도 주목된다. 歌와 謠는 확실하게 구분
이 되는 데 반해 曲은 그 개념이 뚜렷하지 않다. 앞서 필자는 曲의 경우
는 노래만이 아니라 악기의 반주와 함께 춤도 포함된 것으로 歌보다 다
양한 면모를 갖춘 악무의 장르가 아닌가 하는 가설을 제시한 적이 있
다. 《삼국유사》에 나타나는 두 개의 曲은 그 기술이 너무나 간략하기
때문에 노래와 춤이 포함되었는지는 확언키 어렵다.

　　조선조에 편찬된 《樂學軌範》에는 〈文德曲〉이 중요한 악무로서 독립
된 장절로 실려 있다. 〈문덕곡〉 이외에는 정식으로 곡이라는 칭호가 붙
은 악무는 없는 듯하다. 퇴계가 東方歌曲이라고 했을 때 歌와 曲은 그
성격이 상이하다는 사실의 표현이 분명하다면, 그것들의 주제의식과 미
의식에도 차이가 있었을 것이다. 객관적 차이점을 말하기 전에, 〈도산
십이곡〉의 작자인 퇴계의 의중을 읽어보는 것이 도움이 된다. 〈도산십
이곡〉의 발문을 근거로 할 때, 〈이별육가〉의 결정적인 단점은 세상을
비웃는 불공한 주제의식이라고 했다.[17] 고려가곡인 〈한림별곡〉을 玩世
不恭의 〈李鼈六歌〉보다 더 부정적으로 취급했는데도 불구하고 〈李鼈
六歌〉의 '○○歌'를 버리고 〈한림별곡〉의 '○○曲'을 취한 이유가 주목
된다. 〈한림별곡〉이 문인의 작품이라는 점을 평가한 듯하고, 겸하여 '○
○曲'라는 제목이 붙은 한시들이 대부분 기층 백성들의 정서가 녹아있
는 歌曲을 바탕으로 하고 있다는 장르의식도 작용하지 않았나 한다. 퇴

---

17) 崔載南, 〈士林의 鄕村生活과 詩歌文學〉(國學資料院, 1997)에서 장육당육가의
　　내용과 육가의 연원부분 참조.

계가 의식했는지는 확인할 수 없지만,《삼국사기》악지의 〈于勒十二曲〉을 위시한 건전한 주제의식이 형상된 조선조의 〈文德曲〉 등의 명칭도 참작되었을 것이다. '歌'와 '曲'에 대한 변별성은 쉽게 단정할 수는 없지만, 조선조 短歌의 예를 보면 '○○歌' 계열의 작품이 대체로 朱子學에 기반한 性情美學과 얼마간의 거리가 있는 점이 관심을 끈다. 그러나 조선조 초기 樂章인 〈龍飛御天歌〉와 〈月印千江之曲〉의 歌와 曲의 호칭 또한 변별점이 있었던 듯한데, 앞으로 밝혀져야 할 과제이다.

歌와 曲에 대한 변별적 개념은 퇴계에 의해 16세기 와서 새로이 정립된 것으로 인정된다. 퇴계가 내렸던 '曲'에 관한 정의를 〈陶山十二曲〉 발문을 바탕으로 역순으로 이를 추구할 수 있다고 필자는 생각한다. 퇴계는 〈도산십이곡〉의 발문을 통하여 후학들의 短歌 창작의 지침을 마련했다. 단가를 창작함에 있어서 가급적 '○○曲'이라고 이름한 것을 암묵적으로 권유했고, 주제의식은 반드시 '淫哇'와 '矜豪放蕩'이나 '褻慢戲狎' 또는 '玩世不恭' 등을 배제시킬 것을 권유했다. 퇴계가 후학들에게 이렇게 직접적으로 지시한 것은 아니지만, 퇴계 이후 南人系 士人들의 단가는 대체로 이 같은 기조가 확실하게 지켜진 채로 창작되었다.

퇴계 문도들에 의해 창작된 南人歌曲 중 '○○曲'으로 이름한 短歌들은 淫哇性과 矜豪放蕩·褻慢戲狎·玩世不恭들의 주제의식이 철저하게 止揚되어 퇴계가 설정한 문학적 지표 '溫柔敦厚'의 경지를 벗어나지 않았다. 權好文(1532~1587)의 〈閑居十八曲〉, 尹善道(1587~1671)의 〈山中新曲〉, 李聃命(1646~1701)의 〈思老親曲〉, 李徽逸(1619~1672)의 〈楮谷田家八曲〉, 李重慶(1599~1687)의 〈漁父別曲〉, 安瑞羽(1664~1735)의 〈楡院十二曲〉, 權榘(1672~1749)의 〈屛山六曲〉 등의 연작 단가들은 모두 '曲'으로 명명되었다. 이들 短歌群은 모두 온유돈후의 경계를 벗어나지 않은 특성을 지니고 있다. 물론 '○○歌'라고 명명된 단가작품에도 온유돈후가 없는 것은 아니지만, 얼마간의 차이는 있었다고 생각된다. 남인계 士人으로서 퇴계의 〈도산십이곡〉을 모방하여 지었다고 작자가 스스로 밝힌 張經世(1547~1615)의 〈江湖戀君歌〉는 '曲'이라고 하지 않고

'歌'라고 한 이유는 꼬집어 말할 수는 없지만, 〈陶山十二曲〉과는 주제의
식에서 차이가 나고 있는 점도 참고가 되겠다.[18]

퇴계는 歌曲 중에서 '歌'보다 '曲'에 비중을 두고 후세에 전범이 되는
노랫말을 창작하고자 하는 의도가 있었다. 사실 조선조 短歌史에서 〈도
산십이곡〉이 차지하는 비중은 매우 컸다. 樂舞는 자고로 移風易俗의 막
강한 기능을 행사했다. 노래와 춤이 있는 곳에는 수많은 백성들이 떼를
지어 몰려와 흥청거렸다. 이는 동서고금은 물론이고 먼 미래까지도 변
함이 없을 것이다. 이 점을 충분히 이해한 퇴계는 東方歌曲에 남다른
관심을 가졌고, 이 같은 관심에서 〈도산십이곡〉이 창작되었다. 우리가
이 과정에서 주목해야 할 점은 퇴계가 東方歌曲의 통시적 맥락을 검토
하고 이를 근저로 하여 창작에 임했다는 사실이다. 성리학자로서 주자
학에만 몰두한 것이 아니라 우리 민족의 악무에도 관심을 가졌다. 〈도
산십이곡〉을 창작하지 않은 퇴계를 연상해 본다면, 이 작품이 퇴계에게
차지하는 비중을 충분히 가늠할 수 있을 것이다. 퇴계는 〈李鼈六歌〉뿐
만 아니라 〈한림별곡〉을 비롯한 고려가요 전반과 고려 이전의 악무까
지 알고 있었던 듯하다. 우리의 민족악무를 일러 東方歌曲이라고 한 것
은 중국의 《詩經》 중 雅頌을 염두에 둔 것으로 생각된다. 張經世는 〈陶
山十二曲〉을 평하여 "의사가 진실하고 음조가 淸絶하여 이를 듣는 사
람으로 하여금 착한 마음을 일으켜서 사특한 마음을 씻어내게 하는바,
진실로 《시경》 三百篇의 남긴 뜻이 그대로 살아 있다"고 했다.[19] 퇴계
의 후학들도 이 작품을 조선의 《시경》으로 인식한 흔적이 곳곳에서 발
견된다.

퇴계가 東方歌曲에 상당한 관심을 경주했다는 사실은, "근래에 密陽

---

18) 張經世의 〈江湖戀君歌〉는 왕을 그리워하는 주제의식을 기저로 하여 현실문제
   에 관심을 표명했는데, 이 점은 〈도산십이곡〉과 차이가 난다. 이 같은 변별성으
   로 인하여 작가가 '曲' 대신 '歌'라고 했는지 모르겠다.
19) 張經世, 《沙村集》, 〈江湖戀君歌跋〉, "余少時 因友人李平叔 得見退溪先生陶山六
   曲歌 意思眞實 音調 淸絶 使人聽之 足以興起其善端 蕩滌其邪穢 眞三百篇之遺旨也."

朴浚이라는 사람이 있는데, 여러 음에 정통한 사람으로 알려져 있다. 무릇 東方의 樂에 관해서는 雅樂과 俗樂을 막론하고 전부 모아서 한 권의 책으로 엮어 간행했다. 이 책에 〈漁父歌〉가 〈霜(雙)花店〉 등 여러 曲과 뒤섞여 실려 있다'는 〈書漁父歌後〉에서도 확인된다.[20] 박준이 편찬한 가집이 《樂章歌詞》인지는 단정할 수 없지만, 우연찮게도 어부가가 여기에 실려있는 것을 봐서 가능성은 충분히 있다. 만일 朴浚이 편찬한 歌曲集이 《樂章歌詞》라면 퇴계는 〈納氏歌〉와 〈翰林別曲〉, 〈靖東方曲〉을 위시하여 〈鄭石歌〉, 〈靑山別曲〉, 〈西京別曲〉, 〈思母曲〉, 〈雙花店〉, 〈履霜曲〉, 〈夜深詞〉, 〈風入松〉, 〈靈山會相〉, 〈가시리〉, 〈處容歌〉, 〈華山別曲〉, 〈新都歌〉, 〈儒林歌〉, 〈五倫歌〉 등 俗樂歌詞와 雅樂歌詞를 빠짐없이 독파했다고 생각된다. 왜냐하면 퇴계의 성격상 가집 《악장가사》에 실린 모든 노랫말을 낱낱이 음미하면서 읽었다고 여겨지기 때문이다. 악장가사에도 '○○曲 系'의 가곡과 '○○歌 系'의 노래와 〈가시리〉, 〈風入松〉 등 '歌·曲' 등의 접미사가 없는 가요들이 뒤섞여 있는 것으로 보아 어떤 변별점이 있었다고 생각된다. 그러나 현재로서는 변별점이 구체적으로 무엇인지 명확하게 말할 수 없다.

〈納氏歌〉와 〈五倫歌〉, 〈漁父歌〉, 〈處容歌〉, 〈新都歌〉, 〈儒林歌〉, 〈鄭石歌〉는 꼭 일치되는 것은 아니지만 백성들에게 널리 알릴 필요가 있는 주제이거나 기층문화와 관계가 있는 작품일 수도 있고, 가창하는 음곡의 차이와도 연관이 있는 듯하지만, 조만간 단정하기는 어렵다. 이와는 반대로 한시문의 가사로 된 廟樂 및 〈靖東方曲〉과 국문시가인 〈靑山別曲〉, 〈西京別曲〉, 〈思母曲〉, 〈履霜曲〉과 국한문 혼용인 소위 경기체가인 〈翰林別曲〉, 〈華山別曲〉, 〈宴兄弟曲〉, 〈霜臺別曲〉 등 세 부류의 曲들은 각각 나름대로의 다른 성격을 지니고 있다. 국가 공식 행사에 사용된 曲 및 歌 계열의 작품과 사대부들이 개최했던 각종 燕享에 가창

---

20) 李滉, 《退溪集》 卷四十三 〈書漁父歌後〉. 《退溪文集攷證》 卷七 '書漁父歌後'조 항에 朴浚은 號가 柏堂이고 관직이 吏曹判書에 이르렀고, 楊洲에 살았으며 音律에 통했다라고 기록되어 있다.

되었던 曲과 歌는 주제 영역과 미의식에 일정한 차이가 있었다고 인정
되지만 아직 명료하게 말할 수 없는 것이 아쉽다.

서인 및 노론계 士人의 중심 가곡인 〈高山九曲歌〉가 曲이 아닌 이유
는 九曲이란 지명과 중복되기 때문에 '歌'라고 했다기보다, 퇴계의 〈陶
山十二曲〉과 차별성을 나타내기 위한 것인 듯하다. 〈고산구곡가〉의 주
제의식과 미의식 또한 〈도산십이곡〉과는 상당한 차이가 있다. 퇴계와
율곡에 관한 연보와 각종 기록들을 보면 스승이 없는 것으로 되어 있
다. 이들이 모든 분야에서 신경지를 개척한 開祖임을 강조한 것으로 이
해된다. 따라서 士人들이나 또는 일반 백성들이 즐겨 부르는 가곡 분야
에도 新曲이나 新聲을 창출하려는 의욕이 강했을 것은 충분히 예상된
다. 〈도산십이곡〉과 〈고산구곡가〉는 이 같은 배경에서 창작된 신성 또
는 신곡이다. 퇴계는 陶山에서, 율곡은 高山에서 생활했는데, 그들이 생
활한 강호의 지명을 따서 가곡의 이름을 삼은 것도 동일하다. 이와는
달리 남명은 가곡을 의욕적으로 창작하지 않았는데, 이점이 퇴계와 율
곡과 크게 다른 부분이다. 남명의 短歌로 알려졌거나 의심되는 작품 다
섯편이 가집에 등재되어 있지만 두어 편을 제외하고는 그 진위를 명확
하게 파악하기는 어렵다.[21] 이 중에 남명의 작품으로 알려진 것도 있지
만, 이들 단가를 바탕으로 하여 유사한 작품을 남명 문하생들이 대를
이어 체계적으로 제작했거나 가창했는지는 단정하기 어렵다.

퇴계와 율곡은 다함께 가곡이 갖는 영향력을 충분히 인식하고 연작
단가를 新聲 또는 新曲을 만든다는 의지로 제작하여 冠童들에 이를 익
혀서 휘하의 사인들과 백성들에게까지 널리 보급하고자 했다.[22] 퇴계의
문인과 율곡의 문도들은 스승의 이와 같은 의지를 헤아려 이들 신성을

---

21) 朴乙洙, 《韓國時調大事典》(아세아문화사, 1992)에 南冥作品으로 알려졌거나 전
    하는 短歌 五首가 작품번호 542·1323·1777·2106·4001로 수록되어 있다.
22) '新聲·新曲'이라는 용어는 《珍本靑丘永言》, 〈歲戊申暮春黑窩書〉 中, "金君履叔
    以善唱名國中 一洗下 里之陋 而自爲新聲 瀏喨可聽 又製新曲數十関 以傳於世 少
    年習而唱之"부분에서 따왔다.

전승하여 대를 이어서 창작하고 있었다. 退溪·栗谷은 東方歌曲 가운데
서 특히 短歌에 주목하여 기존 단가의 면모를 일신하여, 가히 혁신적이
라고 할 수 있는 〈도산십이곡〉과 〈고산구곡가〉 등의 단가작품을 제작
했다. 단가가 조선조 후기에 오면 里巷人들에게도 불리워진 것 같은데,
퇴계·율곡시대의 백성들도 불렀는지는 단정할 수 없지만, 퇴계와 율곡
은 단가를 백성들에게도 보급시키고자 하는 의욕이 있었던 것은 분명
하다. 《靑丘永言》등 歌集의 序·跋들을 참고하건대, 新聲은 音曲과 연
관이 있는 듯하고 新曲의 '曲'은 노랫말에 많은 비중을 둔 것으로 여겨
진다. 新聲은 중국의 경우는 대체로 鄭聲이나 衛聲을 지칭한 것이고, 정
통 '樂學'에서는 부정적인 뜻으로 사용되었다. 金天澤이 新聲을 스스로
만들었다는 기록이 단가의 곡조를 새롭게 바꾸었다는 것을 뜻하는 것
인지는 단정할 수 없다. 퇴계, 율곡은 김천택과 달리 음악에 정통하지
않았기 때문에 노랫말을 새롭게 창작했을 따름이지 단가의 창곡을 변
개하지는 않았을 것이다. 그러므로 퇴계가 〈東方歌曲〉 중에서 단가를
개혁적 차원으로 변화시켰다는 표현은 노랫말의 주제의식에 한정될 수
밖에 없다.

필자가 〈도산십이곡〉을 南人歌曲이라고 명명한 것에는 이유가 있다.
과문한 탓인지는 모르겠지만 남인이 아닌 서인·노론계 또는 소론계 사
인들이 〈도산십이곡〉을 전범으로 하여 단가를 창작했거나, 이에 대해
서 관심을 표명하여 언급한 사실을 보지 못했기 때문이다. 이와는 반대
로 남인계 士人들이 〈고산구곡가〉에 관해서 이와 유사한 작품을 제작
하지도 않았을 뿐 아니라 관심조차 표명한 사례 역시 전무한 듯하다.
南冥系 士人들이 〈도산십이곡〉이나 〈고산구곡가〉에 대해서 언급하고
논의한 사실이 있는지 여부도 하나의 과제이지만 필자는 이에 대해서
는 아는 바가 별로 없다. 16세기 이후부터 歌曲에도 黨脈이 작용하고
있었다는 것은 사실 신기한 일이 아닐 수도 있다. 요즘에도 이른바 '운
동권 노래'가 있어서, 이를 가창하는 사람들이 대체로 한정되어 있는 사
실과도 상통되기 때문이다. 남인들만이 부르는 남인가곡이 별도로 있

고, 노론들만이 가창하는 가곡이 따로 있었다고 해서, 이를 마치 크나큰 결점으로 인식한다면, 이를 결함으로 인정하는 사람의 의식이 더 문제라고 생각한다. 사람 성향에 따라 즐겨 부르는 노래는 있게 마련인 데, 이를 두고 '왜 그 노래를 즐겨하느냐'고 항변할 수 없는 것과 동일하다.

예로부터 '天性 고칠 약은 없다'라는 속담이 전해 온다. 후천적 교육이나 수양으로 고쳐지는 부분도 있지만, 천성만은 변개시킬 수 없다고 필자는 믿는다. 우리 민족의 성품이 '빨리빨리'라고 국민들이 판단하고 있는바, 이는 우리의 천성을 꿰뚫어 본 탁견이다. 지금으로부터 정확하게 566년전 단기 3766년, 서기 1433년 7월 12일(東洋曆)에 世宗(1397~1450)은 代言들에게 "본국인은 모든 일에 임하여 빨리 하려고만 하여 정치하지 못한 점이 있다"고 한 적이 있다.[23] 위대한 지도자는 민족이 가진 불가변의 정서를 파악하여 이를 서툴게 고치려는 무모한 시도를 버리고, 긍정적으로 활용하려는 지혜를 가져야 하는 것이다. 그러므로 우리가 옛부터 가져왔던 당맥을 없는 것으로 강변하려 하지 말고, 과감하게 이를 받아들여서 유용하게 운용할 필요가 있다고 역설하고 싶다. 그러므로 남인가곡이 존재했다는 것은 문학사와 악무사에서 盛事이지 결코 부정적인 사안은 아닌 것이다.

3. 主理的 性情美學과 品格論

조선조 문학을 연구하는 데, 필자는 일찍이 黨脈을 기준으로 할 경우 예상외의 소득을 올릴 수 있다고 주장한 바 있다.[24] 사회현상이 난마처

---

23) 《朝鮮王朝實錄》 世宗 卷六十一 十五年 癸丑七月, "癸亥 …… 本國人 凡事欲速 未能精緻."

24) 李敏弘, 《朝鮮中期 詩歌의 理念과 美意識》(성대출판부, 1993), 〈漁父歌〉와 南人系 士人장(pp.146~153)에서 南人文學·南人詩歌 설정 문제에 관해서 논했다.
李東英, 《朝鮮朝 嶺南詩歌의 研究》(형설출판사, 1984)도 南人詩歌라고 언명하지는 않았지만, 영남시가의 주인공들이 南人임을 상기할 때, 南人文學으로 칭해

럼 복잡하다고 판단할 수도 있지만, 어떤 맥락을 제대로 파악하면 뜻밖
에 단순한 구도로 짜여져 있음을 확인하게 된다. 각 시대의 문학현실
역시 표면적으로는 다양한 것처럼 보이지만 그 이면을 예리한 시각으
로 들여다보면 몇 갈래의 맥락으로 되어 있음을 알게 된다. 학문에도
학파가 있듯이 문학에도 계파가 존재하기 때문이다. 우리는 학파 방면
에는 비상한 관심을 경주한 반면, 문학의 계파에 관해서는 사실상 별로
주목하지 않았다. 조선조 사인의 경우 학문과 문학은 분리되는 것이 아
니라 하나로 묶여져 있었다. 지금까지 은연중 오늘날 시인이나 작가를
기준하여 조선조의 시인과 작가를 이해하려고 해온 것이 사실이다. 조
선조의 작가나 시인은 현금의 문학인과는 그 성향이 본질적으로 다르
다. 조선조의 문학작품은 근현대의 작품들과는 달리 그들이 모두 학자,
즉 성리학자인만큼 고도의 학문적 소양이 작품속에 녹아 있다. 이 같은
특질을 무시하고 조선조 작품들을 읽었을 경우, 작품이 지닌 심오한 뜻
을 전혀 파악하지 못한 채 범상한 작품이라고 속단하기 쉽다.

조선조의 士人들은 같은 당맥끼리 주로 어울렸고, 당맥이 다르면 가
급적 상종하지 않으려고 했다. 후세에 오면 南譜와 北譜 등 당맥의 족
보까지 만들 정도였다. 그리하여 그들은 서로를 닮으려고 하지 않고, 어
떻게 하면 변별되느냐에 관심을 집중했다. 그 결과 학설도 차이가 났고,
문학의 주제의식과 미의식도 달랐으며, 심지어는 士人들의 인사방법인
揖禮까지도 차이가 생겼을 정도였다. 그러므로 문학 역시 각각의 당맥
별로 그 성향이 같거나 또는 달랐다.

남인문학은 퇴계 이전에도 어렴풋이나마 남인계 사인들만의 성향이
이룩되어 그 윤곽이 드러났을 수도 있었겠지만, 하나의 문학인 집단이
형성되어 유사한 성향을 함께 지닌 작품들이 제작된 것은 퇴계로부터
비롯했다. 문학은 성리학과 달라서 당맥끼리 확연하게 변별되지 않고
서로 혼용되었을 가능성도 많았음을 인정한다. 그러나 학문적으로 시각

도 무리가 없을 것이다.

의 차이가 있었기 때문에 미시적으로 관찰하면 문학에 있어서도 각각 특성이 존재했다는 사실은 여러 방면에 걸쳐 확인된다. 퇴계는 국문시가와 한시문을 막론하고 문학의 지표는 '溫柔敦厚'이어야 한다고 규정했다. 이와는 달리 서인 노론문학을 정립한 율곡은 문학의 지표를 '優柔忠厚'라고 선언했다.[25] 온유돈후와 우유충후는 남인문학과 노론문학의 지향점으로 퇴계·율곡 이후 계속해서 작용했다.

남인문학의 지표가 된 온유돈후는 東方文學 전반에서 통시적으로 널리 통용된 고전적인 용어이다. 이들 용어가 미의식과 전혀 관계가 없는 것은 아니지만, 품격용어인지는 조만간 단정하기 어렵다. 퇴계가 문학의 지표로 삼았고, 후학들도 금과옥조로 신봉했던 온유돈후를 작품 속에 성공적으로 형상시키기 위해 여기에 부합되는 미의식이 요구되기 마련이다. 미의식의 분야 역시 단순한 것이 아니다. 미의식의 분야에는 '어떤 주제가 아름다운 것이냐' 하는 '주제미'와 주제미적 시각에 의해 선정된 주제를 어떻게 아름답게 형상시킬 것이냐 하는 '형상미'가 함께 포함되어 있다. 어떤 내용 즉 주제를 작품에 형상시킬 것인가 하는 문제도 시대에 따라 양상이 각각 달랐다. 다시 말하면 문학에 대한 미적 감각에도 시대마다 도자기가 각각 다르듯이 유행 비슷한 풍조가 있었다는 예기이다.

16세기의 문학을 다른 시대와 비교하여 볼 경우, 앞선 시대인 15세기와는 달리 江湖의 美를 보다 즐겨 주제로 채택하여 형상한 점이 그것이다. 강호의 미에도 外物의 표면적인 미와 外物이 갖는 道學的 寓意의 미가 있다. 남인이든 노론이든 간에 16세기에는 대체로 외물에 托意된 道體를 형상하는 것이 참된 미라고 생각했지만, 섬세하게 고찰하면 당맥에 따라 시각의 차이는 있었다. 모든 외물에 부여된 도체를 투시해야

한다는 그 점이 바로 16세기를 전후한 시대의 주된 미의식인 것이다.
외물이 가진 物理는 하늘에서 부여된 것이고, 이를 볼 수 있는 사람과
볼 수 없는 사람이 있다고 조선조 사인들은 거의 통시적으로 이렇게 생
각했다. 외물의 理, 즉 도체를 볼 수 있는 자가 참된 지식인이고, 외물에
서 찾은 도체를 작품속에 형상시키는 것만이 참된 작품활동이라고 인
식했는데, 이 같은 주제의식과 형상의식이 다름아닌 性情美學이다. 이
같은 미의식을 비단 남인뿐만 아니라 노론계 士人들을 위시한 같은 시
대의 대부분의 사인들도 동일한 인식을 가졌지만, 정치하게 분석하면
각각 차이가 있었다.[26]

퇴계학파의 주리적 性情美學 중에서 중요한 부분을 차지하고 있는
품격론에 관한 연구는 전무하다고 볼 수 있다. 일찍이 필자는 〈도산십
이곡〉의 詩境을 온유돈후라고 한 후 그것이 미의식임을 말한 바 있다.
그후 계속하여 품격론에 관심을 경주하여 퇴계시가의 주된 품격은 '典
雅'와 '雄渾' 등으로 규정하고 〈도산십이곡〉은 이 같은 품격의식에 근거
하여 창작되었다고 논의했다.[27] 한편 퇴계시가의 품격을 '平淡'으로 보
고 접근한 연구성과도 있었지만, 품격론에 관한 연구는 미흡하다고 보
는 것이 타당하다.[28] 품격론은 미의식의 구체적 표현으로서 조선조 詞
壇에 이면적으로 상당한 영향력을 발휘했다. 16~17세기에 걸친 약 200
년 동안 조선조의 사단은 세계문학사에서 확실하게 변별되는 특유의
미학이 있었는데, 이를 칭하여 필자는 性情美學이라고 말했다.[29]

26) 主理·主氣論은 性理學의 중요한 분야이고 이에 대한 연구는 매우 활발하다. 그
러나 이 같은 理氣論이 문학현실에서는 어떻게 투영되었는지에 대해서는 학계에
서 별반 관심을 가지지 않았다. 남인문학이 성리학의 주리적 인식을 바탕으로 전
개된 것은 알려진 사실이지만, 문학작품에서 구체적으로 구현된 현상을 연구한
업적은 거의 없는 편이다.
27) 李敏弘, 〈退溪詩歌의 品格研究〉, 《泮橋語文研究》 4집, 1992.
28) 李然世, 〈退溪詩歌의 品格·平淡에 관한 연구〉(《퇴계학연구》 제6집, 1992).
29) 李敏弘, 〈性情美學과 山水詩〉, 《한국한문학연구》 15집, 1992에서 처음으로 제
기했다.

性情美學은 性情을 문학작품으로 형상하는 것을 말한다. 성정은 서양 문학에서 일컫는 정서와는 다르다. 정서는 일종의 정감으로서 사림파가 문학의 주류를 이루었던 조선중기에서는 이를 작품에 담는 것을 '移情蕩心'이라고 하여 폄하했다. 한국문학을 말할 때 우리는 은연중 '抒情·敍事·戱曲'으로 대별되는 서양식 장르 의식을 척도로 하여 논의해 온 것이 사실이다. 이들 3대 장르에 맞지 않는 많은 동양적 또는 한국적 작품들을 비문학으로 분류한 후 置之度外한 지도 반세기가 넘었다. 이에 대한 반성으로서 교술 장르를 설정하여 한국 문학작품의 영역을 넓힌 시도는 업적으로 평가된다.[30] 이 같은 시도가 있었음에도 불구하고 한국적 전통문학의 장르가 아직도 문학 대접을 받지 못하고 먼지를 뒤집어쓴 채 서가 속에 파묻혀 있는 현실은 일종의 비극이기도 하다. 한국문학의 태두중의 한분인 金台俊(1905~1950)까지도 성정미학에 의해 창작된 가장 조선적인 유가 성향의 작품을 인정하지 않았다. 김태준 역시 서양의 '서정·서사·희곡' 등 3대 범주에 속하지 않은 모든 작품으로 한국문학사에서 폐기시켰다. 김태준이 폐기한 작품군들은 다름아닌 성정미학에 입각하여 창작된 것으로서 세계문학사에서 독특한 광휘를 발한 가장 조선적 작품이다.[31] 이른바 유가문학을 정통문학으로 인정하지 않았던 것은, 서구의 서정시와 그 주제의식에서 형상의식이 맞지 않았기 때문이다.

조선조 문학을 말할 때 김태준이 배제한 작품을 빼고, 그가 인정한 서양의 서정시와 유사한 작품들만 논의한다면 그것은 민족문학의 파행적 연구일 수밖에 없다. '性情美學'은 김태준 이후 가치를 부여하지 않고 천시했던 수많은 작품의 주된 미의식이었으며, 그것은 성리학적 사유체계에 의해 확립된 文以載道的 文學論이었다. 문이재도에서 '道'가 바로 '性情'이다. 성정에는 두 가지가 있는데, 하나는 '性情之正'이고 다

---

30) 趙東一은 일련의 저술을 통하여 교술 장르를 설정하여 서양식 시각으로 잡히오지 않은 많은 민족문학을 격상시킨 업적을 남겼다.
31) 金台俊, 〈穆陵盛世의 文運〉, 《朝鮮漢文學史》第四章 참조.

른 하나는 '性情之邪'이다. 성정미학에서 다루는 것은 성정지정에 국한
되고 성정지사는 철저하게 배제되었다. 성정지정을 '道心'이라고 했고,
성정지사를 '人慾'이라고 지칭했다. 그러므로 성정미학에서는 道心만
노래해야 했으며, '인욕'의 문학적 형상은 배척되었다. 성정미학이 성리
학을 기반으로 했기 때문에 성리학에 대한 소양이 없는 일반 백성들의
소위 대중문학의 이론이 아닌 것은 물론이다. 조선중기 문학을 검토할
때 성리학과 성리학에 기저한 성정미학을 말하지 않고는 논의 자체가
성립되지 않는다. 현대인의 기호에 맞지 않거나, 또는 '서정·서사·희곡'
등의 서양식 장르에 부합되지 않는다고 해서 성정미학에 입각하여 창
작된 어마어마한 분량의 작품들을 폐기처분할 권리가 우리들에게 없다.

성정미학에서 성정은 道心에 국한되었음을 앞서 말한 바 있다. 도심
의 시문적 형상은 자연 권선징악적 주제의식으로 나타난다. 권선징악을
배척하는 것도 문제이지만, 그렇다면 한국문학은 '勸惡徵善'으로 이행
되어야만 하는 것인지도 각별하게 인식되어야 한다. 善은 道心이고 惡
은 인욕이라는 명제는 남명의 경우도 동일하다.

　　대체로 말하기를 이목구비의 욕망을 私慾이라고 하는데, 이는 잘못이
　다. 이목구비의 發은 비록 성인이라도 없지 않은 바, 이는 天理이기 때문
　이다. 단지 不善으로 흐를 경우 이를 私慾이라고 하며 따라서 人心·道心
　의 분별이 생긴다. 이것은 形氣와 義理 중 어느 것이 발했느냐의 차이에
　불과하므로 人慾이라고 하지 않고 人心이라고 했다.[32]

남명 역시 人欲은 形氣, 道心은 義理와 관계되었다고 하며 私欲과 人
心은 분별된다고 했다. 인심이 形氣에 의해 굴절되었을 때 사욕으로 이
행되는 것으로 보았다. 따라서 私欲은 문학의 주제가 되어서는 안 되었

---

32) 曺植, 《南冥集》 卷四 雜著 開西問答後辨, "其曰 耳目口鼻之欲是私欲者 亦誤也
　耳目口鼻之發 雖聖人不能無 亦天理也 但流於不善而後 方謂之私欲 人心道心之別
　只是形氣義理之間而已 故不曰人欲 曰人心."

을 것이고, 오로지 善으로 나아간 人心, 즉 義理로 점철된 道心만이 詩文으로 형상하는 것이 당연하다고 생각했을 것이다. 성정미학은 이처럼 퇴계학파이든 남명학파이든 율곡학파이든 조선중기 문학의 주류였던 사림파 문학에서는 부동의 미의식이었다. '道心·善·義理' 등으로 호칭되었던 성정지정이 문학으로 형상되었을 때, 이 같은 주제의식이 독자의 흥미나 호기심을 끌 수는 없었다. 성정미학은 外物을 시문으로 형상하는데 物我一體와 內外合一的 관점이 주축이 된다. 물은 외물이고, 아는 內我이다. 천지간에 내아 역시 하나의 物일 따름이다. 그러므로 물아일체는 私欲을 버리고 외물과 동등한 입장에서 섰을 때 얻어지는 것이다. 조선조 士人들은 시문에서도 內外가 분리되고, 物과 我가 따로 分立하는 것을 경계했다. 조선조의 성정미학이 즐겨 형상한 외물은 山水였다. 삼강오륜을 노래하기보다는 산수가 지닌 천리를 응시하며 이를 주로 형상하고자 했던 그들의 의도는 성정미학이 자칫 생경으로 흐를 소지를 止揚한 바람직한 문예의식이었다.

〈도산십이곡〉과 〈고산구곡가〉는 그 주제의식과 형상의식이 차이가 있다는 사실은 이들 작품을 읽어 보면 누구나 인정한다. 그렇다면 이들 連作短歌가 각기 성향이 다르게 된 것에는 어떤 이유가 있었을 것이고, 그렇게 된 원인이 바로 '주리적 성정미학'과 '주기적 성정미학'을 바탕하여 창작되었기 때문으로 필자는 보고 있다. 율곡이 철저한 주기론자가 아니라는 사실은 문제가 안 된다. 왜냐하면 문학은 철학과 달라서 선연하게 분별시킬 이유가 없는 특성이 있는 까닭이다.

성정미학이 주리적·주기적 방면으로 진행되어 각자의 특성을 지니고 있었다면, 성정미학의 하위층위로 작용했던 품격론에도 일정한 분별이 있었을 것이다. 율곡을 중심으로 하여 성립된 주기적 성정미학에 수반된 품격론은 그 대강을 명료하게 짚어낼 수 있다. 반면 퇴계에 의해 정립된 주리적 성정미학의 품격론은 선명하게 부각시키기 어려운 난점이 있다. 栗谷이 《精言妙選》總敍에서 제시한 팔품격은 율곡학파의 전범적인 품격론이 되었겠지만, 팔품격 전부를 수용했다기보다는 이들 가운데

에서 선별된 몇 개를 애호했을 가능성이 있다.[33] 율곡학파의 주기적 성
정미학이 중시했던 품격은 '冲澹蕭散'과 '閒美淸適', '淸新灑落'이었고,
그 밖의 품격들은 주류가 되지 못했던 듯하다.[34] 주기적 성정미학에 입
각하여서 창작된 〈高山九曲歌〉의 품격은 한미청적이 주조를 이루고 있
다. 〈고산구곡가〉를 이렇게 보는 이유는, 〈고산구곡가〉의 원류라고 볼
수 있는 朱子의 〈武夷櫂歌〉가 시선집 《정언묘선》에서 '한미청적' 품격
항목에 편차된 사실에 있다. 한시와 단가는 다를 수도 있지만, 釣事와
관련된 시들이 주로 《亨字集》에 수록된 것을 참작할 때, 〈고산구곡
가〉의 품격은 충담소산이기보다는 한미청적으로 보는 것이 타당하다.
율곡은 한미청적한 시들의 작자 모티프와 독자 감회에 관해서 다음과
같이 말했다.

> 《亨字集》은 한미청적적 품격의 시들을 주로 뽑았다. 조용하게 자득하
> 여 興이 절로 일어나 붙인 것이지, 억지로 사색하여 창작한 그런 류의 작
> 품이 아니다. 이들 시를 읽으면 마음이 평온해지고 기운이 온화해져서
> 마치 작은 수레를 타고 꽃과 풀이 우거진 길을 마음 가는 대로 노니는 것
> 과 같아서, 세속의 권세와 이익 등 온갖 번화한 것들과 멀리 떨어져 있는
> 느낌이 든다.[35]

〈고산구곡가〉를 읽을 때 독자가 느끼는 감회를 그대로 적었다고 해
도 과언이 아니다. 사색으로 얻어지는 것이 아니고 자연스럽게 마음에
서 샘물이 솟아나듯 우러난 흥취를 읊은 시가 한미청적이라는 것이다.

---

33) 李珥, 《栗谷全書》 卷十三 精言妙選序.
34) 李珥, 《栗谷全書》 拾遺 卷四 雜著, 精言妙選總敍에서 제1품격이 충담소산이고
    제2품격이 한미청적이며, 제3품격은 청신쇄락이다. 여타의 품격은 율곡학파의 문
    학에서 부수적이었다고 생각된다.
35) 李珥, 《栗谷全書》 拾遺 卷四 雜著 精言妙選敍 《亨字集》, "此集所選 主於閒美淸
    適 從容自得 出於寓興 非思索可到 讀此集 則心平氣和 如乘小車 隨意行于花蹊草
    徑 而勢利芬華 視之邈矣."

역시 이와 같은 느낌을 〈무이도가〉 10수에서도 독자가 맛볼 수 있다. 시는 사색으로 얻어지는 것이 아니라는 율곡의 주장은 주기적 성정미학의 한 요소이다. 율곡의 시가 퇴계의 시처럼 난해하거나 시어의 관념성이 적은 것은 이에서 기인했다. 퇴계시는 율곡시와 달리 '非思索的 寓興'이 아니고, '用力頗深的 寓理'이다.[36] 퇴계는 시를 창작하는 데 온갖 정성을 기울여 시상과 시어를 다듬고 정리했다. 율곡이 외물과 부딪쳐 우러난 '興'을 심각한 사색을 하지 않고 그대로 시속에 담았다면, 퇴계는 일단 일어난 '興'을 다듬고 정리하여 이를 지양시켜 '理'의 경지로 끌어올려 형상했다.

퇴계는 作詩에 임할 때 '一絶一句一字'를 우연히 읊조릴 경우일지라도 반드시 정치하게 생각하고 생각한 바를 다시 고쳐서 마음에 찰 때까지 남에게 가볍게 보이지 않았다.[37] 율곡이 중시했던 품격 한미청적은 자연스럽게 일어난 흥취를 아무런 가감없이 그대로 시로 형상시키는 미의식이다. 퇴계는 앞서 말한 대로 시상을 다듬고 시어를 가려서 단련하는 소위 사색을 중시하는 시의식을 가졌다. 그러므로 퇴계와 퇴계학파의 미의식에는 한미청적은 원칙적으로 용인될 수 없었다고 생각된다. 한미청적은 山水詩와 가장 잘 접맥되는 품격이지만, 산수라는 外物에 흥은 붙일 수 있지만 가급적 理는 부여해서 안 된다는 점을 기본으로 깔고 있었다. 시의 주제를 '理致'와 '興趣'로 분류했을 경우 주리적 성정미학에서는 이치를 중시했고, 주기적 성정미학에서는 흥취를 우선으로 했다.

퇴계는 물론이고 남명과 율곡 등의 시에서 산수시가 차지하는 비중은 압도적이라 해도 과언이 아니다. 퇴계학파와 남명학파 그리고 율곡학파의 산수시를 정밀하게 검토해 보면 상당한 차이가 있을 것이다. 퇴

---

36) 李滉, 《退溪全書》 言行錄 卷五 類編, "先生喜詩 平生用功甚多 其詩勁健典實 不衒華彩 初看似 無味 愈看愈好 嘗言吾詩枯淡 人多不喜 然於詩用力頗深 故初看雖似冷淡 久看則不無意味 又曰 詩學者最非緊切 然遇景値興 不可無詩矣."
37) 李滉, 《退溪全書》 言行錄 卷五 類編, "雖偶吟一絶一句一字 必精思更定 不輕示人."

계학파와 栗谷학파의 산수시는 이들 학파의 미의식이 달랐기 때문에
많은 점에서 분별이 된다. 주리적 성정미학이 시로 형상될 때 구체적으
로 그 실상이 어떤 것인지 퇴계의 널리 알려진 다음 시를 통하여 살펴
보겠다.

> 싯누런 탁류 도도하면 형체를 숨기고
> 잔잔한 물결 유유하면 모습을 드러낸다
> 그같이 몰아치는 광란 속에서도
> 조금도 기울지 않은 채 천고를 버텨온 반타석
> (黃濁滔滔便隱形 安流帖帖始分明 可憐如許奔衝裏 千古盤陀不轉傾)
> 〈盤陀石〉[38]

이 시는 〈반타석〉이라는 陶山 주변의 外物을 형상했다. 작자 퇴계는
반타석과 반타석을 위요하고 흐르는 강물의 외형적 모습에 대해서는
관심을 갖지 않았다. 싯누린 덕류와 진진힌 물결 속에 숨었다가 나타나
는 반타석이 독자의 시야에 그림처럼 펼쳐진다. '濁流'와 '安流'가 반타
석을 중심으로 몰아치고 있는 모습에 대한 묘사는 이들 외물이 지닌
'이치'를 독자에게 전달하기 위해서이다. 탁류와 안류도 강물의 외양을
나타내고자 한 것이 아니고, 변전하는 사회상을 형상하기 위한 매체로
서 등장했다. 퇴계가 이 시를 통하여 말하고자 한 것은 반타석의 '不轉
傾'일 따름이다. 남인문학에서 시의 경우 대체로 이와 같은 경향을 일관
되게 지니고 있다. 반대로 서인 및 노론문학의 시에서는 외물에 대한
이와 같은 主理的 경향이 거의 없거나 희박하다. 外物認識에서 주리파
는 관념적으로 접근하는 데 반해, 주기파는 가급적 도학적 우의를 하지
않으려고 했다. 율곡 이후 전개된 노론계 사인의 문학이 외물을 형상하
는 데 도학적 관념성이 비교적 적은 것은 이 같은 외물인식에 기인했
다. 만일 남명과 율곡이 盤陀石을 소재로 하여 시를 지었다면, 남명은

---

38) 李滉,《退溪全書》卷三 詩 〈陶山雜詠〉 十八絶.

濟世的 시각으로 접근했을 것이고, 율곡은 담담하게 있는 그대로 묘사했을 것으로 예상된다.

퇴계의 문인들이 퇴계시의 품격에 대해 논의한 몇 가지 사항이 〈언행록〉 등에 전해지고 있다. 퇴계의 품격의식은 남인문학의 품격으로 그대로 통용되었을 뿐 아니라 퇴계 이후 수백년 동안 변함없이 향유되었다. 주리적 성정미학의 품격론을 밝히기 위해 퇴계학파에서 논의되었던 품격용어들을 우선 열거할 필요가 있다. 《퇴계집》을 남김없이 검증하면 더 많은 어휘들이 나올지 모르지만, 우선 품격용어로 유추되는 것을 열거하면 대략 다음과 같다.

雄渾·典雅·冲淡·勁健·縝密·淸麗·淸嚴·淸建·淸越·淸遠·簡淡·枯淡·典實·莊重·健奧·端方·和平·硏精·方正·端重·奇險·雅重·方嚴.[39]

위의 품격용어들 중에서 '方正·端方·端重' 등은 서예와 관련된 것이지만, '詩·書·畵'는 별개가 아니고 동일한 미의식으로 통용되었기 때문에 제시했다. 특히 '枯淡'은 퇴계가 자신의 시를 두고 스스로 규정한 품격인만큼 주목된다. '雄渾·典雅·冲淡·勁健·縝密' 등의 네 가지 품격은 唐의 司空圖(837~908)의 24詩品 중에 포함되어 있는 것으로 아무런 가감없이 그대로 인용되었다. 이를테면 고전적인 품격이라는 뜻이다. 후대에 올수록 품격용어는 불어나 율곡의 말대로 시를 배우는 자가 어느 것을 준칙으로 삼아야 할지 분간 못할 정도로 末流가 多岐해졌다. 율곡이 八品格을 제시한 이유도 여기에 있었다.[40] 고려시대 崔滋(1188~1260)는 《補閑集》을 통하여 50개 내외의 품격용어를 제시했지만, 최자가 제시한 이들 품격은 퇴계와 율곡에 의해 거의 채택되지 않았다. 이는 고려시대와 조선시대의 시인들이 애호했던 품격이 달랐음을 의미한

---

39) 李滉, 《退溪全書》 言行錄 言行通述 類編 李子粹語 등에서 품격용어 및 이와 관계가 있는 용어들을 뽑았다.
40) 李珥, 《栗谷全書》 卷十三 精言玅選序.

다.[41] 사공도의 고전적 시품들이 중국은 물론이고 고려조나 조선조에서도 선별적으로 채택되어 詞壇에 통용되었음을 뜻한다.

퇴계가 직접 자신의 시를 평한 '枯淡'은 퇴계사단의 중요한 품격일 수밖에 없다. '枯淡'은 사공도의 시품을 기준하여 볼 때, '沖淡과 高古'를 배합한 것이다. 인간의 千心萬魂을 표현하는 시에 있어서 어느 하나의 품격만으로는 시작에 임할 수 없다. 따라서 적어도 서너 개의 품격을 겸용해야만 여유 있게 시를 지을 수 있었을 것이다. 이 같은 개연성을 바탕으로 하여 退溪학파 사단에 중요한 품격으로서 '雄渾·典雅·勁健·縝密·沖淡·枯淡' 등 七品格이 근간으로 활용되었다고 생각하고 있다. 이들 이외에 십여 개의 품격이 제시되었지만, 그것은 주류가 아닌 참고 사항에 지나지 않았다고 여겨진다. 위에 제시한 七品格이 主理的 性情 美學과 접맥되는 까닭에 대해서는 아직 적실한 논거를 제시할 수 없음을 필자도 시인한다.

그러나 주리 및 주기적 성정미학을 기저로 하여 창작된 퇴계와 율곡 학파의 문학이 엄연히 다르다는 것은 확실한만큼, 작품을 통하여 역으로 이를 규명할 수 있다고 본다. 그 한 예로서 율곡이 제시한 8품격 중에는 퇴계학파가 중시한 품격인 '雄渾·典雅·縝密'이 없다는 점도 참고가 된다. 주기적 外物인식과 이에 수반된 주기적 작품 형상에서 '웅혼·전아·진밀' 등의 품격은 적의하지 않고, 반대로 주리적 작품 형상에서는 적절했다는 평가도 가능하다. 외물의 주리적 인식과 시적 형상에는 웅혼과 전아 및 진밀이 보다 적합한 것은 사실이다. 이에 대한 구체적인 논의는 다음 기회로 미루겠다.

앞서 인용한 退溪학파의 품격용어 중에서 '崎險'은 퇴계가 남명 시를 두고 평한 것이다.[42] 남명 시의 품격을 '奇險'이라고 본 퇴계의 평가는

---

41) 李敏弘, 《朝鮮中期 詩歌의 理念과 美意識》(성대출판사, 1993)의 16세기 詞壇과 性情美學편 참조.

42) 李滉, 《退溪全集》 言行錄 卷三 類編, "坐節友社梅下 有僧進南冥詩 先生吟咏數遍曰 此老之詩 例甚奇險 此則不然."

유의할 만하다. 품격 기험은 사공도의 고전적 24시품과 구태여 대비시
킨다면 '淸奇'와 관계가 있지만, 반드시 청기와 같다고는 볼 수 없다. 시
의 경우 운자를 險怪한 것을 사용하면 기험이라고 보는 경우도 있다.
품격은 시의 주제의식과도 관계가 있지만, 형상의식과 보다 많은 연관
이 있다. 남명의 시가 고려시대에 '上格'으로 인정되었던 '險怪'와 관계
가 있다고 본 퇴계의 시각은 남명 시를 이해하는 데 하나의 척도가 된
다. 퇴계문인들이 퇴계시를 평한 '淸建·淸越·淸援·淸麗·淸嚴' 등의 품
격은 24시품 중 '청기'에서 연역된 것으로 주류를 이룬 품격은 아니었
다. 퇴계학파와 달리 율곡학파의 문학에서는 품격 '淸新'이 중요한 위치
를 차지하고 있는데, 이 역시 주기적 외물인식과 관계가 있는 것으로
생각된다.

外物과 心性이 충돌할 때 理가 발하느냐 氣가 발하느냐 하는 시각에
따라 촉발되는 성정의 성향도 달라지게 마련이다. 이 경우 어느 파를
막론하고 외물과 접하여 나타나는 것은 情緖나 情感이 아닌 '性情'이라
는 사실은 동일하다. 퇴계는 '仁義禮智' 등의 四端을 성정의 핵심으로
보았고, 율곡은 사단과 直發된 '七情' 전부를 성정으로 인정했다. 퇴계
학파의 주리적 성정미학은 사단을 위주로 했고, 주기적 성정미학파에서
는 직발된 '喜怒哀樂愛惡欲' 모두를 성정의 범주 안에 포함시켰다. 따라
서 문학에 형상되는 '性情領域'이 자연 차이가 났다고 생각된다. 이 경
우 성정은 주리파든 주기파이든 간에 모두 '性情之正'이다. 성정지정 중
에서 '사단'에 국한시키느냐 아니면 '칠정' 모두를 포괄시키느냐에 따라
성정영역이 달라진다. 주리적 성정미학에서는 사단을 칠정과 변별되는
것으로 보았지만, 주기적 성정미학의 경우는 사단도 칠정 가운데에 포
함되는 것으로 인식했다.

性情을 문학에 형상하는 데 앞서 말한 대로 율곡은 퇴계와 달리 단어
를 고르고 문장을 다듬는 데 별로 신경을 쓰지 않았다. 이 같은 作詩나
作文의 태도도 主氣的 外物認識과 관련이 있고, 나아가서는 주기적 성
정미학의 한 특성으로 생각된다.[43] 율곡이 시문을 창작할 때 노력하지

않고 가슴속에 우러난 性情을 자연스럽게 형상했기 때문에 平正하고
明快했고, 따라서 진실로 무명이나 비단 또는 콩과 조 같은 실용적인
문장이었다고 평한 崔岦(1539~1612)의 말은 율곡학파의 문학을 이해하
는 데 도움이 된다. 퇴계와 율곡의 문학작품 창작에 임한 자세가 이처
럼 상이한 것은 퇴계·율곡을 핵으로 하여 형성된 양대 성정미학에도 영
향을 미쳤다. 문장을 애써서 다듬고 교정하는 퇴계의 작문태도는 품격
론에도 투영되어 '雄渾·勁健·典雅·縝密' 등의 품격을 애호하게 되었다.
이와 달리 자연스럽게 문장을 짓는 율곡의 경우는 '冲淡蕭散·閒美淸適·
淸新灑落' 등의 품격이 주조를 이루게 될 것은 당연한 귀결이다. 퇴계도
'冲淡'이나 '枯淡'을 무시한 것은 아니지만, 이 같은 품격들이 퇴계학파
의 주된 품격은 되지 못했다. 성정미학의 근저인 성리학의 분파에 따라
외물인식도 달라지고, 외물을 형상하는 문학양상도 변별되어 있었는데
도 불구하고 우리는 이에 대해서 별로 관심을 갖지 않았다. 성리학에
있어서 理發·氣發 등의 시각차는 문학에도 많은 영향을 주었고, 문학창
작의 기본 설계도인 성정미학에도 작용했다.[44]

4. 結 言

주리적 성정미학에 입각하여 창작된 〈陶山十二曲〉과 주기적 성정미
학에 근거하여 창작된 〈高山九曲歌〉와 남명의 短歌를 제시하여 미의식
의 차이가 실제 작품에서 어떤 모습으로 나타나는지를 살펴보겠다.

　　春風에 花滿山ㅎ고 秋夜애 月滿臺라

43) 李珥, 《栗谷全書》卷三十八 附錄六, "崔簡易岦嘗曰 栗谷自少爲文 不甚著力 而
　　文章出於天然 平正明快 眞所謂布帛菽粟之文也."
44) 李珥, 《栗谷全書》卷三十四 附錄二, "奉敎製進人心道心說, 七情卽人心道心善惡
　　之摠名 四端則 道心及人心之善者也 或以四端爲道心 七情爲人心 四端固可謂之道
　　心 七情豈可只謂之人心乎 七情之外無他情 若偏指人心 則是擧其半 而遺其半矣."

四時佳興이 사룸과 흔가지라
흐믈며 魚躍鳶飛 雲影天光이아 어늬그지 이슬고
(〈陶山六曲〉之一 其六)

二曲은 어드미고 花巖에 春晚커다
碧波에 곳츨씌워 野外로 보내노라
살룸이 勝地를 몰온이 알게흔들 엇더리
(〈高山九曲歌〉 二曲)

頭流山 兩端水를 녜 듯고 이제보니
桃花쁜 말근물에 山影조ᄎ 줌겨셰라
아희야 武陵이 어디민오 나는 옌가 흐노라
(〈頭流山歌〉)

위에 인용한 〈도산십이곡〉은 전 六曲의 마지막 작품으로서 춘하추동
의 사계를 노래했고, 〈고산구곡가〉의 二曲短歌는 봄을 읊은 것이며, 남
명의 단가 또한 봄을 형상했다. 퇴계와 율곡, 남명 모두가 꽃을 소재로
채택했지만, 남명만이 桃花라는 구체적인 꽃이름을 제시하고 다른 사람
들은 그저 꽃이라고 했다. 퇴계·율곡은 도화를 자신의 작품 속에 직접
적으로 거명하는 것을 꺼려했을 법하다. 하물며 〈桃花源記〉를 그대로
차용하여 두류산의 승경을 묘사한 남명의 주제의식은 용납되기 어려웠
을 것이다. 위의 두류산 단가를 중심으로 생각할 때 남명학파의 경우는
性情美學과 다소 거리가 있는 것처럼 여겨진다. 남명이 성리학자임은
두말할 필요가 없겠지만, 적어도 短歌文學에 한해서는 성정미학이 작용
하지 않았다고 유추할 수 있다. 두류산을 무릉도원이라고 표현한 남명
은 문학에 한정시킬 경우 사상적 자유를 누렸음을 느끼게 한다. 남명이
그의 단가문학에서 성정미학을 적용하지 않은 사실에 대해서 포폄할
이유는 없다. 당대의 주류였던 성정미학에서 벗어나 있었다는 것은 오
히려 특색으로 인정할 수도 있을 것이다.

남명과 달리 퇴계, 율곡의 단가문학은 분명히 성정미학을 토대로 깔고 있다. 봄바람에 꽃이 산에 가득하고 가을밤에 달빛이 대에 가득하니 춘하추동 사시의 흥이 사람과 한가지라고 했다. 이는 이른바 물아일체의 경지를 읊은 것으로서, 外物과 內我가 함께 흥을 맛보며 아울러 물고기와 솔개, 그리고 구름과 하늘 빛이 지닌 天理에 초점이 맞추어져 있다. 퇴계는 계절의 아름다움과 휘영청 밝은 달빛의 교교함과 물위를 뛰어오르는 고기와 하늘을 나는 솔개 등에서 천리를 만끽하고 있다. 이 작품에 나타난 정조는 정서와 정감이 아닌 성리학적 性情 그 자체이다. 이 같은 〈도산십이곡〉의 시경은 서양의 서정시나 중국의 한시 등에서도 찾아보기 어려운 양상이다. 퇴계의 작품에서 〈도산십이곡〉은 물론이고 여타의 많은 한시들도 거의 대부분 '사단'과 관계되는 성정을 즐겨 형상했다.

〈고산구곡가〉가 〈도산십이곡〉과 분명히 다르게 느껴지는 까닭은 주기적 성정미학에 입각하여 창작되었기 때문이다. 위에 인용한 퇴계와 율곡의 단가를 대비하면 두 작품의 경계가 완연히 다르다는 것을 독자들이 느낄 수 있다. 율곡의 작품에서는 경전의 인용이나 성리학적 이념이 담긴 어휘들이 발견되지 않는다. 二曲은 어딘가 꽃이 만발한 바위에 봄이 이미 늦었구나, 푸른 강물에 꽃잎을 따서 야외로 흘려보내니 모두들 찾아와서 이 아름다운 고산구곡을 구경하라고 작자는 말하고 있다. 율곡은 〈고산구곡가〉를 통하여 사단을 노래한 것이 아니라 七情을 읊은 것으로 필자는 보고 있다. 그러나 〈고산구곡가〉 역시 서양의 서정시와는 그 분위기가 완연하게 다르다. 주기적 성정미학은 道心 일변도인 사단보다 선한 방향으로 전개된 人心인 七情에 더 많은 비중을 두었다. 이 같은 미의식은 主氣說과 긴밀하게 연관되어 있다.

성리학이 문학과 만날 때 성리학적 분파에 따라 문학창작의 모태가 되는 미의식 역시 차이가 날 것은 당연하다. 퇴계학파의 主理的 性情美學과 율곡학파의 主氣的 性情美學은 조선조 사백여 년간 두 갈래의 문학론으로 변화를 거듭하면서 전개되었다. 품격론에서도 〈도산십이곡〉

은 '雄渾·勁健·縝密·典雅'가 중심이 되었고, 〈고산구곡가〉는 '沖淡蕭散·閒美淸適·淸新灑落'이 주축이 되었으며, 이 같은 품격의식은 주리·주기 등 性情美學과도 접맥되었다. 조선조만이 거의 유일하게 가졌고, 세계문학사에서도 보편화되지 않았던 性情美學을 완성한 후 주리 또는 주기로 세포분열까지 되어 역동적으로 진행되었던 한국 특유의 이 같은 문학론과 이에 입각하여 창작된 모든 작품들은 값진 유산으로 인식되어야 마땅하다.

남명의 공부론에 나타나는 초월과 관여의 두 흐름

丁淳佑(정문연)

1. 서 언

근자에 이르기까지 남명학에 대한 연구는 매우 부진했다. 동시대를
살았던 퇴계와 율곡에 대한 논의는 활발하게 진행되었던 것에 비하여,
남명에 대한 연구는 영성한 상태를 면하지 못하였다. 혹자는 그 부진했
던 이유를 정치적 맥락에서 찾고 있다. 그러나 또 다른 이유의 하나는
한국유학사의 서술이 지나치게 이기론 중심의 계보학적 해석에 집착하
였던 데에서 찾을 수 있다. 특히 16, 17세기의 사상사에 관한 연구들은
주리론과 주기론을 갈래짓고, 그 속에서 도통과 사승연원을 확인하는
작업에 온통 골몰하고 있었기에 남명에 대한 정당한 평가는 유보될 수
밖에 없었다. 주지하는 바와 같이 남명 자신은 이기론과 사칠론의 그
조밀한 논쟁으로부터 훌쩍 벗어나 있었을 뿐만 아니라, 성리론이 당대
의 지식인에게 미칠 정신적인 해독에 대해 깊은 우려를 표명하였다. 이
런 연유로 인해 이기론적 지형도 속에서 조선유학사를 읽을 때, 남명이
자리할 공간은 사실상 없다.

필자의 생각으로는, 남명사상에 대한 재평가는 유학의 공부론에 대
한 새로운 조망 속에서 비롯되어야 한다. 우리의 유학사 연구는 본체론

이나 심성론 등에 지나치게 경사되어 있다. 이러한 편향된 연구는 한 사상가에 대한 이해를 지나치게 사변적이고 추상적인 차원에서 형해화할 우려가 있다. 남명의 경우에도 예외는 아니다. 남명에 대한 포괄적인 이해를 위해서는 그의 공부론에 관한 좀더 체계적인 연구가 필요하다. 즉 그가 삶의 전과정에서 무엇을 위해 공부하였으며, 덕성을 어떻게 일구었으며, 욕망은 어떤 방식으로 다스리고 있었고, 하학과 상달의 세계를 그의 구체적인 삶 속에서 과연 어떤 방식으로 연결하고 있었는가를 물어야 할 것이다. 남명의 학문이 공부론을 중심으로 구성되어 있다는 점에서, 그의 사상은 조선조의 어느 누구보다도 선진 유학의 정맥에서부터 발원된 사상이다.

이에 본고에서는 남명의 공부론을 그의 敬義論을 중심으로, 퇴계와의 비교를 통해 살펴보고자 한다. 남명의 敬義論은 그의 공부론이 가장 집약적으로 압축되어 있는 언설이고, 우리는 이를 통하여 16세기의 역사적 상황에 대한 한 철인의 혼신을 다한 대응방식을 읽을 수 있기 때문이다. 따라서 남명과 퇴계 양인의 공부론에서 모두 敬을 중시하고 있으되, 그 경에 대한 의미규정은 확연하게 차이를 드러낼 것이라는 가정을 전제해 볼 수 있다. 요컨대 본고에서는 남명의 공부론을 통해 그가 왜 퇴계와는 판이한 삶의 지평을 열어 가고 있었는가를 살펴보고자 한다. 이를 위해서는 공부론을 지나치게 좁게 보아 개인의 수행법이나 수양방법에 대한 논의로 한정시키는 것을 지양하고, 치국·평천하를 향해 열려 있는 확장된 개념으로 이해할 필요가 있을 것이다.

2. 남명 공부론의 특질과 의미

1) 下學과 上達의 문제

퇴계와 남명의 사후, 그들의 문도들이 찬한 행장이나 輓詩를 보면 두 선인들이 성취한 정신적인 깊이와 폭이 얼마나 웅혼하고 빼어난 것이었나를 짐작할 수 있다. 그들이 도달한 上達의 세계의 아름다움을 엿볼 수 있다. 두 사람은 사후 조선조 유자들의 교육과 공부의 사표가 되고 표적이 되었다. 이들 두 선인들의 정신적인 궤적이 곧 조선조 공부론의 전범이고 精華라 할 수 있다. 후인들은 그들이 제시한 바에 따라 도문학과 존덕성의 양 날개를 움직일 수 있었다. 다행히 퇴계의 경우에는 공부론에 관한 다양한 논의들이 남아 있어서 그 대체의 얼개를 짐작할 수 있다. 그러나 불행하게도 남명의 경우에는 그의 공부론도 천인벽립처럼 우뚝 솟아 있을 뿐 친절한 안내가 별달리 발견되지 않는다. 특히 이미 삶의 방식과 준거가 달라진 지금, 그의 구체적인 삶 속에서 몸과 실천을 통해 획득한 공부론의 특질을 쉽게 포착해 낸다는 것은 지난한 어려움이다. 그러나 우리는 남명이 퇴계에게 보낸 한 통의 서신에서 그의 공부론이 지닌 한 특징을 읽어볼 수 있다. 자주 인용되고 있는 남명의 서신은 다음과 같다.

요즈음 학자들은 손으로 灑掃하는 절도를 알지 못하고 입으로 천리만을 말함으로써 기세도명하려 하고 있습니다. 그러나 도리어 남에게서 상처를 입게 되고, 그 해가 남에게 미치니, 아마도 선생 같은 장로께서 꾸짖어 그치게 하지 않기 때문일 것입니다.[1]

이 글에서 남명은 퇴계의 공부론에 대하여 근본적인 의문을 제기하고 있다. 그는 퇴계의 공부론이 理를 매개로 하여 下學과 上達의 연결처를 찾고자 하나 그것이 과연 적실한 것인가를 묻고 있다. 말하자면 퇴계의 철학에서 형이상자와 형이하자는 하등의 논리적 모순을 지니지 않고 완벽한 일관성을 유지하고 있는가 하는 점을 묻고 있는 것이다. 이러한 질문에는 이미 유학과 성리학에 대한 두 사람의 해석에는 모종의 매우 본질적인 차이가 존재하고 있음을 말해 주고 있는 것이다. 그

---

1) 《南冥集》 卷2, 〈與退溪書〉

러나 퇴계로서도 그가 가장 고뇌하고 사색했던 공부론에 대한 남명의
공박에 다소간의 섭섭함은 있었던 것으로 보인다. 그는 남명의 앞 書와
같은 비판에 대해 李宏仲에 보낸 편지에서, "이 말이 비록 병통이 있다
해도, 우리는 이 점에서 통렬히 경계하고 조심하지 않을 수 없다"[2]라고
하여 그 비판은 겸허하게 수용하나 그 해석 방식에는 결코 동의하지 않
고 있음을 분명히 하였다.

기실 퇴계는 기회가 있을 때마다 下學의 중요성을 강조하고, 공부가
결코 일상을 떠나지 말아야 함을 주장한다. 퇴계가 이굉중에 보낸 편지
에서 "일상생활의 측면에서 본다면 사물은 '형이하'인데 그 사물의 갖춰
있는 이치는 '형이상'이다. 대개 사물은 이치를 갖춰 있지 않는 것이 없
고 어떤 처소에도 그렇지 않는 것이 없다"[3]라고 강조한 것은 유자들이
자칫 현실의 세계를 떠난 다른 세계에서 도를 구하고자 할 위험성이 있
음을 경계한 것이다. 그에 따르면 道體는 우리가 일상생활에서 숨쉬고
말하고 행위하고 수작하는 모든 순간에 잠시의 간단도 없이 流行하고
있는 것이다. 퇴계의 〈성학십도〉는 그가 일상생활의 한순간 한순간 마
다 얼마나 치열하게 도의 실체를 규명하기 위하여 부심하고 있었던가
하는 것을 잘 보여준다.

그러나 퇴계의 가장 가장 커다란 고민의 하나는 배움의 주 무대인 일
상의 세계가 곧바로 至善의 세계, 진리의 세계가 될 수 없다는 점에 있
었다. 퇴계가 學의 세계와 道의 세계가 과연 같은가 다른가에 대해 율
곡과 치열한 논쟁을 전개한 것도 바로 이러한 인식에 근거한다. 퇴계가
형이상자의 세계와 형이하자의 세계를 가치론적으로 엄격히 구분하고
있는 것에 그의 공부론의 중요한 특질이 들어 있다.[4] 형이상자와 형이

---

2) 《文集》, 卷35, 〈答李宏仲〉.
3) 《文集》, 卷35, 〈答李宏仲〉, "就日用而看 事物爲形而下 所具之理爲形而上 蓋無
   物不有 無處不然 凡形而上 皆太極之理 凡形而下 皆陰陽之器也."
4) 이에 관한 자세한 논의는 정순우, 〈퇴계사상에 있어서의 '日常'의 의미와 그 교육
   학적 해석〉, 《퇴계의 사상과 그 교육학적 해석》, 한국정신문화연구원, 1997 참조.

하자의 구분은 그의 이기론적 구도 속에서 살펴보면 지극히 당연한 논리적 귀결이다. 純善한 道의 세계인 형이상자의 세계와 有爲有欲한 氣의 세계인 형이하자는 가치론적으로 그 성격을 달리 할 수밖에 없다.

퇴계의 공부론에서는 가치론적으로는 분리되어 있으나, 현실적으로는 결코 분리될 수 없는 이 두 차원의 세계를 여하히 매개할 것인가가 가장 큰 문제로 대두되었다. 퇴계에 따르면 현상의 세계에서는, 즉 '在物上看'에서는 도와 기의 세계가 혼륜하여 분리될 수 없다고 본다. 형이상과 형이하는 따로 떼어놓을 수 없고, 下學과 上達은 상호 분리될 수 없는 세계인 것이다. 형이하로서의 氣는 형이상으로서의 理의 '田地在具'이다. 그러나 그는 일상의 구체적 삶 속에서 道의 세계로 넘어가는 과정이 얼마나 어려운가 하는 사실을 너무나도 잘 알고 있었다. 퇴계의 표현에 따르면, 처음 下學의 공부에서는 하고자 하는 노력과 일이 서로 분리되어, 타인의 간섭에 좌지우지되는 이른바 '掣肘'의 고통과 나와 세계가 분리되는 '矛盾'의 과정을 경험하고, 때때로 극도의 辛苦와 괴로움의 순간들을 경험하게 된다는 것이다.

퇴계는 이렇게 하학과 상달의 논리적 통일성을 확보해 가는 과정에서, 일상에 대한 의미규정을 선진유가의 설명체계로부터 이학적 구도로 환치시켜 나갔다. 원시유가에서는 일상 속에 내재한 궁극적 실체나 본질을 찾고자 하기보다는, 일상을 규정짓는 인간 상호간의 관계 또는 그 관계의 최선에 질서를 부여하는 문제 등에 더욱 많은 관심을 기울였다. 퇴계도 일상 속에서 인간의 원초적 관계가 만들어 내는 다양한 삶의 문제에 상당한 학문적 관심을 기울였다. 그러나 그의 궁극적인 관심은 그 평범한 일상성의 배후에 깔려 있는 '비일상적' 본질, 형이상학적 실체의 규명에 더욱 관심이 깊었고, 이러한 점에서 원시유가의 실천적 관심과는 성격을 다소 달리 한다.

바로 이 점에서 남명은 퇴계에게 그 불만을 直情的으로 드러내었다. 남명이 주장하는 것의 요점은 유학의 본질은 下學에 있다는 것이다. 天理를 논하면서 일상을 떠나 버리면, 그 학문은 세계에 대해 해악이 될 수 있음을 우려하였다. 퇴계와 같이 下學과 上達의 세계를 가치론적으로 엄격하게 구분하여 놓고, 이 가치론적으로 분리된 두 세계를 理와 敬을 매개로 연결하고자 하는 노력은 자칫 공소한 관념화의 세계로 빠질 위험성이 있고, 이로 인해 구체의 세계에 대한 진지한 고민이 결여될 우려가 높다는 것이다. 여기에서 남명 공부론과 퇴계 공부론의 결별점이 있다. 퇴계의 공부론이 理를 매개로 하여 본체론과 공부론의 통일성을 확보하고자 하였으나, 남명의 공부론은 구체적 실천 속에서 양자의 결합을 이루고자 하였다. 그가 문도들에게 말한 다음의 글은 그의 이러한 생각을 잘 드러내 주고 있다.

　　선생이 항상 세상의 학문을 근심한 것은 人事를 버리고 천리를 말하는 것인데 河公 沆과 柳公 宗智 諸人이 天資가 高敏하나 매번 性命의 이치를 말하기를 싫어하지 않았다. 선생이 말하기를 下學과 上達은 스스로 계제가 있는데 자네들은 모르는가?[5]

앞의 인용문에서 우리는 남명의 공부론은 하학에 무게중심을 두고 있음을 뚜렷이 볼 수 있다. 즉 하학의 사닥다리를 통해서야 道의 세계에 이를 수 있음을 말해 주고 있다. 구체적인 삶, 즉 人事에 충실하지 않고 천리를 담론하는 것은 자칫 理의 無實性에 빠질 수 있음을 경계한 것이다. 남명에게 공부란 생활 속에서 직접 몸으로 익히고, 실천해야 하는 것으로 구체적 삶과 분리되어서는 안 되는 것이었다. 그에게 있어 생활은 곧 학문이고 학문은 바로 생활 그 전체를 지시하였다. 그에게 학문이란 구체적인 프락시스를 의미하였다. 그는 " 학문을 하는 것이 처음에 어버이 섬기고, 형을 공경하며, 어른께 공손하고, 어린이를 예뻐하는 것에서 출발하지 않고, 만약에 혹시 이것에 힘쓰지 않고서 문득 성리학의 오묘한 이치를 궁구하고 탐색하려 한다면, 이는 인사상의 이치를 살피지 못하고 위로 천리를 구함이니, 끝내 실제로 얻은 것이 없

---

5)《南冥別集》卷2,〈言行總錄〉.

으리라"라고 주장하고 있다. 남명의 공부론이 지닌 강한 실천지향성을 읽어볼 수 있다.

남명이 下學과 上達의 관계를 적실하게 설명해 주는 것으로는 연꽃에 관한 일련의 그의 시들이 있다. 鄭羽洛이 그의 글 속에서 잘 드러내 주었듯이 남명에게 이 연꽃은 하학과 상달의 상호소통을 의미하는 것이다.[6] 퇴계에게 매화의 이미지가 理의 純一性을 나타내고 있다면, 남명에게 연꽃의 이미지는 하학과 상달의 연관관계를 의미한다.

> 상림원 복사꽃이 자랑하는 것 인정마소서
> 진흙 속의 군자다운 꽃을 누가 알리오,
> 조그만 화분 속에 담아 함양하는 뜻은
> 은은한 향기 밤 깊어야 달빛과 어울리기 때문이라네.
> (上園休許小桃誇, 淤裡誰知君子花, 留得小盆涵養意, 暗香將月夜深知)
> 〈盆蓮〉

> 꽃봉오리 늘씬하고 푸른 잎 연못에 가득한데
> 덕스런 향기 누가 이처럼 피어내랴?
> 보게나! 묵묵히 뻘 속에 있을지라도
> 해바라기 해 따라 빛나는 것과는 다르다는 걸.
> (華蓋亭亭翠滿塘, 德馨誰與此生香, 請看默默於泥在, 不啻葵花向日光)
> 〈詠蓮〉

여기에서 上達은 진흙 뻘 속에서 피어오른 연꽃이다. 진흙 뻘과 연꽃은 不可分開의 상호 연관성을 지닌다. 즉 하학과 상달은 상호 연맥되어 있는 관계다. 이기론은 이 양자간의 연관관계를 이기라는 보편자를 통하여 설명하고자 하였다. 그럼에도 불구하고, 왜 남명은 이기론적 체계를 거부하였는가? 《학기유편》을 보면 남명은 理學에 대해 나름대로

---

6) 정우락, 《남명문학의 철학적 접근》, 박이정, 1998, pp.149~152 참조.

깊은 이해를 하고 있었던 것으로 보이고, 오덕계에게 보낸 편지에서도, "나는 평생 다른 재주를 배우지 않고, 혼자 책만 읽었을 따름입니다. 성리에 대하여 말한다면 어찌 다른 사람보다 못하겠습니까만 오히려 그 점에 대해서는 즐겨 말하지 않을 뿐입니다"[7]라고 하여 성리철학에 대하여 깊은 식견을 가지고 있었던 것을 알 수 있다. 그런 그가 왜 이학적 구도를 거부하고, 퇴계와는 전혀 다른 새로운 패턴으로 하학과 상달의 양 세계를 접맥하고자 하였는가? 혹시 그의 사유 속에는 이미 유학이 지향하는 上達의 세계에 대해 전혀 새로운 독자적인 해석이 생성되고 있었던 것은 아닌가?

필자가 보기에 남명은, 퇴계식의 공부론은 자칫 존재를 사유에 종속시키고 사고를 존재의 최고 형식으로 내세울 우려가 있음을 경계한 것이 아닌가 한다. 즉 理의 선험적 형식 속에서 현실의 참된 모습이 왜곡될 것을 우려한 것으로 보인다. 즉 퇴계의 공부론이 理를 매개로 하여 성리철학의 중심 화두인 본체론과 공부론을 결합하고자 하였으나, 이러한 노력은 필연적으로 추상화될 수밖에 없는 한계를 지니고 있는 것으로 남명은 이해했던 것 같다. 이러한 괴리는 남명의 표현을 빌리면 마치, "넓은 도회지 큰 시장을 돌아다니면, 금은이나 보배가 없는 것이 없으나, 하루종일 거리를 오르락내리락 그 값을 물어 보아도 끝내 제 집의 물건이 되지 못하는 것"[8]과 방불한 것이다. 따라서 남명의 공부론에서는 이 과도한 이기론적 해석체계를 걷어내는 작업이 우선이었다. 남명과 그 문도들이 古經을 중심으로 한 현실적이고 실제적인 학문을 하게 된 이유나, 그들의 학풍 禮·樂·射·御·書·數의 六禮를 중심으로 한 실용적이고 현실적인 학문을 중시하였던 것도 이러한 지적 욕구에서 비롯된 것으로 보인다. 남명에게 공부론은 이론의 문제가 아니라 실천의 문제인 것이다. 이러한 맥락에서 볼 때, 그의 사상에서 지적되고 있

---

7) 《南冥集》, 〈與吳御使書〉, "僕平生不執他技 只自觀書而已 口欲性理 豈下於衆人乎 有不肯屑有辭焉."
8) 《南冥別集》 卷2, 〈言行總錄〉.

는 양명적 요소나 노장적 요소는 이 선험적 理를 걷어내는 실험 속에서 자연스럽게 유로되었다. 즉 그의 공부론의 새로운 해석 작업에는 노장학과 양명학, 심지어는 불교 모두를 두루두루 찾아다니면서 적실한 대안을 찾는 과정이었던 것 같으나 당대 정통적인 성리학자들은 그의 이러한 자유스러운 모색과정에 상당한 불안감을 지녔던 것으로 보인다.[9]

2) 남명에 있어서의 上達處의 性格

우리는 여기에서 남명 철학의 성격에 대하여 상당한 혼란을 경험하게 된다. 지금 남아 있는 기록만을 검토해 보면, 남명은 유학의 본령만은 굳게 지키고 있는 것으로 이해된다. 오히려 초기 유학의 자리로 돌아가고자 하는 노력이 강했던 것으로 판단된다. 물론 이러한 주장을 하기 위해서는 향후 좀더 다양한 측면에서 노장학과 남명학, 양명학과 남명학의 관계를 면밀하게 논의해야 할 듯하나, 그가 하학에 공부론의 중심을 두고 있다는 섬에서나, 뒤에서 언급할 敬義論을 통해서 볼 때 그가 결코 유학적 세계를 벗어나지 않았던 것을 알 수 있다. 그러나 우리가 남명사상의 특질을 좀더 명확하게 이해하기 위해서는 필경 그가 도달하고자 한 궁극적인 세계, 곧 上達의 경계가 과연 어딘가 하는 점은 지속적으로 질문하여야 할 것이다. 공부론에서 상달의 세계가 명확하게 설명되지 않고, 하학의 의미만을 지나치게 강조할 경우 자칫 진부한 실천윤리로 고착되거나 아니면 일종의 불가지론으로 변질될 위험성이 언제든지 있는 것이다.

退栗의 경우에는 理와 氣의 상호관계에 대한 정치한 분석을 통하여, 上達 즉 태극의 세계에 대한 본체론적 설명이 아주 곡진하게 나타나 있

---

9) 이러한 점에서 孫炳旭 교수가 "남명은 성리학을 실천의 관점에만 추구하였기에 上達天理의 측면에서 성리학을 보완할 수 있는 체계로서 특히 노장사상을 이해하였다"라고 지적한 것은 매우 정확한 평가로 이해된다(孫炳旭, 〈南冥 敬義思想의 基底로서의 靜坐修行〉, 《南冥學研究論叢》 第2輯, 1992, p.223).

다. 즉 일상의 세계에서 왜 躬行하고 실천해야 하는가의 근원적 이유를 道體에 대한 설명 속에서 제시해 주고 있는 것이다. 퇴계가 지적한 바대로, "이 일상생활의 일이란 그 범위가 천가닥 만갈래이어서 진실로 끝이 없으니, 이렇게 끝없는 곳의 다단한 것을 낱낱이 만족하려면 窮理와 居敬의 지극한 경력이 없으면 끝내 이룩하기 어려울 것"[10]이기 때문에 그가 도달하고자 하는 상달의 세계와 일상적인 하학의 세계를 상호 返照하는 노력이 함께 수반되어야 하는 것이다.

이러한 관점에서 볼 때, 남명만큼 그가 도달하고자 하는 上達處가 다양하게 해석된 인물도 드물 것이다. 한강과 동강을 포함한 문도들은 남명을 유학의 정맥을 이은 眞儒로 추숭한다. 그러나 다른 입장에서는 남명에게서 異端의 요소를 지적한다. 퇴계는 그를 南華의 학설을 주창한다고 지목하였다.[11] 또는 "남명이 본 바는 실로 莊周와 같다"[12]고 지적하기도 하였다. 실록에서도 그가 도가의 수련법을 이은 인물로 지적된다.[13] 심지어 김창협의 경우에는 "남명이 師道로서 자임하여 그 門徒의 성함이 거의 퇴계와 영남을 반분할 지경이나 남명은 실로 학문을 알지 못하는 사람이고, 단지 기절이 있는 처사일 뿐이다."[14]라고 그 사상적 깊이를 혹평하고 있다.

이렇게 남명사상의 귀의처에 대해 다양하게 의견이 갈라지는 이유는 그 스스로가 "詳論하고 辨析하는 말을 좋아하지 않아 모두 헛수고와 空言으로 여겼으며, 躬行에 무익하다"[15]고 판단하여 그의 사상에 대한 이

---

10) 《文集》 卷24, 〈答鄭子中〉, "流行日用者 千條萬緒 儘無窮 自事親以及萬事萬物 儘多端 以無窮處多端 ――治好 非窮理居敬之極功 卒難致之."
11) 《退溪先生言行錄》 卷5, 類編, 〈崇正學〉, "凡世無切己根本上做工夫底人 却有南冥唱南華之學 蘇齋守象山之見 甚可懼也."
12) 上同, "先生嘗曰 南冥所見實與莊周一串."
13) 《光海君日記》光海君 3年 3月 26日, "史臣曰 植之學以講論義理大忌 此所以朱子功陸氏者也 論敬以心息相依爲要 此出於道家修鍊法 吾儒未嘗有此工程也."
14) 《農巖集》 卷32, 雜識, "南冥尤以師道自任 幾與退溪分嶺南之半 然南冥實不知學 只是處士有氣節者耳."
15) 《南冥集》 卷4, 〈行狀〉(金宇顒撰).

론화에 거의 관심을 기울이지 않았기 때문이다. 그는 "입으로는 天上의 이치를 말하는 자는 행실을 공정히 살펴보면 도리어 무지한 사람보다 못한"[16]세태에 대해 뿌리 깊은 염오의 마음을 갖고 있었다. 그럼에도 불구하고 그가 도체를 체인하고자 하는 열의는 어느 누구보다도 강렬하였다. 그가 언제나 惺惺하게 깨어 있는 마음으로 천리를 체인하고자 하는 도학자의 자세를 잠시도 소홀히 한 적이 없다. 그가 천리의 체인을 직접적인 수행을 통해 실현하고자 하였음을 〈언행총록〉에서는 다양한 사례를 통하여 알려 주고 있다. 그러면 그가 반궁실행을 통해 도달하고자 하는 상달처의 모습은 과연 어떠한 상태인가? 남명의 대한 다음의 평가는 그의 세계를 이해하는 데 좋은 지침이 된다.

불씨의 이른바 眞定이란 것은 다만 이 마음을 보존하는 것일 뿐이니 위로 천리를 통하는 데는 유교와 불교가 한가지입니다. 다만 人事를 시행하는 데 다리가 없이 땅을 밟고 있는 형국이니 우리 유가에서 배우지 않는 것입니다. 전하는 이미 불교를 좋아하시니 그것을 학문하시는 데로 옮기시면 이것은 우리 유가의 일입니다.[17]

남명은 이 사직소에서 '其爲上達天理 則儒釋一也'라고 하는 실로 과감한 견해를 피력하고 있다. 이 부분은 이단의 학설에 대해 단호한 입장을 보이던 퇴계의 경우와 대비된다. 퇴계의 공부론에서는 선학과 노장 등 이단적 요소를 과연 어떻게 극복할 것인가의 문제가 가장 큰 관심사의 하나였다. 〈숙흥야매잠〉의 해석을 둘러싸고 '振發精明'과 '不作思惟' 등 극히 미세한 자구 하나하나에 대해 그가 엄격하게 공척했던 것도 노소재의 해설이 자칫 禪學으로 떨어질 수 있음을 경계하였기 때문이었다.[18] 남명의 이러한 견해도 퇴계 문도인 曹芝山으로부터 강한

16)《南冥集》卷2,〈與吳御史健書〉.
17)《南冥集》卷2,〈乙卯辭職疏〉
18) 자세한 논의는 정순우, 상계논문, 제2장 참조.

비판을 불러왔다. 芝山은 비록 程子가 "釋氏는 오직 상달만을 힘쓰고, 下學이 없다"라고 말한 사실은 인정하나, 이것이 곧 유학과 불교의 상달처가 같다라는 논리로 비약되어서는 안 될 것임을 지적하였다.[19] 남명의 이러한 유불일체의 개방적인 주장은 기실 그의 수행법과 공부론의 특질을 이해하는 데 매우 중요한 의미를 지니고 있다.

우리는 여기에서 그의 上達處의 성격을 이해하기 위해서는 당시 老佛에 대하여 좀더 유연한 입장을 취했던 지식인 집단에 주목할 필요가 있다. 신병주에 따르면, 16세기 사화기를 거치면서 이지함, 정렴 등 처사형 사림들에게서, 三敎에 대하여 호의적인 입장 즉 三敎會通的인 인식을 취하는 인물들이 출현하고 있다.[20] 남명의 경우를 과연 이들 인물들과 같은 사상사적 위치에 둘 수 있을 것인가에 대하여는, 그들이 다분히 方外人的 인물이라는 점에서 다소 논란의 여지가 있으나, 그 사상의 개방성만큼은 상당 부분 유사성이 있음은 사실이다.

남명의 사유에는, 뒤에 경의론의 분석을 통하여 논의할 것이나, 확실히 三敎의 요소가 공존하고 있는 것으로 이해된다. 이러한 태도는 당시의 이학적 해석이 16세기 조선이라는 구체적 역사와 그 속에서의 삶을 왜곡시키고, 변형시킬 수 있다는 불만에서 비롯된 것으로 보인다. 이에 그는 유학의 공부론에 중심을 두되, 그 上達處의 모색과정에서는 혹은 顔子高風에서 그 가능성을 찾기도 하고 또는 老佛的 해석에서 그 대안을 구하기도 하였다. 따라서 남명의 사상은 어떤 특정한 사상에 근거한 단선적인 해석을 거부하고, 읽어 내는 독법에 따라 다양한 해석이 가능한 열린 철학의 모습을 보여주고 있는 것이 아닌가 한다. 이러한 남명 사상의 특질은 마치 화랑의 사유체계가 삼교에 함께 근거하고 있되, 그 선택의 준거점은 언제나 당대 신라의 현실에서 구하고 있는 것과 방불한 모습을 보여주고 있다. 삶은 공허하고 추상적인 이론이 아니라, 구체

---

19) 《芝山集》卷5, 〈題南冥先生乙卯辭職疏後〉
20) 이에 관한 논의는 申炳周, 〈朝鮮中期 處士型 士林의 學風硏究〉, 서울대 박사학위논문, 1999, p.77.

적인 프락시스 속에서 그 진정한 의미를 드러낸다는 것을 그들은 통찰하고 있었다.

여기에서 필자는 조심스럽게 남명 上達處의 성격을 크게 두 가지 흐름으로 범주화할 수 있으리라 제안한다. 남명이 지향하는 도의 세계, 그 한 흐름에는 세속과 일상성을 극복하고 초월하고자 하는 적극적인 전망이 담겨 있고, 또 다른 한 축에는 당대의 유학적 질서와 규범에 헌신하고자 하는 관여적 흐름이 서로 긴장된 상태를 유지하고 있는 것이 아닌가 한다. 그가 지향하는 도의 세계가 이 두 가지 차원의 상호 모순되는 흐름을 함께 지니고 있음을 우선 그의 시들을 통하여 살펴보자.

아름다운 풀로 봄 산에 푸르름 가득한데
옥 같은 시냇물 사랑스러워 늦도록 앉아 있노라
세상을 살아가노라면 세상 얽매임 없을 수 없기에
물과 구름을 다시 물과 구름에 돌려보낸다.
(瑤草春山綠滿圍, 爲憐溪玉坐來遲, 生世不能無世累, 水雲還付水雲歸)
〈讀書神凝寺〉

스님은 구름과 함께 산속으로 들어가고,
나그네는 티끌세상 향해 돌아간다네.
그대 보내고 산마저도 이별했으니
서쪽으로 지는 산속의 해 어떻게 할꼬?
(僧同雲入嶺, 客向塵歸兮, 送爾兼山別, 奈如山日西)〈別敬溫師〉

잃은 것을 남곽자같이 하지는 못해도
강물은 아득하여 알지 못하네
뜬구름의 일을 배우고자 하니
높은 풍취가 오히려 흩어버리네.
(喪非南郭者, 江水渺無知, 欲學浮雲事, 高風猶破之)〈涵碧樓〉

앞의 세 편의 시에서는 남명이 지향하는 세계가 압축되어 드러난다.

세 편의 시에서는 모두 이 현실세계에 대한 유가적 참여의 의지와, 그러한 일상성을 벗어나서 무욕의 자연성 속으로 옮겨가려는 강한 욕구가 함께 들어 있다.

신응사에서 읊은 첫 번째 시에서는 이 일상의 세계를 벗어나 자연 속에 살고자 하나, "세상을 살아가노라면 세상 얽매임 없을 수 없기에 물과 구름을 다시 물과 구름에 돌려보낸다"고 하는 유자로서의 자세가 드러나고 있다. 두 번째 시에서 보이는 구름과 함께 산속으로 들어가는 스님이나, 티끌 세상으로 향해 돌아가는 나그네나 공히 남명의 정신이 지향하는 두 차원의 세계이다. '스님'은 남명이 지닌 초일상성의 욕구를, 나그네는 그의 現身을 드러내 주고 있다. 또한 마지막 세 번째 시에서는 이러한 두 차원이 갈등이 더욱 극적으로 描破되어, 노장의 아득한 세계와 유가의 高風의 세계가 부딪히고 있음을 본다.

남명의 언행록을 통해서도 우리는 이 두 세계를 함께 지향하고 있던 남명의 삶의 방식을 읽어 볼 수 있다. 글에 따르면 그는 "오직 사물에 傲然함을 높이 여기셨다. 다만 사람에게 그러할 뿐만 아니라 世俗에 대해서도 傲然하셨다. 항상 세상에서 초탈해 홀로 우뚝한 기상(遺世獨立)이 있었다"[21]라고 이야기되고 있다. 또한 익히 알려진 바와 같이, 그의 南冥이라는 호나 雷龍亭이라는 堂號는 이미 그의 초월적 지향성을 잘 드러내 주고 있다.《光海君日記》에 실린 남명의 인물평 가운데 '傲物輕世', '高亢之士', '難要以中道' 등의 표현이 실린 것은 세상사로부터 초탈하고자 하는 그의 삶의 방식에서 비롯된 것으로 이해된다.[22] 남명이 '高亢之士'로 생을 도모한 이유는 외부에서 삶의 준칙들을 찾고자 한 것이 아니라 그의 내부에서 어떤 새로운 도덕적 모델을 찾고자 한 것에서 그 원인을 찾아야 할 것이다. 그가 세상에 대해 이른바 '高亢之士'의 자세를 견지한 것은 사화로 인해 저상된 유가의 기운을 새롭게 내부에서부

---

21)《南冥別集》卷2,〈言行總錄〉.

22)《光海君日記》光海君 3年 3月 26日 丙寅條, "故贊成李滉誣毀曺植 一則曰 傲物輕世 一則曰 高亢之士 難要以中道 一則曰 老莊爲崇."

터 추스리고자 한 욕구에서 비롯된 것으로 보인다. 따라서 우리는 그의
敬義論을 중심으로 한 공부론과 심에 대한 새로운 정의 등을 좀더 눈여
겨보아야 할 것이다.

3. 南冥의 敬義哲學과 공부론

1) 南冥 敬義哲學의 性格과 意味

유학에서 공부론의 핵심은 敬에 있다. 참다운 앎에 이르기 위해서는
반드시 경의 상태에 머물러야 한다. 남명도 여러 차례 "항상 학문은 敬
을 지니는 것이 가장 중요하다"[23]고 강조하였다. 퇴계를 포함한 조선조
의 모든 성리학자들도 결코 경의 문제를 소홀히 다루지 않았다. 그러나
경의 대한 의미해석에서는 현격한 차이들을 드러낸다. 경은 일상생활에
서 整齊嚴肅한 태도에서부터 의식의 常惺惺 상태를 의미하는 것에 이
르기까지, 그 개념의 내포와 외연이 매우 넓다. 敬論은 도문학에 무게중
심을 두고 이해할 경우와, 존덕성에 치중하여 이해할 경우 서로 그 해
석상의 편차는 매우 넓다. 이에 敬은 위로는 태극의 세계로부터 아래로
는 揖讓昇降의 작은 몸짓까지를 총섭하는 매우 다의적이며 중첩적이며,
동시에 단순성을 본질로 하는 매우 난해한 개념이다.

이에 유자들은 敬이란 결국 自得의 영역임을 누누이 지적하고 있다.
敬은 글이 아니라 몸으로 익히는 것이다. 경이란 실천의 세계이다. 명도
는 공부에서 "존양이 없으면 단순한 말장난(若不能存養 只是說話)"[24]에
지나지 않음을 강조한다. 경이란 몸으로 체인하여야 하는 것이기에 결
국 각자가 살아 온 삶의 깊이와 폭으로 부단히 새롭게 규정할 수밖에
없다. 이 점에서 남명과 퇴계는 그 경의 해석 방식에서 어쩔 수 없이 차

---

23) 《南冥集》, 〈年譜〉, "學莫要於持敬."
24) 《近思錄》 卷4, 〈存養〉.

이를 드러낼 수밖에 없다. 그 차이는 생각보다 매우 깊고 본질적이다. 우선 퇴계는 남명의 공부론에 대한 근본적인 불만을 그의 〈신명사도〉에 대한 비판에서부터 시작하고 있다. 퇴계가 〈鷄伏堂圖〉로 잘못 오해하고 있었던[25] 〈신명사도〉에 대하여, "그 설이 매우 넓고, 거칠고, 깊고, 아득하여 비록 노자의 책에서도 볼 수 있는 바가 아니다"[26]라고 그 해석에 근본적인 의문을 드러내고 있다. 그러면 과연 〈신명사도〉의 어떠한 내용에 대하여 퇴계가 문제를 삼고 있었을까? 지금 퇴계의 구체적인 언급이 없는 상황에서 이 문제를 논의하는 것은 다소 부담이 따르나, 우선 復卦에 대한 두 사람의 생각을 중심으로 논의를 진행해 보도록 하자. 이 문제를 논의하기 위해서는 우선 《近思錄》의 存養篇에 실린 복괘에 대한 구절을 잠시 언급할 필요가 있다. 존양편에서는,

> 이천 선생이 말하기를, "陽이 처음 생길 때에는 매우 미약하여서 安靜한 이후에야 능히 자랄 수 있다. 고로 復卦 象傳에 이르기를 '선왕은 동지날에 관문을 닫게 한 것이다'"고 하였다.[27]

동짓날에 閉關하여 王公들도 순력하거나 공무를 보지 않고, 商旅들의 출입을 금하는 이유는, 이 날 막 미약하게 돋아나는 陽을 보호하기 위한 것이다. 남명이 〈신명사도〉에서 "三關을 閉塞하면 맑은 들판이 끝없이 펼쳐있다(三關閉塞 淸野無邊)"는 주장과 연결된다. 복괘에서 陽이 처음 나타날 때 이 우주의 생명력[天地之心]을 읽게 되는 것이다. 주자는, 잠시도 쉼없이 유행하는 천지지심을 왜 하필 복괘에서 찾아야 하는가를 묻는 제자의 질문에, 三陽의 때에는 만물이 번성하여 그 움직임을 잘 볼 수 없고, 만물이 未生인 동지에는 冷冷靜靜해서 자연의 生物之心

---

25) 이 문제에 관해서는 李相弼, 〈남명학파의 형성과 전개〉, 고려대 박사학위논문, 1998, p.35 참조.

26) 《退溪先生全集》26卷, 〈答黃仲擧〉, "鷄伏堂銘 深荷錄示 但其說 曠蕩玄邈 雖於老莊書中 亦所未見 其未嘗學 焉敢議及 其人固非尋常 而其學又難學也."

27) 《近思錄》, 〈存養篇〉.

이 확연하게 드러나기 때문이라는 것이다.

그러나 이 복괘의 해석에는 存養의 근원을 未發에 둘 것인가, 아니면 已發에 둘 것인가에 대한 매우 예민한 해석의 문제가 남아 있다. 蘇季明에 의해 제기된 이 물음은 복괘를 과연 靜의 상태로 이해할 것인가, 아니면 動의 상태로 파악할 것인가의 물음으로써, 경을 위한 存養의 본질을 무엇으로 규정할 것인가의 문제와도 관련된 것이다. 여기에서 물론 動의 상태라고 하는 것은 희로애락이 발현된 상태에서의 존양을 의미하고, 靜의 상태란 희로애락이 미발한 상태를 의미하는 것이다. 따라서 이 질문은 불교의 좌선과 유학의 존양의 성격을 구획하는 경계이기도 한 것이다. 그러면 여기에서 남명과 퇴계의 복괘에 대한 견해를 살펴보자. 우선 퇴계의 복괘에 관한 견해를 살펴보도록 하자.

> 一陽이 다시 돌아오니, 하찮은 풀 한 포기까지 生意를 품습니다. 그런데 사람은 만물의 영장이 되어 있으면서, 홀로 지금 우련히 일어나려는 뜻이 없을 수 있겠습니까? 하니, 선생이 말씀하시기를, 사람은 形氣의 구속을 받아 천지의 조화와 상관이 없는 것 같지만, 感應하고 消長하는 이치는 실로 천지와 더불어 유통한다. …… 그런데 사람은 욕망이란 것이 있어서 그 善端을 확충하는 성과를 이룩하지 못한다. 그러한 욕망의 조그만 단서가 싹트기만 하면 온갖 욕심들이 마구 몰려들어서, 드디어 천지의 조화의 이치와는 크게 동떨어지고 마니, 슬프구나.[28]

하찮은 풀 한 포기를 주목하는 이유는 그것이 욕망의 구애를 받지 않기에 천지의 화육에 자연스럽게 동참할 수 있기 때문이다. 풀은 자연의 순환과 그 생명의 흐름을 함께 한다. 陽氣가 시작되는 復卦에 해당하는 冬至는 천지가 만물을 낳는[生物] 시작을 의미한다. 이 날 이미 싹은 그 生意가 완전하게 형성되지는 않으나 막 돋아나려는 생명의 약동(萌長之理)은 시작된다. 그러나 만물의 영장인 인간만이 오직 욕망에 사로잡혀

---

28) 《言行錄》 卷1, 〈論格致〉

(人惟有欲) 이러한 천지의 조화에 동참하지 못한다. 인간만이 형기의 구속에 따른 욕망의 지배를 받아 天理의 유행을 따르지 못하고 理가 스스로 현시함을 느끼지 못하고 있는 것이다.

퇴계는 위의 글에서 사람은 욕망이란 것이 있어서 그 善端을 확충하는 성과를 이룩하지 못하고 있음을 말하고 있다. 이것은 퇴계 철학에서 매우 중요한 명제이다. 욕망은 七情의 요소이다. 善端은 四端을 의미한다. 四端과 七情은 道心과 人心으로 그 發出되는 所從來가 다를 뿐만 아니라, 엄격히 분리되어 공존할 수 없는 성격을 지니고 있다. 욕망은 싹트기만 하면 善의 단서를 잘라 버리기 때문에, 드디어는 천지의 조화와는 어긋나기 때문에, 애초에 그 싹을 잘라야 한다. 그러기 위해서는 우선 몸을 주재하는 마음을 잘 다스려야 한다. 인간이 그의 인욕에 사로잡히지 않고, 천리에 순응할 수 있는 것은 오직 精一, 즉 敬의 상태에서만 가능하다(能精能一 則不畔於道心 不流於人欲矣). 그러나 퇴계는, 이렇게 경의 상태를 유지하는 것과 함께, 진정으로 천지와 조화를 이루기 위해서는 천지의 流通에 더불어 感應하고 消長해야 할 것임을 말하고 있다.[29]

그러나 여기에서 중요한 것은 우리의 욕망을 다스리는 방식에 관한 문제이다. 욕망을 다스린다고 욕망 그 자체를 부정하려고 한다거나, 모든 경험적인 지식 자체를 거부하는 것은 자칫 老佛과 같은 이단적인 사유 속으로 흘러 들어갈 위험성이 있다. 주자도 이러한 상태를 우려하여, "聞·見·知·思를 다함께 버리고자 한 즉 '絶聖棄智'의 (이단의) 상태가 된다. 또한 사려를 끊고 그 분란을 두려워한 즉 모름지기 坐禪入定의 상태가 된다"[30]고 경계하고 있다. 이렇게 되면 敬의 향내성을 지나치게 강조하게 되어 모든 외물을 성가신 존재로, 적으로 취급할 위험성이 있게 되는 것이다. 여기에서 바로 주자가 부단히 격물치지를 통한 道問學을 강조하고, 객관세계의 실체를 인정할 것을 종용한 이유가 있다.

29) 자세한 논의는 정순우, 앞의 논문, pp.228~291 참조.
30) 《近思錄》, 上同

　그러나 유가의 수행법은 구체적 삶, 즉 '日常'을 話頭로 삼는다는 점을 제외하고는 노불의 수행법과 방법론상으로는 상당한 유사성이 있어 그 양자를 구별하는 것이 언제나 큰 문제로 대두되었다. 유자들에 따르면, 불가의 좌선은 생각을 완전히 끊는 것이고, 유가의 靜坐는 생각을 전일하게 한다는 것이다. 이에 주자는 정좌는 '活敬'이고, 사려를 단절하려는 좌선입정은 '死敬'이라고 평가하였다. 그러나 이러한 논란에도 불구하고 理學과 불가의 수행법에는 상당한 유사성이 있음을 부인하기 어렵다. 퇴계가 노소재의 공부론을 공척한 이유도 바로 이러한 미묘한 차이에 대한 유자들의 오해를 불식시키고자 한 의도로 이해된다. 퇴계가 노소재를 비판한 요점은 소재가 경을 곧 一로 파악하는 데 있었다. 敬을 곧 一로 파악하게 되면, 경이 실천이나 행위 등 현상적 세계의 움직임과 분리되어 곧바로 본체론적 세계를 의미하게 된다.[31] 경이 외물세계와의 교섭을 단절하고 곧 바로 一의 세계, 즉 본질의 세계 혹은 진여의 세계로 이행하는 것은 유가의 종지를 뒤흔들 수 있는 매우 충격적인 발상이 될 수 있다. 또한 외물의 세계를 무시함으로써 육왕학적 이해 방식으로 쉽게 환원될 수 있는 소지를 안고 있는 것이다. 퇴계가 말한 바 대로 "외물이 累가 됨을 두려워 하여" 객관세계의 움직임과 현상들을 완전히 무시해버리고 "모두 본심으로 들어가 뒤 섞어 버리는" 위험성이 있을 것임을 우려하였다.

　퇴계의 남명에 대한 비판도 이러한 맥락에서도 이해할 수 있다. 퇴계의 〈신명사도〉에 대한 우려도 그의 존양공부가 지니는 이른바 '曠蕩玄邈'한 태도에 있었다. 이상필 교수가 날카롭게 지적해 주었듯이, 남명의 존양법은 이른바 '廝殺的 存養省察'이다.[32] 즉 "낌새가 있자마자 용감하게 이겨내고(動微勇克), 나아가 반드시 섬멸토록 한다(進敎廝殺)"는 매우 엄엄한 존양방식을 택하고 있는 것이다. 남명은 附註에서 廝殺을 설명하면서, "밥해 먹던 솥도 깨부수고 주둔하던 막사도 불사르고 타고 왔던

---

31) 이에 관한 자세한 논의는, 정순우, 앞의 논문, 제2장 참조.
32) 이상필, 앞의 논문, p.30 참조.

배도 불지른 뒤, 사흘 먹을 식량만 가지고 사졸들에게 죽지 않고는 결코 돌아갈 수 없다는 의지를 보여주어야 하는데, 이와 같이 해야 바야흐로 廝殺할 수 있다"[33]고 하는 사생결단의 자세를 보여주고 있다.

퇴계는 바로 남명의 이러한 존양방식에 대해 거부감을 가졌고, 이단적 사유의 징후를 읽었던 것으로 이해된다. 즉 이러한 이해 방식은 외물이 누가 됨을 두려워 자칫 객관세계를 '物各付物(As there are things, there are their specific princeples)'의 고유한 존재 방식으로 인정해 주지 않는 우를 범할 위험성이 있는 것이다. 유학에서는 객관세계의 외물을 있는 그대로 맞이하되, 이른바 '艮其背(Stop at the back of a thing)'의 태도를 견지하라는 주장인 것이다. 이는 성리철학의 욕망을 다스리는 방식에서 여타의 老佛과 스스로를 구별하는 태도이고, 궁리와 존양의 두 가지 공부법을 병행하는 이유인 것이다. 이러한 맥락에서 볼 때, 남명의 공부론은 퇴계의 공부론과 비교하여, 욕망에 대한 상당히 강한 초월적 의지가 들어가 있다. 그 유명한 다음과 같은 〈浴川〉이라는 시는 그러한 경향성을 가장 잘 드러내 준다.

> 사십년 쌓인 온 몸의 때를
> 천섬 맑은 물로 다 씻는다.
> 만일 진토가 오장 안에 생긴다면
> 바로 배를 갈라 흐르는 물에 부치리
> (全身四十年前累, 千斛清淵洗盡休, 塵土徜能生五內, 直令刳腹付歸流)
> 〈浴川〉

이렇게 강렬한 工夫詩는 퇴계의 시 세계에서는 절대 상상하기 어려운 대목이다. 앞의 시에서 "만일 진토가 오장 안에 생긴다면 바로 배를 갈라 흐르는 물에 부치리"라는 구절은 욕망의 무욕성을 지향하는 문장이다. 욕망의 무욕성을 철저히 지향하고자 하는 태도는 바로 남명 공부

---

33) 《南冥集》, 〈神明舍銘〉.

론이 지닌 초월적 흐름의 가장 대표적인 요소다. 극기복례의 존양공부를 실현할 때, 과연 無欲性을 지향하는가 아니면 寡欲을 지향하는가의 문제는 유학사에서 상당한 논란이 있었던 부분이다. 성리철학에 누구보다 해박했던 남명이 이러한 논쟁적인 부분을 그대로 간과했을 리는 없으리라 본다. 여기에 관한 주렴계의 주장을 우선 살펴보도록 하자.

　　염계선생이 말하기를 '맹자는 마음의 수양을 하는 데는 寡欲보다 더 좋은 것이 없다고 말하였다.' 내가 이르기를 수양을 하는 데는 寡欲에서는 멈추어서는 안 되고, 대개 무욕에 이르러야 한다. 욕심이 없으면 誠立明通하게 된다. 성실이 세워지면 賢이 되고, 明通은 誠이 된다.[34]

이 구절에서 주렴계는 養心을 위해서는 과욕이 아니라 무욕의 상태가 되어야 함을 주장하고 있다. 그러나 이 주장은 후일 많은 이견들을 불러 왔다. 주자도 이 부분에 대한 주석을 통해 이 구절의 주장처는 寡欲에 있음을 말하고 있다. 陳埴이 우려한 바와 같이 이 무욕은 자칫 불교의 寂滅과 같은 의미로 轉化될 우려가 있는 것이다. 주자는 극기는 무욕이 아니라 과욕의 상태를 의미함을 밝히고 있다. 이 부분을 명확하게 하는 것은 공부론을 이해하기 위해서는 매우 중요하다. 무욕을 지나치게 주장하는 것은 자칫 불가의 논리와 착종될 우려가 있다. 주자도 이 점을 우려하였다. 그는 무욕에 이르는 것은 사실 성인이 아니면 이르지 못하는 상태로 이해하고 있다(到無欲 非聖人不能也). 무욕이란 현실적으론 절대 도달할 수 없는 공부의 최대치에 지나지 않는다. 無의 공부는 필경 과욕을 통해서야 도달할 수 있기에(無底工夫 則由於能寡欲) 짐짓 설정한 공부의 표적에 지나지 않는 것이다.[35]

　　인간은 "배가 고프면 밥을 먹고, 목마르면 물을 마시고 겨울에는 털

---

34)《近思錄》卷5,〈克己〉, "濂溪先生曰.. 孟子曰 養心莫善於寡欲 予謂養心不止於寡而存耳 蓋寡焉以至於無 無則誠立明通."
35) 陳榮捷,《近思錄詳註集評》, 臺灣 學生書局, 中華民國 81年, p.304.

옷을 입고 여름에는 갈 옷을 입는 것"은 어쩔 수 없는 자연스러운 욕망
이다. 문제는 여기에 개인의 사욕이 개재되어 있는가의 여부이다.[36] 배
가 고프면 밥을 먹고, 목마르면 물을 마시는 것은 자연스러운 것이다.
이천은 이를 육신을 가진 인간존재의 한계로 보고 있다. 그는 "대저 인
간은 몸이 있으면 문득 自私의 理가 생기는 것이다. 마땅히 그 도와 더
불어 같이 하기가 어려운 바라"[37]고 짧게 요약하고 있다. 인간은 원하는
바가 있으면 문득 욕망이 엉겨드는 것이다(只有所向 便是欲). 이러한 욕
망에서 자유스러운 사람은 아무도 없다. 즉 무욕이란 현실적으로 자리
할 수 없다. 남명 자신도 "다 늙어 매운 맛 짠 맛 입에 맞지 않으니, 세
상은 잊었지만 아직 기심은 잊지 못했다네"[38]라 하여 이에, 伊川도 인간
은 어쩔 수 없이 욕망을 잉태하고 있을 수밖에 없으며, 단지 "욕망에 빠
져 허우적거리지 않는 것(所欲不必沈溺)"이 중요한 것으로 인식하고 있
었다. 문제는 中節, 不中節의 문제였지, 욕망을 일호도 허용하지 않으려
는 근본주의적 해석은 유학의 정통적 흐름에서 그다지 강하게 나타나
고 있지 않다. 퇴계는 이러한 점에서 남명의 廝殺的 공부론에 대하여
일정한 우려를 갖고 있었던 것으로 보인다. 그러면 우리는 여기에서 다
시 남명의 復卦 해석을 통하여 퇴계의 비판이 과연 정당한 것이었는지
를 살펴보도록 하자.

2) 南冥 敬義論의 關與的 성격

남명의 경우에는 복괘에 관한 언급은 오직 시 한 편만이 남아 있어
이를 통해 퇴계의 견해와 비교하는 데에는 다소 지장을 준다.

> 역상이 분명하여 땅 밑 우레를 보는데,
> 어찌 사람의 마음은 착함의 실마리 열리는 것을 모르는가?

---

36)《近思錄》卷5,〈克己〉, "飢食渴飲 冬裘夏葛 若致些私吝心在 便是廢天職."
37) 上同, "大抵人有身 便有自私之理 宜其與道難."
38)《南冥集》,〈次湖陰題四美亭韻〉, "垂老辛酸口失宜 縱然忘世未忘機."

다만 싹틈이 응당 牛山의 나무 같나니
소나 양으로 하여금 날마다 오게 하지 말게나.
(易象分明見地雷, 人心何昧善端開, 祗應萌蘖如山木, 莫遣牛羊日日來)
〈地雷吟〉

주지하는 바와 같이 위의 牛山의 나무는 맹자의 〈告子章〉에 나오는
고사이다. 우산의 주야로 우로를 머금고 자라나고 싹과 움이 돋아나지
마는 소나 양이 뜯어먹어 민둥산이 된다는 고사다. 復卦의 양효가 이제
막 일어나는 生物之心을 의미한다고 하면, 여기에서 말하고 있는 牛羊
은 인간의 마음속에 있는 사욕이나 인욕을 뜻하는 것으로 보아도 무방
하리라 본다. 이렇게 해석될 경우 퇴계의 복괘 해석과 본질적인 차이를
드러내지 않는다. 즉 이 복괘의 문제는 인간이 어떻게 그의 마음속에
있는 純善한 본성, 즉 자연성을 최대한 존양하는가의 문제라고 할 수
있다. 곧 자연과 인간 양자를 과연 어떻게 매개할 것인가의 문제라 할
수 있다.

자연과 인간을 결합하는 방식에서, 남명과 퇴계는 서로 다른 공부론
을 보여주고 있다.

퇴계의 경우에는 인간의 구체적 현실을 벗어난 비일상의 세계가 유
학적 공부론의 중심이 될 수 없다. 자연적 질서 그 자체를 공부론의 중
심에 둘 경우에는 자칫 도가류의 무위자연의 자연세계로 옮겨 앉을 위
험성이 도사리고 있는 것이다. 그러한 의미에서 퇴계가 "太極이라고 이
름을 붙인 것은 조화 자연의 몫[地分]에 관한 것이라는 뜻을 지니며, 천
명이라고 이름을 붙인 것은 사람과 사물이 부여받은 직분과 도리에 관
한 것이다. 자연의 地分에 대해서는 수양[修爲]에 관한 것이 끼어들 필
요가 없으나, 받은 직분이 있는 경우에는 수양이 없으면 천명이 시행되
지 않는다"[39]고 이야기 한 것은 매우 의미심장하다. 퇴계의 표현대로
"천명을 부여받았다고 하고 수양법을 빼어 버린다면 체는 있는데 용은

---

39) 《文集》 권38, 〈答申啓叔〉

없는 것이 될"[40] 위험성이 있는 것이다. 자연과 인간과의 매개 고리가 상실될 위험성이 있는 것이다. 이 점에서 그의 자연과 인간 간에 상호 理를 주고 넘겨받는 방식을 눈여겨 볼 필요성이 있는 것이다.

남명의 경우에서는 자연과 인간을 상호 매개하는 방식에서 퇴계와는 구별되는 형식을 취하고 있다. 그는 理를 매개로 하여 무리하게 양자를 연관시키고자 하지 않았던 것으로 보인다. 우리는 남명의 〈神明舍銘〉에서 '三關閉塞'하니 '淸野無邊'이라는 대목을 의미심장하게 읽어 볼 필요가 있다. 사욕이 사라진 지점에서, 理의 獨尊이 빛을 발하는 대신, 맑은 들판이 끝없이 펼쳐져 있다는 이러한 마음속의 경계는 확실히 퇴계와는 구별된다.[41] 남명에게 淸野無邊의 상태는 무엇인가? 여기에 대한 답은 그의 〈寒暄堂 金先生畵屛記〉에 잘 드러나 있다.

> 잘 갈무리하는 자는 太虛에 갈무리한다. 태허란 것은 하늘의 실체인데 허한 데에다 용을 갈무리하는 까닭으로 그 갈무리함은 한없이 갈무리되어, 크게는 천하를, 작게는 겨자씨 하나이다. 그러므로 힘으로 버티면 없어지고, 지혜로 농락하면 없어지게 됨이로다. 물은 각각 그 물의 고유한 속성이 있으니(物各付物) 자연에 갈무리한 다음, 책임을 하늘에 맡길 뿐이다.[42]

남명에게 근원자는 太虛다. 이 개념은 〈신명사명〉에서 보이는 太一 眞君과 함께 그의 사상을 이해하는 매우 중요한 키워드임에 틀림없다.

---

40) 上同, "若只存賦與 而闕修爲 是有體而無用"
41) 남명이 앞서 거론한 복괘를 動의 상태로 이해하고 있는 것이 아니라, 靜의 이해 하고 있는 것으로 파악해 볼 수 있고 '淸野無邊'이란 바로 이 靜의 상태를 설파한 것이라 상정할 수 있다. 伊川의 경우에는 이 復卦를 至靜의 상태로 해석하는 것을 극력 경계하였는 바, 그 이유는 이렇게 할 경우 敬을 자칫 불가의 眞定의 상태로 혼동할 위험성이 있었기 때문이다.
42) 《南冥集》, 〈寒暄堂 金先生畵屛記〉, "善藏者 藏於天 太虛者 天之實也 虛而藏用 故其藏也無藏 大而天下 小而一芥 以力控之則喪 以智籠之則失 必也物各付物 藏之 於自然而後責付於天矣."

그러나 본고에서 논의를 집중하고자 하는 곳은 마지막 두 문장에 있다. 우선 존양에서의 '物各付物'의 의미를 좀더 새겨 볼 필요가 있다.《근사록》에는 다음과 같은 구절이 있다.

　　사람이 어떤 일을 행함에 스스로 그쳐야 할 바에 그치지 못하는 것은, 또 다른 일에 구애되어 각각의 물에 있는 그 물의 고유한 이치를 모르기 때문이다. 물마다 물에는 고유한 법칙이 있어(物各付物) 그대로 따른다면 오히려 물을 부리는 일이 되지만, 그러나 물에 구애되면 물에 사역당하게 되는 것이다. (맹자가 말했듯이) 물이 있다고 한다면 물에는 반드시 고유한 법칙이 있게 마련이라고 하였는데, 우리들은 반드시 사물의 법칙에 따라 사리의 당연한 極에 멈추어야 한다.[43]

위에서 物各付物을 강조하는 것은 바깥의 외물을 부정하거나 그르다고 여기고, 마음이 안으로만 침잠하는 불교적 정적주의를 극복하고자 하는 것에 그 의미를 두고 있다. 즉 바깥 외물에도 그 나름의 고유한 존재법, 즉 分殊之理가 있다는 사실을 인정하고 이것이 내 마음의 理와 조응하도록 하는 것이 窮理를 통한 공부인 것이다. 이에 葉采는 이 物各付物을 설명하여, "물이 와서 응하나(物來而應) 물의 고유한 법칙을 벗어나지 않고, 물이 감에 化하나(物往而和) 결코 그 자취를 남기지 않는 것"[44]이라고 설명하고 있다.

이러한 성리학적 인식태도로 비추어 볼 때, 物各付物을 자연에 갈무리한다는 남명의 주장은 실로 노자의 자연주의적 태도에 맞닿아 있음을 알 수 있다. 즉 모든 사물의 존재 법칙을 자연이라는 커다란 범주 속에서 구하겠다는 태도로 볼 수 있다. 또한 이것은 인간과 자연을 상호 매개하는 방식이 퇴계와 같이 理를 매개로 하는 것이 아니라, 인간이

---

43)《近思錄》,〈存養篇〉, "人不止於事 只是攬他事 不能使物各付物 物各付物 則是役
　　物 爲物所役 則是役於物 有物必有則 須是止於事."
44) 陳榮捷,《近思錄詳註集評》, 學生書局, p.266.

자연 속에 안김으로써 비로소 실현될 수 있는 것으로 파악하고 있는 것이다. 이때 남명에게 敬이란 바로 이 인간과 자연을 숨김없이 소통하는 통로로서의 의미를 지니고 있다. 이런 의미에서 남명에게 敬은 天人 간의 완전한 합일을 이루 수 있는 徹上徹下의 원리이다. 인간이 사심과 사욕을 버리고 直하게 될 때, 그는 자연의 본질과 대면하게 되는 것이다. 이때, 敬이 死敬이 아니라 '活敬'이 되기 위해서는 義와 반드시 함께 해야 함을 강조하는 것에서 남명학의 실천성과 관여적 성격을 읽어볼 수 있다. 즉 敬만을 홀로 지나치게 강조하면 그의 사상은 主情的이고 心學的인 차원에 머물러, 현실에 개입하는 생명력이 급격히 약화되고, 자칫 禪學의 냄새가 날 위험성이 있음을 우려한 것으로 보인다. 그러나 그 반대의 경우에도, 즉 경의 動的인 측면이 지나치게 강조 되면, 고요하면서도 깨어 있는 常惺惺의 상태가 깨어져서, 자연에 대한 사심없는 대면이 어렵게 되는 것이다.

남명의 이러한 인식태도는 그의 공부법에도 영향을 미쳐 尊德性과 道問學에 대한 노력을 균형적으로 가지고자 노력하였다. 남명은 특히 존덕성을 중시하였다. 〈行狀〉에 따르면 "선생은 동강 金宇顒에게 '나는 배우는 이에게 다만 그 昏睡를 경계하게 할 뿐이다. 눈을 뜨고 나면 스스로 천지와 일월을 볼 수 있을 것이다'고 하셨다. 그러므로 일찍이 학도들에게 경서를 강설하지 않으시고, 다만 反求自得하게 하실 뿐"이었다는 기록이 보이고 있다.[45] 이 밖에 남명이 존양의 방법으로서 경을 강조한 대목은 수없이 많다. 예로 남명의 〈묘갈명〉에도 "배움에는 持敬 공부보다 더 중요한 것이 없다고 여겼기 때문에 主一에 힘써서 항상 깨어나 있고 혼미하지 않으며, 몸과 마음을 추스렸다. 배움에는 寡慾보다 더 좋은 것이 없다고 여겼기 때문에 克己에 치력하여 마음속의 찌꺼기를 깨끗이 씻어 내어 天理를 함양하였다"[46]고 하여 존양공부에 대한 그의 평생의 공력을 말해 주고 있다.

---

45) 《東岡集》, 17卷, 〈南冥先生行狀〉.
46) 《南冥集》文集 卷5, 〈墓碣銘〉.

그런데 여기에서 흥미로운 사실은 남명에게 존덕성의 공부는 심학적이고 초월적인 지향성을 드러내는 것과 함께, 존덕성의 공부가 곧 치인론과 연결되는 적극적이고 관여적인 지향을 동시에 드러내고 있다는 점이다. 그의 존양의 공부가 지닌 심학적이며 초월적인 지향성은 다음의 시에서 밝게 드러난다.

광문은 자못 자운의 집과 같아
옛일 상고하여 득력함이 많다네.
살아 있는 법은 모름지기 마루 아래
수레바퀴 깎는 사람이 이해했나니
다섯 수레 많은 책의 의미도 無邪 한가지 속에 있다네.
(廣文頗似子雲家, 稽古由來得力多, 活法會須堂下斲, 五車書在一無邪)
〈經傳〉

위의 詩에서는 수많은 독서[窮理]를 통한 도문학적 접근보다는, 돈오적 방식의 尊德性의 공부를 남명이 더욱 중시하고 있었던 사실을 볼 수 있다. 내성적인 體察을 통하여 세계의 본질을 이해하고자 하는 남명의 초월적 의지가 스며 있음을 알 수 있다. 그러나 이 문제는 다음 기회에 상론하고자 하나, 남명은 明明德을 存養의 의미로 인식하고, 《대학》의 기본 관심을 存養의 수양론적 문제로 파악하고 있다는 사실이다.[47] 존양을 적극적으로 治人의 영역까지 확대하고 있는 것이다. 이러한 현상은 그의 학문이 지닌 실천적 성격을 고려할 때 어쩌면 당연한 논리적 귀결이다. 남명의 〈신명사도〉에는 이미 그의 心에 대한 이해가 이미 실천과 행위를 전제하고 있음을 극명하게 드러내 준다. 마음과 외물과의 관계를 한바탕 전쟁터로 도해한 〈신명사도〉에서, 남명은 敬을 임금인 心(太一眞君)을 보좌하는 冢宰로서 표현하였다. 그리고 그는 '敬'을 天德

---

47) 琴章泰, 〈南冥의 學記圖에 관한 硏究〉, 《南冥學硏究論叢》第2輯, 1992, p.91. "大學雖曰不言存養二字 大學明明德 乃開卷第一存養地也"〈關西問答後辯〉

과 王道라고 규정하였다. 이것은 《대학》의 "明明德"과 "新民"에 해당하
는 말로, 그의 철학에서의 敬이 지닌 실천적 성격을 잘 읽어볼 수 있는
것이다.[48] 여기에서 그가 지향하는 바의 敬이란 개인적 차원의 수행법
이나 공부법이 아니라, 좀더 사회적이고 가치지향적인 의식활동으로 변
화하는 것이다. 또한 여기에서 敬과 義의 관계를 內와 外의 결코 분리
할 수 없는 관계로 파악한 남명사상의 관여적 성격이 드러나는 것이다.

4. 結 語

지금까지 우리는 남명의 공부론을 퇴계의 공부론과 비교하면서 논의
해 보았다. 이에 퇴계의 공부론은 理를 매개로 하여 본체론과 공부론의
통일성을 확보하고자 하였으나, 남명의 공부론은 구체적 실천 속에서
양자의 결합을 이루고자 하였던 사실을 살펴볼 수 있었다. 남명이 퇴계
식의 공부론을 지양했던 이유는 理의 선험적 형식 속에서 현실의 참된
모습이 왜곡될 것을 우려한 것에서 기인된 것으로 보인다. 따라서 남명
의 공부론에서는 이 과도한 이기론적 해석체계를 걷어내는 작업이 우
선이었다. 남명과 그 문도들이 古經을 중심으로 한 현실적이고 실제적
인 학문을 하게 된 이유나, 그들의 학풍 禮·樂·射·御·書·數의 六禮를
중심으로 한 실용적이고 현실적인 학문을 중시하였던 것도 이러한 지
적 욕구에서 비롯된 것으로 보인다. 남명에게 공부론은 이론의 문제가
아니라 실천의 문제였고, 이러한 맥락에서 볼 때, 그의 사상에서 지적되
고 있는 양명적 요소나 노장적 요소는 이 선험적 理를 걷어내는 실험
속에서 자연스럽게 표출되었다.

한편 본고에서는 남명 공부론의 성격을 알아보기 위하여 남명이 지
향한 上達處의 性格을 논의해 보았다. 그 결과 남명 上達處의 성격을

---

48) 上同

크게 두 가지 흐름으로 범주화할 수 있었다. 즉 남명이 지향하는 道의 세계, 그 한 흐름에는 세속과 일상성을 극복하고 초월하고자 하는 적극적인 전망이 담겨 있고, 또 다른 한 축에는 당대의 유학적 질서와 규범에 헌신하고자 하는 관여적 흐름이 서로 긴장된 상태를 유지하고 있음을 볼 수 있었다. 또한 그 상달의 세계를 지향하는 공부의 과정에서 남명은 그의 특유의 방식을 채택하고 있음을 볼 수 있었다. 즉 인간과 자연을 상호 매개하는 방식이 퇴계와 같이 理를 매개로 하는 것이 아니라, 敬의 실천성을 매개로 하여 인간과 자연이 숨김없이 소통하는 체제를 가지고 있었던 것이다.

退溪學派의 書院(敎育)論

鄭萬祚(국민대)

1. 머리말

서원교육과 관련된 지금까지의 연구는 매우 부진한 편이었다. 겨우 교육사 연구자 쪽에서 주로 개설서를 통하여 간략히 언급한 것이 전부이다시피 하였다. 그것도 교육제도란 항목 속에서 서원에 대한 일반적인 설명을 하는 가운데 교과목이 《小學》을 위시하여 4서 5경 및 《近思錄》 등 성리학 관계 서적 및 역사·문집류였다고 언급하는 정도였다.[1] 이런 정도의 서술로는 서원이 향교와 다른 私學이었다는 점 이외에, 왜 출현하였으며 관학과 다른 교육 이념이나 방식, 내용의 차이가 어떤 것인가 하는 여러 특징들은 말해질 수 없었고, 또 그에 관한 연구 논문도 나오지 않았다.

다만 퇴계 이황의 유학사상과 관련하여 서원교육론을 다룬 연구는 몇 편 있다. 宋贊燮의 〈이퇴계의 서원교육론 고찰〉, 丁淳睦의 〈퇴계의 서원교육관〉, 그리고 필자의 〈퇴계 이황의 서원론〉이 그것이다.[2] 퇴계

---

1) 예컨대 李萬珪의 《朝鮮敎育史》(1947), 제2부 8장 조선시대의 교육기관, 5. 서원의 서술이 그러하다.
2) 宋贊燮, 〈李退溪의 書院敎育論 考察〉, 《韓國의 哲學》 2(경북대 퇴계연구소,

의 교학관계 자료와 각종 書院記, 院規 및 서원관계의 내용을 담은 書
信의 분석을 통해 이루어진 이들 연구를 통해 적어도 퇴계의 경우 서원
은 三代의 至治 재현을 실현할 주체세력인 사림을 양성할 목적으로 창
설되었으며, 따라서 그 교육내용은 유교경전에 대한 자발적이고 자율적
인 학습방식에 의해 덕성을 함양하는 講學과 藏修, 그리고 尊賢을 위한
享祀를 특징으로 한다는 점이 밝혀졌다. 그러나 그의 사상을 계승하였
던 이른바 퇴계학파의 서원관 또는 서원교육론에 대해서는 아직 아무
런 연구도 없었다.

퇴계학파의 범위를 어떻게 설정할 것인가는 그리 간단한 문제가 아
니다.《陶山及門諸賢錄》에 수록된 급문제자만으로도 309명이나 된다고
하며 다시 이들의 문인으로서 그의 학맥을 이었다는 再傳제자, 그리고
3전, 4전, 5전 등으로 내려가면 그 수가 엄청나게 늘어난다.[3]

뿐만 아니라 지역적으로도 안동·상주·성주를 근거로 한 영남 일대와
서울 인근의 근기 지역을 그 중심지로 하여 호서(청주중심)·호남(나주)·
관동(원주)의 일부 지방까지 그의 학통을 계승한 사림들이 널리 분포하
고 있다.

이와 같이 시기별·지역별로 범위가 엄청나게 늘어남으로 인해 퇴계
학파의 서원교육론을 살피려는 경우 부득이 제한을 둘 수밖에 없었다.
그리하여 시기적으로는 이른바 '士林의 時代'[4]를 대표한다는 16세기 후

1974) ; 丁淳睦,〈退溪의 書院敎育觀〉,《韓國書院敎育制度》(영남대, 1979) ; 鄭萬
  祚,〈退溪 李滉의 書院論〉,《韓㳓劤博士停年紀念韓國史學論叢》, 지식산업사 1981.
3) 琴章泰 교수는《退溪學派의 思想》I(집문당, 1996)에서 퇴계학파의 대표적 사
  상가로 趙穆·金誠一·李德弘·柳成龍·鄭逑·曹好益·鄭經世·張顯光·許穆·丁時翰·李
  玄逸·權相一의 12명을 다루었다.
  退溪學統의 범위 및 人員數에 대해서는 金鍾錫,〈陶山及門諸賢錄과 退溪學統弟
  子의 범위〉,《韓國의 哲學》26(경북대 퇴계연구소,1998) 참조.
4) '사림의 시대'란 표현은 필자가, 사림이 집권하게 되는 명종말·선조초부터 탕평
  의 실시와 사회경제적 여건의 변화로 사림의 입지가 좁아지고 심지어는 심각한
  도전에 직면하거나 그 존재가 부정당하게까지 되는 영조초까지 약 1세기 반정도
  의 기간이 사림이란 사회세력에 의해 주도되었다고 보아, 붙여 본 용어이다. 이

반에서 18세기 전반까지 지역상으로는 그 학파의 본거지였던 영남좌도
에 국한하였다. 이에 따라 퇴계의 4傳弟子까지를 대상으로 자료를 탐색
하여 본 결과 寒岡 鄭逑(1543~1620) → 旅軒 張顯光(1554~1637) → 存
齋 李徽逸(1619~1672) → 密菴 李栽(1657~1730) → 訥隱 李光庭(1674~
1756) → 淸臺權相 → (1679~1759)의 서원교육론[5]을 추출하게 되었다.
이 자료에 대한 검토를 중심으로 본 발표문을 엮어가고자 한다.

시기는 정치적으로는 사림이 정치권력을 장악한 위에 그들의 정치이론에 따라
覇道的인 부국강병보다는 의리명분에 토대한 인심 수습과 안정을 우선하며, 소수
권력집단에 의한 결정보다, 가능한 한 지배층 전체가 참여한 토론 과정에서 導出
된 公論에 의한 결정과 정국운영이 붕당을 중심으로 전개되었고, 사회경제적으로
는 사림의 母集團인 사족이 지주층의 주류를 이루면서 鄕案·鄕規·洞契 등을 통
해 자체 결속을 강화하고, 이를 바탕으로 향약·사창제 등에 의해 사족중심의 향
촌지배 체제가 운영되었으며 禮學과 이기심성론 중심의 사림문화가 발달하였다.
　이 시기가 갖는 이러한 특징은 그 이전이나 이후와도 구분되는 특징을 갖고 있
어 소선중기라고 시기구분하고 있기도 하나(李秉烋, 〈집필의 개요〉,《한국사》
28, 국사편찬위원회, 1997), 필자는 서원과 관련하여 특히 '사림의 시대'라고 이름
하였다. 豪族의 시대라든가 귀족사회와 같이 사회주도 계층에 따라 시대의 명칭
을 붙이는 예가 역사에서는 드문 일이 아니기 때문이다. 필자는 서원이 사림의
대두와 함께 출현하였고, 퇴조와 함께 쇠퇴하는 운명을 공유하는 동반자적 관계
에 놓여 있었다고 보고 있다(鄭萬祚, 〈17세기의 사림정치〉,《韓國史上의 정치형
태》, 일조각, 1993 참조).
5) 鄭逑,《寒岡集》續集 卷4, 雜著 院規(爲道東作)(《韓國文集叢刊》 53, pp.400~
403, 以下 한국문집총간은 《叢刊》으로 略稱함).
　張顯光,《旅軒集》卷4, 書, 答川谷書院別紙(《叢刊》 60, p.60) ; 卷7, 書院說(같은
책, p.139) ; 續集 卷2, 答玉山書院士林(같은 책, p.291).
　李徽逸,《存齋集》卷2, 書, 與宣城士林論淸溪立祠書(《叢刊》 124, p.39) ; 英山書
院告由諸生文(같은 책, p.56).
　李栽,《密庵集》卷8, 擬興三溪書院士友(《叢刊》 173, p.166) ; 卷10, 雜著 錦水記
聞(같은 책, p.209).
　李光庭,《訥隱集》卷4, 疏, 擬嶺南士林請勿毁院祠疏(《叢刊》, 187, pp.196~198 ;
卷5, 書 與齋儒(같은 책, p.217) ; 擬與金士能(같은 책, p.207) ; 卷6, 三溪書院居齋
勸諭文·居齋節目(같은 책, p.237).
　權相一,《淸臺集》卷5, 疏, 再疏(辛亥 9月) ; 卷10, 興學齋學規, 臨湖書院學規, 道
院條約 ; 卷11, 道院學規跋.

2. 退溪 李滉의 서원(교육)론

역사에서 최초의 서원은 唐나라 玄宗 때 세워진 麗正書院이라고 한
다. 그러나 천하에 서원의 존재가 널리 알려지게 된 것은 北宋초기 白
鹿·石鼓·應天·嶽麓의 4대 서원이 세워지면서였다.[6]

이어 南宋에 들어가 주자가 白鹿洞書院을 중건하며 서원제도를 확립
하고 이를 근거로 활발한 講學活動을 벌이게 된 뒤로부터 널리 보급되
었다. 이후 명나라 때는 천하에 300여 개소의 이름난 서원이 손꼽힐 정
도로 성행하였다. 金나라와의 전쟁으로 학문이 침체해 있던 시기에 주
자의 백록동서원에 초빙된 陸象山이 君子喩義章을 강의해 學人들이 부
끄럽고 뉘우쳐서 눈물 흘리는 사람까지 있었다든가,[7] 명나라 때 대학자
이던 王陽明이 龍岡·稽山書院을 근거지로 한 강학활동을 통해 양명학
을 성립시켰으며, 東林書院 출신의 관료들이 이른바 東林黨을 형성하며
당시의 정치에 막강한 힘을 발휘했던 사실[8] 등은 중국서원 출현의 배경
이나 성격의 일면을 보여주고 있다.

우리나라의 경우는 풍기군수 周世鵬이 中宗 38년(1543) 순흥에 세운
白雲洞書院으로서 그 효시를 삼는다. 그러나 이것은 후대의 서원과는
모습이 달랐다. 주세붕이 세운 것은 순흥 출신의 고려말 유학자이던 安
珦을 제향하고자 건립한 文成公廟에 부속된 건물로서 서원에 불과했으
며(由廟而有院), 따라서 단순히 유생이 모여서 과거공부하는 학습장소
로서 官學의 보조기구였을 뿐이었다.[9]

---

6) 《天下書院總覽》上 卷5, 江西 南昌府 南昌縣, 王昶의 書院規條 참조.
7) 위와 같음.
8) 小野和子, 〈東林派とその政治思想〉, 《東洋學報》28(東洋學術協會 1968);權五
重, 〈東林派의 形成에 대한 一考察 ― 東林書院의 構成과 活動을 중심으로〉, 《全
海宗博士華甲紀念史學論叢》(일조각, 1979);曺永祿, 〈16~17세기 中國의 講學運
動과 師友論〉, 《明淸史硏究會會報》2(明淸史硏究會, 1993).

사림의 강학·장수처로서 강당·동서재를 기본으로 하고, 그 感發興起를 위한 尊賢處로서의 祠廟를 부차적으로 삼으며(由院而有祠), 과거공부를 배격하고 審問明辨에 의한 朋友講習을 근본 기능으로 하는 조선 서원의 전형은 퇴계 이황에 의해 마련되었다.

사림출신이었던 그는 선배사류인 趙光祖의 道學政治論에 공명하였으며 三代의 至治 실현을 정치의 목표로 삼고 있었다. 그러나 조광조 등이 임금을 통해 위로부터 실현을 추구하였던 데 비하여 그는 향촌사림 쪽에 더 큰 기대를 걸고 있었다. 특히 그 나이 40대 후반에서 50대 초에 걸친 시기에 일어났던 乙巳士禍는 이런 자세를 더 굳히게 해주었다. 이를 계기로 그는 유학자라면 한번은 가지게 마련인 임금을 도와서 경륜을 펼쳐 보겠다는 생각을 완전히 포기하고, 차라리 향촌을 단위로 하여 자신의 이념 아래에 백성을 교화하며 사림을 양성, 그들을 중심으로 향촌을 이끌어 나감으로써 비록 임금에 의하지는 않는다 하더라도 향촌을 단위로 한, 사림중심의 治化를 이루겠다는 방향으로 정치자세를 전환시켰던 것이다.

그러기 위해서는 향촌에서 교화를 담당할 주체로서 성리학으로 무장되고 修己에 힘쓰는 사림을 양성할 적절한 기구가 필요하였다. 퇴계는 그것을 주자에 의해 확립되었던 서원에서 구하였다.

퇴계에 따르면 서원은 三代의 학교제 정신을 이어받은 것으로서 官學이 도회지에 설치되어 번잡한 데 비해 한적하고 풍광 좋은 곳에 자리하여 교육 여건이 훨씬 양호하며, 또 지방관으로부터 불필요한 간섭을 받지 않는 데다가 과거나 利祿 등 현실적인 출세욕과는 거리가 먼 분위기를 갖고 있는만큼, 爲己之學 중심의 道學을 강습하고 의리를 익히며 덕성을 함양하는 장소로서 이보다 나은 제도는 찾기 힘들다는 것이었다.

요컨대 至治 재현의 전제로서 人心醇化를 위해 교화를 담당할 사림

---

9) 鄭萬祚, 〈조선서원의 성립 과정〉, 《조선시대 서원연구》(집문당, 1997) 참조.
　이하의 서술에서 조선시대 서원의 성립과정 및 일반적인 추세와 관련된 부분은 주로 위의 책에 의거하였으며 일일이 주를 다는 것은 피한다.

의 양성소로서 서원이 반드시 필요하다는 것으로 서원의 존재 이유는 확보되었다.

이러한 논리적 근거 위에서 마침 풍기군수에 임명됨을 기회로 우선 자신의 문인들로 하여금 백운동서원의 운영권을 장악, 그 일대 사림의 학문적 근거지로 삼게 하고는 이어 국가의 사액을 통한 공인을 받아 나라안에 그 존재를 널리 알리며, 迎鳳·伊山·硏經·易東 등 10여 곳의 서원 건립에 참여하면서 보급에 주력하였다. 뿐만 아니라 퇴계는 사림의 道學講明과 내적 수양공간으로서 강당·동서재와 師表가 되는 인물에 대한 제향공간으로서 祠廟를 서원체제의 기본구조로서 정식화하고, 또 院規를 지어 강학·藏修 및 서원 운영과 관련된 제반규정까지 사림의 자치적 조직과 규제 위주로 마련하였다. 그런 다음 이런 논리와 규정을 토대로 하여 퇴계는 〈伊山書院院規〉에서 아래와 같이 서원에서 강학과 장수를 중심으로 해야 할 교육론을 제시하였다.[10]

1) 독서는 4서 5경을 근본으로 하되 小學·家禮로 門戶를 삼아야 한다.
2) 국가의 인재양성과 성현의 가르침을 준수하여 萬善이 본래 나에게 갖추어져 있음을 알고 古道를 오늘에 가히 행할 수 있음을 믿어서 대체로 窮行心得하고 明體適用에 힘써야 한다.
3) 나머지 史學·百家·문집 및 문장·과거의 공부도 하지 않을 수 없으나 本末輕重의 순서를 알아서 항상 스스로 힘써야 한다.
4) 立志를 견고히 하고 뜻하는 바를 바르게 하되 학업은 원대한 것으로 自期하고 행동은 도의에 맞게 해야 한다.

1)은 독서의 방향을 제시한 것이요, 2)와 4)는 古道 실현에 대한 자신의 뜻을 굳게 하고, 古道를 전하고 있는 경전의 내용을 體認하여 실천에 힘써야 한다는 修己의 방식을 말한 것이었다. 그런데 여기서 유의하여야 할 점은 이 모든 것이 師長[교사]의 강의나 간섭에 의한 것이 아니

---

10) 이하의 서술은 정만조, 〈퇴계 이황의 서원론〉(앞의 책)에 의거하였다.

라 유생 스스로의 분발과 흥기에 의존한다는 자율성의 극대화를 도모
하고 있다는 사실이다. 퇴계는 우리나라에는 대유학자를 얻기 어렵기
때문에 중국과 같은 서원의 山長·洞主를 두기가 사실상 바랄 수 없다고
보고, 그대신 유생 스스로 강습을 통한 藏修와 유생 상호간의 講論 즉
朋友講習의 실현을 촉구한 것이다. 말하자면 서원에서의 교육은 유생
스스로 학습과 실천을 통해 자각해 가는 과정이어야 하며 따라서 관학
에서 하는 교사에 의한 주입식 교육과는 다른 것으로 이 점이 그 서원
교육론의 가장 큰 특징이었다.

이와 같은 퇴계의 서원론은 조선시대 서원의 성격을 규정한 것이고,
퇴계학파의 서원(교육)론도 바로 이것을 출발점으로 하여 전개되었다.

3. 퇴계학파의 서원(교육)론

1) 17세기 — 寒岡·旅軒

사림세력은 명종말 문정왕후의 죽음을 계기로 尹元衡 등의 權臣세력
을 축출하는 데 성공하고 宣祖의 옹립에 적극 참여함으로써, 그들의 출
신기반이었던 향촌사회는 물론 정치적으로도 그 운영의 실권을 장악,
이제는 사회 전반을 이끌어 가는 명실상부한 주도세력이 되었다. 숙종
때까지 약 1세기 반에 걸쳤던 '사림의 시대'가 바로 시작되는 것이다.
따라서 이런 '사림의 시대' 도래를 예측한 퇴계에 의해 미리 준비되었던
서원이 널리 보급되고 큰 발전을 보게 될 것임은 말할 것도 없다.

이 '사림의 시대'에 건립된 서원이 공식적 통계만으로 385개소(祠宇
428)로서 전체(417개소)의 81퍼센트를 넘고 있으며(祠宇는 전체 492개소
의 87퍼센트), 또 주리파·주기파, 영남학파, 기호학파와 같은 학통과 師
承관계에 따른 학파가 형성되었고 예학과 성리학 등이 발달했던 사실
이(물론 이러한 학파형성과 학문 발달이 서원 때문에 온 것만은 아니다. 뒤

의 맺음말 부분 참조) 그것을 증명하는 사례라고 할 것이다.

이러한 발전의 시기를 만나 퇴계의 문인들과 그 再傳弟子들의 활동
이 활발하였을 것임은 물론이다. 이를 寒岡 鄭逑와 旅軒 張顯光의 예를
들어보기로 한다.

정구의 서원(교육)론은 아마도 道東書院 중건 시기인 선조말 광해군
초(1600년대)에 작성했을 것으로 보이는 〈道東書院院規〉[11]에 잘 표현되
어 있다.[12]

여기서 정구는 먼저 上丁日이 되면 院任들이 유생을 이끌고 향교에
가서 釋奠祭부터 행하고 다음 中丁에 書院 享祀를 할 것을 말하고 있
다. 국가 설립의 향교가 서원보다 先行의 위치에 있음을 밝힌 것인데,
이는 향교가 있음에도 불구하고 서원을 세우는 데 대한 일부의 비판을
의식하여 양자가 표리관계에 있음을 드러내려 한 뜻이라고 생각된다.
그런데 이 享祀條[13]에는 뒤이어 서원향사 불참자를 기록해 두었다가 面
責하며 7번 이상이거나, 이유 없이 5번 이상 불참한 자는 서원에서 축
출한다는 상당한 강제규정을 기록해 놓고 있다. 퇴계의 〈伊山院規〉에
는 보이지 않는 향사조가 있는 것도 이채롭거니와 위와 같은 강제규정
을 둔 이유는 어떻게 설명될 수 있을까?

---

11) 《寒岡先生文集》 續集 卷4, 雜著(《총간》 53, pp.400~402)에 실린 이 院規는 李
樹煥박사의 지적(〈道東書院誌〉 해제 p.18)에 의하면 作者를 분명히 할 수 없는
星州川谷書院의 院規를 대본으로 했을 것이라고 한다. 정구가 川谷書院 명칭을
선조 1년 퇴계에게 품의하여 정하는 등 서원에 깊이 관여해 왔으므로, 그 원규를
숙지하고 있었을 것이며(혹 정구가 지었을 가능성도 있다) 〈도동서원원규〉 제정
시 참고하였을 것이라고 생각되나 〈도동원규〉가 정구의 편찬임은 변함없다. 이
〈도동원규〉에 대해서는 渡部學이 〈道東書院規目について〉, 《村上四男退官紀念
朝鮮史論文集》(開明書店, 1981)에서 분석한 바 있다.
12) 정구의 文集에 보면 서원관계 기록이 적지 않게 보이나 대부분이 享祀文, 奉安
文 등의 祝文일 뿐이며 이를 제외하고는 院規와 書川谷書院額板下(卷9, 雜著)가
있을 뿐이다.
13) 〈道東院規〉는 1. 謹享祀, 2. 尊院長, 3. 擇有司, 4. 引新進, 5. 定坐次, 6. 謹講習,
7. 禮賢士, 8. 嚴禁防의 8개 조목으로 되어 있다.

그것은 두 가지 면으로 생각해 볼 수 있다. 하나는 퇴계가 강조해 온 바의 사림장수와 강학 위주의 서원 운영에서 점차 尊賢의 비중이 커지고 있음을 나타낸다는 면이다. 이 점은 한강보다 10여 년 연배가 낮은 장현광이 〈書院說〉에서 서원 건립은 국가의 간섭을 받지 않은 채 한 가지로 士林의 公論에 따라 이루어져야 한다는 원칙을 강조하면서 근래 후손이나 문인에 의해 공론을 거치지 않고 濫享의 성격을 지닌 서원 건립이 일어나고 있음을 경계한 데서도 확인된다. 그러나 장현광 역시 인정하였듯이 중국에서부터 '鄕先生沒而祭於社'하는 형식으로 서원이 세워지듯 조선의 경우도 특정인물을 제향하려는 동기로 서원이 세워지는 측면이 애초부터 강하였다.[14] 사림장수를 강조했던 퇴계마저 자기 향리인 禮安 출신 유학자 易東 禹卓의 서원이 없는 것을 큰 부끄러움으로 알고 역동서원 건립을 그 문인들에게 촉구하는 실정이었다. 하기야 이런 祀賢 위주로 서원 건립이 이루어졌다 하더라도 그 서원이 곧 사림 장수처 또는 강학처로 운영된다면 별다른 문제는 없을 것이다. 한강이 향사를 강조하고 불참자에 대한 축출이란 강제규정을 둔 이유는 이러한 점으로 이해된다.

다음 강제규정과 관련해 생각되는 것은 서원에 籍을 둔 유생이 갖는 일종의 자격 내지 특권의 문제이다. 〈道東院規〉에 보면 '引新進'이란 항목 속에 享祀日에 院儒들이 新進을 한 명씩 천거하게 하고, 圈點하여 '入院錄'에 추천자를 붙여서 이름을 올리게 하는 엄격한 절차를 기록하

---

14) 退溪의 門人 柳成龍의 弟子인 蒼石 李埈은 廬江書院의 西厓·鶴峯 合享으로 屛山書院의 存廢가 문제되었을 때 병산철폐론에 반대하는 자신의 입장을 밝히면서 "竊謂書院之設 未有盛於此時 而所在必建祠宇 以享鄕先生 以寓羹墻之慕 法非不美 意非不善 而特因停當失中 處置乖宜 以致外間訾議之來 此近日之通患也 因此之故 並廢其當建之祠 不幾於咽噎而輟食 見踊而廢履乎"(《蒼石集》 卷11, 與廬江山長, 《총간》 64, p.16)라고 하여 서원이 鄕先生에 대한 享祀 위주로 세워지고 있음을 말하면서, 이는 잘못 된 것이 아니고 오히려 美法善制라 할 만하지만 다만 문제는 그 제향인물이 적절하지 못함에서 오는 시비 논란에 있다고 해서 享祀 위주의 서원 건립을 옹호하였다.

고 있다.

입원록의 錄名 절차가 이렇게 엄격하다는 것은 그 자격이 갖는 일정한 특권 때문일 것이다. 이와 관련해 향촌사족의 명단인 '鄕案'을 고려해 볼 수 있다. 향안은 그 지방의 望族임을 증명해 주는 명단이고 그 지방 일대에서는 신분적으로 우월한 지위를 보장해 주는 신분증명서였다.[15] 그런데 향촌에서 죄를 짓는 경우 향안에서 黜籍되는 벌을 받았고 그것은 해당자에게 치명적인 불이익이었다. 이렇게 본다면 '入院錄' 역시 '향안'과 동일한 성격을 가졌다고 생각된다. 院儒로 錄名된다는 것은 바로 그 지방의 지도층으로 향촌사회를 주도하는 사림의 일원으로서 자격을 부여받는 셈이었고, 그러기에 제향 불참자에게 黜籍이 벌이 될 수 있었던 것이다.

퇴계에 따르면 서원에서 하는 祀賢행사는 단순한 報本에만 목적이 있지 않고, 이를 통해 院儒로 하여금 그 제향인물의 학문과 사람됨을 본받아 藏修하려는 마음(感發興起之心)을 불러일으키기 위해서라고 한다. 그러므로 師說에 충실하였던 한강 역시 강제적인 향사 참여를 통해서라도 이를 달성하기 위하여 '享祀條'를 첫머리에 두고 강조했다고 하겠다.

다음으로 〈도동원규〉를 통해 寒岡의 서원교육론을 살피자면 院儒의 자격 수준을 정해 놓은 '引新進'條와 실제의 교과과정을 규정한 '勤講習'條를 보아야 한다. 우선 '引新進'條에 보면 旣成院儒의 추천을 받을 수 있는 자격은 원칙적으로 20세 이상으로서 학행이 가히 볼 만한 인물이어야 한다고 하며, 예외적으로 비록 20세가 안된 약관이라도 사마시에 입격했다든가 향시에 여러 차례 붙었고 才行이 뛰어나서 三益友(友直·

---

15) 鄕案의 내용과 그것이 갖는 사회적 의미에 대해서 金仁杰, 〈朝鮮後期 鄕權의 推移와 支配層의 動向〉,《한국문화》2(서울대 한국문화연구소 1981) ; 鄭震英, 〈朝鮮前期 安東府 在地士族의 鄕村支配〉,《朝鮮時代 鄕村社會史》(한길사, 1999) ; 金炫榮, 〈남원지방 士族 지배질서의 확립〉,《조선시대 양반과 향촌사회》(집문당, 1999) 참조.

友諒·友多聞)의 대열에 설 수 있는 인물이어야 한다고 했다. 그리고 인물평가는 그 사람의 학행성취를 위주로 해야지 과거의 득실로 삼아서는 안 된다는 단서를 붙이고, 院儒로 결정되면 원장이 정중하게 청하여 맞아들여야 한다고 하였다.

이러한 자격 기준으로 보건대 적어도 道東書院 院儒의 수준은 사림의 일원으로서 科擧의 속된 이해관계에 구애되지 않으며 유교경전에 대한 상당한 지식을 갖춘 인격의 소유자여야 하였다. 그러므로 이런 원유에 대해 당시 향교에서 행하는 바와 같은 훈장의 감독 아래 과거시험에 대비한 章句의 해석이나, 암송한 바를 시험보는 背講 및 製述 따위는 있을 수 없었다(18세기 이후는 나타남). 어디까지나 제향자로부터 感發興起한 院儒의 자발적인 藏修와 원유 사이의 群居講習 및 토론을 통한 君子로서의 인격완성을 도모하는 것이 퇴계의 서원교육론이었고 한강 역시 이 점에 초점을 두었다.

그래서 과거공부를 부정하지는 않으면서도 爲己之學에 더 큰 가치를 두며 특히 程子가 드러내고 도동서원의 주향자인 金宏弼이 일생의 목표로 삼았던 敬공부에 힘쓸 것을 당부하면서 겨울·봄으로는 4서5경 및 성리서를, 여름·가을에는 역사, 제자백가, 문집 등의 책을 읽되 원유의 자율에 맡긴다고 하였다. 그리고 조정의 시비나 守令의 長短得失 등은 말해서는 안 되며 여색이나 잡기 등을 가까이 하지 않을 것과 특히 문위에 걸어 놓은 白鹿洞 學規를 조석으로 보고, 향학의 뜻을 도타이 하며 〈여씨향약〉의 내용에 따라 서로 책망하는 마음을 가져서 몸가짐을 단정히 하고 행동을 조심해야 하는 등 군자로서 인격도야에 필요한 지침을 제시하고, 끝부분에 가서 이웃에 어진 학자가 있으면 師長으로 모셔서 강학에 도움이 되게 할 것이며, 나아가 지방 수령도 學令으로 간섭해서는 안 되겠지만 공사의 틈을 타서 서원에 나와 원유와 더불어 경전을 토론하여 강학을 이끌 것을 당부하였다.

한강의 서원교육에서 흥미로운 사실 하나는 서원 부설로 養蒙齋를 개설하여 20세 미만의 新學小兒와 미처 院士로 선발되지 못한 유생을

여기에 속하게 해서 가르치게 한 점이다. 일종의 예비학교 격인 여기서
는 자율적인 서원과는 달리 교육과정을 정해 놓고 엄격한 학습과 예절
을 연마, 장차 원유가 될 준비를 하게 하였다. 〈이산원규〉에는 童蒙·寓
生이라고 단순히 표현된 것이 〈도동원규〉에서는 별도의 건물을 세워
교육하는 것으로 제도화되는 발전을 본 것이다.

이상에서 살핀 한강 정구와 여헌 장현광에 의해 규정된 17세기 전반
기의 서원교육의 특징은 사족의 자제를 대상으로 하여 지식의 습득보
다는 心性陶冶를 통한 군자(사림)로의 인격완성을 목표로, 학습과 운영
에서 자율성·자발성을 기본원리로 하는 퇴계의 그것을 충실히 祖述한
위에서 '사림의 시대'를 맞아 이를 현실에 적용하기 위해 더 구체화해
놓은 데 있다고 하겠다. 17세기 중반 이후까지 활발하였던 영남 지역의
사림중심 향촌사회는 이러한 서원을 토대로 하였다.

2) 18세기 — 存齋·密庵·訥隱·淸臺

조선의 서원은 17세기 후반인 肅宗代에 들어가면 큰 변화를 겪게 된
다. 무엇보다도 서원 수가 급격히 늘어나고 濫設되는 양상이 나타난다.
숙종 일대 46년간 조정에서 파악한 것만으로 모두 166개소가 세워졌으
며 이때 와서 서원과 별다른 구분이 없어지게 된 사우의 숫자(174개소)
까지 합하면 실로 340여 개소에 이른다. 앞선 시기에 세워진 것까지 더
하여 보면 그 포만도는 더할 것이었다.

뿐만 아니라 이런 남설과 함께 이제는 제향인물의 선정에서도 도학
자 또는 斯文有功人이어야 한다는 원칙이 무너져, 政爭에 희생된 인물
이나 行誼 있는 유생, 善治守令, 그리고 단지 그 후손이 귀하게 되었다
는 사실만으로써 평범한 인물까지 포함되게 된다. 앞서 장현광이 우려
하였던 濫享과 猥享 현상이 노골화한 것이다.

서원의 남설·濫享 현상은 그 설립이 정치적 목적에 따라 좌우되었던
데 원인이 있다. 숙종대는 山林과 외척의 결합으로 명분의리론을 앞세

운 정쟁이 격렬하였다. 여기서 각 붕당은 自派의 정치적 명분강화의 한 방법으로 사회적 존경의 척도가 되는 서원에 自派系의 유학자는 물론 관료·유생까지 入享시켰던 것이다.

정치적 이유로 고삐가 한번 풀리자 향촌사회에서 그 동안 사림의 공론 때문에 주저하고 있던 후손의 서원 관여와 건립이 표면화되었다. 사회경제적 여건의 변화로 기존의 사족 중심 향촌체제의 심한 동요를 경험하고 있던 지방사족으로서는 門中조직을 통한 族的結束에서 그 돌파구를 찾고자 하였고, 이런 경우 族譜·族契 등과 함께 서원이 그 구심점의 구실을 수행할 것으로 기대되었기 때문이었다. 특히 중앙권력으로부터 소외되어 있던 영남에서 이런 경향이 성하였다. 선산을 중심으로 문중을 벌여놓고 있으며 서원에 제향된 顯祖를 가졌다는 사실은 사회적 존경과 지위 유지의 유력한 방법이었던 것이다.

이와 같이 祖先의 顯揚을 목적으로 한 후손의 서원 건립은 필연적으로 사림과 마찰을 불러오게 마련이었다. 앞서 언급한 장현광의 우려에서 이미 17세기 초반에 그런 경향이 나타나고 있었음을 알 수 있지만, 17세기 후반 존재 이휘일이 淸溪書院 문제로 宣城(예안의 별칭) 사림에게 보낸 편지[16]에서 그 구체적 사례를 확인할 수 있다. 여기에는 현종 8년경(1667) 예안에 거주하는 퇴계의 형 溫溪 李瀣의 후손들이 온계를 제향하는 里社를 세운다고 했다가 막상 위패를 봉안하는 날 里社를 고쳐 서원으로 승격시키자, 이에 반발한 예안사림들과의 사이에 시비가 벌어져 통문이 오가며 상호 배척으로 인해 물의가 크게 일어나고, 그러는 가운데 도산서원의 尙德祠 부근에 啓賢祠를 세우자는 논의까지 있었음이 소상하게 밝혀져 있다.[17] 이 사건은 퇴계로 대표되던 眞寶李氏 禮安派 내에서 온계후손들이 그 직계 조상을 제향하는 서원을 별도로

---

16) 〈與宣城士林論淸溪立祠書〉(《存齋集》卷2, 書,《叢刊》124, p.39).

17) 이때 이휘일은 李埴(퇴계의 父)·李堣(퇴계 숙부)·李瀣(퇴계 형)을 함께 제향토록 하되 명칭을 啓賢祠로 하자는 타협안을 제시하였으나 결국 淸溪書院으로 낙착되었다(《增補文獻備考》卷211, 學校考, 各道祠院의 慶尙道 禮安條).

가져야 한다는 가문의식의 발로에서 비롯된 것으로, 이 시기부터 현저
해지는 문중내 系派分岐의 선구라고 할 만하지만 이를 통해서 후손에
의한 祖先顯揚 형태의 서원 건립의 실상을 보게 되는 것이다.

영남에는 서원이 한 고을에 8~9개소에 이르며 조정에서 미처 파악
못한 곳도 적지 않다고 한, 당국자의 남설과 서원 수가 너무 많다는 지
적은 이런 배경에서 이해될 수 있다.[18]

서원의 남설·남향은 필연적으로 그 질적 저하를 수반하고 사회적 폐
단을 일으켰다. 특정 인물에 대한 제향이 우선되다보니까 본래부터 제
향기능만 가졌던 사우와 혼동을 초래하였다. 이에 더하여 사우 역시 제
향 공간 이외에 소규모나마 書齋를 좌우 夾室에 두는 변화를 보이면서
그런 경향을 부채질하였다. 이제 서원은 사우와 명칭만 다를 뿐 제향
중심이란 기능면에서는 동일해졌다. 그러나 이에 반비례하여 재정상의
문제로 인해 그나마 부진하던 강학활동은 더욱 위축되었고, 儒生藏修는
유명무실해지고 말았다. 따라서 서원은 날로 증가하지만 斯文은 날로
침체하고 의리 또한 어두워질 뿐이라는 書院無用論까지 나오게 된다.
영조 17년(1741)에 단행된 서원철폐는 이러한 데서 그 명분을 찾았다.

그 존폐가 문제될 정도로 서원이 위기에 처해 있던 18세기를 전후한
시기에 영남에 살던 퇴계학파의 서원론은 따라서 그에 대한 대응 내지
대책론의 성격을 지니지 않을 수 없었다. 그것은 통제책을 강행하려는
조정에 대해서는 교화를 앞세운 서원역할론으로, 그리고 자체적으로는
강학기능의 회복을 주 내용으로 한 서원교육론으로 나타났다.

먼저 퇴계의 三傳弟子에 해당하며 앞서 淸溪書院 문제에서 보듯 후
손의 서원 건립에 비판적이었던 이휘일은 현종초 경상도 寧海에 퇴계
와 鶴峯 金誠一을 제향하는 英山書院이 세워졌을 때,[19] 퇴계의 서원론에
입각하여 尊賢과 강학에 그 본뜻이 있음을 새삼 강조하였다.[20] 그에 따

---

18) 《書院謄錄》卷5, 숙종 43년 11월 9일 條.

19) 英山書院의 建立過程에 대해서는 趙峻皓, 〈17~18세기 英陽지방 漢陽趙氏 門中
   研究〉, 《北岳史論》4(1997)의 2 〈英山書院의 賜額과 復縣活動〉, pp.175~180 참조.

르면 존현은 원유의 감발흥기를 위해 필요한 일로서 이를 통해 원유는 享祀人의 언행과 인품을 배우고 道를 추구하는 자세를 본받아서 儒士로서 나아갈 방향을 확실하게 정할 수[定士趣] 있다고 하였다. 그러나 단지 존현의 뜻만 있고 강학의 實이 없다면 궤짝[櫝]만 사들이고 구슬은 돌려주는[買櫝還珠] 식의 근본을 버리고 보잘것없는 끝만 좇는다는 비난을 면하지 못함과 마찬가지이므로 반드시 道를 講明해야 하는데, 이는 구체적으로 책을 읽어 의리를 궁구하고 옛것을 살펴 득실을 밝히며, 행동하는 것을 보고는 그 시비를 가리는 것이고, 또한 士友간에 서로 갈고 닦으며 마음속으로 깨우쳐서 힘써 실행함을 말하는 것이므로, 영산서원의 諸生들은 서원을 단지 記誦章句하거나 입으로만 떠들어 상대방을 꺾으려는 장소로 삼을 것이 아니라, 마땅히 제향자인 퇴계·학봉을 본받아 위와 같은 講明道學에 힘써야 한다고 신칙하였다.

시원이 남설의 단계에 접어들던 시기에 서원 본래의 취지를 재천명함으로써 人亡道喪한 상태에 빠져 점차 본분을 상실해 가는 지방사림에게 경종을 울리려 한 시도로서, 강학의 중요성을 강조한 서원교육론이었다고 하겠다. 그러나 서원 기능의 회복을 촉구하는 이 정도의 소극적 방법으로는 제향 위주로 흘러가는 도도한 물길을 돌릴 수 없었고, 그에 따른 병폐도 바로잡을 수 없었다. 그리하여 숙종 후반인 18세기 초부터 강화되는 조정의 書院禁壓策 앞에 영남서원들 역시 각종 제재와 심지어는 훼철의 위기까지 맞게 된다.

18세기 초 안동유림을 대표하던 密庵 李栽가 당시 서원의 퇴폐상을 다음과 같이 솔직하게 지적하고 사림의 반성을 촉구한 것은 이러한 사정에서였다.[21] 즉 그는 당시의 서원이 尋討經典하여 藏修遊息하는 뜻은 상실하고 오로지 腏享配食하는 형식만 추구할 뿐이며, 그러다 보니 私論이 횡행하게 되어 누구를 제향하고자 할 때 혹시 異見을 제시한다든

20) 〈英山書院告諭諸生文〉, 《存齋集》 卷4(《叢刊》 124, p.56).
21) 〈擬與三溪書院士友〉, 《密庵集》 卷8(《총간》 173, p.166) ; 〈錦水記聞〉(같은 책, 卷10, p.209).

가 반대하게 되면 마치 원수 대하듯 하여 공론이 개입할 여지를 남겨
놓지 않는다고 하였다. 그리고 이렇게 사사로이 건립된 서원일수록 술
과 고기로 무리를 불러모아 떠들썩하게 세력만 과시할 뿐이므로, 有司
의 능력 여부가 어느 만큼 대접을 잘 하느냐로 평가되는 한심한 작태를
보여서 더 이상 講學藏修하는 학교로서의 모습은 찾을 수 없게 되었다
고 하였다. 그러기에 조금 智慮가 있는 선비라면 이런 서원에 출입하려
하지 않으며 드디어는 서원을 훼철해야 한다는 극단적인 말까지 나오
게 되었으니 양심 있는 선비의 부끄럼이요, 사림이라면 통절히 반성해
야 할 바라고 하였다.

그렇다면 어떻게 해야 할 것인가. 목이 아프다고 먹는 것을 그만둘
수 없는 이상 그에 대한 대책이 있어야 했다. 여기서 그는 퇴계의 서원
론을 원용하여 서원 필요성을 역설하면서 사림이 道學에 정진할 것을
촉구하였다.

그는 중국의 漢·晉까지의 관리선발제도는 덕행으로 먼저 뽑고 다음
에 文藝로 시험하였기에 三代의 학교법을 유지해 왔으나, 唐에 들어와
과거제 실시로 詞章에 의해 관리를 뽑다보니까 敎法이 무너지게 되었
다고 하고는, 서원은 바로 이같이 무너진 교법을 바로잡아 주는 제도이
니만큼 사림들은 이곳에서 修身·守道·明體適用함으로써 서원 본래의
장수·강학의 뜻을 살려야 한다고 하였다. 결국 이재의 대책도 한 30여
년 전 그의 仲父였던 이휘일이 그랬던 것과 큰 차이없이 사림 각자의
맹렬한 반성과 분발을 촉구, 양심에 호소하는 소극적인 데 머물렀다고
하겠다.

이에 비해 영조 17년(1741)에 내려진 甲午年(숙종 40) 이후 사사로이
세워진 서원의 일체 훼철령에 대해 영남사림을 대표해 반대의견을 올
리고 또 몇 군데 서원에 관여하여 자신의 견해를 밝혔던 訥隱 李光庭의
대책론은 더 적극적인 성격을 지녔고, 이때까지 자발성 위주의 서원교
육에 강제성을 도입함으로써 시대의 변화에 대응하는 융통성을 보였다
는 면에서 주목된다.

그는 禁令을 어겼다고 하여 훼철하려는 조정의 처사에 대해 서원이
국가의 명맥을 무한히 이어지게 한다는 논리로 맞섰다. 즉 그는 사림은
국가의 元氣이며 그 원기를 기르는 곳이 서원이면서 또 한 나라의 風敎
가 여기에 의존하므로, 비록 역적 간흉이 난역을 도모하려 해도 발붙일
곳을 없게 만들고, 만일 국가에 변란이 생긴다 해도 군인이 막기 이전
에 서원을 근거로 사림의 義旅가 먼저 일어나 앞장서는 데다, 서원의
제향인물을 통해 또 이런 충절을 펼치게 되므로 백성에게 크나큰 윤리
의식을 심고 나라의 기강을 유지하는 데 서원이 기여하는 공은 숨길 수
없다고 하였다.[22] 바로 영조 초의 戊申亂 때 안동의 병산서원 등을 중심
으로 의병이 조직되어 향교에 집결하였던 前例로써 서원의 효능성을
입증하고 있다. 이광정은 사림을 향촌교화의 담당자로 보고 서원이 바
로 그러한 사림을 양성하는 곳이라는 퇴계의 서원론에 의거하여 백성
에 대한 敎化의 場이라고까지 그 역할을 확대하고 있는 것이다.

조정의 훼철론뿐만 아니라, 서원이 술 마시고 노는 장소가 되었다는
일반의 비판 때문에 정월 초하루의 參謁에서 酒食을 차리는 것은 폐지
해야 한다는 일부의 주장에 대해서도,[23] 이광정은 이는 1년에 한번 있는
朋友가 모여 여러 어른들의 가르침을 베푸는 의식이므로 없앨 수 없다
고 하고는 서원이 사림의 교제 장소임을 강조하였다. 한마디로 비난의
표적이 된 서원에 대한 당당한 변론이라고 할 것이다.

서원에 대한 비난 여론과 無用論에 이처럼 맞섰던만큼 이광정은 서
원 자체의 정비에도 더 적극적인 주장을 폈다. 그는 영조 22년(1746) 봉
화에 있는 三溪書院의 〈居齋勸諭文〉[24]과 節目을 지으면서 士友가 모이
면 소란스럽기만 하여 강습에 전념할 수 없는 현실을 들어, 里—面—
三溪書院이란 효과적 강습을 위한 단계적 조직과 강습의 성과를 평가
하기 위한 시험제의 도입을 주장하였다.

---

22) 〈擬嶺南士林請勿毁院祠疏〉, 《訥隱集》 卷4(《총간》 186, pp.196~198).
23) 〈擬與金士能〉, 《눌은집》 卷4(《총간》 187, p.207).
24) 〈三溪書院居齋勸諭文〉, 《訥隱集》 卷6(《총간》 187, p.237).

즉 살고 있는 동리를 기초로 하여 里有司 — 面訓長 — 書院의 山長
및 都訓長 조직을 두되, 평소에는 거주하는 동리단위로 몇몇이 모여 里
有司의 지도 아래 강습 토론함으로써 首尾를 관통하여 경전의 본뜻을
깊이 탐구하는 데 오로지 힘쓰게 하며, 그리고 매달 초하루에는 諸生이
면훈장의 집에 모두 모여 그 동안 공부한 바를 面講을 통해 점검하면서
잘 모르고 의심나는 부분을 묻고 토론하되 평가 결과에 따라 高下를 매
기고, 이어서 四孟朔 즉 1·4·7·10월이 되면 그 초하룻날 면훈장이 제생
을 거느리고 서원에 다함께 모여서 焚香의 예를 행한 후 산장과 도훈장
이 좌정한 뒤 月講에서처럼 강독하고, 《近思錄》을 끝내면 경서와 《洪
範衍義》를 차례로 강학하되 기한에 구애되지 말고 깊이 통달하여 몸으
로 체득하는 데까지 이르게 한다는 것이다.

　　서원 예하에 面里의 하부구조를 두고 효율적인 학습을 도모하도록
하며 학습을 강제하는 성격을 지닌 평가제를 도입한 것은 종래의 서원
(교육)론에서는 찾아볼 수 없는 구상이었다. 官의 통제에서 벗어난 자유
로운 학습분위기 속에서 자율성과 자발적인 학습을 특징으로 삼던 퇴
계의 그것과는 교육방법의 면에서 큰 차이를 보인다. 그의 주장대로라
면 퇴계가 서원의 대표적 기능으로 강조하였던 서원에서의 居齋를 통
한 藏修는 더 이상 필요없게 된다.

　　장수가 한 사람의 인격적 도야를 거친 군자 즉 사림이 되기 위하여
유생 스스로 독서를 통해 이루게 되는 덕성 함양과 자기수양의 과정이
라면, 이상정은 이 점에 별다른 가치를 부여하고 있지 않는 것이다. 한
강 정구 → 여헌 장현광 → 眉叟 許穆 → 荷塘 權斗寅으로 연결된다는
퇴계학맥[25]을 이은 이광정에게서, 퇴계서원론의 핵심적 요소가 변화하
고 의미를 상실해 감을 통해 거기에 토대했던 사림의 시대가 막을 내리
고 있음을 확인할 수 있는 것이다.

---

25) 尹榮善, 〈張顯光淵源〉, 《朝鮮儒賢淵源圖》(동문당, 1941) 下.
　　여기에 따르면 權斗寅 門人으로는 李光庭 외에 權萬·權蘭가 있으며 李光庭 門
　人으로는 李瑀·李命顯·李道顯·權正忱·金再弼·權東信·李孟顯이 기록되어 있다.

그렇다면 이광정의 이렇게 혁신적이라고 수 있는 서원교육론은 어떻게 해서 나왔을까? 이와 관련하여 흥미로운 것은 영조 전반기 영의정까지 역임하면서 탕평책을 실질적으로 이끌어 갔고 특히 영남 남인의 정치적 후원자 내지 보호자 구실을 하였던 趙顯命의 〈勸學節目〉의 내용이다.[26] 모두 14개조로 된 〈권학절목〉은 영조 8년 그가 경상도관찰사로 재임할 때 道內의 興學과 풍속을 돈독히 하기 위해 마련한 것이었다. 여기서 이것을 자세히 소개할 여유가 없으나 그 내용의 핵심은 교육의 내실을 기하기 위하여 첫째 기존의 향교 중심 교학체제를 개편, 더 작은 단위의 면훈장과 道단위의 樂育齋를 신설하여 面(서원·山堂 : 면훈장, 各面學徒) → 邑(향교 : 도훈장·校任, 居齋儒生) → 道(낙육재 : 도훈장, 거재유)의 단계별 조직을 갖추게 하고, 둘째 학습은 경서 위주로 하되 과거공부 역시 권장되어야 하며 단계마다 반드시 시험에 의한 평가를 거치게 하고, 셋째는 거재유생 즉 향교에 居接하는 유생은 오로지 士族에게 국한시킨다는 것이었다. 면훈장·도훈장의 명칭이라든가 단계마다의 학습평가를 규정하고 있는 점 등에서 위의 이광정의 주장과 유사한 발상을 하고 있음을 알 수 있다.

실제로 이광정은 조현명이 이러한 〈권학절목〉에 따라 監營에 낙육재를 설치했을 때 一道를 대표하는 師長으로 초빙되어 애초부터 여기에 관여하였고,[27] 뒤이어 그 낙육재의 도훈장에 취임, 面邑을 거쳐서 선발된 도내의 유생들에게 성리학을 강의하였다. 따라서 조현명의 〈권학절목〉 내에는 이광정의 의견도 많이 반영되었을 것이며, 마찬가지로 이광정이 〈三溪書院居齋勸諭文〉을 작성하여 서원교육의 개혁을 도모할 때에도 이 〈권학절목〉을 많이 참고하였을 것임에 틀림없다.

---

26) 이에 대해서는 정만조, 〈조선후기의 鄕村敎學振興論에 대한 검토〉(《조선시대 서원연구》 수록) 참조.

27) 이광정의 《訥隱集》 卷5에는 與齋儒라고 하여 樂育齋의 儒士들에게 학문에 정진하다 보면 과거공부가 저절로 된다고 하여 〈권학절목〉에 따라 間業에 힘쓸 것을 당부한 글이 있는데 이것이 그 例가 된다.

다만 〈권학절목〉에서는 향교를 지방교육의 주축으로 하고 서원을 보조적인 존재로 활용하여 면단위의 학교로 삼았으나 〈三溪書院居齋勸諭文〉에서는 향교와는 관련없이 서원을 최상부에 두고 면 리를 그 예하에 소속시킨 것에 차이가 있다. 관리가 아닌 재야산림학자로서의 입장과 또 〈권학절목〉의 내용을 실시하면서 쌓게 된 경험이 10여 년 뒤 서원중심의 향촌교학체제 수립으로 구체화되며, 또 위와 같은 서원교육의 내용으로 나타난 것이라 하겠다.

이광정이 구상한 이런 향촌 중심의 교학체제와 서원교육론이 당시에 어느 만큼 공감을 얻고, 또 어느 정도 서원교육에 반영되었는지는 확실치 않다. 오히려 이후에 서원의 폐단이 더욱 문제되고 書院無用論이 더 많은 지지를 얻었던 것으로 보아 별다른 영향을 미치지 못했다고 보는 것이 사실에 가까울 것 같다.

그러나 이광정의 후배로서 영조 중반기 영남사림을 대표하는 위치에 있던 淸臺 權相一이 〈臨湖書院學規〉[28]를 지으면서, 서원에서의 강학과 더불어 그 勤惰·熟知 여부를 측정하는 背講 및 文義에 대한 질문 등의 勸課 항목을 두고 通·粗 등으로 평가하며 그 성적에 따른 상벌을 강조하였던 것으로 보아, 적어도 서원의 자율성·자발성에 대한 통제와 서원의 교육적 효과를 높이기 위해서는 강제적인 권학방식인 시험제를 도입해야 한다는 주장에 대한 공감은 얻었다고 할 것이다.[29]

---

28) 《淸臺集》 卷10.
29) 그런데 권상일이 尙州의 〈道(南書)院條約〉(《淸臺集》 卷10)을 지으면서는 서원의 白日場 設行을 부정하고 있어 언뜻 보면 시험제에 반대한 것 같다. 그러나 그가, "勸士以科擧之文 非學宮本意 白日場切勿設行事"라고 한 것에서 보듯이 과거 공부와 관련되기에 백일장 설행에 반대했을 뿐 강학을 위한 試講을 문제삼은 것은 아니었다.

4. 맺음말

퇴계학파의 서원(교육)론은 퇴계가 예측하였던 '사림의 시대'를 만나 그가 제시한 장수와 강학을 주로 하며 祀賢을 부차적으로 삼는 원칙에 따라서 이를 구체화하는 면으로 진행되었다. 그리하여 정구의 〈도동원규〉에서 보듯이 朋友 사이의 자발적인 강습이나 토론과 관련된 상세한 규정이 만들어졌다. 그러나 학통과 정치적 명분이 중시되던 시대 분위기를 반영하듯 점차 祀賢이 강조되는 미묘한 변화상을 보였다.

퇴계학파의 이러한 서원론은 그러나 18세기를 전후한 시기에 들어가 서원의 존폐가 문제될 정도로 쇠퇴상이 노골화하자, 다시 퇴계의 서원론을 끌어오거나 民心維持說 등의 논리로 적극적인 옹호론을 펴게 된다. 하지만 이미 탕평책이나 사회 경제적 여건의 변화로 '사림의 시대'가 끝나가는 시점이어서 이광정의 예에서 보듯이 '사림의 시대'의 그것과 같을 수는 없었다.

무엇보다도 장수와 같은 자발적인 수양과정은 외면한 채 강학과 학습의 효과를 올린다는 면에서 거주지 중심의 단계별 교육체제와 시험제의 도입이 주장되었고, 이는 서원의 또 다른 특징이던 자율성이 침해되는 결과를 가져왔던 것이다.

끝으로 중국 서원(교육)론과의 비교검토를 통해 퇴계를 포함한 퇴계학파 서원(교육)론의 특징이라 할 만한 점을 제시하면서 동시에 아쉽게 여긴 점을 피력하자면 다음과 같다.

중국의 경우 물론 주자를 제향하는 서원이 한 지방 안에 5~6개소가 된다고 말할 정도로 尊賢이 그 동기가 되는 측면도 보이지만, 그러나 제향인들을 갖지 않고 순전히 강학만을 위해 세워진 서원도 흔히 찾아진다. 뿐만 아니라 조선과 같은 시대인 明代에 국한해 보더라도 서원의 운영이 지방관의 적극적인 지원 아래 재정기반을 구축한 위에서 원유

들에게 매월 일정한 액수의 장학금을 지급해가면서까지 오로지 강학을
중심으로 이루어지고 있었다.[30] 그러므로 서원의 구분도 조선처럼 祀賢
서원, 강학서원이 아니라 강학하는 방식에 따라 산장·동주로 불리는 교
사에 의한 강의와 평가가 따르는 考課式(Lesson형)서원과 산장·동주와
제생이 함께 모여 경전의 내용을 강습하고 토론하며 함께 실천함으로
써 敎學相長을 추구하는 講會式(Symposium형) 서원으로 분류되었다.[31]

   요컨대 중국의 서원은 儒賢의 享祀는 꼭 필요하지는 않은 부차적 요
소였으며, 주기능은 그것이 고과식이든 강회식이든 간에 강학 위주였
고, 그런 면에서 특히 明淸代에는 관학에 보조적인 학교 구실을 하였던
것으로 말해진다.

   이에 비해 조선의 그것은 초기의 서원 보급 당시 퇴계가 강학적인 요
소를 강조하지 않은 것은 아니며, 또 창건 초기인 16세기 후반에서 17
세기 전반까지는 일부에서 우려할 만한 경향이 일기는 해도 그래도 대
부분 강학 중심으로 운영되었으나, 시일이 갈수록 향사 중심이 되어 18
세기의 권상일이 "마침내 제사 지내는 서원만 줄지어 있게 되는 한심한
상황에 이르렀다"[32]고 탄식할 정도로 사현이 그 특징이 되어버린다. 물
론 享祀도 서원의 2대 기능 가운데 하나인만큼 그 자체가 잘못이라고는
할 수 없으나, 享祀에 비중을 두다보니 특정인물을 드러내고자 하는 利
害 당사자들의 공론을 무시한 사사로운 논의에 따라 서원이 건립되고,
그에 따른 시비분쟁과 폐단이 생겨난 것이 문제였다.

   그러면 왜 중국의 강학적 요소와 달리 조선의 서원이 향사 위주가 되
었을까. 그것은 앞에서 사림정치 또는 사족적 사회체제와 관련하여 언
급하였으므로 생략하지만 위의 권상일이 그저 그 동안 국가에서 취해
온 文治主義의 末弊 때문이라고 피상적인 지적[33]을 하는 데서 보듯이,

---

30)《天下書院總誌》(上)의 卷5, 江西 南昌府 南昌縣條의 王昶의 〈書院規條〉 참조.
31) 權五重, 〈東林派의 形成에 대한 일고찰〉,《全海宗博士華甲紀念史學論叢》(일조
    각, 1979, p.339) 참조.
32) 권상일,《청대집》卷5, 疏 再疏(신해 9월).

적어도 퇴계학파의 경우 그 폐단에 대한 상세한 고발에 비해서 원인에 대한 철저한 분석은 상대적으로 약하거나 거의 이루어지지 않았다고 생각된다. 하기야 인조 이래 영남이 중앙정계에서 거의 배제되다시피 하였기 때문에, 그나마 族的 결속을 강화하고 祖先의 문집을 발간하며 顯祖를 제향하는 서원이나 좀 격이 떨어지기는 하나 祠宇라도 가져야 사회적으로 행세할 수 있고 그 사족적 지위를 유지할 수 있었던 사정[34] 에서 본다면, 영남 내의 퇴계학파들의 이 점에 대한 분석이 철저할 수 없었던 처지에 이해가 가기는 한다.

그러나 그렇다고 하더라도 이미 세워진 서원에서 강학이 충실하게 이루어지지 못한 데 대한 책임은 면치 못할 것이다. 그들 개인에 따라서는 유명 書院에서 제생들과 더불어 강학에 전념한 예가 없는 것은 아니나, 일반적으로 보아 퇴계학파를 비롯한 조선의 유학자들은 서원에서의 강학보다는 사사로이 세운 書齋나 精舍·書堂(이 경우의 서당은 18세기 이후 성행하는 초등교육 기구로서 시당과는 다르다. 퇴계가 陶山書堂을 세운 것이 그 예가 된다)에서 후진을 양성하고 문인들과 더불어 강학·토론하면서 학문을 연구하였다. 한강 정구의 武屹精舍, 밀암 이재의 后山草堂, 눌은 이광정의 鹿門精舍가 바로 그런 장소였다. 주자가 백록동서원에서, 그리고 王陽明이 龍岡·稽山書院에서 각기 수백 수천 명의 儒士를 상대로 자신들의 연구한 바를 강론함에 따라 주자학과 양명학을 성립시켰던 예는 조선에서는 찾아지지 않는다. 《中國書院制度》란 책을 쓴 盛朗西가 "北宋의 諸儒는 대부분 私家에서 강학하였으며, 南宋의 諸儒는 대부분 서원에서 강학하였기 때문에 남송 때에 서원이 가장 성행하였다"[35]고 한 지적대로라면, 퇴계학파를 비롯한 조선의 학자들은 북

---

33) 위와 같음.
34) 洪翰周, 〈嶺南文集〉, 《智水拈筆》, "近世嶺南人士 動輒私設祠廟 而槧印文集 …… 其計出於不欲失士大夫名稱 而自以家勢寒畯 旣不得朝廷之科宦 則實難保有門族 號令鄕里 區別於編戶故也."
35) 盛朗西, 《中國書院制度》(上海中華書局, 1934), p.27.

송의 遺風을 이어받은 셈이 된다. 학문은 남송의 朱熹를 가장 존봉하면
서 강학방식은 북송의 遺制를 따른 셈이 되어 얼른 설명하기가 어렵지
만, 남설이 문제될 정도로 서원이 많이 존재함에도 불구하고 강학과 학
문 연구의 장소로서 서재·서당이 별도로 세워졌다는 사실에서, 향사와
는 비교가 되지 않을 정도로 강학적 요소가 약한 조선 서원 성격의 한
측면을 퇴계학파를 통해서도 확인할 수 있는 것이다.

　퇴계학파의 서원교육론에서 나타나는 또 하나의 아쉬운 점이라면 퇴
계에 의해 서원의 성격과 강학내용의 방향 및 독서할 교재가 〈伊山院
規〉 등을 통해 한번 정해진 이후, 거의 1세기 반을 지내면서도 이를 충
실히 계승하고 祖述할 뿐 새로운 방식의 개발이라든가 운영상의 변화
를 적극적으로 시도한 흔적이 별로 찾아지지 않는다는 사실이다. 권상
일이 〈道院約條〉에서 한가지로 〈이산원규〉에 따를 것을 강조한 것이
라든가,[36] 심지어는 퇴계의 서원(교육)론에 대해 처음으로 변화를 시도
한 눌은 이광정마저 서원의 교재에서는 새로운 것을 추가한다든가 독
서의 순서를 바꾸는 등의 노력은 전혀 보이지 않는 것[37]이 그러한 예가
된다. 물론 퇴계가 규정하고 제정한 서원(교육)론이 그만큼 완벽하고 또
그러기에 후생이 감히 손댈 수 없다는 尙古主義에서 온 결과로도 볼 수
있겠지만, 그러나 師說을 계승하되 이를 발전적 방향으로 변개시켜, 변
화하는 현실에 적극적으로 대응하려는 진취적인 창의성은 이광정 등
약간의 예를 제외하고는 찾을 수 없는 것이다. 아마도 이러한 점들이
화려하게 시작했던 '사림의 시대'가 1세기 반 정도만에 쇠퇴하게 되는
여러 이유 가운데 하나가 되며 또 그 한계가 아닐까 한다.

---

36) 주 28)과 같음.
37) 《訥隱集》 卷6, 〈居齋節目〉(《叢刊》 187), p.237.

退溪評傳

정순목

한국인으로서 退溪 李滉을 모르고서는 지식인이라 할 수
없을 것이다. 그러나 우리는 퇴계에 관해서 무엇을 알고
있는가. 그의 사람됨은 어떠했으며 그의 사상과 학문의 체
계는 어떠한가. 그리고 그의 학맥은 어떻게 이어지고 있는
것인가. 이 책은 退溪學의 가장 좋은 人間書일 뿐 아니라
韓國思想史의 導人書로서도 손색없는 책이다.

退溪正傳

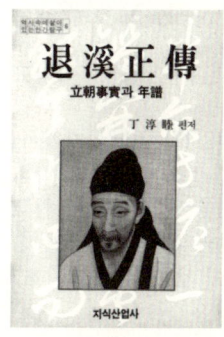

정순목

퇴계선생의 학문과 삶을 官撰을 중심으로 한 문헌자료
상의 객관적 사실만으로 엮어 주제별로 재구성한 책이다.
선생의 잘 알려지지 않은 事蹟을 총설 형식으로 설명한
'사적척실'과 제자들이 쓴 선생에 대한 실기·실록, 선생
에 대한《조선왕조실록》의 기록 350여 조가 빠짐없이 기록
된 입조사실 부분과 연보 등 5편으로 짜여 있다.

退溪의 敎育哲學

정순목

이 책은 人道精神에 입각한 퇴계교육사상의 학적인 체
계와 교학의 이념·방법·실천의 모습을 구명하고 있다.
오늘날 한국교육은 행동주의·실증주의에 기초한 미국식
교육방법에 경도되어 왔다. 그 결과 나타난 한국교육의 비
인간화 현상을 극복하기 위한 하나의 새로운 지표로서, 退
溪의 교학사상체계는 중요한 의미를 갖는다.

퇴계선생과 도산서원

윤천근 글·김복영 사진

퇴계 이황의 삶의 자취와 조선후기 서원문화를 대표하
는 도산서원의 여러 모습들을 쉬운 글과 사진자료를 바탕
으로 설명하고 있다. 이 책은 일반독자에게는 다소 거리감
이 느껴지는 유교문화를 쉽게 접할 수 있는 계기를 제공해
줄 것으로 기대된다.

남명조식

허권수

'진주문화를 찾아서' 시리즈 가운데 그 두번 째인 이 책은 조선 중기 우리나라를 대표할 수 있는 대학자이자 사상가인 남명에 대해서 효과적으로 아주 간략하게 서술하여 누구나 쉽고 재미있게 읽을 수 있도록 구성되어 있다. 이처럼 남명의 생애와 사상 학문을 생애 연대에 따라 쉽게 서술하여, 대중에게 좋은 필독서가 될 것 같다.

孔子 ─ 인간과 신화

H · G 크릴 / 이성규

孔子의 人間과 思想을 가장 현대적인 입장에서 재해석, 재구성해 놓은 책으로서 평이한 문장으로 부담없이 읽히게 서술하였으며 권말에 인용된 原文을 일일이 찾아 對照 수록하고 자세한 註를 달아 이 한 권의 책을 숙독하면 儒敎思想의 기본을 쉽게 이해할 수 있게 했다. '오늘의 책' 선정圖書, 文化公報部, 우량도서 선정.

중국고대철학의 이해

이강수

모처럼 국내 연구자에 의해서 출간된 중국 고대철학에 대한 포괄적인 입문서. 동양사상의 뿌리라고 할 수 있는 중국 춘추전국시대 제자백가들의 사상이 일목요연하게 연구 정리되어 있어서, 일반 독자와 동양학 입문자들에게 중국 고대의 다양한 철학사상들의 핵심을 쉽고도 상세하게 설명하고 있다.

우리말 철학사전1

우리사상연구소

이 사전(事典)은 '이 땅에서 우리말로 철학하기'를 내세워 '우리말로 철학하며 주체적으로 사유하기'를 다짐한 중견 이상의 학자들이, 맹목적인 서구이론의 수입·소개에서 벗어나 우리의 삶 속에서 부대끼면서 우리말로 고민하며, 그 의미를 이론화하고 개념화한 노력의 성과물이다.

우리말 철학사전은 5개년 간 12항목씩 나누어 출간할 계획이다. 이번에 나온 1집 《우리말 철학 사전1》이 제 1차 연도의 결실로 주제는 과학·인간·존재이다.